français

LYCÉE

ISBN : 2-84410-063-5

Pierre Brunel
Professeur à l'université Paris-Sorbonne

français

LYCÉE

ÉDITIONS DE LA CITÉ
MANUEL+

Collection créée par
Bernard Lecherbonnier,
agrégé des lettres, docteur ès lettres

Rédaction
Caroline Cassonnet, Michel Dobransky (professeur certifié de lettres modernes),
Christine Seutin (professeur agrégé de lettres modernes),
Jeannine Borrel (professeur certifié de lettres modernes)

Édition
Première édition : Jean-Paul Brighelli (professeur agrégé de lettres modernes)
en collaboration avec Christophe Péry
Deuxième édition : Anne-Sophie Bourg

Correction
Bernard Lehembre, Frédéric Perroud, Emmanuelle de Villedary

Conception de la couverture
Yannick Lebourg

Iconographie
Bernard Crochet, Emmanuelle de Villedary,
Colette Laporte, Céline Colinet

Cartographie
Graffito

Conception graphique
ELSE

Maquette
Anna Klykova, assistée par Christian Fey, Sophie Guihaire, Claire Hostin,
Eddy Naigre, Séverine Poulain

Réalisation éditoriale
ATE

Avant-propos

La pratique des textes intégraux, on ne peut plus souhaitable, a réduit la part faite à l'enseignement de l'histoire littéraire dans les classes de français en seconde, première et terminale. Pourtant, un ouvrage de base est indispensable. Il doit être portable, maniable, vivant. Il ne doit pas s'enfermer dans une tradition morne de l'histoire littéraire. Il doit inciter au travail personnel, à commencer par l'entraînement aux diverses formes de productions écrites, mais pourquoi pas aussi à la création, sans laquelle la littérature est lettre morte.

On ne s'étonnera donc pas que, dans ce livre, le Fil rouge ne soit pas le droit-fil d'une chronologie qui conduirait du Moyen Âge à nos jours. Les auteurs des différents siècles sont bien présents, et un effort de synthèse a été fait pour conduire tout ensemble et permettre un passage constant d'un siècle à l'autre, tout convergeant, naturellement, vers aujourd'hui. Cet effort est aussi un effort de réflexion pour mieux comprendre et faire mieux comprendre ce que c'est qu'un livre, ce que c'est que la littérature, ce que sont les genres littéraires – la notion étant entendue au sens large (le poétique, le narratif, le dramatique) ou au sens étroit (ode, fable, roman, nouvelle, comédie, tragédie, etc.). Toujours, on a tenté d'*ouvrir* le plus possible – sur la réflexion, sur l'époque moderne, mais aussi sur la francophonie, sur les moyens modernes d'expression, et surtout sur la vie, sans laquelle la littérature n'existe pas et n'a pas de sens.

Notre souhait est donc que ce manuel vous *accompagne* véritablement au cours des trois années du second cycle, qu'il soit à la fois instructif, pratique et stimulant pour l'esprit. Il ne s'agit pas de revenir à l'« état primitif de fils du Soleil », comme l'a rêvé Arthur Rimbaud, mais de devenir pleinement fils de cette intelligence qui a toujours rayonné dans la littérature française.

Pierre Brunel

Manuel +, mode d'emploi

La perspective du bac donne un objectif précis aux lycéens qui, de la seconde à la terminale, doivent consolider et approfondir leurs connaissances dans de nombreuses disciplines.

Pour bien maîtriser chacune de ces disciplines, qu'elles soient scientifiques ou littéraires, il faut avant tout bien en saisir l'esprit et les spécificités, appréhender les tenants et les aboutissants de leurs programmes, maîtriser les méthodes permettant de réussir aux examens. La seule compilation des savoirs ne suffit pas. Le lycéen doit clairement comprendre ce qu'on lui demande et savoir s'organiser en conséquence. Là est la clé du succès.

C'est pourquoi **Manuel +** constitue l'outil le mieux adapté à ce but. Dans une première partie, les **Bases** font un résumé des connaissances acquises au collège. Tout le programme du lycée, pour chaque discipline, est ensuite développé dans le **Fil rouge**, écrit par un auteur éminent. Les **Points clés** traitent tous les sujets de cours et les **Fiches pratiques** orientent parmi les autres ressources documentaires : livres, encyclopédies, films, multimédia… Enfin, le **Dico** contient tous les termes et noms indispensables… avec un renvoi systématique aux Points clés.

Cet ouvrage est utilisable dès l'entrée en seconde. Pour préparer le bac, ainsi que les concours administratifs et les examens professionnels, il est l'outil idéal puisqu'il réunit en lui toutes les fonctions des aides généralement disséminées entre plusieurs livres : mementos, manuels classiques, grammaires, dictionnaires…

La caution d'une grande signature assure la garantie scientifique des contenus, la liaison avec l'enseignement supérieur. Avec **Manuel +**, vous aimerez les études secondaires parce que vous en comprendrez mieux la signification.

Bernard Lecherbonnier

Sommaire

Bases *Ce qu'il faut savoir à l'entrée en 2de*

Fil rouge *Pour comprendre le programme dans son ensemble*

La littérature et les livres

Sommaire

Points clés *Pour maîtriser les sujets de cours*

Sommaire

Sommaire

Fiches pratiques

Pour se documenter

Dico

Pour retrouver une définition, une notion

BASES

Ce qu'il faut savoir à l'entrée en 2[de]

Les repères chronologiques, les connaissances acquises au collège indispensables pour être prêt à suivre les cours de français au lycée.

Moyen Âge - XVIIe siècle

800 **Sacre de Charlemagne.**
842 ***Serments de Strasbourg : premier texte officiel en roman.***
1100 *Chanson de Roland* : premières chansons de geste.
1150-1260 ***Création des universités en Europe.***
1170-1180 *Tristan et Iseut* (collectif).
1175-1190 *Roman de Renart* (collectif).
1177-1181 *Lancelot ou le Chevalier à la charrette* de Chrétien de Troyes.
1226 **Début du règne de Louis IX, futur Saint Louis.**
1270-1285 *Le Roman de la Rose* de G. de Lorris et J. de Meung.
1328 **Début du règne de Philippe VI (Valois).**
1337-1453 **Guerre de Cent Ans.**
v. 1455 ***Première Bible imprimée de Gutenberg.***
1456 *Le Lais* ou *Petit Testament* de Villon.
v. 1460 *La Farce de Maître Pathelin* (anonyme).
1461 **Début du règne de Louis XI.**
1492 **Découverte de l'Amérique.**
1515 **Début du règne de François Ier.**
1517 **Début du mouvement de la Réforme.**
1521 ***Instauration de la censure religieuse.***
1530 ***Fondation du Collège royal, futur Collège de France.***
1532 *Pantagruel* de Rabelais.
1537 ***Instauration du dépôt légal.***
1539 ***Édit de Villers-Cotterêts : le français devient langue officielle.***
1552 *Amours* de Ronsard.
1553 Première tragédie moderne : *Cléopâtre captive* de Jodelle.
1562-1598 **Contre-Réforme et guerres de Religion.**
1580-1588 *Essais* de Montaigne.
1589 **Début du règne de Henri IV (Bourbons).**
1606 Premier dictionnaire : *le Trésor de la langue française* de Jean Nicot.
1610 **Début du règne de Louis XIII.**
1610 ***Premier salon littéraire, celui de Mme de Rambouillet.***
1616 *Les Tragiques* d'Agrippa d'Aubigné.
1634 ***Création de l'Académie française.***
1637 *Le Cid* de Corneille.
1643 **Début du règne de Louis XIV.**
1664 *Réflexions ou Sentences et Maximes morales* de La Rochefoucauld.
1666-1687 *Oraisons funèbres* de Bossuet.
1667 *Andromaque* de Racine.
1668-1693 *Fables* de La Fontaine.
1670 *Pensées* de Pascal.

1669-1696 Correspondance de Mme de Sévigné.
1670-1715 ***Querelle des Anciens et des Modernes.***
1673 *Le Malade imaginaire* de Molière.
1674 Naissance de la critique littéraire : *Art poétique* de Boileau.
1678 *La Princesse de Clèves* de Mme de La Fayette.
1680 ***Création de la Comédie-Française.***
1688-1694 *Caractères* de La Bruyère.
1692 ***Ouverture au public de la Bibliothèque Richelieu, future Bibliothèque nationale.***
1694 Dictionnaire de l'Académie française.
1697 *Contes de ma mère l'Oye* de Perrault.
1715 **Début du règne de Louis XV.**
1721 *Lettres persanes* de Montesquieu.
1737 *Les Fausses Confidences* de Marivaux.
1739-1750 *Mémoires* de Saint-Simon (rédaction).
1741 ***La censure d'État remplace la censure religieuse.***
1751-1772 *Encyclopédie* de Diderot et d'Alembert.
1759 *Candide* de Voltaire.
1760 ***Apparition des théâtres de boulevard.***
1765 *Jacques le Fataliste* de Diderot.
1774 **Début du règne de Louis XVI.**
1777 ***Naissance de la notion de propriété littéraire.***
1782-1789 Première autobiographie : *Confessions* de Rousseau.
1782 *Les Liaisons dangereuses* de Choderlos de Laclos.
1784 *Le Mariage de Figaro* de Beaumarchais.
1788 *Paul et Virginie* de Bernardin de Saint-Pierre.
1789 **Début de la Révolution française.**
1791 ***Première loi protégeant les droits d'auteur.***
1792 *Justine* de Sade.
1804 **Premier Empire : Napoléon Ier.**
1815 **Début du règne de Louis XVIII.**
1816 *Adolphe* de Constant.
1820 *Méditations poétiques* de Lamartine.
1822 *Poèmes* de Vigny.
1824 **Début du règne de Charles X.**
1824 ***Création de l'imagerie d'Épinal.***
1826 ***Fondation de la maison d'édition Hachette.***
1830 **Début du règne de Louis-Philippe.**
1830 Bataille d'*Hernani* de Hugo.
1830 *Le Rouge et le Noir* de Stendhal.
1833 *Eugénie Grandet* de Balzac.
1834 *Lorenzaccio* de Musset.

XIXe siècle - XXe siècle

1836 ***Apparition du roman-feuilleton.***
1844 *Les Trois Mousquetaires* de Dumas.
1845 *Carmen* de Mérimée.
1846 Première BD : *Histoires en estampes* de Töpffer.
1846 *La Mare au diable* de Sand.
1848 **Deuxième République.**
1848-1850 *Mémoires d'outre-tombe* de Chateaubriand.
1851 *Un chapeau de paille d'Italie* de Labiche.
1852 **Second Empire : Napoléon III.**
1852 ***Création de la collection Bibliothèque rose (Hachette).***
1855 *Aurélia* de Nerval.
1857 *Madame Bovary* de Flaubert.
1857 *Les Fleurs du Mal* de Baudelaire.
1863-1872 *Dictionnaire de la langue française* de Littré.
1864 *Voyage au centre de la Terre* de Verne.
1864-1876 *Grand Dictionnaire universel du XIXe siècle* de Larousse.
1869 *Les Chants de Maldoror* de Lautréamont.
1870 **Guerre franco-prussienne.**
1871 **Commune de Paris.**
1871 **Troisième République.**
1873 *Une saison en enfer* de Rimbaud.
1876 ***Fondation des éditions Flammarion.***
1880-1882 ***Instauration de l'école laïque, gratuite et obligatoire.***
1881 *Sagesse* de Verlaine.
1881 ***Abolition de la censure, sauf pour les œuvres dramatiques.***
1885 *Germinal* de Zola.
1887 *Le Horla* de Maupassant.
1887-1889 *Poésies* de Mallarmé.
1896 *Ubu roi* de Jarry.
1901 ***Premier prix Nobel de littérature (Sully Prudhomme).***
1902 *L'Immoraliste* de Gide.
1903 ***Premier prix Goncourt.***
1905 Première édition du *Petit Larousse illustré*.
1911 ***Fondation des éditions Gallimard.***
1913 *Alcools* d'Apollinaire.
1913 *Du côté de chez Swann* de Proust.
1917 **Révolution russe.**
1917 *La Jeune Parque* de Valéry.
1914-1918 **Première Guerre mondiale.**
1923 *Le Blé en herbe* de Colette.
1924 *Mourir de ne pas mourir* d'Eluard.
1925 *Zig et Puce* de Saint-Ogan : première BD à bulles.

1926 *Le Paysan de Paris* d'Aragon.
1927 *Thérèse Desqueyroux* de Mauriac.
1928 *Nadja* de Breton.
1929 **Début de la crise économique mondiale.**
1929 Apparition du personnage de Tintin (Hergé).
1929 *Le Soulier de satin* de Claudel.
1930 ***Apparition du livre de poche (Penguin), en Angleterre.***
1932 *Voyage au bout de la nuit* de Céline.
1933 *La Condition humaine* de Malraux.
1935 *La guerre de Troie n'aura pas lieu* de Giraudoux.
1936 **Front populaire.**
1939-1945 **Seconde Guerre mondiale.**
1942 *L'Étranger* de Camus.
1942 *Le Parti pris des choses* de Ponge.
1945 ***Création de la collection Série noire (Gallimard).***
1945 *Paroles* de Prévert.
1946 **Quatrième République.**
1949 ***Création de la Foire du livre de Francfort.***
1950 *La Cantatrice chauve* de Ionesco.
1951 *Le Hussard sur le toit* de Giono.
1951 *Le Rivage des Syrtes* de Gracq.
1952 *En attendant Godot* de Beckett.
1953 ***Création de la collection Le Livre de poche (Hachette).***
1953 *Les Gommes* de Robbe-Grillet.
1958 **Cinquième République.**
1958 ***Premier prix Médicis.***
1959 Création du personnage d'Astérix (Uderzo et Goscinny).
1959 *Zazie dans le métro* de Queneau.
1963 *Le Procès-Verbal* de Le Clézio.
1964 *Les Mots* de Sartre.
1968 ***Événements de mai.***
1970 *Le Roi des Aulnes* de Tournier.
1974 ***Ouverture de la FNAC-livres à Montparnasse.***
1980 ***Yourcenar, première femme élue à l'Académie française.***
1982 ***Loi sur le prix unique du livre.***
1997 ***Ouverture de la Bibliothèque nationale de France.***
1997 *Ostinato* de Des Forêts.
2001 *Les Planches courbes* de Bonnefoy.
2003 ***Centenaire du prix Goncourt.***
2003 *La Maîtresse de Brecht* de Amette, prix Goncourt.
2003 *Éloge des voleurs de feu* de De Villepin.
2004 *Globalia* de Rufin.

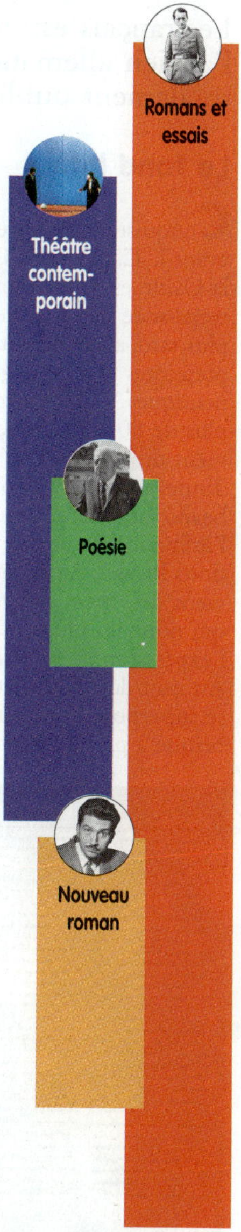

Les origines de la langue française

Le français est au croisement du latin et du germain, l'ancien allemand. Le fond celte – gaulois – est presque totalement oublié, sauf dans quelques noms de lieux.

Le fond latin

Conquise entre 58 et 52 avant J.-C. par Jules César, la Gaule est totalement romanisée deux siècles plus tard, au moment des premières invasions germaniques. Voilà pourquoi plus de 80 % du français vient du latin.
Toutefois, ces mots ont beaucoup évolué sous l'influence de prononciations locales. Ainsi, *bonheur* vient de *bonum augurium* qui donnera plus tard l'expression *de bon augure.* Au mot dérivé du latin se superpose le mot refabriqué à partir du latin.

Le fond germanique

Les invasions germaniques, à partir de la fin du IIe siècle et surtout à partir de la chute de Rome, en 410, sont à l'origine d'une nouvelle transformation linguistique.
Toutefois, c'est l'envahisseur qui va, pour l'essentiel, adopter la langue du vaincu. Les élites germaniques, qui constituent le fond nobiliaire français, adoptent le gallo-romain parlé en Gaule et se christianisent : Clovis, roi des Francs originaires de Saxe, est baptisé en 496.

▲ *Baptisé, Clovis intègre les Francs, tribu germanique dont il est le roi, dans l'aire latine.*

Des mots venus d'ailleurs

Certains mots sont communs au celte, au latin et au germain, dans la mesure où tous trois découlent d'une même souche indo-européenne antérieure : *rex,* le roi en latin, c'est *rix* en gaulois, *rig* en irlandais et *raja* en Inde. En français, c'est la racine de *régner.* Plus tard s'ajouteront des mots venus de l'arabe et d'autres langues.

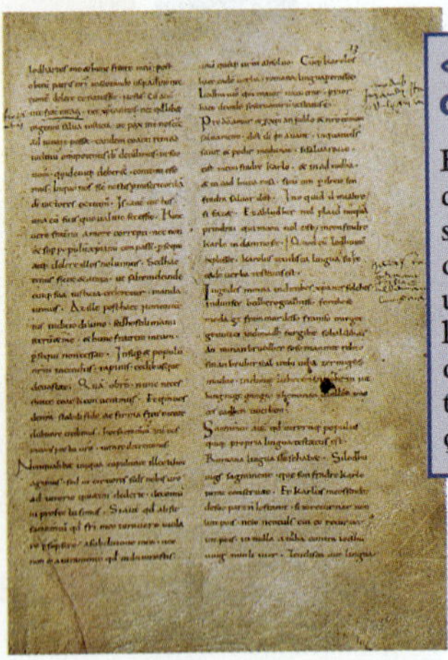

◀ *À Strasbourg, Charles parle « français » et Louis « allemand ».*

« Les Serments de Strasbourg »

En 842, deux petits-fils de Charlemagne scellent leur alliance contre leur frère par un traité rédigé dans la langue de chacune de leurs armées, respectivement l'ancien français et le haut allemand.

Du latin au français

Les Romains ont envahi la Gaule par le sud : les langues d'oc sont donc plus proches du latin que les langues d'oil.

Langue d'oc, langue d'oil

Oc et *oil* sont les deux manières de dire *oui,* au sud et au nord de la Loire, qui figure la barrière symbolique entre les deux parties du territoire.
Plus proches de la langue cultivée qu'est le latin, les langues d'oc – qui donneront son nom à la région Languedoc – correspondent également à une civilisation moins brutale que celle du Nord. Elles seront finalement subjuguées par la « langue du Roy » qui conquiert peu à peu le Midi. Les langues du Sud resteront toutefois vivaces jusqu'au XXe siècle, avant de décliner avec l'exode lié à la révolution industrielle.

L'ancien français

C'est la langue parlée au nord de la Loire. Du latin, elle garde l'essentiel de son vocabulaire, transformé par les prononciations locales, ainsi qu'une petite partie de sa grammaire, simplifiée : l'ancien français a encore une déclinaison, mais à deux cas seulement – sujet et régime – là où le latin en comptait six. L'ordre des mots usuel – sujet / verbe / complément – est inédit : le latin s'exprimait dans l'ordre sujet / complément / verbe.

◀ ***Les manuscrits précieux enluminés par les moines sont en latin.***

Langue savante, langue vivante

Les Romains, déjà, ne parlaient pas exactement la langue qu'ils écrivaient. Ainsi, *cheval* vient d'un mot parlé, *caballus,* alors que le latin classique écrit *equus* – d'où viendront en français des mots « savants » comme *équidé* et *équitation.*
Le latin populaire évolue très vite parce qu'il est parlé, souvent mal, dans tout l'Empire. Il est à l'origine de l'ensemble des langues romanes que nous connaissons aujourd'hui – italien, espagnol, portugais, roumain – ainsi que de l'essentiel du français.
La tradition du latin écrit est perpétuée par les moines. Elle fixe rapidement une langue de culture opposée aux langues populaires qui ne s'écrivent que très tardivement. Pendant tout le Moyen Âge, 80 % de la littérature européenne est écrite en latin, véritable *lingua franca* des élites intellectuelles. C'est également en latin que se fait l'enseignement de toutes les disciplines dans les grandes universités contrôlées par l'Église qui naissent peu à peu en France et en Europe.

L'unification de la langue

Le français s'est imposé très lentement, non seulement dans l'usage littéraire, dominé par le latin, mais dans la vie de tous les jours, où régnaient les langues régionales.

▲ *Cette carte linguistique de la France prouve la diversité des langues parlées sur le territoire national.*

D'ou vient l'accent québécois ?

Chaque région a son accent. Toutefois, la mobilité des habitants gomme peu à peu les différences.
Mais les Québécois, isolés au milieu d'anglophones, parlent avec l'accent des colons français originaires de l'Ouest qui suivirent Jacques Cartier au XVIe siècle.

Un royaume éclaté en provinces

Le sud de la France qui n'est pas, au Moyen Âge, encore intégré au royaume, est déjà fragmenté en divers « pays » dont les langues, pour proches qu'elles soient, ne sont pas absolument semblables.
Ainsi, l'Auvergne parle une langue d'oc que comprennent mal les gens de Bordeaux ou de Toulon.
Au nord, la situation se complique. Seuls l'Île-de-France, l'Orléanais, la Picardie, la Normandie et l'Artois parlent français, avec des variantes.
La Bourgogne – du nord de Lyon aux Ardennes et de la Champagne à l'Alsace – est pour l'essentiel un territoire germanique.
La Bretagne est le refuge des derniers Celtes.
Aux langues se superposent, de plus, des « patois », utilisés sur des aires géographiques plus restreintes, qui sont parfois peu compréhensibles.

Le triomphe du Nord

La plus grande unité politique de la France du Nord, la volonté expansionniste des rois de France, le fait que le Sud soit dans l'aire d'expansion arabe – ce qui l'enrichit mais aussi le menace – tout se ligue pour imposer la langue d'oil.
Mais il faut attendre le XVe siècle pour que la domination politique devienne une domination culturelle.

La langue du roi

L'édit de Villers-Cotterêts, promulgué par François Ier en 1539, impose l'usage de la langue française dans les tribunaux. Ceux-ci utilisaient jusqu'alors exclusivement le latin et leurs décisions étaient donc mal comprises par le peuple.
L'installation définitive de la cour du roi en Île-de-France impose peu à peu l'usage de la langue française aux seigneurs qui entourent le souverain.

La fixation de l'orthographe

Longtemps, le français s'est écrit comme il se parlait ; vice versa, toutes les lettres se prononçaient, comme en latin. La notion même d'orthographe n'existait pas.

L'anarchie médiévale

Au Moyen Âge, il y a autant d'orthographes que de scripteurs. Les scribes, surtout des moines, sont plus intéressés par l'esthétique de leurs manuscrits que par une « correction » dont l'idée même n'existe pas. Ils ajoutent parfois des lettres, transforment un *i* en *y* pour bénéficier d'une courbe élégante. Les aristocrates, qui peu à peu apprennent à écrire, se soucient peu d'orthographe.

▼*Robert Estienne (au centre) appartient à une célèbre famille d'imprimeurs et de libraires.*

Les réformateurs du XVIe siècle

Plusieurs grammairiens comme Robert Estienne veulent écrire le français comme on l'entend et proposent des réformes visant à simplifier la graphie.
On invente les accents pour rendre compte de la prononciation. On tente de supprimer les lettres qui ne se prononcent pas – par exemple certains *s* terminaux hérités de la déclinaison de l'ancien français et la plupart des lettres doubles.
L'absence de dictionnaire et, surtout, le manque d'intérêt des dirigeants rendent toute généralisation difficile, d'autant que certains réformateurs, des humanistes tentés par la Réforme, manquent d'appuis à la Cour.

Le triomphe des latinisants

Du Bellay affirme que le français vaut bien le latin : toutefois, langue et culture latines restent exemplaires. On justifie donc l'orthographe par l'étymologie et on invente des séries de mots sur leur modèle latin. Ainsi, à partir de *confidentia,* qui avait évolué en *confiance,* on fabrique *confidence.*

« Amours », « délices » et « orgues »

Ces trois mots sont, au XVIe siècle, indifféremment masculins ou féminins, au gré du scripteur.
Vaugelas décide arbitrairement, en 1647, qu'ils seront tous trois masculins au singulier et féminins au pluriel.

Bases La fixation de la grammaire

Largement tributaire du latin pour son vocabulaire, le français s'en dégage radicalement dans sa grammaire. Mais il n'a imposé ses différences que peu à peu.

La fin des déclinaisons

Entre l'ancien français (IXe-XVIe siècle) et le français moderne (à partir du XVIe siècle), on distingue souvent une période intermédiaire de « moyen français » (XVe siècle) durant laquelle se fixent les caractères définitifs de la langue moderne – en particulier, la disparition de la déclinaison. L'ancien français avait deux cas, afin de distinguer les sujets et les autres fonctions. Dorénavant, seules subsistent les distinctions entre singulier et pluriel.

L'ordre des mots de la phrase

Le latin, surtout en poésie, pouvait se permettre un ordre des mots fantaisiste, puisque les déclinaisons indiquaient la fonction grammaticale. Il en est de même, de façon très atténuée, en ancien français. C'est la disparition des déclinaisons qui impose l'ordre régulier de la phrase de base – sujet / verbe / complément –, que seuls les poètes oseront encore enfreindre. De même, la disparition de finales discriminantes impose l'usage généralisé de l'article, que le latin ignorait et que l'ancien français pratiquait modérément.

▼ *Malherbe est le grand réformateur de la langue littéraire française.*

Une langue épurée

Les poètes de la Pléiade manifestaient une grande liberté d'invention lexicale. Mais, dès le début du XVIIe siècle, Malherbe reprend en main la grammaire et le lexique en fixant des bornes très étroites à l'innovation. Les mots d'origine provinciales sont bannis pour « gasconnisme » – du nom de la province de Gascogne. On crée le terme éloquent de « barbarisme » – « propre à la façon de parler des barbares » – pour désigner tout mot peu conforme au « génie de la langue ». L'axe Rouen-Paris domine la vie intellectuelle de façon autoritaire. On épure la langue au nom du roi… pour mieux l'imposer au roi – Henri IV est gascon – ainsi qu'à son entourage, souvent composé d'« étrangers ». On interdira bientôt l'usage de tel ou tel terme décrété « mal sonnant » ou « bas ». La langue littéraire ne vivra désormais plus que dans une atmosphère raréfiée.

Le « bon usage »

La nécessité de définir le « bon usage » naît de la concentration du pouvoir à Paris : les provinces devront parler la langue du roi, pour penser comme le roi.

La dictature de la Cour

Le bon usage, dit Vaugelas dans ses *Remarques sur la langue française* (1647), est *« la façon de parler de la plus saine partie de la Cour, conformément à la façon d'écrire de la plus saine partie des auteurs du temps »*. Que déduire de cette définition ? On peut d'abord y trouver la confirmation de la subordination, typiquement française, de l'oral à l'écrit. Ensuite, on peut y voir l'affirmation idéologique que les auteurs, qui sont rarement nobles, l'emportent, du point de vue du bon usage, sur la plupart des seigneurs : *« Le consentement des bons auteurs,* dit Vaugelas, *est comme le sceau, ou une vérification, qui autorise le langage de la Cour, et qui marque le bon usage, et décide celui qui est douteux. »* Enfin, elle confirme que ce n'est qu'à la Cour, dans le proche entourage du roi, que l'on trouvera des modèles irréfutables. Le « bon » usage est la partie émergée de l'iceberg « usage ».

◄ *Le grammairien Vaugelas est l'un des premiers académiciens.*

La dictature de la littérature

Vaugelas précise que par « bon usage », il entend en fait « bel usage » : seuls les genres littéraires nobles utilisent la langue à bon escient : la tragédie oui, le comique, rarement.

À bas les gasconnades

Au mieux, de huit à dix mille personnes, sur seize millions de Français à l'époque, parlent la langue du roi et du bon usage. Les autres s'en éloignent peu ou prou. Si Paris – en fait, le palais du Louvre – définit le meilleur usage, les provinces les plus reculées parlent forcément un français hésitant et fautif.

► ***En 1634, Richelieu crée l'Académie française, dont les quarante membres apparaissent ici comme autant de rayons qui émanent de lui.***

Dictionnaires et encyclopédies

Durant six siècles, les Français parlèrent en se passant de dictionnaires, et sans grand dommage. Le XVIIe siècle les invente, par souci politique plus que linguistique. Le dictionnaire normatif réglemente le sens et interdit les dérives.

▲ *Furetière est le premier à concevoir un dictionnaire alphabétique.*

Les premiers lexiques

Le XVIe siècle ignore les dictionnaires. Ce sont les humanistes, grands traducteurs de textes, à commencer par les textes religieux, qui créent les premiers lexiques, ancêtres des dictionnaires, où le sens des mots est donné par leur équivalent latin ou grec. Mais la langue française, ce faisant, ne se dégage pas de ses modèles antiques.

◄ *Rédigé de 1634 à 1694, le* Dictionnaire de l'Académie française, *dont le frontispice est représenté ici, est dépassé dès sa publication.*

Le dictionnaire de l'Académie

Créée en 1634 par Richelieu, l'Académie française a pour première tâche d'élaborer un dictionnaire. Elle mettra soixante ans pour y parvenir et publiera désormais, au même rythme et jusqu'à nos jours, un *Dictionnaire* réglementant le sens des mots et intégrant à chaque édition de rares évolutions, sémantiques ou morphologiques.

Furetière

Académicien, Furetière double ses collègues et achève avant eux un *Dictionnaire universel* (1690) qui le fera exclure de l'Académie, mais qui restera longtemps comme une référence irremplaçable.

La norme

Le français est la plus normative des langues européennes : il se réfère sans cesse à un ensemble de règles inviolables, tant du point de vue grammatical que du point de vue morphologique. Ainsi, l'Académie n'acceptera les graphies modernes en *-ai-* des imparfaits que plus de cinquante ans après que la prononciation – *[è]* et non plus *[wè]* – se sera imposée au niveau national.

L'évolution de la langue littéraire

Si, pour Vaugelas, ce sont les « bons » auteurs qui déterminent le « bon » usage, il reste encore à réglementer les mots de la littérature, afin que rien de « bas » ne transparaisse dans les genres « nobles ».

Concurrencer le latin

Le Moyen Âge laissait au français les genres « bas » – poésie, roman, fabliaux. Les genres « nobles » – philosophie, théologie –, eux, « parlaient » latin. Au XVIe siècle, Du Bellay, dans son ouvrage *Défense et illustration de la langue française* (1549), veut prouver que le français est aussi riche de possibilités que le latin. Mais ce n'est que cent cinquante ans plus tard qu'un vrai conflit opposera « classiques », partisans de la suprématie du latin, et « modernes », partisans d'une littérature française.

Un vocabulaire peau de chagrin

Un Français moyennement cultivé utilise cinq à six mille mots. Corneille écrit ses tragédies avec moins de huit cents mots, Racine avec trois cent cinquante : en s'interdisant tous les mots « bas » – tels les termes anatomiques qui ne sont pas en relation avec l'intellect –, la littérature frise parfois la stérilité. La tragédie classique s'enferme dans un tel corset de restrictions qu'elle ressasse rapidement les mêmes pensées, puisqu'elle s'interdit d'employer les mots qui pourraient dire autre chose. Au XVIIIe siècle, malgré le talent d'un Voltaire, la tragédie est un genre prisé, mais moribond.

À la reconquête des mots

La comédie, tout en respectant globalement les convenances, a toujours eu plus de liberté que la tragédie. Le drame, et surtout le drame romantique, au début du XIXe siècle, sous l'impulsion de Hugo, reconquiert le langage de tous les jours : le naturel – linguistique – revient dans la littérature.

▶ *Sur le marché aux pains, à Paris, on parle plus librement qu'à la Cour.*

Mots nobles, mots bas

« Il se crée plus de figures en une journée aux Halles qu'en une vie d'écrivain », avouait Malherbe...

Bases

Évolution et supports de l'écriture

Longtemps, l'écrit fut rare, accessible seulement à quelques lettrés, parce que l'écriture était un art difficile, aux outils « malcommodes » et d'un maniement délicat.

Manuscrits et enluminures

Dans le scriptorium, les moines copient un texte sacré sur un vélin – peau de veau traitée – ou un chagrin – peau d'âne étirée. Les initiales des pages sont enluminées de dessins somptueux aux couleurs vives. Les supports sont si chers que, souvent, les scripteurs effacent un manuscrit, quelle que soit sa valeur, pour réutiliser le parchemin.
Recopier les Évangiles, c'est le travail d'une vie. Les volumes sont si lourds qu'ils ne quittent pas les grandes bibliothèques des couvents et des rares universités. Faute d'éditions portables, on apprend par cœur.

Plume d'oie, plume de fer

L'invention, à la fin du XVIIIe siècle, de la plume de fer, plus durable qu'une plume d'oie qu'il faut sans cesse retailler, change le rapport des écrivains à leur texte. C'est une innovation comparable à ce que seront, plus tard, les inventions de la machine à écrire puis de l'ordinateur à traitement de texte. Les techniques influent sur les contenus, en produisant un rapport au temps différent : on écrit plus vite un texte plus vite prêt à imprimer.

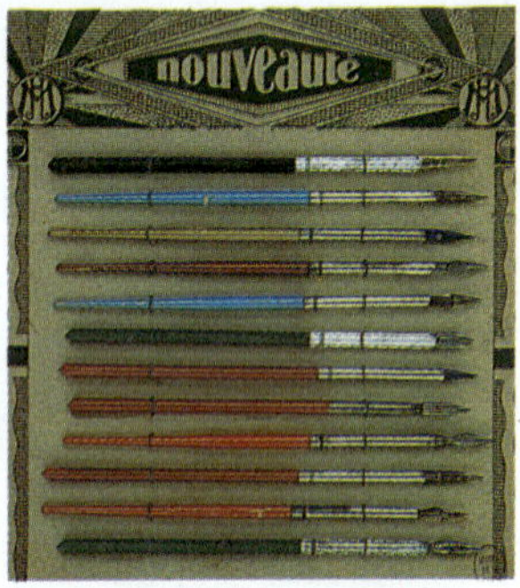

▲ *La plume de fer, qui préfigure la plume Sergent Major de la Communale, démocratise l'écriture.*

L'imprimerie

Gutenberg invente l'imprimerie en 1440. En imprimant la Bible, dix ans plus tard, il la met entre les mains de ceux qui ne connaissaient le texte sacré que par ouï-dire et qui peuvent désormais le lire dans le détail. Cela ouvrira la voie aux contestations de la Réforme. Mais le livre imprimé reste un objet rare : au XVIe siècle, les cinq cents exemplaires vendus des *Poésies* de Ronsard en font un immense succès. En comparaison, les romans de Zola atteignent cinquante à soixante mille exemplaires et un « best-seller » d'aujourd'hui, plusieurs millions.

◄ *La plume d'oie est un outil peu commode.*

Les modes de lecture

Le livre fut longtemps un objet rare. L'accès au texte passait plus souvent par l'oreille que par l'œil. D'où une « lecture » différente de celle d'aujourd'hui.

Écouter un texte

Les aèdes grecs, poètes errants, récitaient l'*Iliade* et l'*Odyssée* devant des auditoires ravis. Plus tard, trouvères et troubadours firent de même : on savait rarement lire et les « objets-livres » étaient si peu pratiques qu'ils quittaient rarement les rayons des bibliothèques. L'accès à la littérature s'est ainsi longtemps fait presque exclusivement « de bouche à oreille ».

▲ *Les maîtres participent à des lectures au salon, les laquais font de même chez la portière.*

Le livre, objet collectif

Objet rare, le livre est souvent lu par plusieurs personnes, dans les bibliothèques ou, plus tard, au cours de divertissements mondains, dans les salons.
Par ailleurs, le livre est un objet qu'on se cède de génération en génération : imprimé pour durer, relié de cuir, manié avec dévotion, le livre du XVIe ou du XVIIe siècle est un objet beaucoup moins périssable que le livre contemporain.

Le livre, objet personnel

Dès le XVIe siècle, quelques grands seigneurs, à commencer par le roi, et quelques littérateurs fortunés s'offrent une bibliothèque : ainsi Montaigne, qui installe sa « librairie » dans la tour de son château. Au XVIIIe siècle, les libraires proposent des volumes cartonnés accessibles à un public qui, peu à peu, apprend à lire. Depuis le XIXe siècle, de nouvelles techniques d'impression – de la presse à cylindre à l'offset – ont démocratisé le livre en abaissant son coût de fabrication, le mettant à la portée d'un public largement alphabétisé.

La disparition du livre ?

De nouveaux supports apparus dans les années 1980-1990 – banques de données informatisées, CD-ROM ou Internet – peuvent menacer le livre, mais moins que le mercantilisme qui condamne tout insuccès au pilon.

Critique littéraire et réception du texte

La critique est le jugement porté sur une œuvre – littéraire ou artistique – par un journaliste ou un auteur et qui paraît dans les médias, presse ou audiovisuel. Assimilée tout d'abord à la censure, elle contribue peu à peu à la bonne réception de l'œuvre.

Les premiers critiques professionnels

Dès que la littérature acquiert une certaine diffusion, des voix critiques s'élèvent, définissant le bon goût. Ce sont d'abord des auteurs qui critiquent leurs confrères. Au XVIIIe siècle, Grimm expose, dans sa *Correspondance,* son avis sur ce qui paraît – et Voltaire donne gracieusement le sien. C'est surtout avec le XIXe siècle que des critiques professionnels s'imposent, dans la presse.

Journalisme et critique littéraire

Critiquer, c'est lire avec l'œil de l'écrivain - et la jalousie du confrère. Le journaliste est redoutable dès qu'il est lui-même auteur : on n'ose le critiquer de peur de s'attirer des commentaires en retour lorsqu'on publiera soi-même.

▶ **Le Libraire** *d'Arcimboldo montre comment on peut être « transformé » par ses lectures.*

De l'écriture à la critique

Au XXe siècle, la critique envahit l'enseignement. Après avoir appris aux élèves à écrire en produisant des textes à partir de la littérature existante, on leur apprend à commenter ce qui est déjà écrit, jusqu'à ce que les études littéraires ne soient plus que critiques, analyses, commentaires.

Le texte et le métatexte

Au commencement étaient les textes sacrés : on en faisait la paraphrase, qui finissait par devenir à son tour sacrée. Il en est de même dans le domaine de la critique littéraire : le texte est inséparable de son environnement critique – ce que l'on appelle le métatexte. *La Nouvelle Héloïse* de Rousseau n'existe pas indépendamment des lettres critiques féroces de Voltaire à son sujet ou de tel ouvrage de Starobinski qui en a renouvelé la lecture. Le texte est inséparable de sa réception par le lecteur : celui-ci perçoit différemment un ouvrage dont il a lu par avance le commentaire. Son œil est informé.

L'histoire de l'édition

Avant l'imprimerie, il n'y a pas d'éditeurs, il n'y a que des copistes. À partir du XIXe siècle, l'édition entre dans l'ère industrielle et manifeste sa puissance.

Le stade artisanal

Longtemps, l'imprimeur fait fonction de « libraire » : les faibles tirages le déchargent du souci de la distribution. La seule indication qui figure sur les pages de garde est le lieu d'impression. Celui-ci est parfois fictif afin de prévenir des poursuites de la censure ou pour allécher le lecteur persuadé que tout ce qui vient de Hollande, par exemple, est sulfureux. Le « Privilège du Roi » ne garantit pas contre les contrefaçons : tout ouvrage à succès est réimprimé.

La littérature de colportage

Au XVIIIe siècle, tandis que l'instruction se répand, des colporteurs transportent de villes en villages de petits volumes à couverture cartonnée, souvent de couleur bleue. *Les Veillées des chaumières* forment un fonds de commerce éditorial permanent. Les collections créées par les maisons d'édition Hetzel puis Hachette, au cours de la seconde moitié du XIXe siècle, accentuent cette spécialisation.

Hetzel

L'éditeur Hetzel crée, en 1864, le *Magasin d'éducation et de récréation* – collection reprise par Hachette en 1915 – qui diffusera, entre autres, les romans de Jules Verne sous leur belle couverture rouge et or.

◄ ***Les volumes des collections Hetzel se reconnaissent au premier coup d'œil.***

Les maisons d'édition

Aucune maison d'édition, en France, n'est antérieure au XIXe siècle et la plupart sont nées au XXe siècle. Elles sont souvent parisiennes, même si de petites maisons dynamiques se développent en province. Certaines sont très spécialisées, comme Larousse, dont les dictionnaires forment le fonds éditorial. D'autres sont fondées par des amateurs éclairés devenus des professionnels redoutés, comme Gaston Gallimard, au début du XXe siècle, ou Bernard Grasset, dans l'entre-deux-guerres. La plupart des maisons d'édition modernes sont intégrées dans de grands groupes subdivisés en sections spécialisées. Les impératifs économiques et la concurrence étrangère – l'allemand Bertelsmann, par exemple, détient à lui seul 70 % du marché de l'édition dans son pays – poussent aujourd'hui à la concentration.

Origines : la tradition antique

Les mythes grecs ont eu une immense fortune : il est essentiel de les connaître pour entreprendre des études littéraires sérieuses. Ils forment, avec le fonds judéo-chrétien, l'essentiel des références des écrivains.

La permanence de la mythologie

Que serait Freud sans la mythologie grecque ? Comment aurait-il trouvé, sans le mythe d'Œdipe, le principe fondateur de la psychanalyse ? Et que seraient l'amour sans Éros ou Vénus, la force sans Hercule, la beauté sans Apollon ou Adonis ? L'épopée sans l'*Iliade* ? Le récit de voyage sans l'*Odyssée* ? La mythologie féconde toute la littérature.

▼ *Quand la mythologie rencontre l'Histoire, le Roi-Soleil est Apollon et sa famille occupe l'Olympe.*

Les références grecques

À l'origine est la *Théogonie* d'Hésiode, récit de la création du monde et des dieux. Les œuvres d'Homère sont essentielles à la compréhension d'innombrables références. Et les tragédies d'Eschyle, de Sophocle et d'Euripide, qui exploitent les grandes histoires de la mythologie grecque, sont les fondements mêmes de tout le théâtre occidental. Enfin, à mi-chemin du mythe et de l'Histoire, Plutarque apparaît comme une référence incontournable.

Les références latines

L'*Énéide* de Virgile est la continuation de l'*Iliade,* et fonde l'histoire romaine et tout ce qui s'y réfère. *Les Métamorphoses* d'Ovide racontent dans le détail la plupart des mythes, souvent d'origine grecque, dont s'est abreuvée la littérature, notamment dès qu'elle parle d'amour. Par ailleurs, certains historiens comme Tacite, Tite-Live ou Suétone ont nourri la vision que nous avons aujourd'hui de l'Histoire.

« Amphitryon 38 », 38e du nom

En 1939, Jean Giraudoux appelle sa pièce *Amphitryon 38* parce qu'elle est la 38e version des amours d'Alcmène et de Jupiter, dont le fruit s'appelle Héraclès (Hercule). C'est dire le nombre de ses devanciers et l'efficacité du mythe.

Origines : la tradition biblique

La littérature occidentale est essentiellement chrétienne. La Bible et les Évangiles sont le fonds commun des écrivains élevés dans cette tradition judéo-chrétienne, et leurs références sont innombrables.

La littérature religieuse

À partir des textes canoniques, toute une littérature de paraphrase se développe dès les premiers siècles de la chrétienté. Saint Paul commente les Évangiles ; il est lui-même paraphrasé par les « docteurs » du Moyen Âge, qui inspirent à leur tour Bossuet ou Malebranche – sans compter les philosophes, grands lecteurs de saint Augustin.

L'inspiration chrétienne

Dès les chansons de geste – qui racontent la légende du roi Arthur, par exemple –, les mythes chrétiens sont au cœur des fictions littéraires : ils en sont même les garants réalistes puisque la religion est une donnée sûre qui certifie les faits. Ils sont également précieux pour la littérature de formation, illustrée par Fénelon, et pour la pensée philosophique, illustrée par Pascal.

Les références morales

Au-delà de l'anecdote des récits chrétiens, c'est tout un système de références morales qui imprègne la littérature. On comprend mal *l'Avare* de Molière si l'on oublie que l'avarice est l'un des péchés capitaux. Et paradoxalement, ce sont souvent des écrivains non croyants, de Voltaire à Marcel Aymé en passant par Sade, qui utilisent à grande échelle les références chrétiennes.
De nombreux héros ou héroïnes sont des décalquages des personnages mythiques religieux.
Des genres littéraires – les confessions, par exemple – découlent de références chrétiennes.
Et surtout, certains ressorts dramatiques qui reposent sur la faute ou la culpabilité sont indispensables tant à la chrétienté qu'à la littérature.

▲ *Moïse reçoit les Tables de la Loi sur le Sinaï.*

Les figures de l'Exode

Le récit biblique relatif aux Juifs chassés d'Israël a donné lieu à l'illustration des thèmes de l'exil (*le Juif errant* de Sue), de la déploration (*Esther* de Racine) ou du joug du tyran (*Nabucco* de Verdi).

Les origines de la poésie

Poésie vient d'un verbe grec, *poiein,* qui signifie *faire* : la poésie est donc la création par excellence. Être poète, c'est parfaire.

La magie des mots

Le poète mythique Amphion, fils de Zeus et d'Antiope, aurait construit la ville de Thèbes par la seule magie de sa musique et de ses mots : charmées par le son de sa voix et la musique de sa lyre, les pierres seraient d'elles-mêmes venues se ranger en murailles. L'étymologie des mots de la poésie porte témoignage de cette capacité magique. Le chant poétique, en latin, se dit *carmina,* ce qui a donné en français le mot *charme* – qui signifie aussi bien le pouvoir de séduire que l'enchantement qui retient prisonnier.

Apollon et Dionysos

Le dieu mythique de la Poésie, c'est Apollon, doté de la lyre, poète par excellence de la mesure, du vers compté, de tout ce qui, dans la poésie, est du domaine des mathématiques inspirées. Dionysos, en revanche, dieu de l'Ivresse, incarne l'aspect échevelé du délire poétique, de la transe à travers laquelle les mots s'échappent pour évoquer des réalités supérieures à la Raison. L'un est le patron des poètes techniciens, dont la Beauté est la suprême étude, l'autre le héros des poètes maudits, qui se soûlent de mots.

Aèdes, troubadours et trouvères

Aèdes en Grèce, trouvères dans le nord de la France, troubadours dans le Midi, tous les poètes, à leurs débuts, sont des itinérants, allant de château en château combler de leurs chants la solitude des seigneurs. Et à travers eux, la poésie s'affiche comme oralité pure. Ce n'est que bien plus tard qu'elle s'est fixée sur le papier.

▼ ***Orphée, peint ici par Gustave Moreau, est le poète par excellence, désespéré, maudit.***

Orphée

Ayant perdu deux fois Eurydice, sa bien-aimée, Orphée, le poète grec de la légende, chante sur sa lyre des poèmes si désespérés que les animaux les plus sauvages viennent s'étendre à ses pieds, et qu'il émeut jusqu'aux rochers.
Il est le patron de la poésie lyrique, poésie de la mélancolie et des amours contrariées.

L'évolution de la poésie

Si les thèmes poétiques semblent universels, les formes poétiques, elles, diffèrent selon la langue, le pays, l'accompagnement musical, le statut oral ou écrit du texte poétique.

Rythmes et rimes

Intimement associée à la musique et à la voix, la poésie est d'abord rythmée par l'alternance de syllabes brèves ou longues, accentuées ou non. C'est le cas en Grèce, à Rome, et encore en Angleterre ou en Allemagne, à l'époque classique. En France, usant d'une langue où quantité et accentuation des syllabes comptent peu, la poésie invente la rime, d'abord uniforme puis variée, et la métrique du nombre de syllabes.

« Poétique », nom et adjectif

La *poétique* est la science des effets littéraires, en général, et de leur étude. L'adjectif *poétique* désigne ce qui use des thèmes de la poésie – l'amour, la souffrance, la mélancolie...

▲ *Autre représentation d'Orphée, par Jean Derville.*

Lyres et luths

Les Grecs s'accompagnent sur la lyre, psalmodiant leurs poèmes. Les trouvères et les troubadours utilisent le luth, parfois la harpe. Ce n'est que tardivement que la chanson proprement dite se différencie de la poésie, qui se spécialise dans l'écrit à partir du XVᵉ siècle – même si de nombreux poèmes sont, par la suite, mis en musique.

Vers et prose

Les formes les plus archaïques de poésie sont les versets – comme ceux que l'on trouve dans la Bible –, petits paragraphes courts où la rythmique est ce qui importe le plus. Ces textes de prières fondent la poésie primitive, les chansons des guerriers et les premières épopées. Puis les contraintes rythmiques s'accroissent, le vers joue sur la mesure des syllabes, la voix se fait mélopée lyrique et se fond dans la musique qui l'accompagne.
Plus tard, le travail sur les sons, rimes ou assonances intègre la musique dans le poème, au moment où elle cesse d'en être l'accompagnement extérieur. Bientôt, la poésie existe plus pour l'œil que pour l'oreille.
C'est au XIXᵉ siècle, quand toutes les contraintes techniques ont été exploitées, que la poésie retrouve la liberté du verset en prose et que le vers, déstructuré, devient vers libre, refusant même toute ponctuation.

Les origines du théâtre

Le théâtre est avant tout un divertissement collectif où un peuple se donne le spectacle de ses mythes.

Aristote et la catharsis

D'après Aristote et sa *Poétique,* la tragédie vise la catharsis, c'est-à-dire la purgation des passions par le spectacle de la punition des héros atteints de démesure : Œdipe paie pour s'être cru heureux et à l'abri, non pour avoir tué son père et épousé sa mère.

◄ *À Épidaure, dans le Péloponnèse, se trouve le plus vaste théâtre de Grèce.*

Eschyle, Sophocle, Euripide

Ce sont, dans l'ordre chronologique, du VIe au Ve siècle, les trois grands représentants du théâtre classique grec, dont les œuvres ont inspiré, durant des siècles, d'innombrables auteurs et ont fixé les règles tragiques. Leurs œuvres, dont beaucoup sont perdues, ont en particulier nourri, en France, Corneille et Racine, avant d'inspirer puissamment le cinéma, autre genre de divertissement collectif.

Les spectacles grecs

Les Grecs vont au théâtre à l'occasion de fêtes à motif religieux : cet aspect du théâtre est essentiel. Ce qu'ils voient sur scène doit décourager toute tentation de démesure qui inciterait à se croire au-dessus de la condition humaine. Les héros ainsi atteints d'*hubris* – de démesure, d'orgueil – sont châtiés par les dieux, et le public, qui s'identifie aux héros, est purifié de ses passions par le spectacle de leur punition.

Dieux et héros

On ne représente sur scène que des dieux et des héros : leur châtiment sera, par définition, plus exemplaire que celui d'un inconnu. Les acteurs sont anonymes derrière leur masque, vêtus de grandes robes et chaussés de cothurnes qui les haussent au-dessus de l'humanité courante. Un chœur commente l'action afin que le public ne se méprenne pas sur le sens de ce qu'il voit : le théâtre grec a une vocation didactique exemplaire. Quant à la comédie, qu'illustrent les pièces d'Aristophane, elle critique les individus et, surtout, les institutions.

L'évolution du théâtre

Le théâtre fut, durant vingt siècles, la plus importante des formes littéraires et le plus grand dispensateur de spectacles. Souvent critiqué, parfois interdit, il a animé la vie sociale de l'Europe.

La comédie latine

Les Grecs, avec Aristophane principalement, avaient fourni le canevas de la comédie. Les Romains, s'ils n'ignorent pas la tragédie – Sénèque ensanglante les scènes –, donnent ses lettres de noblesse au spectacle comique, avec Plaute et Térence.
Tous deux, en créant des personnages de farce fortement individualisés comme l'avare ou le soldat fanfaron, seront des réservoirs inépuisables d'idées pour Molière et la comédie italienne.
La devise de la comédie latine n'est-elle pas *castigat ridendo mores* – « elle fustige les mœurs par le rire » ?

Les mystères médiévaux

Les mystères mettent en scène, souvent sur le parvis des églises, des spectacles aux trois quarts improvisés qui requièrent le concours du public : les mystères sont des spectacles consensuels, tournant autour des grandes scènes populaires du christianisme – naissance ou Passion du Christ.

▲ *Ces décors pour la Passion de Valenciennes illustrent ce qu'étaient les spectacles médiévaux.*

◄ *Le théâtre Argentina, à Rome, représenté ici par Pannini, est le type même de salle dite « à l'italienne ».*

Les salles spécialisées

Corneille, Molière ou Racine sont joués dans des salles de jeu de paume aménagées dont les scènes minuscules sont encombrées de public, comme à l'hôtel de Bourgogne.
Au XVIIIe siècle, on construit des salles de théâtre partout en Europe, sur l'exemple de l'Italie.
On joue toutes lumières allumées : le spectacle est autant dans la salle que sur scène. Fonction sociale et divertissement se mêlent.

Bases

Les origines du roman

Rien ne prédestinait le roman à devenir le genre attrape-tout qu'il est aujourd'hui, sinon, dès l'origine, un aspect protéiforme défiant les règles qui corsetaient le théâtre ou la poésie.

Le roman et la période romane

Au Moyen Âge naissent les premiers romans, textes écrits dans ces langues vulgaires – ou « romanes » – qui sont issues du latin. Rédigés en vers décasyllabes, ces textes sont proches des chansons de geste : héros et gentes dames, quêtes inépuisables, aventures multiples. Arthur, Lancelot, Perceval, Tristan sont les protagonistes d'histoires merveilleuses qui enchantent le public « courtois ».

▶ **Tristan et Iseut,** ***dont il existe de nombreuses versions, remporte dès le Moyen Âge un immense succès.***

En vers ou en prose

À l'origine, le roman est en vers – c'est *le Roman d'Alexandre* qui invente l'« alexandrin ». Au XIVe siècle, des romans en prose doublent les textes en vers. Des fabliaux comme *le Roman de Renart,* parodie des romans courtois, popularisent le genre. Celui-ci apparaît comme le véhicule commode de la langue vulgaire qu'est le français.

Toujours en langue vulgaire

Le roman, dès l'origine, s'adresse à un public qui n'est pas lettré au sens classique du terme. L'usage systématique de la langue commune – le français – et l'inscription du roman dans la réalité la plus contemporaine témoignent d'une volonté d'aller vers le public – les chevaliers d'Arthur défendent les valeurs des auditeurs de Chrétien de Troyes, comme Tristan exalte l'amour des lecteurs de Béroul ou de Marie de France. Cet usage illustre également une volonté de modifier ce public. Les troubadours dégrossissent leur auditoire en lui permettant de s'identifier facilement aux héros des histoires qu'il entend raconter.

L'évolution du roman

Considéré longtemps comme un genre bas, presque méprisé face aux genres nobles de la poésie et du théâtre, le roman devient, à partir du XVIIe siècle, le genre le plus lu et le plus pratiqué.

Un genre bas

Aussi bien Rabelais, avec *Pantagruel,* que Cervantès, avec *Don Quichotte* – grands succès romanesques –, se situent par rapport au genre noble de l'épopée, qu'ils parodient. Ce faisant, ils font entrer le roman dans la modernité. Les héros picaresques sortent de la lie du peuple et créent un nouveau genre.

Roman et psychologie

Historiquement, le roman narre des aventures. À partir du XVIIe siècle, il raconte, surtout dans la tradition française, les aventures d'une conscience. Peu de faits, beaucoup de réflexion. Jusque-là extérieure, la narration s'intériorise. Au XVIIIe siècle, le roman parle volontiers à la première personne – *Manon Lescaut, la Vie de Marianne* – ou juxtapose, dans le roman par lettres, les premières personnes – *la Nouvelle Héloïse, les Liaisons dangereuses.* Le romanesque flirte avec le vraisemblable, le roman se fait miroir du lecteur.

◂ **Manon Lescaut** ***de l'abbé Prévost fera couler bien des larmes.***

▴ ***Mme de La Fayette triomphe avec*** **la Princesse de Clèves.**

Le triomphe du roman

Le XIXe siècle est le siècle du roman. L'alphabétisation croissante gagne des lecteurs à un genre qui semble raconter la vie même. L'aspect réaliste du roman est si bien ancré dans la conscience du lecteur que celui-ci est désormais prêt à accepter tout ce que les romanciers les plus imaginatifs – Dumas, Sue – voudront lui faire « gober ». Au XXe siècle, le roman triomphant couvre 90 % de la production littéraire.

Bilan du Moyen Âge - le clerc

Le Moyen Âge est une ère brutale. Pourtant la culture, souvent réfugiée entre les mains des clercs, membres érudits du clergé, tout à la fois se conserve, se perpétue, se transmet et se développe.

Les bibliothèques de monastères

Une grande part de la culture latino-grecque n'a pas résisté aux désastres militaires de l'Empire – la bibliothèque d'Alexandrie a été incendiée sous César – ni aux grandes invasions. Moins de 10 % des œuvres antiques ont été sauvées.
Les monastères ont joué un rôle primordial en conservant ce qu'ils ont pu, sans discrimination abusive, en recopiant, pour les préserver, les manuscrits précieux et en transmettant, au moins en partie, les savoirs de l'Antiquité.

« Le Nom de la rose »

L'action du roman d'Umberto Eco (1980) se situe dans la bibliothèque d'un monastère qui conserve les grands textes de l'Antiquité. Le héros, Guillaume de Baskerville, court après un manuscrit mythique d'Aristote.

Dans le « scriptorium »

Le *scriptorium* est la partie du monastère, souvent la seule chauffée, où les moines copistes travaillent sur les manuscrits, grattant d'anciens textes pour récupérer les vélins – on a pu lire par transparence le palimpseste des textes effacés – et enluminant de lettrines somptueuses les nouveaux manuscrits. Priorité est donnée aux textes chrétiens, mais les moines savent révérer les textes anciens. À l'abri des guerres, les abbayes gèrent des trésors.

L'enseignement des clercs

Les clercs fondent des universités et prodiguent des enseignements où la théologie et la philosophie tiennent la première place.
Des hommes comme Abélard sont les acteurs privilégiés de cette transmission des savoirs. Un moine comme Rabelais en sera un bénéficiaire exemplaire.

▼ *Un moine plein d'humour s'est représenté sur son propre manuscrit.*

Bilan du XVIe siècle - l'humaniste

Étudier à l'université se disait alors « faire ses humanités ». L'humaniste est d'abord un homme de culture et d'esprit critique, soucieux de confronter son savoir avec celui des autres.

Le modèle culturel italien

Les guerres d'Italie (fin XVe-début XVIe) révèlent à l'Europe l'éclat d'une culture fondée sur la communication, les arts et le respect des modèles antiques – en marge souvent de l'Église. Sur ce modèle émergent en France des élites non ecclésiastiques.

▶ *Dans son* **Éloge de la folie** *(1509), Érasme conteste bien des idées reçues en critiquant l'Église.*

Réapprendre le latin, le grec et l'hébreu

Le latin était langue de culture à un tel point qu'on ne connaissait la Bible qu'à travers la traduction latine de saint Jérôme – la Vulgate. Les humanistes européens apprennent les langues originelles des textes anciens et confrontent ce qu'ils lisent en version originale avec les sous-titres que leur avait fournis la tradition. Ils constatent, effarés, bien des différences. Les humanistes tels Amyot, Estienne, Dolet mais aussi Rabelais ou Montaigne, sont curieux de connaître la lettre des textes, pour en saisir l'esprit.

L'engagement religieux

De la connaissance à la critique, il n'y a qu'un pas. L'enseignement de l'Église, répétitif, visait à annihiler l'esprit d'examen. Découvrant que les textes fondamentaux du christianisme ne disent pas ce que l'Église enseigne, nombre d'humanistes se retournent vers le protestantisme naissant de Luther puis de Calvin. Accueillis par des rois épris de belles lettres, les humanistes entrent en conflit avec l'autorité religieuse et le paient parfois très cher : Dolet est brûlé vif pour avoir trop bien lu l'hébreu. Rabelais use de la farce pour émettre des critiques acerbes contre l'autorité de la Sorbonne. Montaigne en arrive à douter de tout. L'humanisme est une grande vague de contestation européenne.

Bilan du XVIIe siècle - le mécène

On vit mal de sa plume, avant le XIXe siècle, sans un protecteur puissant qui vous finance et vous couvre de son nom : un mécène.

Les poètes de Cour

La poésie est florissante au XVIIe siècle, mais peu de poètes sont indépendants. Viau veut le rester : il en mourra. Saint-Amant est l'un des rares à posséder une fortune personnelle, acquise comme corsaire. Mais Voiture est financé par Mme de Rambouillet, La Fontaine par Fouquet puis par Louis XIV, tout comme Boileau. La poésie est souvent bassement flatteuse : Racine commence sa carrière avec une ode célébrant le mariage du roi. Être poète, c'est devoir plaire.

Plaire ou déplaire

Plaire – à un financier comme Fouquet, à un grand seigneur comme le prince de Conti ou au roi –, c'est recevoir gratification, logement, parfois pension. Scarron, plein d'esprit, reçoit 1 500 livres au titre de « malade de la reine » Anne d'Autriche qu'il a su faire rire. Racine ou Boileau sont historiographes du roi. Déplaire, c'est finir en exil comme Bussy-Rabutin, parfois en prison comme Viau ou encore plus mal : Cyrano de Bergerac meurt assassiné.

Fouquet

Le surintendant Fouquet finance Molière ou La Fontaine. À sa chute, ceux-ci sauront se faire accepter par le roi qui, pourtant, hait Fouquet et ses créatures.

Les hommes de Richelieu

En créant l'Académie française en 1634, Richelieu s'entoure d'une équipe de plumitifs payés prêts à soutenir sa politique : sur ordre, ils « examinent » la versification du *Cid* de Corneille dont le succès auprès de jeunes nobles irrite le cardinal. La création du premier journal, *la Gazette* de Renaudot, en 1631, va dans le même sens.

◀ *Le tout-puissant chancelier Séguier avait aussi ses créatures de plume dévouées.*

Bilan du XVIIIe siècle - le philosophe

Le siècle des Lumières s'appelle ainsi parce que la Raison et la Philosophie poussent soudain leurs feux et rejettent l'obscurantisme du passé.

« Il faut écraser l'infâme »

C'est le leitmotiv de nombreuses lettres de Voltaire. *L'infâme,* c'est probablement, dans son esprit, l'Église et ce qu'elle symbolise – moins la foi en elle-même que la superstition, la routine intellectuelle, la répression des idées et des hommes. Le philosophe se veut d'abord un homme libre : il est souvent un libre penseur.

Voltaire est l'incarnation, aux yeux de l'Europe, du philosophe français.

Contre la monarchie absolue

Le philosophe français, qui est un modèle pour l'Europe, s'inspire lui-même du modèle politique anglais de monarchie constitutionnelle. Il lutte contre la monarchie absolue des rois de France, prônant une démocratie élitiste, comme Montesquieu, ou critiquant les pouvoirs de l'absolutisme, comme Voltaire.
Il est à noter que les philosophes, très durs pour le régime français, trouvent des grâces à des souverains étrangers souvent autoritaires : Voltaire encense Frédéric de Prusse et Diderot vit du mécénat de Catherine de Russie. Pour eux, pas de contradiction ; pas plus que pour un Beaumarchais qui critique la noblesse dans ses pièces et court après les pensions royales. Seul compte le résultat : l'abolition de la torture, de la servitude et, finalement, de la royauté.

Vers les droits de l'homme

Voltaire s'insurge violemment contre les exécutions de Calas – qui succombe, sur la roue, à une machination politico-religieuse – ou du chevalier de La Barre – victime de l'intolérance de l'Église. Il s'attaque aux verdicts non seulement du point de vue juridique, mais du point de vue humain, notant l'horreur des exécutions publiques – celle de Damiens par exemple, écartelé, tenaillé et découpé. Il dénonce l'horreur de la « question préalable » – où un faible innocent s'avoue coupable sous la torture, quand un robuste malfrat est réputé sans tâche. Mort en 1778, Voltaire n'aura pas la satisfaction de voir la suppression de la torture (1788) et, finalement, le vote de la Déclaration des droits de l'homme (1789).

Bilan du XIXe siècle - le savant

Le XVIIIe siècle avait réhabilité le progrès. Le XIXe le met en pratique en généralisant la révolution industrielle.

La fin des préjugés

Avec la Révolution tombent les derniers préjugés qui entravaient les progrès de la science, comme l'espérait Condorcet.
On sait, après Cuvier, que les fossiles de Montmartre ne viennent pas du Déluge. Et Napoléon qui, se faisant expliquer la formation du monde par le mathématicien Laplace, lui demande *« Et Dieu, dans tout ça ? »* s'entend répondre : *« Je n'ai pas eu besoin de cette hypothèse. »*

▲ *Claude Bernard donne à la médecine des bases scientifiques.*

La puissance de l'éducation

La Révolution a besoin de savants. Elle institue l'École polytechnique. Napoléon la suit dans cette voie. Les guerres de l'Empire font paradoxalement progresser la médecine.
L'éducation se généralise. En dépit du retour des jésuites, en 1818, de grands lycées laïques dispensent à présent un enseignement scientifique, tout au moins aux garçons. Les historiens ne s'appuient plus, comme autrefois Bossuet, sur l'Écriture sainte pour expliquer l'Histoire, mais sur les archives.
Un formidable besoin de savoir agite les consciences. À la fin du siècle, Jules Ferry fonde l'école pour tous.

« Le » Littré

Le *Dictionnaire de la langue française* (1863-1872) d'Émile Littré présente pour chaque mot de nombreux exemples, car, pour lui, le sens est tributaire de l'usage et non l'inverse.

Le positivisme

Dans son *Introduction à l'étude de la médecine expérimentale* (1865), Claude Bernard donne pour la première fois une base théorique à des pratiques médicales jusque-là empiriques. Le philosophe Auguste Comte invente le positivisme, qui privilégie les faits plutôt que les hypothèses préalables.
Émile Littré rédige le premier dictionnaire qui ne soit pas normatif, c'est-à-dire qui part de l'usage pour arriver aux définitions – l'Académie faisait alors tout le contraire.
Pierre Larousse compose seul une encyclopédie en dix-sept volumes où est rassemblé tout le savoir de son temps, afin de prolonger et magnifier l'*Encyclopédie*. En Allemagne avec Marx, en Angleterre avec Ricardo, les théoriciens économistes pensent gérer le réel. Darwin, enfin, enseigne que l'homme est une étape dans un processus d'évolution-sélection infini. Tous ont sur la littérature – qui invente au même moment le naturalisme – une influence évidente.

Bilan du XXe siècle - la femme écrivain

Longtemps réservée aux hommes, l'éducation a marginalisé les femmes. Le XXe siècle, en donnant leur chance à toutes, leur octroie le droit à la parole – à moins qu'elles ne la prennent d'autorité.

Les suffragettes

À la fin du XIXe siècle naît en Angleterre le mouvement des suffragettes, qui revendique l'égalité entre les sexes et, en particulier, le droit de vote pour les femmes. Ce sera acquis outre-Manche dès les années 1920, mais il faudra attendre 1945 en France pour que le prix Nobel Marie Curie puisse voter.

Niki de Saint-Phalle, ▶ *avec la série des* Nanas, *fait œuvre de provocation.*

Écritures féministes

Le livre phare de la pensée féministe est certainement *le Deuxième Sexe* de Simone de Beauvoir (1949). Affirmant l'autonomie de la parole féminine, l'auteur incite les femmes à sortir de l'ombre du pouvoir mâle.
Dans les années 1960, avec la montée en puissance du Mouvement de libération des femmes (MLF), et sous l'influence d'écrivains anglo-saxons comme Kate Millett et sa *Politique du mâle* (1970), on assiste à un déferlement d'écritures féminines et féministes, de Violette Leduc à Hélène Cixous, qui combinent recherches littéraires et discours militant.

Écritures féminines

Longtemps, les femmes écrivains ont été une infime minorité. On cite toujours Marguerite de Navarre, Louise Labé ou Mme de Sévigné – récifs dans un océan de paroles masculines. Le XIXe siècle ne fait guère mieux, qui impose aux « bas-bleus » de publier sous des noms masculins. Tout change au XXe siècle. De Colette à Duras en passant par Beauvoir ou Sarraute, les femmes conquièrent la parole et le respect des lecteurs. L'évolution est spectaculaire : Colette, dans ses débuts, sert de « nègre » à son mari Willy, puis s'en affranchit. Et si Elsa Triolet est encore la « muse » d'Aragon, Beauvoir joue à égalité avec Sartre. En 1980, Marguerite Yourcenar est la première femme élue à l'Académie française.

Simone de Beauvoir

Compagne de Sartre et auteur de *Mémoires d'une jeune fille rangée* (1958), elle est l'exemple type de l'écrivain alliant parole féminine et écriture militante, philosophie marxiste et roman bourgeois.

Le français dans le monde, hier

Le français fut, jusqu'à la fin du XIXe siècle, la *lingua franca* de l'Europe – le langage de circulation dans laquelle s'entretenaient aussi bien les voyageurs que les écrivains.

▼ *La tapisserie de la reine Mathilde raconte la conquête de l'Angleterre, en 1066.*

Les Normands en Angleterre

Guillaume le Conquérant, qui s'est emparé de l'Angleterre au terme de la bataille de Hastings (1066), importe avec lui sa langue : les Normands vont à ce point dominer les Saxons que le vocabulaire français infiltre la langue anglaise à près de 50 %. Celle-ci attendra le XIXe siècle pour entamer, en retour, sa lente conquête du continent.
Pendant plusieurs siècles, l'aristocratie anglaise ne parle que le français. Les rois d'Angleterre ont de justes prétentions sur la couronne de France. Ils occupent longtemps de larges portions du territoire. Les échanges sont incessants entre les deux rives de la Manche.

Le français en Europe

L'impérialisme linguistique dépend de la puissance du pays. Le français s'exporte avec les guerres d'Italie au XVIe siècle ; puis est importé par Louis XIV en Belgique, qui parlait alors espagnol, à l'image de l'autre puissance européenne, déclinante au XVIIe siècle. Le français devient alors, pour deux siècles, la langue des cours européennes et de l'élite intellectuelle. *Guerre et Paix* de Tolstoï met en scène des nobles russes qui, dans l'Europe de 1805-1815, parlent naturellement français entre eux – Tolstoï écrit d'ailleurs leurs dialogues en français. Et à travers toute l'Europe, les voyageurs parlent français avec leurs aubergistes.

Le français de l'empire colonial

La France conquiert le Maghreb puis l'Afrique noire et l'Indochine au cours du XIXe siècle, camouflant ses objectifs impérialistes sous l'ambition révolutionnaire d'apporter la liberté et les Lumières. Une cohorte d'instituteurs suit donc l'armée, pour enseigner le français aux populations soumises et envoyer en métropole les futurs cadres. Le mot *francophonie,* qui deviendra le nom de l'association des « pays ayant le français en partage », apparaît pour la première fois en 1880.

Le français dans le monde, aujourd'hui

On estime aujourd'hui à plus de 170 millions le nombre de francophones dans le monde, à comparer aux 500 millions d'anglophones qui emploient la première langue de circulation internationale.

En Amérique du Nord

Les îlots francophones d'Amérique du Nord datent des explorations maritimes des XVIe et XVIIe siècles. Le Québec parle français depuis François Ier et les Antilles depuis Louis XIII. La Louisiane a été conquise sous la régence de Philippe d'Orléans – la langue cajun en témoigne. Mais Napoléon a revendu la Floride aux Américains, comme Louis XV avait abandonné les *« quelques arpents de neige »* du Canada aux Anglais. Hormis aux Antilles, terres françaises, et au Québec, les traces de culture française sont à présent rares en Amérique.

En Afrique francophone

L'indépendance acquise au début des années 1960 par les diverses composantes de ce qui fut autrefois l'Afrique occidentale française n'a pas entravé l'usage du français au Sénégal, en Côte-d'Ivoire, au Mali, au Bénin, au Cameroun, etc. – pas même dans les anciens territoires belges de la République démocratique du Congo. On peut cependant se demander ce qui en subsistera avec l'arrivée au pouvoir de nouvelles élites qui, bien que formées en France, désirent oublier le passé… et s'ouvrir des marchés dans les pays anglophones.

◂ *L'Afrique à son tour a influencé la France à travers des formes qui ont passionné et inspiré les artistes français.*

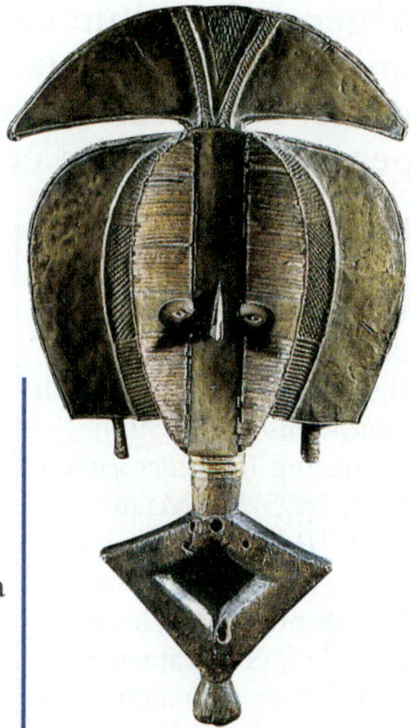

▴ *Les masques africains témoignent de la pérennité et de l'influence d'une culture noire.*

Au Maghreb

Malgré les douloureux souvenirs de l'indépendance, l'Afrique du Nord a gardé des liens économiques et culturels très forts avec la France, ne serait-ce que par le biais des travailleurs immigrés présents dans l'Hexagone. Il est notable que les pays qui ont acquis le plus aisément leur indépendance – Tunisie, Maroc – sont les moins tentés par l'arabisation linguistique et l'islamisation culturelle.

Littératures francophones (I)

La France a si longtemps manifesté une telle hégémonie culturelle qu'il n'y avait pas une littérature belge, ou suisse, indépendante. Rousseau ou Simenon étaient perçus comme des écrivains français.

▲ ***Georges Simenon (1903-1989) ignorait lui-même le nombre total des livres qu'il avait écrits.***

En Belgique

L'heure de gloire est celle du symbolisme en Belgique, avec Rodenbach (*Bruges-la-morte,* 1892), Verhaeren (*les Villes tentaculaires,* 1895) ou Maeterlinck (*Pelléas et Mélisande,* 1893 ; *Serres chaudes,* 1899). Même prosateurs, les écrivains belges se caractérisent par un sens aigu de la poésie la plus mélancolique. Au XXe siècle, Crommelynck (*le Cocu magnifique,* 1921), Norge (*la Langue verte,* 1954), Yourcenar (*Mémoires d'Hadrien,* 1952) ou Simenon (la série des *Maigret,* à partir de 1929) illustrent la vitalité d'une littérature sans cesse menacée, comme le chante Brel, par l'impérialisme économique de la Flandre voisine. La figure de proue est aujourd'hui celle de Henry Bauchau (*Œdipe sur la route,* 1990).

◂ ***Géo Norge (1898-1990) est l'auteur d'une poésie provocante et tonique.***

En Suisse

Nombre de réformateurs comme Calvin (*Institution de la religion chrestienne,* 1536) sont originaires de France. Au XVIIIe siècle, la Suisse redevient terre d'exil et de création littéraire avec, notamment, Jean-Jacques Rousseau. Mme de Staël et Benjamin Constant sont également d'origine suisse. Tout comme le père de la BD, Rodolphe Töpffer (1799-1846) (*Voyage en zig zag,* 1844), le poète et essayiste Amiel (*Journal intime,* 1883-1965) et les romanciers Ramuz (*Derborence,* 1934), Pourtalès (*la Pêche miraculeuse,* 1937) et Jacques Chessek (*l'Ogre,* prix Goncourt 1973).

Au Québec

Née au XIXe siècle, la littérature québécoise s'illustre avec Louis Fréchette (*la Légende d'un peuple,* 1887), Anne Hébert (*les Chambres de bois,* 1958), Réjean Ducharme (*l'Avalée des avalés,* 1966) ou Michel Tremblay (*les Belles-Sœurs,* 1968). Louis Hémon, l'auteur de *Maria Chapdelaine* (1916), le roman québécois le plus célèbre, est français de souche, mais québécois d'inspiration. Anne Hébert, prix Fémina avec *les Fous de Bassan* (1982), bénéficie d'une audience internationale.

Littératures francophones (II)

L'ancien empire colonial français a produit des écrivains souvent écartelés entre deux cultures, mais toujours riches de ces deux cultures. À leur tour, ils ont conquis la métropole.

En Afrique et dans l'océan Indien

La littérature africaine francophone exprime son identité, au lendemain de la guerre, en s'identifiant au concept de « négritude » proposé par l'Antillais Césaire. Senghor entre en littérature avec *Chants d'ombre* (1945) et mène son activité d'écrivain parallèlement à son destin politique – il sera le premier président du Sénégal. Sénégalais aussi, Cheikh Hamidou Kane se fait connaître en 1961 avec *l'Aventure ambiguë*. Amadou Hampaté Ba aura un succès international avec *l'Étrange destin de Wangrin* (1974). Cette littérature est aussi moins officielle avec les œuvres du Camerounais Mongo Béti (*Remember Ruben*, 1982), et des Congolais Sony Labou Tansi (*la Vie et demie*, 1979) et Henri Lopès (*le Pleurer-rire*, 1982). Enfin, citons l'Ivoirien Amadou Kourouma (1927-2003), auteur d'une œuvre libre, forte et écrite dans une langue savoureuse (*le Soleil des indépendances*, 1968 ; *Monné*, 1990).

Aux Antilles

On doit aux Antilles, entre autres, la poésie révoltée d'Aimé Césaire ou d'Édouard Glissant et la prose lyrique de Simone Schwartz-Bart : tous trois jouent sur les trois cultures, antillaise, africaine et française.

◄ *Léopold Sédar Senghor (1906-2001), homme de lettres et homme politique.*

Au Maghreb

Malgré les blessures de l'histoire, la littérature algérienne de langue française, depuis les *Chants berbères de Kabylie* (1939) traduits par Jean Amrouche jusqu'à *l'Honneur de la tribu* (1990) de Rachid Mimouni, est foisonnante : *le Fils du pauvre* (1950) de Mouloud Feraoun, *la Colline oubliée* (1952) de Mouloud Mammeri, *Nedjma* (1956) de Kateb Yacine, *Le quai aux fleurs ne répond plus* (1961) de Malek Haddad, *le Grain magique* (1966) de Taos Amrouche, *le Muezzin* (1968) de Mourad Bourboune, *la Répudiation* (1969) de Rachid Boudjedra, *Habel* (1977) de Mohammed Dib (mort en 2003), *Femmes d'Alger* (1980) d'Assia Djebar. Les littératures marocaine (Mohamed Bennes, *Désert au bord de la lumière*, 1999) ou tunisienne (Hélé Beji, *l'Œil du jour*, 1985) sont également riches. Mais Tahar Ben Jelloun ou Abdelwahab Meddeb (*Talismano*, 1979) ont choisi de se fixer en France.

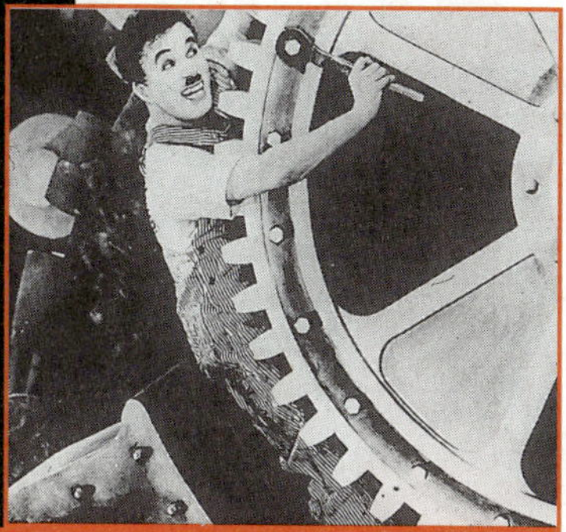

FIL ROUGE

Pour comprendre
le programme dans
son ensemble

Le sens des programmes du lycée, leur objectif, leur intérêt à travers un récit de Pierre Brunel.

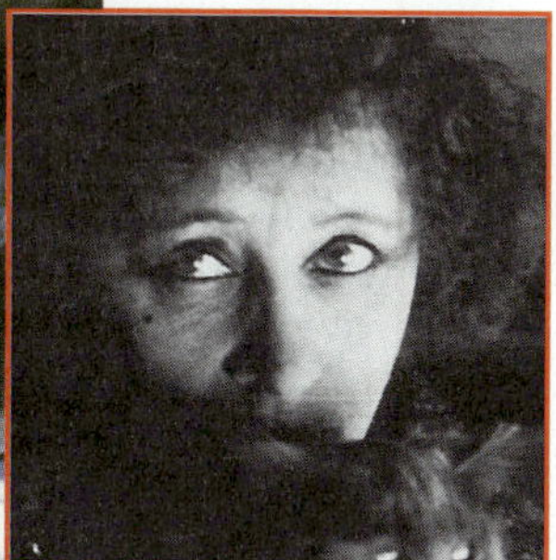

La littérature et les livres

Le livre / les livres

Ceci est un livre. Cette constatation d'évidence devant l'objet qui est entre vos mains est une introduction nécessaire à toute réflexion sur la culture et sur la littérature. Les programmes des classes de seconde, première et terminale tendent à laisser le Moyen Âge en arrière-fond. Le livre commence avec l'invention de l'imprimerie par Gutenberg, à Mayence, au XVe *siècle. La Renaissance en est l'héritière directe, et cette « civilisation Gutenberg » se prolonge jusqu'à nous : c'est la* « galaxie Gutenberg » *qu'a évoquée le sociologue américain contemporain Marshall McLuhan. Le* XXIe *siècle en laisse-t-il pressentir la fin ? C'est une question à laquelle aucun de nous n'échappe aujourd'hui.*

LIBRAIRIE
La librairie est le nom ancien de la bibliothèque. C'est dans ce sens que Montaigne emploie le mot.

Les divers sens d'un mot

En tant qu'objet, le livre est en principe cet instrument de lecture que nous connaissons et dont nous avons eu très tôt l'usage, dès le premier « livre de lecture » qu'on a mis entre nos mains dans les petites classes. Ces livres garnissent nos bibliothèques privées ou publiques, sont proposés aux acheteurs dans les librairies, sont nécessaires à la formation de l'individu, mais aussi indispensables à son plaisir. Nous avons tous, pour reprendre l'expression de Montaigne, le *« commerce »* (= la fréquentation) des livres. Un chapitre des *Essais* (première édition de 1580) leur est consacré (« Des livres », II, X) et l'auteur ne cache pas sa conduite libre et capricieuse à leur égard :

« Si ce livre me fâche, j'en prends un autre ; et ne m'y adonne qu'aux heures où l'ennui de rien faire commence à me saisir. »

Ce qu'il appelle sa *« librairie »* est, en réalité, la bibliothèque de son château de Montaigne, dans le Bordelais, et c'est là qu'il passe le plus clair et le plus délectable de son temps. En cette fin du XVIe siècle, le livre est une invention encore suffisamment récente pour qu'on comprenne la joie particulière que Montaigne prend à ce *« commerce »*.

Mais le mot «livre» n'a pas que cette signification. Marcel Proust, habitué dès sa jeunesse des milieux mondains, l'a suggéré dans une page de *la Prisonnière,* la cinquième partie de son grand roman *À la recherche du temps perdu* (1913-1922) :

Une grande librairie moderne : le Furet du Nord, à Lille. Le rayon des livres de poche y occupe une place importante et une animation culturelle y est organisée.

« Livre, au singulier, qui signifie ouvrage imprimé pour le commun des mortels, perd ce sens pour les Altesses et pour les valets de chambre. Pour les seconds, il signifie le livre de comptes ; pour les premières, le registre où on s'inscrit. (À Balbec, un jour où la princesse de Luxembourg m'avait dit qu'elle n'avait pas emporté de livre, j'allais lui prêter *Pêcheur d'Islande* et *Tartarin de Tarascon,* quand je compris ce qu'elle avait voulu dire : non qu'elle passait le temps moins agréablement, mais que je pourrais plus difficilement mettre mon nom chez elle.) »

Il y a, entre le livre des dames de l'aristocratie comme la princesse de Luxembourg en villégiature dans une station balnéaire de Normandie (Balbec, représentation de Cabourg) et les livres qui figurent dans une bibliothèque ou une librairie, la même différence qu'entre ce que nous appelons « livre d'or » et un roman que nous achetons pour meu-

HOMMAGE
Le livre peut avoir la valeur d'un hommage. Ainsi en est-il pour le touchant récit autobiographique d'Albert Cohen, *le Livre de ma mère* (1954).

bler une soirée ou un voyage en train. Sur le livre de la princesse, les invités inscrivent leur nom et peut-être un compliment galant. *Pêcheur d'Islande* (1886) de Pierre Loti, qui évoque la difficile vie des marins bretons, *les Aventures prodigieuses de Tartarin de Tarascon* (1872) d'Alphonse Daudet, mettant en scène un méridional mythomane et vantard, étaient des succès populaires et ils ont conservé des lecteurs aujourd'hui.

Un point est commun : le livre a une couverture, comme une « écorce » (c'est le sens de *liber* en latin). Ce livre peut être épais : c'est le cas des *Essais* de Montaigne, dont l'auteur parle lui-même comme d'un livre (Avertissement au lecteur : *« Ainsi, lecteur, je suis moi-même la matière de mon livre »*). Il peut être mince, se réduire à ce qu'on appelle une « plaquette » – un livre de quelques pages (c'est le cas par exemple du seul livre qu'ait publié Arthur Rimbaud, *Une saison en enfer,* en 1873, 53 pages dans l'édition originale, ou de *la Chevelure de Bérénice,* 1984, 32 pages, de Claude Simon, romancier du « nouveau roman » qui a obtenu le prix Nobel de littérature, la plus haute récompense internationale pour un écrivain, en 1987). Le personnage de décadent imaginé par Joris-Karl Huysmans dans *À rebours* (1884), des Esseintes, rêve même d'un roman qui serait *« condensé en une page ou deux »*.

Le tout et la partie

Le livre peut se confondre avec l'œuvre. C'est le cas le plus général, par exemple quand l'objet que nous avons dans les mains contient, et contient seulement, *le Père Goriot* de Honoré de Balzac ou *Vipère au poing* de Hervé Bazin.

Mais le livre peut être une subdivision de l'œuvre. Ainsi le grand projet de Rabelais a-t-il abouti à une série de cinq livres, dont les deux premiers ont pour titre un nom de personnage, *Pantagruel* (1532) et *Gargantua* (1534), mais dont les trois autres sont seulement désignés par *le Tiers Livre* (= le Troisième livre, 1546), *le Quart Livre* (= le Quatrième livre, 1552) et *le Cinquième Livre* (posthume). Ce que Montaigne considère comme son livre, les *Essais,* est lui-même divisé en trois livres : le livre III, le plus profond, a été ajouté en 1588. Le grand recueil lyrique de Victor Hugo, *les Contemplations* (1853), est divisé en six livres (1. *Aurore* ; 2. *L'âme en fleur* ; 3. *Les luttes et les rêves* ; 4. *Pauca meae* [= Quelques vers pour ma fille] ; 5. *En marche* ; 6. *Au bord de l'infini*), bien qu'il n'ait pas à être divisé en plusieurs volumes.

À l'inverse, il peut arriver qu'une œuvre – donc un livre – occupe plusieurs tomes – donc plusieurs livres, au sens matériel du terme : c'était le cas pour les romans, souvent fort longs, du XVIIe ou du XVIIIe siècle. Livre peut donc désigner le tout de l'œuvre ou l'une de ses parties. Le livre en tant qu'objet est plutôt un volume, unité matérielle que l'œuvre peut dépasser.

« LE » LIVRE
La Bible est le Livre des livres – et le nom seul de « livre » lui suffit. Ce titre modèle a été retenu, par exemple, pour *la Bible de l'humanité* de Jules Michelet (1798-1874), historien romantique.

« Livre » au singulier et « livres » au pluriel

Antérieurement à l'invention de l'imprimerie, un livre a pu s'imposer en tant que tel, même s'il ne disposait que du support du manuscrit ou de la copie : c'est le cas de la Bible, le livre sacré des chrétiens, désigné par le nom grec du livre (*biblion,* celui sur lequel sont formés bibliothèque ou bibliophile) et non par son nom latin, même s'il a été diffusé dans la version latine de saint Jérôme, ou Vulgate. À l'intérieur d'une religion, un tel livre est considéré comme « le » livre, donc un véritable livre de vie spirituelle.

Il est rare qu'un auteur soit l'homme d'un seul livre : nous en avons un exemple avec La Rochefoucauld et les *Maximes* (titre complet : *Réflexions, ou Sentences et Maximes morales,* publiées en 1662 dans un volume collectif). En général, surtout si sa carrière a été longue, l'écrivain brille par une certaine abondance et

LE LIVRE-GUIDE
Pour son second roman, *l'Emploi du temps* (1956), Michel Butor a écrit le roman d'un livre. Son personnage, un jeune Français séjournant pendant un an dans une ville anglaise, tient son journal qui va constituer le livre. Ce livre qu'il est en train d'écrire est son guide, son fil (rouge ou non) dans le labyrinthe de la ville, comme le lecteur lui-même aura besoin d'un fil d'Ariane dans le labyrinthe de ce livre complexe: *« Ce cordon de phrases est un fil d'Ariane parce que je suis dans un labyrinthe, parce que j'écris pour m'y retrouver. »*

son œuvre peut donner lieu à un catalogue. Mais il peut n'avoir écrit qu'un seul livre essentiel, qu'il le désigne ainsi au singulier et qu'il ait tendance à se confondre avec lui: c'est le cas pour Montaigne et les *Essais,* même s'il est par ailleurs l'auteur d'un *Journal de voyage en Italie,* ou pour Proust, dont *À la recherche du temps perdu* éclipse le reste de l'œuvre, fût-il préparatoire à cette œuvre-cathédrale (*Jean Santeuil* resté inachevé, *la Fin de la jalousie,* nouvelle de jeunesse annonciatrice d'*Un amour de Swann,* histoire de la jalousie de l'amateur d'art Charles Swann et d'une femme facile, Odette de Crécy). Alors on dira, même abusivement, que l'écrivain est l'auteur d'un livre.

Il peut arriver aussi qu'un écrivain ait l'ambition d'aboutir à un livre, à un grand Livre, qui réunirait non seulement toute son expérience, mais le monde tout entier. C'est vers ce Livre total qu'a tendu le poète Stéphane Mallarmé (1842-1898).

Le livre, objet indispensable, objet jetable ou objet dépassé ?

Si nous appartenons encore à la « galaxie Gutenberg », nous n'avons plus exactement le même rapport avec le livre qu'un homme du XVIe ou du XIXe siècle.

D'abord le règne du livre est concurrencé par celui du journal, de la télévision, du cinéma, quoique des relations existent entre ces modes de communication et le livre (roman publié en feuilleton dans un journal, même si c'est moins fréquent qu'au XIXe siècle ; adaptation télévisuelle ou cinématographique d'une nouvelle ou d'un roman, comme *le Colonel Chabert* de Balzac, ou *le Chef-d'œuvre inconnu* du même, devenu à l'écran *la Belle Noiseuse*).

Ensuite le livre tend à devenir de nos jours un objet jetable quand il est à prix modique (2 euros le volume pour la collection « Librio » ou 1 euro pour « Maxilivres », qui donnent pourtant des textes intégraux et parfois longs). D'où le phénomène du « livre de poche », réparti en diverses collections qui assurent une meilleure diffusion aux œuvres (Le Livre de poche, Folio, GF, etc.), mais ruinent le culte du livre-objet pour bibliophile.

Enfin le livre risque d'être dépassé très vite par des techniques de pointe, en particulier Internet ou le CD-ROM, qui permet de concentrer en un minuscule objet une quantité considérable de textes (tout un dictionnaire, toute l'œuvre d'un auteur, par exemple).

À la fin des *Nourritures terrestres* (1897), André Gide invitait le lecteur à jeter son livre après l'avoir lu *(« À présent, jette mon livre. Émancipe-t'en. Quitte-moi »).* Sans doute y avait-il quelque désinvolture théâtrale dans ce geste. Nous n'en sommes pas là, malgré la concurrence dont le livre est l'objet. Mais on peut déjà prévoir, en ce début de XXIe siècle, qu'il n'aura pas, dans la vie intellectuelle et culturelle, la place quasi exclusive dont il bénéficie encore aujourd'hui.

INTERNET
On ignore encore quel avenir Internet réserve à la littérature. Plusieurs tentatives ont déjà été faites dans ce domaine, par exemple la diffusion d'un journal intime.

Écrire, communiquer

Quand on rédige une lettre, on écrit pour quelqu'un. Cet acte est d'abord un acte de communication. En va-t-il différemment quand celui qui tient la plume – ou plus souvent aujourd'hui le stylobille – rédige un texte? On dit d'une jeune personne douée, ou d'un débutant qui veut être auteur, qu'il écrit. Et le verbe s'emploie alors absolument, sans complément d'objet direct impliquant un message (« écrire quelque chose »), sans complément d'attribution désignant un destinataire (« écrire pour quelqu'un », pour un lecteur, ou ce qu'on désigne globalement comme « lectorat »).

Première approche : la lettre

CRITIQUES À Mme DE SÉVIGNÉ
On a pu reprocher à Mme de Sévigné la pudeur dans l'expression de ses sentiments – elle désigne seulement ses souffrances intérieures comme « mes mouches » –, mais une telle délicatesse est caractéristique de l'expression de la sensibilité au XVIIe siècle. On a pu, également, lui faire grief d'être insensible aux malheurs du peuple sous le règne de Louis XIV, mais la poste royale avait le droit d'ouvrir les lettres et le risque était trop important.

L'emploi absolu et intransitif du verbe écrire ne doit pas nous tromper. On ne peut écrire sans avoir quelque chose à dire (et même la littérature la plus ludique, celle qui joue sur les mots, n'y échappe pas). On n'écrit pas seulement pour soi-même, mais pour les autres et, si l'on est publié, pour le public potentiel des lecteurs. Écrire est, comme parler, un acte de communication et le langage, oral ou écrit, est l'instrument de cette communication.

À elle seule la lettre est un tel acte de communication. De nos jours, dit-on, elle se perd : on a la paresse d'écrire, en dehors des lettres d'affaires, on use davantage du téléphone ou du fax, ou la lettre se réduit à quelques mots utilitaires, à un billet. Seuls, peut-être, des circonstances exceptionnelles, l'éloignement ou un rapport affectif intense peuvent susciter une correspondance véritable. Cela nous a valu les lettres adressées pendant vingt ans à sa fille par la marquise de Sévigné (1626-1691) : le mariage de Françoise-Marguerite avec le comte de Grignan, qui vivait dans le Midi, les avait éloignées et la vue du carrosse qui emmenait au loin la jeune épousée, le 5 février 1671, a été une émotion décisive. *Les Lettres à la fiancée* de Victor Hugo, tardivement révélées en 1901, nous éclairent sur sa relation intense avec son ancienne camarade de jeux dans la maison des Feuillantines, Adèle Foucher, celle qui est devenue sa femme le 12 octobre 1822, après de nombreuses difficultés, en particulier l'opposition de Mme Hugo mère.

On ne s'étonne pas, dans ces conditions, que la lettre puisse entrer en littérature. C'est ce qu'on appelle la littérature épistolaire. Elle peut se réduire à quelques mots, mais denses, elle peut avoir un caractère éruptif (les deux célèbres lettres de Rimbaud, dites du « Voyant », en mai 1871, au moment de la Commune de Paris, quand l'esprit révolutionnaire souffle aussi, pour l'adolescent de Charleville, en littérature), elle peut être soignée, lettre d'apparat qui est destinée à être lue, non seulement par le correspondant désigné, mais par un public déjà pressenti (c'est le cas des lettres de Mme de Sévigné, qui sait qu'elles ne seront pas lues seulement par sa fille, Mme de Grignan).

Un texte littéraire peut se présenter comme une lettre : c'est le cas, en langue allemande, de la longue *Lettre au père* (1918) de Franz Kafka, revendication violente et douloureuse d'un fils contre un père dont la personnalité est trop pesante, ou en langue française, et à date plus récente, de la *Lettre à Laurence,* adressée par l'académicien Jacques de Bourbon-Busset à son épouse disparue, ou de la *Lettre sur le pouvoir d'écrire,* rédigée par la grande critique Claude-Edmonde Magny, en 1943, à l'intention du tout jeune Jorge Semprun.

La *Lettre à Louis XIV* (1694) de Fénelon, qui critiquait la politique royale à partir d'une connaissance lucide de l'état du royaume, la *Lettre à l'Académie* (1713) du même, qui, prenant parti dans la querelle des Anciens et des Modernes, plaçait le goût au-dessus

Louis Aragon, qui fut également militant du Parti communiste français, lit un poème lors de la fête inaugurale du premier congrès des femmes de France, en juin 1945.

LETTRE ET LITTÉRATURE
« Chacun écrit des lettres, chacun rêve, chacun ignore que l'imaginaire écrit ressemble plus aux sorcelleries de fiction qu'aux lettres et aux rêveries »
(André Malraux, *l'Homme précaire et la littérature*, posthume, 1977).

des règles, la *Lettre à d'Alembert sur les spectacles* (1758) de Jean-Jacques Rousseau, qui condamnait le théâtre et proposait l'organisation de fêtes populaires, prennent une ampleur qui les apparente au discours, mais pour l'expression d'une opinion personnelle, aiguë et, dans le dernier cas, paradoxale.

Le message : écrire pour l'autre

La « grande » littérature, si on peut désigner ainsi les œuvres les plus fortes que nous connaissions, ne va pas sans adresse, au sens épistolaire du terme : non pas celle, encore toute postale, de certains petits poèmes de Mallarmé accompagnant des envois de bibelots, de bonbons ou de fleurs, mais l'adresse faite par l'écrivain à son destinataire, c'est-à-dire celui à qui il s'adresse.

Au Moyen Âge, François Villon, s'attendant, en 1463, à être pendu avec quelques autres à la suite d'une rixe, compose sa célèbre *Ballade des pendus,* qui comporte une double adresse : dans les strophes, à ses « frères humains » ; dans l'envoi (c'est-à-dire la dernière strophe), à Jésus-Christ, au *« Prince Jésus ».* Aux premiers il demande pitié, au second miséricorde. Et les deux derniers vers sont encore pour les frères humains :

> « Humains, ici n'a point de moquerie. (= il n' y a point)
> Mais priez Dieu que tous nous veuille absoudre. »

Au XIXe siècle, un poète du lyrisme personnel, comme Charles Baudelaire dans *les Fleurs du Mal* (1857), peut sembler avoir une visée plus étroite. Il s'adresse « À celle qui est trop gaie » (en réalité Mme Sabatier, la femme moins idéale qu'on ne l'a dit, mais opposée à la Noire Jeanne Duval) ; ou à « Mon enfant, ma sœur » (*l'Invitation au voyage,* qui appartient au cycle d'une troisième femme, Marie Daubrun, l'actrice aux yeux verts) ; mais aussi, dans les vers liminaires « Au Lecteur » :

> « – Hypocrite lecteur – mon semblable – mon frère ! »

Ce lecteur est considéré par les écrivains romantiques comme un autre moi-même, un alter ego. Le premier message que doit recevoir ce destinataire est sa ressemblance avec l'écrivain qu'il lit. C'est celui qu'a voulu communiquer Victor Hugo en composant la préface des *Contemplations* (1856) :

> « Ma vie est la vôtre, votre vie est la mienne, vous vivez ce que je vis ; la destinée est une. Prenez donc ce miroir, et regardez-vous-y. On se plaint quelquefois des écrivains qui disent moi. Parlez-nous de nous, leur crie-t-on. Hélas ! quand je vous parle de moi, je vous parle de vous. Ah ! insensé qui crois que je ne suis pas toi ! »

INTIMISME
L'intimisme, mouvement trop négligé dans les histoires littéraires, a été magistralement étudié par Daniel Madelénat (*l'Intimisme*, PUF, 1993) : il se situe entre le romantisme et le Parnasse.

Communication intime et communication de masse

Le propre de l'écrivain romantique est qu'il cherche à créer une intimité avec le lecteur, comme si chaque lecteur devait être un lecteur singulier auquel l'auteur s'adresse personnellement. Toute une littérature intimiste s'est d'ailleurs développée au XIXe siècle, avec des prolongements au XXe siècle, pour entretenir l'illusion de ce qu'on pourrait appeler un « pacte intimiste » (comme Philippe Lejeune a parlé d'un *« pacte autobiographique »*) : un contrat tacite, ou exprimé (c'est le cas pour Hugo, c'est le cas pour Baudelaire), par lequel l'auteur se lie avec le lecteur comme avec un autre lui-même, cherche à en faire son confident, entre avec lui dans une sympathie profonde qui pourtant ne peut être qu'imaginaire.

Mais l'écrivain peut aussi chercher à communiquer avec la foule. À l'époque romantique il se fait parfois, et contradictoirement, tribun du peuple ou porte-parole de la collectivité. Aussi est-il tenté par la vie politique (Lamartine est candidat aux élections pour être président de la République, après la Révolution de 1848, et il est laminé par Louis-Napoléon Bonaparte, le futur Napoléon III). Il cherche à obtenir des effets retentissants, comme Victor Hugo, par des

Actes et paroles. Au XXe siècle, Louis Aragon n'a pas dédaigné de s'exprimer au nom du Parti communiste français, dont il était membre. De même, Léopold Sédar Senghor (président de la République du Sénégal jusqu'en 1980), Aimé Césaire (maire de Fort-de-France, à la Martinique) au nom de ce qu'ils ont appelé la *« négritude »*.

ILLUSIONS
La partie centrale des *Illusions perdues* (1837-1843) est consacrée au passage par le monde du journalisme d'un jeune homme, Lucien de Rubempré, qui aspire à être reconnu comme écrivain.

Pour une telle action, pour de tels effets, le livre est-il suffisant ? La vie politique du XIXe siècle n'ignorait pas l'affiche, l'utilisation du journal (un monde dans lequel nous fait entrer Balzac dans son roman *Illusions perdues*). Le XXe siècle a recours d'une manière plus large à la communication de masse, à ce qu'on appelle les « mass media ». Le livre lui-même peut entrer dans un tel circuit, quand il atteint de forts tirages (c'est l'un des objectifs des prix littéraires que de produire le best-seller) ou quand on attend de lui une action ou ce qu'on appelle aujourd'hui volontiers un « impact » (confidences ou mémoires d'hommes politiques, d'acteurs célèbres, de personnalités mondaines). Ce passage à une littérature de masse, très caractéristique de notre époque, n'exclut pourtant pas l'existence parallèle d'une littérature confidentielle, réduite à une élite (c'est le cas, le plus souvent, pour la poésie contemporaine).

D'où le divorce, plus grand que jamais, entre la littérature conçue comme un *« art d'assouvissement »* (cette expression péjorative est due à André Malraux) et la littérature comme source d'un plaisir plus raffiné, plus rare. Mais ce n'est pas nécessairement parce qu'un livre a une très large diffusion qu'il est méprisable (voir le cas de *l'Amant* de Marguerite Duras, prix Goncourt en 1985, qui a largement dépassé le million d'exemplaires vendus, ou de *l'Alchimiste* de l'écrivain brésilien Paolo Coelho, immense succès de librairie pour un livre qui renoue avec le monde de l'ésotérisme et, en cela, flatte le goût du public pour l'occulte).

La communication verbale

Écrire est un acte de communication qui passe par des mots. Cette définition simple de la littérature engage déjà toute une approche.

Ses actes, ses fonctions, ses agents

Qu'est-ce qui permet de passer d'un simple message verbal à un acte de communication littéraire proprement dit ? Cette question est fondamentale pour une première approche de la littérature. On ne peut y répondre sans déterminer la place de ce que le linguiste russe Roman Jakobson a appelé la *« fonction poétique »* dans ses *Essais de linguistique générale*. Pour une application pratique, on s'inspirera d'un article du linguiste français Pierre Kuentz, dans *Langue française* (septembre 1970), consacré au récit de Néron au début de l'acte II de la tragédie de Jean Racine *Britannicus.* Ce sera la première approche, très rigoureuse, d'un texte littéraire illustre.

Robert Hirsch, qu'on a vu plus souvent dans des rôles comiques, incarne ici Néron, le « monstre naissant », dans la tragédie de Racine, *Britannicus* (1669) (Comédie-Française, mise en scène de Michel Vitold, 1961).

Pour une description linguistique du texte littéraire

BAUDELAIRE ET JAKOBSON
« L'Érèbe les eût pris pour ses coursiers funèbres / S'ils pouvaient au servage incliner leur fierté. »
En citant les vers 7 et 8 du quatorzain de Baudelaire, *les Chats,* pour en faire un « distique médian », Roman Jakobson a renouvelé la vision de ce poème **(voir pp. 88-90).**

Roman Jakobson (1896-1982), russe d'origine, a été un errant, que sa carrière a conduit de Moscou à Prague, de Prague en Suède, de Suède aux États-Unis. Sa vie reflète la carrière d'un intellectuel exilé au XXe siècle. Son œuvre, considérable, a été publiée intégralement en anglais. En traduction française, on a publié principalement les *Essais de linguistique générale* (Minuit, 1963) et *Questions de poétique* (Le Seuil, 1973), volume qui réunit des textes de 1919 à 1972. On connaît aussi certains commentaires de textes qu'il a faits à l'aide de la linguistique, le plus célèbre étant son explication du poème de Baudelaire, *les Chats,* en collaboration avec le grand anthropologue Claude Lévi-Strauss (1962, repris dans *Questions de poétique*), analyse linguistique minutieuse aboutissant à une tentative de mythocritique (commentaire du texte à la lumière des éléments mythologiques qu'il contient).

Jakobson, fondateur du Cercle linguistique de Moscou, a vécu en Tchécoslovaquie de 1920 à 1939, et il a été un des éléments les plus actifs du Cercle linguistique de Prague, qui fit beaucoup pour la diffusion des idées et du savoir des formalistes russes. Il s'est attaché à montrer la *« poésie de la grammaire »* et la *« grammaire de la poésie »*. Reprenant le propos de Baudelaire *(« La grammaire, l'aride grammaire elle-même devient quelque chose comme une sorcellerie évocatoire »),* il s'est penché sur les figures de la grammaire et considère que la texture grammaticale du langage littéraire constitue une grande partie de sa valeur intrinsèque.

« Comment une œuvre poétique [et, plus largement, une œuvre littéraire], *face aux procédés en honneur dont l'inventaire lui est légué, les exploite-t-elle à une fin nouvelle, et leur donne-t-elle une valeur neuve, à la lumière de leurs fonctions nouvelles ? »*:

cette question est centrale dans la pensée de Jakobson. Il y a répondu par une très importante théorie des fonctions, résultat de quarante ans de mise au point, qui est une véritable théorie de la communication. Aux facteurs constitutifs de tout acte de communication verbale correspondent des fonctions dans l'œuvre, donc des agents distincts de l'auteur, mais manipulés par lui.

ALLÔ
Le *allô* téléphonique est fondamental dans le monologue de Jean Cocteau, *la Voix humaine* (1930), où une jeune femme téléphone longuement à son amant.

Les facteurs constitutifs et les acteurs du message verbal

Les notions considérées n'appartiennent pas exclusivement au système de la littérature, elles ne sont pas revendiquées exclusivement par l'acte d'écrire. Mais elles sont parmi les facteurs constitutifs de tout acte de communication verbale, formalisé par Jakobson :

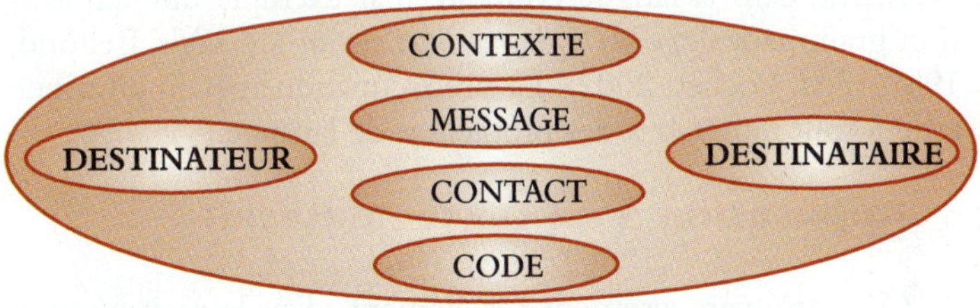

Le texte émane donc d'un destinateur (celui qui parle, celui qui écrit, celui qui tend à dire « je »). Il est porteur d'un message, d'un contenu, qui va vers un destinataire. Il renvoie à un référent, ou contexte. Il est bon que le contact soit favorisé par des formules dont l'allô téléphonique est l'une des plus simples. Le plus difficile à définir est le code, qui est ce qui permet l'expression du message.

Les fonctions correspondantes

Elles apparaîtront dans un second tableau, l'exact symétrique du précédent :

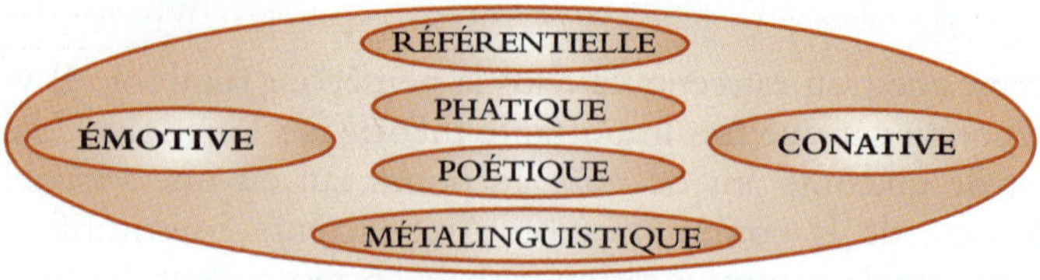

MÉTALANGAGE
Le structuralisme, dans les années 1960-1970, a attiré l'attention vers l'aspect métalinguistique du texte.

La fonction référentielle est une visée du référent, orientée vers le contexte. La fonction émotive, centrée sur le destinateur (l'auteur du message), vise à une expression directe de l'attitude du sujet à l'égard de ce dont il parle. La fonction conative (supposant un effort) est une incitation adressée au destinataire. La fonction phatique permet une accentuation du contact. La fonction métalinguistique oriente vers une glose permettant de comprendre un code. La fonction poétique correspond à une visée du message en tant que tel. Comme l'écrit Jean-Yves Tadié, commentant le système de Jakobson, « alors que le langage-objet parle des objets, le métalangage parle du langage, même dans la langue courante (par exemple une explication grammaticale) » (*la Critique littéraire au XX*e *siècle,* Belfond, 1987, rééd. Pocket, 2002). La préoccupation métalinguistique tend à tout ramener à des problèmes de langage.

Application à un texte de Racine

On retrouvera aisément ces éléments dans le récit que fait l'empereur romain Néron dans la tragédie de Racine, *Britannicus* (1669). Le sujet de la pièce est le suivant : Néron, monstre naissant, s'oppose à son frère Britannicus pour la conquête de la jeune Junie, dans une exaltation passionnelle qu'amplifie le pouvoir. À l'acte II (v. 385-409), s'adressant à son confident Narcisse, Néron expose quelle trouble émotion a été la sienne quand il a fait enlever Junie en pleine nuit :

« Excité d'un désir curieux,
Cette nuit je l'ai vue arriver en ces lieux,
Triste, levant au ciel ses yeux mouillés de larmes,
Qui brillaient au travers des flambeaux et des armes,

Belle, sans ornements, dans le simple appareil
D'une beauté qu'on vient d'arracher au sommeil.
Que veux-tu? Je ne sais si cette négligence,
Les ombres, les flambeaux, les cris et le silence,
Et le farouche aspect de ses fiers ravisseurs
Relevaient de ses yeux les timides douceurs.
Quoi qu'il en soit, ravi d'une si belle vue,
J'ai voulu lui parler, et ma voix s'est perdue:
Immobile, saisi d'un long étonnement,
Je l'ai laissée passer dans son appartement.
J'ai passé dans le mien. C'est là que solitaire,
De son image en vain j'ai voulu me distraire:
Trop présente à mes yeux, je croyais lui parler;
J'aimais jusqu'à ses pleurs que je faisais couler.
Quelquefois, mais trop tard, je lui demandais grâce;
J'employais les soupirs, et même la menace.
Voilà comme, occupé de mon nouvel amour,
Mes yeux, sans se fermer, ont attendu le jour.
Mais je m'en fais peut-être une trop belle image.
Elle m'est apparue avec trop d'avantage.
Narcisse, qu'en dis-tu?»

NARCISSE
Narcisse, le nom retenu par Racine pour le confident de Néron, est, à l'origine, celui d'un personnage mythologique qui est amoureux de lui-même (voir le *Traité de Narcisse* d'André Gide, 1891).

Le référent est Junie, la fiancée de Britannicus, dont Néron a subi les charmes au moment où en pleine nuit elle était enlevée par ses soldats. La fonction référentielle de ce récit vient de ce qu'il concerne Junie, mais aussi de ce qu'il nous renseigne de plus en plus sur Néron lui-même, lequel devient référent second dans la mesure où il tend à s'objectiver, à se présenter sur le mode du «il». Mais c'est bien sur le mode du «je» qu'il s'exprime, et la fonction émotive maintient tous ses droits. À tel point que, malgré la fascination qu'il a ressentie, Néron parle de lui *(«excité»)*, de son émotion, avant de parler d'elle *(«je l'ai vue* [...] *triste»)*.

Narcisse, le confident, destinataire du récit, ne doit pas rester insensible. La question finale, adressée à Narcisse, le desti-

BARTHES
Roland Barthes (1915-1980) a dominé le paysage intellectuel français de la seconde partie du siècle, passant de la critique thématique (*Michelet par lui-même, Sur Racine...*) à l'analyse des signes, ou sémiologie (*Mythologies, S/Z...*).

nataire, favorise le contact en sollicitant une réponse. Mais on n'oubliera pas que le lecteur, le spectateur de la tragédie est un autre destinataire, que Néron parle, mais que Racine parle aussi, et nous parle (ils sont l'un et l'autre des destinateurs). Le récit concerne Junie, elle est donc le référent. Mais ce référent tend de plus en plus à devenir Néron lui-même (il parle de ses yeux, il analyse son propre regard). Par la question finale, Néron interroge bien sûr Narcisse (comme avec le *« Que veux-tu ? »* du vers 391). Mais il s'interroge lui-même sur tout cela *(« en »)*, sur l'image qui vient de repasser devant ses yeux, sur le tableau qu'il vient de faire. Le compte rendu de son émotion passe par une description. On peut donc dire que la tirade use du code descriptif et, en particulier, de la description des effets produits sur le corps, ce *« corps racinien »* qui, comme l'a suggéré Roland Barthes dans son livre *Sur Racine* (1960), *« est essentiellement émoi, défection, désordre »*.

Le texte de Racine nous communique l'émotion du personnage, mais nous fait prendre conscience aussi des sources de notre émotion quand, comme Néron, nous sommes en proie au désir. Par là il prend une portée générale, et la communication une valeur qu'on peut dire, à cause de cela, « classique ».

Écrire, avec des mots

Si la littérature est l'art d'utiliser le langage, elle passe nécessairement par les mots. Cela ne signifie pas qu'elle soit la transposition directe des choses dans les mots (ce serait l'illusion d'un réalisme mal compris), cela ne signifie pas non plus qu'elle doive tendre vers le verbalisme pur ou se réduire à une rhétorique. Il faut pouvoir retrouver les mots comme matière vivante de la littérature.

Les approches des mots par la littérature

Montaigne a eu une haute conception de l'art d'écrire, et il s'en est pris dans le chapitre IX du livre III des *Essais* (1588) aux *« écrivains ineptes et inutiles, comme il y a des vagabonds et fainéants »,* et à *« l'escrivaillerie »* qui *« semble estre quelque simptome d'un siècle desbordé »* (« De la vanité »). Mais il a eu aussi le goût d'une langue simple, concrète, savoureuse : *« Le parler que j'aime, c'est un parler simple et naïf, tel sur le papier qu'à la bouche. »*

Certains écrivains ont voulu en effet recueillir comme sur la bouche le parler qu'ils mettent sur le papier. C'est la tentative du romancier, quand il feint de recueillir des propos tenus par ses personnages (les conversations entre Frédéric Moreau et Deslauriers, par exemple, dans *l'Éducation sentimentale* de Flaubert, 1867), celle d'un poète comme Guillaume Apollinaire quand il écrit des poèmes-conversations (*les Femmes,* dans *Alcools,* 1913 ; *Lundi, rue Christine,* dans *Calligrammes,* 1918), celle encore de Michel Butor quand, dans *Description de San Marco* (1963), il aborde la célèbre basilique de Venise par les propos des touristes qui hantent la place voisine : autant de manières d'user de bribes de paroles.

JEUX DE MOTS
Apollinaire a aimé tout particulièrement jouer avec les mots : *À la Santé (Alcools)* rappelle la formule du toast, mais aussi la prison parisienne de la Santé où le poète avait été incarcéré pendant quelques jours en 1911 à la suite d'une accusation mensongère.

Paroles de Jacques Prévert

Paroles, c'est le titre du plus célèbre recueil poétique de Jacques Prévert (1900-1977), publié en 1945. Il se justifie par le ton libre, direct qu'a voulu adopter le poète : il parle, ou il fait parler, comme dans une conversation à bâtons rompus. La juxtaposition, l'accumulation semblent un mode de composition suffisant. Mais l'usage du refrain ou du trait final permet la fermeture d'une forme qui pourrait rester perpétuellement ouverte (voir par exemple *Inventaire*). Dès le catalogue initial, la note est trouvée : un humour un peu gros déclenche des néologismes cocasses *(« ceux qui andromaquent », « ceux qui majusculent »),* des

Juliette Gréco a fortement contribué au succès des poèmes de Jacques Prévert, devenus chansons grâce au compositeur Joseph Kosma.

portraits burlesques, mais aussi des complaintes prenantes (la célèbre chanson *Barbara*) et des croquis d'un trait plus fin. Une poétique délicate, faussement naïve, est définie dans *Pour faire le portrait d'un oiseau,* et quelques touches suffisent pour une évocation d'atmosphère. C'est dire que Prévert ne s'est pas contenté de recueillir des paroles dans l'air de la rue, mais il a lui-même travaillé sur les mots.

Les Mots de Jean-Paul Sartre

Le célèbre essai autobiographique de Jean-Paul Sartre, *les Mots,* écrit à partir de 1954 et publié en 1964, permet une autre approche des mots par une œuvre littéraire, qui est l'un des livres les plus accomplis de son auteur.

Retrouvant des préoccupations de son essai de 1947, *Qu'est-ce que la littérature ?,* Sartre a divisé le volume en deux parties à peu près égales : « Lire », puis « Écrire ». Enfant solitaire, orphelin de père, « Poulou » a vécu dans les livres, mais aussi sous la férule d'un grand-père maître d'école et désireux de substituer une vocation de professeur à sa vocation d'écrivain. Il échappe difficilement à la « comédie » qu'il a tendance à jouer, même dans cette vocation : *« Je pensais me donner à la Littérature quand, en vérité, j'entrais dans les ordres. »*

Sartre a traqué la mauvaise foi jusque dans son enfance, et le récit se veut sans complaisance à l'égard de premières années détestées. La cause de ses illusions, de son « imposture », se trouve dans l'idéalisme de son milieu culturel. Les mots semblent avoir pris le pas sur les choses, fausse sécurité en face de l'angoissante réalité. Par un curieux paradoxe, Sartre démythifie les mots dans un livre brillamment écrit, d'où on peut détacher facilement des morceaux à effet et des pages d'anthologie.

LES MOTS
« À peine eus-je commencé d'écrire, je posai ma plume pour jubiler. [...] Je tenais les mots pour la quintessence des choses. Rien ne me troublait plus que de voir mes pattes de mouche échanger peu à peu leur luisance de feux follets contre la terne consistance de la matière »
(Jean-Paul Sartre, *les Mots*, 1964).

La mise en question d'un mot

Mais, précisément, les mots expriment-ils la quintessence des choses? C'est un ancien débat philosophique concernant le langage. Platon en a fait le sujet du *Cratyle,* dialogue opposant Cratyle, confiant dans l'identité de la chose et du mot, et Hermogène, qui en doute. D'où le nom de cratylisme donné à la confiance excessive dans le pouvoir d'expression immédiate du mot. À l'époque contemporaine, le sujet a été traité par le philosophe Michel Foucault dans *les Mots et les Choses* (1966) : il tend à montrer comment, au fur et à mesure qu'on avance dans le temps jusqu'à nous, *« le langage comme tableau spontané et quadrillage premier des choses, comme relais indispensable entre la représentation et les êtres, s'efface »,* comment le discours laisse progressivement place à l'homme.

Stéphane Mallarmé a réfléchi en poète sur la validité des mots. Sensible à leur pouvoir sonore, évocatoire, comme tout poète, et considérant le vocable comme *« centre de suspens vibratoire »,* il a pourtant présenté la critique du mot, celle en particulier du mot « nuit », prétendant que la sonorité de ce mot est trop lumineuse pour pouvoir exprimer pleinement les ténèbres. À partir de cet exemple, la question a été reprise par des poètes d'aujourd'hui, comme Yves Bonnefoy ou Claude Esteban.

Baudelaire faisait-il preuve d'insuffisance quand, dans l'un des plus beaux poèmes des *Fleurs du Mal, Recueillement,* il invitait sa confidente – sa douleur – à entendre la nuit :

« Entends, ma chère, entends, la douce Nuit qui marche » ?

Mallarmé lui-même, commentant son récit *Igitur* (1869), dans lequel on a voulu voir parfois l'expression du désespoir, présentait la Nuit comme une allégorie, et faisait varier les termes du lexique pour mieux l'exprimer :

> « L'ombre redevenue obscurité, la Nuit demeura avec une perception douteuse de pendule qui va expirer. »

Du moins la richesse du lexique en français lui permettait-elle de reprendre espoir pour ce qui est de l'expression.

Le roman de Jean Genet, *Querelle de Brest* (1947), a été porté à l'écran en 1982 par Rainer Werner Fassbinder sous le titre *Querelle*. C'est le nom du personnage principal incarné par Brad Davis.

Saveur et richesses du lexique
1. L'évolution de la langue

La tirade de Néron ne brille pas par le pittoresque des mots. Racine refuse tout effet de clinquant. Sa pratique du langage est fondée sur l'économie. Il a donné le modèle de la pureté linguistique quand il a fait dire au jeune prince Hippolyte, dans Phèdre *(1677), ce vers entièrement composé de mots simples et même monosyllabiques tels ceux que pourrait prononcer un très jeune enfant :* « Le jour n'est pas plus pur que le fond de mon cœur. »

Tout écrivain a son dictionnaire. *« J'ai un dictionnaire tout à part moi »*, écrivait Montaigne. Ce lexique personnel, on l'a dit pauvre dans le cas de Racine, riche pour Zola, démesuré pour les écrivains qui sont accueillants aux mots rares, étrangers ou aux néologismes. Mais la qualité importe plus que la quantité en matière d'écriture. Une langue est vivante tant qu'elle évolue. C'est le cas de la langue française jusqu'à nos jours.

Regard sur la langue médiévale

La langue du Moyen Âge, qui a elle-même évolué au cours des siècles et qui se colore différemment au nord et au sud du pays (langue d'oïl et langue d'oc, chacun de ces deux mots correspondant à une manière de dire « oui »), nous apparaît presque aujourd'hui comme une langue étrangère, et nous avons le plus souvent besoin d'une traduction pour accéder à ces textes.

TROUVÈRE ET TROUBADOUR
Dans la langue d'oïl, le trouvère était jongleur et poète. Son équivalent méridional, dans la langue d'oc, était le troubadour.

Voici un échantillon emprunté à l'une des plus célèbres chansons de geste, destinée à célébrer les exploits du neveu de Charlemagne Roland, *la Chanson de Roland* (composée vers 1100), au moment du dernier combat, à Roncevaux, dans les Pyrénées, au cours duquel le héros va succomber :

« Li quens Rolland gentement se cumbat,
Mais le cors ad tressuët e mult chalt,
En la teste ad e dulor e grant mal. »
« Le comte Roland se bat noblement,
mais il a le corps couvert de sueur et tout chaud.
Il ressent à la tête grande douleur et grand mal. »
(Traduction de Gérard Moignet.)

Le contraste avec la langue moderne

Quand Victor Hugo reprend le personnage pour sa « petite épopée » *le Mariage de Roland,* dans la première série de *la Légende des siècles,* la langue moderne est fixée et ne nous surprend plus :

« Ils se battent – combat terrible ! – corps à corps.
Voilà déjà longtemps que leurs chevaux sont morts. »

SAINT GENET
Le vrai saint Genet a joué devant l'empereur romain Dioclétien (245-313) le rôle du martyr chrétien qu'il a fini par devenir. C'est le sujet de la tragédie baroque *le Véritable Saint Genest* (1645) de Jean Rotrou (1609-1650).

Cette langue peut paraître noble, comme il convient d'ailleurs au registre épique. Mais, même chez un écrivain comme Jean Genet (1910-1986), écrivain gênant dont Sartre a voulu faire Saint Genet, la langue frappe par sa pureté, et ne recule pas devant un imparfait du subjonctif, même si un vulgarisme volontaire se glisse pour donner la tonalité du monde dans lequel vit le personnage :

> « Elle ne parut rien savoir de ma détresse et ma gueule de mec constipé ne pouvait lui en apprendre la cause. Pourtant elle ne sembla pas choquée que je n'usasse d'aucune formule de politesse, et moi je sentais que j'avais tous les droits. » (*Pompes funèbres,* 1953.)

Regard sur la langue de la Renaissance et sur la langue classique

Entre les deux, la langue de la Renaissance et la langue classique nous sont plus ou moins accessibles. Les écrivains de la Renaissance, tout en continuant parfois à écrire en latin, ont voulu développer la littérature en langue « vulgaire », c'est-à-dire en français. Pour cela, il fallait à la fois la purifier et l'enrichir. C'est à quoi s'est employé, en particulier Joachim du Bellay (1522-1560), dans un manifeste, *Défense et illustration de la langue française,* qui est en fait celui des humanistes du collège de Coqueret, petit collège parisien où étudiait aussi Ronsard et lieu de naissance de ce qui est devenu la Brigade, puis la Pléiade. Il défend l'idée selon laquelle la langue française doit produire d'aussi grandes œuvres que les langues grecque et latine. Les Français doivent fournir le même effort que, avant eux, les Italiens. Du Bellay invite à enrichir, « illustrer » la langue française par divers procédés : recours aux mots techniques, aux termes dialectaux, aux archaïsmes, mais aussi aux néologismes. Il recommande l'infinitif-substantif, l'adjectif substantivé, les épithètes composées. Et il lance ce grand appel, qui a été entendu :

> « Pourquoi doncques sommes-nous si grands admirateurs d'autruy ? pourquoy sommes-nous tant iniques à nous-mêmes [= si injustes avec nous-mêmes] ? pourquoi mandions-nous les langues étrangères [« mandier » = mendier, donc : pourquoi avons-nous recours aux langues étrangères comme si nous étions des mendiants ?] comme si nous avions honte d'user de la nostre ? »
> (Livre II, chapitre XII.)

LES TRAGIQUES
Agrippa d'Aubigné, calviniste dévoué à Henri de Navarre – le futur Henri IV –, s'est placé du point de vue des protestants quand il a évoqué les guerres de Religion dans un grand poème épique, *les Tragiques* (1616).

Le lecteur moderne reste gêné par l'orthographe *(oi* pou *ai,* par exemple), par des mots archaïques pour nous (« déparler » au sens d'arrêter de parler, qu'on trouve jusque dans *les Confessions,* 1765-1770, de Jean-Jacques Rousseau), par des changements de sens (la distinction classique entre l'amoureux, qui aime sans être aimé, et l'amant, qui aime et est aimé, n'a plus cours aujourd'hui), par des précautions dépassées (dire « le Ciel », pour éviter de dire « Dieu »). Mais nul ne sera véritablement dérouté, même dans le texte original, par ces vers extraits du livre VI, « Vengeances », dans le poème d'Agrippa d'Aubigné (1552-1630), *les Tragiques* (dicté en 1577, remanié et publié en 1616) :

> « Change-moy, refai-moy, oste la mauvaistié
> Qui possède à son gré ma jeunesse premiere ;
> Lors je songeray songe & verray la lumière. »
> (Mauvaistié = mauvaiseté ; je songeray songe = j'aurai un songe ; & = et.)

Richesse et pauvreté chez les écrivains du XXe siècle

Les écrivains d'aujourd'hui peuvent rechercher le mot rare, l'archaïsme même quand ils veulent un effet de couleur. En poésie, Saint-John Perse (1887-1975), prix Nobel de lit-

ADAPTATION
Mécontente du film réalisé par Jean-Jacques Annaud à partir de *l'Amant* (1984), Marguerite Duras a rédigé un nouveau scénario intitulé *l'Amant de la Chine du Nord.*

térature en 1960, a donné l'exemple d'une langue d'une extrême richesse lexicale. Ainsi, dans le grand poème *Amers* (1957 ; le mot-titre désigne des repères fixes que donnent les navigateurs) :

> « Pour vous, Mer étrangère, nos très grands peignes d'apparat, comme des outils de tisserandes, et nos miroirs d'argent battu comme les crotales de l'Initiée ; nos grands joyaux d'épaule en forme de lucane, nos grandes agrafes ajourées et nos fibules nuptiales. » (Crotales = cliquettes de danseuses exotiques ; lucane = cerf-volant (coléoptère) ; fibules = grandes épingles.)

En revanche, on constate dans le roman une tendance à l'appauvrissement du lexique, et nulle part plus que dans l'œuvre de Marguerite Duras (1914-1996). Son roman le plus célèbre, *l'Amant* (1984), est un très bon exemple de cette économie de moyens dont, dans un autre registre, la langue de Racine constitue le modèle suprême. Le théâtre d'aujourd'hui, même s'il rétablit peu à peu les droits du texte, ne va guère en ce sens, ou passe par un autre mode de l'appauvrissement, correspondant à la crise du langage.

Il semble qu'au début du XXIe siècle, le lecteur appelle de ses vœux moins un langage flamboyant qu'un lexique précis et efficace, une prose rigoureuse : ainsi dans les romans et récits de Jean Echenoz (né en 1974), de *l'Occupation des vols* (1988) à *Je m'en vais* (prix Goncourt 1999) et *Au piano* (2002).

Saveur et richesses du lexique
2. Champs lexical et sémantique

En littérature donc, le mot est roi, et le travail de l'écrivain est un travail sur les mots. Le mot peut être considéré isolément ou dans un ensemble: dans celui d'une famille de mots (champ lexical), ou dans celui de ses différentes acceptions (champ sémantique).

Le pouvoir de suggestion d'un mot

Louis Aragon (1897-1982) en a donné un exemple célèbre, et facile à mémoriser, avec un poème qui n'est constitué que de la répétition du mot *«persienne»*. Le mot, évocateur à la fois de la Perse et de l'étoffe d'un rideau, entraîne par la litanie à une rêverie du lecteur qui est l'effet recherché par l'écrivain.

Nul avant lui n'a été plus conscient du pouvoir du mot que Mallarmé, promoteur moins d'un symbolisme pur, comme on l'a cru, que d'une manière d'impressionnisme littéraire. D'où le passage souvent cité de « Crise de vers », texte de 1886-1896, repris dans les *Divagations* (1896) :

> «Je dis: une fleur! et, hors de l'oubli où ma voix relègue aucun contour, en tant que quelque chose d'autre que les calices sus, musicalement se lève, idée même et suave, l'absente de tous bouquets.»

À lui seul, le mot proféré (et tout aussi bien écrit, dans une manière de profération muette) suscite la chose, mais la chose dans son essence, l'Idée de la chose, au sens platonicien du terme, tels les iris, les fleurs plus larges que les fleurs ordinaires dans l'île des Idées de la *Prose pour des Esseintes,* une île qui porte le nom utopique du pays de la Beauté, Pulchérie.

RHÉTORIQUE
Hyperbole, le mot qui lance la *Prose pour des Esseintes*, désigne l'exagération de la rhétorique classique. Mallarmé signifie par là le saut pour aller au-delà du monde réel, dans le pays des Idées platoniciennes.

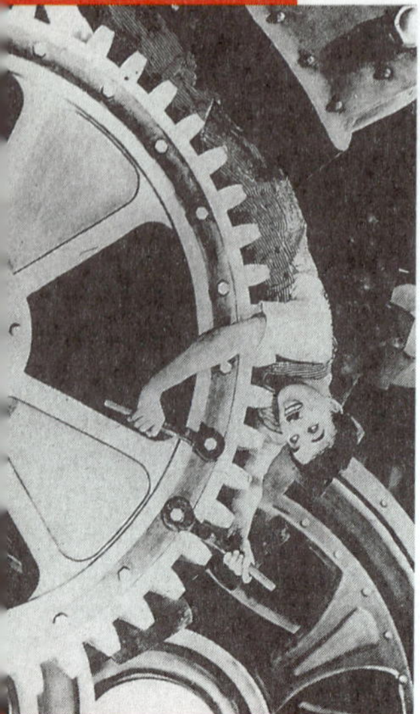

Une image du célèbre film de Charlie Chaplin, *les Temps modernes* (1935), dénonciation d'un monde mécanisé où le sens de l'humain a disparu.

Quand il n'est pas isolé, mais pris dans un contexte, le mot peut conserver aussi toute sa charge, toute sa puissance évocatoire.

Les registres lexicaux

Victor Hugo, dans le poème des *Contemplations* (1856) intitulé *Réponse à un acte d'accusation,* s'est vanté d'avoir « mis un bonnet rouge au vieux dictionnaire ». C'est-à-dire qu'au vocabulaire noble des classiques il a voulu mêler des termes plus familiers, plus crus, plus « peuple » :

« [...] tas de gueux, drôles patibulaires,
Habitant les patois ; quelques-uns aux galères
Dans l'argot ; dévoués à tous les genres bas ;
Déchirés en haillons dans les halles ; sans bas,
Sans perruque, créés pour la prose ou la farce ;
Populace du style au fond de l'ombre éparse ;
Vilains, rustres, croquants. »

La noblesse de la langue classique, le « parler Vaugelas » – comme on dit par référence aux *Remarques sur la langue française* (1647) de Vaugelas (1585-1650), grammairien acharné à faire coïncider *« la façon de parler de la plus saine partie de la cour »* avec *« la façon d'écrire de la plus saine partie des auteurs du temps »* – s'est maintenue bien au-delà du classicisme : qu'on pense au langage soutenu de Lamartine, par exemple, ou, au XXe siècle, à la langue très surveillée de Julien Gracq (né en 1910) dans ses romans, *Au château d'Argol* (1938) ou *le Rivage des Syrtes* (1951).

En revanche, la hardiesse somme toute limitée de Hugo en matière de lexique a été largement dépassée à l'époque moderne. Le meilleur exemple est certainement Louis-

Ferdinand Céline (1894-1961), auteur de *Voyage au bout de la nuit* (1932), *Mort à crédit* (1936) et d'autres textes plus violemment engagés, souvent dans des combats douteux.

Voici, par exemple, la description d'une usine, dans *Voyage au bout de la nuit,* plus particulièrement celle du wagon porteur de métal chez Ford, à Detroit, dans un univers déshumanisé (celui du film de Charlie Chaplin *les Temps modernes*), mais avec des expressions qui, paradoxalement, humanisent l'objet :

> « Le petit wagon tortillard garni de quincaille [terme archaïque pour « quincaillerie »] se tracasse pour passer entre les outils. Qu'on se range ! Qu'on bondisse pour qu'il puisse démarrer encore un coup le petit hystérique. Et hop ! il va frétiller plus loin ce fou clinquant parmi les courroies et volants, porter aux hommes leurs rations de contraintes. »

D'où vient le plaisir extrême qu'on prend à lire cet écrivain, même quand son idéologie paraît révoltante ? À l'extraordinaire allégresse de ses récits, qui emportent le lecteur. À cette manière qu'il a de parler devant nous, en ruminant, en recourant constamment à ce qu'il a appelé lui-même le *« style émotif »*. À la transposition unique qu'il a faite du langage parisien, ou plutôt des langages. À une invention verbale qui multiplie les néologismes, les mots-valises, faits de la contamination de deux ou plusieurs mots *(« vociféroces », « miraginer »)* ou, au contraire, les mots amputés *(« popotam », « bominable »),* les expressions étrangères. À cet égard, il rappelle l'invention verbale de Rabelais, et il est bien le Rabelais du XXe siècle.

Le champ lexical

On appelle champ lexical l'*« ensemble des mots que la langue regroupe ou invente pour désigner les différents aspects d'une technique, d'un objet, d'une notion »* (Émile Genouvrier et Jean Peytard, *Linguistique et enseignement du français,* Larousse, 1970).

ALLIANCE DE MOTS
Le titre du roman de Zola, *la Bête humaine* (1890), fait écho à la célèbre pensée de Pascal : *« Qui veut faire l'ange fait la bête. »*

GÉNÉALOGIE
Zola a voulu raconter l'histoire d'une famille sous le Second Empire, les Rougon-Macquart. Jacques Lantier est l'un des fils de Gervaise Macquart, victime, dans *l'Assommoir* (1877), de l'alcoolisme et de l'hérédité, la forme moderne de l'antique fatalité.

Le champ lexical regroupe donc autour d'une notion tous les mots qui permettent d'en définir l'extension et la compréhension. Ainsi, le vocabulaire du chemin de fer regroupera « locomotive », « rail », « tunnel », « wagon », « viaduc », etc. Zola en a exploité toutes les possibilités dans son roman *la Bête humaine* (1890), organisé autour du personnage de Jacques Lantier, conducteur d'une locomotive, la Lison, qu'il aime comme une femme, lui qui va tuer la femme du sous-chef de gare du Havre, Sévérine Roubaud, devenue sa maîtresse. Voici par exemple la Lison bloquée par la neige, donc immobile comme une femme récalcitrante :

> « [...] cette fois, la Lison ne bougea pas. Elle refusait de reculer comme d'avancer, elle était bloquée de toutes parts, collée au sol, inerte, sourde. Derrière elle, le train, lui aussi, semblait mort, enfoncé dans l'épaisse couche jusqu'aux portières. La neige ne cessait pas, tombait drue, par longues rafales. Et c'était un enlisement, où machine et voitures allaient disparaître, déjà recouvertes à moitié, sous le silence frissonnant de cette solitude blanche. Plus rien ne bougeait, la neige filait son linceul. »

Le champ lexical du chemin de fer est sollicité (« train », « machine », « voitures »), en même temps que celui de la neige (« couche », « rafales ») et que celui de la mort (« inerte », « mort », « linceul »).

Le champ sémantique

On appelle champ sémantique l'*« ensemble des emplois d'un mot dans et par lesquels ce mot acquiert une charge sémantique spécifique »* (Genouvrier et Peytard, *op. cit.*). L'étude du champ sémantique sera *« l'étude des variations de sens que connaît un mot dans les limites d'un ensemble lexical donné »*.

Pour délimiter ces différents emplois d'un même mot, on fera le relevé des occurrences de ce mot dans le texte et de tous les entourages que le mot connaît dans le texte donné. Ainsi, dans la poésie de Guillaume Apollinaire, le mot *« soleil »* est en corrélation avec le mot « flamme », avec « fruit », avec « guerre », avec « fouet », mais aussi avec « amour », avec « sang », avec « nuit ». Il en résulte des connotations qu'aucun dictionnaire ne permettrait d'expliquer et dont seule une étude attentive permet de rendre compte. Telle cette évocation de *la Nuit d'avril 1915,* dans *Calligrammes* (1918), le recueil inspiré au poète par la guerre de 1914 à laquelle il a participé et où il a été blessé :

> « Comme un astre éperdu qui cherche ses saisons
> Cœur obus éclaté tu sifflais ta romance
> Et tes mille soleils ont vidé les caissons
> Que les dieux de mes yeux remplissent en silence. »

CALLIGRAMME
Le calligramme est un poème dont la typographie forme un dessin correspondant au sujet.

CATALOGUE
La forme du catalogue peut être celle de certains romans réalistes ou naturalistes qui tentent d'épuiser un aspect du réel. C'est encore celle qu'a adoptée Joris-Karl Huysmans dans *À rebours* (1884).

La question du réalisme

Au sens philosophique du terme, le réalisme devrait être une manière de croire en la possibilité de reproduire le réel, sans le mettre en doute et en le considérant tel qu'en lui-même. L'existence d'un mouvement réaliste au XIX*e siècle ne doit pas faire oublier des tendances diffuses en ce sens dans la littérature antérieure. Ce réalisme, surtout, ne doit pas être poussé jusqu'à une limite intenable, que les écrivains prétendus réalistes ont d'ailleurs la plupart du temps soigneusement évitée.*

Une mise en ordre du réel

Michel Foucault, dans *les Mots et les Choses* (1966), est parti d'un texte de l'écrivain argentin Jorge Luis Borges à propos d'une étonnante encyclopédie chinoise imaginaire,

MÉDAN
Zola avait acquis, à Médan, une propriété où il recevait ses disciples et amis. Le recueil *les Soirées de Médan* (1880) s'ouvre sur une nouvelle du maître, *l'Attaque du moulin*, qui fut éclipsée par celle de Maupassant, *Boule-de-suif*.

mais aussi du XVIe siècle pour étudier comment *« en remontant, comme à contre-courant, le langage tel qu'il était parlé, les êtres naturels tels qu'ils étaient perçus et rassemblés, les échanges tels qu'ils étaient pratiqués, notre culture a manifesté qu'il y avait de l'ordre »*. Et le XVIe siècle, en effet, a été friand de catalogues, dont on trouve des variantes bouffonnes dans l'œuvre de Rabelais.

Cet ordre, c'est celui des dictionnaires, des encyclopédies qui intéressent au premier chef la littérature, la déterminent et, parfois même, en font partie. L'*Encyclopédie* dirigée par Diderot, publiée entre 1751 et 1766, a voulu embrasser le monde d'un point de vue à la fois technique et philosophique. Pour cela, il fallait amasser les faits et les connaissances et les ranger dans un ordre encyclopédique. La raison s'empare de l'univers et lui impose sa marque.

Au XVIIIe siècle, un homme comme Buffon (1707-1788) illustre avec son *Histoire naturelle* (1749-1774) l'ambition de *« la seule vraie science »*, celle qui est *« la connaissance des faits »*, mais aussi l'effort d'un style qui ne veut être que *« l'ordre et le mouvement »* appliqué aux êtres et aux choses. Intendant du Jardin du Roi [notre actuel Jardin des Plantes], Buffon est parti de ses observations propres pour nourrir les trente-six volumes qui composent son ouvrage : un sur la théorie de la Terre, deux sur l'homme, douze sur les quadrupèdes vivipares, neuf sur les oiseaux, cinq sur les minéraux. Il compose des descriptions sobres, mais précises, qui donnent véritablement à voir.

Le mouvement réaliste au XIXe siècle

L'initiative d'un réalisme conscient et organisé revient aux peintres, et c'est à leur école que se sont mis les écrivains. Les tableaux de Gustave Courbet, en particulier *l'Enterrement à Ornans* (1851), précèdent le roman de Gustave Flaubert *Madame Bovary* (1857), qui fit l'objet d'un procès en raison de son *« réalisme grossier et offensant pour la pudeur »*.

Le réalisme de 1850 prend place à la mort de Balzac, qui avait donné tant de gages au souci du réel (la description de la pension Vauquer, au début du *Père Goriot,* 1835). Champfleury, l'auteur de *Chien-caillou* (1847), voulait *« faire de l'art vivant »,* et pour cela *« traduire les mœurs, les idées, l'aspect de* [son] *époque ».* En 1856, Duranty fonde la revue *le Réalisme,* reprenant le titre d'un catalogue de 1855 pour une exposition des œuvres de Courbet.

Même si Flaubert a refusé de se reconnaître comme réaliste, persuadé qu'il y avait en lui *« deux bonshommes distincts, un qui est épris de gueulades, de lyrisme, de grands vols d'aigle* [...], *un autre qui creuse et qui fouille dans le vrai tant qu'il peut, qui aime à accuser le petit fait aussi puissamment que le grand »,* les réalistes sont avant tout *« les enfants de Flaubert ».* Au premier rang des *« enfants de Flaubert »* figure Guy de Maupassant (1850-1893), qui fut son fils spirituel bien plus que celui de Zola, même s'il fit ses débuts véritables avec *Boule-de-Suif,* la nouvelle qui en 1880 figurait dans le recueil collectif des naturalistes *les Soirées de Médan.*

L'Enterrement à Ornans (petite ville du Doubs), le tableau le plus célèbre de Gustave Courbet, fut exposé pour la première fois au Salon de 1851 : on y vit « l'enterrement du romantisme ». Cette toile est considérée comme le point de départ du réalisme.

EXISTENTIALISME ET RÉALISME
Les romans existentialistes restent marqués par le réalisme, même ceux de Jean-Paul Sartre, malgré la critique que celui-ci fait de cette esthétique, en particulier chez Jules Renard, dans *Situations* (1947).

Le texte théorique le plus représentatif est sans doute « le Roman », dont Maupassant fit la préface de son roman *Pierre et Jean,* en 1888. Il s'écartait d'un réalisme brut, qui tendrait à donner une photographie du réel, pour un réalisme tempéré par le pouvoir de choix et par le tempérament de l'écrivain. *« Le réaliste,* écrivait-il, *s'il est un artiste, cherchera, non pas à nous montrer la photographie banale de la vie, mais à nous en donner la vision plus complète, plus saisissante, plus probante que la réalité même. »*

L'illusion du réalisme intégral

Mais il faut surtout envisager ce qui serait l'erreur d'un réalisme absolu, celui contre lequel a réagi Albert Camus dans *l'Homme révolté* (1951), en particulier celui d' un *« roman réaliste* [qui voudrait être] *la reproduction du réel dans ce qu'il a d'immédiat ».*

Camus a bien montré que la force de l'artiste et de l'écrivain est au contraire dans sa *« force de refus »* et que *« la meilleure des photographies trahit déjà le réel, elle naît d'un choix et donne une limite à ce qui n'en a pas ».* Sur ce point, Camus s'accorde avec la critique que Baudelaire déjà faisait du réalisme, et à la manière dont Maupassant dénonçait dans le réalisme un *« illusionnisme ». « Quel enfantillage,* ajoutait-il, toujours dans la préface de *Pierre et Jean, de croire à la réalité puisque nous portons chacun la nôtre dans notre pensée et dans nos organes ! Nos yeux, nos oreilles, notre odorat, notre goût différents créent autant de vérités qu'il y a d'hommes sur la terre. »*

La philosophie de Schopenhauer (1788-1860) est passée par là (*le Monde comme volonté et comme représentation,* première édition, 1818, édition augmentée, 1844). Elle a marqué de la même manière Émile Zola et le naturalisme qui, loin d'être un réalisme intégral, force les traits de la réalité, en particulier du côté de l'inquiétant, du laid, de l'ignoble même (la description du délire et de la dégradation de l'alcoolique dans *l'Assommoir,* 1877). Zola veut retrouver certes *« la nature »,* mais *« vue à travers un tempérament »,* donc à travers un style.

Francis Ponge et *le Parti pris des choses*

Il appartient à un grand poète du XXe siècle, Francis Ponge (1899-1988), d'avoir posé en termes nouveaux la relation des mots et des choses donc, au sens le plus général du terme, celui du réalisme, et plus particulièrement du réalisme poétique. Grand amateur de dictionnaires (en particulier du *Littré*), grand amoureux des mots, Ponge a été un acharné du langage. Mais son travail sur les mots, parfois presque subtil à l'excès, est inséparable du *Parti pris des choses* : c'est le titre d'un recueil qu'il a publié en 1942. À propos du *« Bois de pin »,* Ponge a écrit que son projet avait été, non de faire un poème, mais *« d'avancer dans la connaissance et l'expression du bois de pin ».* De même pour le savon, ou pour l'huître, ou pour le lézard, ou pour la table. L'objet se prête à un jeu verbal, mais cet *« objeu »* (mot-valise créé par Ponge) reste au service de l'objet, pour le découvrir comme s'il était inconnu et pour en tirer une jouissance.

Ponge est remonté dans le temps, jusqu'au début du XVIIe siècle, quand il a publié en 1965 *Pour un Malherbe.* En Malherbe (1555-1628), celui que Boileau avait salué en 1674 dans son *Art poétique (« Enfin Malherbe vint... »),* Ponge recherche non seulement la volonté de prôner la pureté et la simplicité de la langue, celui qui *« a tout ordonné, a coupé ce qu'il fallait des mots, les a assurés, équarris, ajustés et polis juste comme il faut »,* mais le souci d' *« attein(dre) à la réalité dans son propre monde, le monde des textes ».* Par la littérature, les mots sont donc inséparables des choses, et cet héritage intervient dans notre manière d'appréhender le monde, affaiblissant encore une fois l'illusion du réalisme intégral.

L'HOMME-JET
Parallèlement au jeu de mots fait par Francis Ponge, *objet / objeu,* Roland Barthes consacre l'une de ses *Mythologies* (1957) à cet homme devenu objet, *l'homme-jet,* le pilote d'avion à réaction.

L'HUÎTRE
***« À l'intérieur l'on trouve tout un monde, à boire et à manger : sous un firmament (à proprement parler) de nacre, les cieux d'en dessus s'affaissent sur les cieux d'en dessous, pour ne plus former qu'une mare, un sachet visqueux et verdâtre, qui flue et reflue à l'odeur et à la vue, frangé d'une dentelle noirâtre sur les bords »* (Francis Ponge, « l'Huître », *le Parti pris des choses,* 1942).**

Formes et figures

CRATYLISME
Le philosophe présocratique Héraclite disait que tout change dans l'univers, *« tout s'écoule »*. Cratyle, son disciple, exagérait encore et prétendait que les noms s'adaptaient à cette nature des choses toujours mouvante. Ennemi du concept, Yves Bonnefoy a voulu, dès son *Anti-Platon* (1947), dire *« toutes choses d'ici, pays de l'osier, de la robe, de la pierre... »*

À l'opposé de la tendance qui conduirait par le cratylisme vers un réalisme intégral se situe une conception qu'on peut désigner par « formalisme ». À la limite, le langage pourrait se suffire à lui-même. Pratiquement, toutes ses ressources sont sollicitées pour l'expression recherchée. Il ne suffit plus de celles des mots. Mais il faut recourir à l'assemblage de ces mots dans des figures de rhétorique et dans des formes plus ou moins complexes.

Si l'on délaisse le référent (donc le réel et l'effet de réel) au profit de la qualité verbale du message, on tombe vite dans un formalisme pur, qui a exercé ses effets tout au long de notre histoire littéraire (les *grands rhétoriqueurs* au Moyen Âge), et plus particulièrement au XXe siècle, dans les années 1960. Ce formalisme tend à réduire la littérature à l'exercice pur du langage, le véritable auteur étant moins l'écrivain que le langage à l'œuvre dans le texte.

Les figures

Une telle conception s'appuie sur la rhétorique et la place qu'y occupe le système des figures, définies au début du XIXe siècle par Pierre Fontanier comme *« les traits, les formes et les tours* [...] *par lesquels le langage* [...] *s'éloigne plus ou moins de ce qui en eût été l'expression simple et commune »*. On voit là l'indice de cette différence par laquelle on essaie de distinguer l'expression littéraire de la pure et simple expression ordinaire.

Dans la comédie de Molière *les Femmes savantes,* Clitandre explique à la vieille folle Bélise qu'il est amoureux de sa nièce Henriette. Mais Bélise, qui a la tête tournée par les paroles contournées des précieux et des précieuses, veut croire que

Féline comme son animal favori, Colette (1873-1954) a écrit *Sept Dialogues de bêtes* (1906) et *la Chatte* (1933).

c'est elle qu'il aime, et qu'il lui donne le nom d'Henriette par une substitution délicate :

> « Je vois où doucement veut aller la demande,
> Et je sais sous ce nom ce qu'il faut que j'entende.
> La figure est adroite [...]. »

La figure serait donc une expression substituée, un mode d'expression indirect ou détourné. La métaphore, qui fait appel au nom d'un autre objet (la « flamme » pour l'« amour »), la périphrase, qui utilise un long détour (le « soir de la vie » pour la « vieillesse »), en sont des exemples très clairs.

On distingue entre :

a) les figures de construction, qui résultent de la forme particulière de la phrase (l'ellipse, par exemple) ;

b) les figures de mots, qui consistent soit à étendre, soit à détourner la signification d'un mot (la métonymie : la voix, pour désigner la personne tout entière) ;

c) les figures de pensée, tours donnés à la pensée elle-même indépendamment de son expression (la prosopopée, quand on donne la parole à une abstraction).

Il existe d'autres systèmes de classement, différents et plus compliqués, dans le détail desquels on n'entrera pas ici.

LITOTE
« Va, je ne te hais point » : cet aveu d'amour consenti à Rodrigue par Chimène dans *le Cid* (1637) de Corneille est un parfait exemple de cette figure de style classique, la litote, ou expression du plus par le moins.

L'âge de la rhétorique

Cette rhétorique est fortement à l'œuvre dans la littérature du XVIIe siècle, tant baroque que classique. Marc Fumaroli, professeur au Collège de France et membre de l'Académie française, lui a consacré une grande étude, *l'Âge de l'éloquence* (Droz, 1980, réédité en 2002). Cet âge de l'éloquence, ou âge de la rhétorique, correspond à l'ensemble formé par les XVIe et XVIIe siècles. L'auteur a voulu le décrire dans son ordre propre, à l'intérieur des puissantes institutions qui l'ont articulé – la vie de cour, la pédagogie jésuite.

Il s'agissait, selon Marc Fumaroli, de concilier l'élégance grecque (l'atticisme) et la force de Rome, un peu comme la tragédie de Corneille *Cinna* s'achève sur une grande réconciliation. Il fallut, pour cela, le miracle d'une monarchie, celle de Louis XIV, qui *« fut le principe unificateur d'une diversité, non une tyrannie écrasante »*.

Le renouveau des figures à l'époque moderne

La poétique moderne s'est intéressée de nouveau à la rhétorique des figures : c'est le titre de cinq volumes de Gérard Genette, dont *Figures I* (1966), *Figures II* (1969), qui ont mis en valeur la notion de baroque, et *Figures III* (1973), ce dernier volume étant entièrement consacré à Proust. Le grand critique en a souligné ainsi les implications pour le lecteur :

« Percevoir un langage, c'est bien nécessairement imaginer, dans le même espace ou dans le même instant, un silence ou un autre langage. Il y a donc ceci d'exemplaire, dans la rhétorique des figures, et dans la version la plus délibérément "substitutionnaliste", qu'elle figure, à son tour, un mouvement nécessaire, constitutif, de la pensée du langage et de son exercice même. »

Le risque est une réduction du texte littéraire à l'exercice de langage, au « discours », le passage de la littérature, sinon à une grande rhétorique, du moins à une nouvelle rhétorique. Montaigne, à cet égard, sans ignorer la rhétorique, était sur ses gardes, et ne voulait pas que l'écrivain se transformât en grammairien. *« Nous cherchons,* écrivait-il dans les *Essais* (I, XXVI), *à former non un grammairien ou logicien, mais un gentilhomme », « nous avons affaire ailleurs » ; « que notre disciple soit bien pourvu de choses, les paroles ne suivront que trop : il les traînera si elles ne veulent suivre. »*

VOYELLES
La série des voyelles colorées d'Arthur Rimbaud – *« A noir, E blanc, I rouge, U vert, O bleu… »* – s'achève sur l'oméga, dernière lettre de l'alphabet grec et figure de l'Apocalypse.

Il n'en reste pas moins que l'art d'écrire et la lecture passent par tous les éléments constitutifs du langage : la lettre (voir le sonnet des *Voyelles* de Rimbaud), le mot (voir plus bas), l'expression, la phrase, définie par le poète Henri Michaux (1899-1984) comme *« le passage d'un point de pensée à un autre point de pensée. Le passage est pris dans un manchon pensant ».* Ainsi Julien Gracq, dans son essai sur André Breton (1949), a-t-il pu distinguer la *« phrase conclusive »,* caractérisée par *« une sclérose contagieuse et régressive qui gagne de proche en proche la structure de la phrase à partir de sa section la moins mobile, la plus morte, qui est sa terminaison »,* et la *« phrase déferlante »,* dont l'utilisation consiste à *« se confier les yeux fermés à l'élan de vague soulevée qui emporte la phrase, à se maintenir coûte que coûte "dans le fil" […] en s'en remettant d'avance, et sans plus y penser, à sa propre souplesse et à son instinct de bon nageur pour émerger, le moment venu, au moindre dommage de la catastrophe finale ».* Plus simplement, la phrase courte fait penser à celle de Voltaire, la phrase longue à la « période », phrase fortement architecturée, dans les *Oraisons funèbres* de Bossuet, ou aux phrases longues des nouveaux-romanciers, Michel Butor ou Claude Simon.

MÉTAPHORE
On reviendra à la définition canonique d'Aristote : ***« La métaphore est l'application à une chose d'un nom qui lui est étranger. »*** **Plus près de nous, ce bel exemple emprunté à Max Jacob :** ***« Les beaux jambages que la mer écrit »*** **(*le Laboratoire central*, 1921).**

Approche d'un texte par les figures et par les formes : *les Chats* de Baudelaire

Deux figures de rhétorique ont été privilégiées dans la poétique contemporaine : la métaphore et la métonymie. Ces mots finissent même par désigner des rapports généraux et pas seulement des figures verbales.

La métaphore est en principe un échange, le transport à une chose d'un nom qui en désigne une autre. Ainsi, dans la *Phèdre* de Racine, quand la suivante de la reine, Œnone, l'incite à vivre encore :

> « Réparez promptement votre force abattue,
> Tandis que de vos jours, prêts à se consumer,
> Le flambeau dure encore, et peut se rallumer. »
> [le « flambeau » = la vie]

La métonymie, appelée parfois aussi synecdoque, est une figure qui consiste à désigner le tout par la partie. Ainsi la main représente-t-elle la personne tout entière dans ces paroles de Phèdre elle-même, si lasse de vivre qu'elle ne peut supporter le poids des apprêts de sa chevelure :

> « Quelle importune main [= Qui ?], en formant tous ces nœuds,
> A pris soin sur mon front d'assembler mes cheveux ? »

Sous l'impulsion de Roman Jakobson, le mot « métaphore » en est venu à désigner tout rapport d'équivalence, et « métonymie » tout rapport de contiguïté. Ainsi, dans ce poème de Baudelaire, *les Chats* (dans *les Fleurs du Mal,* titre lui-même métaphorique), que Jakobson a commenté, l'animal domestique, assis à côté du poète, voisin de lui, peut-il le représenter par métonymie, tandis que l'amour peut être peint métaphoriquement comme une fièvre, une ferveur, au sens étymologique du terme, qui rend frileux :

« Les amoureux fervents et les savants austères
Aiment également, dans leur mûre saison,
Les chats puissants et doux, orgueil de la maison,
Qui comme eux sont frileux, et comme eux sédentaires.

Amis de la science et de la volupté,
Ils cherchent le silence et l'horreur des ténèbres;
L'Érèbe les eût pris pour ses coursiers funèbres,
S'ils pouvaient au servage incliner leur fierté.

Ils prennent en songeant les nobles attitudes
Des grands sphinx allongés au fond des solitudes,
Qui semblent s'endormir dans un rêve sans fin;

Leurs reins féconds sont pleins d'étincelles magiques,
Et des parcelles d'or, ainsi qu'un sable fin,
Étoilent vaguement leurs prunelles mystiques. »

Les métaphores se multiplient : les chats pourraient être des *« coursiers »* et former un attelage (mais cette hypothèse, celle de coursiers de l'Enfer, de l'Érèbe, est immédiatement rejetée). Les métonymies s'ajoutent aussi les unes aux autres : les chats peuvent être représentés par une partie de leur corps, leurs reins, et dans leurs yeux ne sont perçues que des parcelles d'or.

Il y a d'autres figures de rhétorique et de style à l'œuvre dans le poème, en particulier la comparaison : les chats sont comparés aux mystérieux sphinx de pierre, dans le désert égyptien ; d'où la présence, dans leurs yeux, de *« parcelles d'or, ainsi qu'un sable fin »*.

SPHINX
L'Égypte et la Grèce antique ont connu le sphinx, figure masculine dans un cas, féminine dans l'autre, et toujours figure de l'énigme.

Enfin, dans ces quatorze vers, l'évocation des chats est resserrée dans une forme contraignante qui n'est pas exactement celle du sonnet (lequel obéit, pour la disposition des rimes, à l'exigence d'une régularité plus grande : *abba, abba* pour les quatrains, alors que nous avons ici une disposition inhabituelle : *abba, caac*), mais celle du quatorzain ou, si l'on veut, du sonnet libertin.

Baudelaire a joué avec une forme fixe sans s'y asservir. Il se veut tranquille et libre comme le chat qui le représente. Mais la poésie naît bien de ce qu'il a appelé lui-même la *« sorcellerie évocatoire »* des figures et de ce que Valéry considérera comme les *« gênes exquises »* qui lui seraient nécessaires.

NOSTALGIE
« Heureux qui, comme Ulysse, a fait un beau voyage, / Ou comme cestui-là qui conquit la Toison, / et puis est retourné, plein d'usage et raison, / Vivre entre ses parents le reste de son âge ! » : dans le sonnet 31 des Regrets (1558), Joachim du Bellay (1522-1560) exprime sa nostalgie.

Le style, l'écriture, l'écrivain

On reconnaît immédiatement, en regardant un tableau, la manière d'un grand peintre : Georges de La Tour ou Claude Monet. De même, on n'hésite pas à identifier Mozart ou Claude Debussy quand on écoute leur musique. Il en va de même en littérature. Chaque écrivain, s'il est digne de ce nom, imprime à son œuvre sa marque propre. On peut la désigner comme « style », au sens large du terme, ou comme « écriture », si l'on pense plus précisément au résultat de son travail sur le langage.

Le style

La limite au réalisme pur est la stylisation, c'est-à-dire, pour reprendre la définition de Camus dans *l'Homme révolté*, la *« correction que l'artiste apporte dans la reproduction du réel »*.

La notion de style est une notion classique. Au XVIe siècle, l'historien gallican Étienne Pasquier opposait le style *« à l'antique »* et le style moderne. Il opposait Paris à Rome comme Joachim du Bellay, dans le plus célèbre sonnet de son recueil *les Regrets* (1558), oppose son petit village angevin de Liré aux palais romains.

Au XVIIe siècle, on distinguait les trois styles : le style bas, le style moyen, le style noble. Ce dernier est fortement marqué par l'éloquence de Cicéron, qui a été considérée comme un modèle tout au long du siècle. Le sommet en est probablement atteint avec les somptueuses *Oraisons funèbres* de Bossuet, l'évêque de Meaux (1627-1704), avec de longues phrases, ou « périodes », que Valéry a caractérisées très justement comme des *« phrases en voûte »*. Telle celle-ci, dans l'*Oraison funèbre d'Henriette de France* (1669), qui monte vers une clé de voûte, puis redescend :

> « Celui qui règne dans les cieux, et de qui relèvent tous les empires, à qui seul appartient la gloire, la majesté et l'indépendance, est aussi le seul qui se glorifie de faire la loi aux rois, et de leur donner, quand il lui plaît, de grandes et de terribles leçons ».

Roland Barthes, à Paris, à la fin de sa vie.

Au XVIIe siècle encore, et surtout sous le règne de Louis XIII, on voit s'opposer le style précieux – qui repose sur un jargon particulier, sur un abus des figures poussées jusqu'à l'extrême sophistication sous prétexte de raffinement de sentiments et de goûts – et le style burlesque, qui est comme un style précieux retourné. Les précieux fréquentent les salons aristocratiques (le plus célèbre est l'hôtel de Rambouillet) ou les « ruelles » (salons tenus par des bourgeoises de province) ; les burlesques se retrouvent plutôt au cabaret. Les précieux aspirent à une pureté extrême de la langue ; les burlesques ne reculent pas devant la vulgarité.

LIBERTÉ
« Entre les arts libéraux, commençons par l'art qui nous fait libres » **(Montaigne, *Essais*, 1580).**

À l'époque moderne, le style est rapporté non seulement à l'art d'écrire de l'auteur, mais à ce qui l'informe, c'est-à-dire la qualité de sa vision. Ainsi, Marcel Proust écrit, dans *le Temps retrouvé* (publié en 1925), que *« le style pour l'écrivain, aussi bien que la couleur pour le peintre, est une question non de technique, mais de vision. Il est la révélation, qui serait impossible par des moyens directs et conscients, de la différence qualitative qu'il y a dans la façon dont nous apparaît le monde, différence qui, s'il n'y avait pas l'art, resterait le secret éternel des choses ».* Flaubert déjà suggérait que *« le style à lui tout seul est une manière absolue de voir les choses ».*

L'écriture

Aujourd'hui, la notion de style est vieillie. On lui substitue de plus en plus celle d'écriture. Roland Barthes (1915-1980), dans *le Degré zéro de l'écriture* (1953), a distingué entre la « langue » *(« corps de prescriptions et d'habitudes, commun à tous les écrivains d'une époque »)*, le « style » *(« langage autarcique qui ne plonge plus que dans la mythologie personnelle et secrète de l'auteur »)* et l'« écriture » *(« produite par la réflexion de l'écrivain sur l'usage social de sa forme et le choix qu'il en assume »).*

L'écriture permet donc *« l'intervention sociale d'un texte »*, et en elle Barthes sentait *« la violence qui lui permet d'excéder les lois qu'une société, une idéologie, une philosophie se donnent pour s'accorder à elles-mêmes dans un beau mouvement d'intelligible historique ».* D'où la formule : *« cet excès a un nom : écriture »*, dans un autre livre de Barthes, *Sade, Fourier, Loyola* (1971). Mais il savait parler aussi du *« bonheur d'écriture »*, l'une des conditions du *« plaisir du texte ».*

L'écriture désignera donc tantôt un acte (ce que Philippe Sollers appelle *« pratique scripturale »*), tantôt un résultat. Elle ne prend pas seulement en compte les intentions et le génie ou le talent d'un auteur, comme le style, mais également les données du langage dans lesquelles s'insère un texte et sur lesquelles il travaille.

L'écrivain

Au sens étymologique, l'écrivain, le *scriptor,* n'est que le préposé aux écritures, le scribe. Réduit à copier, s'il n'est qu'un plagiaire, ou à écrire sous la dictée de la Muse, s'il est un poète inspiré à la manière de ce qui est décrit dans l'*Ode à Michel de l'Hospital* de Ronsard, il se distingue de l'auteur, selon Boileau, dans l'*Art poétique* de 1674 (I, v. 161-162). L'auteur est celui qui invente un sujet, l'écrivain est celui qui est apte à le traduire dans les mots :

> « Sans la langue, en un mot, l'auteur le plus divin
> Est toujours, quoi qu'il fasse, un méchant écrivain. »

ODE
L'*Ode à Michel de l'Hospital* (1552) est un grand poème à la manière du poète grec Pindare, ou ode pindarique. Pierre de Ronsard (1524-1585) a aussi pratiqué l'ode plus brève à la manière du poète latin Horace.

À l'époque moderne, on tend plutôt à distinguer l'« écrivain » de l'« écrivant ». Ainsi, pour Roland Barthes *(Essais critiques),* l'écrivant n'a pour fonction que *« de dire en toute occasion et sans retard ce qu'il pense »*. Au contraire, l'action de l'écrivain *« s'exerce paradoxalement sur son propre instrument, le langage »* et il *« s'interdit existentiellement deux modes de parole : la doctrine et le témoignage »*.

En attribuant au langage un génie propre et en faisant de l'écrivain son truchement, ne risque-t-on pas d'en faire un écrivant ? Ainsi quand Gérard Genette propose :

> « L'écrivain est celui qui ne sait et ne peut penser que dans le silence et le secret de l'écriture, celui qui sait et qui éprouve à chaque instant que lorsqu'il écrit ce n'est pas lui qui pense son langage, mais son langage qui le pense et pense hors de lui. »

LITTÉRATURE
Dans sa forme la plus simple, ce mot est devenu le titre d'un recueil d'essais de Jean Giraudoux (1882-1944).

À ces excès du formalisme des années 1960-1970, la littérature de la fin du XXe siècle apporte des nuances et revalorise la présence, la conscience, la subjectivité de l'écrivain. L'évolution de l'œuvre de Philippe Sollers (né en 1936) en témoigne, tant dans ses romans que dans ses essais. Un livre comme *C'était bien* (2002) de Jean d'Ormesson revient sur le déroulement d'une vie pour proposer aux générations nouvelles, non un modèle à suivre, mais un sentiment de plénitude et d'accomplissement.

Qu'est-ce que la littérature ?
1. Littérature et subjectivité

Toute réflexion suppose une mise en question. Qu'est-ce que le Tiers État? *demandait l'abbé Sieyès en janvier 1789, quelques mois avant la Révolution, dans une brochure d'une centaine de pages.* «Qu'est-ce qu'une date?», *écrit le philosophe contemporain Jacques Derrida dans son essai sur le poète de langue allemande Paul Celan (*Schibboleth, *1986). «Qu'est-ce que la littérature?»: cette question est revenue plusieurs fois sous la plume de penseurs et d'écrivains. On envisagera ici quelques réponses en précisant quelques notions indispensables pour l'étude de la littérature et tout d'abord celle de subjectivité.*

Littérature et belles-lettres

Le premier sens donné par le dictionnaire d'Émile Littré pour «littérature» est *«connaissance des belles-lettres».* Cette définition s'appuie essentiellement sur des exemples empruntés aux XVIIe et XVIIIe siècles, par exemple quand Bossuet parle de *«gens d'esprit et qui n'étaient pas sans littérature»*. Nous dirions aujourd'hui: sans culture littéraire. Mais

Portrait de Michel de Montaigne (1533-1592). *« Ah ! l'aimable homme ! qu'il est de bonne compagnie ! C'est mon ancien ami, mais à force d'être ancien, il m'est nouveau »,* écrivait Mme de Sévigné dans une de ses lettres.

litterae, le mot latin qui est à la source à la fois de « belles-lettres » et de « littérature », a un sens large qui implique le savoir-lire, le savoir-écrire aussi bien que la pratique de la lecture et son acquis.

On comprend, dans ces conditions, que le rapprochement entre belles-lettres et littérature se fasse sous le signe de l'humanisme. On pense à l'éducation que Gargantua a voulu donner à son fils Pantagruel, quand il lui recommande de fréquenter *« les gens lettrés qui sont tant à Paris comme ailleurs »* (Rabelais, *Pantagruel,* 1532, chapitre VIII), à la comparaison entre agriculture et culture que fait Montaigne dans les *Essais* au moment où il traite « De l'institution [= de l'éducation] des enfants » (livre I, 1580, chapitre XXVI), et au goût qu'il étale pour les livres (livre II, chapitre X). À noter que Montaigne ne s'en tient pas à la littérature au sens étroit du terme (qu'il faudra définir plus bas), mais considère qu'il a beaucoup à apprendre des philosophes et que *« les historiens sont* (s)*a droite bale ».* Ce contexte permet d'expliquer que la Renaissance ait été une période décisive de formation pour la littérature française. C'est un des grands mérites, en particulier, de la Pléiade. Au XVIe siècle se forgent la plupart des grands genres littéraires.

Naissance de la littérature : la subjectivité littéraire

Dans son livre *la Subjectivité littéraire* (PUF, 1985), le grand médiéviste français Michel Zink, professeur au Collège de France, a démontré que *« l'enfance de la littérature française, c'est-à-dire à la fois le moment historique de son apparition et l'élaboration de la notion de littérature dans le domaine français, est marquée par la prise de conscience de la subjectivité ».* Le Moyen Âge serait donc, contrairement à ce qu'on dit trop souvent, l'âge de la subjectivité, entendue, non comme l'effusion spontanée ou l'expression véritable dans un texte de la personnalité, des opinions ou des sentiments de son auteur (quelque chose qui ressemblerait au lyrisme des romantiques, ou à ce que Rimbaud condamne, dans sa lettre à Izambard du 13 mai 1871, comme *« poésie subjective, horriblement fadasse »*), mais comme « ce qui marque le texte comme le point de vue d'une conscience ». Ainsi Chrétien de Troyes, au début du *Conte du Graal* (vers 1181), ne fait plus référence à aucune source, mais il veut jeter lui-même la semence du roman :

CHARLES D'ORLÉANS
« En regardant vers le pays de France, / Un jour m'advint à Douvres sur la mer, / Qu'il me souvint de la douce plaisance / Que je pouvais audit pays trouver »
(Charles d'Orléans, 1394-1465).

« Crestiens seme, et fet semence
D'un romans que il ancomance. »
« Chrétien sème – c'est sa semence –
un roman qu'il commence. »

Pour Michel Zink, *« la littérature est une invention du XIIIe siècle »*. À partir de cette date, on voit *« le roman tourner au discours du sujet et la poésie lyrique à la narration fictive du moi, les formes littéraires dans leur ensemble se laisser informer par le sentiment subjectif du temps, celui de la vie et celui de la conscience »*.

Le romancier, alors même qu'il reprend la matière du cycle du roi Arthur, est amené à imposer sa présence et à justifier ses choix. La poésie à la première personne est envahie par la narrativité : après Rutebeuf, après Adam de la Halle, Charles d'Orléans (1394-1465), retenu captif par les Anglais pendant de longues années, parviendra à exprimer, malgré la raideur des formes fixes, son sentiment de l'exil, sa certitude que la poésie peut être, en prison, une consolation, un refuge (ballade *En regardant vers le pays de France*).

Il reste de cela un mouvement qui conduit vers la littérature l'écrivain pour exprimer, plus ou moins spontanément et directement, son « moi » (autobiographie) et le lecteur vers un miroir où il se retrouvera lui-même (lecture en miroir, lecteur-frère : voir le poème liminaire des *Fleurs du Mal* de Baudelaire).

Qu'est-ce que la littérature? 2. Littérature et engagement

Un livre d'André Gide a été publié après sa mort sous le titre Littérature engagée. *Et en effet, l'auteur des* Caves du Vatican *et des* Faux-Monnayeurs *n'a pas été seulement replié sur son enfance et son adolescence, ou sur ses passions sexuelles, mais désireux de s'engager. Sa philanthropie a pris les formes de l'anticolonialisme, notamment après un voyage au Congo en 1925-1926, du pacifisme (il a assisté au Congrès mondial pour la paix en 1932), du communisme même, amèrement abandonné au lendemain d'un voyage décevant en URSS en 1936. Peut-être était-ce trop demander à un esthète comme lui qu'un engagement constant, à quoi son œuvre littéraire tendrait à se réduire. Au même moment, un débat opposait à distance deux hommes, Charles Du Bos et Jean-Paul Sartre. C'est à ce dernier qu'on demandera une formulation théorique de ce que peut être la littérature engagée.*

Qu'est-ce que la littérature selon Charles Du Bos, ou littérature et spiritualité

Au XXe siècle, deux textes ont été intitulés par leur auteur *Qu'est-ce que la littérature?* Le premier est dû à Charles Du Bos (1882-1939), grand critique littéraire, un homme doué d'une vaste culture européenne, aussi bien artistique que littéraire, et essentiellement préoccupé de la présence du spirituel dans l'œuvre littéraire. Auteur de sept volumes d'*Approximations* (1922-1937) – le titre exprime la volonté de rester modeste en face du texte littéraire et de ne l'aborder qu'avec précautions –, confiant à son *Journal* (publié à partir de 1929) ses préoccupations intellectuelles, esthétiques et spirituelles, il a répondu à la question « Qu'est-ce que la littérature ? » dans un livre qui porte ce titre. Lui aussi, en tant

ENGAGEMENT
« L'art d'écrire n'est pas protégé par les décrets immuables de la Providence; il est ce que les hommes le font, ils le choisissent en se choisissant »
(Jean-Paul Sartre, Qu'est-ce que la littérature ?, 1947).
« Quelles que soient nos infirmités personnelles, la noblesse de notre métier s'enracinera toujours dans deux engagements difficiles à maintenir : le refus de mentir sur ce que l'on est et la résistance à l'oppression »
(Albert Camus, *Discours de Stockholm*, 10 décembre 1957).

André Gide (1869-1951). L'écrivain se plaisait à se donner la fonction d'« inquiéteur ».

que critique, recherche la proximité avec le subjectif de l'œuvre, il la conçoit comme le réceptacle d'autrui, mais cet autrui est avant tout une âme et la littérature est le lieu d'un climat spirituel. L'écrivain est celui qui *« donne du ton à l'âme »*. Il est sensible, par exemple, à *« l'anxieuse dilatation d'une prunelle »* dans *les Pensées* de Pascal ou à la présence spirituelle de l'œuvre d'art dans *À la recherche du temps perdu* de Marcel Proust. Et, à défaut de l'âme en elle-même, le lecteur saura saisir *« le pas, le pouls, le battement »* qui sont ceux propres de l'auteur.

Qu'est-ce que la littérature selon Sartre, ou littérature et action

On doit considérer le long essai de Jean-Paul Sartre, *Qu'est-ce que la littérature ?,* non seulement comme une reprise de la question, mais aussi comme une réponse à Charles Du Bos. Il a été publié pour la première fois en 1947 dans la revue *les Temps modernes,* puis repris dans le volume *Situations II* en 1948 – le volume lui-même ayant la question comme sous-titre. Sartre veut montrer que la littérature est la reprise en charge du monde par une liberté. Pour cela, il ne cherche pas à définir une quelconque essence de la littérature et il ne se soucie pas davantage de la réserver à la zone du spirituel, mais il la situe dans l'existence et il considère qu'elle n'a de raison d'être que par son action, sa praxis.

Sartre renforce donc, après André Gide (dont certains textes ont été recueillis en 1950 sous ce titre), le concept de « littérature engagée ». La littérature est dite « engagée » quand l'écrivain prend parti et la met au service de l'idéologie et de la cause qu'il sert. Montaigne n'ignorait pas ce verbe, mais, soucieux de garder son autonomie, il s'en défiait: *«Je ne sais pas m'engager si profondément et si entier»,* écrivait-il dans les *Essais*; *«quand ma volonté me donne à un parti, ce n'est pas d'une si violente obligation que mon entendement s'en infecte.»* Sartre, au contraire, a élevé l'engagement à la hauteur d'un art de vivre et d'un art d'écrire. La littérature est un acte et l'abstention, le refus d'agir, est si lourde de conséquences qu'elle a aussi des conséquences pour la société:

> «L'écrivain est en situation dans son époque: chaque parole a des retentissements. Chaque silence aussi. Je tiens Flaubert et Goncourt pour responsables de la répression qui suivit la Commune parce qu'ils n'ont pas écrit une ligne pour l'empêcher.»

Cet essai est inséparable de sa date, et la question posée une nouvelle fois par Sartre est inséparable de celle que posera Jacques Derrida: *«Qu'est-ce qu'une date?»*

«UNE FOIS»
«Comment dater autre chose que cela même qui jamais ne se répète?», **demande Jacques Derrida.**
C'est le «une fois» de Rimbaud dans *Une saison en enfer (Matin)*, écho aussi du «il était une fois» des contes pour enfants.

Écrire en 1947, c'est écrire après la Seconde Guerre mondiale, après l'Occupation allemande, après les trahisons de toute sorte, après la tentative d'extermination des Juifs. Si elle est un acte – et ses livres le montrent –, la littérature est aussi pour Sartre le lieu d'une conscience. Les dernières lignes de son essai le disent clairement, même si elles font appel à la notion de «conscience malheureuse», centrale dans la philosophie existentialiste:

> «Par la littérature, je l'ai montré, la collectivité passe à la réflexion et à la méditation, elle acquiert une conscience malheureuse, une image sans équilibre d'elle-même qu'elle cherche sans cesse à modifier et à améliorer.»

Par là, la subjectivité originelle se trouve élargie vers ce que Rimbaud appelait en 1871 *«poésie objective»,* ou, pour reprendre la formule de Lautréamont, littérature qui soit faite *«par tous, non par un»*.

Qu'est-ce que la littérature ? 3. Littérature et littérarité

Portrait de Paul Valéry (1871-1945) par Jacques-Émile Blanche. Ce dernier était le fils du médecin qui soigna Gérard de Nerval et l'ami de Marcel Proust, dont il fit également le portrait.

Cette conception de Sartre a suscité beaucoup de réactions critiques et elle porte aujourd'hui assurément la marque de sa date. Il importe sans doute de revenir à une conception de la littérature plus proche de considérations esthétiques : la littérature se distinguerait par sa qualité propre. C'est donc bien à la recherche d'une essence de la littérature que l'on part, mais d'une essence qui est inséparable de l'acte même d'utiliser le langage.

Du classicisme

L'immense effort de la littérature classique a consisté à s'imposer des règles qui garantissent la qualité du langage et de l'œuvre littéraires.

Blaise Pascal (1623-1662), l'auteur des *Provinciales* et des *Pensées,* comparait la règle à une montre sans laquelle les hommes ne peuvent s'accorder sur l'heure *(De l'esprit géométrique)* et il croyait qu'*« il y a des règles aussi sûres pour plaire que pour démontrer »*. Ces règles se sont progressivement précisées et fixées, de l'époque de Louis XIII aux « classiques » de l'époque de Louis XIV.

L'origine des règles doit être cherchée dans l'œuvre d'Aristote et, plus encore, dans les écrits de commentateurs d'Aristote au XVIᵉ et au début du XVIIᵉ siècle, en particulier en Italie. Alors que la Pléiade a été une école de liberté, vers

1630 se livrent les grands combats entre les partisans de la liberté (Théophile de Viau, Racan) et leurs adversaires, les « doctes », qui prônent l'efficacité des règles (Chapelain, Godeau, Scudéry). La querelle du *Cid* en est un épisode. Les grands classiques sont réservés : Corneille, La Fontaine, Molière (dans *la Critique de l'École des femmes*) considèrent avec Racine (préface de *Bérénice*) que *« la principale règle est de plaire et de toucher : toutes les autres ne sont faites que pour parvenir à cette première »*.

Il faut distinguer entre les règles du théâtre classique, en particulier celles de la tragédie (les trois unités), sur lesquelles on a trop souvent fait porter les débats et les règles générales qui permettent de définir l'esthétique classique (bienséances, vraisemblance, naturel). Elles affirment tour à tour l'alliance de l'art et de la morale, de l'art et de la raison, de l'art et de la nature.

POÉTIQUE
« Le nom de Poétique [est le nom] de tout ce qui a trait à la création ou à la composition d'ouvrages dont le langage est à la fois la substance et le moyen » (Paul Valéry, 1937).

Romantisme et modernité

Déjà Baudelaire écrivait en 1861, dans son article sur *« Richard Wagner et Tannhäuser à Paris »,* que *« la parole écrite est* [...] *le plus positif des arts »,* c'est-à-dire que la littérature, c'est la parole quand elle devient un art. Derrière ces mots, on retrouve donc l'immense effort de la littérature classique pour s'imposer des règles qui soient la garantie d'une telle qualité, sans que ces règles soient les seules et sans qu'elles soient éternelles. Le renouveau qui s'est produit au XIXe siècle (la modernité selon Baudelaire par exemple) et au XXe siècle en est la preuve.

La poétique selon Valéry

Paul Valéry (1871-1945) a été professeur de poétique au Collège de France, mettant à profit son expérience de poète et l'analyse lucide qu'il n'avait cessé de faire en lui de sa

LITTÉRATURE
Le *« et le reste est littérature »* de Paul Verlaine, à la fin de son *Art poétique* (1874), était déjà une façon de rejeter une manière d'écrire trop sophistiquée. On a pu reprocher aussi à la littérarité de réserver la littérature à une élite. D'où la tendance actuelle à revaloriser des formes marginales de la littérature, « paralittérature », voire « infra-littérature ».

propre création à partir du moment où, reprenant vingt ans après ses vers anciens, il était revenu à la poésie. Pour lui, *« la littérature est et ne peut être qu'une sorte d'extension et d'application de certaines propriétés du langage »*. Elle utilise donc à ses fins propres les propriétés phoniques et les possibilités rythmiques du parler, que le discours ordinaire néglige. Donc non seulement la poésie, mais la littérature en général s'écartent du parler quotidien.

Valéry accorde donc une place capitale aux figures et pour lui la formation de figures est indivisible de celle du langage lui-même. *« Le poète qui multiplie les figures ne fait donc que retrouver en lui-même le langage de l'état naissant. »* Comparer, dans *la Jeune Parque* (1917) – le poème par lequel il est revenu à la poésie –, les îles à des *« ruches »,* à des *« mères vierges »,* les diviniser en *« de merveilleuses parques »,* les pourvoir de *« pieds glacés »* dans les abîmes marins, c'est bien mettre en œuvre toutes les ressources des figures pour faire, au sens le plus matériel du verbe, de la poésie.

La littérarité selon Roman Jakobson

Sur le plan théorique, une telle conception a été illustrée par les formalistes russes, vers 1930, en particulier par le plus grand d'entre eux, Roman Jakobson, dont l'œuvre a exercé une grande influence en France à partir des années 1960.

Le concept de littérarité mis en place par le linguiste sert à déterminer « ce qui fait d'une œuvre donnée une œuvre littéraire », d'un message verbal une œuvre d'art. Le bourgeois gentilhomme de Molière en avait une conscience confuse quand il s'ébaubissait devant les différentes manières de tourner un billet d'amour à la marquise.

Dire *« Ce toit tranquille où marchent des colombes »* au lieu de « la mer », comme le fait Valéry au début du *Cimetière marin,* illustre parfaitement une telle différence, qui sépare la littérature de ce qu'elle n'est pas.

Un dictionnaire comme le *Vocabulaire d'esthétique* d'Étienne Souriau revu par Anne Souriau (1990, PUF, rééd. 1999) enregistre scrupuleusement une telle définition. La littérature y est définie comme un *« art ayant pour matériau le langage »* : un art du temps, utilisant un matériau préorganisé, un art lié aux organes phonatoires de la voix, un art de la liaison entre le signifiant et le signifié.

La distinction des genres

Les genres littéraires

La production littéraire ne se présente pas comme un texte continu et uniforme. Même quand l'épopée antique déroule ses milliers de vers, le flux verbal s'écoule dans le moule d'un genre littéraire. À partir de distinctions simples, que cherchent à retrouver les théoriciens, les genres se multiplient à mesure que la littérature se diversifie. Un tel éclatement a pu conduire les modernes à mettre en question, voire en doute, la notion de genre. Mais les théoriciens d'aujourd'hui cherchent aussi à retrouver l'essence de chaque genre.

À partir d'un texte : *« Quand vous serez bien vieille »* de Ronsard

« Quand vous serez bien vieille, au soir, à la chandelle,
Assise auprès du feu, dévidant et filant,
Direz, chantant mes vers, en vous émerveillant :
"Ronsard me célébrait du temps que j'étais belle."

Lors, vous n'aurez servante oyant telle nouvelle,
Déjà sous le labeur à demi sommeillant,
Qui au bruit de Ronsard ne s'aille réveillant,
Bénissant votre nom de louange immortelle.

Je serai sous la terre, et fantôme sans os
Par les ombres myrteux je prendrai mon repos ;
Vous serez au foyer une vieille accroupie,

Regrettant mon amour et votre fier dédain.
Vivez, si m'en croyez, n'attendez à demain :
Cueillez, dès aujourd'hui, les roses de la vie. »

On ne saurait aborder l'explication d'un tel texte sans se demander, dans une démarche préalable, à quel genre il appartient. Il n'a pas de titre ou de sous-titre qui puisse nous éclairer sur ce point, comme quand Rimbaud place en 1870 sous *Ma Bohême* l'indication « Fantaisie » ou quand Gide introduit, en 1925, pour la première fois dans son œuvre, « Roman » sous *les Faux-Monnayeurs.*

Pour ce qui est du livre d'où ce texte est extrait, *le Second Livre des Sonnets pour Hélène* (1578), il donne une première indication qui reste vague (« livre », au sens de partie d'une œuvre qui, en l'occurrence, en comportera deux), une deuxième qui désigne une forme (la forme stricte du sonnet en quatorze vers), une troisième qui nous oriente vers la destinataire, la femme aimée, Hélène (Hélène de Surgères, fille d'honneur de la reine Catherine de Médicis, à qui Ronsard, vers cinquante ans, a fait une cour assidue et vaine entre 1570 et 1576 dans le palais parisien où elle consentait à le recevoir). Rien, dans tout cela, ne concerne véritablement le genre.

Les éditions modernes intègrent en général les *Sonnets pour Hélène* dans *les Amours* de Ronsard. Ce n'est pas tout à fait exact, car le poète n'a usé de ce titre que pour ses poèmes à la première bien-aimée, Cassandre Salviati (1552, *les Amours de P. de Ronsard Vandomoys,* 184 sonnets, mêlés de quelques « chansons »), et pour la *Continuation des Amours* et la *Nouvelle Continuation des Amours* (1555-1557), qui chantent Marie. Le temps d'Hélène n'est pas encore venu. Il n'est pas de titre plus banal qu'*Amours*

TROPHÉES
Le poète parnassien José-Maria de Heredia a intitulé un sonnet de son recueil unique *les Trophées* (1893) : *Sur le Livre des Amours de Pierre de Ronsard*.
Il y nomme Marie, Hélène et la *« fière Cassandre »*.
***« Tout meurt »*, mais *« d'une immortelle main »*. Ronsard a tressé pour leur front *« Aux myrtes de l'Amour le laurier de la Gloire »*.**

au XVIIe siècle : *Amours* d'Antoine de Baïf, *Amours* d'Étienne Jodelle, etc. Le titre renvoie aux *Amores* du poète latin Ovide, modèle auquel on revient toujours dans le cadre d'une littérature qui est, délibérément, une littérature d'imitation.

REPÈRES POUR L'HISTOIRE DE LA POÉTIQUE DES GENRES
• **384-377 av. J.-C.:** Platon, *la République.*
• **334 av. J.-C.:** Aristote, *Poétique.*
• **vers 20 av. J.-C.:** Horace, *Épître aux Pisons* (Ars poetica).
• **1549:** Joachim Du Bellay, *Défense et illustration de la langue française.*
• **1674:** Nicolas Boileau, *Art poétique.*
• **1827:** Victor Hugo, préface de *Cromwell.*
• **1835:** Friedrich Hegel, *Esthétique.*

Écrire *les Amours d'Hélène* ou *les Amours de Cassandre* ou *les Amours de Marie* (Ronsard) ou *les Amours de Corinne* ou *les Amours de Francine* (Baïf), c'est écrire à la manière du poète italien Pétrarque (Francesco Petrarca, 1304-1374), qui n'a jamais utilisé ce titre, ni même celui de *canzionere* (chansonnier, au sens de livre des chansons), sous lequel on connaît aujourd'hui le recueil des poèmes d'amours adressés à Laure. Pétrarque s'était contenté d'un titre latin assez neutre, *Fragments de choses vulgaires (Rerum vulgarium fragmenta).* Mais *le Chansonnier* appelle bien les « chansons » de Ronsard, qui, mêlées ou non aux sonnets, indiquent le genre de la poésie lyrique, et spécialement d'une manière de chanter poétiquement l'amour.

C'est donc à la poésie lyrique qu'il convient de rattacher le sonnet où Ronsard évoque par anticipation la vieillesse de celle qui n'est pour l'instant qu'une jeune femme désinvolte et par trop indifférente à son soupirant vieillissant. Vieille, Hélène chantera les vers de Ronsard alors disparu, elle leur donnera toute leur valeur de poèmes, sinon chantés, du moins dignes d'être chantés et accompagnés de la lyre (*« chantant mes vers »,* v. 3).

Le poème ne se contente pas d'être un poème de la célébration et les intentions de Ronsard sont plus nombreuses, plus complexes. Il menace Hélène, cette jeune femme, de la vieillesse dans un poème qui n'est pas loin de l'imprécation, du sarcasme, donc de la poésie satirique. L'évocation des *« ombres myrteux »* (au v. 10, le myrte, arbuste funéraire censé pousser dans l'autre monde comme dans celui-ci, renvoie à la représentation traditionnelle du monde des morts, des Enfers, dans la poésie antique, et plus particulièrement dans l'épopée, dont c'est un morceau quasi obligé : le livre VI de l'*Énéide* de Virgile et la descente du héros aux Enfers). La fin du sonnet, incitative, oriente le lyrisme moins vers la confidence amoureuse que vers une poésie d'entraînement, une poésie impérative même : tel le poète grec du VIIe siècle Tyrtée qui, par ses *Exhortations,* appelait les jeunes Spartiates à la formation militaire et au combat.

Les deux derniers vers du poème ressortissent plus à la poésie didactique qu'à la poésie lyrique : Ronsard donne à cette Hélène de Surgères qui se piquait de philosophie une leçon de philosophie épicurienne – il faut savoir jouir de l'instant qui passe en sachant que, précisément, il passera.

Ce sonnet de Ronsard appartient donc à un genre principal, la poésie lyrique, qui permet à l'écrivain de s'exprimer, de parler de sa vie intérieure et affective, mais il conserve des attaches avec des genres secondaires : l'épopée, la poésie didactique, la poésie satirique même. Étudier le dosage de ces divers genres dans un seul texte, c'est déjà en préparer l'explication soigneuse et lucide.

Une première approche de la notion de genre littéraire

Comme on classe les espèces, on peut classer la production littéraire en catégories. Un libraire le fait quand il réserve des rayonnages pour les romans, d'autres pour la poésie, d'autres

Le château de Chambord, comme tant d'autres châteaux de la Loire, fut l'un des hauts lieux de la vie littéraire au XVIe siècle.

REPÈRES (SUITE)
- **1890 :** Fernand Brunetière, *l'Évolution des genres dans l'histoire de la littérature.*
- **1957 :** Northrop Frye, *Anatomie de la critique.*
- **1978 :** Tzvetan Todorov, *les Genres du discours.*
- **1979 :** Gérard Genette, *Introduction à l'architexte.*
- **1989 :** Jean-Marie Schaeffer, *Qu'est-ce qu'un genre littéraire ?*
- **1998 :** Colloque en Sorbonne sur « L'éclatement des genres littéraires au XXe siècle » (publié en 2001).

pour le théâtre, d'autres pour les textes philosophiques (donc pour ce qu'il est convenu d'appeler la « littérature d'idées »), etc. Mais un libraire ou un bibliothécaire ne se contentera pas des genres littéraires pour établir son classement ou son catalogue. Il tiendra compte aussi des sujets (livres portant sur l'histoire, livres consacrés à l'actualité, à la jeunesse, etc.). À côté du classement « générique », le classement « thématique » conserve tous ses droits, même s'il est une facilité. Les titres, à cet égard, sont souvent révélateurs, mais ils peuvent être aussi trompeurs ou flous. Ainsi celui de *Pensées,* qui a été donné en 1670 aux fragments conservés d'un livre inachevé de Pascal (1621-1662), semble orienter vers la littérature philosophique. En réalité, ces fragments sont ce qui nous reste de la réalisation d'un projet d'Apologie (défense) de la religion chrétienne. C'est à ce genre apologétique que se rattache tout aussi bien la réalisation, complète, elle, de Chateaubriand dans *Génie du christianisme* (1802).

Dans tous les cas, le genre littéraire passe par un ou par des modèles : on a signalé *le Chansonnier* de Pétrarque pour la poésie lyrique, et pas seulement celle du XVIe siècle (Hugo chante sa femme Adèle ou sa maîtresse Juliette Drouet, Baudelaire s'inspire de Jeanne Duval ou d'Apollonie Sabatier ou de Marie Daubrun, l'actrice aux yeux verts, Eluard célèbre tour à tour Gala, Nusch et Dominique comme Ronsard a célébré Cassandre, puis Marie, puis Hélène). La poésie didactique remonte au poète grec Hésiode *(les Travaux et les Jours)* ou au poète latin Virgile *(les Géorgiques)* pour la mise en vers d'indications qui ne concernent pas l'art de vivre, mais plus simplement la manière de cultiver la terre. Ce genre s'est continué dans la littérature française avec les longs poèmes sur les jardins au XVIIe et surtout au XVIIIe siècle, mais aussi avec des œuvres tendant vers un autre contenu d'enseignement (*l'Art poétique* de Boileau, 1674). Claude Simon, prix Nobel de littérature en 1987, a donné ce titre, *les Géorgiques* (1981), à un nouveau roman qui fait place en effet à l'exploitation agricole de son domaine dans la région de Perpignan, mais aussi à l'expérience de toute une vie. Il est dédié à Rhéa, la déesse de la Terre, chez les Grecs, mais aussi la femme aimée : didactique et lyrisme cohabitent donc dans une œuvre qui appartient pourtant essentiellement au genre narratif.

Les genres ont constitué et constituent encore un élément important de la communication littéraire. Elle passe par eux. C'est en se situant par rapport à eux que les écrivains ont créé et parfois innové. On peut donc dire que la relation aux genres est la relation entretenue avec la tradition, qu'elle soit assimilée à des conventions ou à des contraintes, ou qu'elle soit vue au contraire comme un ensemble de ressources encore mal exploitées ou injustement oubliées.

Une première définition de la notion de genre littéraire

Philippe Lejeune, spécialiste contemporain de l'autobiographie, a défini le genre littéraire comme le *« lieu géométrique des textes répondant à certaines conditions de forme, de sujet et de mode de production »*. Une telle définition a le mérite de l'ampleur et de la souplesse. Elle n'admet pas seulement des critères formels (et ce qui a été dit plus haut du sonnet permet de prendre conscience du fait que la forme ne se confond pas avec le genre, comme on le croit souvent). Elle fait place aussi aux éléments de contenu, donc déjà à une thématique (« de sujet »), et elle ne fait pas de la création littéraire l'œuvre du pur génie, mais une production tributaire de conditions, d'objectifs, du public : vers 1820, il a besoin de drame, et même de mélodrame ; après la Première et la Seconde Guerre mondiale, de romans de guerre, etc.

Principe de classification des œuvres littéraires, le genre littéraire est inséparable d'une certaine attente du public, de ce que le théoricien allemand Hans-Robert Jauss a appelé un *« horizon d'attente »*. Il est le produit d'un héritage, mais d'un héritage vivant et renouvelé.

AUTOBIOGRAPHIE
Philippe Lejeune a écrit, dès 1972, un texte intitulé *le Pacte autobiographique*, publié dans la revue *Poétique* en 1973. Il a publié, en 1975, un livre auquel il a donné le même titre. Il est revenu sur cette notion dans *Moi aussi* (Le Seuil, 1986). Pour lui, l'autobiographie est *« le récit rétrospectif en prose qu'une personne réelle fait de sa propre existence, lorsqu'elle met l'accent sur sa vie individuelle, en particulier sur l'histoire de sa personnalité »*.

Le narratif et le dramatique

CAVERNE
C'est dans *la République* de Platon, au livre VII, qu'on trouve la fameuse allégorie de la caverne dont les symbolistes se souviendront.

Dans les programmes scolaires, on retient le plus souvent quatre genres, pour la commodité et la clarté de l'enseignement : texte romanesque, texte poétique, texte théâtral, texte argumentatif. Il faudra revenir sur la poésie, et spécialement sur la poésie lyrique, déjà évoquée dans une première approche. Les Anciens ont connu le théâtre, ou plutôt le drama. *En revanche, « roman » et « romanesque » sont des notions modernes, que ne recouvrent pas entièrement les notions anciennes de* diégèsis *(la narration ou, mieux, la traversée narrative à laquelle les théoriciens d'aujourd'hui donnent volontiers le nom calqué de « diégèse ») ou plus simplement d'« histoire ». Ces catégories sont-elles aussi étanches qu'on le croirait naïvement ? Telle est la question qui mérite ici d'être posée.*

Retour aux Grecs

Pour une distinction entre le « narratif » et le « dramatique », il importe de remonter à Platon et au livre III de *la République.* Le dialogue est consacré en principe à la description d'un État idéal. Mais toute sorte de sujets sont abordés, à commencer par l'écrivain (qui n'est pas encore désigné en tant que tel) : si le philosophe a un rôle éminent à jouer dans la cité, l'écrivain, lui, mérite d'en être rejeté, car il n'est qu'un imitateur de la réalité des choses, incapable d'en dégager l'essence.

Au livre III de *la République,* on examine, sous la conduite de Socrate, quelles œuvres conviennent à l'éducation des gardiens de la cité idéale. À la faveur de ce développement, on explique que ce que nous appellerions aujourd'hui une œuvre littéraire peut être soit narratif soit dramatique. Un texte est narratif quand l'auteur se contente de rapporter les faits et les gestes des héros sans faire parler ceux-ci ; il est dramatique quand l'auteur met en scène ses personnages et essaie d'imiter leur langage pour mieux rendre compte de leur pensée et de leurs sentiments. Entre les deux, Platon envisage une catégorie générique à la fois narrative et dramatique, où l'auteur mêle le discours des personnages et la narration suivie. Le dialogue platonicien à lui seul illustre cette catégorie intermédiaire : *le Banquet* raconte une réunion chez Agathon, avec un souper, et est censé reproduire les propos tenus sur l'amour au cours de cette soirée ; l'ouvrage commence par un premier dialogue entre un nommé Apollodore et un ami, à la faveur duquel Apollodore va rapporter le récit (la diégèse, dans le texte grec) fait du banquet par Aristodème.

FACE-À-FACE
Le face-à-face est une structure à la fois romanesque et dramatique. Elle a été étudiée par le grand critique suisse Jean Rousset dans *Leurs yeux se rencontrèrent* (José Corti, 1989) : *« Ce grand thème qu'est le face-à-face de deux inconnus qui, tout d'un coup, se reconnaissent. »*

Cinquante ans plus tard, Aristote, dans sa *Poétique,* dont la fin a disparu, est revenu sur la question, sans se contenter d'un simple détour. Soucieux avant tout de réfléchir sur ce mode de la représentation qu'est l'imitation du sensible (la *mimèsis*), il a opposé le narratif et le dramatique. Le narratif est représenté essentiellement pour lui par l'épopée (donc un long récit en vers). Le critère essentiel est alors la relation que les personnages entretiennent avec la réalité. Aristote est frappé par le fait que « les éléments que renferme l'épopée sont dans la tragédie, mais ceux de la tragédie ne sont pas dans l'épopée ».

Le dialogue

On dialogue chez Platon, on ne dialogue pas chez Aristote, qui use d'un mode de présentation philosophique plus sèchement didactique. Dans le *Théétète,* Platon imagine que Socrate, conversant avec son disciple qui porte ce nom, recherche une définition du dialogue, mode essentiel de sa pensée dialectique (qui procède donc elle-même par dialogue) :

« SOCRATE – Appelles-tu penser exactement ce que j'appelle de ce nom ?
THÉÉTÈTE – Qu'appelles-tu de ce nom ?

SOCRATE – Un discours *[logos]* que l'âme se tient tout au long à elle-même sur les objets qu'elle examine. »

DIALECTIQUE
Extériorisée – dans les dialogues de Platon – ou intériorisée – et jusque dans l'exercice de la dissertation –, la dialectique consiste à assortir toute affirmation de son contraire pour animer une discussion.

La pensée ne serait donc autre chose qu'un dialogue de l'esprit avec lui-même, comme s'il s'adressait les questions, y répondait et passait ainsi de l'affirmation à la négation et inversement. Et le dialogue peut être en effet le mode de présentation d'une pensée individuelle (ainsi les dialogues de Valéry, *Eupalinos, l'Âme et la Danse*), jusque dans une pièce de théâtre : selon Claudel, les quatre personnages de son quatrième drame, *l'Échange* (première version, 1893-1894, publiée dans la série *l'Arbre* en 1901), seraient quatre aspects de lui-même, quatre modes de sa relation avec les États-Unis, où il venait de débarquer comme diplomate.

Le dialogue est resté un mode d'investigation et d'exposé philosophique, tant au XVIe siècle (*les Colloques* d'Érasme, 1522) qu'au XVIIIe siècle, le siècle philosophique par excellence (Voltaire, *Entretiens d'un sauvage et d'un bachelier,* 1760 ; Diderot, et la conversation entre Bordeu et Mlle de Lespinasse dans *le Rêve de d'Alembert,* 1769), ou au XXe (Claudel, *Conversations dans le Loir-et-Cher,* à partir de 1925 ; Alain, *Entretiens au bord de la mer,* 1931). Il peut être aimablement didactique, dans les *Entretiens sur la pluralité des mondes* (1686), où Fontenelle explique le ciel étoilé à une belle marquise dans le parc d'un château, ou torturé, comme dans certains textes de Samuel Beckett (1906-1990), qui ne sont ni roman ni théâtre, et où l'on sonde l'existence après les existentialistes. Ainsi, dans le dialogue intitulé *Mercier et Camier* (1946) : *« – À quoi rêves-tu, Mercier ? – À l'horreur de l'existence, confusément. »*

À signaler le genre du dialogue des morts, illustré dans l'Antiquité par Lucien, à l'époque classique par Fontenelle et Fénelon, à l'époque moderne par Valéry : un divertissement, un moyen d'éducation (Fénelon réserve les siens à l'éducation des princes), mais aussi une exploration systématique de la parole.

Françoise Thuries (à gauche) et Claire Versane (à droite) dans *Phèdre* de Racine, mis en scène par Françoise Seigner au Nouveau Théâtre Mouffetard, en 1989.

Le narratif dans le théâtre

Dès l'Antiquité grecque, on savait que tout ne pouvait pas être représenté sur la scène, même si l'espace était plus neutre que celui que nous connaissons et si les contraintes étaient moins fortes. Ainsi dans *Œdipe roi* de Sophocle est-ce un messager *(exangelos)* qui vient raconter comment la reine Jocaste s'est pendue et comment Œdipe s'est lui-même crevé les yeux.

La scène classique, soumise à la règle des bienséances, qui ne permet pas de tout représenter, et qui interdit en particulier le spectacle du sang, de la cruauté et de la mort, a fréquemment recours au récit : non seulement pour les besoins de l'exposition, afin de faire bref, mais surtout pour ce qui est considéré comme impossible à représenter.

Le long récit de Théramène, dans *Phèdre* (acte V, scène 6), constitue un cas exemplaire et extrême tant par sa longueur (72 vers) que par sa force : le gouverneur d'Hippolyte raconte au père du jeune homme, Thésée, la mort d'Hippolyte, voué par Thésée lui-même, sur un faux rapport, à un terrible châtiment

ARTAUD
Le théâtre d'Artaud *« est le langage propre à l'expression de puissances obscures que sa métaphysique voit dans la nature ; il est donc, par vocation, le lieu où le mal inhérent à leur être se manifeste, terrifiant. Ainsi, "le théâtre de la cruauté" renvoie à ce qu'Artaud appelle "la cruauté cosmique" »* (Henri Gouhier, *Antonin Artaud et l'essence du théâtre*, Vrin, 1975).

demandé à Neptune, le dieu des Mers. Il serait impossible, du moins sur la scène classique, de représenter le monstre qui, surgissant des flots, a attaqué Hippolyte roulant sur son char au sortir de Trézène. Seul le récit peut rendre compte d'une façon suffisamment resserrée de la frayeur des chevaux, qui se sont emballés et ont précipité le valeureux prince dans la mort au moment même où il faisait face au monstre marin. Le récit de Théramène n'est pas seulement un récit d'apparat, comme on le croit trop souvent. Il est destiné à mettre en valeur le drame de Thésée, dont les yeux sont soudain dessillés, et la vocation d'Hippolyte, brisée tragiquement au moment où, sans l'avoir prévu, il réalisait son vœu le plus cher – triompher d'un monstre, comme son père admiré l'a fait tant de fois à la suite d'Hercule. Mais le vrai monstre n'était-il pas Phèdre, qu'il a cru devoir épargner et qui s'est bien considérée comme telle avant de le traiter par dépit amoureux de monstre à son tour ?

Le théâtre moderne à cet égard peut se donner plus de liberté. Le drame romantique n'évite ni l'action débridée (le retour de Don César de Bazan à l'acte IV de *Ruy Blas,* 1837, de Victor Hugo), ni le spectacle de la mort (l'assassinat d'Alexandre de Médicis par Lorenzaccio, dans la pièce de Musset, 1835), ni le surnaturel (Hugo, *les Burgraves,* 1843). Et au XXe siècle Antonin Artaud, en préconisant dans *le Théâtre et son double* (1938) un *« théâtre de la cruauté »,* appelle sur la scène une *« action immédiate et violente »* qui peut faire souffrir et hurler le spectateur. Le récit, du coup, perd ses droits, même si une pièce de théâtre est toujours, ou à peu près, du narratif théâtralisé.

Le théâtre dans le roman

Depuis longtemps, le dialogue a sa place dans le roman. Au XVIIe siècle Mlle de Scudéry, auteur de diverses *Conversations* ou *Entretiens,* les a multipliés dans ses romans interminables (*Artamène ou le Grand Cyrus,* 1649-1653 ; *Clélie,* 1654-1661). On a même pu dire que c'était le meilleur de son œuvre.

L'exemple majeur de roman dialogué reste la réussite exceptionnelle de Diderot, tant dans *le Neveu de Rameau* (ébauché dès 1762, mais resté longtemps inédit après la mort de l'auteur) que dans *Jacques le Fataliste et son maître.* Diderot, auteur par ailleurs d'entretiens (*Entretien d'un père avec ses enfants,* 1770) et sachant faire du dialogue un usage philosophique, auteur aussi de pièces de théâtre, a conçu *le Neveu de Rameau* comme une « satire » au sens latin du mot : un mélange, un ensemble de bavardages autour d'un sujet. L'auteur lui-même rencontre à Paris, au café de la Régence, le neveu du grand compositeur de musique, musicien lui aussi, mais raté. Entre ces deux hommes d'exception, celui qui étudie le monde et celui qui en connaît les bas-fonds, s'engage une conversation décousue et brillante, feu d'artifice d'idées et de mimiques géniales de la part du bohème, réprobation amusée et à demi complice de la part du philosophe, fasciné malgré lui par la liberté et le goût de vivre du Neveu. C'est cette fascination qui est sans doute le véritable sujet de l'œuvre.

JACQUES LE FATALISTE
Jacques le Fataliste **est l'un des grands modèles mis en valeur par Milan Kundera dans** ***l'Art du roman*** **(Gallimard, 1986, rééd. 1995). L'écrivain tchèque, qui écrit aujourd'hui en français, en a donné une adaptation théâtrale,** ***Jacques et son maître, hommage à Denis Diderot.***

Dans *Jacques le Fataliste,* Diderot a retrouvé le secret d'une technique chère aux romanciers anglais du XVIIIe siècle, en particulier Laurence Sterne dans *Tristram Shandy.* Le roman est fait du dialogue de Jacques et de son maître, cheminant comme le Don Quichotte de Cervantès avec son valet Sancho Pança. Le thème théorique de la conversation est constitué par les amours de Jacques et la question philosophique envisagée par Diderot est celle de la Providence (d'où le titre). Mais le dialogue laisse place à un épisode purement narratif, celui de la vengeance de Mme de la Pommeraye, dont Robert Bresson a pu tirer le scénario de son film, *les Dames du bois de Boulogne. Jacques le Fataliste* a d'ailleurs pu parfaitement être porté à la scène.

Au XXe siècle, le grand romancier irlandais James Joyce a donné le modèle de l'introduction d'une longue scène dialoguée, et véritablement théâtrale, dans l'épisode « Circé » de son roman *Ulysse* (1922). Le décor est celui du quartier des prostituées, Mabbott Street, à Dublin. À un moment où les écrivains étaient tentés par l'abolition de la frontière entre les genres, cette scène a invité à ce que Louis Aragon a appelé *Théâtre / Roman* (1974), terme du dédoublement du personnage systématiquement pratiqué par l'écrivain dans sa dernière manière. Par le mélange du narratif et du descriptif, ce théâtre-roman n'est pas si étranger qu'on ne pouvait le croire aux fondements grecs de la littérature.

ULYSSE
Ce roman de 800 pages de James Joyce, conçu entre 1914 et 1921, a été publié pour la première fois à Paris, et en anglais, en 1922. C'est à Paris qu'il a d'abord poursuivi sa carrière, grâce à Valery Larbaud, cheville ouvrière de l'excellente traduction publiée en 1929. Reprise moderne de l'*Odyssée*, *Ulysse* fait un usage multiple et hardi du monologue intérieur inauguré en 1887 par Édouard Dujardin dans *Les lauriers sont coupés*.

Lyrisme, épopée, drame

Au XIXe siècle, on chercha à retrouver une histoire des genres littéraires, les faisant apparaître tour à tour dans le cours des siècles. Cette conception « romantique », illustrée en France par Victor Hugo dans la préface de Cromwell *(1827) et en Allemagne par* l'Esthétique *de Hegel (publiée en 1835), conduit à la thèse du critique Ferdinand Brunetière (1849-1906), qui, modèle scientifique à l'appui, assimilait les genres littéraires à des organismes vivants et prétendait qu'on pouvait leur appliquer le schéma de l'évolutionnisme. Une thèse aussi excessive n'a plus cours de nos jours, mais elle autorise un autre classement des genres et une interprétation de leur émergence.*

Lyrisme

Tout commence par là, selon Hugo, dans les « temps primitifs » : « *Quand l'homme s'éveille dans un monde qui vient de naître, la poésie s'éveille avec lui.* » Le lyrisme correspondrait donc à une découverte naïve du monde dans sa pureté. Il aurait un rapport avec l'idylle, donc avec la représentation de la vie pastorale idéale. À cette jeunesse du monde, Hugo associe essentiellement l'ode, et ce n'est pas un hasard si son premier recueil a été *Odes et poésies diverses* (1822), aboutissant en 1828 aux *Odes et ballades.*

En fait, il est difficile de retrouver en quoi consiste une poésie primitive. L'idylle, l'églogue, la pastorale sont bien plutôt des tentatives pour retrouver en imagination cette vie primitive perdue, qu'elle soit liée ou non au monde des bergers (*Poésies pastorales* de Fontenelle au XVIIe siècle, *Bucoliques* d'André Chénier au XVIIIe siècle, « le Groupe des Idylles », 23 poèmes dans la deuxième série de *la Légende des siècles* de Victor Hugo en 1877).

ODE
***« Et osay le premier des nostres enrichir ma langue de ce nom d'ode »* (Pierre de Ronsard).**

L'ode elle-même est un poème savant, du moins dans ses formes les plus hautes, en particulier l'ode à la manière de Pindare, le plus difficile des poètes grecs. Joachim Du Bellay l'appelait de ses vœux dans ce qu'on peut considérer comme le manifeste des poètes de la Pléiade, *Défense et illustration de la langue française* (1549) :

> « Chante-moi ces odes inconnues encore de la Muse française, d'un luth bien accordé au son de la lyre grecque et romaine ; et qu'il n'y ait vers où n'apparaisse quelque vestige de rare et antique érudition. »

Ronsard a lancé ce type de poésie avec les quatre premiers livres des *Odes* (1550). Mais à côté de la savante ode pindarique (*Ode à Michel de l'Hospital*, mettant en valeur les Muses et Jupiter), Ronsard a écrit des odes plus brèves, plus légères, des odelettes plutôt *(Mignonne, allons voir si la rose).*

Cette double tradition s'est maintenue dans la poésie française. Paul Claudel, dans ses *Cinq Grandes Odes* de 1910 *(« les Muses », « l'Esprit et l'Eau », « Magnificat », « la Muse qui est la Grâce », « la Maison fermée »,* le tout suivi du *« Processionnal pour saluer le siècle nouveau »),* se rattache au grand genre de l'ode pindarique, tandis que Gérard de Nerval, avec ses *Odelettes* de 1830 (dont *« les Papillons »* et, malgré son titre, *« Fantaisie »*), ou Henri de Régnier (1864-1936) ont illustré le genre plus grêle.

ÉPOPÉE ET ROMAN
«En disparaissant, l'épopée lègue au roman ses aspirations à la totalité cyclique, libère de tout ancrage littéraire une configuration optimiste de l'expérience humaine qui continue d'exercer une séduction massive et immédiate sur l'imaginaire collectif» **(Daniel Madelénat, l'Épopée, PUF, 1986).**

Progressivement, le lyrisme dans la poésie française s'est dégagé du support musical (évoqué plus que présent dans la *Nuit de mai* de Musset quand la Muse invite le poète à *«prendre son luth»* et à lui donner un baiser), pour évoluer vers une poésie subjective, à laquelle est associé le pronom personnel «je». C'est contre elle – et contre Musset – qu'ont réagi Rimbaud, déclarant en 1871 la *«poésie subjective» «horriblement fadasse»*, et Lautréamont, affirmant vers la même date que *«la poésie doit être faite par tous, non par un»*. En fait, une telle poésie personnelle a conservé tous ses droits jusqu'à aujourd'hui.

Épopée

Selon Hugo, l'épopée correspond aux *«temps antiques»*, quand la société s'est organisée, quand la religion a pris une forme, quand chaque nation a eu besoin de son poème épique pour célébrer son fondateur, à l'image de l'*Énéide* de Virgile. Comme le «je» serait associé au lyrisme, le «il» serait associé à l'épopée.

Le terme n'est pas apparu en France avant le XVIIe siècle, même si le genre s'y est introduit plus tôt (*la Franciade* de Ronsard, 1562, avec un héros fondateur du nom de Francus). L'épopée est définie au XVIIIe siècle par l'abbé Batteux comme *«le récit poétique d'une action héroïque et merveilleuse»*. Cette définition est doublement réductrice et conviendrait tout au plus pour une épopée du temps comme *la Henriade* de Voltaire, célébrant le roi Henri IV. L'*epos* des Grecs anciens était plus qu'une action héroïque et merveilleuse; c'était une parole inspirée, entretenue par la tradition, un matériau quasi inépuisable (geste de la guerre de Troie et des retours, avec pour modèles l'*Iliade* et l'*Odyssée*).

L'épopée est normalement en vers réguliers, l'alexandrin le plus souvent. Néanmoins il existe des épopées en prose, comme *Télémaque* (1699) de Fénelon ou *les Martyrs* (1807) de Chateaubriand.

Il faut donc distinguer les caratéristiques larges du genre épique et les caractéristiques plus étroites du poème épique. Le genre épique se caractérise par un narrateur omniscient, l'abondance de la matière épique, la juxtaposition des épisodes, la domination d'une transcendance à laquelle sont suspendues les actions des hommes, fussent-ils des héros. Le poème épique commence par une exposition et une invocation à la Muse, développe la narration d'un fragment de la matière épique considérée, quitte à multiplier les épisodes, et aboutit à un dénouement.

L'écriture épique tend au sublime, même si elle use de tous les registres du style noble. Sinon, elle se retourne en parodie, en burlesque, comme dans le *Virgile travesti* de Scarron (1648-1652). Elle use de la répétition de formules, d'épithètes.

Samuel Labarthe, interprète du rôle-titre du *Cid* de Corneille, dans la mise en scène de Gérard Desarthe au théâtre de Bobigny, en 1988.

Le théoricien russe Mikhaïl Bakhtine a souligné que le temps de l'épopée est le *« passé absolu » : « il est dépourvu,* ajoute-t-il, *de toute relativité, c'est-à-dire de transitions graduelles, purement temporelles, qui le lieraient au présent. Il est séparé par une frontière absolue de tous les temps à venir »* (*Esthétique et théorie du roman*, édition originale en russe, 1975, traduction française, 1978).

Le Français, a-t-on dit, « n'a pas la tête épique ». Avant même l'épopée, qui a bénéficié du retour à la littérature gréco-latine, il y eut pourtant les chansons de geste médiévales. Le genre s'est prolongé dans le poème descriptif de la fin du XVIIIe siècle. L'épopée romantique a éclaté en « petites épopées » dans *la Légende des siècles* de Victor Hugo (trois séries, 1859, 1877, 1883, avant l'édition complète posthume qui permet de suivre tout le

BRECHT
Au XXe siècle, le grand modèle du théâtre épique a été le dramaturge allemand Bertolt Brecht (1898-1956) qui, après la Seconde Guerre mondiale, a bénéficié, en France, d'une audience considérable.

« mur des siècles »). L'épopée n'est pas absente du XXe siècle (*Babel* ou *Sodome* de Pierre Emmanuel, 1916-1984, et certains aspects de la poésie de Saint-John Perse, 1887-1975).

La littérature française permet de retrouver trois grands types d'épopée : 1. L'épopée nationale, histoire des fondations de la nation (*la Franciade* de Ronsard) ; 2. L'épopée humanitaire, ou épopée de l'homme : c'est le cas de l'épopée romantique (Ballanche, Quinet, Hugo lui-même) ; 3. L'épopée d'un homme, avide, comme Dante, d'accéder aux sources de la spiritualité (il en reste quelque chose dans *Paradis* de Sollers).

Drame

Selon Hugo, l'épopée ressort de partout dans la tragédie antique et encore dans la tragédie du XVIe, du XVIIe et du XVIIIe siècle, qui lui emprunte souvent ses sujets : *« Ce que chantaient les rhapsodes, les acteurs le déclament, voilà tout. »* Pourtant les temps modernes (c'est-à-dire, pour lui comme pour Hegel, depuis le christianisme) sont l'âge du drame, qui *« peint la vie »*. *« C'est au drame que tout vient aboutir dans la poésie moderne »*, affirme encore la préface de *Cromwell*.

Pour Hugo, il ne s'agit pas nécessairement d'une forme théâtrale. Mais c'est au théâtre que le drame s'est imposé, car *« le théâtre est un point d'optique : tout ce qui existe dans le monde, dans l'histoire, dans la vie, dans l'homme, tout doit et peut s'y réfléchir, mais sous la baguette magique de l'art »*.

Il peut exister un théâtre lyrique : on emploie l'expression pour désigner l'opéra, qui est né en Italie au début du XVIIe siècle et s'est imposé en France sous Louis XIV ; serait lyrique aussi un théâtre parlé permettant essentiellement à un homme de s'exprimer personnellement (*Partage de midi* de Claudel en 1906, par exemple, reprenant en la transformant l'aventure passionnelle vécue par l'écrivain avec Rose Vetch en Chine).

Il peut exister aussi un théâtre épique : ce serait, selon Hugo, le cas de la tragédie de Racine qui, il est vrai, puise souvent ses sujets dans l'épopée.

Molière, au contraire, serait essentiellement dramatique, comme Shakespeare. *« Molière occupe la sommité de notre drame, non seulement comme poète, mais encore comme écrivain* [...]. *Chez lui, le vers embrasse l'idée, s'y incorpore étroitement, la resserre et la développe tout à la fois, lui prête une figure plus svelte, plus stricte, plus complète, et nous la donne en quelque sorte en élixir. Le vers est la forme optique de la pensée. »* Le drame appelle d'autant plus la prose qu'il cherche à serrer la vérité de l'Histoire ou de l'actualité.

Le « tu » serait la personne du drame. Cela va de soi si l'on considère que le genre dramatique repose sur le dialogue, donc la prise à partie d'un personnage par un autre ; voir Corneille, *le Cid,* 1637, acte I, scène 5, v. 261-262, le dialogue entre Rodrigue et son père Don Diègue :

« DON DIÈGUE

Rodrigue as-tu du cœur?

RODRIGUE

Tout autre que mon père

L'éprouverait sur l'heure. »

Quand elle fait appel à la deuxième personne, la poésie peut donc être dramatique : c'est le cas de la *Nuit de mai,* la première des *Nuits* de Musset, avec le dialogue de la Muse et du Poète. Le roman se fait dramatique aussi quand, d'une manière insolite, l'auteur fait appel à la seconde personne : « vous » dans *la Modification* de Michel Butor (1957), une manière de s'adresser au personnage, Léon Delmont, et au lecteur ; « tu » dans *le Fil* de Christophe Bourdin (1994) quand l'écrivain, atteint par le sida, s'adresse à lui-même comme à un autre, comme à un mort en puissance :

« Tu resterais. Tu avais décidé de consigner des dates. De tenir l'agenda, de démêler ici le fil des jours qui s'accumulent. »

LA MODIFICATION
Léon Delmont, le héros du roman de Michel Butor, *la Modification* (1957), entreprend vers Rome un voyage au cours duquel il se propose d'annoncer à sa maîtresse, Cécile, qu'il a trouvé pour elle un emploi à Paris. Mais dans le train, les réflexions du personnage qui s'adresse à lui-même, le souvenir d'autres voyages, des rêves, des images diverses l'entraînent à une modification de son dessein primitif.

Tragédie, comédie

Le mot « drame » n'est pas utilisé par les classiques. Ils ne connaissent que « tragédie », « comédie », et un genre intermédiaire, la « tragi-comédie ». Si le Dictionnaire de l'Académie n'enregistre le mot « drame » qu'en 1762, c'est que le genre est considéré comme récent. C'est un autre « tiers genre » qui correspond, comme l'a suggéré Robert Abirached, aux exigences du « tiers état » en matière de théâtre. Avant de le caractériser, il conviendra de revenir aux deux genres opposés, qui ne peuvent être regroupés sous « drame » que si l'on envisage ce dernier, au sens large, comme action ou que si l'on envisage l'ensemble de la dramaturgie.

L'héritage de la tradition

Dans la Grèce antique, on a d'abord connu un spectacle complet et complexe, qui était représenté à l'occasion de grandes fêtes religieuses et donnait lieu à des concours. Chaque auteur devait fournir un ensemble de quatre pièces constituant un cycle et organisées autour d'un mythe : trois tragédies (la trilogie tragique) et un drame satyrique, pièce bouffonne où le chœur était constitué par les Satyres avinés et lubriques. Seul Claudel, dans notre littérature française, a essayé de reconstituer un ensemble de ce genre quand il a ajouté à sa traduction de *l'Orestie d'Eschyle* (la trilogie tragique : *Agamemnon, les Choéphores, les Euménides*) un drame satyrique, *Protée,* remplaçant celui d'Eschyle, perdu. Le début du XXe siècle pouvait d'autant plus rejoindre le Ve siècle avant Jésus-Christ à Athènes que, parallèlement, entre 1910 et 1920, Claudel avait conçu

DÉSESPOIR
« J'avais cru que Racine serait ma consolation ; mais il est mon désespoir ; c'est le comble de l'insolence de faire une tragédie après ce grand homme-là » **(Voltaire, lettre à d'Argental du 25 février 1763).**

une trilogie moderne, la trilogie des Coûfontaine *(l'Otage, le Pain dur, le Père humilié)* à laquelle *Protée* peut aussi servir de complément satyrique.

Au Moyen Âge, le théâtre est, comme en Grèce, issu du culte religieux, d'abord sous la forme rudimentaire du drame liturgique (XIe siècle), puis des miracles (XIIIe siècle) et des mystères (XVe siècle), mettant en scène des vies de saints ou des épisodes de la Bible. Dès le XIIIe siècle, des sortes de revues joyeuses attestaient pourtant la vitalité d'une force comique populaire, qui s'est exprimée dans les farces et les soties. La distinction entre la tragédie et la comédie n'est vraiment devenue claire qu'à la Renaissance, puis au XVIIe et au XVIIIe siècle. On est remonté à la *Poétique* d'Aristote (IVe siècle av. J.-C.), dont la partie conservée traite de la tragédie, mais dont une partie perdue traitait de la comédie. Plus que le comique grec Aristophane, dont l'inspiration truculente déroutait, ce sont les auteurs comiques latins, Plaute et Térence, qui fournissaient des modèles à la comédie française, tandis que la tragédie se nourrissait aussi bien des auteurs grecs (Sophocle, Euripide plus qu'Eschyle) que des auteurs latins (Sénèque, principalement).

Au début du chant III de son *Art poétique* (1674), Boileau opère un tel retour en arrière, tant vers l'Antiquité que vers le Moyen Âge, mais pour fixer les deux genres, à la fin du même chant, et accentuer l'opposition infranchissable :

> « Le comique, ennemi des soupirs et des pleurs,
> N'admet point en ses vers de tragiques douleurs. »

La comédie française est illustrée par Molière, mais Boileau préfère l'auteur du *Misanthrope,* grande comédie en vers, à celui des *Fourberies de Scapin,* jugées trop proches de la farce. Dans le chant IV de l'*Art poétique,* il vante Corneille (celui du *Cid* et d'*Horace* plus que le Corneille tardif) et Racine, mais il les met surtout au service de Louis XIV et de son règne éclatant.

LES EFFETS DE LA TRAGÉDIE

« Le goût de Paris s'est trouvé conforme à celui d'Athènes; mes spectateurs ont été émus des mêmes choses qui ont mis autrefois en larmes le plus savant peuple de la Grèce, et qui ont fait dire qu'entre les poètes Euripide était extrêmement tragique, c'est-à-dire qu'il savait merveilleusement exciter la compassion et la terreur, qui sont les véritables effets de la tragédie »

(Jean Racine, préface d'*Iphigénie*, 1674).

La tragédie

TRAGI-COMÉDIE
Littré définit ainsi la tragi-comédie dans son *Dictionnaire*: *«Pièce de théâtre qui tient de la tragédie par le sujet et les personnages, et de la comédie par les incidents et le dénouement.»*

Étienne Jodelle a donné en 1552 la première tragédie en français, *Cléopâtre captive,* et elle a été saluée par Ronsard et les poètes de la Pléiade comme un événement littéraire considérable. Robert Garnier (1545-1590) s'est mis à l'école de Sénèque, des Grecs et il a donné plusieurs tragédies à sujet antique, avant une tragi-comédie, *Bradamante,* et une tragédie à sujet biblique, *les Juives.*

Au XVIe siècle, en tout cas, s'est fixée une définition de la tragédie comme *«la représentation d'une fortune illustre avec un dénouement fatal, dans un style sérieux et tout en vers».* En même temps, les commentateurs d'Aristote ont préparé un ensemble de règles, qui n'ont trouvé leur application stricte qu'au temps de Racine et de Boileau.

On enferme trop souvent la tragédie classique dans ces règles. Elles constituent un cadre formel où Racine a été beaucoup plus à l'aise que Corneille, qui l'a maintes fois débordé. D'où la querelle du *Cid* (1637), qui n'était d'ailleurs au point de départ qu'une tragi-comédie imitée, non des Anciens, mais de l'Espagnol Guilhen de Castro.

À cet égard, on distinguera entre :

1. Les règles générales du classicisme, qui ne valent pas seulement pour le théâtre : l'art doit respecter les bienséances, c'est-à-dire éviter de choquer ; il doit respecter la vraisemblance (et Boileau sait que *«le vrai peut quelquefois n'être pas vraisemblable», Art poétique*) ; il doit suivre la nature.

2. Les règles de construction, valables pour la tragédie et pour la comédie. Une pièce est composée d'une exposition, de diverses péripéties à partir d'un nœud de l'action, et elle conduit à un dénouement.

3. La règle des trois unités : tout d'abord unité de temps (24 heures), ensuite unité de lieu (pas de changement de décor) ;

enfin unité d'action (contrairement au théâtre élisabéthain en Angleterre). Boileau, là encore, use d'une formule concise :

> « Qu'en un lieu, qu'en un jour, un seul fait accompli
> Tienne jusqu'à la fin le théâtre rempli. »

L'essentiel est ailleurs. La tragédie est fondée sur le déroulement du destin, qu'il soit conçu à la manière antique, comme dans *Phèdre* (l'action des dieux païens, ou même d'une force qui les domine eux-mêmes), ou à la manière judéo-chrétienne – l'action de la volonté du Dieu de la Bible, comme dans *Esther* et dans *Athalie,* les deux tragédies bibliques sur lesquelles s'achève la carrière de Racine.

Le jeu des passions vient s'associer à ce destin, au point qu'il est parfois difficile de les dissocier. *Phèdre* (premier titre, *Phèdre et Hippolyte* en 1677) en offre un admirable exemple. Sans doute *« la fille de Minos et de Pasiphaé »* sent-elle peser sur elle le poids d'un *« sang fatal »,* d'un *« mauvais sang »* (celui de sa mère, qui s'est unie à un taureau), le poids aussi de la *« haine de Vénus »*. Et son plus lointain ancêtre, le Soleil, est là pour ne rien laisser dans l'ombre de son « crime ». Mais ce crime lui-même a son origine dans la passion amoureuse qu'elle éprouve pour son beau-fils, Hippolyte. À ce dernier, Racine

Satyre et cratère de vin. Peinture grecque, vers 490 av. J.-C. Le drame satyrique accompagnait, à Athènes, la trilogie tragique. Paul Claudel a essayé d'en retrouver l'esprit dans *Protée* (1914).

a prêté une passion amoureuse pour Aricie, innovant à cet égard par rapport à son modèle grec, Euripide.

DON JUAN
Créé en Espagne vers 1630 par Tirso de Molina dans *le Séducteur de Séville* et *le Convive de pierre*, le personnage de Don Juan et le type du don juan ont été souvent illustrés dans la littérature française, du *Dom Juan* de Molière (1665), précédé de ceux de Dorimond et de Villiers, aux Don Juan de Montherlant (*la Mort qui fait le trottoir*, 1958) ou de Roger Vaillant (*Monsieur Jean*, 1959).

Et cette passion est un « mal », une maladie, comme celle de Phèdre elle-même. Elle conduit, dans les deux cas, à violer un interdit et à subir une catastrophe finale, la mort. Dans les deux cas, Racine en parle, dans la préface de sa tragédie, comme d'une « faiblesse ». Mais cette faiblesse fait à nos yeux la force même du tragique comme si, située entre le *« miracle d'amour »* et le *« comble de misère »,* elle conférait sa beauté au couple cornélien formé par Rodrigue et Chimène dans *le Cid*.

La comédie

La comédie est née aussi au XVIe siècle, principalement avec Pierre Larivey (1560-1611), retrouvant les Latins à travers des modèles italiens. Molière s'est souvenu de Séverin, le vieillard bourru et avare dans *les Esprits* de Larivey, quand il a conçu Harpagon. Mais, à lui seul, il représente, dans toute sa vitalité et dans toute sa variété, le comique français, qu'il a conçu comme le genre privilégié pour l'expression de la vérité humaine.

Molière a utilisé toutes les formes de la comédie, de la farce en prose à la grande comédie en vers. Il a eu recours aussi à tous les registres du comique, cherchant à plaire à la fois au parterre (le public populaire) et aux « honnêtes gens » (les gens de goût). Ses sujets eux-mêmes sont divers. Il a fait un usage très personnel des types. Essentiellement soucieux de vérité, il a peint, comme il le dit, *« d'après nature »,* voulant faire *« le portrait de son siècle »,* mais aussi celui de la nature humaine. En cela sa visée est authentiquement classique.

La question du rapport entre la tragédie et la comédie a été posée dans *la Critique de l'École des femmes,* comédie-conversation de 1663 où Molière répond à ses adversaires. En face de Lysidas, qui ne jure que par les *« pièces sérieuses »,* Dorante met

« un plus du côté de la comédie », car *« c'est une étrange entreprise que celle de faire rire les honnêtes gens »*, et il faut faire vrai, et même plus vrai que nature. La comédie ne néglige donc pas les règles du classicisme et pas davantage celles du théâtre classique, même si elle n'est pas nécessairement en cinq actes et en alexandrins comme *le Tartuffe* (1664) et *le Misanthrope* (1666). Le cas le plus étonnant est celui de *Dom Juan* (1665), en trois actes et en prose, que le frère de Corneille, Thomas Corneille, croira devoir récrire dans la grande forme versifiée.

SHAKESPEARE AU XVIIIe SIÈCLE
« Shakespeare [...] créa le théâtre. Il avait un génie plein de force et de fécondité, de naturel et de sublime, sans la moindre étincelle de bon goût, et sans la moindre connaissance des règles »
(Voltaire, *Lettres philosophiques*, 1733, XVIIIe lettre « Sur la tragédie »).

Naissance du drame

Après Racine, après Molière, la tragédie et la comédie ont continué sur leur lancée au XVIIIe *siècle.* « Sur le Racine mort le Campistron pullule » : *le vers célèbre de Victor Hugo flétrit les épigones en la personne de Jean-Gualbert de Campistron (1656-1723), auteur de maintes tragédies respectueuses du cadre formel mais dénuées d'originalité. Cela ne signifie pas que le théâtre du* XVIIIe *siècle se réduise à un néoclassicisme dénué de sève. Et c'est à partir de la tragédie et de la comédie que s'élabore le genre nouveau du drame bourgeois.*

Vers des frissons tragiques nouveaux

Le grand auteur de tragédies, au XVIIIe siècle, est Voltaire. Si son œuvre dramatique passe aujourd'hui, à tort, pour être de médiocre qualité, il ne faut pas oublier que c'est son *Œdipe* qui le lança, en 1718, et qu'on lui fait gloire de son théâtre. Diderot, dans *le Neveu de Rameau,* n'a pas hésité à le mettre sur le même plan que Racine. Voltaire est plus classique dans la forme que les classiques eux-mêmes et, avec lui, les règles tendent à se figer. *Zaïre,* son plus grand succès théâtral, donne une idée de cette limite. Après avoir été sensible pendant quelque temps à Shakespeare, il en est venu à voir en lui un *« sauvage ivre »*. Pourtant, c'est du *Julius Caesar* (vers 1599) du grand élisabéthain qu'il s'est inspiré pour *la Mort de César,* tragédie écrite en 1735, jouée pour la première fois en 1743. Il le suit de près dans les deux dernières scènes, même si la forme est plus raide, tant dans la composition d'ensemble que dans des vers-formules comme cette réponse faite à César par son fils adoptif Brutus, associé à la conjuration contre lui :

> « Fais-moi mourir sur l'heure, ou cesse de régner. »

***Le Neveu de Rameau* (écrit en 1762), conversation de café présentée par Denis Diderot comme une satire, a parfois été porté à la scène, comme ici au théâtre Mouffetard, dans une mise en scène de Christian Riehl, en 1991.**

Par cet appel à Shakespeare, Voltaire a bien contribué à faire passer un frisson nouveau dans la tragédie française. Et le XVIIIe siècle fera beaucoup pour faire connaître Shakespeare au public français, avec des traductions qui restent dans la tradition des « belles infidèles », celles de Le Tourneur, en particulier, et des adaptations édulcorantes, dont celles de l'abbé Jacques Delille (1738-1813), représentent le cas extrême.

Crébillon père (Prosper Jolyot de Crébillon, 1674-1762) a fait passer un autre frisson nouveau, qui est déjà, par sa thématique du moins, un *« théâtre de la cruauté »* tel que celui que promouvra au XXe siècle Antonin Artaud. Il n'a pas hésité, dans *Atrée et Thyeste* (1717), à reprendre le sujet horrible : un frère fait boire à son frère le sang de ses enfants. Crébillon a ainsi voulu apporter au théâtre la force qui, selon lui, manquait à Racine : terribles péripéties, dénouements affreux d'une complexité extrême, sang qui coule à flots. Il entraîne la tragédie du côté de ce qu'on appellera le mélodrame.

Le mélodrame, défini comme un *« drame de caractère populaire à émotions fortes »,* ne sera plus alors une pièce mêlée de musique, comme le *Pygmalion* de Rousseau, mais une sorte de « tragédie des Boulevards ». René de Pixérécourt (1773-1844), qui emploie rarement le mot, est celui qui a imposé ce genre au début du XIXe siècle. On pourrait alors le caractériser comme l'équivalent au théâtre du roman noir, ou roman gothique des Anglais, dont il est souvent l'adaptation. La persécution y apparaît comme l'axe de l'intrigue, la vertu s'y oppose fortement au mal, la chaîne des causes et des effets y est simpliste, l'espace est investi par l'imaginaire. *« Ce qui caractérise le mélodrame,* a écrit le philosophe Henri Gouhier, *c'est la toute-puissance du dramaturge dans le drame »* et tout son art est de *« tirer les fils sans les laisser voir ».*

GAGES
M. Turcaret : « Vouloir faire aux gens un crime de prêter sur gages !... Il vaut mieux prêter sur gages que prêter sur rien »
(Alain-René Lesage, *Turcaret*, 1709, acte III, scène 5).

Raffinements de la comédie

Le XVIIIe siècle n'est pas un grand siècle pour la tragédie. Mais il l'est pour la comédie, et on ne saurait réduire à des épigones de Molière les meilleurs auteurs comiques de ce temps.

Ceux qui passent pour les plus proches de Molière ont su renouveler les types comiques. C'est le cas de Lesage (1668-1747) avec son *Turcaret* (1709), qui met en scène un type qui avait intéressé La Bruyère, dans ses *Caractères,* plus que Molière lui-même : le financier. Regnard (1655-1709) a excellé dans *le Joueur* : Valère, qui a la passion du jeu, oublie Angélique quand il gagne ; il revient à ses pieds quand il perd, jusqu'au jour où la jeune fille en épouse un autre. S'il n'est pas profond,

Regnard brille par sa verve. D'une autre manière, il annonce lui aussi ce qui sera un jour le théâtre de boulevard.

BEAUMARCHAIS
«Un jour, Beaumarchais sera ennuyeux», prédisait Stendhal. Jean-Pierre de Beaumarchais, descendant de l'auteur du *Barbier de Séville,* et spécialiste de son aïeul, répond aujourd'hui: *«Il ne l'était pas encore assez pour le gouvernement de Vichy, qui interdit* le Mariage *entre 1940* et *1944; ni peut-être en 1958, quand le journal* le Figaro, *qui a remisé depuis lors une maxime aussi exigeante, titrait en gros caractère sur des articles décimés par la censure: "Sans la liberté de blâmer, il n'est pas d'éloge flatteur."»*

Marivaux (1688-1763) a su conférer à la comédie une finesse inconnue. Il a sollicité différents modes de la comédie, comédie héroïque, comédie de mœurs, comédie mythologique et même comédie utopique (*l'Île des esclaves,* 1725) ou philosophique (*l'Île de la Raison,* 1727). Mais sa préférence est allée à l'étude psychologique raffinée et, en particulier, celle de la naissance des sentiments amoureux: un amour dont les jeunes gens *«se doutent sans en être bien sûrs et qu'ils épient au-dedans d'eux-mêmes avant de lui laisser prendre l'essor». La Surprise de l'amour* (1722), *la Double Inconstance* (1723), *le Jeu de l'amour et du hasard* (1730), *les Fausses Confidences* (1737) illustrent admirablement cette comédie qui frôle l'affectation sans jamais y tomber. D'où le nom de «marivaudage» que ses contemporains employaient déjà pour désigner une manière affectée d'exprimer en détail ses sentiments, et qui recouvre en fait deux notions, comme l'a montré Frédéric Deloffre: *«une intuition du rôle joué par le langage dans le drame et dans la vie»* et *«une forme d'investigation psychologique et morale», «l'enchaînement des mots»* ne faisant que *«traduire le cheminement inconscient des sentiments»* (*Une préciosité nouvelle: Marivaux et le marivaudage,* 1955).

Avec Beaumarchais (1732-1799), la comédie d'intrigue atteint ce qu'elle a de plus brillant. De l'intrigue, cet horloger parvenu a fait l'expérience, comme Figaro, factotum de génie. *Le Barbier de Séville* (1775), *le Mariage de Figaro* (1784), *la Mère coupable* (1792) constituent une trilogie, comique cette fois. On passe d'une comédie de la jeunesse à une comédie déjà couverte par les ombres de l'âge mûr et, enfin, à un drame du vieillissement, qui est bien une illustration du drame proprement dit. Beaumarchais sait jeter, embrouiller et débrouiller avec une étonnante dextérité les fils d'une intrigue mouvementée et complexe qu'il conduit sur un rythme endiablé. Le long monologue de Figaro, dans la deuxième pièce, donne une charge satirique à une comédie où passe déjà un souffle révolutionnaire et l'ex-barbier sait répondre au comte Almaviva :

> « Aux vertus qu'on exige d'un domestique, Votre Excellence connaît-elle beaucoup de maîtres qui fussent dignes d'être valets ? »

Beaumarchais affectionne les morceaux de bravoure, où brille son écriture dramatique spirituelle et étincelante : telle la tirade de Basile sur la calomnie dans *le Barbier de Séville* (Rossini saura en faire un air), ou le mime du God-dam, mot de passe magique, dans *le Mariage de Figaro* (acte III, scène 5).

Le drame bourgeois

La Mère coupable, la moins réussie des trois pièces, ressortit à ce que Beaumarchais a appelé le *« genre dramatique sérieux »* et, tout aussi bien, à la « comédie larmoyante », *« un genre de comédie qui, dans le cours de l'action ou dans quelques parties seulement, présente des situations propres à faire verser des larmes »* (*Dictionnaire de l'Académie,* édition de 1789). Préparé par Destouches (1680-1754), le genre a été illustré surtout par Nivelle de La Chaussée (1692-1754), et Voltaire lui-même ne l'a pas dédaigné.

Diderot a parlé lui aussi, à propos de son théâtre, de *« genre sérieux »* et, à dire vrai, il sort difficilement des appellations traditionnelles. Il parle du *Fils naturel* (1757) comme d'une *« tragédie domestique et bourgeoise »* et tout aussi bien de cette pièce ou du *Père de famille* (1758) comme de *« comédies »*. C'est pourtant l'expression « drame bourgeois » qui est restée associée à ces pièces.

Le drame bourgeois est né d'une exigence de morale et de vérité, de la volonté de peindre une humanité moyenne, non plus héroïque ou burlesque, mais engagée dans les difficultés quotidiennes, parlant, en prose, le langage de chacun. Il recourt au geste, à la pantomime. Il a cherché à représenter les conditions plus que les caractères. *« Il faut que la condition devienne*

QUI EST MONSIEUR DIDEROT ?
Préfaçant les Contes de Denis Diderot pour l'édition de poche, Béatrice Didier montre leur parenté avec le théâtre. Posant la question : *« Mais qui est monsieur Diderot ? »*, elle répond d'abord : *« Bien malin qui le dira »*, puis : *« Diderot est essentiellement "le Philosophe", mais il est aussi l'homme de théâtre. »*

aujourd'hui l'objet principal et que le caractère ne soit que l'accessoire », écrivait Diderot dans ses *Entretiens avec Dorval* (1757). Le drame est donc plus fortement ancré dans la société du temps.

La préférence est accordée à la composition en tableaux. *« Le drame n'est point une action forcée, rapide, extrême »,* indiquait Louis-Sébastien Mercier (1740-1814) dans *Du théâtre ou Nouvel Essai sur l'art dramatique* (1773) : *« C'est un beau moment de la vie humaine, qui révèle l'intérieur d'une famille, où, sans négliger les grands traits, on recueille précieusement les détails. »* Le drame peut même devenir alors un tableau familial attendrissant.

LE SHAKESPEARE DES ROMANTIQUES
«Je reconnus que Shakespeare était aussi dramatique que Corneille, aussi comique que Molière, aussi original que Calderón, aussi penseur que Goethe, aussi passionné que Schiller. Je reconnus que ses ouvrages, à lui seul, renfermaient autant de types que les ouvrages de tous les autres réunis. Je reconnus enfin que c'était l'homme qui avait créé le plus après Dieu» (Alexandre Dumas).

Le drame romantique
I. La défense

La tragédie néoclassique s'est maintenue pendant toute la première moitié du XIXe *siècle, du théâtre d'Alexandre Soumet (*Clytemnestre, *1822) à celui de François Ponsard, dont le* Lucrèce *triompha en 1843, alors que le drame le plus ambitieux de Victor Hugo,* les Burgraves, *était mal reçu par le public. Théophile Gautier avait beau dire qu'on voyait dans la tragédie de Ponsard* «arriver Louis XVIII avec ses gros mollets», *le spectateur moyen, à cette date, attendait encore quelque chose de ce genre. Pourtant, depuis 1820, tout un travail avait été fait pour favoriser l'éclosion d'un genre nouveau, le drame romantique, drame moderne dans lequel, pour Hugo,* «le grotesque a un rôle immense».

Le mirage du drame shakespearien

Ce n'est pas le drame bourgeois du XVIIIe siècle, mais, venu de plus loin, le drame élisabéthain et, en particulier, le drame shakespearien, qui a fasciné les romantiques. Au tournant des

XVIe et XVIIe siècles, à une époque qui par elle-même suscite en eux un grand intérêt, s'est déployé un théâtre qui, oscillant entre comédie et tragédie, a fait la part belle à des drames historiques et nationaux (*Richard II, Richard III,* de Shakespeare, par exemple, auteur de deux grandes tétralogies royales, et qui maintient encore les droits de l'histoire de la Grande-Bretagne dans des tragédies comme *Macbeth* ou *le Roi Lear*).

Stendhal a lancé la grande comparaison entre Racine et Shakespeare, dans les deux parties de ce qui finit par former un livre (1823, 1825). Vigny a adapté *Othello* en français, et en prose (*le More de Venise,* 1829), au moment où il voulait faire du théâtre *« un tableau large de la vie ».* Hugo s'inspire de Shakespeare et choisit un épisode de l'histoire d'Angleterre, mais postérieur au dramaturge élisabéthain, pour son premier grand drame, *Cromwell* (1827). Il a voué un culte à ce génie, pour lui l'un des « Mages », dont son fils François-Victor Hugo

La tragédie *Richard III* de Shakespeare est un grand modèle pour les romantiques français.

LE DRAME
«Laissez-vous charmer par le drame, mais que la leçon soit dedans et qu'on puisse toujours l'y retrouver quand on voudra disséquer cette belle chose vivante, si ravissante, si poétique, si passionnée, si magnifiquement vêtue d'or, de soie et de velours. Dans le plus beau drame, il doit toujours y avoir une idée sévère, comme dans la plus belle femme, il y a un squelette»
(Victor Hugo, préface d'Angelo, 1835).

LE THÉÂTRE
«Le théâtre est un point d'optique. Tout ce qui existe dans le monde, dans l'histoire, dans la vie, dans l'homme, tout doit et peut s'y réfléchir, mais sous la baguette magique de l'art»
(Victor Hugo, préface de Cromwell, 1827).

a traduit, magnifiquement pour l'époque, le théâtre complet. Son beau livre *William Shakespeare* (1864) couronne le travail entrepris par François-Victor Hugo depuis 1858. L'information peut paraître mince, et on a plutôt l'impression d'une brillante improvisation sur le génie antithétique de Shakespeare. Mais Hugo a lui-même présenté cet ouvrage comme *« le manifeste littéraire du XIXe siècle »,* et cela lui donne tout son sens.

Plaçant *Hamlet* au cœur de l'œuvre de Shakespeare, et saluant *« ce chef-d'œuvre de la tragédie du rêve »,* Hugo, comme ses contemporains, a été sensible à la liberté d'un théâtre qui franchit les époques et l'espace, qui trouve dans l'histoire une constante source d'inspiration et qui mélange les tons (l'intervention du portier dans *Macbeth*). La venue à Paris de comédiens anglais jouant Shakespeare dans le texte, dès l'époque de la Restauration, avait été une révélation pour beaucoup (ce fut aussi le cas pour le compositeur de musique Hector Berlioz, qui épousa même une actrice de la troupe, Harriet Smithson).

Le drame en lui-même

Le drame romantique sera donc souvent un drame historique national (Alexandre Dumas père, *Henri III et sa cour,* 1829) ou non (action espagnole dans *Ruy Blas* de Hugo, 1838, action italienne dans *Lorenzaccio* d'Alfred de Musset, publié en 1834). Il privilégiera souvent un protagoniste, qui fait figure de héros romantique. C'est le cas d'Hernani, toujours désireux de se présenter, de se définir, de mettre en scène son identité (acte II, scène 4, *« Je suis banni ! Je suis proscrit ! Je suis funeste ! »*). C'est le cas dans un drame qui est plus bourgeois, *Chatterton* (1835) d'Alfred de Vigny, où le suicide du poète est un acte de refus à l'égard d'une société qui ne lui a valu que sarcasmes et humiliations.

On ne saurait oublier le sens premier de *drama* en grec, c'est-à-dire action dramatique. Même si le spectacle est parfois proliférant, il repose sur une action simple, efficace, qui en est le ferment. Comme celle de la *Bérénice* de Racine, l'action de *Chatterton* est singulièrement épurée. *« C'est,* disait Vigny, *l'histoire d'un homme qui écrit une lettre le matin et qui attend une réponse jusqu'au soir; elle arrive et le tue. »* Hugo, dans la préface d'*Angelo tyran de Padoue* (1835), nous convie au pur plaisir du drame entendu en ce sens.

Théorie du drame romantique

Appelée par les partisans d'un nouveau théâtre pour un nouveau public, qui, en général, appartenaient au courant de pensée libéral, et qui admiraient Shakespeare (à côté de Chateaubriand, des hommes comme François Guizot ou Charles de Rémusat), la théorie du drame romantique s'est fixée dans la longue préface qu'en 1827 Victor Hugo a ajoutée à son drame *Cromwell,* réputé injouable. Ce n'est pas le seul texte théorique, et l'on ne saurait négliger par exemple, de Vigny, la *Lettre à Lord*** sur la soirée du 29 octobre 1829 et sur un système dramatique,* partant d'une représentation d'*Othello* pour défendre un *« système de réforme dramatique »* et un nouveau style, *« familier, comique, tragique et parfois épique ».*

Le mot « vérité », si important pour Molière, occupe une place centrale dans le texte de Hugo. Une telle vérité suppose, non le choix exclusif d'un classique délicat soucieux de bienséances, mais une vision complète, ce qui est pour Hugo une poésie complète. *« La poésie vraie, la poésie complète, est dans l'harmonie des contraires. »* C'est pourquoi s'impose le mélange des tons : *« Le réel résulte de la combinaison toute naturelle de deux types, le sublime et le grotesque, qui se croisent dans le drame, comme ils se croisent dans la vie et dans la création. »*

Des trois unités classiques, le drame romantique selon Hugo ne gardera que la troisième, l'unité d'action, indispensable pour que l'œuvre ne soit pas un monstre. En revanche,

LE SUBLIME
Le sublime était une catégorie esthétique déjà connue des classiques. Ainsi Jean de La Bruyère (1645-1696) écrivait : *« Le sublime ne peint que la vérité ; mais, en un sujet noble, il la peint tout entière, dans sa cause et dans son effet ; il est l'expression ou l'image la plus digne de cette vérité. »*

HERNANI
À l'acte IV de la pièce de Victor Hugo, Hernani décline fièrement sa véritable identité devant le roi devenu empereur :
« Je suis Jean d'Aragon, grand maître d'Avis, né / Dans l'exil, fils proscrit d'un père assassiné / Par sentence du tien, roi Carlos de Castille ! »

« l'unité de temps n'est pas plus solide que l'unité de lieu. L'action, encadrée de force dans les vingt-quatre heures, est aussi ridicule qu'encadrée dans le vestibule [...]. On rirait d'un cordonnier qui voudrait mettre le même soulier à tous les pieds ».

Le drame romantique
2. L'illustration : *Hernani*

Le drame romantique de Victor Hugo, Hernani, *est-il une illustration exemplaire du drame romantique? Ce n'est pas le tout premier drame romantique dans l'ordre de la chronologie.* Cromwell *le devance. Mais le tumulte qui a entouré la création d'*Hernani *au Théâtre-Français (notre actuelle Comédie-Française) à partir de la première représentation, le 25 février 1830, et la victoire à l'issue d'une rude « bataille » en ont fait une œuvre phare. L'audace apparente ne doit pas en cacher certaines timidités, le plus important étant peut-être la signification personnelle de ce drame pour Hugo lui-même.*

L'audace apparente

La plus immédiatement sensible est celle du ton, dès les premières répliques, quand la duègne ouvre la porte à un visiteur qu'elle croit connaître et qui est un autre, un inconnu :

« DOÑA JOSEFA
Serait-ce déjà lui ? C'est bien à l'escalier
Dérobé. Vite, ouvrons. Bonjour, beau cavalier.
Quoi, seigneur Hernani, ce n'est pas vous ! – Main forte !
Au feu !
DON CARLOS
Deux mots de plus, duègne, vous êtes morte ! »

Le morcellement du vers, la vivacité du dialogue s'accompagnent de jeux de scène nombreux, pour lesquels Hugo multiplie les didascalies. Le public conservateur entendit plus qu'il n'y avait, puisque certaines oreilles, le jour de la première bataille, crurent entendre *« Vieil as de pique »*, là où Hernani dit au vieux Don Ruy Gomez da Silva *« Vieillard stupide »*. Le dramaturge élargit l'espace et le temps.

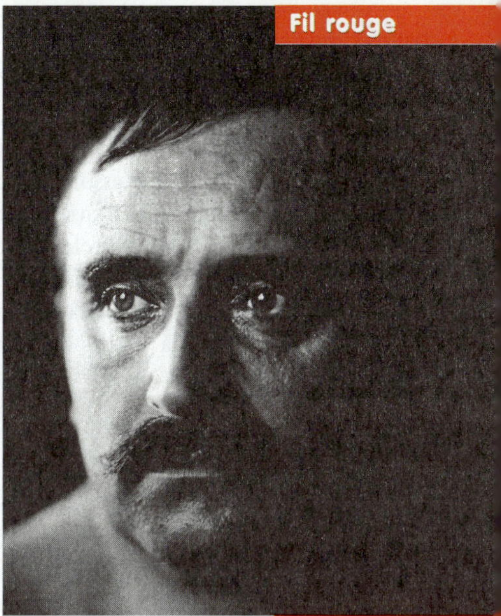

Paul Claudel (1868-1955) : « le grand Mâle dans la splendeur de Midi » (*Partage de midi*, 1906).

Les deux premiers actes se passent dans le palais de Don Ruy Gomez à Saragosse, l'acte III dans un autre château du vieillard, en Aragon, l'acte IV à Aix-la-Chapelle, où le roi d'Espagne Don Carlos va être élu empereur d'Allemagne, l'acte V dans un autre palais d'Aragon, celui du banni, du bandit Hernani rétabli dans ses droits de Don Juan d'Aragon par la volonté impériale. Une journée s'écoule entre l'acte I et l'acte II. Mais la convocation des électeurs à Aix-la-Chapelle, le retour d'Hernani en Espagne supposent des déplacements et du temps.

Les timidités réelles

Frappant, parfois incisif, le vers, dans *Hernani*, reste l'alexandrin. On note tout au plus quelques vers ternaires, ou trimètres romantiques (4 + 4 + 4, au lieu de 6 + 6). La versification hugolienne est moins audacieuse qu'on ne l'a cru et qu'il ne l'a dit. C'est encore celle d'un drame romantique attardé comme le *Cyrano de Bergerac* (1897) d'Edmond Rostand. Les résonances du théâtre français du XVIIe siècle sont sensibles dans *Hernani*. Don Ruy Gomez prend *le Cid* comme modèle, il lance un appel, comme lui, aux *« Maures »* et aux *« Castillans »*.

PSYCHOLOGIE
« On reproche souvent à Victor Hugo la psychologie sommaire de ses personnages. On conviendra que le fond dont ils sont issus n'est pas limpide » (Max Milner et Claude Pichois, *Histoire de la littérature française*, GF-Flammarion, 1996).

Don Carlos, à l'acte IV, s'impose, dans un long monologue, la clémence, comme Cinna dans la tragédie de Corneille, dont Hugo est assurément plus proche que de Racine, mais plus proche aussi que du théâtre « baroque » du Siècle d'or espagnol (on note toutefois que, pour enlever Doña Sol, à l'acte II, le roi se présente sous l'identité d'un autre, pratiquant donc la tromperie, la *burla,* à la manière du Don Juan Tenorio de Tirso de Molina auprès de Doña Anna).

Balzac, critique de Hugo

Balzac, qui n'avait alors signé de son nom qu'un roman, *le Dernier Chouan* (devenu plus tard *les Chouans*) en 1829, a écrit l'année suivante deux articles sur *Hernani.* 1830, c'est la grande année de Balzac journaliste. Il a perdu son imprimerie après une faillite, il n'est pas encore connu comme écrivain. Il multiplie donc ce que nous appellerions aujourd'hui les « piges » dans différents journaux, presque tous contrôlés par Émile de Girardin. Lui qui se tiendra soigneusement en retrait de la révolution de juillet 1830 (il sera en Touraine à ce moment-là) et ne se souciera nullement de participer à la *« révolution des journalistes »,* il a en revanche accordé beaucoup d'attention à l'autre grande bataille de l'année, la bataille d'*Hernani.*

Les articles anti-*Hernani* de la presse dite libérale avaient été dans l'ensemble d'une pauvreté affligeante. Balzac, dans ses deux textes publiés dans *le Feuilleton,* le 24 mars et le 7 avril 1830, a voulu prendre plus de distance, mais de distance critique tout aussi bien.

Tout en rendant hommage à Hugo en tant que chef de l'école romantique, Balzac regrette que dans *Hernani* il n'ait pas eu davantage le souci de l'exactitude (c'est l'exigence d'un réaliste avant la lettre). Que vient faire une armoire (où l'on range normalement des armes) dans la chambre d'une jeune fille ? Don Carlos / Charles Quint pourrait être tout aussi bien Louis XIV ou Louis XV, tant l'auteur a eu peu le souci d'une caractérisation historique. On marche trop de situation en situation, comme dans une tragédie classique. Le genre reste le genre noble et, au fond, Hugo n'a cessé de *« tragiquer »* (Balzac crée le néologisme). Il passe trop par une certaine culture, par un besoin de dignité littéraire. On cherche en vain l'œuvre moderne annoncée : Hugo n'a créé qu'une manière de « ballade » dramatique. Ce n'est donc qu'un investissement à court terme, ou beaucoup de bruit pour rien…

FRÈRES ENNEMIS
Victor Hugo a aussi transposé la structure des frères ennemis dans deux poèmes de la première série de *la Légende des siècles* (1859), *le Petit Roi de Galice* et *la Conscience* (*« […] L'œil était dans la tombe et regardait Caïn »*).

La signification personnelle

On ne saurait trop insister sur le titre prévu à l'origine, *Tres para una* – trois pour une. Il suffit à résumer l'action : trois hommes, son oncle et tuteur, Don Ruy Gomez, Hernani, le banni qu'elle aime, et le roi Don Carlos, tournent autour de Doña Sol. *« Nous sommes trois chez vous ! C'est trop de deux, madame »*, fait observer Don Ruy Gomez dès l'acte I. Remise au roi par le vieux gentilhomme soucieux de respecter les règles de l'hospitalité, elle reviendra à Hernani redevenu Jean d'Aragon. Mais le jour même des noces, le vieillard vient lui rappeler leur pacte en sonnant du cor : Hernani partagera avec Doña Sol le poison et Don Ruy Gomez se tuera sur leurs corps.

Reste seul en place, triomphant – sauf en amour –, le roi devenu empereur. Il est conscient de la gravité et de l'immensité de sa tâche, comme Hugo écrivain. Comme lui, il est *victor*, victorieux. Mais Hugo l'avait emporté dans une rivalité personnelle autrement grave : celle qui l'opposait à ses deux frères auprès de leur mère, celle qui se renouvela le jour de son mariage avec Adèle Foucher, le 12 octobre 1822, quand le second frère, Eugène, amoureux lui aussi de cette camarade d'enfance, sombra dans la folie jusqu'à sa mort en 1837.

Ce n'est pas un hasard si la même situation se trouve transposée aussi quelque temps après dans le roman *Notre-Dame de*

SUBLIME ET GROTESQUE
Lorenzaccio (Lorenzo de Médicis) est, à sa manière, une illustration du sublime et du grotesque, puisqu'il *« prit dans un but sublime une route hideuse »*.

Paris, avec la rivalité du capitaine Phœbus, de l'archidiacre Frollo et du carillonneur difforme Quasimodo auprès de l'Égyptienne, la Esmeralda, qui fait danser sa chèvre sur la place publique.

La liberté au théâtre

Hugo a exprimé au théâtre, et singulièrement dans *Hernani,* sa psychologie des profondeurs. Il n'est pas de plus grande liberté. Au regard de celle-là, la liberté esthétique paraît secondaire, et elle reste plus timide. Lui-même en convient d'ailleurs. Il ne revendique pas une liberté totale, dans la préface d'*Hernani.* Il se contente d'affirmer que *« le principe de la liberté en littérature vient de faire un pas ».*

Ce pas, il sera plus ou moins important, plus ou moins timide chez les autres dramaturges. Vigny dans *Chatterton,* Musset dans *Lorenzaccio* utilisent sans ambages la prose, à laquelle Hugo n'a pas eu recours systématiquement. Si le premier reste sobre, austère même, en revanche Musset déploie dans *Lorenzaccio* toute la variété d'un véritable drame shakespearien, fondé sur une chronique italienne que George Sand lui avait révélée et dont elle avait tiré elle-même six tableaux, *Une conspiration en 1537.* On compte plus de quarante personnages parlants, trente-huit changements de lieu et Musset ne s'impose pas, comme Hugo, le respect de l'unité d'action, même si, parmi plusieurs intrigues, la vengeance de Lorenzo de Médicis à l'égard du duc Alexandre de Médicis reste l'essentiel. À elle seule elle est du théâtre, puisque Lorenzaccio doit donner de lui-même l'image d'un homme corrompu pour prendre son cousin au piège du vice. Peut-il en sortir moralement indemne ? En tout cas, à l'acte V, il est poignardé alors qu'il s'est réfugié à Venise, et le peuple jette son corps dans la lagune comme un corps souillé.

La pièce n'a pu être représentée qu'en 1896. C'est que Musset, à la suite de l'échec de *la Nuit vénitienne,* en 1830 (l'année de la victoire d'*Hernani*), a décidé que son théâtre serait seulement du théâtre à lire, *Un spectacle dans un fauteuil.* Il a fallu attendre pour découvrir la force scénique des *Caprices de Marianne,* de *On ne badine pas avec l'amour,* de *Il ne faut jurer de rien.* Il est probable que le meilleur, le moins daté en tout cas du théâtre romantique est là, et que *Lorenzaccio* est plus représentatif qu'*Hernani* des possibilités extrêmes du drame romantique.

Hugo, sur le tard, n'a pas dédaigné lui non plus d'écrire du théâtre à lire : son *Théâtre en liberté,* réunissant des tentatives diverses, et inégales, accomplit un nouveau pas vers le point où poésie et théâtre se rejoignent. À la fin du XIXe siècle Paul Claudel, avec les drames réunis sous le titre *l'Arbre (Tête d'or, la Ville, l'Échange, la Jeune Fille Violaine, le Repos du septième jour),* ménagera lui aussi ce temps d'attente entre théâtre à lire et théâtre qui peut, magnifiquement, être joué.

SHAKESPEARE ET CLAUDEL

Le bouleversement créé par la redécouverte de Shakespeare dans les années 1820 s'est prolongé jusqu'à la fin du XIXe siècle et au XXe siècle. Claudel a été marqué par Shakespeare – dont il avait déchiffré le texte anglais –, des scènes de bataille dans *Tête d'or* (1889) au jeu avec le lieu et le temps dans *le Soulier de satin* (1929). À la fin de sa vie, il est revenu vers Racine (*Conversation sur Jean Racine*, 1954).

Formes simples du roman

Une continuité plus grande qu'il n'y paraît se manifeste du genre dramatique au genre narratif, comme la matière de l'épopée a pu passer dans la tragédie (et jusque dans les pièces de Jean Giraudoux ou de Jean Cocteau). Plus qu'un jeu d'échanges, on essaiera ici de dégager des « formes simples », en reprenant un concept du théoricien néerlandais André Jolles dans un livre de 1930 traduit en français en 1972, mais en pensant plus que lui à des formes littéraires simples et en les replaçant dans le cours du temps.

Histoire comique / Histoire tragique

Avant toute naissance du roman, il y eut ces simples histoires qu'on se racontait, joyeuses ou tristes. Dans la littérature médiévale, les fabliaux, même s'ils prennent la forme de contes versifiés, racontent des histoires qui étaient destinées à faire rire – *le Roman de Renart* en est une manière d'amplification en quelque 34 000 vers. Au contraire, l'histoire de *Tristan et Iseut,* telle qu'elle a été racontée par Béroul (version dite « commune »), puis par Thomas (version dite « courtoise »), mais aussi dans des récits en prose, est l'histoire d'un tragique destin (le philtre), même si la fin, apaisée, laisse espérer la victoire de l'amour sur la mort.

Au XVIe siècle, Bonaventure Des Périers, dans ses *Nouvelles Récréations et joyeux devis,* concilie le désir de faire rire avec la peinture attentive des mentalités et des milieux – sa gaieté n'empêcha pas l'écrivain de se suicider au cours de l'hiver 1543-1544.

LE MODÈLE ARISTOCRATIQUE
Dans l'*Histoire de Gil Blas de Santillane* (1715), le héros, issu de famille roturière, devient finalement châtelain de Lirias, près de Valence, en Espagne : le modèle aristocratique exerce une fascination qui, pour Alain-René Lesage, passe par le respect des valeurs morales.

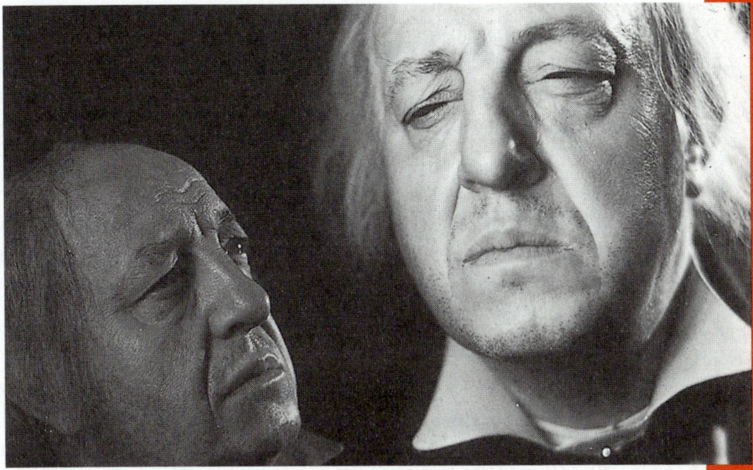

Harry Baur, inoubliable interprète du rôle de Jean Valjean dans le fim de Raymond Bernard, *les Misérables* (1935), adapté de l'œuvre de Victor Hugo.

Sa protectrice, Marguerite de Navarre (1492-1549), sœur du roi François Ier, a réuni des récits galants et quelquefois gaillards dans son *Heptaméron,* sept fois dix nouvelles, et même un peu plus (72), racontées par des « devisants » au cours de sept journées, sur le modèle des dix journées du *Décaméron* de Boccace. Parallèlement se racontent des histoires tragiques, le modèle étant ici un autre Italien, Matteo Bandello, dont Pierre Boaistuau, puis François de Belleforest ont entrepris la traduction en français.

Le XVIIe siècle connaît et exploite cette double tradition. Le versant sombre est représenté au début du siècle par les *Histoires tragiques arrivées de nostre temps* (1614) de François de Rosset, tandis qu'on peut considérer les *Contes* (1665) en vers de Jean de La Fontaine comme des histoires comiques, d'ailleurs imitées de l'italien, en particulier de Boccace. Mais le fait le plus remarquable est le passage du simple recueil d'histoires à un ensemble suivi qui ressemble davantage à ce que nous concevons comme roman : *l'Histoire comique de Francion* (1623) de Charles Sorel (1602-1674) propose le modèle d'une extension permettant de passer de l'anecdote piquante à un ensemble abondant ; *le Roman comique* (1651, 1657, 1663) de Scarron (1610-1660), qui est aussi le roman d'une troupe de comédiens, introduit encore des récits intercalés dans le suivi d'aventures d'auberges et de tripots. Cette technique a des prolongements dans le roman du XVIIIe siècle : l'*Histoire de Gil Blas de Santillane* (1715, 1724, 1735) de Lesage (1668-1747), par exemple. *L'Histoire du Chevalier des Grieux et de Manon Lescaut* (1731) de l'abbé Prévost (1697-1763), avec la déchéance du chevalier et la mort de sa maîtresse, montre ce que peut devenir en ce siècle l'histoire tragique, avec une continuité narrative plus forte.

À PROPOS DE *L'ÉTRANGER*
Rendant compte de *l'Étranger* en 1943, Sartre ne retient ni l'appellation de « récit » (car pour lui *« le récit explique et coordonne en même temps qu'il retrace »*) ni celle de « roman », choisie par Camus. *« Ou alors, précise-t-il, ce serait à la manière de Zadig et de Candide, un court roman de moraliste, avec une discrète pointe de satire et des portraits ironiques, qui, malgré l'apport des existentialistes allemands et des romantiques américains, reste très proche, au fond, d'un conte de Voltaire »* (*Critiques littéraires, Situations I*, 1947).

On ne saurait réduire les *Contes* de Voltaire à de simples histoires comiques car, dans *Zadig* (1747) ou dans *Candide* (1759), le récit reste au service d'un problème philosophique, le mal dans le premier cas, le bonheur dans le second. De même *la Nouvelle Héloïse* (1761), le roman par lettres de Rousseau, s'achève bien sur la mort de Julie à la suite d'un accident qui brise une vie commune *« amère et douce »* avec son mari M. de Wolmar et l'homme qui l'aime passionnément, Saint-Preux, mais cette œuvre longue et complexe ne peut se réduire à une « histoire ».

La nouvelle et le roman

On utilise le mot « nouvelle », dès la Renaissance, pour désigner un récit court, qu'il reste isolé ou qu'il s'insère dans un recueil, tel celui des *Cent Nouvelles nouvelles* de Philippe de Vigneulles (vers 1460). Divertissante ou sentimentale, la nouvelle conserve à la Renaissance quelque chose du récit oral. Elle veut être vraiment nouvelle, c'est-à-dire originale – même quand elle procède d'une imitation. Elle est toujours brève.

Au XVIIe siècle, on passe de la nouvelle-fabliau à la nouvelle-petit roman (la distinction est établie par René Godenne dans son livre sur *la Nouvelle française,* 1974). Mme de La Fayette (1634-1692), auteur de l'un des plus beaux romans du siècle, *la Princesse de Clèves* (1678), est aussi l'auteur de récits comme *la Princesse de Montpensier* (1662), *Zaïde* (1670), *la Comtesse de Tende* (1688), qui ne sont pas d'une moindre qualité.

Au-delà du XVIIIe siècle, qui a cultivé la nouvelle-anecdote, il faut considérer le XIXe siècle comme le grand siècle de cette petite forme. Guy de Maupassant (1850-1893), le maître incontesté de ce genre, a su établir le départ entre ses nouvelles, depuis celle qui l'a lancé en 1880, *Boule-de-Suif,* et ses romans, même si, par leur forme sobre, ces derniers ont pu être considérés comme des nouvelles développées. Qu'il s'agisse d'histoires tragiques *(Deux amis)* ou d'histoires comiques *(Au bois),* les nouvelles de Maupassant, d'ailleurs de longueur variable, attestent la maîtrise d'une technique parfaite et spécifique, dont Florence Goyet, dans son livre sur *la Nouvelle 1870-1925* (1993), a très bien dégagé les trois traits principaux : caractérisation paroxystique, structure antithétique, usage de la pointe et, en particulier, de la pointe finale. *La Ficelle,* nouvelle reprise dans le recueil *Miss Harriet* en 1884, donne l'exemple frappant d'une nouvelle qui s'élabore à partir d'un fait divers (un paysan normand, qui a ramassé une ficelle sur la route, est accusé d'avoir volé un portefeuille), se déroule d'une manière implacable vers un dénouement tragique (maître Hauchecorne meurt de ne pas se sentir innocenté alors qu'il a été disculpé). Le personnage est victime de sa parole même, puisqu'il ne cesse de revenir sur son histoire et qu'il est comme étouffé par ses propres mots.

LA FICELLE
« Il mourut dans les premiers jours de janvier, et, dans le délire de l'agonie, il attestait son innocence, répétant : "Une 'tite ficelle... une 'tite ficelle... t'nez, la voilà, m'sieu le maire" »
(Maupassant, *la Ficelle*, dans le recueil de nouvelles *Miss Harriet*, 1884).

Le roman se distingue de la nouvelle moins par sa longueur que par sa complexité plus grande. Il ne se laisse pas nécessairement enfermer dans une structure linéaire, ne s'abandonne pas au seul fil du récit, mais il procède, avec plus de liberté, par convergence. Il constitue un ensemble narratif, qui ne se contente pas d'un simple récit.

Les trois sources du roman

Le schéma hugolien lyrisme-épopée-drame peut être repris pour une introduction au genre romanesque. Le roman lyrique correspond à une tendance naturelle à la confession autobiographique. Mais, alors que la poésie lyrique est la plus ancienne, le roman lyrique apparaît au XIXe et au XXe siècle. Sous une forme brève, *René* (1805) de Chateaubriand, sous une forme plus développée, *l'Immoraliste* (1902) ou les romans de Colette en donnent une idée juste. Le roman lyrique rejoint souvent le roman autobiographique.

TO THE HAPPY FEW
Stendhal a placé à la fin de *la Chartreuse de Parme* (1839) les mots anglais *To the happy few*. L'expression vient peut-être du *Henry V* de Shakespeare. Pour lui, ces *« rares heureux »* sont *« les seuls qui sentent les arts »*.

Historiquement, le roman est issu de l'épopée, à tel point qu'il a même pu, dans certains cas, conserver la division en livres, et particulièrement en douze livres, caractéristique de l'épopée. Il n'est pas de meilleur exemple d'une épopée en prose devenant roman que *les Misérables* de Hugo, publié en 1862 après douze années de travail et placé, comme l'épopée antique, sous le signe de la fatalité : fatalité double ici puisque, comme le souligne l'auteur lui-même dans le texte liminaire, *« la destinée qui est divine »* s'y complique d'une *« fatalité humaine »* – le poids d'une société qui réduit les êtres à des esclaves, comme Fantine, la mère de Cosette. Hugo a évité de se laisser enfermer dans le tragique, surmonté par ce que Baudelaire a appelé un *« livre de charité »*.

Le roman est dramatique dans la mesure où il est fondé sur un *drama,* le déroulement d'une histoire par laquelle le lecteur est tenu en haleine. C'est le principe le plus sûr du plaisir romanesque, cultivé dans les variantes les plus populaires de ce genre, roman rose ou roman policier, roman d'aventures ou roman d'espionnage. Il est à noter que ce déroulement dramatique peut aller dans le sens tragique (le dénouement du roman de Stendhal *le Rouge et le Noir,* 1830, ou même celui, déroutant par sa brièveté, de *la Chartreuse de Parme,* 1839 : Julien Sorel est guillotiné, Fabrice del Dongo se retire à la chartreuse de Parme pour y mourir bientôt, après celle qu'il a aimée, Clélia, et l'enfant qu'elle lui a donné). Il procure l'apaisement au lecteur quand il est, sinon comique, du moins heureux (la victoire de l'art sur le temps à la fin de *À la recherche du temps perdu* de Proust). Gustave Flaubert a laissé, dans la seconde version de *l'Éducation sentimentale* (1869), l'exemple remarquable d'un dénouement doux-amer : un soir de 1867, leur passion éloignée, Mme Arnoux rend visite à Frédéric Moreau et lui laisse une mèche de cheveux blancs. Il retrouve ensuite son ancien camarade Deslauriers, qui avait rêvé d'être un homme politique célèbre et qui, comme lui, a manqué sa vie. Ils doivent se rabattre sur un souvenir grivois commun...

PRODIGUE
« Malfaisant, pipeur, buveur, batteur de pavés, ribleur », Panurge connaît soixante-trois manières de se procurer frauduleusement de l'argent, mais sa prodigalité est sans mesure.

Rabelais : comique et utopie

« Mais peut-on, aujourd'hui encore, dialoguer avec Rabelais ? » *demandait en 1973 Guy Demerson, en tête d'une édition où il s'efforçait de traduire ses cinq livres en français moderne. La réponse est assurément oui : Milan Kundera, dans* l'Art du roman *(1983), a placé l'œuvre de Rabelais dans le peloton de tête des grands romans auxquels seront seulement rebelles les « agélastes » – ceux qui ne savent pas rire –, et la représentation de l'abbaye de Thélème ne cesse de nourrir toute la réflexion moderne sur l'utopie.*

IVRESSE
Voltaire a dit de Rabelais : *« C'est le philosophe ivre qui n'a écrit que dans le temps de l'ivresse. »*

Rabelais dans sa langue

Pour goûter Rabelais, il faut d'abord le saisir dans toute la saveur de sa langue. Le chapitre IX de *Pantagruel* doit permettre d'en prendre conscience : il s'intitule *« Comment Pantagruel trouva Panurge, lequel il ayma toute sa vie ».* Il est inutile de traduire ce titre, qui est transparent, ou le nom de Panurge (celui qui fait tout et peut tout faire), nouvel avatar d'Ulysse aux mille tours. Mais le chapitre contient une tirade en allemand, d'autres en italien, en hollandais, en espagnol, en danois, en latin, le tout mêlé de divers « baragouins ». Il ne manque même pas à ce mélange comique un langage utopien, grâce auquel Panurge reproche à

Les moutons de Panurge vus par le caricaturiste contemporain Jean Dubout.

Pantagruel de faire la sourde oreille à ses prières tout en faisant bonne chère. Mais le français déjà porte une marque propre et, on se rendra vite compte, en confrontant l'original et la traduction en français moderne, de la part d'irréductible :

« Un jour Pantagruel se pourmenant hors la ville vers l'abbaye Saint Antoine, devisant et philosophant avecques ses gens et aulcuns escholiers, rencontra un homme beau de stature et élégant en tous linéaments du corps, mais pitoyablement navré en divers lieux et tant mal en ordre qu'il sembloit estre eschappé ès chiens, ou mieulx ressembloit un cueilleur de pommes du païs du Perche. »

« Un jour, alors que Pantagruel se promenait hors de la ville, vers l'abbaye Saint-Antoine, devisant et philosophant avec ses gens et quelques étudiants, il rencontra un homme d'une belle taille et d'une silhouette élégante, mais qui était couvert de blessures pitoyables, et si mal en point qu'il semblait échappé d'une meute de chiens, ou mieux qu'il ressemblait à un épouvantail à moineaux. »

On voit par exemple combien l'adaptation moderne modifie la dernière comparaison, destinée à suggérer que les vêtements de l'individu de rencontre étaient aussi déchirés que s'il avait grimpé aux branches d'un arbre. Le traducteur croit devoir chercher un substitut, là où la simple modernisation de la graphie suffirait. Sans l'accuser d'avoir corrompu le sens de son auteur (défaut rédhibitoire d'une mauvaise *« translation »* selon Du Bellay), il le gauchit et, du coup, l'affaiblit.

Le pantagruélisme, tel que le définit Rabelais, n'est-il pas précisément l'art d'accepter immédiatement, sans édulcorer, de ne jamais rien prendre en mauvaise partie, et de laisser *« sourdre »* ce qui est *« bon, franc et loyal courage »* ? Il existe aussi un courage de la langue, et il ne manque pas, dans l'œuvre de Rabelais.

Un clerc en quête de liberté

Né à La Devinière, près de Chinon, sur les bords de la Loire, vers 1494, François Rabelais a reçu une éducation de clerc chez les moines bénédictins et cordeliers. Novice franciscain en Anjou, il a donc accompli des « années de moinage » (1510-1528). Mais il avait déjà tendance à délaisser son bréviaire au profit de la littérature grecque ancienne et il brûlait de continuer ses études en toute liberté. Après un séjour à Paris, il a pris la robe de prêtre séculier, mais est parti pour Montpellier afin d'y étudier la médecine, puis pour Lyon où il a exercé ce métier à l'Hôtel-Dieu (1532-1535). C'est dans cette ville qu'il a publié *Pantagruel* (1532) et *Gargantua* (1534), dont le point de départ a été fourni par de grossières chroniques populaires. Les deux ouvrages ont été censurés par la Sorbonne. Après un voyage à Rome, Rabelais a continué d'exercer la médecine en divers endroits.

Le *Tiers Livre* (1546) lui vaut d'être inquiété et il doit s'enfuir à Metz, puis à Rome. En 1551, un conflit entre le roi de France Henri II et le pape lui permet d'obtenir le bénéfice de la cure de Meudon. Il publie alors le *Quart Livre* (1552) et meurt à Paris sans avoir pu publier le *Cinquième Livre,* dont l'authenticité reste discutée.

LITTÉRATURE ET MÉDECINE

Littérature et médecine peuvent très bien faire bon ménage. Louis-Ferdinand Céline, auteur de *Voyage au bout de la nuit* (1932), était le docteur Destouches (1894-1961) qui exerçait dans la banlieue parisienne.

BAKHTINE
Le livre du grand théoricien russe Mikhaïl Bakhtine, *l'Œuvre de Rabelais et la culture populaire au Moyen Âge et sous la Renaissance* (1960, Gallimard, 1982), a renouvelé la critique rabelaisienne.

Le comique

Rabelais veut s'adresser à ceux qui aiment rire et l'avertissement « Aux lecteurs » est clair à cet égard :

> « Mieux est de ris que de larmes escripre,
> Pour ce que rire est le propre de l'homme. »

> « Il vaut mieux traiter du rire que des larmes,
> Parce que le rire est le propre de l'homme. »

Rabelais part donc du postulat d'une essence de l'homme comme être-qui-rit – on n'ose dire, à la manière de Hugo, comme l'homme-qui-rit. Cela ne signifie pas qu'il ignore la part du deuil et, à cet égard, le chapitre III de *Pantagruel* revêt une grande importance : il y est raconté comment Gargantua mena grand deuil à la mort de sa femme Badebec, morte en couches à la naissance de Pantagruel, mais ne pouvait en même temps s'empêcher d'être joyeux et de rire en voyant l'enfant nouveau-né. Il *« pleurait comme une vache »*, mais *« tout soudain riait comme un veau, quand Pantagruel lui venait en mémoire »*, et alors le langage se débride, la gaieté étant inséparable du vin :

> « Ho, mon petit filz (daisait-il), mon coillon, mon peton, que tu es joly, et tant je suis tenu à Dieu de ce qu'il m'a donné un si beau filz, tant joyeux, tant riant, tant joly. Ho, ho, ho, ho ! que je suis ayse ! Beuvons, ho ! laissons toute mélancholie ! »

À l'égard du comique, l'œuvre de Rabelais témoigne d'une évolution. Du conte burlesque de géants dans les deux premiers livres (*Pantagruel* : naissance et éducation de Pantagruel, jusqu'à la rencontre avec Panurge et le combat contre les Dipsodes qui ont attaqué le royaume de Gargantua ; *Gargantua* : éducation médiévale du géant jusqu'au moment où un bon maître imprégné de l'idéal humaniste, Ponocratès, en fait un gentilhomme accompli ; guerre contre Pichrocole, où s'illustre frère Jean des

Entommeures), on passe au comique allégorique dans les trois derniers (*Tiers Livre* : différentes consultations de Pantagruel, au moment où il veut se marier ; *Quart Livre* : le voyage vers l'oracle de la Dive Bouteille ; *Cinquième Livre* : satires de l'Île sonnante [= la Rome des papes], des Chats fourrés [= les gens de justice], du royaume d'Entéléchie [= la Sorbonne, qui était alors une faculté de théologie, avec les vaines controverses de la scolastique]).

Le comique est plus franc, plus direct, dans les deux premiers livres, plus compliqué, plus chargé d'intentions diverses, dans les trois derniers. On y retrouve les principaux procédés suivants : 1. Le grossissement (description de la langue de Pantagruel) ; 2. La grossièreté volontaire (gauloiseries, scatologie) ; 3. La fantaisie débridée (bataille contre les Andouilles) ; 4. L'esprit estudiantin (Panurge) ; 5. Le style bouffon, avec des calembours (le service divin / le service du vin), des énumérations (portrait de frère Jean), des effets de pastiche.

À cette manière débridée d'écrire et de faire voir, le théoricien russe de la littérature Mikhaïl Bakhtine a donné le nom de « carnavalesque ». Et tout se passe, en effet, comme dans la fête des saturnales à Rome ou dans celles du Carnaval : liberté est donnée, sans que pourtant l'auteur s'égare de son projet.

THÉLÈME
Rabelais présente ainsi l'abbaye de Thélème et les Thélémites : *« En leur reigle n'estoit que cette clause : Fay ce que vouldras. »*

Le message utopien

Rabelais a invité le lecteur à toujours rechercher *« sous l'écorce »* la *« substantifique moelle »*. C'est dire qu'il encourage une lecture réfléchie, voire philosophique, de ce qui apparaissait d'abord comme simple fantaisie. Le recours à des pays de nulle part – utopies – est alors essentiel.

Dans les trois derniers livres, la satire s'exerce grâce à la constitution en ailleurs d'institutions ou de lieux connus. Rabelais prend pour cible le Moyen Âge, dont la Sorbonne serait l'emblème, la Justice, bavarde, insensée et cruelle (épi-

UTOPIE
Le mot a été créé en Angleterre par Thomas More au début du XVIe siècle. Elle a pu se retourner en contre-utopie avec le W de Georges Perec (1975), une île de l'hémisphère Sud qui finit par ressembler à l'Allemagne nazie.

sode des Chats fourrés), la vie monastique, qu'il a bien connue (psalmodie stupide des moines de Seuillé), la guerre déclarée pour des motifs futiles ou inavouables (la guerre picrocholine).

À la fin de la guerre picrocholine, le père de Gargantua, Grandgousier, décide de pardonner aux vaincus et de faire construire l'abbaye de Thélème, dont la seule règle est *« Fais ce que voudras »*. C'est le plus bel exemple d'utopie dans l'œuvre de Rabelais, quand la liberté à l'œuvre n'aboutit à nul dérèglement, mais à un enrichissement mutuel : *« gens libres, bien nés, bien instruits, conversants en compagnies honnêtes, ont par nature un instinct et aiguillon qui les pousse à faits vertueux et retire de vice »* (derniers chapitres de *Gargantua*).

Rabelais présente l'image d'un roi idéal, qui serait bienveillant et pacifique. Il fait l'éloge de la liberté, mais en la tempérant par la mesure, chacun devant apprendre à trouver en lui-même sa règle. Il exprime la confiance en la science, mais surtout dans les possibilités infinies de l'homme (éloge du pantagruélion, dont la plante qui porte ce nom n'est que le prétexte). En religion, il a évolué de l'évangélisme au gallicanisme. Opposé à l'intolérance, au formalisme, il invite chacun à prier et à remercier Dieu créateur. Mais son optimisme lui fait oublier ce que Pascal appellera la misère de l'homme et son épicurisme lui fit créer cette abbaye de Thélème qui est sans aucun doute plus satisfaisante pour l'humaniste que pour le chrétien.

Montaigne : la naissance de l'autobiographie

Au moment où en France les violences se déchaînent, un homme s'est retiré pour s'instruire, méditer, apprendre à se connaître et

cultiver son âme. Michel Eyquem, seigneur de Montaigne, né en 1533 et mort en 1592 dans son domaine près de Bordeaux, a laissé un ouvrage essentiel, les Essais. *Ces « essais » ne sont pas seulement les chapitres d'un livre inépuisable, mais les tentatives successives d'un homme qui se voulut sage parmi les fous – d'une sagesse résolument humaine.*

Sa vie n'est pas celle d'un homme retiré dans sa tour d'ivoire, sa fameuse *« librairie »* (c'est-à-dire sa bibliothèque), même s'il y a vécu des moments d'intense jouissance intellectuelle. Montaigne, en toutes circonstances, a tenté de « ménager sa volonté le plus possible ». Dans le château de ses pères, il a reçu une éducation originale. Après des études de philosophie et de droit, il est devenu conseiller au parlement de Bordeaux. Il s'est alors lié d'amitié avec Étienne de La Boétie, entre 1558 et 1563. Il a apprécié en lui non l'alter ego, mais l'autre qui peut être le symétrique du moi, donc son interlocuteur privilégié *(« parce que c'était lui, parce que c'était moi »)*. Son ami meurt prématurément. Montaigne se marie en 1565. Parfois il se rend à la cour. L'*« esclavage du parlement »* lui pèse tant qu'il finit par vendre sa charge.

L'AMI STOÏCIEN
Étienne de La Boétie (1530-1563), conseiller au parlement de Bordeaux où il connut Montaigne, a écrit, vers 1548, un ouvrage d'inspiration stoïcienne, *Discours de la servitude volontaire composé à l'honneur de la liberté contre les tyrans.*

Vers 1570, il se retire dans son château pour y lire et y écrire, *« sans ordre et sans dessein »*. Après la première édition des *Essais,* en 1580, il va prendre les eaux à Plombières, dans l'est de la France, car il souffre de la gravelle (calculs aux reins). Ce n'est que le prétexte d'un long voyage qui doit lui permettre d'élargir son horizon et ses connaissances. Il se rend en Suisse, en Allemagne, en Italie. Une lettre lui annonçant qu'il vient d'être élu maire de Bordeaux l'oblige à rentrer. Il consent à prendre cette charge *« en main, mais non pas au foie et au poumon »*, car *« il faut se prêter à autrui, mais ne se donner qu'à soi-même »*. Il se montre pourtant plus actif qu'il n'a voulu l'avouer, si bien qu'il est réélu pour un second mandat. Une épidémie de peste éclate en 1585 : il s'abstient de rentrer dans sa ville pour présider à l'élection de son successeur.

EMPRUNTS
« Qu'on voie, en ce que j'emprunte, si j'ai su choisir de quoi rehausser mon propos. Car je fais dire aux autres ce que je ne puis si bien dire, tantôt par faiblesse de mon langage, tantôt par faiblesse de mon sens » **(Montaigne, *Essais*, « Des livres »).**

CRITIQUE
Jules Lemaitre (1853-1914), auteur de la série *les Contemporains* (1885-1889) et d'*En marge des vieux livres* (1905), ne croyait pas à l'objectivité de la critique, mais pratiquait une critique d'impression, comme son contemporain le romancier Anatole France (1844-1924).

Il se retrouve alors dans la solitude de sa bibliothèque, où il prépare l'édition de 1588 des *Essais.* Après quelques épisodes mouvementés (il est dévalisé en se rendant à Paris, puis enfermé quelque temps à la Bastille), il décline les offres flatteuses d'Henri de Navarre (le futur Henri IV) et termine ses jours dans sa tour auprès de sa fille adoptive, Marie de Gournay, qui veillera sur le sort posthume des *Essais.*

En marge des vieux livres

Montaigne s'est laissé aller à *« cette rêverie de* (s)*e mêler d'écrire »,* et pas seulement pour faire son autoportrait. Prodigieux lecteur, il a d'abord écrit *« en marge des vieux livres »* – c'est le titre d'un volume du critique Jules Lemaître (1905-1907). Il s'est plu ainsi à confronter ses expériences à l'expérience des autres, celle des Anciens, celle aussi des gens qu'il a pu rencontrer dans ses pérégrinations. Ce va-et-vient a été l'occasion d'une étude, puis d'un approfondissement.

Un tel travail ne se fait jamais sans une évolution de l'esprit. La réflexion de Montaigne, la philosophie qui en résulte n'ont rien de figé. Sa pensée n'est ni dogmatique ni systématique. Elle tente de concilier les données de la sagesse antique et celle du fond naturel. Elle hésite entre diverses doctrines, par lesquelles Montaigne est passé, sans jamais s'arrêter à aucune.

1. Le stoïcisme, donc une morale qui enseigne la hauteur de vues permettant de surmonter, en leur faisant face, les épreuves de l'existence. C'est La Boétie, auteur d'un *Discours de la servitude volontaire,* qui a révélé cette doctrine à son ami. Montaigne est allé à la source, moins au Grec Épictète qu'au Latin Sénèque. Il a développé après eux, et parfois d'après eux, de nobles idées comme le triomphe de la volonté sur la douleur et la mort. Le chapitre XX du livre I, « Que philosopher c'est apprendre à mourir », est le plus caractéristique à cet égard.

2. Le scepticisme incite, lui, à l'apprentissage du doute volontaire. La formule la plus simple en est le *« Que sais-je ? »* de Montaigne. Le maître a été ici curieusement un théologien espagnol, Raymond de Sebonde, ou Sabunde (né à Barcelone, à une date inconnue, mort à Toulouse en 1436), dont il a traduit à la demande de son père la *Théologie naturelle* (publiée à titre posthume en 1486, et mise à l'Index). Le plus long chapitre des *Essais,* le chapitre XII du livre II, est une *Apologie de Raymond de Sebonde* et un véritable manuel de scepticisme. Montaigne y exprime sa défiance à l'égard de l'imagination.

Un autre visage de Montaigne : le philosophe stoïcien faisant l'apprentissage de la mort.

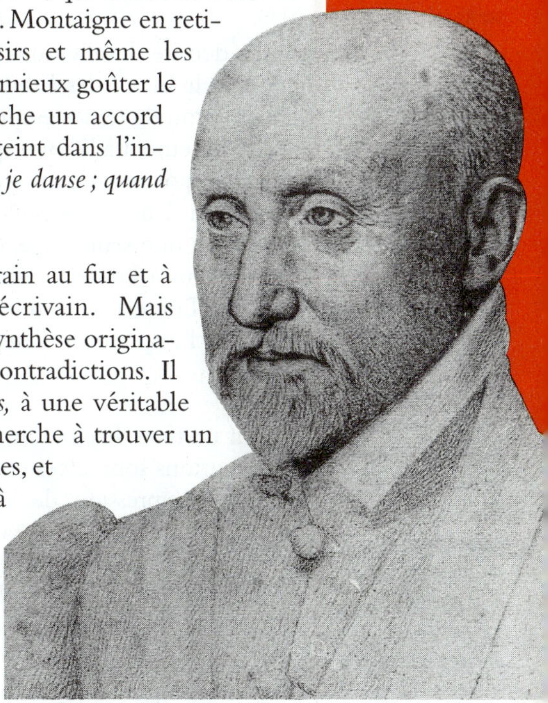

3. L'épicurisme, qui doit son nom au philosophe grec Épicure, est surtout connu par le poème en latin de Lucrèce, *De natura rerum – De la nature des choses –*, qui combine l'atomisme à la réhabilitation du plaisir. Montaigne en retire un art de *« ménager »* les plaisirs et même les jouissances (se faire réveiller pour mieux goûter le sommeil, par exemple). Il recherche un accord avec la nature. Le sommet est atteint dans l'intensité de la vie : *« Quand je danse, je danse ; quand je dors, je dors. »*

Cet épicurisme gagne du terrain au fur et à mesure de l'évolution de l'écrivain. Mais Montaigne fait de tout cela une synthèse originale, qui ne va pas toujours sans contradictions. Il aboutit, dans le livre III des *Essais,* à une véritable sagesse personnelle. Montaigne cherche à trouver un point d'équilibre entre des extrêmes, et c'est pourquoi il est conduit à prendre ses distances à l'égard de chacune des philosophies par lesquelles il est passé. Ainsi dans le chapitre X du livre III des *Essais,* celui qui est précisément intitulé « De ménager sa volonté » :

AUTOBIOGRAPHIE
Le terme « autobiographie » n'est apparu qu'au XIXe siècle, mais le genre existe depuis longtemps. Ce que Philippe Lejeune a appelé le *« pacte autobiographique »* est le pacte par lequel l'auteur s'engage solennellement à dire la vérité sur lui-même.

CAMUS ET MONTAIGNE
la critique du chapitre XX du livre I des *Essais* est sensible dans Noces (1938) de Camus : *« Rien de plus méprisable que la maladie. C'est un remède contre la mort. Elle y prépare. Elle crée un apprentissage dont le premier stade est l'attendrissement sur soi-même. Elle appuie l'homme dans son grand effort qui est de se dérober à la certitude de mourir tout entier. »*

« Les passions me sont autant aisées à éviter comme elles me sont difficiles à modérer. *Abscinduntur facilius animo quam temperantur.* Qui ne peut atteindre à cette noble impassibilité stoïque, qu'il se sauve au giron de cette mienne stupidité populaire. Ce que ceux-là faisaient par vertu, je me duits [= je m'instruis] à le faire par complexion [= par tempérament]. »

La sagesse est donc de connaître sa nature et de s'y fier. L'extrait précédent constitue un bon exemple de la farcissure du texte de Montaigne. La citation latine s'insère comme naturellement dans le texte français, sans traduction. Mais sur le manuscrit, cette fois, l'écrivain avait proposé une traduction qu'il a ensuite biffée : *« On les arrache plus aisément de l'âme qu'on ne les bride. »*

La densité des citations est parfois très grande, en particulier dans le livre I des *Essais.* Elle pourrait donner l'impression d'un centon de textes empruntés, si on ne suivait à travers eux le cheminement à la fois capricieux et sûr d'une pensée qui se cherche, qui s'essaie, mais qui sait qu'elle veut aller quelque part. Ainsi dans « Que philosopher c'est apprendre à mourir » quand, en une seule page, Montaigne passe des *Astronomiques* de Manilius à Lucrèce, aux *Géorgiques* de Virgile, et deux fois encore à Lucrèce, la dominante semble épicurienne alors que pourtant l'inspiration d'ensemble du chapitre est plutôt stoïcienne.

Sur un tissu de citations Montaigne a brodé un texte, et ses interventions sont allées en s'augmentant sans que jamais disparaisse l'impression de *« farcissure »*. C'était le mouvement même de sa pensée et de sa création, qu'il entendait respecter. De même il avait le goût et le souci d'un parler naturel : *« le parler que j'aime, c'est un parler simple et naïf, tel sur le papier qu'à la bouche »*. Mais ce parler, il l'appelle aussi *« discours »*, c'est-à-dire qu'il est conforme à l'art d'argumenter et qu'il est d'un homme rompu à l'ancienne rhétorique.

La naissance de l'autobiographie

D'entrée de jeu, dans l'avis « Au lecteur », qui est un modèle d'adresse à celui qu'il prend à témoin, Montaigne prévient :

> « Je veux qu'on m'y voie en ma façon simple, naturelle et ordinaire, sans contention [= sans effort] et sans artifice : car c'est moi que je peins. [...] Ainsi, lecteur, je suis moi-même la matière de mon livre. »

À un moment qui est le nôtre, où les éditeurs se montrent si méfiants à l'égard des jeunes auteurs qui parlent d'eux-mêmes, il n'est pas inutile de rappeler ces phrases fortes, la garantie d'authenticité, de parler vrai qu'elles offrent. Pour l'écrivain, avec Montaigne, son moi est devenu une source d'étude et d'inspiration quasi inépuisable. Le livre n'est pas seulement un miroir, il est la chance d'un approfondissement qui profitera à tout le monde.

À partir de là, et depuis longtemps, une discussion s'est organisée. La contestation est venue de Pascal, dans ce que nous connaissons sous le titre de *Pensées,* en réalité une Apologie de la religion chrétienne qui devrait répondre au scepticisme de l'*Apologie de Raymond de Sebonde* : *« Le sot projet que Montaigne a eu de se peindre ! »* Il y voyait l'un des pièges de cette *« puissance trompeuse »* qu'est l'amour-propre. Au contraire, Voltaire, dans la vingt-cinquième et dernière de ses *Lettres philosophiques* (1734), « Sur les Pensées de M. Pascal », a répondu :

> « Le charmant projet que Montaigne a eu de se peindre naïvement comme il a fait ! car il a peint la nature humaine. »

Voltaire va du moi singulier à la généralité de la nature humaine, dans un mouvement qui reste conforme à celui des moralistes classiques. Un autre mouvement, plus centripète que centrifuge, consiste à tout ramener à la singularité du moi. En cela, Jean-Jacques Rousseau s'oppose une fois encore à

INTUS ET IN CUTE
Contrairement aux *Mémoires* soucieux de paraître un ouvrage social, les *Confessions* de Jean-Jacques Rousseau doivent permettre à l'auteur de se présenter *« intus et in cute »*, comme le dit l'épigraphe, c'est-à-dire *« dans la vérité de sa nature »*.

Voltaire quand, dans les *Confessions* (1765-1770), il part de « moi seul » parce qu'il se veut et se croit unique : *« Je ne suis fait comme aucun de ceux que j'ai vus ; j'ose croire n'être fait comme aucun de ceux qui existent. »*

BARRÈS
Maurice Barrès (1862-1923) fut homme politique et écrivain. Son roman le plus célèbre, *la Colline inspirée* (1913), est consacré au culte de la terre et des morts, à l'apologie des lieux où souffle l'esprit.

L'autobiographie « moderne » peut évoluer d'un pôle à l'autre. Baudelaire, quand il s'adresse au lecteur, au début des *Fleurs du Mal,* s'adresse encore à un autre lui-même pour atteindre l'homme dans sa généralité. Au contraire, Michel Leiris (1901-1990), dans *l'Âge d'homme* (1939) ou dans les quatre volumes de *la Règle du jeu* (*Biffures,* 1948 ; *Fourbis,* 1955 ; *Fibrilles,* 1966 ; *Frêle bruit,* 1976), ouvrage qu'on a parfois comparé aux *Essais* de Montaigne, a cherché à pénétrer dans l'obscurité intérieure du « je » pour y découvrir déjà, comme l'a suggéré le grand critique Maurice Blanchot, *« le il de la mort souveraine ».*

C'est un des modes de dépassement du moi. Il peut se faire aussi par découverte de l'autre en moi (Arthur Rimbaud, dans les *Lettres du Voyant* : *« Je est un autre »*) ou par mouvement vers les autres. Cette dernière réaction est par exemple celle de Romain Gary (1914-1980), dans *La nuit sera calme* (1972) :

> « Mon je ne me suffit pas comme vie, et c'est ce qui fait de moi un romancier, j'écris des romans pour aller chez les autres. Si mon je m'est souvent insupportable, ce n'est pas à cause de mes limitations et infirmités personnelles, mais à cause de celles du je humain en général. On est toujours piégé dans un je. »

Montaigne, en tout cas, n'est jamais allé jusqu'à ce que Maurice Barrès appellera *« le culte du moi »,* ni même jusqu'à l'« égotisme » de Stendhal. Il n'a accepté de se *« prêter à autrui »* que pour ne se *« donner qu'à* [lui-même] » (*Essais,* III, X), mais pour mieux se connaître et non pas pour s'admirer comme Narcisse. À partir de là, et depuis longtemps, une discussion s'est organisée.

Roman et somme romanesque

*Il peut exister des romans courts (*le Diable au corps, *1923, de Raymond Radiguet, par exemple). On a même vu naître en France, à la fin du XX*[e] *siècle, des* «romans minuscules» *(Michel Orcel). Pourtant le genre romanesque semble appeler une certaine épaisseur. On en indiquera ici les différentes modalités avant d'envisager le cas exemplaire de* la Comédie humaine *de Honoré de Balzac et la place qu'elle occupe dans notre panorama littéraire.*

Modalités de la longueur

Aux XVIIe et XVIIIe siècles, cette longueur à la multiplicité des épisodes ou à l'insertion de récits secondaires, parfois libres, parfois attribués à un personnage, dans le meilleur des cas assurant un contrepoint artistique. Les romans de Mlle de Scudéry (1607-1701), au XVIIe siècle, *le Grand Cyrus* (1649-1653) ou *Clélie* (1654-1661) brillent par leurs intrigues compliquées, le grand nombre des personnages, la complaisance dans l'analyse psychologique : on y a vu des *« études du cœur humain dans les vastes marges* (du) *roman d'aventures ».* Mais l'abbé Prévost, au XVIIIe siècle, à l'exception de *Manon Lescaut,* qui n'est à l'origine qu'un récit inséré dans les *Mémoires d'un homme de qualité,* se donne aussi, par exemple dans *Cleveland* (*le Philosophe anglais* ou *Histoire de Monsieur Cleveland,* 1731-1739), un vaste espace nécessaire au sujet : la reconstruction de la foi méthodiquement entreprise dans un cœur que la philosophie a abandonné.

LE TEMPS PERDU
«Longtemps, je me suis couché de bonne heure»: la première phrase de *Du côté de chez Swann* (1913) de Marcel Proust déclenche le processus de remontée dans la mémoire qui permettra de retrouver le «temps perdu».

Le roman peut vouloir épuiser un sujet immense. C'est le cas de l'ensemble formé par *À la recherche du temps perdu* (1913-1922) de Marcel Proust, précédé par la première tentative inaboutie de *Jean Santeuil.* Luttant contre le temps pour parvenir à achever son œuvre-cathédrale avant sa mort, Proust a entrepris une exploration systématique de sa mémoire, une résurrection totale de son passé transiguré par l'œuvre littéraire. À partir d'expériences sensorielles simples, le goût d'une madeleine trempée dans du thé, le contact avec une serviette empesée, le pied posé sur des pavés disjoints, le temps est retrouvé et se recompose, avec le souvenir des vacances à Illiers, des jeux d'enfants avec Gilberte Swann, des soirées dans les salons parisiens, de la fréquentation des jeunes filles en fleurs sur la plage de Balbec...

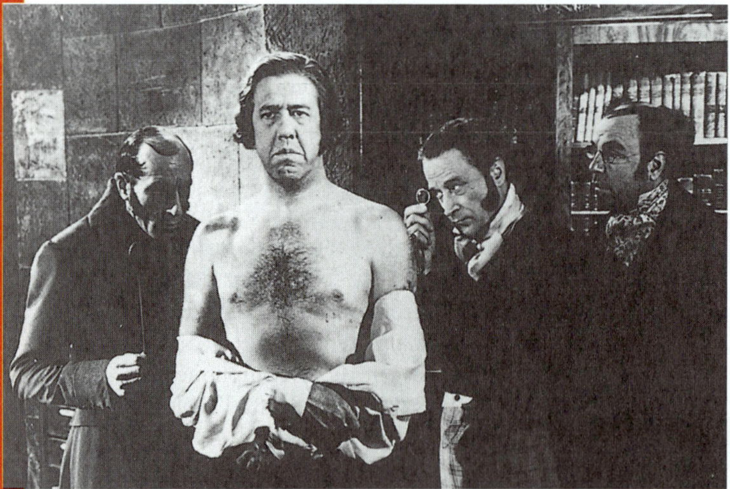

Michel Simon incarne Vautrin dans le film éponyme réalisé par Pierre Billon en 1934 à partir du roman de Balzac *Splendeurs et Misères des courtisanes.*

Le roman peut devoir sa longueur à sa variété et à son intensité. C'est le cas avec *Belle du Seigneur* (1968) d'Albert Cohen (1895-1981), cas singulier puisqu'il allie la description satirique du milieu des fonctionnaires de la Société des Nations à Genève avant la guerre, l'aventure passionnelle de Solal et d'Ariane, digne de Tristan et Iseut, et l'évocation de la pittoresque famille du personnage principal, les Mangeclous. Le roman vient s'insérer dans un cycle commencé avant guerre (*Solal,* 1930, *Mangeclous,* 1938) et complété par *les Valeureux* en 1969. Fondée sur sa connaissance, tendre et caustique, de la société juive, l'œuvre de Cohen mêle histoire comique et tragique et trouve son unité dans la personnalité de l'auteur.

Balzac et *la Comédie humaine*

Honoré Balzac, devenu de Balzac (1799-1850), a pratiqué à la fois le roman court (*Sarrasine,* 1830, histoire d'un jeune sculpteur français séduit à Rome par une « diva » qui est un castrat) et le roman long *(Illusions perdues, Splendeurs et Misères des courtisanes).* Mais surtout, il a eu tardivement l'idée de constituer un ensemble romanesque, en constatant le retour de certains personnages d'un de ses romans à l'autre. Dès lors, il a voulu en faire *« un monde complet »* et il a trouvé en 1841 le titre *la Comédie humaine.* En 1842, il a écrit à la demande de son éditeur un avant-propos, où il a exposé les principes de cette entreprise sans précédent : unité de l'espèce humaine, mais diversité des individus sécrétés par la société ; nécessité de ramener ces individus à des types, le but étant alors de faire *« la somme des types que présente chaque génération »* ; rapprochement des *« espèces sociales »* et des *« espèces zoologiques »,* de l'humanité et de l'animalité.

PSEUDONYME
Après avoir signé ses premiers livres de pseudonymes divers, dont Horace de Saint-Aubin, et avoir assisté à la faillite de son imprimerie, Honoré Balzac (1799-1850) publia sous son nom, en 1829, *le Dernier Chouan* – qui deviendra *les Chouans* en 1834. Entre-temps, il avait définitivement adopté comme nom d'auteur Honoré « de » Balzac.

Balzac a conçu trois parties, « Études de mœurs », « Études philosophiques », « Études analytiques ». La première, de loin la plus longue, se subdivise en six groupes : « Scènes de la vie privée », « Scènes de la vie de province », « Scènes de la vie parisienne », « Scènes de la vie politique », « Scènes de la vie militaire », « Scènes de la vie de campagne ». L'ensemble devait compter cent titres. La mort n'a laissé à Balzac le temps d'en produire qu'environ quatre-vingts.

Comme Proust et avant lui, Balzac a présenté cet ensemble comme une cathédrale *(« c'est plus vaste, littérairement parlant, que la cathédrale de Bourges architecturalement »).* La nef est infiniment plus vaste que les transepts et on ne peut oublier qu'elle est inachevée, comme beaucoup de cathédrales gothiques. Surtout Balzac n'en a conçu l'architecture qu'en cours d'édifice. Proust a remarqué cette faiblesse dans une page de *la Prisonnière* (la cinquième partie de *À la recherche du temps perdu*).

GÉNIE
« Il faut simplement que le spectacle de l'écrivain aux prises avec la nature reste grand ; l'intensité avec laquelle il la voit, la façon puissante dont il la déforme pour la faire entrer dans son moule, l'empreinte enfin qu'il laisse sur tout ce qu'il touche, telle est la véritable création humaine, la véritable signature du génie » (Émile Zola, *Documents littéraires*, 1881).

Le titre s'oppose au célèbre titre donné au grand poème où Dante, au Moyen Âge, a évoqué tour à tour l'Enfer, le Purgatoire et le Paradis, *la Divine Comédie.* Cela ne signifie pas que cette *Comédie humaine* soit sans Dieu. Mais le romancier s'est voulu à une place modeste : *« La société française allait être l'historien, je ne devais être que le secrétaire. »* La fin de *l'Élixir de longue vie* (1830), variante de *Don Juan,* montre précisément une reprise libre de l'épisode d'Ugolin dans *l'Enfer* de Dante : comme Ugolin ronge en Enfer la tête de l'évêque de Pise Ruggieri, qui l'avait réduit à manger en prison ses propres enfants, la tête de Don Juan Belvidéro, seule partie survivante de son cadavre grâce à l'élixir, tire vengeance de l'abbé San Lucar en mordant son crâne à mort.

Malgré ses réserves à l'égard de Hugo, Balzac garde d'ailleurs dans le roman quelque chose de la conception dramatique du sublime et du grotesque : ils sont désignés en tant que tels et alliés dans *le Père Goriot* (1835), où l'ancien vermicellier voue à ses filles un amour passionné et veut sauver l'une d'elles de ses dettes, alors qu'il est ruiné, en allant vendre des pâtes à Odessa.

L'après-Balzac

Le plus bel exemple de somme romanesque après Balzac au XIXe siècle, parfaitement achevée celle-ci, est l'ensemble formé par *les Rougon-Macquart* d'Émile Zola, *« Histoire naturelle et sociale d'une famille sous le second Empire »* : vingt volumes, allant de *la Fortune des Rougon* (1871) au *Docteur Pascal* (1893). Dans ce dernier volume, un inventaire de la société s'organise à partir d'un arbre généalogique qui sous-tend la narration et qui fait intervenir les grands archétypes tels la terre, la machine, la bête, l'or, la fournaise.

Dans la première moitié du XXe siècle, la tentation du roman cyclique s'est exercée sur des écrivains ayant un grand sens de l'humain : Romain Rolland (1868-1944), avec *Jean-*

Christophe (1904-1912) et *l'Âme enchantée* (1922-1933), Roger Martin du Gard (1881-1958) avec les huit volumes du cycle *les Thibault* (1922-1940), Georges Duhamel (1884-1966) avec *Vie et aventures de Salavin* (cinq volumes, 1920-1932) et la *Chronique des Pasquier* (dix volumes, 1931-1945), Jules Romains (1885-1972) avec les vingt-sept volumes des *Hommes de bonne volonté* (1932-1947).

De telles entreprises sont rares dans la seconde moitié du XXe siècle, à l'exception de grandes fresques historiques comme *les Rois maudits* de Maurice Druon, popularisés par la télévision. Le nouveau roman adopte rarement la forme longue. Mais d'un livre à l'autre, une continuité tend parfois à se créer, surtout dans l'œuvre d'Alain Robbe-Grillet et dans celle de Claude Simon. Jamais il n'a été plus passionnant d'entrer dans l'atelier du romancier.

LA FONTAINE, ÉSOPE, PHÈDRE
Dans le premier recueil de ses *Fables* (livres I à VI, 1668), Jean de La Fontaine a développé des sujets empruntés au fabuliste grec Ésope et au fabuliste latin Phèdre. Il donne plus librement cours à son génie propre dans le second recueil (livres VII à XI, 1678-1679) et dans le livre XII (1694).

LES CHEMINS DE LA LIBERTÉ
Sartre a choisi de donner ce titre, dès 1937, à un ensemble romanesque qui comprend *l'Âge de raison* (1945), *le Sursis* (1945), *la Mort dans l'âme* (1949). Du tome IV, qui devait s'intituler *la Dernière Chance*, n'ont été publiés que des fragments.

Poésie et narration : l'exemple de la fable

La poésie, dit-on parfois, est inconciliable avec la narration, et la poésie narrative a mauvaise presse. Pourtant l'épopée, dans ses formes anciennes ou modernes, est essentiellement de la poésie narrative. Il en reste quelque chose dans un poème comme le Bateau ivre *(1871) d'Arthur Rimbaud, qui raconte la libération du bateau, symbole du poète, jusqu'à son retour dans la* « flache » *(la flaque, la mare) ardennaise. Et pourtant ce texte, malgré les attaches qu'il conserve avec la poésie parnassienne, est considéré à juste titre comme un exemple de modernité poétique. On retiendra ici plus particulièrement le genre de la fable, qui existe depuis l'antiquité gréco-latine, culmine avec Jean de La Fontaine et se prolonge jusqu'à aujourd'hui.*

Au Moyen Âge, les fabliaux étaient des contes à rire en vers, à la versification d'ailleurs passablement négligée. Ils pouvaient être brefs ou plus développés, comme *le Vilain mire* (= le paysan médecin), dont s'est inspiré Molière dans sa comédie *le Médecin malgré lui*. Mais Jean de La Fontaine (1621-1695) a donné ses lettres de noblesse au genre de la fable.

MONTAIGNE SUR LA FABLE
« La plupart des fables d'Ésope ont plusieurs sens et intelligences. Ceux qui les mythologisent en choisissent quelque visage qui cadre bien à la fable ; mais pour la plupart, ce n'est que le premier visage et superficiel ; il y en a d'autres plus vifs, plus essentiels et intenses, auxquels ils n'ont su pénétrer : voilà comme j'en fais » (Essais, II, x).

Origines

La Fontaine a joint aux *Fables* une *« Vie d'Ésope le Phrygien »*, rendant ainsi hommage au fabuliste grec du VIe siècle av. J.-C., qui était esclave, bègue et voleur de figues. Ésope avait écrit de courts apologues en prose. Socrate, avant de mourir en prison en absorbant la ciguë, avait reçu l'ordre divin de faire de la poésie et il avait cru devoir mettre en vers, déjà, certaines de ces fables. Le projet est repris par d'autres au XVIIe siècle, et c'est encore celui de La Fontaine quand il a publié les six premiers livres sous le titre *Fables choisies mises en vers,* en 1668.

Illustration moderne (Félix Lorioux, 1927) de la fable de Jean de La Fontaine, *le Corbeau et le Renard.*

Chez les Latins, Phèdre, un affranchi d'Auguste écrivant sous le règne de Tibère (Ier siècle apr. J.-C.), écrivait en vers. Il est le modèle de La Fontaine pour *le Loup et l'Agneau* (livre I, fable 10), et pour bien d'autres. La Fontaine, à dire vrai, puise à toutes mains. En 1678, il a découvert la fable indienne, avec Pilpay, ou Bidpaï, auteur d'un recueil au début du Ier siècle, le *Panchatantra.* Il l'a connu à travers la traduction de l'orientaliste Gilbert Gaulmin, le *Livre des lumières ou la conduite des rois* (1644). Cette découverte a marqué les six derniers livres des *Fables* (1678), en particulier *les Deux Pigeons* (IX, 2).

La fable comme forme simple

La fable est difficile à séparer du simple « dit », de la *« fable pure »* dont a parlé Valéry quand il a écrit : *« Au commencement était la fable. »* Elle est donc essentiellement un petit récit, mais un petit récit qui cache une moralité sous le signe de la fiction.

LIBRE
Léon-Paul Fargue (1876-1947) évoque ainsi Jean de La Fontaine :
« Les autres avaient les règles, la tradition, l'antique. Lui, il voulait être libre. »

Elle s'accompagne le plus souvent d'une formule morale qui peut l'introduire *(« La raison du plus fort est toujours la meilleure »,* premier vers du *Loup et l'Agneau)* ou la conclure (*« Plutôt mourir que souffrir »,* à la fin de *la Mort et le Bûcheron,* I, 16). Dans le jeu des imitations successives, le récit peut rester relativement stable, et la moralité changer. Ainsi, la fable indienne dont s'est inspiré La Fontaine pour *les Deux Pigeons* instaurait un débat moral initial, une discussion traînante sur le plaisir et le profit des voyages et une leçon finale au Roi sur les incommodités du voyage. La Fontaine a transformé cela en une admirable invocation aux *« Amants, heureux amants »* (Valery Larbaud fera de cette expression le titre d'une nouvelle en 1913), s'achevant en une mélancolique confession personnelle.

Parsemée de locutions, la fable peut être considérée comme le développement de l'une d'entre elles (ainsi *« L'homme est de glace aux vérités ; / Il est de feu pour les mensonges »* est l'âme de la fable *le Statuaire et la statue de Jupiter,* IX, 6). Si le conte, correspondant à un vœu, fait rêver de ce qui devrait être, la fable établit une moralité à partir d'un « cela est ».

La manière de La Fontaine

Avec lui la fable est dramatique, poétique et porteuse d'un message personnel.

1. Dramatique, elle manifeste un art de la mise en scène, dans les cadres divers et pittoresques de la nature (*le Coche et la Mouche,* VII, 8). Les fables les plus développées ont une composition dramatique, avec exposition, nœud et dénouement (une tragédie, *les Animaux malades de la peste,* VII, 1 ; une comédie, *le Savetier et le Financier,* VIII, 2). La conduite des péripéties est rigoureusement assurée. Le dénouement est presque toujours rapide :

« Le loup l'emporte et puis le mange,
Sans autre forme de procès. » *(Le Loup et l'Agneau,* I, 10.)

La Fontaine prend soin de peindre les caractères humains qu'il prête aux animaux (le chat, Grippeminaud le Bon Apôtre) et les mœurs de son temps. Il fait le portrait des courtisans (*les Obsèques de la lionne,* VIII, 14), des grands seigneurs (*le Jardinier et son Seigneur,* IV, 4), des juges (*l'Huître et les Plaideurs,* IX, 9), sans oublier les pauvres gens (*la Mort et le Bûcheron,* I, 16). Il utilise volontiers le dialogue (*le Chêne et le Roseau,* I, 22). Les fables pourront être présentées comme :

> « Une ample comédie aux cent actes divers,
> Et dont la scène est l'univers. » (*Le Bûcheron et Mercure,* V, 1.)

2. La fable est poétique parce que cet univers à lui seul est poétique. La Fontaine sait choisir un détail expressif et attachant pour évoquer choses, bêtes et gens (la belette est la *« dame au nez pointu »* dans *le Chat, la Belette et le Petit Lapin,* VII, 15). Ses animaux sont vus par un poète, parfois distrait, non par un savant. D'où des erreurs amusantes : la fourmi ne mange ni mouches ni vermisseaux. Le sentiment de la nature peut prendre une forme lyrique dans *le Songe d'un habitant du Mogol,* XI, 4 :

> « Solitude, où je trouve une douceur secrète,
> Lieux que j'aimai toujours, ne pourrai-je jamais,
> Loin du monde et du bruit, goûter l'ombre et le frais ? »

La Fontaine use d'une versification très souple et variée, admettant les mètres de toute nature, les associant ingénieusement, jouant avec les coupes et les rejets audacieux. Ainsi, quand il fait dire au Roi-Lion :

> « Pour moi, satisfaisant mes appétits gloutons,
> J'ai dévoré force moutons.
> Que m'avaient-ils fait ? Nulle offense ;
> Même, il m'est arrivé quelquefois de manger le berger. »
> *(Les Animaux malades de la peste,* VIII, 2.)

ÉCREVISSE
***« Les sages quelquefois, ainsi que l'écrevisse, / Marchent à reculons, tournent le dos au port »* (Jean de La Fontaine, *Fables,* XII, 10, *l'Écrevisse et sa fille*).**

-YX
***«Ses purs ongles très haut dédiant leur onyx»*: début du sonnet en -*yx* de Stéphane Mallarmé (1842-1898) et parfait exemple d'un beau vers.**

Le message moral et philosophique de La Fontaine fait place au pessimisme : l'homme n'est pas bon, il est même un « animal pervers » (*l'Homme et la Couleuvre,* X, 1). La morale pratique consiste à tirer les conséquences de cet état de fait. Ainsi, *« La méfiance / Est mère de la sûreté »* (*le Chat et un vieux rat,* III, 18). La morale de l'honnête homme est celle du juste milieu, fondée sur le travail et la compassion à l'égard de ses semblables. La Fontaine sait pourtant ménager les droits d'un épicurisme bien compris et il invite à préserver le plaisir, le bonheur (*le Vieillard et les Trois Jeunes Hommes,* XI, 8).

Devenir de la fable

La Fontaine a fait l'objet de livres fervents, comme le *La Fontaine et ses Fables* (1853-1861) d'Hippolyte Taine, désireux de lui appliquer le triple système « la race - le milieu - le moment » ou *les Cinq Tentations de La Fontaine* (1938) de Jean Giraudoux, vantant en lui cet « humain fraîchement créé » ou encore le *La Fontaine* (1996) puissamment novateur de Marc Fumaroli.

Il a eu des successeurs dans le genre de la fable, dont les meilleurs en France sont Florian (1755-1794), au XVIIIe siècle, et Jean Anouilh (1910-1995) au XXe siècle.

Peut-être La Fontaine a-t-il contribué à faire de « fable » un mot magique, et non un mot dévalué – un mot qui, comme son œuvre, fait rêver…

Du vers au poème

Orphée, dessin de Jean Cocteau (1889-1963), qui porta aussi le poète mythique à la scène et à l'écran.

La Fontaine est un vrai poète, et reconnu comme tel. Le vers peut avoir chez lui une parfaite plénitude, soit qu'il fixe une évocation («Le long d'un clair ruisseau buvait une colombe», *II, 12,* «Le héron au long bec emmanché d'un long cou», *VII, 4), soit qu'il vienne clore la fable (*«Et dont les pieds touchaient à l'empire des morts», *dans I, 22,* le Chêne et le Roseau*). Il y a d'aussi beaux vers chez lui que chez Racine, Baudelaire ou Mallarmé. Cette exigence de qualité aboutit à deux questions essentielles : 1. Qu'est-ce qu'un beau vers ? 2. Comment le poème s'organise-t-il à partir du beau vers ? Ces considérations conduisent à détacher maintenant la poésie de la narration et à évoluer vers la poésie pure.*

Qu'est-ce qu'un beau vers?

Il faudrait d'abord dire ce qu'il n'est pas, c'est-à-dire ce que Mallarmé a appelé un *«Aboli bibelot d'inanité sonore»* (dans le sonnet dit en «-yx», jouant sur deux rimes seulement, *-yx* et *-ore,* et faisant place pourtant à un rêve d'angoisse ; ce poème a été publié pour la première fois en 1887, à une date clé de l'histoire du symbolisme dont Mallarmé, sans l'avoir voulu, est sans doute le représentant exemplaire). Il convient de le rappeler, car il existe une page célèbre de Marcel Proust, dans *À la recherche*

ORPHÉE
Le mythe d'Orphée a inspiré de nombreux écrivains français, des poètes de la Renaissance et de Tristan l'Hermite au XVIIe siècle jusqu'à Victor Segalen (*Orphée roi*, 1921), Pierre Emmanuel (*Tombeau d'Orphée*, 1941) ou Jean Anouilh (*Eurydice*, 1942), au XXe siècle.

du temps perdu, où le camarade du narrateur, Bloch, ironise sur deux beaux vers, *« La fille de Minos et de Pasiphaé »*, dans *Phèdre,* la tragédie de Racine (1677), et *« La blanche Oloossone et la blanche Camyre »* (en réalité *« La blanche Oloossone à la blanche Camyre »*), dans la *Nuit de mai* de Musset (1836), en considérant que l'un et l'autre *« ne signifient absolument rien »* (*Du côté de chez Swann,* 1913). Mais le vers de Racine est décisif, car c'est de la généalogie de *Phèdre,* de son *« sang fatal »* que dépend la passion qui la perd, et Musset fait développer par la Muse répondant au poète souffrant un grand rêve de lumière hellénique et orientale. Le beau vers sera donc celui qui allie la plénitude sonore et la richesse sémantique.

D'un point de vue formel, la perfection est atteinte quand le galbe du vers est pur, c'est-à-dire quand le poète tire l'effet maximum de la structure habituelle de ce vers, de sa coupe. C'est le cas quand les deux hémistiches symétriques de l'alexandrin donnent une impression d'harmonie. Ainsi, quand Mallarmé fait dire à son Hérodiade (en réalité la princesse Salomé) :

> « J'ai de mon rêve épars connu la nudité. »

La perfection du décasyllabe est atteinte quand la coupe normale, 4 + 6, est comme naturellement respectée. Valéry dit être parti de ce rythme pur d'un décasyllabe encore non revêtu de paroles quand il a écrit son célèbre poème *le Cimetière marin* (1920), repris dans le recueil *Charmes* en 1922. L'évocation du cimetière de Sète, près de la mer, commence par un décasyllabe parfaitement pur :

> « Ce toit tranquille où marchent des colombes. »

Contrairement à ce qu'on pense, la charge sonore du vers (l'usage de l'allitération, par exemple) est moins essentielle à la qualité du vers que le fait que rien n'y est faible, qu'il n'y a pas, comme on dit, de cheville, de remplissage. Arthur Rimbaud à ses débuts (il n'avait pas seize ans et était encore élève en classe de rhétorique, c'est-à-dire de première, au collège municipal de Charleville) l'a bien senti quand il a corrigé le premier vers de son poème *Sensation* en éliminant la faiblesse d'une épithète :

1re version « Par les beaux soirs d'été, j'irai dans les sentiers » ;

2e version « Par les soirs bleus d'été, j'irai dans les sentiers ».

La variété

Cela ne signifie pas que le poème doive être constitué de l'alignement de vers parfaitement réguliers et toujours coupés de la même façon. Il en naîtrait une monotonie certainement nuisible au plaisir poétique. La Fontaine résout le problème en variant le mètre. D'autres solutions ont été trouvées au cours de l'histoire de la littérature française.

À la Renaissance et à l'époque classique, on respecte la coupe régulière du vers, mais on joue sur la variété des couleurs et des tons. Ainsi Joachim du Bellay dans le célèbre sonnet 31 des *Regrets* (1558), quand il oppose la majesté de Rome au charme modeste de son village natal d'Anjou. Il lui suffit même pour cela de passer du son masculin *(-in)* au son féminin correspondant, en une modulation douce *(-ine)*:

« Plus mon Loire gaulois que le Tibre latin,
Plus mon petit Liré que le mont Palatin
Et plus que l'air marin la douceur angevine. »

À l'époque romantique, l'introduction du vers ternaire, ou trimètre romantique (4 + 4 + 4), permet de puissants effets, dans lesquels Victor Hugo, l'initiateur, est passé maître. Ainsi dans *la Légende des siècles* (deuxième série, 1877) termine-t-il le premier poème de *« Groupe des Idylles », Orphée,* par un vers mystérieux, où le jeu des accents permet aisément de privilégier la coupe ternaire et de lire, non pas :

LA RIME
Paul Verlaine a critiqué la rime dans son *Art poétique* : *« Ô qui dira les torts de la Rime ! / Quel enfant sourd ou quel nègre fou / Nous a forgé ce bijou d'un sou / Qui sonne creux et faux sous la lime ? »* Il n'y a pourtant jamais renoncé et pas davantage dans ces vers eux-mêmes.

BONNEFOY
Jean Starobinski a ainsi caractérisé la poésie d'Yves Bonnefoy : *« La terre, le lieu, le simple n'ont pas besoin de déployer devant nous un monde au complet : il s'agit de quelques mots nécessaires qui l'annoncent en précurseurs et lui apportent sa preuve de vérité. »*

« Ne tracez pas de mots / magiques sur le mur »

car pourquoi séparer l'épithète du substantif, mais :

« Ne tracez pás / de mots magí- / -ques sur le múr. »

C'est le jeu des accents ici, beaucoup plus que le compte des syllabes, qui permet de découvrir cette variation.

À l'époque moderne, on pratique le plus souvent le vers libre, *« sans rime ni mètre »*, comme le dit Claudel. C'est une conquête de la fin du XIXe siècle, qui est allée en se généralisant. Mais même à l'intérieur d'un poème en vers libres peut se faire entendre un rythme de vers régulier, comme dans un morceau en prose peut se trouver un vers blanc. Ainsi dans le premier grand recueil d'Yves Bonnefoy (né en 1923), *Du mouvement et de l'immobilité de Douve* (1953), tout plein de la présence-absence d'une femme aimée et secrète :

« C'était jour de tes seins
Et tu régnais enfin absente de ma tête. »

Approche du poème

On ne saurait réduire un poème à un beau vers. Mais il peut s'organiser autour de beaux vers. Victor Hugo a ainsi l'art de sertir de beaux vers comme dans un écrin. L'un des plus beaux exemples est certainement « Booz endormi », dans *la Légende des siècles*. Le beau vers appelle même, par l'effet sonore, un nom de lieu qui ne figure sur aucune carte et que ne suffit pas à expliquer un médiocre jeu de mots *(« j'ai-rime-à-dais »)*:

« Tout reposait dans Ur et dans Jerimadeth. »

Le poème peut aussi conduire à un beau vers, avec un effet final, qui était très recherché des poètes pétrarquistes au

XVIe siècle (c'est ce qu'on appelle en italien le *concetto,* en français la «pointe») et est tout à fait systématique dans les sonnets de José-Maria de Heredia (1842-1905), dans ce qui est sans doute le chef-d'œuvre de la poésie parnassienne, *les Trophées* (1893). Un sonnet de Heredia est fait pour l'épanouissement du vers final. Ainsi dans *Antoine et Cléopâtre* :

« Toute une mer immense où fuyaient des galères. »

Tout, bien sûr, n'est pas nécessairement concentré sur le beau vers final, si c'est le beau vers, placé différemment, qu'on veut mettre en valeur. Un sonnet de Heredia a d'ailleurs sa plénitude complète. Paul Verlaine (1844-1896), partagé dans son *Art poétique* entre une exigence musicale *(« De la musique avant toute chose »)* et le dédain de la littérature pour la littérature *(« Et le reste est littérature »),* fournit un magnifique exemple de construction d'un poème à partir d'un beau vers, qui peut être scandé comme un alexandrin normal *(« Je fais souvent ce rêve / étrange et pénétrant »)* ou comme un vers ternaire par le jeu des accents et l'écho vocalique en -an *(« Je fais souvent / ce rêve étran- / -ge et pénétrant »).* Mais ce poème, *Mon rêve familier,* dans son premier recueil, *Poèmes saturniens* (1866), conduit aussi à un beau vers, au respect devant le silence *(« L'inflexion des voix chères qui se sont tues »).* Le quatorzain est admirablement construit, passant par l'émotion haletante (ponctuation du vers 2) et le rêve qui se prolonge (d'où les enjambements), le jeu de la question et de la réponse, l'évasion du réel vers l'imaginaire, du présent vers un passé impossible à retrouver :

LES REGRETS
La première partie des *Regrets* de Joachim du Bellay (sonnets 1 à 49) est d'inspiration élégiaque, la seconde (sonnets 50 à 151) est d'inspiration plutôt satirique, avant une série d'hommages et l'évocation du retour en France.

MON RÊVE FAMILIER

«Je fais souvent ce rêve étrange et pénétrant
D'une femme inconnue, et que j'aime, et qui m'aime,
Et qui n'est, chaque fois, ni tout à fait la même
Ni tout à fait une autre, et m'aime et me comprend.

ROMAN ET CINÉMA
« Dépouiller le roman de tous les éléments qui n'appartiennent pas spécifiquement au roman. [...] Les événements extérieurs, les accidents, les traumatismes, appartiennent au cinéma ; il sied que le roman les lui laisse » (journal d'Édouard dans les *Faux-Monnayeurs* d'André Gide, 1925).

Car elle me comprend, et mon cœur, transparent
Pour elle seule, hélas ! cesse d'être un problème
Pour elle seule, et les moiteurs de mon front blême,
Elle seule les sait rafraîchir, en pleurant.

Est-elle brune, blonde ou rousse ? – Je l'ignore.
Son nom ? Je me souviens qu'il est doux et sonore
Comme ceux des aimés que la Vie exila.

Son regard est pareil au regard des statues,
Et, pour sa voix, lointaine, et calme, et grave, elle a
L'inflexion des voix chères qui se sont tues. »

Les genres purs

À l'époque classique, les genres sont soigneusement distingués. L'Art poétique *de Boileau s'efforce de les énumérer, comme l'avait fait du Bellay dans* Défense et Illustration de la langue française. *Au* XX*e siècle, certains ont été tentés d'aller plus loin, de retrouver chaque genre en quelque sorte dans sa quintessence. On distinguera ici une première tentative, qui correspond aux trois premières décennies du siècle, et une seconde, qui s'articule à partir de la mode du « nouveau » dans les années 1950-1960 et jusqu'à nos jours.*

Trois écrivains en quête de pureté

C'est presque à la même date, entre 1920 et 1930, que trois écrivains français majeurs ont, pour trois grands genres différents, fait vœu de pureté.

Paul Valéry (1871-1945) est, tant par son œuvre que par sa réflexion sur la poésie et la poétique, celui qui représente le mieux la tentation de la poésie pure. L'expression est inséparable d'un livre de l'abbé Henri Bremond sur *la Poésie pure* (1926), mais elle correspond surtout à une admiration pour Racine et à la quête personnelle d'une perfection formelle. Prenant pour modèle le Baudelaire de *la Chevelure* et de *Recueillement* (dans *les Fleurs du Mal)*, Valéry montre que *« ces paroles agissent sur nous* [...] *sans nous apprendre grand-chose. Elles nous apprennent peut-être qu'elles n'ont rien à nous apprendre* [...]. *Elles agissent sur nous à la façon d'un accord musical. »* Le poème sera donc une incantation magique, désignée par le titre du recueil, *Charmes* (1922), à la fois au sens latin de *carmina,* poèmes, et au sens moderne de philtres magiques.

André Gide (1869-1951), éternel inquiéteur, a donné, avec *les Faux-Monnayeurs* (1925), le seul de ses livres qu'il ait sous-titrés « roman », l'exemple du roman pur. L'un des personnages, l'oncle Édouard, écrit un roman qui n'est autre que *les Faux-Monnayeurs* et, comme il en tient le journal, l'œuvre se présente comme le roman d'un roman. De plus, le romancier joue avec la durée (retours en arrière, simultanéisme), et il nous laisse penser, à la fin, que son roman pourrait être indéfiniment continué. L'intrigue, enchevêtrée, est très travaillée : la fuite hors de chez lui du jeune Bernard Profitendieu, qui vient de découvrir

L'église Santa Maria della Salute, à Venise, exemple d'architecture baroque.

MISE EN ABYME
L'expression a été utilisée par Gide dès 1893. Elle est empruntée au vocabulaire héraldique. À l'intérieur du blason est figuré un blason en plus petit. Le procédé peut être répété comme indéfiniment. L'expression, très galvaudée de nos jours, en vient à désigner tout procédé spéculaire (en miroir).

POÈMES EN PROSE
Charles Baudelaire est mort avant la publication de son recueil de poèmes en prose. Il avait utilisé alternativement deux titres pour le désigner : *le Spleen de Paris* et *Petits Poèmes en prose*.

que son père n'est pas son père, les ambitions littéraires de son ami Olivier Molinier, les difficultés de Laura Douviers, jeune femme abandonnée par le frère aîné d'Olivier, les activités louches d'une bande d'adolescents qui aboutissent au suicide absurde d'un enfant, ce ne sont là que quelques-uns des épisodes d'une œuvre riche où Gide a voulu explorer, de toutes les manières, les possibilités de ce *« genre bâtard »,* le roman.

L'équivalent, dans le domaine du théâtre, est certainement *le Soulier de satin* (1929) de Paul Claudel (1868-1955). L'ambassadeur-poète, déjà auteur d'une production enviable sur le plan du théâtre, reprend le sujet de *Partage de midi* (1906), en le traitant d'une manière tout autre. Autour de la satisfaction impossible de l'amour qui attire l'un vers l'autre Rodrigue (qui représente Claudel) et Prouhèze (qui représente son ancienne amante, Rose Vetch) s'organise un drame immense dont la représentation totale exige environ dix heures. Allant beaucoup plus loin que Hugo, Claudel est revenu vers Shakespeare et les dramaturges espagnols du Siècle d'or, substituant la *Journée* (non pas un jour, mais un laps de temps d'une longueur indifférenciée présentant une certaine unité) à l'acte, mêlant le sublime et le grotesque, créant tout un système de reflets et de reflets de reflets. Comme *les Faux-Monnayeurs, le Soulier de satin* est une gigantesque mise en abyme, une occasion de sacrifier aux *« délices de l'imagination »* contre les *« plaisirs de la raison »* et aussi de conduire, par-delà les épreuves, jusqu'au seuil de la joie spirituelle.

La pureté par l'ascétisme

Dans les années 1950, 1960 et encore 1970, le mot d'ordre est « nouveau » – nouveau roman, avec Robbe-Grillet, Butor, Simon, Sarraute, nouveau théâtre avec Ionesco et Beckett, nouvelle critique avec Barthes ou Genette.

Le nouveau roman cherche à se distinguer du roman traditionnel par le refus de faire concurrence, comme Balzac, à l'état civil. Le personnage y est réduit à une ombre plus ou moins anonyme, ou désignée par un nom d'une extrême banalité, parfois même par *« O »*, degré zéro du personnage dans certains romans de Claude Simon. On a pu parler aussi d'une *« cure d'amaigrissement du roman »* à ce propos, la longueur faisant peut-être moins à l'affaire qu'une apparente transparence, jusque dans la langue, qui n'élimine pas pour autant les zones d'ombre. Ainsi, *la Jalousie* (1957) d'Alain Robbe-Grillet (né en 1922) concentre autour d'un titre ambigu (le sentiment de jalousie, la jalousie-fenêtre d'une maison coloniale) et d'un trio de personnages (la femme, le mari et l'amant) une intrigue à la fois simple et diffuse.

L'INSOUTENABLE
« On ne peut trouver de solution à l'insoutenable, et seul ce qui est insoutenable est profondément tragique, profondément comique, essentiellement théâtral »
(Engène Ionesco, *Notes et contre-notes*, 1958).

Le nouveau théâtre est représenté principalement par Eugène Ionesco (1912-1996) et Samuel Beckett (1906-1990). Les textes, courts le plus souvent, vont en s'amenuisant et peuvent même se passer de langage autre que les didascalies (Beckett, *Acte sans paroles,* 1957). Ils mettent en question ce langage, réduit à des formules absurdes qu'on se lance à la figure (Ionesco, *la Cantatrice chauve,* 1950), à des répétitions lancinantes ou à des logorrhées délirantes (Beckett, *En attendant Godot,* 1953). Words – Paroles – est un piteux personnage d'une pièce de Beckett.

L'expression «nouvelle poésie» n'a guère cours. Mais elle pourrait être illustrée par une tendance de la poésie française contemporaine, éliminant toute tentation du discours poétique au profit de l'éclat. La leçon du Rimbaud des *Illuminations* a été entendue, ainsi que celle du poète de langue allemande Paul Celan (1920-1970). La poésie fragmentaire d'André du Bouchet (1924-2001, *Dans la chaleur vacante,* 1959), *l'Ostinato* (1997) toujours inachevé de Louis-René des Forêts en constituent d'autres exemples. Cette poésie est souvent en prose. Mais on sait depuis Baudelaire et les petits poèmes en prose du *Spleen de Paris* (posthume, 1868) qu'est possible *« le miracle d'une prose poétique, musicale sans rythme et sans rime, assez souple et assez heurtée pour s'adapter aux mouvements lyriques de l'âme, aux ondulations de la rêverie, aux soubresauts de la conscience »*.

Littérature et philosophie

Platon, au IV*e siècle av. J.-C., voulait chasser de la cité les écrivains, les poètes, ceux qui, selon Socrate, ne font qu'imiter les apparences. Au contraire, il gardait les philosophes et il les mettait même à la tête de sa cité idéale. Il en est né depuis l'idée d'une opposition radicale entre littérature et philosophie. Mais cette opposition, Platon lui-même oblige à la réduire puisque ses* Dialogues, *tout philosophiques qu'ils sont, peuvent être considérés tout aussi bien comme des œuvres littéraires à part entière. Ils ont d'ailleurs souvent été imités par les écrivains.*

RÉVOLTE
« Au "Je me révolte donc nous sommes", [le révolté] *ajoute, méditant de prodigieux desseins et la mort même de la révolte : "Et nous sommes seuls" »* (Albert Camus, *l'Homme révolté*, 1951).

L'attitude philosophique

La philosophie se caractérise tout d'abord par une attitude de réflexion, de mise en question de ce qui est établi, bien plus que par un corps de doctrines ou un système qui demeurerait figé. Mieux encore que Montaigne, René Descartes (1596-1650) illustre parfaitement dans le *Discours de la méthode* (1637) l'étape de la table rase avant de reconstruire patiemment l'édifice à l'aide de quelques principes sains. Le premier principe est le suivant : celui *« de ne recevoir jamais aucune chose pour vraie que je ne la connusse évidemment être telle »*.

Charles Péguy, dans sa *Note conjointe sur M. Descartes et la philosophie cartésienne* (texte paru après la mort de l'auteur en 1914), a salué en René Descartes *« ce cavalier français qui partit d'un si bon pas »*, parce qu'il a su partir du *« commencement du commence-*

ment»: non seulement du doute systématique, mais, selon Péguy, d'*«une certaine expérience de l'événement de Dieu»*. Et, ajoute Péguy, les *«grands philosophes sont des explorateurs»*.

Le philosophe rejette le lieu commun, l'idée toute faite, qui est devenue banalité de pensée (à distinguer du cliché, qui est une banalité d'expression). Flaubert a laissé un *Dictionnaire des idées reçues,* qui est destiné à les combattre comme n'étant que les éléments d'un sottisier, et le pharmacien M. Homais, dans *Madame Bovary* (1857), est bien l'homme des idées reçues. Léon Bloy (1846-1917), dans son *Exégèse des lieux communs* (1902), poursuivant l'entreprise de Flaubert, a voulu dévoiler le sens réel de plus de trois mille lieux communs. Mais, à côté de la dénonciation des lieux communs, il y a peut-être place, en littérature, pour une réhabilitation poétique du lieu commun, celle à laquelle a procédé par exemple Jean Cocteau (1889-1963) dans *le Secret professionnel*:

> «Mettez un lieu commun en place, nettoyez-le, frottez-le, éclairez-le de telle sorte qu'il frappe avec sa jeunesse et avec la même fraîcheur, le même jet qu'il avait à sa source, vous ferez œuvre de poète.»

LUMIÈRES
La philosophie des Lumières procède de cette période de mutation que Paul Hazard a appelée *la Crise de la conscience européenne 1680-1715* (1935). Les premières œuvres philosophiques de Fontenelle remontent à 1686. Il faut attendre 1721 pour voir apparaître les *Lettres persanes* de Montesquieu et 1734 pour les *Lettres philosophiques* de Voltaire. La bataille de l'*Encyclopédie* débute en 1751. La Révolution française est un point d'aboutissement pour la pensée philosophique du XVIIIe siècle.

La philosophie des Lumières

Le XVIIIe siècle a été le siècle des philosophes. Dans les dictionnaires de l'époque, trois acceptions principales apparaissent : 1. le savant et le créateur de systèmes ; 2. le sage retiré du monde ; 3. le libertin détaché des préjugés religieux et sociaux. L'entreprise de Diderot, l'*Encyclopédie,* réalisée entre 1751 et 1766, est caractéristique d'une ambition de savoir raisonné. Voltaire retiré dans son château de Ferney, Jean-Jacques Rousseau dans la solitude de l'île Saint-Pierre, sur le lac de Bienne en Suisse, ou hébergé à Montmorency dans l'Ermitage de Mme de l'Épinay, illustrent bien la seconde attitude. Quant au libertin d'esprit, il existait déjà au XVIIe siècle (le *Dom Juan* de Molière, en 1665, lui doit beaucoup, doublé d'un libertin de mœurs) et il est le représentant de la libre pensée, qui ne s'embarrasse ni de dogmes religieux ni de préjugés intellectuels ou moraux.

RENAN
Parmi les écrivains philosophes, il importe de faire une place à Ernest Renan (1823-1892). Il écrivait, en 1848-1849, dans l'*Avenir de la science*, qui ne fut publié qu'en 1890 : *« Songez qu'aucune vérité ne se perd, aucune erreur ne se fonde. Cela donne une sécurité bien grande. Nous ne craignons vraiment que la chute du ciel, et, même quand le ciel croulerait, nous nous endormirions tranquilles encore sur cette pensée : l'Être, dont nous avons été l'effervescence passagère, a toujours existé, existera toujours. »*

Les philosophes des Lumières, au-delà du libertinage, ont réfléchi sur l'idée de liberté. Montesquieu (1689-1755), contempteur de la fausse liberté, de la licence dont il a vu le honteux spectacle à Venise *(« une liberté que la plupart des honnêtes gens ne veulent pas avoir : aller de plein jour voir des filles de joie ; se marier avec elles ; pouvoir ne pas faire ses pâques ; être entièrement inconnu et indépendant dans ses actions »)*, propose dans *l'Esprit des lois* (1748) une conception juridique de la liberté : *« La liberté est le droit de faire tout ce que les lois permettent. »* La liberté de penser reste confinée dans les limites de la raison, au regard de laquelle tout doit être réexaminé. Les Lumières naissent de ce nouvel examen, mais aussi de la confiance en certaines idées fortes.

Parmi ces idées se trouvent l'idée de nature et l'idée de bonheur – à la fin du conte de Voltaire, *Candide* (1759), il consiste à cultiver son jardin, c'est-à-dire à éloigner de soi, par le travail, *« l'ennui, le vice et le besoin »*. Les philosophes croient aussi au progrès et, en particulier, au progrès de l'esprit humain.

Cette philosophie peut-elle être considérée comme littérature ? D'Alembert, dans le discours préliminaire de l'*Encyclopédie,* demande : *« Puisse la postérité nous aimer comme gens de bien, si elle ne nous estime pas comme gens de lettres. »* En fait, ces philosophes sont bien des gens de lettres à part entière, sachant donner une extrême clarté au discours philosophique proprement dit, mais aussi le rehausser par la vie des exemples et les saillies de l'esprit – dans le *Dictionnaire philosophique* ou *Dictionnaire portatif* (1769) de Voltaire, entre autres. La philosophie s'infiltre d'ailleurs dans la plupart des genres littéraires, nourrissant en particulier les contes de Voltaire, les romans ou dialogues de Diderot, les ouvrages autobiographiques de Jean-Jacques Rousseau.

Les idées des philosophes ont nourri celles des hommes de la Révolution de 1789. Cette philosophie y a conduit comme naturellement.

Le regard étranger

La littérature philosophique a recours, dès le XVIIIe siècle, à la fiction du regard étranger, par exemple celui du Huron dans le conte de Voltaire *l'Ingénu* (1767), qui est une satire de l'hypocrisie. *Les Lettres persanes* de Montesquieu, publiées en 1721 sans signature, mettent en scène deux Persans, Usbek et Rica, qui visitent la France. Tous deux correspondent avec le sérail d'Usbek à Ispahan. C'est le prétexte pour un examen critique des mœurs françaises au début du XVIIIe siècle. Montesquieu utilise très habilement la technique du regard étranger : les deux Persans voient d'un œil neuf une société évoluée et ils en aperçoivent aussitôt les ridicules et les travers. L'auteur épingle la badauderie des Parisiens (lettre 30, *« Comment peut-on être Persan ? »*), la futilité des beaux esprits qui passent leur temps au café (lettre 31), l'ignorance des magistrats (lettre 68), la vie agitée des courtisans (lettre 87). Il n'épargne pas les institutions : l'Académie française, le roi *« grand magicien »* (lettre 24), le pape *« vieille idole qu'on encense par habitude »* (lettre 29).

Albert Camus (1913-1960) a eu recours d'une autre manière à la fiction du regard étranger. Son roman *l'Étranger* (1942), récit d'une sobriété exemplaire, décrit l'existence d'un employé de bureau à Alger, Meursault. Il est indifférent à tous les événements d'une vie dont il ne comprend pas le sens. Condamné pour avoir tué un Arabe, dans une quasi-inconscience, sur une plage au soleil aveuglant, il a, en prison, la révélation de l'absurde et passe ses derniers instants à jouir des dernières sensations de cette vie. Camus peut, à partir du regard de cet étranger au monde, moins indifférent qu'il n'y paraît, donner une définition de l'absurde, telle qu'on la trouve dans son essai *le Mythe de Sisyphe* : l'opposition entre le monde irrationnel et le désir de clarté de l'homme. Des « Lumières », sans doute, mais des Lumières impossibles...

LIBERTÉ
« La liberté a fondu sur moi et m'a transi, la nature a sauté en arrière, et je n'ai plus eu d'âge, et je me suis senti tout seul, au milieu de ton petit monde bénin, comme quelqu'un qui a perdu son ombre ; et il n'y a plus rien eu au ciel, ni Bien ni Mal, ni personne pour me donner des ordres »
(Oreste dans *les Mouches* de Jean-Paul Sartre, 1943).

Philosophie et littérature : l'existentialisme

Cette pensée de l'absurde, que Camus a caractérisée comme *« pensée de Midi »*, est marginale par rapport à l'existentialisme, qui a dominé la pensée française après la Libération, après s'être développé avant et pendant la guerre. Influencé par la phénoménologie allemande, l'existentialisme met l'accent sur l'existence par opposition à l'essence. C'est de l'existence même et, en particulier selon Jean-Paul Sartre (1905-1980), de la situation que tout procède. Cette existence précède l'essence et toute tentative pour la définir. Sartre et Simone de Beauvoir illustrent l'existentialisme athée, Gabriel Marcel l'existentialisme chrétien.

Sartre s'est donné des modèles à la fois philosophiques et littéraires. *« Je veux être Spinoza et Stendhal »,* a-t-il écrit. Philosophe, il l'est dans son gros traité *l'Être et le Néant* (1943). Écrivain, il l'est dans ses romans *la Nausée* (1938) et la série inachevée (voir p. 163) *les Chemins de la liberté* (1945-1949), dans ses nouvelles *le Mur* (1939), dans son récit autobiographique *les Mots* (1963), dans ses pièces *les Mouches* (1943), reprise de l'histoire d'Oreste, *Huis clos* (1945), dont le thème est *« L'Enfer, c'est les autres »,* et *les Mains sales* (1948), qui posent le problème de l'action politique.

Il est arrivé à Sartre de définir la littérature par son action. Mais pour lui l'écrivain est *« un homme qui a plus ou moins choisi l'imaginaire »*. Elle fait donc place aux fantasmes, et on peut lire le texte sartrien au ras des métaphores : crabes-mains, visages-prairies, voix-ruisseaux, hommes-livres. Son premier livre a d'ailleurs été consacré à *l'Imagination* (1936), suivi de *l'Imaginaire* (1940). Cette richesse intérieure, qui se double de richesse stylistique, permet d'éviter l'écueil de la thèse qu'on sent parfois, en particulier dans le théâtre de Sartre.

Philosophie et littérature existentialistes portent leur date. Sartre a bien fait comprendre, dans *Situations II* (1948), que les écrivains de la génération précédente se contentaient de présenter des *« situations moyennes »,* cadre commode pour *« leur culture, leur sagesse, leurs mœurs et leurs proverbes »*, *« régions tempérées »* où leurs héros pouvaient pratiquer des *« vertus modestes »* (il pense à François Mauriac, à Roger Martin du Gard, à Gide lui-même). Après le tournant de 1939, cela n'était plus possible :

> « Nous ne pouvions plus trouver naturel d'être hommes quand nos meilleurs amis, s'ils étaient pris, ne pouvaient choisir qu'entre l'abjection et l'héroïsme, c'est-à-dire entre les deux extrêmes de la condition humaine, au-delà desquels il n'y a plus rien. [...] Nous avons entrepris de faire une littérature des situations extrêmes. »

À cet égard, André Malraux (1901-1976) avait cherché à représenter dans *la Condition humaine* (1933), sans qu'il puisse encore être question d'existentialisme, des situations extrêmes (l'attente des prisonniers qui vont être brûlés dans la chaudière d'une locomotive par les nationalistes chinois de Tchang Kaï-chek).

La mise en question est alors celle de l'homme, de son pouvoir de résistance ou d'acceptation, du sens de ses limites et de ses possibilités.

Georges Wilson (à gauche) et Rufus (à droite) incarnent Vladimir et Estragon, les deux clochards d'*En attendant Godot* (1953) de Samuel Beckett, au Festival d'Avignon, en 1978.

La subversion des genres au XXe siècle

UN SENS À SA VIE
Le héros de *la Condition humaine* (1933) de Malraux, le jeune révolutionnaire Kyo, a trouvé dans l'action l'occasion de s'affirmer et de se réaliser calmement, lucidement, utilement et jusque dans la mort: *« Il mourait parmi ceux avec qui il aurait voulu vivre; il mourait, comme chacun de ces hommes couchés, pour avoir donné un sens à sa vie. »*

« Lorsqu'un peuple demande à ses écrivains de ne plus se spécialiser, mais d'aborder chaque genre, lorsqu'il ne les distingue même pas en poètes et en prosateurs, en essayistes et en dramaturges, c'est qu'il a affaire non plus avec les genres, mais avec les écrivains mêmes et la vertu de l'écriture » : *cette remarque de Jean Giraudoux (1882-1944), dans le recueil d'essais regroupés sous le titre* Littérature *(1941), annonce un état d'esprit nouveau au XXe siècle, sans que l'auteur de pièces de théâtre comme* La guerre de Troie n'aura pas lieu *(1935) et* Électre *(1937), de romans comme* Suzanne et le Pacifique *(1921) ou* Choix des élues *(1939), ait lui-même contribué à la subversion des genres. On envisagera ici quelques cas d'un semblable bouleversement, qui est d'ailleurs loin de modifier l'ensemble de la littérature au XXe siècle.*

La farce tragique

À la fin du *Songe d'une nuit d'été* (vers 1600) de Shakespeare, de modestes artisans-comédiens jouent si mal la tragédie de *Pyrame et Thisbé,* et cette tragédie est réduite à des mots si pauvres qu'on parle de *« comédie lamentable »* (*the most lamentable comedy*, dans le texte anglais), ou de *« farce très tragique »* (traduction de François-Victor Hugo, fils de Victor Hugo, lequel écrivit un livre sur *William Shakespeare* en 1864) : *« Farce et tragique ! fastidieuse et courte ! comme qui dirait de la glace chaude, de la neige la plus étrange. Comment trouver l'accord de ce désaccord ? »*

Cet accord et ce désaccord sont fondamentaux dans ce qu'on a appelé nouveau théâtre ou théâtre de l'absurde qui, dans la mouvance de l'existentialisme, mais avec de tout autres moyens littéraires que ceux de Sartre, s'est développé à partir de *la Cantatrice chauve* d'Eugène Ionesco (1912-1994) en 1950 et d'*En attendant Godot* (1951), de l'écrivain d'origine irlandaise Samuel Beckett (1906-1989). Il ne s'agit plus d'exprimer l'absurde par le discours dramatique comme c'était le cas dans le *Caligula* (1954) d'Albert Camus, mais de déconstruire le langage (dans la pièce de Ionesco, les époux Smith et les époux Martin se lancent des mots à la tête), de mettre en scène la répétition de gestes grotesques (enlever, puis remettre son chapeau melon, dans la pièce de Beckett), de tout réduire au dérisoire, à l'insignifiant, pour retrouver une signification autre : le néant d'une double existence bourgeoise ou d'un monde sans Dieu. Les bribes de paroles qui ne constituent jamais des phrases, dans *Oh les beaux jours !* de Beckett (un couple de vieillards s'enfonce lentement dans le sable), sont des grains de paroles qui viennent s'ajouter aux grains de sable et annoncent une mort du langage qui ne s'est pas encore produite, mais ne tardera pas à se produire. D'où la raréfaction du texte dans le théâtre de Beckett, avec des pièces de plus en plus courtes, ou au contraire une prolifération mortifère dans le théâtre de Ionesco (prolifération des chaises dans *les Chaises,* envahissement d'un appartement par des meubles, dans *le Nouveau Locataire,* multiplication des hommes transformés en rhinocéros, dans *Rhinocéros*). Dans tous les cas pèse une menace sur l'humain, qui sera difficile à sauver s'il n'est plus représenté que par un seul individu, Bérenger, chez Ionesco.

FIN DE PARTIE
Pour Samuel Beckett, l'existence humaine n'était qu'une interminable « fin de partie ». C'est le titre qu'il a donné, en 1957, à l'une de ses pièces à quatre personnages : Hamm, aveugle, paralysé dans un fauteuil, ses deux parents Nagg et Nell, émergeant à peine de deux poubelles, et son serviteur Clov, aussi vieux que les autres.

Théâtre / Roman

Tandis que le théâtre peut prendre l'allure d'épopées (le triptyque d'Aimé Césaire, écrivain martiniquais né en 1913 : *la Tragédie du roi Christophe,* 1963 ; *Une saison au Congo,* 1966 ; *Une tempête,* 1969), le roman peut rejoindre le théâtre dans un texte dialogué comme indifférencié : c'est ce qui se passe dans *le Square* (1955) de Marguerite Duras (1914-1996), rencontre d'une bonne et d'un voyageur de commerce, dialogue inépuisable et pourtant épuisé. Duras est par ailleurs auteur de pièces de théâtre proprement dites *(les Eaux et Forêts, la Musica)* et de romans à part entière (*Un barrage contre le Pacifique,* 1950 ; *Moderato cantabile,* 1958 ; *le Ravissement de Lol V. Stein,* 1964 ; *l'Amant,* 1984). Il faut ajouter, dans son cas, que le mélange des genres et des formes d'expression artistique se prolonge avec le passage au cinéma. *India Song* (1974) est sous-titré *« texte, théâtre, film »* : dans les salons d'une ambassade, en Inde, Anne-Marie Stretter évolue parmi ses amants, de minces jeunes hommes vêtus de blanc ; une voix off dit une histoire, celle du vice-consul, celui qui était au centre d'un roman publié en 1965, *le Vice-Consul.*

Léopold Sédar Senghor (1906-2001), président de la République du Sénégal et grand poète de langue française, a incarné de façon exemplaire la négritude en littérature.

Louis Aragon (1887-1982) a donné le titre de *Théâtre / Roman* à un ouvrage tardif (1974), qui est un roman et autre chose que cela, comme un grand journal de bord où tous les genres sont mêlés : poème, roman, théâtre.

Roman / Poésie

Le même Aragon avait publié en 1956 un poème intitulé *le Roman inachevé,* dans lequel il cherchait à évoquer une série de morts successives à soi-même dans un bruissement de la langue et des formes d'où surgit la figure d'Elsa – Elsa Triolet, son épouse, elle-même écrivain (1896-1970).

Il faut peut-être faire remonter à Marcel Proust et à *la Recherche du temps perdu* pour se trouver en présence d'un roman qui, comme l'écrit Gérard Genette, *« est ressenti par tous comme n'étant plus tout à fait un roman »,* comme l'œuvre qui, *« à son niveau, clôt l'histoire du genre* (des genres) *et inaugure, avec quelques autres, l'espace sans limites et comme indéterminé de la littérature moderne ».* Par sa forme, pourtant, ce vaste ensemble reste bien romanesque, du roman où l'autobiographie se trouve hardiment transposée. Proust, à cet égard, va moins loin que l'écrivain irlandais James Joyce et son *Ulysse,* qui est apparu à beaucoup d'écrivains français comme un modèle en matière de subversion des genres. D'une manière générale, le roman poétique reste plus roman que poésie, du *Grand Meaulnes* (1913) d'Alain-Fournier (1886-1914) aux romans de Colette (1873-1954).

Le cas extrême de subversion des genres est certainement représenté par *le Théâtre des métamorphoses* (1982) de Jean Ricardou (né en 1932), celui qui a voulu passer du nouveau roman au nouveau nouveau roman : un *« précis tissage de composants divers »*, un *« assortiment de registres »* où *« tout se passe en une belligérance curieuse, chaque registre s'en pren[a]nt aux autres »*. Ce ne sont plus les mots ou les expressions qui luttent entre eux, comme dans le théâtre de Ionesco, mais les genres. Le livre se propose comme exemplaire d'un *« art du x »*, qui n'a rien à voir avec le sonnet en « -yx » de Mallarmé, même si le poète est parodié au passage, mais s'affiche comme invention digne de l'X (l'École polytechnique) et surtout comme prolifération du multiple, d'un multiple éclaté qui hante les esprits à la fin du XXe siècle.

JOURNAL SECRET
Le Grand Meaulnes (1913) est la transposition par Alain-Fournier du bel et douloureux amour qui a bouleversé son existence trop tôt interrompue. Augustin Meaulnes a laissé au narrateur, son ami François Seurel, un manuscrit, son « journal secret » devenu sa « confession ».

Littérature fermée, littérature ouverte

On peut constater, au XXe siècle, une tendance de la littérature à se replier sur elle-même. Pourtant, elle est ouverte sur la vie, comme elle l'a toujours été. Et la littérature française, loin de rester enfermée dans l'Hexagone, prend les vastes dimensions de la littérature francophone.

Littérature fermée

Avec Gide et *les Faux-Monnayeurs* (1925) déjà, le roman tendait à devenir roman du roman. Cette structure dite « en abyme », parce que, sur le blason, l'écu se multiplie en écus de

VOUS

Nulle part plus que dans *Blanche ou l'Oubli* (1967) Louis Aragon n'a été sensible au tragique du « vous » et de l'existence de l'autre : *« Ce besoin que j'ai d'un interlocuteur. Cette tragédie du vous. Je me suppose un autre qui m'écoute. Je parle au mur. »*

plus en plus petit, ou « en miroir », a fasciné les écrivains du XXe siècle (voir p. 176). On en prendra un dernier exemple ici avec *Blanche ou l'Oubli* (1967), de Louis Aragon, roman qui forme avec *la Mise à mort* (1965) un miroir à deux faces où se reflètent les angoisses de l'auteur. Aragon a un double en la personne d'un linguiste, Geoffroy Giffier, né le même jour que lui, ayant rencontré la femme aimée la même année que lui, mais ayant eu la douleur de la voir partir. Aragon travaille à dévoiler à tout instant dans son texte romanesque l'envers de la fiction et, en même temps, la fiction devient l'envers de sa vie. Le danger d'une littérature qui se regarde trop, c'est qu'elle risque d'être close sur elle-même. C'est ce qu'on peut appeler la tentation de la métalittérature au XXe siècle.

Un exemple de littérature ouverte sur la vie : le thème du sport

Il est donc indispensable que la littérature ne perde pas contact avec la vie, dans ce qu'elle a de plus quotidien et de plus intense à la fois. C'est là qu'intervient une riche thématique d'où on fera émerger ici, entre tant d'exemples, celui du sport.

L'expression littéraire du sport est ancienne. Homère (VIIIe siècle av. J.-C.), dans le chant VI de l'*Odyssée,* montrait Nausicaa, la fille du roi des Phéaciens, en train de jouer à la balle avec ses compagnes dans la prairie. Les récits de tournoi, dans la littérature du Moyen Âge, peuvent entrer dans cette catégorie au même titre que nos reportages modernes qui, au-delà de leur valeur de témoignage, laissent souvent transparaître un idéal.

« Le sport, comme le jeu, est affaire de plaisir libre, momentané, capricieux et fragile », écrivait le journaliste Jean Paulhac dans le quotidien *le Monde,* le 27 décembre 1972. Le sport est lié au jeu : on fait une partie de football comme le narrateur d'*À la recherche du temps perdu* (peut-être Proust lui-même) faisait une partie de barres avec Gilberte Swann et ses amies. Quand, dans

un des derniers livres de Zola, l'un du cycle des *Trois Villes, Paris* (1897) Pierre Froment et Marie se promènent à bicyclette en forêt de Saint-Germain-en-Laye, ils trouvent *« amusant de vaincre l'obstacle »* et ils s'imaginent *« partis pour* [un] *tour de France »*.

La rivalité entre les concurrents est un élément du jeu. Le vainqueur gagne une course, comme un joueur gagne dans une partie de cartes. Il y a quelque chose de terrible dans le combat de boxe anglaise décrit par Victor Hugo dans son roman *l'Homme qui rit* (1869) : Helmsgaïl, l'Écossais de dix-neuf ans, contre l'Irlandais Phelemghe-Madone, c'est *« le féroce contre le barbare »*. De nos jours, la compétition peut sembler acharnée sur les pistes et dans les stades. *« Le football, c'est la guerre poursuivie par d'autres moyens »*, a écrit le romancier Pierre Bourgeade en 1981.

Pourtant on reconnaît au sport une beauté qui explique qu'il puisse exister une littérature proprement dite du sport :

1. Une beauté plastique : Heredia, rêvant dans *les Trophées* sur l'Antiquité grecque, évoque le coureur sur le stade lors des grands jeux panhelléniques :

> « Il palpite, il frémit d'espérance et de fièvre,
> Son flanc halète, l'air qu'il fend manque à sa lèvre
> Et l'effort fait saillir ses muscles de métal. »

2. Une beauté morale : le sport oblige au dépassement de soi, au respect des règles, à un idéal de pureté. *Les Olympiques* (1924) de Henry de Montherlant (1896-1972) exaltent cette beauté, en particulier dans le dialogue entre Jacques Peyrony (âgé de quinze ans et demi) et du demi-aile de l'équipe de football (âgé de vingt-deux ans et demi) : *« abnégation »*, *« confiance »*, *« et pas de récompense »*.

3. Une beauté poétique : le jeu de ballon devient, au XXe siècle, le thème d'un poème comme *Football* de Charles Dobzynski dans *le Hockey dans l'espace* (1982), d'un tableau

LE CORPS

Si le sport n'était pas un thème retenu par les poètes du XVIe siècle, du moins n'ignoraient-ils pas le corps et son devenir. Nul n'a été plus sensible au vieillissement physique que Ronsard : *« Ma douce jouvence est passée, / Ma première force est cassée, / J'ai la dent noire et le chef blanc, / Mes nerfs sont dissous, et mes veines, / Tant j'ai le corps froid, ne sont pleines / Que d'une eau rouge au lieu de sang. »*

OLYMPIQUES
Le poète grec Pindare (518-438 av. J.-C.) a écrit, pour les athlètes vainqueurs, de magnifiques poèmes : les *Pythiques*, pour les jeux de Delphes, les *Néméennes*, pour les jeux de Némée, les *Isthmiques*, pour les jeux de l'isthme de Corinthe et les *Olympiques* pour les jeux d'Olympie. C'est de ce dernier titre que s'est inspiré Montherlant.

(*Football,* de Gromaire, 1930), d'une œuvre musicale (*Rugby,* d'Arthur Honegger, 1928). Peut-être parce qu'il est réglé, peut-être aussi parce qu'il est toujours recommencé.

Voici, à titre d'échantillons, quelques textes inspirés par le sport et susceptibles de constituer un dossier thématique :

– l'alpinisme : déjà, sur le mode caricatural, les exploits ou plutôt les mésaventures de M. Perrichon dans *le Voyage de Monsieur Perrichon* (1860), comédie d'Eugène Labiche ; de nos jours, les témoignages de Roger Frison-Roche (*la Grande Crevasse,* 1947 ; *Retour à la montagne,* 1957) ou de Gaston Rebuffat (*Glace, Neige et Roc,* 1970) ;

– sur les réactions du public : *les Jeux,* dans *l'Été* (1939) d'Albert Camus (un public avide de sang lors d'un combat de boxe au Central Sporting Club d'Oran) ; le public assistant à la corrida dans *Sang et lumières* de Joseph Peyré (1935) ; *« le monde où l'on catche »,* un des essais brillants de Roland Barthes dans *Mythologies* (1957) ;

– un poème-chanson humoristique, *Maigrir* de Raymond Queneau (1903-1976), dans *l'Instant fatal* (1948), avec l'orthographe phonétique qu'il affectionne :

« Dpuis ctemps-là jfais pus dgymnastique
Et jmastiens des sports d'hiver
Et comme avec fureur jmastique
Je pense que si je persévère
Eh bien
Jmégrirai du bout des douas
Oui du bout des douas Oui du bout des douas
Jmégrirai même de partout
Même de lesstrémité du cou. »

L'ouverture sur la francophonie

Le mot « francophonie » désigne un ensemble linguistique qui déborde les frontières de la France. On parle et on écrit le français dans les départements et territoires d'outre-mer (d'où le développement, par exemple, d'une littérature antillaise, avec Aimé Césaire, mais aussi dans la jeune génération Patrick Chamoiseau) et aussi dans des territoires qui, dans un passé plus ou moins récent, se sont libérés de la tutelle de la France (Maghreb, Afrique noire francophone) ou lui ont échappé (Québec, Louisiane). Enfin des pays voisins ou plus lointains sont, pour partie, de tradition francophone (Suisse, Belgique, Luxembourg, Roumanie, Liban).

La francophonie est un concept discutable et discuté. Ses détracteurs n'ont pas manqué de l'assimiler à un instrument de néocolonialisme. Pour le critique belge Pol Vandromme, le mot même a *« une connotation raciste »*. La francophonie a aussi de nombreux partisans qui savent qu'on ne peut plus, comme au temps de Rivarol (1753-1801), écrire le *Discours sur l'universalité de la langue française* (1784), mais qu'on doit continuer de la défendre et éviter les ghettos culturels en envisageant l'ensemble des littératures francophones.

Malgré la création du Haut Comité de défense de la langue française, à Paris, ou de l'Association des Universités partiellement ou entièrement de langue française (AUPELF), la francophonie n'est pas parvenue à s'institutionnaliser, et il faut peut-être s'en réjouir. Du moins a-t-elle permis à Paris de jouer avec éclat son rôle de capitale littéraire. Le prix Renaudot a été décerné au Malien Ouologuem, le prix Goncourt à la Québécoise Antonine Maillet. Léopold Sédar Senghor (1906-2001), le premier président de la République du Sénégal, magnifique poète des *Chants d'ombre* (1945), des *Hosties noires* (1948), des *Éthiopiques* (1956) et des *Nocturnes* (1961), a siégé à l'Académie française. S'il fut de ceux qui ont revendiqué fièrement la négritude – et le droit à la différence –, il a aussi su qu'elle est inséparable d'un nouvel humanisme, et l'humanisme, du Montaigne des *Essais* au Sartre de *L'existentialisme est un humanisme*, a toujours été une valeur défendue par la littérature de langue française. ■

ENFANCE
Dans *la Statue de sel* (1953), l'écrivain tunisien Albert Memmi fait évoquer par son héros son enfance à Tunis, vers 1940, à l'époque de la colonisation française : *« On peut rater son enfance ou sa vie. Lentement, douloureusement, je compris que j'avais raté ma naissance à ma ville. »*

LEVAIN
« Que nous répondions présents à la renaissance du Monde ; / Ainsi le levain qui est nécessaire à la farine blanche »
(Léopold Sédar Senghor, Priorité aux masques, in *Chants d'ombre*, 1945).

FARCEVRS FRANÇOIS ET ITALIENS
DEPVIS 60 ANS
THEATRE ROYAL

POINTS CLÉS

Pour maîtriser
les sujets de cours

Le cours et ses difficultés dans le détail, sujet par sujet. Les mots difficiles sont identifiés et expliqués dans le Dico.

Points clés

Les chansons de geste

« Boine canchon plairoit vos a oïr / De fiere geste ? » (*le Moniage Guillaume*, XIIe siècle) ou, si l'on préfère : *« Vous plairait-il d'entendre une bonne chanson de fière geste ? »* La geste, du latin *gesta*, c'est « ce qui a été accompli », les exploits. Ces « chansons », plus psalmodiées que chantées, nourrissent la poésie médiévale en ancien français du XIe au XIIIe siècle.

Illustration de la mort de Roland : « Ço sent Rolland que la mort le tresprent, / Devers la teste sur le quer li descent. / Desuz un pin i est alet curant, / Sur l'erbe verte s'i est culchet adenz, / Desuz lui met s'espee e l'olifan ».

Trouvères et paladins

Roland, Guillaume d'Orange, Raoul de Cambrai… : les chansons proposent d'abord à leurs auditeurs, généralement des nobles, de grandes figures, à mi-chemin du mythe et de l'Histoire, auxquelles ils peuvent s'identifer. Elles leur tracent aussi un projet commun : s'unir contre le danger sarrasin à une époque où sont lancées les premières croisades. Elles leur imposent enfin un système de valeurs au sommet duquel trônent la figure du souverain et, au-dessus, celle de Dieu. Les chansons expriment une hiérarchie, décalquée du modèle féodal. Les barons doivent obéissance au souverain, souvent représenté par la figure mythique de Charlemagne. À une époque où l'information ne passe que par le biais de la légende, celui-ci incarne le souverain idéal. Le héros peut être valeureux, il reste en dernière analyse facteur de désordre s'il ne se soumet pas à son suzerain. Exprimées en laisses assonancées – une série de vers se terminant sur le même son –, les chansons de geste appartiennent au genre épique : l'épopée exprime justement, dans ses exagérations même, le décalage entre l'Histoire et la légende. Les « jongleurs » qui chantent ces textes ne le font pas d'une traite. Il en découle une structure aujourd'hui étrange, où le même fait est repris sous diverses formes, le même vers se retrouvant en écho, comme dans l'épopée homérique : la chanson est bien un genre oral. ■

La geste de Guillaume d'Orange

Ce fut le plus populaire des cycles, racontant en vingt-quatre chansons les exploits de Guillaume au Court Nez – raccourci d'un coup d'épée dans *le Couronnement de Louis* –, qui deviendra saint Guillaume, mais aussi ceux de son père, Aymeri de Narbonne, de son grand-oncle Girard de Vienne, puis de son neveu Vivien, etc. La chanson est l'occasion de répertorier un lignage et d'ancrer une famille dans un terroir qui se trouve aux marches du royaume, au contact avec les Sarrasins.

« La Chanson de Roland »

Intégralement conservée, elle chante les exploits du paladin Roland, « neveu » – c'est-à-dire, en fait, « proche » sans connotation familiale – de Charlemagne, qui, par la trahison de l'infâme Ganelon, se retrouve seul avec trois cents hommes, à l'arrière-garde de l'armée, aux prises avec les cinq cent mille Sarrasins du roi Marsile. Que, dans la réalité, Roland et ses compagnons aient été défaits par des bergers basques offusqués de voir une armée passer sur leur territoire ne change rien à la finalité de la chanson : c'est par entêtement à ne pas sonner du cor que Roland meurt, avec les douze preux. ■

Traduction de la légende de la page de gauche : « Roland sent la mort l'envahir : de sa tête elle descend vers son cœur. Jusque sous un pin il va courant ; il s'est couché sur l'herbe verte, face contre terre. Sous lui il met son épée et l'olifant. »

Les cycles des chansons de geste

En deux siècles, cent cinquante chansons de geste ont été composées. Des plus anciennes – *Chanson de Roland, Chanson de Guillaume, Gormont et Isembart*… –, nous ne possédons qu'un unique manuscrit : l'écrit est rare, les chansons étaient sues par cœur par les trouvères. La plupart de ces chansons, originellement écrites de façon autonome, sont assez rapidement rassemblées en cycles : cycle de Charlemagne – *Chanson de Roland, Berte au grant pié, Fierabras, Aspremont*… –, cycle de Guillaume, cycle de Doon de Mayence – avec Raoul de Cambrai, Renaud de Montauban, Ogier de Danemark… –, cycle des Lorrains, cycle de Nanteuil et, plus tardivement, le cycle des croisades. Très peu d'auteurs sont connus. *La Chanson de Roland* se termine sur un vers fameux – *Ci falt la geste que Turoldus declinet : « Ici finit l'histoire que Turold raconte »* – sans que l'on sache bien si ce Turold est l'auteur ou simplement l'interprète – le verbe *declinet* peut avoir les deux sens –, voire le transcripteur. ■

Dico → épopée • héros • légende • Roland

Points clés

La « matière de Bretagne » et la quête du Graal

À la thématique presque purement guerrière des chansons de geste se substitue, avec l'histoire du Graal, un thème central religieux qui sert, en fait, de prétexte au récit des manifestations de l'amour courtois : à la quête du Graal mythique se superpose la quête de la Dame.

Les chevaliers de la Table ronde, réunis par Arthur, ont la vision du saint Graal, qui leur indique quel doit être à présent l'objet de leur quête.

Le mythe religieux du Graal

Le Graal est le vase sacré dans lequel Joseph d'Arimathie recueillit, sur la Croix, le sang du Christ. Vase perdu, qui va faire l'objet d'une quête presque sans fin – symbole d'une humanité enfoncée dans le péché qui cherche la lumière. Cette histoire a inspiré de très nombreux auteurs, de vers et de prose. Mais c'est le *Lancelot* en prose, écrit vers 1220-1225, qui rassemble l'essentiel de l'histoire. Robert de Boron avait écrit *l'Estoire del saint Graal* vers la fin du XIIe siècle. Le *Lancelot* reprend et étend sa matière. Il enchaîne ensuite avec *l'Estoire de Merlin* (vers 1240), adaptation en prose d'un roman en vers du même Robert de Boron dont il ne nous reste presque plus rien : Merlin est l'enchanteur qui favorisera l'avènement du roi Arthur. Apparaît enfin le personnage central de Lancelot, son enfance chez la Dame du Lac, sa passion pour la reine Guenièvre, son fils Galaad. Suivront, dans l'ordre du récit, même s'ils ont été composés antérieurement, *la Queste del saint Graal* (vers 1220-1230) et *la Mort du roi Arthur* (1230-1235) qui raconte la fin désastreuse de la quête et la mort du roi créateur de la Table ronde. Le Graal est la représentation d'un idéal de civilisation ; Lancelot – comme Tristan – est l'incarnation de l'idéal chevaleresque : il combine ses dons de parfait amant au sens courtois du terme – c'est-à-dire tout dévoué aux désirs de sa dame – et sa valeur guerrière.

Arthur et la Table ronde

Les Anglo-Saxons ont annexé la légende d'Arthur qui est originaire du continent. La forêt de Brocéliande, où se déroulent plusieurs des épisodes essentiels du mythe, se situe en Bretagne et non en Grande-Bretagne. Les épisodes des légendes de Lancelot et de Merlin renvoient à l'imaginaire celte : c'est à ce titre qu'Arthur a été revendiqué par les Britanniques qui ont vu dans ce roi légendaire le modèle de celui qui les délivrera des envahisseurs saxons… Si la Table est ronde, c'est parce que, malgré le lien de vassalité, tous les chevaliers sont égaux par leur exemplarité. Le mythe fonde une aristocratie organisée là où il n'y avait que juxtaposition de héros concurrents.

Chrétien de Troyes

C'est le plus célèbre des auteurs médiévaux de « romans » : avec Lancelot, héros du *Chevalier à la charrette,* Chrétien invente un héros qui sera plus populaire encore que Tristan. Écrit à la demande de la comtesse Marie de Champaigne, ce roman s'inspire des théories de la « fin'amor », nécessairement adultère. Il raconte comment deux chevaliers de la Table ronde, Gauvain et Lancelot, poursuivent l'abominable Méléagant qui a enlevé la reine Guenièvre. Chevalier parfait, Lancelot accepte de sacrifier son honneur en montant dans la charrette d'infâmie. Il accède au royaume de Gorre, combat Méléagant, partage une nuit avec Guenièvre. Dans une fin écrite ultérieurement par Geoffroy de Lagny, il s'évade et tue Méléagant pendant que Gauvain, qui a ramené Guenièvre à Arthur, encaisse les dividendes de la gloire.

Graal et amour courtois

Les chansons de geste mettaient en scène des barons pourfendeurs d'infidèles – c'était leur plus grande vertu. Les écrivains et les poètes de la seconde moitié du XIIe siècle, Robert de Boron et, surtout, Chrétien de Troyes, jugent bon de civiliser quelque peu ces brutes sympathiques : le Graal donnera à leur quête une direction spirituelle et la Dame permettra de policer leurs mœurs. Rien d'étonnant que l'un des auteurs les plus exquis de cette période soit une femme, Marie de France, dont les lais – sorte de courtes nouvelles en vers – exaltent l'amour courtois. Deux traditions se chevauchent. D'un côté, comme dans *Érec et Énide* (vers 1165) de Chrétien de Troyes, tout roman d'amour semble tendre vers l'amour nuptial. D'un autre côté, les amours légitimes sont souvent contrariées par la fatalité de la passion : dans *Cligès* (vers 1176), Chrétien refuse à son héroïne, Fénice, de se partager entre deux hommes et la fait mourir ; mais dans *le Chevalier à la charrette* (vers 1179), lorsqu'il conte les amours de Lancelot et de la reine Guenièvre, il n'est pas loin du dilemme de Tristan, qu'expose à la même époque Béroul : en aimant Iseut, en aimant Guenièvre, Tristan comme Lancelot trahissent le lien vassalique qui les attachent respectivement au roi Marc et au roi Arthur. ■

Pour retrouver Guenièvre, Lancelot doit affronter des épreuves qui prouvent sa valeur et le rendent digne de l'amour de sa dame.

Points clés

Le Moyen Âge populaire

Il n'y avait pas que des seigneurs et de gentes dames au Moyen Âge : toute une littérature met en scène le peuple, même si elle n'est pas forcément écrite pour lui. Par ailleurs, la prose française investit des genres jusque-là dévolus au latin, comme la chronique historique.

Les mystères

Durant tout le Moyen Âge, les mystères mettent en scène les épisodes de la Passion du Christ. Joués sur le parvis des cathédrales, à Pâques, ils unifient la communauté chrétienne, au même titre que les fêtes et les processions. Chacun est invité à y jouer un rôle. C'est une catharsis à l'échelle d'une ville, dans la tradition théâtrale grecque. Composés dès le XIe siècle – *la Passion du Palatinus* daterait des années 1071-1115 –, les mystères connaissent leur apogée au XVe siècle, avec les *Passion* d'Eustache Mercadé (Arras, 1420), d'Arnoul Gréban (1458), et de Jean-Michel (Angers, 1486). C'est alors que le genre prend ses dimensions véritables : de poème à une voix, le mystère devient une pièce de grande ampleur. La *Passion* de Gréban compte 34 574 vers et mélange tous les tons. Le Prologue raconte l'histoire de la Chute jusqu'à la mort d'Adam et d'Ève. La Première journée est une délibération entre la Justice, la Vérité, la Paix et la Sagesse pour décider de l'envoi d'un Messie ; suivent l'Annonciation, la Visitation, la Naissance de Jésus… La Deuxième journée va du baptême du Christ jusqu'au reniement de Pierre. La Troisième est centrée sur la Passion. La Quatrième, enfin, raconte la Résurrection, les miracles de l'Ascension à la Pentecôte. ■

Les fabliaux

Le fabliau est produit, du XIIe au XIVe siècle, dans la moitié nord de la France. Il n'est pas spécifiquement destiné à un public roturier – il n'y a pas de différence bien nette entre les publics durant tout le Moyen Âge –, mais il met en scène des « ridicules », qu'il a pour fonction de châtier. Les fabliaux sont avant tout des « fables », avec une morale. Ils sont parfois très courts, souvent très « vulgaires » au sens actuel du terme – mais la notion n'est pas opératoire au Moyen Âge, qui aime jouer avec les obscénités les plus malodorantes.
Le Roman de Renart est certainement le plus connu des fabliaux. La forme ultime de ce « roman » excède toutefois, et de beaucoup, la structure ordinaire des fables. C'est une somme de récits composites,

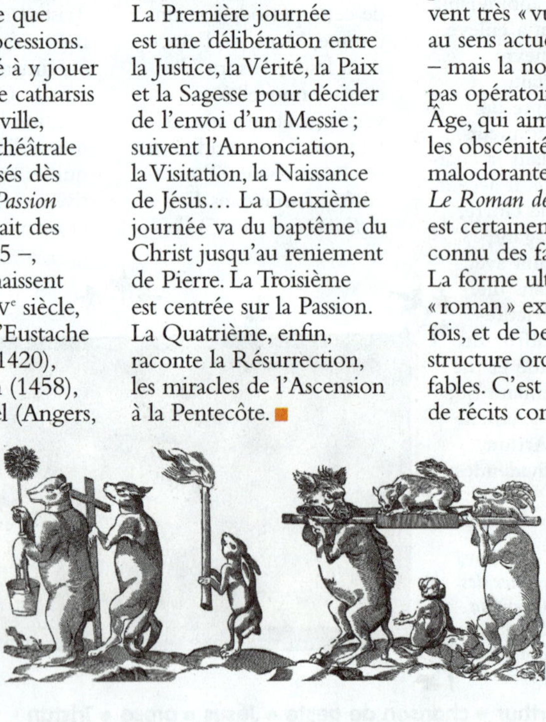

Parmi les multiples ruses de Renart, celle qui consiste à se faire passer pour mort est l'une des plus célèbres.

François Villon

Mauvais sujet, éternel étudiant, Villon (1431-apr. 1463), avec *le Lais* et *le Testament,* entre dans la légende au moment où il sort de l'Histoire. Sa *Ballade des pendus* ou sa *Ballade des dames du temps jadis* témoignent d'une veine lyrique personnelle inhabituelle, qui rappelle Rutebeuf et annonce la Renaissance : Villon est le poète charnière entre le Moyen Âge et la modernité.

Illustration pour le Testament *de Villon :* « Vous nous voyez ci attachés [...] Mais priez Dieu que tous nous veuille absoudre ! »

écrits à des dates diverses, entre 1171 et 1250, par des auteurs qui nous sont pour la plupart inconnus. Tous mettent en scène des animaux : Noble le roi lion, Ysengrin le loup, Renart le « goupil ». Ces récits sont d'essence parodique, satirique, et brocardent la société féodale. ■

Froissart est un clerc, érudit de cabinet, qui dépeint les batailles auxquelles il n'a pas directement participé.

Les chroniques

Au Moyen Âge, le genre historique ne se soucie nullement de démêler les faits vrais des faits légendaires, parce que la légende – littéralement, « ce qu'il faut lire » – est le mode ordinaire de l'information historique. Ces récits sont écrits en latin. Avec leurs *Chroniques,* qui racontent la guerre de Cent Ans, Jean le Bel (de 1352 à 1361) et Froissart (de 1369 à 1405) transcrivent leur témoignage en langue vulgaire : c'est une double révolution dans les mœurs littéraires. Villehardouin avait déjà, en son temps, raconté *la Conquête de Constantinople* (1207), sans autre projet que le pur témoignage d'un fait isolé. Froissart tente de démêler des ressorts politiques. Cette tentative est transformée au XVe siècle par Commynes, chroniqueur du règne de Louis XI, qui invente à la fois le genre des *Mémoires* (1498) et une pensée politique qui, par certains aspects, annonce l'œuvre du Florentin Machiavel. ■

Dico → ballade • catharsis • fable • légende • parodie • satire

Points clés

L'accueil de l'Italie

« Renaissance » évoque, pour les Français, le XVIe siècle : c'est la période qui s'ouvre avec les guerres d'Italie (1494-1515) et se referme avec le début des guerres de Religion (massacre de Wassy, 1562). Mais pour les Italiens, pour les Européens, Renaissance se dit *Rinascita*, et s'étend du début du XIVe aux dernières années du XVe siècle.

De la « Rinascita » à la Renaissance

C'est au début du XIVe siècle que Dante rédige *la Divine Comédie.* Quelques années plus tard, Boccace écrit les nouvelles grivoises du *Décaméron.* Et, dans le même temps, Pétrarque chante son amante Laure. Les références essentielles de la Renaissance européenne sont très précoces, même si elles sont un temps estompées par la peste noire qui prive le continent du tiers de sa population, vers 1350. La Renaissance artistique est également précoce. Brunelleschi construit la coupole du Dôme de Florence entre 1420 et 1436. Ce siècle que les Italiens appellent *Quattrocento* rassemble aussi de nombreux peintres illustres, depuis Alberti et son célèbre *Traité* jusqu'à Donatello et Masaccio, qui réinventent la perspective perdue partout ailleurs en Europe. On comprend l'émerveillement des Français lourdement harnachés qui chevauchent sous le ciel toscan en cette fin du XVe siècle et qui découvrent, plus qu'un pays, une civilisation, un art de vivre.
La Renaissance française ne s'épanouit vraiment que par référence à l'Italie, qui continue sur sa lancée et offre au monde ébloui Léonard de Vinci, Raphaël, Michel-Ange et tant d'autres. Cet émerveillement est partagé par les littérateurs qui se découvrent non seulement des maîtres, mais tout une bibliothèque oubliée de références humanistes latines et grecques. En même temps, la découverte de l'imprimerie, au XVe siècle, permet la diffusion des idées comme jamais. Tout concourt à un

Les Trois Philosophes ***(1508-1509) de Giorgione incarnent les philosophies antique, arabe et moderne – tout l'humanisme en une seule toile.***

Le Printemps *(vers 1478) de Botticelli représente quarante variétés de fleurs différentes, chacune affectée d'un sens secret, symboles du printemps des arts et de la pensée.*

épanouissement rapide des arts et des sciences. La Renaissance française, de la victoire de Marignan (1515) à la mort de François Iᵉʳ (1547), est une époque de bonheur. La généralisation du canon, qui rend obsolète les lourdes murailles, autorise la construction des châteaux de Chambord, Blois ou Chenonceaux. La Cour s'émancipe. Le décor dans lequel s'épanouiront les poètes de la Pléiade et les lettrés humanistes est posé. ■

Pétrarque, exilé dans le Comtat Venaissin, y rencontre la jeune Laure, qui sera sa muse pour les poèmes d'amour du Canzoniere (vers 1327).

Les nouvelles formes poétiques

Dans leur volonté d'en finir avec le Moyen Âge, les poètes liquident des formes qui, hier encore, étaient fort à la mode. En 1490, les *grands rhétoriqueurs,* parmi lesquels figure Jean Marot, jouent encore à des jeux formels qui prouvent leur virtuosité à créer ballades et chants royaux. Vingt ans plus tard, Clément Marot, fils du précédent, est poète de cour, abonné aux blasons et autres galanteries. Il pratique le premier le sonnet, importé d'Italie, qui sera la forme la plus utilisée par les poètes de la Pléiade, Ronsard et Du Bellay en tête. ■

Points clés

L'art de « pétrarquiser »

« J'*ay oublié l'art de pétrarquiser / Je veulx d'amour franchement deviser* », écrit Du Bellay (*Divers Jeux rustiques,* 1558). Le modèle italien a longtemps influencé la poésie française de la Renaissance et il n'est pas sûr que, malgré ses souhaits, Du Bellay soit lui-même exempt d'imitation. Les Français avaient importé d'Italie les formes poétiques nouvelles comme le sonnet, mais surtout les métaphores qui permettent de comparer les femmes à l'aurore qui se lève – de nombreux sonnets brodent sur le thème dit de « la belle matineuse » –, de faire référence aux héroïnes mythologiques – Ronsard le fait tout au long des *Sonnets pour Hélène* –, d'utiliser les images fleuries héritées des Latins. L'ensemble contribue à donner à la poésie de la Renaissance un parfum de gratuité et de virtuosité exemplaires de ces temps de bonheur qui préludent à de grands massacres. ■

Dico → **ballade • blason • humanisme • imitation • muses • sonnet**

Les humanistes

Les humanistes sont les lettrés érudits qui, de la seconde moitié du XVe siècle à la fin du XVIe, se sont penchés sur les chefs-d'œuvre des littératures antiques, y compris les textes bibliques, pour les retraduire à partir des originaux, les analyser et les commenter.

Le retour aux textes

Faire des études se dit : « faire ses humanités ». De là vient le mot « humaniste », même si les écrivains de cette période jouent sur la référence implicite à l'« humain » – *« Je ne bâtis que pierres vives, ce sont hommes »*, écrit Rabelais. Européen, le mouvement humaniste concerne aussi bien l'Italien Marsile Ficin, qui remet Platon à la mode (*Théologie platonicienne,* 1482) en y lisant une préfiguration des Évangiles, que le Hollandais Érasme : avec *l'Éloge de la folie* (1511), ce dernier dénonce les dogmatismes de son temps. Quant au Français Lefebvre d'Étaples, il traduit à son tour, après Érasme, mais en français, le Nouveau Testament (1523) et y découvre autre chose que ce que la tradition enseignait. Cet enthousiasme critique est relayé par l'imprimerie. L'humanisme est aussi scientifique. Copernic découvre en 1543, en relisant des textes grecs oubliés, que ni l'homme ni la Terre ne sont au centre de l'Univers. On sait que la Terre est ronde : Galilée prouvera bientôt qu'elle tourne. ■

Jacques Amyot (1573-1593).

Amyot et Plutarque

Plutarque avait écrit en grec *les Vies parallèles des hommes illustres,* au Ier siècle apr. J.-C. – de Thésée à Alexandre, de Romulus à César. Jacques Amyot les traduit en 1559 avec un brio qui amènera Montaigne à vanter la *« pureté de son langage »* et *« la profondeur de son savoir ».*

La soif de connaissances

L'Europe du XVe siècle commence à se constituer. Les érudits voyagent, conversant entre eux en latin, *lingua franca* de l'intelligentsia. On n'est pas élève d'une université : de la même manière que les compagnons – maçons, menuisiers… – font un Grand Tour, d'un maître à l'autre, pour se perfectionner dans toutes les techniques, de même les érudits du XVe siècle, dès que la paix relative le permet, vont de Paris à Montpellier, séjournent en Italie, à Padoue ou à Pise, ou en Allemagne, entretiennent une importante correspon-

Frontispice d'une édition des comédies de Térence (Ier siècle av. J.-C.) imprimée à Strasbourg en 1496.

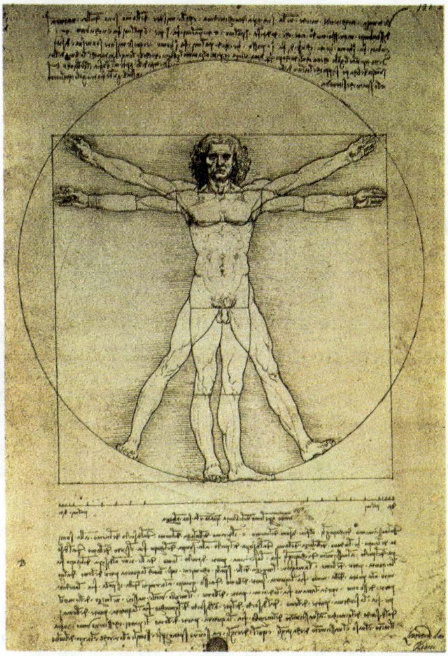

Le schéma des proportions humaines, de Vinci, inscrit l'homme dans un idéal physique correspondant à un idéal intellectuel.

dance avec leurs homologues anglais ou hollandais. L'humanisme est un mouvement perpétuel, une quête de connaissances qui a amené les historiens, parfois un peu vite, à prêter au Moyen Âge un caractère obscur et à la Renaissance un avant-goût des Lumières. Le fait est que l'humaniste se veut spécialiste de tout. Vinci est peintre, certes, mais surtout chimiste – il ne peint, souvent, que pour expérimenter des pigments de son invention. Ingénieur, il imagine des machines d'anticipation, de l'avion au char d'assaut. Anatomiste, il s'appuie sur de nombreuses dissections, à une époque où l'Église les interdisait, et il détermine que l'âme n'est pas dans le cœur, comme on le pensait, mais dans la connexion entre moelle épinière et bulbe rachidien. Cela ne va pas sans mal. Pour avoir un peu trop bien lu des textes grecs, Étienne Dolet est brûlé en place publique, à Paris, en 1546, et Michel Servet, découvreur de la circulation pulmonaire, subit le même sort à Genève, en 1553. Les humanistes annoncent l'esprit d'examen des premiers libertins du XVIIe siècle – Giordano Bruno est brûlé, en 1600, pour avoir douté, à force d'esprit critique, de l'existence de Dieu. Vinci se méfie si bien des inquisiteurs qu'il rédige ses notes en miroir. Une répression terrible s'abat sur les humanistes dès les premiers temps du protestantisme. Rabelais est censuré. Et Montaigne a bien du mal à séparer ses activités officielles, dans une France troublée, et ses recherches philosophiques. ■

Les enjeux religieux

La plupart des humanistes, qui scrutent les textes fondateurs du christianisme, n'y lisent pas ce que l'on y apprenait ordinairement – par exemple, le rôle dévolu à l'Église et au pape. Luther traduit la Bible en allemand et fonde la Réforme protestante. Même un poète « léger » comme Marot traduit les Psaumes – si bien que son texte est toujours, aujourd'hui, chanté dans les offices protestants. Rabelais se moque des « papivores » et autres « papimanes », des « sorbonagres » et des « sorbonicoles ». La Contre-Réforme catholique amène une radicalisation des humanistes qui ouvre la voie aux contestations bien plus profondes des libertins. ■

Points clés

François Rabelais

Moine, médecin, humaniste – qui se serait attendu à ce qu'un érudit, un savant, perde son temps à rédiger les *Horribles et espoventables faictz et prouesses du tres-renommé Pantagruel Roy des Dipsodes filz du grand géant Gargantua*? Dans ce livre, premier d'une série de cinq, au-delà de la farce « hénaurme », Rabelais est un critique impitoyable de tous les traditionalismes.

Ce portrait incertain de Rabelais laisse passer l'essentiel de son message: « Rire est le propre de l'homme. »

La formation d'un moine médecin

Né vers 1494, François Rabelais est frère mineur chez les franciscains avant de suivre la règle de saint Benoît. En même temps, il étudie le droit puis la médecine à Montpellier dont l'université se distingue dans ce dernier domaine, ayant recueilli l'héritage des Arabes et des maîtres grecs comme Hippocrate. Il étudie aussi les belles-lettres – il correspond notamment avec l'humaniste Guillaume Budé et traduit le Grec Hérodote. Il exercera la médecine à l'Hôtel-Dieu de Lyon. La publication de *Pantagruel* (1532) suivie, deux ans plus tard, de celle de *Gargantua,* suscite un véritable scandale. Le pseudonyme anagrammatique d'Alcofribas Nasier est transparent pour les contemporains de Rabelais. ■

« Pantagruel » et « Gargantua »

Les deux géants sont issus d'une longue tradition de légendes françaises. Mais Rabelais, tout en jouant, dans *Pantagruel,* sur l'illusion de la taille, est surtout préoccupé de religion – la généalogie des géants, calquée sur celle de la Genèse, rabaisse la Bible au rang du conte –, d'éducation – Gargantua fait à son fils l'éloge de l'humanisme encyclopédique –, de médecine, etc. Soupçonné d'impiété par la Sorbonne, Rabelais est condamné pour… obscénité. Il profite d'un voyage à Rome avec son protecteur, le cardinal Jean Du Bellay, pour écrire *Gargantua* (1534), qui est encore plus provocant. Mais l'affaire des Placards, qui pousse François Ier à sévir contre les humanistes protestants, l'incite à la prudence, d'autant que tous ses ouvrages sont condamnés. *Le Tiers Livre* (1546) l'oblige à fuir temporairement la France. *Le Quart Livre* (1552) est condamné. *Le Cinquième Livre,* publié en 1562-1564, après la mort de son auteur, n'est presque plus qu'un brûlot protestant. ■

Des artistes contemporains comme Derain ont illustré les œuvres de Rabelais.

« À plus haut sens interpréter… »

Rabelais compare lui-même ses livres au visage de Socrate, laid, mais plein d'intelligence, et aux boîtes de pommade, ornées de figures grotesques, mais contenant des médecines excellentes. Il nous suggère ainsi de déceler l'argumentation philosophique sous le discours farcesque.

Les illustrations de Gustave Doré pour les ouvrages de Rabelais sont sans doute parmi les plus truculentes.

L'esthétique de la farce

On ne peut toutefois isoler, comme on l'a fait trop longtemps, la pensée de Rabelais de son mode d'expression, truculent, farcesque. *« C'est un philosophe ivre qui n'a écrit que dans le temps de son ivresse »*, dira de lui Voltaire. C'est que Rabelais prêche la réconciliation du corps et de l'esprit : l'homme « renaissant » est un tout. L'Église recommandait de ne pas rire, car le rire était supposé d'essence diabolique. Rabelais rit et fait rire par tous les moyens, y compris les moins ragoûtants : Gargantua naît par l'oreille de sa mère parce qu'il a été chassé de son ventre par un « restrinctif » destiné à bloquer sa diarrhée ; il étonne son père par sa capacité à inventer plus de cent sortes de torche-cul. Mais sous les plaisanteries grasses et malodorantes émerge toujours la volonté critique. Ainsi, Rabelais ne perd jamais une occasion d'épingler l'institution : *« – Il n'est, dit Gargantua, point besoin de torcher le cul, sinon qu'il y ait ordure. Ordure n'y peut être si on n'a chié. Chier donc nous faut avant que le cul torcher. – Oh, dit Grangousier, que tu as bon sens, petit garçonnet ! Ces premiers jours je te ferai passer docteur en Sorbonne… »* ■

Points clés

Les poètes de la Pléiade

Ronsard (1524-1585) dans sa vieillesse :
« Ma douce jouvence est passée, / Ma première force est cassée, / J'ai la dent noire et le chef blanc... »

La Renaissance suscite une extraordinaire floraison poétique en France. Encouragés par l'exemple italien, Ronsard, Du Bellay et leurs amis et émules font preuve d'une virtuosité sans égale qui n'est pas forcément le signe d'une poésie superficielle.

De la Brigade à la Pléiade

Des jeunes gens nourris par leur maître, Dorat, de principes humanistes, de latin et de grec se réunissent et forment la Brigade – armée à la conquête des terres nouvelles de la création littéraire. Ronsard, Du Bellay et Baïf – qui tentera d'imposer à la poésie française la rythmique latine, fondée sur la longueur des syllabes – en composent le noyau dur. Inspirés de l'exemple des Italiens célèbres, de Dante à l'Arioste, ils ont surtout à cœur d'illustrer la littérature française. Ronsard, le patron, sélectionne six poètes après lui : Du Bellay et Baïf, puis Jodelle, Pontus de Tyard, Jean de la Péruse – remplacé après sa mort par Rémi Belleau –, Guillaume des Autels – remplacé de même par Pelletier du Mans, pourfendeur de ce qu'il appelait *« le Monstre Ignorance »*. Le maître ès humanités, Dorat, ferme le groupe. Tous sont catholiques militants. Les protestants, par dérision, les appellent la Pléiade, du nom de la constellation formée de sept étoiles. Fièrement, ils reprendront l'appellation qui se voulait injurieuse pour en faire un glorieux étendard. ■

Ronsard le patron

Ronsard est gentilhomme. D'abord page d'un cousin ambassadeur et traducteur de Sophocle, il est formé par le latiniste Dorat. Destiné à apprendre le droit, il préfère la poésie. Ronsard commence par imiter les Anciens – Horace, Anacréon, Pindare –, forme la Brigade avec ses condisciples du collège Coqueret et conquiert la Cour avec ses premières *Odes* (1550). Suivent *les Amours de Cassandre* (1552) qui l'égalent à Pétrarque aux yeux de ses contemporains. Il devient poète officiel et, pour mieux vivre, aumônier du roi Henri II. Encore mieux reçu par Charles IX, en 1560, Ronsard est toujours qualifié de « Prince des poètes » quand Henri III arrive au pouvoir, en 1574. Ses dernières années

Hélène, Marie et les autres

Ronsard a chanté la femme dans tous ses états. La femme qu'il faut convaincre de batifoler *(« Cueillez dès aujourd'hui les roses de la vie »)*, la femme qui domine l'amant *(« J'aime être libre, et veux être captif »)*, la femme aussi que la Parque a tuée *(« Languissante elle meurt, feuille à feuille déclose »)* et celle pour laquelle on repart en conquête *(« Mon maître amour m'envoie à grands coups de carquois / Rassiéger Illion pour conquérir Hélène »)*.

seront plus sombres : malade, il est éclipsé par le jeune poète de cour Philippe Desportes. Outre les galanteries de ses *Amours* – de Cassandre, d'Hélène, de Marie –, Ronsard trouve, dans ses *Hymnes* (1555), des accents d'une vraie profondeur. Quoique profondément hostile aux protestants, il déplore, dans son *Discours des misères de ce temps* (1562), l'état général du royaume déchiré par la guerre civile. Prématurément vieilli, il sait chanter la mort avec des accents inimitables. ■

La Vénus d'Urbino *de Titien est l'un des plus célèbres nus de l'histoire de la peinture, qui exalte avec une impudeur païenne la beauté de la femme.*

Du Bellay en exil

Ce jeune homme maladif est un combattant : sa *Défense et illustration de la langue française* (1549) affirme haut et fort que le français, que François Ier a imposé en 1539, en lieu et place du latin, dans les cours de justice, est apte à concurrencer les langues antiques. Avec les sonnets de *l'Olive* (1550), Du Bellay égale Pétrarque. Il se détache rapidement de tout modèle dans *les Antiquités de Rome* (1558) – où l'a conduit son cousin cardinal – et plus encore dans les *Regrets* (1558) où il atteint un haut niveau de lyrisme personnel : *« De la postérité je n'ai plus de souci, / Cette divine ardeur, je ne l'ai plus aussi, / Et les Muses de moi comme étranges s'enfuient. »* ■

Du Bellay (1522?-1560) est mort jeune ; ses poèmes sont souvent marqués d'une mélancolie prémonitoire : « Quand reverrai-je, hélas, de mon petit village / Fumer la cheminée, et en quelle saison / reverrai-je le toit de ma pauvre maison... »

Points clés

Autour de la Réforme

Le protestantisme naît en Europe en 1517 avec la publication des quatre-vingt-quinze thèses de Luther. En France, l'affaire des Placards (1534) force François Ier à sévir. Mais ce n'est qu'à partir de 1562, après le massacre de Wassy, que la France entre en guerre civile – jusqu'en 1598, date à laquelle Henri IV signe l'édit de Nantes.

Catholiques et protestants

Luther s'insurge, en 1517, contre le trafic des « indulgences » qui permettait aux fidèles, contre rémunération, d'acheter leur part de Paradis. Foi et mercantilisme ne lui paraissent pas compatibles. Sa critique se fait plus radicale après sa condamnation par l'Église, en 1521. Calvin fait chorus, avec son *Institution de la religion chrétienne* (1536), publiée à Genève en latin puis en français. Luther avait, de même, écrit en allemand plusieurs de ses textes, passant au-dessus de l'institution religieuse pour s'adresser directement au peuple et à la Cour ; et les protestants instituent la messe en langue commune, au grand dam de l'Église. Calvin va plus loin encore avec son *Traité des reliques* (1543) qui s'attaque à la divinité de la Vierge et des saints, dont les restes font alors l'objet d'un trafic juteux. Après diverses frictions, la situation semble s'aplanir : en 1561, le culte protestant est autorisé en France. Mais quelques mois plus tard, les hommes des Guise massacrent une foule de protestants à Wassy. Les hostilités se déchaînent, les écrivains sont sommés de prendre parti. ■

Antoine Caron, avec **Massacre du Triumvirat** *(XVIe siècle), met en scène, sous un prétexte emprunté à l'histoire romaine, les déchirements de la France pendant les guerres de Religion.*

Littératures de combat

Avant Charles IX, malgré quelques flots de sang déversés ci et là, la guerre n'est pas ouverte. Pourtant, les littérateurs s'engagent déjà. Les poètes de la Pléiade, Ronsard et Desportes en tête, servent la Cour. Certains, comme Jodelle, justifient même le massacre de la Saint-Barthélemy (24 août 1572) : *« Ennemis de repos, de Dieu et de nos princes / Ennemis conjurés du peuple et des provinces, / Immortels ennemis de l'honneur des tombeaux, / Et sans tombeaux aussi, vos charognes puantes / Roulent dessus les eaux, et ne servent errantes / Que d'amorce aux poissons et de gorge aux corbeaux. »* Des mercenaires comme Montluc, auteur de *Mémoires* (1592), se vautrent dans le sang. Côté protestant, d'Aubigné n'est pas tendre non plus. Très peu d'écrivains, d'un bord ou de l'autre, parviennent à rester objectifs. Ronsard s'y essaie parfois dans le *Discours des misères de ce temps* (1562-1563), qui est pour l'essentiel procatholique, et mieux encore le protestant Sébastien Castellion qui, dans son *Conseil à la France désolée* (1552), s'en prend indistinctement à tous ceux qui ont *« tué et massacré et mis à la pointe de l'épée leurs ennemis, et rempli et souillé les chemins et rues, voire les maisons et temples, du sang de ceux pour lesquels Christ est mort comme pour eux, et qui sont baptisés en son nom comme eux »*. Montaigne, bien que loyal catholique, tente de raison garder. Mais la plupart des écrivains, qui ne vivent que de la protection des puissants, mettent leur plume au service du roi ou des Guise qui appliquent la Contre-Réforme dans des bains de sang. ■

Agrippa d'Aubigné fut autant soldat que poète militant.

Agrippa d'Aubigné

Protestant convaincu, il est avant tout un soldat au service d'une cause. Il ne publiera ses écrits les plus polémiques que bien après la paix. *Les Aventures du baron de Fœneste* (1617) et, surtout, les poèmes épiques des *Tragiques* (1577-1616) attaquent très violemment le parti catholique et particulièrement le clan italien de Catherine de Médicis. Visionnaire, d'Aubigné imagine, à la fin des *Tragiques,* la manière impitoyable dont Dieu, lors du Jugement dernier, pèsera la conscience de ceux qui se sont fourvoyés dans la fausse religion – le catholicisme – et se sont livrés à des exactions monstrueuses. ■

Calvin, depuis Genève, initie la France au protestantisme, comme Luther avait initié l'Allemagne à la Réforme.

Jean Calvin

Calvin (1509-1564), qui doit quitter Paris en 1533 et qui s'établit définitivement à Genève en 1541, est le père du protestantisme français. Prosateur remarquable, il écrit dans un français très moderne, touchant plus facilement ses contemporains que les théologiens catholiques qui s'obstinent longtemps à écrire en latin.

Dico → Placards • Réforme

Les « Essais » de Montaigne

Michel Eyquem, seigneur de Montaigne (1533-1592).

Montaigne cumule, dans ses *Essais* rédigés de 1580 à 1592, l'humanisme de son siècle et l'esprit d'examen du siècle suivant, sans compter une capacité à analyser son moi qui en fait un moderne indémodable.
Les *Essais* sont une incitation permanente à penser de manière critique.

Le parcours d'un humaniste

L'image habituelle de Montaigne est celle de l'écrivain reclus en sa « librairie » – sa bibliothèque – aux poutres ornées de multiples bouts de papier où sont notées les pensées, anecdotes ou citations venues au fil de la plume ou de la mémoire. Mais avant d'être l'auteur des *Essais,* Montaigne a vécu dans le monde : nourri dès le berceau de culture latine, il a voyagé à Paris et en Italie, a longuement discuté avec son ami La Boétie des philosophies antiques, en particulier du stoïcisme hérité de Sénèque, et n'a pas fui les charges publiques puisqu'il a été maire de Bordeaux. On le croit isolé dans son château quand il est en fait en relation avec la Cour, gentilhomme attitré de Henri III puis de Henri IV. De 1580 à 1588, alors qu'il rédige les *Essais,* il passe plus de temps à cheval qu'à son bureau. Catholique, il s'oppose aux exactions de la Ligue : l'excès n'est pas son fort. ■

C'est dans la tour de son château que Montaigne a installé sa « librairie », c'est-à-dire sa bibliothèque.

L'inlassable curiosité

Grand lecteur, grand parcoureur d'espace, Montaigne est la curiosité même. Les *Essais* semblent être une enfilade d'*exempla,* ces citations empruntées aux Anciens qu'il était bon de glisser dans la conversation. En fait, bien que nourri de littérature latine, Montaigne ne cite que pour discuter. Tout lui est bon pour analyser l'homme, objet permanent de son étude, et traquer l'être sous les masques des comportements : *« C'est assez de s'enfariner le visage sans s'enfariner la poitrine »* (III, X). Lui-même n'est pas dupe de sa fonction : *« Le maire et Montaigne ont toujours été deux »,* précise-t-il. Montaigne est convaincant parce qu'à aucun moment il ne cherche à convaincre. Ce n'est pas un idéologue, mais un contestataire de toutes les idées reçues. ■

L'inventeur du moi

« **J***e suis affamé de me faire connaître* », écrit Montaigne (III, V). Les *Essais,* qui se présentent comme une suite de réflexions plus ou moins reliées, fondées sur l'esthétique du fragment, proposent en fait prioritairement un portrait de leur auteur. Mais pas un portrait statique : Montaigne n'« est » pas, il « devient » sous nos yeux. *« Le sot projet,* s'écriera Pascal, *que Montaigne a eu de se peindre ! »* Pour le moraliste du XVIIe siècle, pour qui tout procède de Dieu et pour qui l'homme est une donnée, Montaigne, *« ondoyant et divers »,* est une aberration – pis, une menace. De surcroît, le scepticisme aimable de Montaigne l'amène à contester toutes les idées reçues : l'homme, nous dit-il, est la somme de ses expériences, de sa culture, de ses sensations, non sans une certaine complaisance : *« J'ai une âme toute sienne, accoutumée à se conduire à sa mode. N'ayant eu jusqu'à cette heure ni commandant ni maître forcé, j'ai marché aussi avant et le pas qu'il m'a plu. Cela m'a amolli et rendu inutile au service d'autrui, et ne m'a fait bon qu'à moi »* (II, XVII). En cela les *Essais* sont une œuvre très moderne, qui annonce les *Confessions* de Rousseau. ■

Gérard Mercator (1512-1594) (à gauche) est l'inventeur des premières cartes qui servent les projets des grands découvreurs de nouveaux mondes.

« Notre monde vient d'en découvrir un autre... »

Ainsi commence un texte fameux de Montaigne qui célèbre la découverte des Amériques et qui relativise la vision européanocentriste de la culture traditionnelle. Il prédit même que le développement de cette nouvelle terre correspondra peut-être au dépérissement de l'Europe : *« Si nous concluons bien de notre fin, et ce poète de la jeunesse de son siècle, cet autre monde ne fera qu'entrer en lumière quand le nôtre en sortira » (Essais,* III, VI).

Dico → confession • essai • humanisme

Points clés

L'ère baroque

Entre la fin des guerres de Religion et les débuts du règne du Roi-Soleil s'étend une longue période que, plus tard, on qualifiera de « baroque ». On y exalte l'instabilité, l'inconstance, les passions déchaînées. C'est l'époque de tous les caprices. Une nouvelle génération arrive aux affaires, jeune et impétueuse, acharnée à vivre et à bien mourir.

Perles baroques contre beauté classique

B*arocco,* en portugais, désigne une perle impure. Au XVIIIe siècle, le *Dictionnaire de l'Académie* en donne cette définition : *Se dit aussi, au figuré, pour irrégulier, bizarre, inégal.* Longtemps, les œuvres du dernier tiers du XVIe et de la première moitié du XVIIe siècle ont été méconnues. Jugées « irrégulières », elles semblaient étrangères à la beauté classique. C'est seulement à la fin du XIXe siècle que *baroque* perd son sens péjoratif. À cette époque, l'historien d'art suisse Heinrich Wölfflin dégage les tendances de la peinture baroque qu'il oppose à l'art classique. La première se caractérise par son style pictural – jeu des masses, des ombres et des lumières – ; son goût pour la profondeur qui mène le regard du premier plan à l'arrière-plan ; sa forme ouverte qui fait apparaître la toile comme un fragment du monde ; son unité qui ordonne tous les éléments autour, par exemple, d'une source lumineuse ; son obscurité d'où émergent les personnages. ■

La Fronde

La Fronde (1648-1653) exprime tout à la fois la révolte des grands seigeurs avides de retrouver les libertés rognées par le pouvoir royal sous Louis XIII et Richelieu, la rébellion du peuple soumis aux disettes de 1646-1647 et le regain d'autonomie des parlements contre l'absolutisme royal. Face aux princes versatiles, face à Turenne ou à Condé qui pactisent avec l'étranger, Mazarin assure la pérennité de l'État. Par l'éducation politique qu'il lui donne, celui-ci prépare Louis XIV à régner.

Cette Vanité *de Régnier illustre un genre cher à l'époque baroque.*

Tout est changement

En littérature, le baroque s'exprime par son goût du changement : héros célébrant l'inconstance, poèmes du vent ou de l'eau vive, de la rêverie fluide – *« Notre esprit n'est que vent »* (Durant). L'illusion procure le frisson de l'incertitude : qu'est-ce qui est vrai, la chose, son ombre, son reflet : « [Dans le fleuve] *les hôtes de l'air, aux plumages divers, / Volant d'un bord à l'autre, y nagent à l'envers »* (Saint-Amant) ? La métamorphose de soi-même et du monde – *« La mer deviendra flamme »* (Du Bartas) –, le déguisement – qui est qui ? –, la profusion du décor, les hyperboles et le jeu sans fin des métaphores diluent la réalité : *« L'homme baroque construit en soi ou autour de soi un monde imaginaire, dans lequel il s'installe comme en un monde plus réel, non sans garder par devers soi une certaine conscience de vivre un mirage »* (Jean Rousset, *la Littérature de l'âge baroque en France,* 1953). On ne saurait mieux dire que le baroque n'est pas seulement un moment de l'art, mais qu'il exprime la sensibilité d'une époque. ■

Vénus armant Énée *de Poussin témoigne de la force du modèle héroïque.*

Combat au faubourg Saint-Antoine, pendant la Fronde.

Le culte du héros

Le héros baroque fonde sa puissance sur lui-même dans un délire orgueilleux. Rodrigue *« qu'on n'a jamais vu les armes à la main »* va néanmoins défier le grand capitaine du royaume, sûr qu'il est de sa force intérieure : *« Je suis jeune, il est vrai ; mais aux âmes bien nées / La valeur n'attend point le nombre des années. »* Le mythe guerrier, ou modèle héroïque, est si profondément vécu que le cardinal de Richelieu devra interdire les duels qui décapitent l'élite de la jeune aristocratie française. ■

Points clés

Le théâtre baroque

« Le monde entier est un théâtre » (Shakespeare, *Comme il vous plaira*). Dans le théâtre baroque, le monde et sa représentation se confondent. La frontière entre le réel et l'imaginaire s'efface. La vie elle-même n'est-elle pas *« un récit conté par un idiot, plein de bruit et de fureur, et qui ne signifie rien »* (Shakespeare, *Macbeth*) ?

D'Italie, d'Espagne et d'Angleterre

En Italie, en Espagne et en Angleterre fleurissent des conceptions de l'art et des œuvres poétiques qui présentent des traits communs sans qu'on puisse établir des filiations assurées. Leur goût se porte plus sur le joli que sur la sévère beauté antique. En Italie, le maniérisme se caractérise, en peinture, par un style qui personnalise l'apport des grands maîtres, Michel-Ange, Raphaël, de Vinci : allongement des lignes et du corps, jeu des perspectives, goût de l'arabesque... En littérature, l'Italien Marino (1569-1625) étonne par ses images et ses antithèses. L'Espagnol Góngora (1561-1627) cultive le néologisme et invente une syntaxe qui fait naître des rapports nouveaux entre les mots. En Angleterre, John Lily (1554-1606), romancier et homme de théâtre, travaille soigneusement sa phrase : le rythme est étudié, les allitérations nombreuses et les rimes savantes. John Donne (1573-1631) aime les idées surprenantes, les métaphores et les hyperboles inattendues : une puce, qui avait mordu le poète et sa maîtresse et ainsi uni leur sang, est devenue *« leur lit de mariage et leur temple de mariage »*. ■

William Shakespeare (1564-1616).

Shakespeare

On sait peu de choses de Shakespeare. S'il est bien né à Stratford-upon-Avon, on ignore quand et comment il a acquis la culture littéraire et religieuse dont témoignent ses œuvres. À la fin du XVIe siècle, il fonde le théâtre du Globe, à Londres. Les premières pièces historiques jouent avec la vérité des faits : dans *Richard III* (1592-1593), le roi, peu avant sa mort, voit les fantômes de ceux qu'il a fait assassiner. Les comédies mettent en scène l'amour, parfois avec amertume comme lorsqu'il s'agit de faire revenir un mari volage, dans *Tout est bien qui finit bien* (1602-1603). Les tragédies montrent le pessimisme de Shakespeare devant les faiblesses de l'homme, qu'il soit orgueilleux ou candide ; chacun, cependant, est entraîné dans le drame.

Le ballet et le théâtre à machines

À l'origine du théâtre baroque se trouve le ballet de cour où princes et courtisans se donnent le spectacle d'eux-mêmes dansant au milieu d'un décor changeant. *Le Ballet comique de la reine* (1581) mêle le public et les acteurs. Le décor est constitué par un bois, une grotte, une fontaine devant un château, tandis qu'un autre petit bois, mobile, tourne autour de la salle. Au plafond figure une grosse nuée pleine d'étoiles, destinée sans doute à masquer la machinerie qui permet aux divinités d'apparaître en plein ciel. *Le Ballet de Circé chassée de ses États* (1627) utilise pleinement le goût baroque des machines : « *Après ces enchantements parurent douze rochers mobiles qui, dansant en diverses figures, s'entassèrent les uns sur les autres d'une manière surprenante pour ne faire qu'une montagne qui, s'ouvrant en divers endroits, fit paraître des chiens, des chats, des tigres, des lions* [...]. [Puis] *les charmes se défirent et les douze écueils se chang*[èrent] *en douze cavaliers* » (cité par Jean Rousset, *la Littérature de l'âge baroque en France,* 1953). ■

À Versailles, les ballets se donnaient également dans les jardins.

Le théâtre du Globe a été reconstruit à l'identique.

« Theatrum Mundi »

C'est que le monde entier joue la comédie : « *Totus mundus agit histrionem.* » L'adage de Pétrone orne le fronton du théâtre londonien de Shakespeare, qu'il nomme théâtre du Globe puisque le théâtre est le double de la vie. C'est ce que démontre également, en Espagne, *La vie est un songe* (1635) de Calderón. De même, *l'Illusion comique* (1635-1636) de Corneille met en scène une troupe de comédiens dont on ignore qu'ils sont en train de donner une représentation devant deux personnages-spectateurs tout aussi surpris que les vrais spectateurs. ■

Dico → allitération • hyperbole • métaphore • néologisme • rime

Points clés

Pierre Corneille

Corneille sera, durant près de quarante ans, la référence principale du théâtre français et, à ce titre, admiré et jalousé à la fois. Jeune bourgeois, il écrit pour les aristocrates. Avocat, il exalte les valeurs féodales. Homme de lettres, il chante les vertus guerrières – et amoureuses.

Pierre Corneille est né à Rouen en 1606 et mort à Paris en 1684.

De Rouen à Paris

Quelle différence entre l'éclat des héros cornéliens portés à paraître et la vie somme toute modeste de leur auteur ! Après des études de droit, le succès de sa première pièce, *Mélite* (1629), décide de sa carrière.

Cette gravure qui représente le Cid en héros antique face à Chimène illustre une édition d'époque de la tragédie de Corneille.

Avec *le Cid,* puis *Horace, Cinna* et *Polyeucte,* Corneille goûte les plaisirs de la gloire. En 1647, l'entrée à l'Académie française couronne son œuvre. La Fronde le voit prendre des responsabilités politique en Normandie où il assiste le pouvoir royal. À la fin des troubles, en 1652, l'échec de *Pertharite* l'éloigne de la scène et il se consacre à la vie dévote tout en travaillant à la traduction de *l'Imitation de Jésus-Christ.* Le surintendant Fouquet, son nouveau protecteur, l'incite à reprendre la plume pour un dernier succès, *Œdipe,* en 1659. L'édition complète de ses œuvres, en 1660, est l'occasion pour lui de préciser ses vues dans *les Trois Discours sur la tragédie.* Ses pièces suivantes sont mal reçues : la lucidité et le courage moral ennuient désormais les spectateurs qui plébiscitent les tragédies d'un jeune rival : Racine. ■

Des héros jeunes pour des spectateurs jeunes

La jeunesse de 1637 se reconnaît dans les paroles fières d'un Don Gormas, dans les duels victorieux de Rodrigue ; elle exprime, à travers eux, sa rébellion contre les édits de Richelieu qui vient d'interdire le duel. Cette manifestation reflète une époque qui regrette le temps où l'honneur féodal était placé au-dessus du pouvoir royal. Corneille ne présentera jamais un chevalier félon ou ayant démérité : seul le pouvoir absolu corrompt. *« Dans ce qui subsistait de la société féodale, les valeurs suprêmes étaient l'ambition, l'audace, le succès. Le poids de l'épée, la hardiesse des appétits et du verbe faisaient le mérite ; le mal résidait dans la faiblesse ou la timidité, dans le fait de désirer peu, d'oser petitement, de subir une blessure sans la rendre »* (Paul Bénichou, *Morales du Grand Siècle,* 1948). ■

Gérard Philipe et Maria Casarès dans le Cid.

La gloire et la passion

Le héros cornélien puise dans la passion – notamment amoureuse – l'énergie nécessaire pour réaliser la volonté qui l'habite, volonté entendue non comme un pouvoir de répression des désirs, mais comme une force. Ses buts sont conformes à l'idée que l'on se fait du devoir : *« La générosité cornélienne est cette manière d'être du héros qui prend souci de ne pas démériter aux yeux du monde et aux siens »* (Octave Nadal, *le Sentiment de l'amour dans l'œuvre de Corneille,* 1948). Rodrigue, par souci d'honneur et par amour, tuera le Comte. En peu de temps – le temps de la réflexion : voir les stances de Rodrigue –, la volonté s'exerce et révèle un être prêt à affronter le monde : le héros. *« Je suis maître de moi comme de l'univers / Je le suis, je veux l'être »,* affirme Auguste dans *Cinna.* Le héros forge de lui-même une image idéale qu'il réalise dans une action d'éclat. Dorante, le menteur, véritable antihéros, s'attire ce commentaire d'Isabelle : « [...] *il a voulu paraître / Non pas pour ce qu'il est mais pour ce qu'il veut être.* » ■

La querelle du « Cid »

L'Académie note l'invraisemblance du sujet – *« il n'est point vraisemblable qu'une fille d'honneur épouse le meurtrier de son père »* –, l'immoralité de Chimène, l'unité de lieu un peu factice du premier acte, l'unité de temps qui réunit tant d'événements sur une si courte période. Mais elle rend hommage à la force des passions et des caractères et reconnaît *« l'agrément inexplicable de la pièce ».*

Dico → héros • Œdipe • Rodrigue

La préciosité

La préciosité se caractérise par *« un effort vers la distinction »* (René Bray), le langage étant chargé de rendre agréable ou surprenant ce qui est banal ou laid. Au sortir d'une période aussi débridée que le règne d'Henri IV, un excès contraire de rigueur et de vertu se fait jour qui interdit les mots crus et les situations douteuses.

Le vocabulaire et les mœurs

Les précieux réforment le vocabulaire : les mots anciens du « vieux langage » sont proscrits, notamment les termes de métiers.
Le raffinement implique la précision. Telle précieuse refuse d'utiliser le même verbe – *aimer* – pour dire son goût pour un plat et le sentiment qu'elle porte à son amant.
Par ailleurs, les mots jugés grossiers sont interdits comme *crotter, être en couches, balai* ou *rhume.*
Dans le même temps, des mots sont inventés ou remis au goût du jour : *s'encanailler, mettre sur le tapis, avoir l'âme sombre, être brouillé avec le bon sens, être d'une vertu sévère*...
Ainsi, la préciosité lutte contre la grossièreté et le relâchement des mœurs aux côtés de Richelieu, de l'Église et des moralistes. Elle ne reconnaît qu'une supériorité : celle de l'esprit. ■

La carte du Tendre représente le cheminement du sentiment dans Clélie, *de Mlle de Scudéry : de la ville de Nouvelle-Amitié à la ville de Tendre.*

Raffinement et casuistique amoureuse

« Savoir si la présence de ce qu'on aime cause plus de joie que les marques de son indifférence ne donnent de peine. De l'embarras où se trouve une personne quand son cœur tient un parti et sa raison un autre. Si l'on doit haïr quelqu'un de ce qu'il nous plaît trop, quand nous ne pouvons lui plaire. S'il est plus doux d'aimer une personne dont le cœur est occupé qu'une autre dont le cœur est insensible. Si le mérite d'être aimé doit récompenser le chagrin de ne l'être pas » (Quinault).

Corneille lit sa tragédie Polyeucte *dans le salon de Mme de Rambouillet.*

Les salons, lieu d'exercice du beau style

Le salon précieux n'a, par ses dimensions, rien à voir avec le salon du XVIIIe siècle : il s'agit de la chambre avec son alcôve et sa ruelle. La plus célèbre – la Chambre bleue – est celle de Catherine de Vivonne, marquise de Rambouillet, connue sous l'anagramme d'Arthénice, dont le salon brille avec des fortunes diverses de 1620 jusque vers 1665. On y exerce jusqu'à l'affectation son goût du beau style à travers la conversation, les jeux littéraires ou la correspondance. Néanmoins, on essaie d'éviter le pédantisme : *« On n'y parle point savamment, mais on y parle raisonnablement »*, affirme Chapelain. Il s'agit d'éviter tout excès et de se conformer à la grande règle de la bienséance. À partir de 1650, Ménage, Chapelain et d'Aubignac fréquentent le salon de Sapho – nom emprunté par Mlle de Scudéry au personnage d'un de ses romans. La précieuse se méfie du naturel et des choses de l'amour en particulier. La pruderie qui caractérise ceux qui l'entourent les avait fait surnommer les « jansénistes de l'amour » par Ninon de Lenclos : s'il faut en croire Cotin, l'une d'elle se serait évanouie *« pour avoir vu un vrai chien tout nu »*, car les nudités salissent l'imagination. Cependant, la précieuse ne refuse pas le mariage, mais s'inquiète de ne pas le voir toujours accordé à l'amour. C'est pourquoi elle prône le mariage à l'essai d'un an ou le mariage à durée déterminée, rompu à la naissance du premier enfant, la mère recouvrant alors sa liberté. ■

La Vue, ***d'après une gravure de Bosse, qui a notamment représenté les cinq sens dans un style précieux.***

La vogue du roman

L'époque s'enthousiasme pour les longs romans de Mlle de Scudéry. Roman d'aventures, *Artamène ou le Grand Cyrus* – dix volumes publiés de 1649 à 1653 – est surtout un roman à clé où le public reconnaît Condé, la duchesse de Longueville et l'auteur elle-même sous le nom de Sapho. Les combats y laissent de temps à autre la place à des conversations un peu arides sur l'amitié ou l'amour, mais qui préparent le roman psychologique de Mme de Lafayette. ■

Points clés

Les mémorialistes du XVIIe siècle

Les périodes troublées des guerres de Religion ou de la Fronde suscitent une importante floraison de Mémoires destinés à préciser le rôle joué par leur auteur dans la vie politique, même s'ils sont écrits pour l'édification de la famille ou simplement pour tromper l'ennui de la retraite ou de l'exil.

Retz ou la Fronde incarnée

L'évêché de Paris est dans la famille de Retz depuis plusieurs générations et François-Paul de Gondi est destiné à la prêtrise, bien qu'il eût, dit-il lui-même, *« l'âme la moins ecclésiastique qui fût dans l'univers »*. C'est un homme de passion qui adore la gloire et le panache. Auteur d'un ouvrage sur la conjuration de Fiesque, aristocrate génois, il s'enflamme pour son sujet, justifiant la rébellion quand l'honneur est en jeu. Lorsque la Fronde éclate, il pense son heure venue, profitant de la popularité que lui confèrent auprès des Parisiens ses fonctions de coadjuteur de l'évêché. Il est promu cardinal en 1652, malgré l'opposition de Mazarin. Sa réussite fait naître des haines farouches et ses nombreuses aventures amoureuses le desservent auprès de certains. Mlle de Scudéry le dépeint dans *Clélie* : *« Il paraît être religieux jusqu'au scrupule avec ceux qui ont de la religion ;* [...] *il est libertin avec les libertins :* [...] *il est philosophe avec les philosophes. »* Dès qu'elle le peut, la Cour le fait arrêter : il s'évade de prison. Il ne sera autorisé à rentrer en France que dix ans plus tard, en 1662. Ses *Mémoires,* écrits entre 1673 et 1676, illustrent un rare souci de démonter le mécanisme social de la Fronde, mouvement révolutionnaire qui laisse la Cour et le Parlement abasourdis. Mais surtout, il se met en scène au milieu de grands seigneurs qui ne le valent pas. ■

Le cardinal de Retz (1613-1679).

Mémoires ou Histoire ?

Les Mémoires des acteurs de la vie publique constituaient le seul moyen de percer le secret qui entourait les décisions royales ou gouvernementales : les archives ne s'ouvraient pas aux curieux. Le souci documentaire est tel que bien des Mémoires n'ont rien de personnel et s'appliquent à expliquer une ligne politique.

La Rochefoucauld : des « Mémoires » aux « Maximes »

On imagine mal, en lisant les *Maximes,* que leur auteur eut une vie mouvementée qui le mena de sièges en batailles, d'amours romanesques en complots, et jusqu'à la Bastille. Pendant la Fronde, il est favorable à la Cour, mais sa maîtresse, Mme de Longueville, la sœur de Condé, le rappelle à Paris où il s'engage aux côtés des princes. En fait, c'est avant tout un désabusé sourd au fanatisme politique, qui désire surtout la paix. Ses *Mémoires contenant les brigues* [ruses] *pour le gouvernement à la mort de Louis XIII* (1662) montrent son goût pour dévoiler les intrigues et épingler l'hypocrisie des Grands qu'il a vus à l'œuvre durant la Fronde. Cette lucidité nourrira les *Réflexions ou Sentences et Maximes morales* (1664). D'abord regardées comme un divertissement – la maxime était à la mode –, elles apparaissent bientôt comme le constat d'un esprit clairvoyant qui traite de la vie morale, de la politique, de l'amour et de l'amitié tout en démontant leur mécanisme intime animé par l'amour-propre. ■

François, duc de La Rochefoucauld (1613-1680).

Saint-Simon ou le regard froid

Saint-Simon séjourne à Versailles à partir de 1702. La politique de Louis XIV lui paraît traduire la volonté royale de domestiquer la noblesse. Il n'a alors de cesse de dénoncer la vanité et l'égoïsme du roi. Saint-Simon réagit en noble fâché de voir les Grands supplantés à la Cour par des ministres bourgeois ou de petite noblesse, voire des bâtards, enfants de maîtresses royales légitimés. Il commence à rédiger ses *Mémoires* en 1739, critique féroce de Louis XIV dont les campagnes militaires et les entreprises diplomatiques sont dénoncées. Saint-Simon excelle également à peindre les caractères avec acuité, sinon sans partialité. Tantôt il dessine largement, caractérisant en quelques mots, dégageant l'essentiel, tantôt la phrase s'allonge démesurément, voulant rendre compte de toute la réalité dont il a été le témoin. ■

Louis de Rouvroy, duc de Saint-Simon (1675-1755).

Dico → maxime • Mémoires

Points clés

Les libertins

Gravure illustrant l'Histoire comique des États et Empires de la Lune *de Cyrano de Bergerac.*

Jusqu'au XVIIe siècle, « libertin » désigne un individu indocile aux croyances religieuses. Le mot provient du latin *libertinus* – « affranchi ». Il a une connotation d'autant plus péjorative qu'il est associé à l'épicurisme.

Le libertin philosophe

La remise en question de la place de la Terre dans l'Univers et les atrocités des guerres de Religion ébranlent, sur des plans différents, bien des certitudes. Nourris d'Antiquité classique en laquelle ils trouvent une sagesse à leur mesure, les libertins « érudits » prônent un Être suprême qui unit les hommes plutôt qu'un Dieu qui divise. Férus d'humanisme, ils connaissent le matérialisme de Démocrite ou d'Épicure, mais hésitent à conclure, préférant suspendre leur jugement. Ainsi, La Mothe Le Vayer s'attache à montrer les contradictions soutenues par des docteurs de renom sur le problème fondamental de l'existence de Dieu ; mais il se garde de donner son avis, laissant chacun libre de juger. ■

Cyrano de Bergerac

Dans ses deux romans, *l'Histoire comique des États et Empires de la Lune* (1657) et *l'Histoire comique des États et Empires du Soleil* (1662), Cyrano critique le conformisme intellectuel. Était-il athée ? On ne sait, mais il est sûr qu'il considérait la divinité comme une *« puissance aveugle et sourde qui ne s'occupe pas des êtres éphémères »*. Cet écrivain philosophe affirmait aussi : *« Un honnête homme n'est ni Français, ni Allemand, ni Espagnol ; il est Citoyen du monde et sa patrie est partout. »*

Dernier libertin, Fontenelle (1657-1757) annonce les philosophes des Lumières.

Le libertin scandaleux

L*es Amours tragiques de Pyrame et Thisbé* (1621) de Théophile de Viau (1590-1626) constituent un condensé des désirs libertins en exaltant la beauté des corps et la liberté amoureuse et en se livrant à la critique du pouvoir. De son côté, Denis Sanguin de Saint-Pavin (1595-1670), poète et débauché surnommé « le roi de Sodome », livre ainsi sa profession de foi : *« De force choses je me moque / Et jusqu'ici je n'ai point su / Ce que c'est que vice ou vertu, / Et sans contraindre mes désirs, / Je me donne entier aux plaisirs. »* Mais le plus scandaleux de tous est sans doute Jacques Des Barreaux (1599-1673), « l'illustre débauché » dont le vœu était de *« s'étudier bien plus à jouir qu'à connaître »* et que Molière fréquenta dans les années 1660. Une célèbre anecdote le caractérise bien. Un jour de carême, dans une auberge, Des Barreaux exige de la viande. L'aubergiste lui trouve des œufs à grand peine et sert en tremblant à l'impie une omelette au lard. Brusquement, un orage d'une rare violence éclate, les éclairs et les coups de tonnerre font croire que la fin du monde est proche. Et chacun de prier. Alors, impassible, Des Barreaux ouvre la fenêtre et jette l'assiette en disant : *« Voilà bien du bruit pour une méchante omelette au lard. »* ■

Diffusion et répression

Les disciples du philosophe copernicien Giordano Bruno, brûlé comme hérétique à Rome en 1600, se groupent autour de Viau. Certains font le voyage d'Italie pour y écouter les philosophes matérialistes. Mais après la mort sur le bûcher, en 1619, à Toulouse, du philosophe naturaliste Giulio Vanini, c'est Viau qui est arrêté, accusé par deux jésuites d'avoir écrit des vers obscènes. Il faudra deux ans à la justice pour établir la fausseté des accusations. Mais le poète mourra peu après des suites de son emprisonnement. Malgré tout, les idées libertines se diffusent, surtout dans l'aristocratie et jusque dans l'entourage du roi. La bourgeoisie elle-même, plus conservatrice, tend à la fin du siècle vers le déisme. Les libertins inquiètent la Compagnie du Saint-Sacrement qui se donne pour but d'instaurer un ordre moral et veut *« traquer les libraires libertins* [...], *combattre le jeu, abolir le duel* [...], *poursuivre les juifs, les protestants »*. ■

Cette* Réunion d'artistes *de Le Sueur pourrait figurer une rencontre de libertins.

Dico → **Cyrano de Bergerac • humanisme • Sodome**

Les problèmes religieux

Des raisons théologiques, certes, dressent les jansénistes contre les jésuites. Mais les motifs politiques ne manquent pas non plus. Et Richelieu s'en prend aux *« messieurs de Port-Royal »* parce qu'ils récusent un gouvernement *« où l'on ne veut que des esclaves »*.

La Messe jubilaire du chanoine Delaporte *de Jouvenet illustre le décorum de la Contre-Réforme, propre à frapper les esprits.*

Jésuites et jansénistes

En 1640 paraît l'*Augustinus* du théologien néerlandais Cornelius Jansen, dit Jansenius, évêque d'Ypres. C'est le début d'une longue controverse. Elle oppose les jésuites, tenants de la liberté individuelle grâce à laquelle l'homme peut assurer son salut par ses bonnes œuvres, et les jansénistes, qui affirment que l'homme, même s'il est bon, reste un « juste pécheur » : ses actes – quelle que soit leur nature – sont soumis au jugement de Dieu qui seul décide de son sort dans l'éternité. Ainsi, pour les premiers, Dieu donne à l'homme une grâce suffisante qui ne prend effet que par le libre arbitre de l'individu. Les seconds assurent que toute grâce est efficace et se suffit à elle-même. Par ailleurs, le radicalisme théologique des jansénistes, reclus dans l'abbaye de Port-Royal, dans la vallée de Chevreuse, s'exprime par une grande rigueur morale. Les jésuites, en revanche, plus engagés dans la vie du siècle, sont amenés à faire des compromis dont Pascal, fervent partisan des jansénistes, se moque dans *les Provinciales* (1656-1657).

Louis XIV, quant à lui, ne voit dans le groupe de Port-Royal qu'une réunion de frondeurs hostiles à l'absolutisme royal. En 1661, les pensionnaires de l'abbaye sont expulsés. En 1713, la bulle papale *Unigenitus* condamne définitivement le jansénisme. ■

Cette illustration satirique représente les « moyens sûrs et honnêtes pour ramener les hérétiques à la foi catholique ».

La répression du protestantisme

La foi protestante, qui avait séduit près de la moitié de la noblesse au début du siècle, reflue, certaines de ses thèses étant reprises par les catholiques. Ainsi, le gallicanisme, que défend une partie de l'Église, veut secouer la tutelle de Rome et le jansénisme défend le pouvoir de la grâce divine, tandis que la dévotion s'accentue. Cependant, Louis XIV est décidé à abattre le protestantisme : une caisse de l'État « paye » les conversions 6 livres par tête ; Bossuet lance toute son énergie dans la controverse théologique ; la Compagnie du Saint-Sacrement agit en secret ; les mariages mixtes sont interdits ; les temples sont détruits ; l'édit de Nantes est appliqué de façon restrictive avant d'être révoqué en 1685. Commencent alors les persécutions dont le ministre Louvois sera le maître d'œuvre. Les « dragonnades » entraînent l'exil de cinq cent mille huguenots qui se réfugieront surtout en Hollande. Dans les Cévennes, où les assemblées du Désert préservent la foi protestante, la révolte des Camisards tentera de s'opposer à la terreur militaire jusqu'en 1710. ■

La « Politique tirée de l'Écriture sainte »

À la fois historien et théologien, Bossuet explique l'Histoire à partir du péché originel, non sans admettre que chaque événement a sa *« cause particulière »*. La *Politique tirée de l'Écriture sainte* (1709) a un grand retentissement ; Bossuet y fonde l'absolutisme : le fait – l'exercice du pouvoir – justifie le droit – la force ; toute révolte s'oppose à Dieu ; rien ne limite la puissance du souverain : il n'y a pas de droit naturel antérieur au droit positif ; les hommes étant corrompus et incapables de s'entendre, la société est légitimement fondée sur la force. L'esclavage même est justifié : *« Ce serait condamner le Saint-Esprit qui ordonne aux esclaves, par la bouche de saint Paul, de demeurer en leur état et n'oblige point leurs maîtres à les affranchir. »* ■

Jacques Bégnine Bossuet (1627-1704).

Dico → Réforme

Points clés

Blaise Pascal

Blaise Pascal (1623-1662), représenté devant l'abbaye de Port-Royal.

Bien peu d'hommes de lettres furent à la fois des écrivains d'un style incisif, des philosophes accomplis et des scientifiques de très haut niveau. Pascal cumula ces trois qualités tout en menant une vie de privations et de macérations religieuses.

Un mathématicien parmi les libertins

Pascal s'avère, très jeune, un génie des mathématiques. À seize ans, il rédige un *Essai sur les coniques* qui fait autorité et se lance bientôt, avec son père, dans des expériences scientifiques. Mais sa santé fragile l'oblige à se ménager. Il se rapproche alors des milieux mondains et se lie au chevalier de Méré, libertin notoire, dont il conservera l'amitié jusqu'à sa mort.
En 1654, toutefois, il est pris d'un dégoût du monde qui provoque chez lui une profonde crise mystique. Il se retire alors pour un temps chez les jansénistes de l'abbaye de Port-Royal, dont il a épousé la cause et dont il prend la défense dans *les Provinciales.* Puis, sans jamais rompre tout à fait avec les salons précieux, il entreprend la rédaction d'une *Apologie de la religion chrétienne* qui sera publiée après sa mort sous le titre des *Pensées.*
L'affaire du *Formulaire* montre un Pascal intransigeant : opposé au compromis que défendent les jansénistes eux-mêmes, il enjoint ses amis de ne pas signer le *Formulaire* par lequel l'Église veut faire condamner les thèses de Jansenius. Isolé, il se sépare de Port-Royal et vit dans le dénuement jusqu'à sa mort, en 1662. Il est enterré comme un pauvre et sans épitaphe. ■

« Les Provinciales », art de la polémique

Les Provinciales (1656-1657), recueil fictif de lettres envoyées à un provincial par un Parisien *« sur le sujet des disputes présentes de la Sorbonne »*, sont bien illustrées par ce propos de Pascal : *« La moquerie est quelquefois plus propre à faire revenir les hommes de leurs égarements,* [...] *elle est alors une action de justice »* (lettre XI).
Pascal cite d'éminents théologiens jésuites et les met en contradiction avec la morale la plus courante. Il relève, par exemple, que la direction d'intention permet de purifier la fin mauvaise que l'on poursuit par la bonté de l'intention : un fils peut légitimement souhaiter la mort de son père pour hériter à condition *« que ce ne soit que pour le bien qui lui en revient, et non par une haine personnelle »* (lettre VII). ■

« Les Pensées », art du fragment

Pascal connaît bien les esprits forts qu'il a fréquentés un temps dans les salons. C'est contre eux qu'il compose les *Pensées*, qu'il laissera inachevées. Ses notes sont réunies en vingt-sept liasses constituées de fragments disparates. Son projet final reste inconnu : ni le plan ni même la forme de l'œuvre ne sont décelables. Certains fragments laissent penser qu'il s'agit d'un dialogue, d'autres de lettres, d'autres encore ont la forme de débuts de chapitres. Selon certains analystes, la forme fragmentaire des *Pensées* reproduit, dans leur chaos, l'affirmation que l'homme est un être paradoxal, qui tient le milieu entre Dieu et la bête, entre deux infinis. Dénonçant toute vanité, les textes traitent de la Création, sous l'angle de la créature et du Créateur : se connaître implique de connaître Dieu, ce qui implique de percer à jour ses créatures. Pascal y énonce son célèbre « pari » : il y a tout à gagner à croire en Dieu et tout à perdre à ne pas y croire. ■

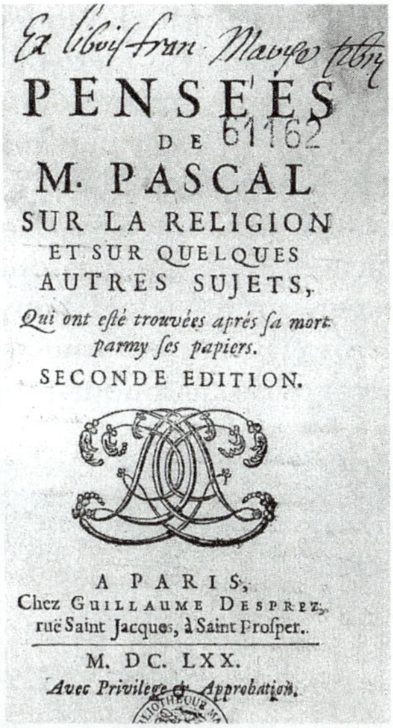
PENSÉES
DE
M. PASCAL
SUR LA RELIGION
ET SUR QUELQUES
AUTRES SUJETS,
Qui ont esté trouvées aprés sa mort parmy ses papiers.
SECONDE EDITION.
A PARIS,
Chez GUILLAUME DESPREZ,
ruë Saint Jacques, à Saint Prosper.
M. DC. LXX.
Avec Privilege & Approbation.

Les Pensées *sont éditées de façon posthume par les soins de Port-Royal, en 1670.*

Le divertissement

Le divertissement, selon Pascal, sauve l'homme de sa vanité : « *J'ai dit souvent que tout le malheur des hommes vient d'une seule chose, qui est de ne savoir pas demeurer en repos dans une chambre.* [...] *Ainsi l'homme est si malheureux qu'il s'ennuierait même sans aucune cause d'ennui par l'état propre de sa complexion. Et il est si vain qu'étant plein de mille causes essentielles d'ennui, la moindre chose comme un billard et une balle qu'il pousse suffisent pour le divertir.* »

À la mort de Pascal, dont le masque mortuaire figure ci-contre, on découvrit, cousu dans la doublure de son habit, un Mémorial *consignant les sentiments éprouvés durant sa nuit d'extase mystique du 23 novembre 1654 :* « [...] *Certitude, certitude. Sentiment, joie, paix.* [...] *Oubli du monde et de tout, hormis Dieu* [...] *Renonciation totale et douce.* »

Dico → **dialogue** • **épitaphe** • **lettre** • **pensée**

Points clés

Le classicisme

Opposé à la profusion baroque, l'esprit classique aime l'ordre et la composition. La raison et l'analyse mettent au jour l'homme éternel : autant que plaire, l'œuvre doit instruire. Face à la tentation baroque – qui s'exprime dans l'opéra –, il faut des règles que le théâtre applique : l'unité d'action pour l'intrigue et la constance des caractères, le respect des unités de lieu et de temps par souci de vraisemblance. L'œuvre des Anciens demeure un modèle. L'homme baroque exprimait sa liberté, le héros classique est soumis à une force qui le dépasse : passion amoureuse ou amour-propre.

L'architecture du château de Versailles illustre le goût de la composition qui caractérise l'esprit classique.

Quarante années qui font un siècle

En 1661, le roi âgé de vingt-quatre ans prend les commandes de l'État. Il les gardera jusqu'en 1715. La Fronde s'éteint comme un feu de paille, les insurgés ayant fait la preuve de leur incapacité à s'entendre. À l'extérieur, la paix règne, à peine troublée par la guerre de Dévolution (1667-1668) contre l'Espagne qui permet à Turenne de conquérir une partie de la Flandre et à Condé de gagner la Franche-Comté. La guerre de Hollande se conclut par l'avantageuse paix de Nimègue (1678). Mais le Roi-Soleil pratique une politique d'annexions à laquelle s'oppose la ligue d'Augsbourg (1686) qui regroupe des pays protestants ulcérés par la révocation de l'édit de Nantes (1685). En 1700, Charles II appelle le duc d'Anjou, petit-fils de Louis XIV, pour lui succéder sur le trône d'Espagne. Une guerre de treize ans commence alors contre une coalition européenne inquiète de la politique hégémonique française. Le traité d'Utrecht (1713) marque la victoire de l'Angleterre, force maritime et coloniale. La France sort exsangue et ruinée de cette entreprise désastreuse.

L'ordre règne à Versailles

Louis XIV veille à régner seul. Fouquet, ministre des Finances, trop riche et trop puissant, est emprisonné. Il n'y aura plus désormais ni Mazarin ni Richelieu. La noblesse est affaiblie et la bourgeoisie, avec les ministres Le Tellier, Louvois et Colbert, devient le soutien de la monarchie absolue. Dans le domaine religieux, après une période d'indifférence, le roi lutte contre Rome, les protestants et les jansénistes afin de réaliser l'unité du royaume. La Fronde avait donné le goût de l'indépendance : satires, épigrammes et libelles avaient fleuri. Il s'agit maintenant de réorganiser la politique culturelle autour du roi. Louis XIV charge les Académies des sciences, d'architecture, des inscriptions et belles-lettres d'une mission normalisatrice. La tâche des artistes est de glorifier le roi. Pour les y inciter, Colbert institue la liste des pensions, versées aux écrivains selon leurs mérites. La censure s'instaure, les imprimeurs doivent demander une autorisation préalable. Dès 1628, Descartes s'installe en Hollande alors que le nombre des imprimeries françaises diminue presque de moitié. ■

Louis XIV figure habillé en soleil dans un ballet intitulé la Nuit *(1651).*

Lors du carrousel de 1662, Louis XIV est vêtu à la romaine, à l'image des héros qu'il admire.

Le siècle de Louis et le siècle d'Auguste

Faut-il innover, chercher ce qui caractérise le mieux son époque et l'exprimer dans une forme nouvelle ? Ou faut-il marquer son admiration devant la perfection atteinte par les œuvres du passé, notamment antiques, et leur rendre hommage en s'inspirant de leur esthétique ? Cette opposition qui prend corps dans le dernier quart du siècle alimente la querelle des Anciens et des Modernes. Les premiers, « gens de Versailles », regroupent Racine, Bossuet, Boileau, La Fontaine ; les seconds, « beaux esprits de Paris », comptent dans leurs rangs Saint-Évremond, Perrault, Fontenelle… ■

Points clés

Jean Racine

La poésie racinienne est sensible au regard : la lumière – *« Le jour n'est pas plus pur que le fond de mon cœur » (Phèdre)* –, l'ombre – *« Les ombres, les flambeaux, les cris et le silence, [...] / Relevaient de ses yeux les timides douceurs » (Britannicus)* – et les flammes – *« Les feux vont s'allumer et le fer est tout prêt » (Athalie)* – y composent des tableaux mouvants.

Jean Racine (1639-1699).

Portrait d'un arriviste

Les attaches de Racine avec Port-Royal sont précoces : ce sont les religieuses de l'abbaye qui recueillent le jeune orphelin pauvre et lui donnent une éducation. Sa tante elle-même est religieuse et Le Maître le considère comme son fils. L'espoir d'obtenir une charge ecclésiastique mène un temps Racine à Uzès, qu'il quitte dès qu'il s'aperçoit qu'il ne peut y satisfaire ses ambitions. De retour à Paris, il se fait remarquer par une ode à la gloire de Louis XIV. Peu après, il rompt publiquement avec Port-Royal. L'Académie française le reçoit en 1673, bien qu'elle soit composée majoritairement de Modernes, et grâce, sans doute, à quelque puissante intervention : Racine était apprécié du roi et protégé par Mme de Montespan.

La cabale dirigée contre *Phèdre* (1677) l'épuise et heurte sa vive sensibilité. Le goût pour la solitude et la méditation, dont il avait déjà fait preuve, et un naturel mélancolique le conduisent à se retirer du monde du théâtre pour se consacrer à sa nouvelle tâche d'historien officiel de Louis XIV. ■

La langue de Racine

La langue racinienne paraît variée, alors qu'elle emploie un vocabulaire que les bienséances ont réduit à moins de quatre cents mots. Proche, parfois, de la sécheresse prosaïque, la phrase ne s'amplifie que rarement.

La passion sur scène

À la violence cornélienne, qui fait s'opposer l'honneur et le service du prince, à l'amour comme source d'énergie, Racine substitue la violence intérieure qui surgit lors d'une crise aiguë et dont on ne peut se libérer, le jeu des passions dévorantes qu'il faut à tout prix satisfaire, l'amour qui humilie : *« Le rapport essentiel est un rapport d'autorité, l'amour ne sert qu'à le révéler »* (Roland Barthes, *Sur Racine*, 1963). Chez Racine, les vainqueurs ne jouissent pas de leurs victoires. Quant aux dieux, ils sont hostiles ou absents. Qu'on en juge : dans *Andromaque* (1667), Pyrrhus exige l'amour d'Andromaque en échange de la vie de son fils, tandis qu'Hermione, délaissée par le roi, le fait assassiner par son amant ; dans *Britannicus* (1669), Néron fait empoisonner son demi-frère et provoque la mort de sa propre mère ; la *« tristesse majestueuse »* de *Bérénice* (1670) repose sur l'amour impossible de Titus ; dans *Bajazet* (1672), Roxane fait étrangler celui qui la repousse ; quant à *Phèdre,* victime d'une ancestrale malédiction des dieux, elle aime son beau-fils et provoque sa mort. *« L'inceste, la rivalité des frères, le meurtre du père, la subversion des fils, voilà les actions fondamentales du théâtre racinien »* (Roland Barthes, *op. cit.*). ■

Le Dieu de Racine

Le théâtre de Racine reste marqué par la vision du monde qu'expriment deux théoriciens du jansénisme : Arnauld et Barcos. Pour le premier, *« le monde est fait d'élus et de réprouvés »* (Lucien Goldmann, *le Dieu caché,* 1956). Les justes sont tels par la grâce divine que Dieu peut à chaque instant retirer. Pour Barcos, Dieu – le Dieu caché – a abandonné les hommes et il est impossible de vivre en chrétien dans ce monde. Barcos arrive ainsi à la notion paradoxale de « juste pécheur ». Les tragédies de Racine mettent en scène des héros dont la grandeur est de refuser ce monde inauthentique. *Andromaque, Britannicus* ou *Bérénice* reflètent la pensée extrémiste de Barcos : *« le héros sait clairement dès le début qu'aucune conciliation n'est possible avec un monde dépourvu de conscience » (ibid.). Mithridate, Bajazet* ou *Iphigénie* illustrent la vision du monde d'Arnauld : *« le personnage tragique croit encore pouvoir vivre sans compromis en imposant au monde ses exigences » (ibid.). Phèdre* appartient à cette tendance, mais le personnage finit par se rendre compte de son illusion. ■

Phèdre *mis en scène par Anne Delbée à la Comédie-Française (1995).*

Ce projet de décor pour Athalie, *dernière pièce de Racine (1691), illustre la persistance du modèle antique.*

Dico → Andromaque • Iphigénie • ode • Phèdre • tragédie

Points clés

Molière

Jean-Baptiste Poquelin, dit Molière (1622-1673), par Mignard.

Molière est d'un naturel mélancolique, aimant le silence, mais prompt à s'enflammer et à riposter aux médisances. Il souffre de la hargne de certains auteurs, des calomnies qui l'accusent d'avoir épousé sa propre fille Armande. Plus encore, il subit les infidélités de sa jeune épouse, ce dont ses ennemis tirent parti.

L'itinéraire d'un comédien

Avant de triompher au Palais-Royal, Molière sillonne pendant douze ans les routes du sud de la France pour donner des représentations. Le succès finit par effacer le piteux échec qu'il avait connu lors de la création de *l'Illustre-Théâtre* (1643), qui lui avait valu un bref emprisonnement pour dettes. De retour à Paris, les débuts sont difficiles, jusqu'au jour où il abandonne la tragédie pour la comédie : le succès vient en 1659 avec *les Précieuses ridicules.* Molière s'installe alors au Palais-Royal. Il y jouera jusqu'à sa mort, en 1673. ■

La mort d'un artiste

Molière meurt le 17 février 1673 après avoir joué *le Malade imaginaire,* emporté par une maladie de poitrine. La pièce est une violente attaque contre une faculté de médecine imbue d'elle-même et tournée vers le passé. Molière se verra refuser les derniers sacrements et le cardinal de Harlay imposera un enterrement nocturne, qui sera suivi néanmoins par plusieurs centaines de Parisiens.

Les farces et la leçon de la commedia dell'arte

La tradition de clore un spectacle théâtral par une farce, divertissement parfois bâti sur un canevas très simple, se perd au cours du siècle. Molière la conserve toutefois lors de sa carrière itinérante et au début de son établissement à Paris. Deux pièces de cette période ont été conservées : *la Jalousie du barbouillé* et *le Médecin volant.* C'est aux comédiens italiens qu'il emprunte son visage aux lourdes moustaches tombantes imité de Scaramouche. Son jeu également se ressent de leur influence : les comédiens italiens, qui jouent dans leur langue, expriment leurs émotions de façon exagérée pour se faire comprendre. L'exubérance d'un Mascarille ou d'un Sganarelle doit beaucoup à la *commedia dell'arte.* Dans *les Précieuses ridicules,* son premier grand succès, les acteurs portent leurs vrais noms – Jodelet, Du Croisy… –, comme le veut la tradition italienne. ■

Les scandales : de « Tartuffe » à « Dom Juan »

En 1662, *l'École des femmes* provoque un scandale en ridiculisant l'institution du mariage que l'Église défend par souci de réglementer les mœurs. Mais c'est surtout avec *Tartuffe* (1664) que Molière va se heurter à la Compagnie du Saint-Sacrement, organisation secrète de prêtres et de laïques qui se donne pour tâche de poursuivre les impies au nombre desquels se trouvent les comédiens, aux côtés des libertins et des protestants. *Tartuffe* est interdit dès le lendemain de sa première représentation. *Dom Juan* (1665) subira un sort identique, après quinze représentations. De Rochemont, avocat au Parlement, accuse Molière de *« faire monter l'athéisme sur le théâtre »* et de vouloir *« rendre les dévots* [...] *ridicules ou* [...] *hypocrites ».* Il recense les impiétés des personnages de *Dom Juan* : *« religieuse débauchée, et dont on publie la prostitution », « pauvre à qui l'on donne l'aumône à condition de renier Dieu », « libertin qui séduit autant de filles qu'il en rencontre », « enfant qui se moque de son père et qui souhaite sa mort ».* ■

Dom Juan *mis en scène par Jacques Lassalle dans la cour d'honneur du palais des Papes, durant le festival d'Avignon 1993.*

Molière figure à l'extrême gauche de ce tableau représentant les « farceurs français et italiens ».

Dico → comédie • commedia dell'arte • Dom Juan • farce • Sganarelle

Points clés

Le roi et le poète

Les rapports du prince et de l'écrivain sont régis par la loi de l'intérêt. Boileau donne ainsi des conseils à un futur écrivain : le roi montre *« à l'univers ce que c'est qu'être roi : / Si tu veux te couvrir d'un éclat légitime, / Va par mille beaux faits mériter son estime ; / Sers un si noble maître ; et fais voir qu'aujourd'hui / Ton Prince a des sujets qui sont dignes de lui. »*

Un seul héros : le roi

Les écrivains sont sensibles au prestige de Louis XIV et à l'éclat de la France dans le monde. Des odes célèbrent les victoires. Le roi y est Auguste, César ou Jupiter. Les grands écrivains lui doivent leur génie : *« Un Auguste aisément peut faire des Virgiles »*, affirme Boileau.
Un art officiel voit le jour qui, par l'intermédiaire des grandes Académies – Académie française, des beaux-arts, des inscriptions et belles-lettres –, est chargé de célébrer la gloire du roi. Peintres, décorateurs et architectes font du château de Versailles un hymne à la gloire du Roi-Soleil dont la majesté est rappelée à chaque instant dans la peinture, le stuc et le bronze. Tout doit suggérer la sérénité, l'harmonie ou la grandeur : ainsi, le roi fait retirer les tableaux de genre des maîtres flamands, qu'il juge trop réalistes. Louis XIV lui-même participe au spectacle dont il est le cœur : il joue du clavecin, chante et danse admirablement. ■

La fable du **Renard et la Cigogne**, *de La Fontaine, illustrée par Oudry.*

Boileau : de la satire à l'épître

Attaché à Colbert, Boileau appartient à un cercle qui justifie les sanctions contre les écrivains opposés au pouvoir royal. Mais lorsqu'en 1663 Chapelain révèle les noms des auteurs que le roi récompense annuellement, son nom n'y figure pas. Les œuvres parodiques qu'il écrit alors le font cataloguer définitivement comme un non-conformiste : la manne royale semble être pour longtemps fermée. Soucieux, toutefois, d'entrer dans les faveurs du roi, Boileau dédie sa cinquième *Satire* (1664) au marquis de Dangeau qui la fait lire à Louis XIV. Abandonnant la satire, malgré tout compromettante, Boileau se lance dans la rédaction des *Épîtres* : la première prend le parti de Colbert en recommandant au roi de refuser une politique de conquêtes tandis que la quatrième – à la suite de victoires faciles – célèbre la guerre de Hollande. Enfin, en 1677, grâce à Mme de Montespan, Boileau est nommé, avec Racine, historiographe du roi. ■

La Fontaine : la critique sous le masque

La Fontaine délaisse vite les études de théologie puis de droit pour mener joyeuse vie en compagnie de Tallement des Réaux, Furetière et Chapelain. Retourné dans sa ville natale de Château-Thierry, il y devient, en 1647, maître des Eaux et Forêts, fonction qui favorise de fréquentes promenades. En vérité, seule la poésie l'intéresse. En 1658, Fouquet le protège et lui offre une pension, vite interrompue par l'arrestation du surintendant, en 1661. La Fontaine sera l'un des seuls à lui rester fidèle et à braver ainsi le jeune Louis XIV. Sa nouvelle protectrice sera la duchesse douairière d'Orléans.

La fable du **Lièvre et la Tortue**, *de La Fontaine, illustrée par Grandville.*

Nourri et logé, le poète écrit ses *Contes* (1665) puis le premier recueil des *Fables* (1668). À la mort de la duchesse, il devient l'hôte de Mme de La Sablière, chez qui il rencontre Ninon de Lenclos et Bernier, disciple de Gassendi. L'influence de ces derniers se retrouve dans le deuxième recueil de *Fables* (1678). Le caractère de La Fontaine reste un mystère : à la fois complaisant et méprisant avec les puissants ; distrait, mais auteur d'une œuvre mondialement connue ; négligé, mais reçu dans les meilleurs salons ; mélancolique, mais intéressé par la politique, la philosophie, la bonne chère et les femmes... Du premier au second recueil de *Fables,* le ton change. Le second n'est plus adressé à un enfant – fût-il le Dauphin – mais à Mme de Montespan : c'est de la Cour et du pouvoir qu'il est question. Les références à la vie sociale, politique et diplomatique y sont plus nombreuses. ■

Jean de La Fontaine (1621-1695).

Dico → **épître • fable • Jupiter • ode • satire**

L'invention de « l'honnête homme »

Les personnages des romans précieux, à la fois guerriers intrépides et amants courtois, ont favorisé le passage du héros à l'honnête homme, qui ne se définit plus comme le rejeton d'une lignée glorieuse mais comme le membre d'un groupe lié par le goût de la vie en société.

Jean de La Bruyère (1645-1696).

La disparition du héros

Le héros se montrait à tous, subjugué par sa propre gloire, sûr de ses choix. Toutefois, dès Corneille, dans *Rodogune* (1644-1645), l'ambition se dégrade en orgueil et, dans *Suréna* (1674), l'amour est subi plutôt que maîtrisé. Avec Racine, la passion amoureuse apparaît comme l'ennemi de la volonté. Injustifiable, elle mène un Néron au crime. C'est que le temps des héros a disparu. Mazarin puis Colbert s'entourent de bourgeois et la compétence technique remplace les faits d'armes. Les dévots n'ont de cesse de rabattre la superbe du libertin, bretteur, paillard et raisonneur, et de lui montrer les failles de la raison et les faiblesses de l'amour-propre. Pascal révèle l'image d'un homme saisi entre l'infini et le néant, notions également irréductibles à la raison. Le salut n'est plus dans l'illusoire maîtrise de soi mais dans la grâce. La Rochefoucauld sape les fondements de l'action consciente : l'homme ne connaît que le hasard qu'il met à profit et se laisse guider par l'amour de lui-même. La mauvaise foi règne : nos défauts seront travestis en qualités. ■

L'honnête homme

L'homme des champs de bataille laisse la place à l'homme de cour dont l'idéal est de plaire au souverain. Pour cela, certaines qualités physiques seront bienvenues, pour la danse – tellement prisée par Louis XIV – plus que pour l'épée. Plaire, tel est le grand souci de l'honnête homme. Il doit plaire, non seulement aux femmes, mais à la Cour entière puisqu'il s'agit de tout sacrifier à la vie en société et d'être agréable à chacun. Il lui faudra plaire principalement par sa conversation : il fera preuve de la modération qui sied à un être lucide se méfiant des passions et il montrera la diversité de ses connaissances sans toutefois témoigner d'un esprit pédant. Placé sous le regard lucide des autres, l'honnête homme tend à être tel qu'il paraît, à réunir son moi et son idéal dans un geste qui n'est pas sans rappeler celui de Rodrigue, mais qui perdure tout au long de la vie de cour. *« Il faut aimer pour vous faire aimer »* (chevalier de Méré). ■

Publiés pour la première fois en 1688, les Caractères *se présentent comme une traduction augmentée de commentaires de l'ouvrage homonyme de Théophraste (IVe siècle av. J.-C.).*

Un florilège

« L'amour-propre est l'amour de soi-même et de toutes choses pour soi ; il rend les hommes idolâtres d'eux-mêmes, et les rendrait les tyrans des autres si la fortune leur en donnait les moyens ; il ne se repose jamais hors de soi, et ne s'arrête dans les sujets étrangers que comme les abeilles sur les fleurs, pour en tirer ce qui lui est propre » (La Rochefoucauld).
« Le vrai honnête homme est celui qui ne se pique de rien » (id.)
« [...] la plupart, pour être de bonne compagnie, ne cherchent que les manières de la Cour. Mais ces manières, quand elles sont sans esprit, sont plus lassantes que celles de la campagne » (chevalier de Méré).
« Il n'y a rien qui enlaidisse certains courtisans comme la présence du prince : à peine les puis-je reconnaître à leurs visages ; leurs traits sont altérés et leur contenance est avilie » (La Bruyère). ■

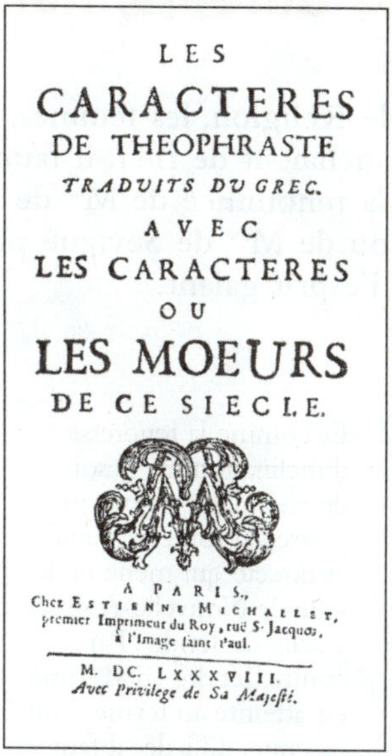
LES
CARACTERES
DE THEOPHRASTE
TRADUITS DU GREC.
AVEC
LES CARACTERES
OU
LES MOEURS
DE CE SIECLE.

A PARIS,
Chez ESTIENNE MICHALLET, premier Imprimeur du Roy, ruë S. Jacques, à l'Image saint Paul.
M. DC. LXXXVIII.
Avec Privilege de Sa Majesté.

La Bruyère

Comme les *Fables* ou les *Maximes, les Caractères* de La Bruyère participent du goût pour l'œuvre apparemment sans construction et dont la forme brève permet au lecteur de butiner ici ou là suivant son plaisir. D'un sujet à l'autre, il se laisse aller aux hasards d'une conversation qui évite tout pédantisme. Œuvre corrosive qui décrit sans illusion la société, *les Caractères* s'appuient sur la tradition du portrait à clé, ce qui en assure une bonne part du succès. Mais La Bruyère dénonce les injustices de toute sorte, l'enrichissement soudain de certains comme la misère du grand nombre : *« Champagne, au sortir d'un long dîner qui lui enfle l'estomac, et dans les douces fumées d'un vin d'Avenay ou de Sillery, signe un ordre qu'on lui présente, qui ôterait le pain à toute une province, si l'on n'y remédiait. Il est excusable : quel moyen de comprendre, dans la première heure de la digestion, qu'on puisse quelque part mourir de faim ? »* L'être humain lui-même est à peine compréhensible : *« Les hommes n'ont point de caractères, ou, s'ils en ont, c'est celui de n'en avoir aucun qui soit suivi. »* Curieux paradoxe pour qui écrit des *Caractères* dont le style nouveau, heurté, qui cherche la rupture et le choc des mots, met en valeur la fin d'un siècle qui s'abîme dans la cupidité. ■

Le Bourgeois gentilhomme, ***ou l'honnête homme moqué par Molière.***

Points clés

Femmes, auteurs, héroïnes

À l'issue des guerres de Religion, les femmes, notamment, ne s'effarouchaient de rien. Il faudra les salons précieux et la renommée de Mlle de Scudéry, de Mme de La Fayette ou de Mme de Sévigné pour que le siècle accède à l'esprit galant.

La carte du Tendre

Clélie (1654-1660) de Mlle de Scudéry contient la description de la célèbre carte du pays de Tendre. *« On peut avoir de la tendresse par trois causes différentes : ou par une grande estime ; ou par reconnaissance ; ou par inclination ; et c'est ce qui l'a obligée d'établir ces trois villes de Tendre sur trois rivières qui portent ces trois noms et de faire aussi trois routes différentes pour y aller. »*

Et comme la tendresse d'inclination n'a besoin de rien d'autre pour progresser, la route est rapide et directe qui mène de la ville de Nouvelle-Amitié à celle de Tendre. Par contre, Tendre-sur-Estime est atteinte au terme d'un parcours difficile : il faut éviter les villes de Tiédeur ou de Légèreté qui mènent au lac d'Indifférence. Le nouvel amant gagne Tendre-sur-Reconnaissance en passant par Soumission, Assiduité, etc. Au-delà des trois villes de Tendre s'ouvrent la Mer Dangereuse et les Terres Inconnues. ■

Mme de Sévigné (1626-1696).

Mme de Sévigné, témoin du siècle

Amie de Mme de La Fayette, connaissant La Rochefoucauld, Mme de Sévigné participe au mouvement littéraire de son temps. Esprit cultivé, elle lit les auteurs latins et italiens et s'intéresse à Pascal et au jansénisme. Elle n'est pas dévote, mais elle voit dans Port-Royal le dernier réceptacle de l'esprit de liberté nourri par la Fronde. De 1646 à 1705, Mme de Sévigné tient avec une rare vivacité la chronique de la Cour et de la Ville, qu'elle adresse à sa fille, Mme de Grignan. Amoureuse de la nature, elle aime à se promener seule, se laissant aller à une rêverie et à une mélancolie qui caractériseront le siècle suivant. ■

Mme de Grignan, fille de Mme de Sévigné.

Mme de La Fayette invente le roman psychologique

La brillante vie mondaine à laquelle Mme de La Fayette (1634-1693) est mêlée lui sert à dessiner le cadre de *la Princesse de Clèves* où l'on devine les silhouettes des courtisans du Roi-Soleil. Ce roman marque une étape dans l'histoire de la littérature française. Avec lui, le texte romanesque devient plus bref, livrant une intrigue resserrée et débarrassée des innombrables épisodes qui alourdissaient le roman précieux. La narration est clarifiée par une intrigue linéaire abandonnant le début *in medias res* – « au milieu des choses » – qui contraignait à des retours en arrière. Les événements sont simples et plus vraisemblables. C'est la peinture du sentiment amoureux qui est au centre du roman. Deux forces conduisent l'individu, le désir et la raison : *la Princesse de Clèves* constate la faiblesse de la raison ainsi que celle de la volonté. Tout concourt au malheur des protagonistes. Tout bonheur est impossible. Tantôt l'analyse psychologique révèle les sentiments de celle que l'amour a subjuguée malgré elle, tantôt elle dépeint de l'extérieur une émotion trop visible, sous le regard toujours acéré de la Cour. ■

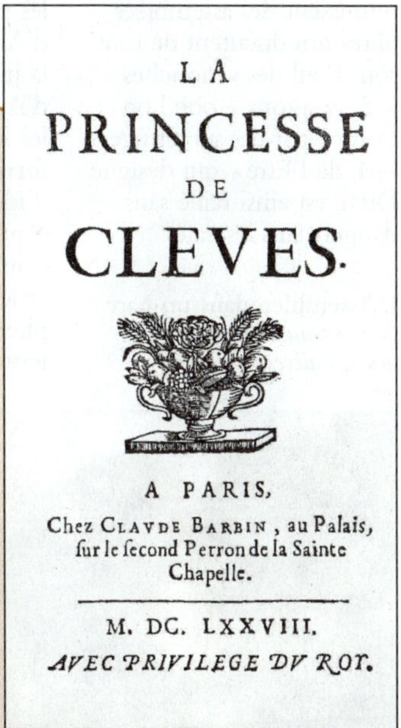
LA PRINCESSE DE CLEVES.

A PARIS,
Chez CLAUDE BARBIN, au Palais, sur le second Perron de la Sainte Chapelle.

M. DC. LXXVIII.
AVEC PRIVILEGE DU ROY.

La Princesse de Clèves *paraît en 1678 sans nom d'auteur.*

Le scandale de « la Princesse de Clèves »

La scène de l'aveu au cours de laquelle Mme de Clèves – épiée par son amant, le duc de Nemours – avoue à son mari qu'elle en aime un autre a suscité la critique des contemporains. Valincour jugeait la scène invraisemblable : *« Il semble en effet que M. et Mme de Clèves n'attendaient que lui* [Nemours] *pour paraître. Il n'est pas sitôt entré qu'il les voit venir vers le lieu où il était. »* Mais l'invraisemblance a des causes plus profondes que signale le critique du *Mercure galant* : *« Une femme ne doit jamais se hasarder à donner des alarmes à son mari. »* En effet, le récit vraisemblable est un récit *« dont les actions répondent, comme autant d'applications ou de cas particuliers, à un corps de maximes reçues comme vraies par le public auquel il s'adresse »* (Gérard Genette, *Figures*, 1966). À plusieurs reprises, Mme de La Fayette souligne la *« singularité »* d'un tel aveu qui se situe aux antipodes de l'esprit classique.

Points clés

Les Lumières

Les relations de voyages lointains qui apportent une meilleure connaissance de l'Orient ou de l'Amérique, la vulgarisation scientifique, la critique des textes sacrés soumis désormais à l'analyse historique et, enfin, la leçon anglaise, philosophique et politique, provoquent, en France, un bouleversement des idées, une crise de conscience.

Mme d'Épinay reçoit les philosophes dans son château de La Chevrette, près de Montmorency.

Le siècle de la diffusion des idées

Le XVIIIe siècle a soif de nouveaux savoirs et est avide de les partager : c'est le siècle de la diffusion des idées. Les cafés réunissent des assemblées libres qui discutent de tout, sous l'œil des « mouches » – des espions – que l'on trompe par des subterfuges : « M. de l'Être », qui désigne Dieu, est ainsi raillé sans danger dans les cafés du Palais-Royal. Sous l'influence anglaise, des clubs apparaissent. Celui de l'Entresol, place Vendôme, vers 1720, entend les propositions du marquis d'Argenson pour réformer la justice royale. Venues d'Angleterre également, les loges maçonniques forment une pépinière d'idées. Les journaux – près de neuf cents – s'ouvrent aux pays voisins et les traductions se multiplient : la république des lettres est européenne. ■

L'Assemblée dans un parc *de Watteau illustre l'esprit des Lumières.*

Les salons philosophiques

Les salons philosophiques sont un lieu de passage obligatoire pour qui veut se tenir au courant des idées, de leur retentissement ou de leur critique ironique. Le salon de Mme de Lambert, antichambre de l'Académie française, se consacre à la littérature et à la morale ; il laisse place, en 1733, au salon de Mme de Tencin ou se retrouvent Marivaux, Montesquieu et lord Bolingbroke. Les salons sont divers : celui de Mme Du Deffand est hostile aux philosophes, alors que Mme Geoffrin

Cette **Réunion chez les Encyclopédistes** *de Lemonnier retranscrit l'atmosphère des salons littéraires et philosophiques.*

reçoit d'Alembert, Helvétius et d'Holbach. Ce dernier accueille pendant près de trente ans les encyclopédistes que rejoint toute une société cosmopolite – Hume, Beccaria, Grimm. Le salon de Mme Necker réunit des philosophes et des hommes politiques. Jamais l'art de la conversation n'a été porté si haut. Rousseau le condamnera : « [...] *on y apprend à plaider avec art la cause du mensonge, à ébranler à force de philosophie tous les principes de la vertu* » (*la Nouvelle Héloïse*). ■

De réformes en Révolution

Le régent Philippe d'Orléans (1715-1723), qui succède à Louis XIV, doit tout d'abord composer avec les opposants du pouvoir royal : nobles avides de reprendre leurs places, jésuites, parlementaires soucieux de retrouver leurs anciennes prérogatives. Les uns et les autres font vite la preuve de leur incapacité à diriger le royaume. Parallèlement, les mœurs se libèrent – le régent ne cachant pas son goût pour le libertinage. Louis XV (1723-1774) rétablit un pouvoir digne de l'ancien roi : il exile les prêtres jansénistes, les parlementaires récalcitrants et fait fermer le club de l'Entresol, suspect de diffuser des idées libérales. La Cour se partage entre les amis des philosophes, dont l'influente Mme de Pompadour, et les alliés du parti dévot. Le roi tente des réformes dont celle de l'impôt qui aurait permis de faire payer la noblesse et le clergé. Maupéou parvient, en 1771, à abolir la vénalité des charges et assurer la gratuité de la justice. Turgot, ministre de Louis XVI, supprimera presque tous les droits féodaux, mais le parlement de Paris s'inquiétera d'une réforme qui pourrait mener au « renversement de la société ». Le gouffre des finances publiques obligera le roi à convoquer les états généraux : la voie de la Révolution est tracée. ■

Dico → Encyclopédie

Points clés

Quatre philosophes

À fin du XVIIe siècle, l'Académie ajoute aux acceptions traditionnelles du mot « philosophe » – *« homme qui s'applique à l'étude des sciences »* et *« homme sage qui mène une vie tranquille et retirée »* – un sens qui souligne le changement des mœurs : *« homme qui, par libertinage d'esprit, se met au-dessus des devoirs et des obligations ordinaires de la vie civile ».*

Voltaire (1694-1778).

Rousseau (1712-1778).

Voltaire

Fréquentant le salon de Ninon de Lenclos et la société du Temple, Voltaire affirme très tôt un goût pour le libertinage et l'irrespect qui lui vaudra, en 1717, un emprisonnement de onze mois à la Bastille. Tenté par le théâtre, il connaît le succès avec *Œdipe* (1718) et fait applaudir des idées que le siècle précédent murmurait à voix basse : *« Nos prêtres ne sont pas ce qu'un vain peuple pense, / Notre crédulité fait toute leur science. »* Exilé en Angleterre en 1726 à la suite d'une altercation avec le chevalier de Rohan, il découvre le pays de l'*habeas corpus* et de la monarchie constitutionnelle. Les *Lettres philosophiques* (1734) sont sa première charge contre l'Ancien Régime. Voltaire y montre que la tolérance religieuse est possible quand les « sectes » respectent le pouvoir civil et que la Constitution garantit les libertés publiques et l'équilibre entre le roi, les nobles et le peuple. Il y glorifie le commerce auquel les nobles participent, apportant ainsi leur contribution à la richesse de l'État. Avec l'affaire Calas, où il prend la défense d'un protestant accusé de meurtre, Voltaire conforte son image de défenseur des droits. L'*Essai sur les mœurs et l'esprit des nations* (1756) rend compte de la diversité du monde et de ses coutumes : Voltaire accorde une large place aux pays islamiques et orientaux. Ses contes – *Zadig* (1747), *Candide* (1759) – résument avec humour tous les combats qu'il a menés dans le siècle. ■

Rousseau

Dans ce siècle des Lumières et du progrès indéfini, Rousseau jette l'anathème sur la société et ses délices perverses. Au rationalisme triomphant, il oppose l'émotion et la quête de soi ; au matérialisme, la foi ; au libertinage, la vertu ; et, face au pouvoir, il oppose la liberté individuelle et la souveraineté des peuples. Le *Discours sur les sciences et les arts* (1751) ébranle les certitudes : Rousseau y affirme que ce sont les institutions sociales qui pervertissent l'homme, naturellement bon. L'état de nature où l'homme était innocent disparaît avec l'inégalité sociale (*Discours sur l'origine de l'inégalité,* 1755). Rousseau envisage l'éducation comme remède à cette déchéance (*Émile,* 1762). C'est elle qui doit empêcher les vices de se former en laissant l'enfant prospérer selon sa bonne nature sous le regard vigilant du précepteur, qui fait écran entre les préjugés de la société et l'enfant. *La Nouvelle Héloïse* (1761) montre un amour soumis à la raison et à la vertu, qui peut ainsi être vécu dans la plénitude du cœur libéré des passions charnelles. *Du contrat social* (1762) fonde le droit et la société elle-même sur l'association de chacun, garant de la liberté de tous, repoussant ainsi le droit du plus fort ou les privilèges de la naissance. Réduisant la religion à quelques principes simples, Rousseau est persécuté par l'Église alors même que sa ville natale, Genève, fait brûler ses œuvres. Persécuté, il s'enfonce dans la solitude et l'incompréhension dont témoigneront les *Confessions* et, surtout, les *Rêveries.* ■

Diderot (1713-1784).

Diderot

Pendant vingt ans, toute la durée de l'aventure de l'*Encyclopédie,* Diderot remet à plus tard la création de son œuvre personnelle. En 1749, il publie néanmoins la *Lettre sur les aveugles* où s'affirment déjà son matérialisme et son athéisme. Il est emprisonné à Vincennes et ne publiera plus désormais qu'avec d'infinies précautions : aussi une partie de son œuvre ne sera-t-elle pas connue de son vivant. Diderot affirme l'éternité de la nature : *« Tout change, tout passe, il n'y a que le tout qui reste »* (*le Rêve de d'Alembert,* 1769). Il imagine une sensibilité de la matière productrice de formes diverses, de la pierre inerte à l'homme : *« La seule différence que je connaisse entre la mort et la vie, c'est qu'à présent, vous vivez en masse, et que dissous, épars en molécules, dans vingt ans d'ici, vous vivrez en détail » (lettre à Sophie Volland,* 1759). Diderot se méfie de toute assertion que ne vient pas garantir l'expérience. Aux mathématiques, qui ne font que déduire à partir d'une hypothèse, il préfère les sciences expérimentales, plus attentives au vivant. ■

Montesquieu (1689-1755).

Montesquieu

Les *Lettres persanes* (1721) mêlent la fiction romanesque de la révolte du sérail à l'analyse ironique des mœurs françaises par deux Persans observateurs. Le désordre du sérail fait écho au désordre de la société de la Régence. Dans *l'Esprit des lois* (1748), Montesquieu distingue trois formes de gouvernement qu'il associe à des principes moteurs : l'honneur est celui de la monarchie, la vertu celui de la république et la crainte fait agir les hommes dans le gouvernement despotique. L'État distribue son pouvoir dans les trois instances que sont l'exécutif, le législatif, le judiciaire. Leur équilibre garantit son bon fonctionnement et les libertés individuelles.

Dico → confession • conte • Émile • Encyclopédie • Œdipe • Zadig

Points clés

L'« Encyclopédie »

Comment mieux définir l'esprit encyclopédique qui anime Diderot et les cent soixante collaborateurs de cette somme monumentale qu'en disant qu'ils étaient animés par le désir, éloignant Dieu, de placer l'homme au centre de toutes les sciences et de toutes les préoccupations : *« C'est la présence de l'homme qui rend l'existence des êtres intéressante.* [...] *Pourquoi n'introduirons-nous pas l'homme dans notre ouvrage, comme il est placé dans l'univers ? Pourquoi n'en ferons-nous pas un centre commun ? »* (Diderot, article « Encyclopédie ».)

Des objectifs divers

« *Le but d'une Encyclopédie est de rassembler les connaissances éparses sur la surface de la terre, d'en exposer le système général aux hommes avec qui nous vivons et de la transmettre aux hommes qui viendront après nous »* (Diderot, article « Encyclopédie »). S'il s'agit d'ordonner le savoir et d'établir la *« filiation des connaissances »* (d'Alembert, *Discours préliminaire*), il s'agit aussi de célébrer le culte de la raison et de stigmatiser les religions : *« nous sommes hommes avant d'être chrétiens »* (article « Raison »). Le grand nombre de collaborateurs explique qu'en politique, par exemple, Diderot, dans son article « Autorité politique », défende le despotisme éclairé tandis que d'Holbach, dans l'article « Représentant », soutient un système constitutionnel. À l'image du siècle, l'*Encyclopédie* se présente comme une œuvre foisonnante, tolérante, accueillant tous ceux qui combattent le dogmatisme. ■

*Ce frontispice de l'*Encyclopédie *présente les Arts, les Sciences et les facultés humaines, la quête de la vérité et le concept de l'instruction.*

Le culte du progrès

Au cœur même de la Révolution, en 1794, le livre de Condorcet, *Esquisse d'un tableau historique des progrès de l'esprit humain*, manifestera la pérennité du mythe créé par le siècle des Lumières selon lequel l'histoire des hommes est celle d'un progrès de la raison et des mœurs qui les mènent vers cette idée neuve en Europe : le bonheur, selon le mot de Saint-Just.

Les collaborateurs

Les dictionnaires du XVIIe siècle sont des œuvres individuelles. L'*Encyclopédie*, elle, compte cent soixante collaborateurs qui travaillent sous la direction de Diderot et de l'infatigable chevalier de Jaucourt. Ce dernier écrit dix sept mille des soixante mille articles, sur la botanique et la physiologie, la littérature et l'histoire. Diderot lui-même écrit une somme considérable d'articles philosophiques ou littéraires, mais se charge surtout de la partie innovante de l'ouvrage consacrée aux métiers et aux arts mécaniques. D'Alembert, membre de l'Académie des sciences dès vingt-trois ans, écrit les articles scientifiques et s'attaque aux jésuites, notamment dans l'article « Collège ». Il s'éloignera de l'*Encyclopédie* à la suite des polémiques que son article a provoquées à Genève. D'Holbach rédige de nombreux articles sur la minéralogie et la géologie, mais il est aussi animé d'un esprit matérialiste qui s'exprime dans les articles « Prêtres » ou « Théocratie ». Rousseau participe à l'œuvre commune – jusqu'à la parution de l'article « Genève » –, tout comme Voltaire et Montesquieu. ■

Le Souper des philosophes *de Huber : Voltaire figure au centre, la main levée.*

Censure et succès

Le prospectus rédigé en 1750 par Diderot pour attirer les souscripteurs de l'*Encyclopédie* est diffusé à huit mille exemplaires. Dès 1752, un arrêt du Conseil du roi interdit la publication qui reprendra l'année suivante. En 1759, l'article « Genève » choque le parti dévot qui accuse l'ouvrage de favoriser le déisme : le privilège est révoqué et le pape condamne l'*Encyclopédie.* Ordre est donné de rembourser les quatre mille souscripteurs – dont aucun ne réclamera son dû. Mais, au sommet de l'État, on préfère tolérer une parution clandestine. Six rééditions, de 1751 à 1782, qui totaliseront vingt-cinq mille exemplaires. ■

Portrait de d'Alembert par Quentin de La Tour.

Dico → dictionnaire • Encyclopédie

Points clés

Critique religieuse et critique politique

Les philosophes ont mené une longue guerre contre la religion chrétienne qu'ils assimilent à la superstition comme ils assimilent l'enthousiasme du croyant au fanatisme.

Condorcet, mathématicien, philosophe et homme politique – il est chef du « parti philosophique » –, défenseur des droits de l'homme.

Déisme, panthéisme, athéisme

La première attitude du philosophe est le scepticisme et son arme, l'ironie, dont font preuve Montesquieu dans les *Lettres persanes* ou Voltaire dans *Candide.* Il refuse la réflexion théologique qu'il juge vaine et incitatrice au fanatisme. L'esprit philosophique trouve en lui-même des valeurs que le christianisme a perverties. Le déisme conçoit Dieu comme le créateur de l'Univers, mais ce dernier va son train sans qu'Il intervienne : grâce, miracles et sacrements ne sont que des outils du fanatisme. Le clergé est inutile : seule compte la prière personnelle que le déiste adresse directement à son Dieu. Le panthéisme qui réunit Dieu et la nature en une seule substance est une étape qui mène vers l'athéisme. L'athéisme nie l'existence d'un Dieu créateur et l'immortalité de l'âme. Il se fonde sur les progrès de la science qui découvre les lois de l'Univers et explique l'ordre qui y règne. La matière est éternelle et l'assemblage de ses particules produit, au cours d'un temps indéfini, les choses et les êtres. Quelles que soient leurs différences, les philosophes s'accordent sur le principe de la tolérance. ■

Projet de Temple à la Terre de Jean-Jacques Lequeu.

La lutte contre l'absolutisme

À la théorie du droit divin, qui justifie toute autorité politique par son origine divine – et qui implique une obéissance aveugle –, se substitue le droit naturel selon lequel il existe un droit fondé sur la raison qui est supérieur aux lois de chaque État. Le passage de l'état de nature à la société civile est dû à la précarité de la situation de l'individu dont ni les biens ni la sécurité ne sont garantis dans la nature : un pacte entre les hommes s'avère donc nécessaire. Tel est l'objet du *Contrat social* de Rousseau. Voltaire et Diderot appelleront de leurs vœux un législateur capable de réformer l'État, de lutter contre le fanatisme et d'établir une société juste. Ils chercheront vainement auprès de Frédéric II de Prusse et de Catherine de Russie l'incarnation de ce « despotisme éclairé » que Montesquieu avait pourtant fustigé : *« Dans le gouvernement despotique, un seul, sans loi et sans règle, entraîne tout par sa volonté et ses caprices » (l'Esprit des lois).* ■

Le « bon sauvage »

Revenant d'Amérique ou des îles du Pacifique, explorateurs et hommes de lettres répondent à l'attente du public en diffusant une vision édénique du « bon sauvage » vivant en dehors des contraintes imposées par l'État policé et la religion. La liberté des mœurs et la fraternité qui régneraient dans ces contrées font revivre l'utopie d'un paradis perdu.

Des armes : l'ironie et le conte

L'esprit du XVIIIe siècle est peut-être dans cet art subtil : alerter tout en amusant, rendre sensible l'insupportable sans sombrer dans le pathétique. Montesquieu reprend les arguments fallacieux des esclavagistes : *« Ceux dont il s'agit sont noirs depuis les pieds jusqu'à la tête ; et ils ont le nez si écrasé qu'il est presque impossible de les plaindre » (l'Esprit des lois).* Voltaire met ironiquement en garde contre *« l'horrible danger de la lecture »* : *« Cette facilité de communiquer ses pensées tend évidemment à dissiper l'ignorance, qui est la gardienne et la sauvegarde des États bien policés. »* Le conte philosophique, sous le couvert de la fable, propose une lecture détournée, polémique, qui permet de se jouer des pièges de la censure. ■

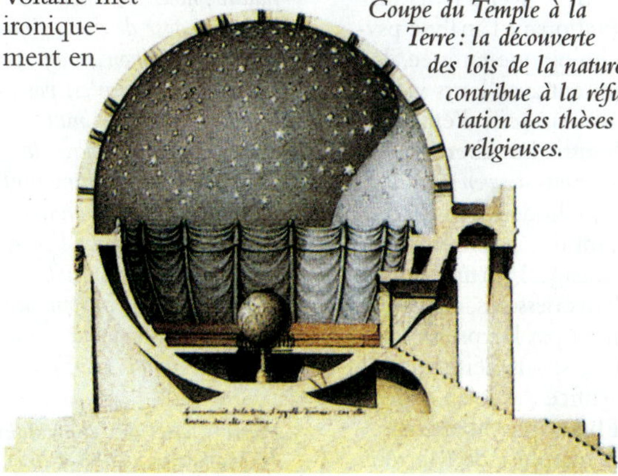

Coupe du Temple à la Terre : la découverte des lois de la nature contribue à la réfutation des thèses religieuses.

Points clés

Les mœurs nouvelles

Siècle double, à la fois raisonneur et sentimental, attaché à l'observation et à l'analyse des faits comme à la peinture des troubles états de l'âme sensible, le XVIIIe siècle est déjà en proie à ce qu'on appellera peu après « le mal du siècle ».

Le libertinage au XVIIIe siècle

La Cruche cassée *de Greuze illustre la sensualité équivoque d'une époque libertine.*

La raison peut-elle se mettre au service des désirs les plus inavouables ? Les libertins y ont recours pour arriver à leurs fins. Pratiquant l'analyse psychologique raffinée, ils jouent avec leurs victimes avec un soin d'entomologiste. Les libertins des *Liaisons dangereuses* (1782) de Choderlos de Laclos sont des amoureux du langage. Instrument de leurs desseins, celui-ci n'est pas l'expression de leur spontanéité, mais un artifice destiné à tromper. Philosophe libertine, la marquise de Merteuil, personnage central des *Liaisons dangereuses,* affirme sa liberté et son goût de l'expérience : *« J'ai porté le zèle jusqu'à me causer des douleurs volontaires pour chercher pendant ce temps l'expression du plaisir. »* Maître de lui-même, le libertin entend l'être aussi des autres. Dans un monde corrompu, l'homme livré à lui-même affirme sa cruauté naturelle : *« La cruauté est dans la nature ; nous naissons tous avec une dose de cruauté que la seule éducation modifie ; mais l'éducation n'est pas dans la nature, elle nuit autant aux effets sacrés de la nature que la culture nuit aux arbres* [...]. *La cruauté n'est autre chose que l'énergie de l'homme que la civilisation n'a point encore corrompue »* (Sade, *la Philosophie dans le boudoir,* 1795). ■

Marivaudages

Le théâtre de Marivaux explore les méandres du cœur amoureux, en détaille les balbutiements : l'amoureuse se dévoile *« par une impatience, par une froideur, par une imprudence, par une distraction, en baissant les yeux, en les relevant, en sortant de sa place, en y restant »* (*la Surprise de l'amour,* 1722). L'amour est irrésistible ; il vainc les obstacles comme le souci du repos que Léontine affectionne dans *le Triomphe de l'amour* (1732). Il peut parfois s'amuser au jeu cruel de faire languir celui qui aime, telle Silvia dans *le Jeu de l'amour et du hasard* (1730). ■

Pierre Carlet de Chamblain de Marivaux (1688-1763).

Les sentiments et les passions

Les passions sont réhabilitées : *« Il n'y a que les passions, et les grandes passions, qui puissent élever l'âme aux grandes choses »* (Diderot, *Pensées philosophiques,* 1746). Venue du roman anglais qui accorde une large place aux sentiments, la sensibilité n'est pas seulement une réponse à une situation extérieure, elle est aussi le moyen de se connaître soi-même : *« Il n'y a que le sentiment qui nous puisse donner des nouvelles un peu sûres de nous »* (Marivaux, *la Vie de Marianne,* 1731-1741). La passion, expression de sentiments tumultueux, ne s'oppose plus à la raison – *« Les passions ont appris aux hommes la raison »* (Vauvenargues) ; elle est liée à l'art – *« Aurions-nous cultivé les arts sans les passions et la réflexion toute seule nous aurait-elle fait connaître nos ressources, nos besoins et notre industrie ? » (ibid.).* ■

Le Verrou ***de Fragonard exprime toute la passion qui anime le XVIIIe siècle.***

Le nouveau théâtre

Les théoriciens du drame bourgeois condamnent la tragédie, trop éloignée de la réalité, tant pour son contenu et ses personnages – rois et reines – que pour sa forme versifiée. Les personnages doivent à présent incarner des réalités sociales – le Négociant, le Juge, le Père… – et représenter des membres de la société réelle. Le spectateur pourra se reconnaître en eux et tirer profit de la leçon morale que le drame énoncera. Contrairement à la comédie dont le ressort est le rire, le drame veut provoquer l'attendrissement pour faire triompher la vertu. Tenté par le drame, le grand dramaturge de l'époque, Beaumarchais, excellera pourtant surtout dans un théâtre gai (*le Barbier de Séville,* 1775 ; *le Mariage de Figaro,* 1784) au style éblouissant, qui brocarde la noblessse insouciante. ■

Dico → **comédie • drame bourgeois • Figaro • marivaudage**

Points clés

Les révolutionnaires

La période révolutionnaire favorise un essor prodigieux de la prise de parole sous toutes ses formes : la presse multiplie ses titres, le nombre des libraires, à Paris, passe de deux cent cinquante à six cents, l'éloquence politique connaît sa grande époque.

L'essor de la presse

Avec l'abolition de la censure et la garantie de la liberté de la presse, les journaux touchent un public toujours plus nombreux, soit par la lecture personnelle, soit au cours de séances de lecture publique où chacun peut s'exprimer et montrer son zèle révolutionnaire. Le pouvoir des journalistes est grand : ils *« exercent un ministère public,* écrit Camille Desmoulins, *ils dénoncent, décrètent, absolvent et condamnent ».* *Le Père Duchesne,* qui tire à cinq mille exemplaires tous les trois jours, est un exemple de cette presse politique et militante. Les grossièretés et les jurons dont Hébert émaille ses articles offre au peuple un langage écrit subversif. *L'Ami du peuple* de Marat tire à deux mille exemplaires sur une dizaine de pages. Dans *le Vieux Cordelier,* Desmoulins alerte l'opinion publique contre la Terreur. Si elle fait la part belle aux faits divers sanglants qui plaisent aux lecteurs, la presse reste dominée par les débats de l'Assemblée dont le compte rendu, tronqué ou gauchi, révèle immanquablement la tendance politique du journaliste et de son lectorat, qui se trouve conforté dans son opinion. ■

Portrait de Sade par Man Ray (1936) : pour les surréalistes, Sade incarne la liberté absolue.

Le marquis de Sade

Emprisonné pour son attitude libertine et blasphématoire plus que pour des actes criminels, le marquis de Sade imagine des scènes érotiques, spectacles dans des lieux clos, ou sensualité et souffrance se font écho. Ces scènes, à la limite du délire parfois – *les Cent Vingt Journées de Sodome,* 1782 –, alternent avec la démonstration philosophique qui met au jour la cruauté naturelle de l'homme et les infortunes de la vertu – *la Philosophie dans le boudoir,* 1795.

L'éloquence

L'art de la conversation, brillante, légère, ironique, meurt avec la disparition des salons ; elle laisse place à l'éloquence politique qui s'exprime dans des centaines de lieux de rencontre, clubs politiques, sections de quartier, cafés… Maîtrisant ses effets, Mirabeau emporte l'auditoire par ses discours d'une logique impeccable, traversés par des moments d'ironie et de violence, qui défendent une politique modérée.
Les discours de Danton, président du Comité de salut public, traduisent l'urgence du moment. Il faut parler pour inciter à l'action immédiate : *« Le tocsin qu'on va sonner n'est point un signal d'alarme, c'est la charge sur les ennemis de la patrie. Pour les vaincre, Messieurs, il nous faut de l'audace, encore de l'audace, toujours de l'audace et la France est sauvée »* (discours du 2 septembre 1792). Robespierre, d'une sincérité intransigeante, sait, en disciple de Rousseau, toucher les députés de la Convention. La généralité abstraite qui caractérise son discours renforce l'argumentation et emporte l'adhésion. Le 3 décembre 1792, il refuse le droit à Louis XVI d'être jugé : *« Lorsqu'une nation a été forcée de recourir au droit à l'insurrection, elle rentre dans l'état de nature à l'égard du tyran. Comment celui-ci pourrait-il invoquer le pacte social ? Il l'a anéanti. […] Les tribunaux, les procédures judiciaires sont faites pour les membres de la cité. »* ■

Danton (1754-1794).

Robespierre (1758-1794).

Les « idéologues »

Le groupe de philosophes et d'hommes de science connu sous le nom d'« idéologues » que leur donna Chateaubriand, leur ennemi, – les mathématiciens Condorcet, Maine de Biran et Destutt de Tracy, les médecins Laplace, Cabanis et Bichat et le sociologue Volney – tente de perpétuer l'esprit du XVIIIe siècle malgré les menaces de la Terreur ou la vindicte de Napoléon qui méprise ces républicains.
Philosophes, ils rejettent la métaphysique et défendent le sensualisme de Condillac et, par-dessus tout, l'exercice de l'esprit critique.
Scientifiques, ils s'intéressent à l'analyse des signes du langage et sont à l'origine de la linguistique. Affirmant que la connaissance provient de l'observation et de l'expérience, Cabanis recommande aux médecins d'abandonner leurs préjugés pour se livrer avant tout à l'examen du patient. Défenseurs de la laïcité, ils se penchent sur la pédagogie et promeuvent les futurs lycées ainsi que l'École normale. ■

Dico → chronique • discours • Sodome

Points clés

Le mythe napoléonien

L'épopée impériale constitue une source d'inspiration pour les écrivains du XIXᵉ siècle. Dans son bureau dénudé, Balzac n'avait placé sur la cheminée qu'un buste de Napoléon sur lequel il avait, dit-on, collé une bande de papier : *« Achever par la plume ce qu'il n'a pu achever par l'épée. »*

Le Premier Consul franchissant les Alpes *de David nourrit le mythe.*

De l'Histoire au mythe

Sauveur ou fossoyeur de la Révolution, il est adulé par les uns et haï par les autres. Né à Ajaccio en 1769 dans un milieu modeste, il est élève à l'école militaire de Brienne dont il sort sous-officier. Il se fait remarquer au siège de Toulon occupé par les Anglais (1793) et devient général de brigade à vingt-quatre ans. Appelé par Barras, membre du Directoire, il lutte contre l'insurrection royaliste du 13 Vendémiaire (octobre 1795). Nommé à la tête de l'armée d'Italie, il revient auréolé de victoires. Les difficultés du Directoire le font rentrer précipitamment d'Égypte où l'avait mené le désir de contrer le commerce anglais en Méditerranée. C'est alors qu'avec l'appui de l'armée il réalise le coup d'État du 18 Brumaire (novembre 1799). D'abord Premier consul, puis consul à vie en 1802, il est sacré empereur en 1804. Pendant un temps, gloire militaire, prospérité, refonte de la législation et paix religieuse feront oublier le règne autoritaire de l'empereur. De victoires en défaites, l'épopée conduit l'Empire à sa perte, en 1815, à Waterloo. Napoléon est exilé à Sainte-Hélène. Le mythe peut désormais prendre le relais de l'Histoire : *« les peuples* […] *Oubliant le tyran, s'éprirent du héros »* (Hugo, *l'Expiation,* in *les Châtiments,* 1853). ■

L'ombre de l'empereur

Mme de Staël, fille du banquier Necker, qui est attachée à la République, doit fuir dès 1803 : ses idées libérales ainsi que son féminisme qui la pousse à revendiquer des droits pour les femmes – dont le divorce – inquiètent l'Empereur. Chateaubriand, légitimiste et opposant acharné, publie un pamphlet violent en 1814, *De Buonaparte et des Bourbons.* Mais il sera fasciné par Napoléon au point d'établir, dans ses *Mémoires d'outre-tombe* (1848-1850), un parallèle entre l'empereur et lui-même : *« Vingt jours avant moi* [...] *naissait dans une autre île, à l'autre extrémité de la France, l'homme qui mit fin à l'ancienne société, Bonaparte. »* Stendhal ouvre *la Chartreuse de Parme* (1839) sur l'image de Bonaparte entrant à Milan et le personnage central du *Rouge et le Noir* (1830), Julien Sorel, vénère le héros du *Mémorial de Sainte-Hélène* de Las Cases (1822-1823), son livre de chevet. Pour Balzac, Girardin est *« le Napoléon de la presse »*, Boucicaut *« le Napoléon de son temps »*, Vautrin *« le Napoléon de la police »*, Gaudissart *« prend une attitude napoléonienne »* et François Keller, dans *César Birotteau,* a un *« regard napoléonien ».* Son colonel Chabert évoque la bataille d'Eylau. Hugo fait vivre le mythe dans plusieurs de ses œuvres, évoquant Waterloo dans *les Misérables* (1862) ou dans *les Châtiments* (1853), où un hommage est rendu à l'héroïsme des soldats : *« Leur bouche, d'un seul cri, dit : vive l'empereur ! / Puis, à pas lents, musique en tête, sans fureur, / Tranquille, souriant à la mitraille anglaise, / La garde impériale entra dans la fournaise. »* ■

De l'oncle au neveu

Le fils de Napoléon Ier attendra la fin du siècle pour atteindre à la gloire littéraire avec *l'Aiglon* (1900) de Rostand. Par contre, Napoléon III deviendra très vite sous la plume de Victor Hugo *« Cet aventurier vil* [...] *qui / Sera Napoléon le Petit dans l'histoire ».* Commencés en exil dès 1852 et publiés en 1853 à Bruxelles, *les Châtiments* resteront la Bible de l'opposition. Hugo y manifeste son mépris pour *« les plus abjects, les plus vils, les plus minces* [qui] *vont régner ».* ■

Napoléon III n'inspira pas aux écrivains de son temps les mêmes sentiments passionnés que son oncle.

Points clés

François-René de Chateaubriand

Échevelé par le vent marin, face à l'océan, solitaire : tel est le Chateaubriand que l'on connaît, aimant la nature, la solitude... et la pose. C'est toutefois un être de convictions fortes qui rompra avec Napoléon après l'exécution du duc d'Enghien, en 1804. Stendhal disait de lui : *« En le lisant, vous êtes sans cesse tenté de vous écrier : "Juste ciel, que tout cela est faux, mais que c'est bien écrit". »*

François-René, vicomte de Chateaubriand (1768-1848).

Le romantisme incarné

Atala (1801) déborde largement le cadre édifiant du *Génie du christianisme* dont il fait partie. Les lecteurs ont surtout retenu, outre la peinture colorée d'un univers exotique et l'apologie de la vie sauvage, le récit d'un amour impossible que la religion interdit, la jeune fille étant vouée par sa mère à devenir religieuse. *René* (1802), court récit partiellement autobiographique, eut un énorme succès. Non pas en raison de l'amour impossible d'Amélie pour son frère, mais parce que Chateaubriand y exposait des sentiments – une perpétuelle insatisfaction, une mélancolie douce, une révolte impuissante et surtout la certitude d'être incompris – dans lesquelles toute une génération allait se reconnaître. Mieux que tout autre, il exprimait ce que l'âme peut avoir de ténu : *« Mais comment exprimer cette foule de sensations fugitives, que j'éprouvais dans mes promenades ? Les sons que rendent les passions dans le vide d'un cœur solitaire ressemblent au murmure que les vents et les eaux font entendre dans le silence d'un désert : on en jouit, mais on ne peut les peindre. »* ■

Le château de Combourg, en Ille-et-Vilaine, où Chateaubriand passa son enfance.

Le dépaysement dans l'espace et dans le temps

Volant des rives du Mississippi *(Atala)* à celles du Jourdain *(Itinéraire de Paris à Jérusalem)*, des côtes bretonnes de son enfance à Venise, de Paris à Prague pour le service de la duchesse de Berry et du prétendant légitime, Henri V, Chateaubriand a le goût des images : *« Ma mémoire est un panorama ; là viennent se peindre sur la même toile les sites et les cieux les plus divers avec leur soleil brûlant ou leur horizon brumeux » (Mémoires d'outre-tombe).* Qu'on en juge par le début de la *Rêverie au Lido* : *« Il n'est sorti de la mer qu'une aurore ébauchée et sans sourire. La transformation des ténèbres en lumière, avec ses changeantes merveilles, son aphonie et sa mélodie, ses étoiles éteintes tour à tour dans l'or et les roses du matin, ne s'est pas opérée. »* S'il se plaît à dominer l'espace, il aime aussi se montrer *« entre les deux siècles comme au confluent de deux fleuves ; j'ai plongé dans leurs eaux troublées, m'éloignant à regret du vieux rivage où j'étais né, et nageant avec espérance vers la rive inconnue où vont aborder les générations futures »* (préface testamentaire aux *Mémoires d'outre-tombe*). ■

*Girodet qui a illustré, ici, une scène d'*Atala*, a également peint le portrait de Chateaubriand, qui figure sur la page de gauche.*

Les « Mémoires d'outre-tombe »

Il ne faut pas chercher dans les *Mémoires d'outre-tombe* la vérité des faits. Chateaubriand s'y montre drapé : *« Il ne faut montrer au monde que ce qui est beau. »* Il arrange la réalité à sa convenance, conviant par exemple le lecteur à une entrevue avec Washington, que l'écrivain n'a peut-être pas rencontré. L'essentiel est ailleurs, dans la langue d'abord et dans le désir de saisir le temps, d'éterniser par l'écriture chaque instant vécu et de lui donner une profondeur en évoquant en filigrane un autre temps, d'autres civilisations. Ces simples exemples : *« À la porte de l'auberge, la foule m'entoura lorsque je regagnai ma voiture. Une jeune femme était montée s ur une borne, comme jadis la Sainte-Beuve pour voir passer le duc de Guise. Elle riait. »* Ou encore, au cimetière de Venise : *« La défunte juive s'appelait Violante ; elle m'attendait depuis trois cent quatre-vingt-dix-huit ans, pour lire son nom et le révéler. »* ■

Dico → apologie • autoportrait • Mémoires

Les romantismes européens

Dès la seconde moitié du XVIIIe siècle, en France comme en Angleterre et en Allemagne, se lève la grande vague romantique qui va déferler sur l'Europe et bouleverser la littérature et la sensibilité des individus.

Le modèle allemand

En Allemagne grandit l'engouement pour Shakespeare que célèbre Goethe (1749-1832). Avec *Werther* (1774), ce dernier marque durablement la sensibilité européenne. Le jeune Werther aime Lotte promise à son ami Albert : il choisira de mourir. Par opposition à la pensée rationaliste et universaliste française, les écrivains et philosophes allemands valorisent les mythes et légendes de leur pays : les frères Grimm – Jakob (1785-1863) et Wilhelm (1786-1859) – réunissent des contes ancestraux ; Hölderlin (1770-1843) veut faire revivre le monde grec dans la culture germanique et annonce une spiritualité nouvelle, synthèse des enseignements du Christ et de Dionysos ; Novalis (1772-1801) appelle le règne de l'imagination créatrice, célèbre la primauté du moi et de ses richesses, magnifie les richesses du rêve et de la vie intérieure. La liberté de l'artiste créateur est ainsi reconnue. Celui-ci explore les états mystérieux et indicibles de la conscience telle la sensation de dédoublement. Le romantisme allemand se tournera vers le fantastique. Il est contemporain de la prise de conscience de la notion de nation allemande, alors occupée par les troupes de Napoléon. C'est en se tournant vers le Moyen Âge, période d'unité religieuse, que certains tenteront de susciter une nouvelle unité. ■

Friedrich, baron von Hardenberg, dit Novalis.

Les excès de nerfs à l'anglaise

Edward Young (1683-1765) et Thomas Warton (1728-1790) usent déjà de thèmes qui seront chers au romantisme noir : grottes, ruines lugubres, châteaux hantés, tombeaux… Les poèmes de Coleridge (1772-1834) abandonnent délibérément toute référence rationnelle et s'engagent dans la voie du rêve ou plutôt dans la quête de soi-même, à la recherche d'*« une réalité oubliée ou cachée de* [son] *propre être »*. Keats (1795-1821) est poursuivi par l'échec, cherche une plénitude qui le fuit et se sait condamné par la tuberculose. Shelley (1792-1822) meurt noyé, Chatterton (1752-1770) se suicide. Ces vies tragiques illustrent la fatalité dont les poètes sont le jouet. Byron (1788-1824), brillant et séducteur, aime le paradoxe et la provocation : l'accusation d'inceste avec

George Gordon, plus connu sous le nom de lord Byron.

sa demi-sœur l'oblige à quitter l'Angleterre. Il est double, tour à tour exalté et mélancolique, aristocrate et libéral, dilettante et travailleur. Il mourra en Grèce ou il était venu se battre pour l'indépendance hellénique en 1826. ■

La déferlante européenne

Les Russes Pouchkine (1799-1837) et Lermontov (1814-1841) ont des destinées communes : aristocrates libéraux, ils bravent la censure et connaissent l'exil ; tous deux mourront en duel. *Eugène Onéguine* (1833) de Pouchkine met en scène un dandy désabusé à la Byron, qui découvre trop tard que l'amour et le bonheur étaient à ses côtés. En Italie, le libéral Manzoni (1785-1873), qui voit en Napoléon le réunificateur de la péninsule, publie *les Fiancés* (1825-1827) où l'on décèle l'influence de Walter Scott : le roman met en scène deux jeunes gens que séparent l'arbitraire seigneurial. L'Espagnol Saavedra (1791-1865) écrit des romances historiques en vers qui peignent son pays depuis le Moyen Âge, époque de prédilection de tous les romantiques européens, jusqu'à la guerre contre Napoléon. ■

Ossian

MacPherson (1736-1796) publia, en 1760, les poèmes d'Ossian, barde gaélique du IIIe siècle qui chantait l'épopée de son pays. L'Europe célébra Ossian comme un nouvel Homère jusqu'à ce que MacPherson apparaisse comme le véritable auteur de ces poèmes qui mêlent la guerre et l'amour, les récits de naufrage et de bataille, le lyrisme et l'épopée.

Les Ombres des héros reçus par Ossian au paradis d'Odin *de Girodet.*

Points clés

Honoré de Balzac et Stendhal

Deux auteurs dominent la première moitié du XIXᵉ siècle : Balzac (1799-1850) et Stendhal (1783-1842) en qui se mêlent la fougue de l'esprit romantique et le désir de décrire la société.

« La Comédie humaine »

La Comédie humaine est une gigantesque entreprise que Balzac mena jusqu'à sa mort. Deux mille personnages se croisent dans quatre-vingt-onze romans, dont la moitié réapparaissent dans au moins deux ouvrages, donnant ainsi au lecteur l'impression de voir évoluer une société au fil des années. Car tel était bien le projet insensé de Balzac : rendre compte de l'ensemble des mécanismes sociaux. Les *Scènes de la vie de province* font écho aux *Scènes de la vie parisienne*, les *Scènes de la vie privée* aux *Scènes de la vie politique*… Toutes les catégories de la population s'affairent, aiment et meurent dans ce théâtre toujours mouvant qu'est la vie sociale. Mais Balzac ne se contente pas de décrire. Il donne les principes qui animent le corps de la société : l'argent *« développe* [les] *penchants mauvais de l'homme »* et la passion le mène à brûler sa vie dans la recherche du plaisir. Devant la pluralité des individus, Balzac devient naturaliste : *« les différences entre un soldat, un ouvrier* […], *un homme d'État* […] *sont, quoique plus difficiles à saisir, aussi considérables que celles qui distinguent le loup, le lion* […], *le requin* […]. *Il a donc existé, il existera donc de tout temps des Espèces Sociales comme il y a des Espèces Animales »* (avant-propos de *la Comédie humaine*). ■

Réaliste, visionnaire, subjectif ?

Théophile Gautier s'étonnait que l'on vît en Balzac un observateur, il le considérait comme un *« visionnaire passionné »* dont les *« fictions sont aussi colorées que les rêves »*. Dans son roman le plus connu, Stendhal ne décrit pas un monde figé, mais des aspects successifs de celui-ci passés par le prisme d'une conscience. *Le Rouge et le Noir* est bien la chronique de 1830, comme l'indique le sous-titre, mais les personnages apparaissent selon des points de vue changeants. L'auteur n'est plus, comme Balzac, le créateur tout-puissant qui sait tout sur tout. Les restrictions de champ montrent le monde par l'œil du héros, qui trouve ainsi sa liberté.

« To the happy few »

Si Balzac s'efface devant ses personnages, Stendhal, auteur rare par le petit nombre d'ouvrages publiés, est toujours présent d'une façon ou d'une autre. Il se dévoile pour mieux se cacher et surgir à nouveau sous un autre nom. Henri Beyle de son vrai nom, il donne une pseudo-autobiographie sous le titre de *Vie de Henri Brulard* (posthume, 1890) ; dans son journal, il se désigne comme *« M. Myself »* – « M. Moi-Même » ; on a dénombré plus de cent sobriquets dans sa correspondance. C'est dire le désir de parler de soi de celui qui écrit les *Souvenirs d'égotisme* (posthume, 1892)… Stendhal veut qu'on écrive sur sa tombe : *« Henri Beyle, Milanais. Il vécut, il écrivit, il aima. »* La poursuite du bonheur est la grande affaire de sa vie, dans une quête amoureuse souvent malheureuse et indéfiniment recommencée. *De l'amour* (1822), petit ouvrage théorique, dégage les caractéristiques du sentiment amoureux et définit la cristallisation, *« opération de l'esprit qui tire de tout ce qui se présente la découverte que l'objet aimé a de nouvelles perfections »*. Il se voue à l'analyse du cœur humain qu'il observe face aux obstacles qui se dressent devant lui. L'homme de cœur que Stendhal affectionne est celui qui fait preuve d'énergie et trouve son bonheur dans l'accomplissement de sa volonté. ■

Henry Beyle, dit Stendhal.

Les figures de l'ambition

Rastignac, dans *le Père Goriot* de Balzac, ou Julien Sorel, dans *le Rouge et le Noir* de Stendhal, illustrent bien le désarroi d'une jeunesse qui cherche à faire son chemin dans une France où tout a semblé possible pendant les épopées révolutionnaire et impériale, comme se couvrir de gloire ou devenir général à vingt-cinq ans. Après le retour des émigrés en 1815, qui scelle cette période agitée, les jeunes ambitieux se demandent quel avenir s'offre à eux. Julien hésite entre la carrière des armes – le Rouge – et la voie de l'Église – le Noir ; Rastignac deviendra ministre et épousera la fille du banquier Nuncingen. Napoléon demeure l'image même de l'ambitieux qui a réussi : *« Le moindre garçon pharmacien, travaillant dans l'arrière-boutique de son maître, était agité de l'idée que s'il faisait une grande découverte, il aurait la croix et serait fait comte »* (Stendhal, *Vie de Napoléon*, posthume, 1876). ■

Dico → épopée • Goriot • Rastignac • Sorel

Trois romantiques

Affligés par le mal de vivre, par le sentiment d'être incompris, par l'impossibilité d'aimer, les poètes romantiques, dont Vigny, Musset et Lamartine sont de parfaits représentants, pleurent et font pleurer.

Alfred de Vigny

La vie militaire, qu'il évoque dans *Servitude et grandeur militaires* (1835), ne lui ayant apporté que désillusions, Vigny (1797-1863) devient célèbre avec ses *Poèmes* (1822) et son roman historique *Cinq-Mars* (1826) fait de lui le Walter Scott français. Le thème de la destinée domine les *Poèmes antiques et modernes* (1826). Vigny y dessine la figure tragique de l'homme, seul, abandonné de son créateur et qui ne trouve sa dignité et sa force qu'en lui-même, dans une volonté stoïque. Ainsi, le loup pourchassé *« sans daigner savoir comment il a péri, / Refermant ses grands yeux, meurt sans jeter un cri »*. Dans sa pièce *Chatterton* (1835), Vigny met en scène le Poète, déchiré entre son idéal et la réalité : Chatterton est atteint *« d'une maladie terrible qui se saisit surtout des âmes jeunes, ardentes et toutes neuves à la vie, éprises de l'amour du juste et du beau, et venant dans le monde pour y rencontrer, à chaque pas, toutes les iniquités et toutes les laideurs d'une société mal construite. Ce mal, c'est la haine de la vie et l'amour de la mort ; c'est l'obstiné suicide »*. ■

Alfred de Vigny, est admis à dix-sept ans dans le corps des mousquetaires rouges.

Le héros romantique

Poussé par un destin qu'il subit, incompris par la société, le héros romantique cherche refuge dans la solitude de la nature et dans l'analyse de son moi ; l'amour, souvent interdit, ne peut lui offrir de réconfort durable. La religion, si elle ne donne pas la force de vivre, accorde tout au moins cette consolation de rejoindre l'aimée dans la mort.

Alfred de Musset

Jeune encore, Musset (1810-1857) fait figure de poète maudit. Malgré le succès de ses *Contes d'Espagne et d'Italie* (1830) qui le font connaître à dix-neuf ans, il préfère l'alcool à l'étude et la licence aux Muses. *La Confession d'un enfant du siècle* (1836), tout en précisant le « mal du siècle » dont souffrent les jeunes gens, revendique la débauche : *« La grande raison qui m'empêchait de guérir, c'était ma jeunesse. Dans quelque lieu que je fusse, quelque occupation que je m'imposasse, je ne pouvais penser qu'aux femmes ; la vue d'une femme me faisait trembler. »* *Lorenzaccio* (1834) cherchera lui aussi sa voie entre les excès et la pureté. Gai ou ironique, mélancolique ou saisi d'angoisse, le poète apparaît dans ces vers de la *Nuit de mai* : *« Les plus désespérés sont les chants les plus beaux, / Et j'en sais d'immortels qui sont de purs sanglots. »* ■

Musset, obsédé par les femmes.

La Liberté guidant le peuple *de Delacroix illustre la révolution politique qui accompagne, en 1830, la révolution romantique.*

Alphonse de Lamartine

La mort de la femme aimée inspire à Lamartine (1790-1869) les chants douloureux des *Méditations poétiques* (1820), qui sonnent l'avènement du romantisme poétique. Mais le poète s'oriente vite vers la politique où il entend faire triompher ses idées libérales. En 1848, il sera à la tête du gouvernement provisoire issu de la révolution. Le mal de vivre de la nouvelle génération trouvait dans la musique lamartinienne le *« divin sanglot »* dont parle Musset. Désormais, le poète revendique le droit de dire le monde à travers le tamis de ses émotions : *« Je n'imitais plus personne,* dira Lamartine, *je m'exprimais moi-même pour moi-même. Ce n'était pas un art, c'était un soulagement de mon propre cœur qui se berçait de ses propres sanglots. »* ■

Lamartine dessiné par David d'Angers, un soir, chez Hugo.

Dico → confessions • conte • héros • Lorenzaccio • muses

Points clés

Victor Hugo

Victor Hugo traverse le siècle, de 1802 à 1885. Multiples sont ses œuvres et multiforme son génie qui s'exprime dans le roman, la poésie et le théâtre comme dans la politique.

L'homme public

La politique de Hugo a toujours été nuancée : le père républicain et la mère vendéenne expriment la double attirance du jeune poète dont les innovations littéraires s'accommodent assez bien d'un certain conformisme politique. Peu à peu, Hugo se rapproche des libéraux et abandonne le royalisme qu'il défendait jusqu'en 1824. Plus tard, sa condamnation opiniâtre de la peine de mort et ses convictions qu'illustrent *les Misérables* (1862) le mèneront à placer le peuple au centre de ses préoccupations. En 1848 encore, Hugo est républicain par principe, tout en soutenant la duchesse d'Orléans. Devenu député, il part pour l'exil au lendemain du coup d'État de Louis-Napoléon Bonaparte, le 2 décembre 1851. Pendant vingt années, le proscrit mènera une action politique par le verbe qu'il dirige contre *« Napoléon le Petit »*

« Le siècle avait deux ans » ***quand naît Hugo, qui en traversera tous les soubresauts.***

depuis Jersey, puis Guernesey. De retour en France, en 1870, l'exilé a de grands projets dont il ne verra pas l'aboutissement : abolition de la peine de mort ; abolition des peines infamantes et afflictives ; réforme de la magistrature ; actes préparatoires des États-Unis d'Europe ; instruction gratuite et obligatoire ; droits de la femme. Hugo aura écrit pour l'éternité et donné à penser à tout le XXᵉ siècle politique. ■

L'œuvre

Connu depuis les *Odes* (1827), jouant avec la sensualité et le goût de l'exotisme dans les *Orientales* (1829), Hugo est reconnu comme le chef incontesté des romantiques depuis *Hernani* (1830). En 1831, *Notre-Dame de Paris* révèle l'une des trois fatalités qui pèsent sur l'homme, celle du dogme religieux ; *les Misérables* (1862) dénonceront la fatalité sociale et *les Travailleurs de la mer* (1866) la fatalité de la nature. *Les Misérables,* s'ils suscitent l'enthousiasme, effraient les modérés : *« Ce livre est dangereux »,* dira Lamartine. Deux événements brisent la vie du poète : la mort accidentelle de sa fille Léopoldine, en 1843, qui déterminera la structure des *Contemplations* (1856) partagées en deux, « Autrefois » et « Aujourd'hui » ; et l'exil, où Hugo puisera toutefois de nouvelles forces qui s'illustreront dans *les Châtiments* (1853), expression du mépris de l'auteur pour celui qui a pris le pouvoir dans le sang et la haine. ■

Annonce de la parution des Misérables *en feuilleton.*

La première d'« Hernani »

Arrivés bien en avance pour occuper les meilleures places et ayant festoyé dans la salle, les amis de l'auteur, vêtus de manière provocante, les « Jeune-France », s'opposent aux défenseurs des classiques. « *L'attitude générale,* écrit Théophile Gautier, *était hostile, les coudes se faisaient anguleux, la querelle n'attendait pour jaillir que le moindre contact, et il n'était pas difficile de voir que ce jeune homme à cheveux longs trouvait ce monsieur à face bien rasée désastreusement crétin et ne lui cacherait pas longtemps cette opinion particulière.* »

Le théâtre

Dans la préface de *Cromwell* (1827), Hugo établit la doctrine esthétique du théâtre romantique. Le grotesque y est ainsi défini : « *le laid* […] *existe à côté du beau, le difforme près du gracieux, le grotesque au revers du sublime, le mal avec le bien, l'ombre avec la lumière* […]. *C'est de la féconde union du type grotesque au type sublime que naît le génie moderne* ». Les unités de lieu et de temps sont considérées comme invraisemblables. L'art doit être un « *miroir de concentration qui, loin de les affaiblir, ramasse et condense les rayons colorants, qui fasse d'une lueur une lumière, d'une lumière une flamme* ». La « *couleur locale* » transportera le spectateur en des temps et des lieux divers. Le style comme le vocabulaire seront plus libres que dans la tragédie : « *Je fis souffler un vent révolutionnaire. Je mis un bonnet rouge au vieux dictionnaire.* » ■

La Bataille d'Hernani, *esquisse d'Albert Besnard.*

La poésie symboliste

Après les épanchements lyriques du moi romantique apparaît une poésie qui privilégie la maîtrise parfaite du langage sur l'inspiration. L'art sera dégagé de toute visée utilitaire, philosophique ou morale : *« Il n'y a de vraiment beau que ce qui ne peut servir à rien »* (Théophile Gautier). Le symbolisme sera le moyen de la connaissance absolue.

Stéphane Mallarmé par Manet. Son œuvre, en dépit de son inachèvement, a joué un rôle majeur dans la littérature au XXe siècle.

De Nerval à Verlaine

Nerval, bien qu'appartenant à la première moitié du siècle (1808-1855), ouvre déjà la voie de ce qui sera la poésie moderne. Utilisant les matériaux du rêve, il considère l'art comme la vraie vie et plonge dans les arcanes du souvenir et de l'inconscient. Pour les symbolistes, le monde est superficiel, représentation de l'idée essentielle qu'il faut saisir par la musique du vers. Jules Laforgue (1860-1887), sous l'apparente frivolité des mots et des chansons populaires, laisse deviner une angoisse profonde. Ainsi, dans *la Complainte du pauvre corps humain* : *« Il se soutient de mets plein d'art, / Et se drogue, se tond, se parfume, / Se truffe tant qu'il meurt trop tard. »* Le poème se termine par : *« Nature est sans pitié / Pour son petit dernier. »* L'*Art poétique* de Verlaine (1844-1896) privilégie l'harmonie, les sonorités : *« De la musique encore et toujours ! / Que ton vers soit la chose envolée / Qu'on sent qui fuit d'une âme en allée. »* La touche verlainienne est envoûtante, qu'elle évoque la tristesse sans cause : *« Il pleure dans mon cœur / Comme il pleut sur la ville / Quelle est cette langueur / Qui pénètre mon cœur ? »* ou une gaieté parfois mélancolique dans les *Fêtes galantes*. Jouant de l'imprécision, de pluriels étranges qui diluent la réalité, les *Poèmes saturniens* font naître des sensations subtiles et évanescentes. *« Et d'étranges rêves, / Comme des soleils / Couchants sur les grèves, / Fantômes vermeils, / Défilent sans trèves, / Défilent, pareils, / À de grands soleils / Couchants sur les grèves »*. ■

La déperdition lyrique : l'art pour l'art

Mettant en scène des fresques venues de l'Antiquité ou de l'Orient, le Parnasse exalte une forme impeccable qui n'a plus pour but de dévoiler l'intimité du poète, mais de montrer *« la révélation primitive de l'idéal contenu dans la nature extérieure »* (Leconte de Lisle). L'impassibilité des parnassiens est moins défaut d'émotions que désir d'exalter le mot : *« Sans la justesse de l'expression,* dit Banville, *pas de poésie. »* Le travail est réhabilité et le poète devient un ouvrier : *« Oui, l'œuvre sort plus belle / D'une forme au travail / Rebelle »* (Théophile Gautier). ■

Jean Moréas (1856-1970). D'abord symboliste, il fonde l'école romane avant de retourner à un art plus classique.

Stéphane Mallarmé

Dans sa recherche de la poésie pure, Mallarmé (1842-1898) cède la place aux mots, désarticule la phrase pour que se nouent des rapprochements et des sens multiples. *« Nommer un objet, c'est supprimer les trois quarts de la jouissance du poème qui est faite de deviner peu à peu ; le suggérer, voilà le rêve. »* Paul Valéry (1871-1945) fera, dans ses vers, le mariage de l'idée abstraite et de la sensibilité. ■

Lautréamont

À la pointe du romantisme noir et satanique dont il amplifie encore les traits, célébrant la prostitution, la mort et la déchéance dans des scènes fantastiques où l'humour le dispute à l'outrance, Isidore Ducasse, dit le comte de Lautréamont, meurt à vingt-quatre ans, en 1870. En lui, les poètes surréalistes reconnaissent le goût de la révolte et la libération du verbe qui évoque l'écriture automatique : *« Beau [...] comme la rencontre fortuite sur une table de dissection, d'une machine à coudre et d'un parapluie »* (*les Chants de Maldoror*, 1868-1869).

Une soirée littéraire réunissant Paul Verlaine, Jean Moréas, Villiers de L'Isle-Adam...

Dico → art poétique • fantastique • humour • Maldoror

Charles Baudelaire et Arthur Rimbaud

Poètes maudits par excellence, Charles Baudelaire et Arthur Rimbaud portent les couleurs de notre modernité : avec eux, depuis eux, la poésie sera à la fois rêve de pierre et beauté convulsive.

Les Fleurs du Mal

Baudelaire (1821-1867) se propose *« d'extraire la Beauté du Mal »*, témoignant de la double attirance du poète vers Dieu et Satan. L'Homme est ainsi poursuivi par le péché ancestral qui le pousse à faire le mal, l'incite à s'abandonner au spleen : *« Et de longs corbillards, sans tambours ni musique, / Défilent lentement dans mon âme ; l'Espoir, / Vaincu, pleure, et l'Angoisse atroce, despotique, sur mon crâne incliné plante son drapeau noir. »* Le spleen, caractérisé par la tristesse, la solitude et la peur, s'oppose à l'idéal que représente l'Art et surtout à l'Ailleurs, toujours mouvant comme *« ces vaisseaux dont l'humeur est vagabonde » (l'Invitation au voyage)*, qui témoigne du désir d'échapper à la trivialité : *« C'est là que j'ai vécu dans les voluptés calmes, / Au milieu de l'azur, des vagues, des splendeurs. »* La quête devient plus âpre dans les derniers vers : *« Nous voulons, tant ce feu nous brûle le cerveau / Plonger au fond du gouffre, Enfer ou ciel, qu'importe ? / Au fond de l'inconnu pour trouver du nouveau » (le Voyage).* ■

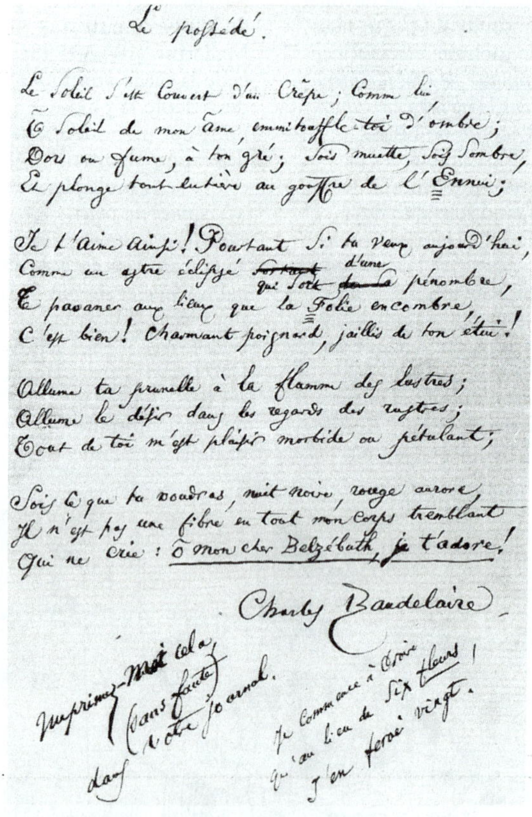
Le Possédé.

Le Soleil s'est couvert d'un crêpe ; comme lui,
Ô Soleil de mon âme, emmitoufle-toi d'ombre ;
Dors ou fume, à ton gré ; sois muette, sois sombre,
Et plonge tout entière au gouffre de l'Ennui ;

Je t'aime ainsi ! Pourtant si tu veux aujourd'hui,
Comme un astre éclipsé qui sort de la pénombre,
Te pavaner aux lieux que la Folie encombre,
C'est bien ! Charmant poignard, jaillis de ton étui !

Allume ta prunelle à la flamme des lustres ;
Allume le désir dans les regards des rustres ;
Tout de toi m'est plaisir morbide ou pétulant ;

Sois ce que tu voudras, nuit noire, rouge aurore ;
Il n'est pas une fibre en tout mon corps tremblant
Qui ne crie : Ô mon cher Belzébuth, je t'adore !

Charles Baudelaire

Imprimez cela (sans faute) dans votre journal.

Je commence à croire qu'au lieu de six fleurs j'en ferai vingt.

Manuscrit d'un poème de Baudelaire, le Possédé, *illustration du tragique de la destinée humaine.*

Rimbaud, « l'homme aux semelles de vent »

Échapper à la morne imbécillité, à la poésie de convention, à l'Europe, à soi-même. Arthur Rimbaud (1854-1891) est ce poète toujours fuyant, au langage éclaté, qui parcourt l'Europe, Chypre, l'Égypte et l'Éthiopie, s'enferme dans un silence suicidaire et proclame ce qui désormais aura les couleurs de la poésie. Après des poèmes à la facture encore classique où éclate déjà son génie, Rimbaud va explorer des contrées que Baudelaire avait entrevues et que Lautréamont pénétrera à son tour. *« Voleur de feu »*, le poète doit se faire *« voyant par un long, immense et raisonné dérèglement de tous les sens »*. Il lui faut se libérer : *« C'est faux de dire : Je pense. On devrait dire : on me pense* [...] *Je est un autre. »* Mais *Une saison en enfer* viendra dénoncer la naïveté du Voyant qui trouvait *« sacré le désordre de* [s]*on esprit »*. Après son chef-d'œuvre, *les Illuminations*, constitué de poèmes en prose pour l'essentiel, Rimbaud, n'ayant pu changer la vie, se condamne au silence et décide alors de parcourir les déserts d'Afrique. ■

La théorie des correspondances

Les correspondances permettent de conférer une unité au monde. Les différents sens se répondent : *« Son haleine fait la musique, / Comme sa voix fait le parfum »* (Baudelaire) et donnent accès, au poète qui en a percé le secret, au *« langage des fleurs et des choses muettes »*.

Gravure réalisée à partir d'un dessin de Baudelaire effectué par le poète sous l'emprise du haschisch.

Du bon usage du spleen

Le spleen apparaît chez Denis Diderot en 1759, qui le nomme aussi *« vapeurs anglaises »*. Il deviendra vite ce « mal du siècle » qu'évoqueront, sous divers vocables, Sénancour *(« Que m'importe ce qui peut finir », Oberman)*, Chateaubriand, Vigny, Baudelaire ou Mallarmé. Son origine est lointaine puisqu'on le décèle dans la tristesse d'Achille (Homère) ou dans des analyses de Sénèque. ■

Dico → Achille • Satan • spleen • vers

Gustave Flaubert

Si Gustave Flaubert est le premier des romanciers contemporains, ce n'est pas seulement pour des raisons esthétiques – dues au travail du style ou au point de vue –, mais parce que l'ermite qu'il est devenu s'est voué entièrement à la littérature et en a fait une condition de vie.

Pour Flaubert (1821-1880), le meilleur roman est celui où il ne se passe rien, le plus important étant de restituer le lent écoulement de la durée.

L'ermite de Croisset

Très tôt, le jeune Flaubert se passionne pour l'écriture et compose des récits tout en lisant Shakespeare ou Cervantès. Il a quinze ans lorsqu'il rencontre Élisa Schlesinger qui sera l'amour impossible de sa vie et qu'il fera vivre sous les traits de Mme Arnoux dans *l'Éducation sentimentale.* Mais des crises d'épilepsie, dès 1844, décident de sa vie : ses parents l'installent à Croisset, près de Rouen, en bordure de Seine. C'est là que Flaubert se donnera à la littérature jusqu'à sa mort. Il ne s'en éloignera qu'en 1849, puis en 1862, pour un long voyage au Moyen-Orient, puis en Algérie et en Tunisie d'où il ramènera des images et des couleurs pour *la Tentation de saint Antoine* et pour *Salammbô.* ■

Le bovarysme

Le réel qui s'offre à Emma Bovary ne peut répondre à ses aspirations, les êtres se dérobent à sa soif de romanesque : il lui faut combler le manque du monde par les rêveries. Mais Tostes est comme Yonville et Rodolphe comme Léon : le changement ne modifie rien car la faille est en elle.

La maison de Croisset, près de Rouen, où Flaubert passa l'essentiel de sa vie.

En finir avec le romantisme

Si le romantisme se définit par l'expression d'un moi qui s'exhibe au fil des pages, le travail flaubertien semble bien se situer aux antipodes : l'ermite de Croisset refuse de s'introduire dans le récit, comme le font si bien Stendhal et Balzac, multiplie les variations des points de vue, s'interdit de conclure. La spontanéité créatrice cède la place à un long travail d'écriture au cours duquel Flaubert retranche souvent le tiers des premières ébauches et remanie sans fin la phrase pour placer une virgule ou un point. Elle satisfera ainsi à l'épreuve du « gueuloir » pendant laquelle Flaubert, *« les poumons en feu d'avoir braillé comme un démon »*, déclame chacune des phrases de son roman pour en mieux éprouver la musicalité.
L'écrivain s'efface devant le réel : *« Rappelons-nous toujours que l'impersonnalité est le signe de la force. Absorbons l'objectif et qu'il circule en nous, qu'il se reproduise au dehors sans qu'on puisse rien comprendre à cette chimie merveilleuse. Notre cœur ne doit être bon qu'à sentir celui des autres. Soyons des miroirs grossissants de la vérité externe »* (lettre à Louise Colet). Cependant l'essentiel n'est pas là, et l'écrivain surgit à nouveau : *« Faire vrai ne me paraît pas être la première condition de l'art. Viser au beau est le principal, et l'atteindre si l'on peut »* (lettre à Tourgueniev). Et Flaubert ajoute, dans une autre lettre à Louise Colet : *« Ce qui me semble beau, ce que je voudrais faire, c'est un livre sur rien, un livre sans attache extérieure, qui se tiendrait de lui-même par la force interne de son style [...] un livre qui n'aurait presque pas de sujet. »* ■

La mort d'Emma Bovary, l'héroïne du roman homonyme le plus célèbre de Flaubert (1857).

Des héros de livres

Emma Bovary se nourrit de la lecture de romans qui l'éloignent d'une vie sans charme. Flaubert évoque ses lectures avec ironie : *« Avec Walter Scott,* [...] *elle s'éprit de choses historiques, rêva bahuts, salles des gardes et ménestrels. »* Bouvard et Pécuchet se noient dans la documentation qui leur permettrait de faire le tour des connaissances qu'ils souhaiteraient posséder. On a parfois rapproché Emma de Don Quichotte qui *« se remplit l'imagination de tout ce qu'il avait lu ; de sorte que son esprit n'était plus qu'un magasin d'enchantements, de querelles, [...] d'amours, de passions, de tourments »* (Cervantès, *Don Quichotte de la Manche*). ■

Dico → **Bouvard et Pécuchet • bovarysme • Don Quichotte**

Du réalisme en art et en littérature

La révolution de 1848 sonne le glas du romantisme. Peintres et écrivains se penchent désormais sur le monde réel le plus obscur. Romans et tableaux se peuplent de petites gens, paysans et ouvriers, qu'ignoraient l'académisme et l'idéalisme.

La théorie du réalisme

Si, dans le roman, la part du réel est déjà acquise – le sous-titre du *Rouge et le Noir* de Stendhal est *Chronique de 1830,* sans parler des *Misérables* de Hugo –, désormais s'affirme l'idée que l'expression du moi doit s'effacer devant le poids du monde que le roman a charge de traduire. L'écrivain réaliste se fonde sur des documents pour établir la véracité de son récit : pour écrire *Salammbô,* Flaubert consulte des dizaines d'ouvrages, fait appel à ses souvenirs de voyageur et demande conseil au médecin attaché au bateau *la Méduse.* Le roman réaliste donnera à voir : des descriptions disposeront des éléments du réel ou du savoir, mines et machines dans les romans de Zola, vie provinciale chez Flaubert, vie d'un enfant pauvre (Vallès, *l'Enfant*), poissons étranges dans *Vingt Mille Lieues sous les mers* de Jules Verne. Le romancier n'est pas passif devant cet inventaire qu'il s'impose. Son art consiste à choisir *« les événements essentiels et à donner à tous les autres le degré de relief qui leur convient* [...] *les réalistes de talent devraient s'appeler plutôt des Illusionnistes »* écrit Maupassant dans la préface de *Pierre et Jean.* Il précise le soin accordé au travail du style : *« Il faut discerner avec une extrême lucidité toutes les modifications de la valeur d'un mot suivant la place qu'il occupe… »* ■

L'Atelier du peintre *de Courbet. Ce dernier écrira qu'« il faut encanailler l'art ».*

Le scientisme

Forts des progrès de la science dans de nombreux domaines, médical notamment, historiens, critiques littéraires, romanciers, poètes même sont attirés par l'illusion scientiste selon laquelle les phénomènes humains, individuels ou sociaux sont réductibles à des lois générales. Ainsi, Renan propose de trouver la loi qui détermine la production des phénomènes religieux. De son côté, Taine entend dégager un principe qui puisse rendre compte de la production artistique d'une époque. ■

Le Déjeuner sur l'herbe *de Manet est présenté au Salon des refusés de 1863. L'impératrice Eugénie, jugeant la toile impudique, la soufflette de son éventail.*

Scandales et procès

Deux œuvres majeures du siècle seront jugées pour atteintes à la morale publique. Le substitut Pinard reproche à *Madame Bovary* de Gustave Flaubert la lascivité de certaines scènes et la «poésie de l'adultère». Mais le jugement acquitte Flaubert, que l'on sait apprécié de la cour impériale, non sans dénoncer le *«réalisme qui serait la négation du beau et du bon». Les Fleurs du Mal,* en revanche, sont condamnées au nom d'une réaction contre *«ces tendances croissantes mais certaines, contre ces fièvres malsaines qui portent à tout peindre, à tout décrire, à tout dire»* et qui conduisent à *«l'excitation des sens par un réalisme grossier et offensant pour la pudeur».* ■

Le réalisme en peinture

Dans la voie de la recherche de la réalité, la peinture avait précédé la littérature. Dès 1840, en effet, des toiles qui montrent l'activité industrielle du pays sont exposées aux différents Salons. Manet, en revanche, verra tous ses chefs-d'œuvre hués ou refusés. *Le Déjeuner sur l'herbe* qui présente des nus avec des hommes habillés accentuant la nudité féminine est considéré comme obscène : le code moral a été transgressé qui permettait à la nudité de s'exhiber sous couvert de l'Antiquité. Les vastes toiles de Courbet donne à l'homme du peuple la même dignité qu'aux figures historiques : on lui reprocha de se complaire dans la laideur si bien qu'en 1855, le Salon ayant refusé ses tableaux, Courbet les expose dans un espace voisin. Scandale qui donna son impulsion au réalisme littéraire. ■

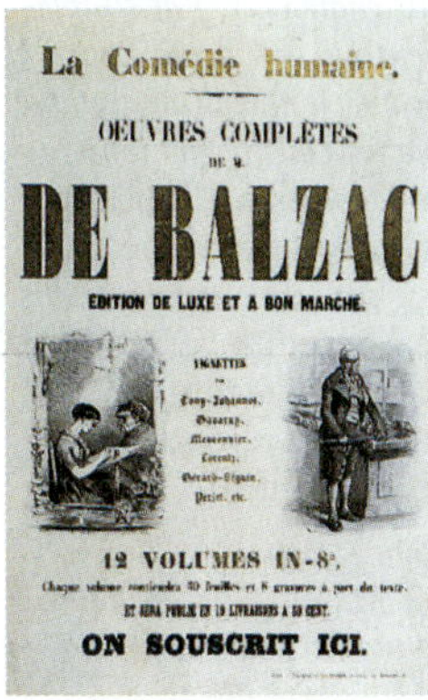

Balzac est l'auteur d'une véritable fresque de la société française, de la Révolution à la fin de la monarchie de Juillet.

Points clés

Émile Zola et le naturalisme

Avec Émile Zola, le mineur, le cheminot, la prostituée, la demi-mondaine, la vendeuse du grand magasin se côtoient et entrent en littérature aux côtés du banquier ou de l'homme politique.

Le roman expérimental et le naturalisme

Zola expose ses idées sur le naturalisme dans *le Roman expérimental* (1880). Il se fonde sur la méthode du physiologiste français Claude Bernard que ce dernier a présentée dans son *Introduction à l'étude de la médecine expérimentale* (1865) et que Zola entend appliquer à la création littéraire. Ainsi, à l'observation des mœurs et des caractères, Zola entend ajouter l'expérimentation : « *Le romancier est fait d'un observateur et d'un expérimentateur. L'observateur chez lui donne les faits tels qu'il les a observés* [...], *l'expérimentateur paraît et institue l'expérience, je veux dire fait mouvoir les personnages dans une histoire particulière pour y montrer que la succession des faits y sera telle que l'exige le déterminisme des phénomènes mis à l'étude.* »
Dans la préface de *Thérèse Raquin*, Zola précise : « *J'ai choisi des personnages souverainement dominés par leurs nerfs et leur sang, dépourvus de libre-arbitre, entraînés à chaque acte de leur vie par les fatalités de leur chair* [...]. *J'ai simplement fait sur deux corps vivants le travail analytique que les chirurgiens font sur les cadavres.* » L'homme est ainsi déterminé par son milieu et par les lois de l'hérédité. C'est cette double détermination que l'œuvre entière de Zola illustre. ■

Zola (1840-1902) par Manet. Zola est l'auteur de nombreux ouvrages de critique d'art.

Les Rougon-Macquart

Après avoir lu *la Comédie humaine* de Balzac, Zola a le projet d'un cycle de romans qui rendrait compte non pas de l'ensemble des mœurs d'une société, mais d'une seule famille. En fait, les milieux sociaux vont vite s'imposer et la fresque deviendra une somme de vingt volumes retraçant la vie du second Empire. Les Rougon et les Macquart vont s'unir pour former une famille dans laquelle Zola va, au fil des générations, suivre la « névrose originelle », l'alcoolisme du contrebandier Macquart qui devient l'amant d'Adélaïde Rougon, veuve d'un solide paysan. Deux branches se forment alors, légitime et illégitime, qu'illustreront, du côté Rougon, Aristide Rougon *(la Curée)*, Pascal Rougon *(le Docteur Pascal)* ; du côté Macquart, Gervaise Macquart *(Gervaise)*, Anna Coupeau *(Nana)*. ■

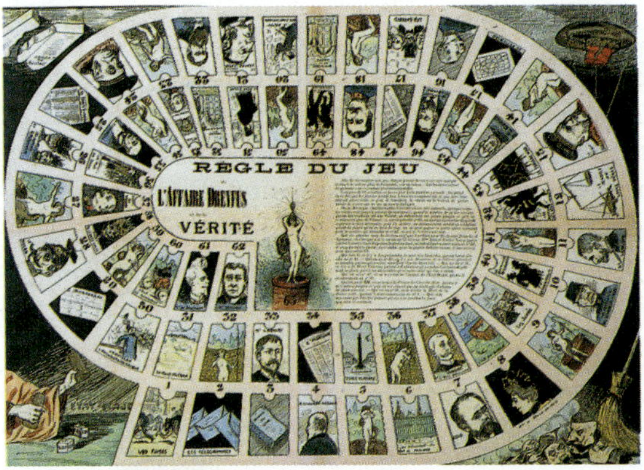

Jeu de l'oie inspiré par l'affaire Dreyfus.

La fascination des machines

Les machines modernes, dont cette fin du XIXe siècle n'est pas avare, nourrissent l'imagination de Zola : *« Paris me fait, en ce moment, l'effet d'une énorme et puissante machine, fonctionnant à toute vapeur avec une furie diabolique »*, écrit-il au moment de l'Exposition universelle. Les machines « zoliennes » s'animent, deviennent des animaux dangereux tels la locomotive de *la Bête humaine,* l'alambic du père Colombe dans *l'Assommoir.* Mais *« les bêtes sauvages restent des bêtes sauvages, et on aura beau inventer des mécaniques meilleures encore, il y aura quand même des bêtes sauvages dessous »*, dit un personnage de *la Bête humaine.* ■

L'affaire Dreyfus

Zola a consacré une part importante des dernières années de sa vie à lutter pour la révision du procès qui condamna Alfred Dreyfus au bagne de Cayenne pour espionnage. Il se sera jeté dans une immense bataille au cours de laquelle il perdra sa fortune, ses lecteurs, sera obligé de s'exiler. Il réagit d'abord en homme de lettres : *« Devant ces documents, d'une beauté si tragique, que la vie nous apporte, mon cœur de romancier bondit d'une admiration passionnée. Je ne connais rien d'une psychologie plus haute. »* ■

Les écrivains du réel

Edmond et Jules de Goncourt, qui ont été les modèles de Zola à ses débuts, ont bientôt été dépassés par le disciple. Avec *Germinie Lacerteux,* histoire sordide d'une domestique fille-mère, sont mises en scène «les misères des petits et des pauvres». Jules Vallès puise en lui-même la riche matière de son œuvre : *l'Enfant, le Bachelier* et *l'Insurgé* retracent sa vie de l'école à la Commune.

Jules (à gauche) et Edmond de Goncourt sont des tenants du naturalisme.

Points clés

Guy de Maupassant

Guy de Maupassant a écrit plus de trois cents nouvelles et six romans : moqueurs quand ils peignent les paysans normands, cruels ou pessimistes quand ils montrent la noirceur du monde ou étranges quand ils abordent les thèmes obsessionnels où apparaît la folie de Maupassant.

La tradition fantastique

Un courant se fait jour à la fin du XVIIIe siècle qui, à l'opposé de la rationalité des Lumières, est fasciné par l'occultisme et la magie. Dans cet esprit, Cazotte écrit *le Diable amoureux*. En Angleterre, le roman noir met en scène meurtres, viols et cimetières lugubres : le macabre est à la mode. En 1818, Mary Shelley compose *Frankenstein ou le Prométhée moderne.* En France, le fantastique est l'œuvre d'écrivains romantiques comme Balzac ou Gautier. Aloysius Bertrand et Charles Nodier sont tentés par l'excès, la création de monstres et la mise en scène lugubre. Nerval tente de saisir l'inexprimable par des analogies étranges qui mènent le récit. Il s'agit d'explorer un domaine nouveau, le rêve ou le cauchemar, pour découvrir une autre réalité *« au-delà des portes de corne et d'ivoire »* de la raison (Nerval). ■

Le fantastique, entre raison et déraison

En face d'un phénomène incompréhensible, deux solutions s'offrent à nous. Nous pouvons donner une explication rationnelle à ce qui nous est apparu comme étrange ou bien nous tolérons l'idée d'une manifestation surnaturelle. Dans ce cas, l'incompréhensible est accepté et le récit entre dans le domaine du merveilleux : dans un conte de fées, on ne s'étonne pas de voir les animaux parler. Ainsi, le fantastique est un moment, celui de l'hésitation du lecteur entre deux principes d'explication. À la fin du *Horla* peuvent subsister la croyance en un être démoniaque ou le sentiment de la folie du narrateur. ■

Atteint de troubles nerveux, Maupassant (1850-1893) sombrera dans la folie.

Réalisme et fantastique

Maupassant ancre le récit fantastique dans le réel le plus banal : une soirée de canotage sur la rivière *(Sur l'eau)*, un meuble ancien acheté chez un antiquaire *(la Chevelure)*, une journée de rêverie dans le jardin de la maison *(le Horla)*. Le cadre réaliste permet d'autant plus aisément à l'illusion romanesque de jouer pleinement et au lecteur de s'identifier au personnage que celui-ci est parfois le narrateur et que le « je » du diariste devient celui du lecteur.

Maupassant n'use pas des moyens habituels du fantastique : il mène progressivement le lecteur à sentir l'angoisse monter en lui et à s'avouer que lui aussi pourrait bien devenir fou. C'est que le fantastique de Maupassant est tout intérieur. En nous, un autre peut surgir et nous imposer sa volonté. Le thème du double court dans l'œuvre de Maupassant, y compris dans des récits qui n'ont rien de mystérieux : Georges Duroy ne se reconnaît pas dans le miroir. ■

Les critiques et les lecteurs de l'époque n'ont pas hésité à identifier Maupassant au narrateur du Horla.

Maupassant et la folie

Maupassant connaît les mêmes affections qui troublent le narrateur du *Horla*. Il garde la chambre pour reposer ses yeux et a l'impression d'être suivi : *« Alors, il me sembla sentir derrière moi / Quelqu'un qui se tenait debout, dont la figure / Riait d'un rire atroce, immobile et nerveux, / Et je n'entendais rien cependant. Ô torture ! »* (*Terreur*, 1880). Un jour de 1885, se regardant dans une glace, il perd la notion de son identité et se demande qui est cet étranger devant lui. Les hallucinations s'aggravent. Il souffre de perte de mémoire ; son élocution devient confuse ; il est atteint de délire des grandeurs. Edmond de Goncourt note en 1893 : *« Le Dr Blanche nous laisse entendre qu'il est en train de s'animaliser. »* En vérité, Maupassant expulse sa souffrance, en nourrit son œuvre littéraire : *« Plus Maupassant chemine dans le fantastique, plus il progresse dans l'irréel et plus il serre de près la réalité, sa réalité propre, car de plus en plus, ses contes sont composés d'observations très exactement faites sur lui-même »* (Paul Morand). ■

Le pessimisme

On rit, certes, en lisant les nouvelles de Maupassant. Mais elles ont un goût amer : aucune valeur ne subsiste, ni amitié, ni amour, ni progrès. Maupassant héritait cette vision du monde du philosophe allemand Schopenhauer dont il disait qu'il était *« le plus grand saccageur de rêves qui ait passé sur la Terre »*.

Dico → fantastique • Frankenstein • merveilleux • nouvelle

Points clés

L'esprit fin de siècle et les décadents

Le naturalisme et l'esprit scientiste paraissent triomphants en cette fin de siècle. Cependant, des voix se lèvent qu'aiguillonnent le dégoût du présent et l'attirance pour les phénomènes religieux et surnaturels.

Romancier, poète et dandy, Montesquiou-Fezensac (1855-1921) a été un des modèles de Huysmans pour le personnage de des Esseintes dans À rebours.

Contre le réel

Après la catastrophe de la guerre de 1870 et les morts de la Commune domine l'idée que la réalité est sombre, voire hostile. On sent que la science ne peut tout maîtriser et apporter sécurité et réconfort. L'art seul permet d'échapper à l'angoisse : le réel est d'abord dans la pensée de celui qui voit et imagine. Le naturalisme laisse ainsi la place à une exploration des images intérieures. Il est significatif que le monologue intérieur qui privilégie la transcription de la pensée sur la narration des faits soit pour la première fois utilisé sur toute la longueur du récit dans ces années (*Les lauriers sont coupés* d'Édouard Dujardin, 1887). Par ailleurs, une quête spiritualiste mène les écrivains dans la voie du satanisme (Huysmans, *Là-bas*), de la recherche du mysticisme (Villiers de L'Isle-Adam). ■

Les romanciers du surnaturel

Le dandy Jules Barbey d'Aurevilly (1808-1889) manie avec dextérité l'humour, la pointe caustique ; ses nouvelles sont empreintes d'une violence qu'on peut trouver étonnante chez cet écrivain catholique qui exècre l'esprit positiviste. La morale qu'il revendique est parfois scandaleuse (voir *le Bonheur dans le crime*) et l'Église tente d'empêcher la réédition d'*Un prêtre marié*. Le héros de *l'Ensorcelée* est un prêtre séducteur qui révèle en fait la présence de Lucifer en ce monde. Les nouvelles de Villiers de L'Isle-Adam (1838-1889) expriment une vision pessimiste du monde que vient tempérer la croyance en la puissance des idées. Dans *Véra,* le comte d'Athol pleure sa femme décédée et la fait revivre par la force de son désespoir. Joris-Karl Huysmans (1848-1907) crée avec des Esseintes *(À rebours)* un personnage de dandy décadent amateur du Bas-Empire romain qui n'apprécie que l'artificiel ou le pervers. Le style de Huysmans est en accord avec cette esthétique de la subtilité. ■

Alfred Jarry (1873-1907) et « Ubu roi »

La pièce *Ubu roi* d'Alfred Jarry se présente comme une farce qui met à mal les fondements mêmes du théâtre : absence de vraisemblance et de psychologie, une intrigue fort mince, le tout au service d'un comique décapant qui montre à la foule des spectateurs qu'ils sont, disait Jarry, une *« masse inerte* [...] *et passive »*.

Affiche pour Ubu roi *de Jarry au théâtre de l'Œuvre vers 1900. La pièce, qui parodie* Macbeth, *a été créée à Paris en 1896.*

Salomé *par Gustave Moreau. Maître du symbolisme, il enchante Huymans. Plus tard, les surréalistes le placeront parmi leurs initiateurs.*

Les poètes décadents

La bohème poétique de la fin du second Empire se retrouve dans des cabarets où se réunissent des groupes aux noms évocateurs, les « Zutistes », les « Jemenfoutistes ». Parmi les habitués des cafés et des cercles littéraires, Charles Cros (1842-1888) occupe une place de choix. Ses poèmes expriment avec humour et dérision, dans *le Coffret de santal,* le mal-être qui le poursuit : *« Pendant de longues périodes dans la vie courte, je m'efforce à rassembler mes pensées qui s'enfuient, je cherche les visions des bonnes heures. / Mais je trouve que mon âme est comme une maison désertée par les serviteurs. »* Tristan Corbière (1845-1875), dont quelques nouvelles parurent dans *la Vie parisienne,* fait à juste titre partie des poètes maudits. Révélé par Verlaine, amant infortuné, maladif, il dissimule sa détresse sous une ironie grinçante qui moque l'amour qu'il cherche : *« Oh ! je t'aimais comme... un lézard qui pèle / Aime le rayon qui cuit son sommeil »* (*les Amours jaunes,* 1873).

Dico → monologue • nouvelle • Satan • Ubu

L'invention du surréalisme

Le Surréalisme ? *« Automatisme psychique pur,* dit Breton, *par lequel on se propose d'exprimer, soit verbalement, soit par écrit, soit de tout autre manière, le fonctionnement réel de la pensée. Dictée de la pensée, en l'absence de tout contrôle exercé par la raison, en dehors de toute préoccupation esthétique ou morale. »* Ainsi parle le *Manifeste du surréalisme* en 1924.

Apollinaire

« Enchanteur pourrissant », celui qui, avec *Alcools* (1913), avait libéré la poésie des contraintes de la ponctuation est également l'inventeur du mot « surréalisme », à l'occasion de la représentation d'un « drame » iconoclaste, *les Mamelles de Tirésias* (1918). Blessé pendant la guerre, mort de la grippe espagnole en 1918, Apollinaire n'aura pas le temps de vraiment fréquenter les jeunes gens désenchantés qui se réclament de lui.

Le mouvement dada

Nous sommes en pleine guerre, le 8 février 1916, quand au cabaret *Voltaire,* à Zurich, des artistes réfugiés en territoire neutre, emmenés par le jeune Tristan Tzara (1896-1963), fondent le mouvement dada. Qu'est-ce que dada ? *« Abolition de la mémoire… abolition des prophètes… abolition du futur… »* (*Dada 3,* décembre 1918). Les dadaïstes sont des iconoclastes qui refusent en bloc l'art et la civilisation d'une époque qui est en train de produire huit millions de morts : le traumatisme de la guerre est terrible dans une génération née dans les meilleures années de la Belle Époque et qui voit tous ses rêves s'évanouir dans les décombres. Dada est, à l'origine, mi-français, mi-allemand, mais très vite divers groupes, en Espagne, en Hongrie, en Italie, en Hollande, se réclament de l'esprit dada : *« Le seul principe universellement valide est la négation »,* clame la revue *Dada.* ■

Guillaume Apollinaire (1880-1918).

La révolution du surréalisme

Le surréalisme est, sans conteste, le mouvement d'idées et d'expression le plus important de l'entre-deux-guerres. Dès le *Manifeste du surréalisme* (1924), Breton et ses amis (Eluard, Soupault, Aragon, puis Péret, Ernst, Crevel, Arp, Desnos, etc.) dynamitent tous les modes de pensée. Influencés par le mot d'ordre de Rimbaud – *« changer la vie »* –, par les œuvres de Marx et de Freud, ils mettent en avant les mots de l'inconscient, seuls capables de rendre compte de l'au-delà du réel : le surréalisme *« repose sur la croyance à la réalité supérieure de certaines formes d'associations négligées jusqu'à lui, à la toute-puissance du rêve, au jeu désintéressé de la pensée. Il tend à ruiner définitivement tous les autres automatismes psychiques et à se substituer à eux dans la résolution des principaux problèmes de la vie » (Manifeste du surréalisme).* Les surréalistes, qui n'ont ni dieu ni maître, se reconnaissent de grands ancêtres : Rimbaud, Lautréamont, Apollinaire, mais aussi tous les visionnaires réunis par Breton dans *l'Anthologie de l'humour noir* (1940). ■

Au rendez-vous des amis ***(1922) de Max Ernst juxtapose les surréalistes aux maîtres qu'ils se reconnaissent (comme Dostoïevski). Derrière, de gauche à droite : Soupault, Arp, Morise, Sanzio, Eluard, Aragon, Breton, Di Chirico, Gala Eluard. Au premier plan : Crevel (assis, de dos), Ernst, Dostoïevski, Fraenkel, Paulhan, Péret, Baargeld, Desnos.***

Surréalisme et politique

Engagés à gauche, les surréalistes voient leur belle unité se briser sur la question de l'appartenance au Parti communiste français. Favorable à Trotski, alors pourchassé par Staline, Breton exclut du mouvement surréaliste Aragon puis Eluard qui ont fait acte d'allégeance au « parti des travailleurs ». La mentalité surréaliste, héritée de dada, est trop anarchisante pour les cadres du parti communiste qui traitent Breton et ses amis de petits-bourgeois. Pourchassés par les nazis, les surréalistes, après 1940, se partagent entre résistants, comme Aragon, et exilés, comme Breton ou Péret. Les premiers affirment que l'*« honneur des poètes »* est de s'engager dans la lutte, les seconds croient que l'honneur de la poésie est de se battre sur le terrain poétique. Les désaccords ne feront que s'accentuer après la fin du conflit mondial, pendant la guerre froide, jusqu'à ce que la déstalinisation relative en Union soviétique donne raison, trop tard, à Breton. ■

Dico → écriture automatique • humour • manifeste

André Breton

Breton a, sa vie durant, choisi la poésie : contre les vieilles gloires de la IIIe République, contre les poètes engagés dans l'impasse qui va du socialisme au stalinisme et contre ses propres amis. Co-inventeur du surréalisme, il en fut le gardien et le dernier représentant.

Le pape du surréalisme

Un temps dadaïste, l'ancien étudiant en médecine qu'est Breton mesure vite les limites du nihilisme radical de Tzara. Il fonde le surréalisme avec Aragon et Soupault et en écrit le *Manifeste* (1924) : *« Tout porte à croire qu'il existe un certain point de l'esprit où la vie et la mort, le réel et l'imaginaire, le passé et le futur, le communicable et l'incommunicable, le haut et le bas cessent d'être perçus contradictoirement. Or, c'est en vain qu'on chercherait à l'activité surréaliste un autre mobile que l'espoir de détermination de ce point. »* Poète avant tout (*Clair de terre,* 1923), il est aussi l'arpenteur des champs de la création (*les Pas perdus,* 1924) et chef de file du mouvement qui, sans cesse, doit veiller à l'observation de la Loi : il exclut les surréalistes du groupe « le Grand Jeu » – René Daumal, Roger-Gilbert Lecomte, Roger Vailland – parce que ceux-ci flirtent avec des drogues qui entachent de suspicion le pur exercice de l'esprit en liberté ; il se sépare d'Aragon puis d'Eluard pour cause d'engagement partisan, parce que la *Révolution surréaliste,* titre de la revue du groupe, est plus profonde que la révolution politique ; il se brouille avec Dali, trop mercantile, mais coupe les ponts aussi avec Artaud, Soupault, Desnos, suspectés de « faire de l'art » et donc de rentrer dans le système en semblant le combattre. Pape du surréalisme, Breton cède parfois au dogmatisme. ■

Le Surréalisme *(1932) de Valentine Hugo représente Breton, Eluard, Tzara, Char, Crevel et Péret, le front dans les étoiles.*

Les quatre mousquetaires du surréalisme

Breton, le gardien des tables de la Loi ; Aragon, trop doué pour être honnête, qui préférera au statut de surréaliste celui de poète officiel du parti communiste ; Soupault, qui restera jusqu'au bout un poète inclassable, un révolté de la dernière heure ; Eluard, enfin, la poésie même, mais sans l'instinct politique qui lui aurait permis de discerner les intentions de ses divers « amis ». À ces quatre mousquetaires il faut peut-être joindre Péret, le plus jeune et, finalement, le plus fidèle à la lettre de la Loi surréaliste.

L'écriture automatique

Breton expérimente, avec Soupault, les possibilités de l'écriture automatique (*les Champs magnétiques,* 1919) pour laquelle l'inconscient seul guide la plume : *« Faites abstraction de votre génie, de vos talents et de ceux de tous les autres. Dites-vous bien que la littérature est un des plus tristes chemins qui mènent à tout. Écrivez vite sans sujet préconçu, assez vite pour ne pas retenir et ne pas être tenté de vous relire. La première phrase viendra toute seule, tant il est vrai qu'à chaque seconde il est une phrase étrangère à notre pensée consciente qui ne demande qu'à s'extérioriser. »* Cela peut prendre la forme d'une formule grammaticale creuse que l'imaginaire incontrôlé emplit : *« Ma femme à la chevelure de feu de bois / Aux pensées d'éclair de chaleur / À la taille de sablier / Ma femme à la taille de loutre entre les dents du tigre… »* (« l'Union libre », in *Clair de terre*). ■

Le « cadavre exquis », jeu surréaliste où des mots se juxtaposent au hasard, peut aussi s'exprimer au travers de dessins comme celui-ci, réalisé par Breton et Tanguy en 1938.

L'amour fou

Breton est enfin, et surtout, le poète de l'amour. Amour de la femme *« aux yeux de fougère »* rencontrée à Paris par l'un de ces « hasards objectifs » chers au surréalisme (*Nadja,* 1928), « amour fou » – selon le titre du texte publié en 1937 – d'une autre femme, Ondine, *« aux yeux d'aubier »*. Le hasard de la rencontre est pure poésie : *« C'est comme si tout à coup la nuit profonde de l'existence humaine était percée, comme si la nécessité naturelle consentait à n'en faire qu'une avec la nécessité logique, toutes choses livrées à la transparence totale. »* ■

Breton est aussi dessinateur, assembleur d'objets hétéroclites, compositeur de collages mixant les diverses « réalités », comme celui-ci.

Points clés

« À la recherche du temps perdu »

À peu de choses près, Marcel Proust est l'auteur d'un livre unique, mais un livre-fleuve où non seulement le narrateur recompose son existence entière et en cherche les clés, mais où un monde entier de l'avant-guerre est jeté sur le papier, avec son snobisme, son dandysme, ses mœurs rigides ou interlopes.

Le roman infini

« L*ongtemps je me suis couché de bonne heure* » : peu de premières phrases sont aussi célèbres que celle de *À la recherche du temps perdu*. Grand insomniaque maladif, Proust part reconquérir le temps, à la première personne et sous le masque de son héros, Swann, son double familier, aux amours plus acceptables que les siennes. Membre de la haute bourgeoisie parisienne, quoique un peu décalé parce que juif – il sera un dreyfusard constant au tournant du siècle –, grand lecteur – au point de pasticher volontiers les « maîtres » –, Proust fréquente la haute société en étudiant le droit et les lettres, en vrai dilettante fortuné. Il commence à écrire la *Recherche* en 1908, trois ans après la mort de sa mère – *« Maman a emmené en mourant le petit Marcel »*, dira-t-il. Son manuscrit est un chef-d'œuvre en soi, de feuilles ajoutées aux feuilles, de « paperolles » collées les unes aux autres : le manuscrit se déplie tel une mémoire rétive. ■

Marcel Proust (1877-1922).

Les effets de mémoire

Le narrateur de la *Recherche* se souvient : aux souvenirs directs se superposent les effets d'une *« mémoire involontaire »*, fondée sur les associations entre une sensation et un souvenir. Ainsi, dans un épisode célèbre, le goût d'une madeleine fait revenir toute l'enfance – à partir d'une similitude avec le *« goût de la madeleine trempée dans le tilleul que* [lui] *donnait* [sa] *tante »*. Une phrase musicale aura le même effet, ainsi que la sensation, sous sa semelle, d'un pavé disjoint. Sauf que, parfois, la mémoire refuse de laisser remonter le souvenir à la surface : la recherche est pleine de ces instants malheureux où du passé ne subsiste qu'une sensation, comme un regret indistinct. ■

Les pièges des personnages

La plupart des personnages de la *Recherche* sont à clés, c'est-à-dire qu'ils correspondent à des personnes réelles, transposées dans l'univers littéraire, mais avec des modifications parfois importantes. Ainsi, Albertine a des traits empruntés au chauffeur-secrétaire-amant de Proust, Alfred Agostinelli. Toute la bonne société de son époque est dans la *Recherche,* mais à travers des filtres : Mme Verdurin, qui rêve de se faire accepter chez les Guermantes, a dix, vingt modèles, dans cette bourgeoisie de la IIIe République fascinée par une aristocratie moribonde. La *Recherche* paraît souvent une interminable suite de réflexions. Chaque action des personnages est analysée, parce qu'elle peut receler des profondeurs inavouables : ainsi, chaque geste, chaque propos d'Odette aiguisent la jalousie du héros dans *Un amour de Swann.* Proust pense que chaque action, chaque parole, même anodines, sont codées et que l'une des voies du roman est l'infini décodage – et le décodage du décodage : d'où ce manuscrit « en abyme » où chaque page est récrite, commentée, amplifiée. ■

L'homosexualité et la « Recherche »

Les mœurs, dans la *Recherche,* ne sont jamais ce qu'elles paraissent, métaphore, sans doute, du destin de l'homosexuel au début du siècle, affichant rarement un destin difficile. Albertine, aimée du narrateur, a peut-être aimé des femmes. Odette, aimée de Swann, le trompe sans doute, mais l'incertitude est rarement levée. Seul Charlus, Guermantes décadent, affiche ses mœurs avec l'impudence d'une « fin de race » qui n'a plus rien à sauver, pas même les apparences. Cette *« indécence »,* selon le terme même de Proust, est l'un des thèmes centraux de la *Recherche.*

Illustration de Van Dongen pour une édition de la Recherche, *en 1947, chez Gallimard :* « Dès que j'eus reconnu le goût du morceau de madeleine trempée dans le tilleul que me donnait ma tante... »

Volker Schlöndorff a porté à l'écran Un amour de Swann *avec Alain Delon dans le rôle inattendu du baron de Charlus (1984).*

Dico → abyme • Albertine • Guermantes • narrateur • pastiche

Points clés

La « génération perdue »

Les pires cicatrices de guerre sont parfois celles qui ne se voient pas : la « génération perdue », selon un mot de Gertrude Stein qui les fréquentait, rassemble les écrivains, souvent américains comme elle, dont la Grande Guerre, qu'ils y aient participé ou non, effaça les illusions et la jeunesse.

Le traumatisme de la « der des der »

Quand elle n'est pas morte dans les tranchées comme Alain-Fournier, l'auteur du *Grand Meaulnes,* ou Péguy, le poète fondateur des *Cahiers de la quinzaine,* quand elle n'y a pas laissé sa santé, comme Apollinaire, la jeunesse des années 1900 sort de la « der des der » totalement traumatisée. Le siècle avait commencé par une grande foi en l'homme et dans le progrès. Même les décadents des années 1890, de Wilde au jeune Gide en passant par Huysmans, croyaient en une esthétique. Et les « Américains à Paris », comme Henry James, venaient en Europe parce qu'ils y décelaient un art de vivre absent d'un Nouveau Monde en pleine conquête de l'Ouest. Tout change après novembre 1918. La littérature française, de Dorgelès (*les Croix de bois,* 1919) à Barbusse (*le Feu,* 1916), est une littérature de décombres ou de révoltes nihilistes avec dada. Et une génération d'écrivains américains, jeunes, souvent engagés volontaires dans le premier conflit mondial, erre, démobilisée, dans une Ville-Lumière où la vie s'est faite frénétique : les « Années folles » – *« Roaring twenties »,* disent les Américains – commencent. ■

Scott Fitzgerald et son épouse Zelda laisseront l'empreinte d'un couple maudit.

Des Américains à Paris

John Dos Passos (1896-1970), William Faulkner (1897-1962), Ernest Hemingway (1899-1961), Francis Scott Fitzgerald (1896-1940), Henry Miller (1891-1980) : la plupart sont passés par la guerre, sur différents fronts, et en ont gardé l'horreur au fond des prunelles. Tous ont, plus ou moins longuement, séjourné à Paris. Ils y étaient en contact avec Gertrude Stein (1874-1946), femme de lettres américaine installée durablement à Paris comme ses amies écrivains Djuna Barnes (1892-1982) ou Anaïs Nin (1903-1977), et amie des cubistes. C'est elle qui trouvera l'appellation « génération perdue » pour qualifier ces écrivains alors en devenir, presque tous du même âge, errant sans le sou entre Montmartre et

Gertrude Stein peinte par Picasso.

Montparnasse (Miller, *Jours tranquilles à Clichy,* 1956). À la même époque s'installent aussi à Paris, qui est encore la capitale mondiale de la littérature, les Irlandais James Joyce (*Ulysse,* 1922) ou Samuel Beckett (*Murphy,* 1938), parmi tant d'autres. ■

L'âge d'or du roman américain

C'est le titre d'un bel essai de Claude-Edmonde Magny paru après la Seconde Guerre mondiale, qui fait le point sur la « génération perdue » et précise tout ce que la littérature mondiale doit à ces jeunes gens désespérés. Il y a chez Fitzgerald (*les Enfants du jazz,* 1922 ; *Gatsby le Magnifique,* 1925 ; *Tendre est la nuit,* 1934) un néoromantisme mélancolique, morbide, tout aussi imprégné d'alcool que le réalisme journalistique de Hemingway (*Le soleil se lève aussi,* 1926 ; *En avoir… ou pas,* 1937). C'est ce dernier qui donnera de l'époque la vision la plus colorée dans *Paris est une fête* (posthume, 1964) – fête triste, mais permanente.

Les Américains passés par Paris, outre une ambiance, transmettent aussi des techniques d'écriture qui seront très copiées, surtout après 1945. En particulier le mélange fiction / nouvelles du monde (Dos Passos, *Manhattan Transfer,* 1925 ; *42e Parallèle,* 1930) ou la descente dans les régions obscures de l'âme (Faulkner, *le Bruit et la Fureur,* 1929), qui inspireront particulièrement Sartre (*les Chemins de la liberté,* 1945-1949). Presque tous traduits chez Gallimard, les écrivains américains fondent sans le vouloir, avec un décalage de plusieurs années entre leur présence effective et leur influence, une école durable. ■

Hemingway

Celui que l'on appelait « Papa » a combattu durant la Grande Guerre sur le front italien (*l'Adieu aux armes,* 1929), a longuement vécu à Paris, puis dans l'univers des corridas (*Mort dans l'après-midi,* 1932), chassé le fauve en Afrique (*Vertes collines d'Afrique,* 1935), participé à la guerre d'Espagne (*Pour qui sonne le glas,* 1940), avant d'aller pêcher l'espadon à Cuba (*le Vieil Homme et la mer,* 1952) et de mériter le prix Nobel (1954). Malade, il se tirera une balle dans la tête (1961).

Hemingway a vécu sa vie par tous les bouts : il a été de toutes les fêtes et de toutes les guerres.

Dico → fiction • nouvelle • réalisme • Ulysse

Les théâtres de boulevard

Les « grands boulevards », à Paris, sont formés d'une enfilade de grandes artères reliant la place de la Bastille à celle de l'Opéra. Ils ont été percés sur l'emplacement d'anciennes fortifications dont subsistent quelques « portes », au niveau des faubourgs Saint-Denis ou Saint-Martin. Là furent construits, aux XIXe et XXe siècles, les théâtres les plus populaires.

Déjà, au siècle dernier

Les boulevards présentaient la tragédie classique, le drame de Hugo, le drame historique à la Dumas, à côté de divertissements plus légers, comédies et vaudevilles entremêlant souvent dialogues et chansons. L'un des premiers auteurs à connaître un immense succès dans ce type de répertoire est Scribe (1791-1861). Suivront Labiche (1815-1888), Victorien Sardou (1831-1908), Feydeau (1862-1921). De grands acteurs, comme Coquelin aîné ou Lucien Guitry, drainent au théâtre une foule composite venue se délasser. Le « théâtre de boulevard » recouvre des œuvres fort différentes, mais sa caractéristique première est sa capacité de divertissement. ■

Guitry, l'homme à la mode passé de mode

Sacha Guitry (1885-1957), fils de Lucien, est acteur et auteur. D'une prodigieuse fécondité – il sera dramaturge, romancier, essayiste et cinéaste –, il est l'auteur fétiche du boulevard. Il y donne aussi bien des pièces inspirées par les grands hommes (*Debureau*, 1918 ; *Pasteur*, 1919 ; *Talleyrand*, 1947), qu'il joue en général lui-même, que des pièces fondées sur le « triangle amoureux » – le mari, la femme, l'amant (*Un beau mariage*, 1911). Dès 1926 pourtant, les acteurs-metteurs en scène et directeurs des théâtres du Cartel – Jouvet, Dullin, Copeau et Baty – considéraient l'œuvre de Guitry comme passée de mode. Le plus piquant est qu'il est revenu au premier plan, dans les années 1980, peut-être parce que ce théâtre léger, brillant, plaisant, est ce qui convient le mieux aussi bien aux années de bonheur qu'aux années de crise. ■

Les « boulevards » sont à la fois le lieu où l'on se montre et celui où l'on se distrait.

Giraudoux, ou la tragédie remise au goût du jour

À la limite du boulevard et du théâtre « sérieux », Jean Giraudoux (1882-1944) enchante à la fois les amateurs du « boulevard » et les tenants d'un théâtre plus exigeant – Jouvet mettra en scène et jouera la plupart de ses pièces. Ses œuvres sont légères, mais profondes. Il commence d'ailleurs par un scandale, en tentant une réconciliation franco-allemande dès 1928, avec *Siegfried*. *Ondine* (1939) est une féerie, *Amphitryon 38*, une plaisanterie. Mais *La guerre de Troie n'aura pas lieu* (1935) évoque, en filigrane, une montée des périls que Giraudoux, diplomate de carrière, est l'un des rares à percevoir ; et *Électre* (1937) réactive, sous un style pseudo-superficiel, une tragédie qui sied bien à une époque de barbarie renouvelée – Sartre utilisera le même thème, en pleine guerre, en écrivant *les Mouches*.

Marie Laurencin a laissé de Cocteau le portrait (1921) d'un éternel jeune homme, presque trop féminin.

La Folle de Chaillot (posthume, 1945), enfin, dénonce les combinaisons des capitalistes destructeurs de beauté, mais toujours sous la fable la plus plaisante. ■

Cocteau

Dessinateur, prosateur, poète, cinéaste, Jean Cocteau (1889-1963) a eu presque trop de dons : d'où un reproche de « facilité » qu'on lui fait trop souvent.

Inspiré autant par les mythes anciens (*Antigone*, 1928 ; *la Machine infernale*, 1934) que par la modernité (*les Mariés de la tour Eiffel*, 1923 ; *la Voix humaine*, 1930 – monologue au téléphone d'une femme abandonnée), Cocteau restera comme l'un des écrivains les plus féconds du siècle.

Avec Électre *de Giraudoux, monté en 1937, Jouvet met sur scène des Grecs qui parlent une langue bien moderne.*

La littérature engagée

On croyait au progrès, on récolta la guerre : le XXe siècle commençait mal et continua plus mal encore. Jamais l'homme n'avait poussé si loin la haine de l'homme. Nombreux seront les écrivains, de tous bords, à prendre parti dans ces affrontements meurtriers. À en croire Sartre, après Hiroshima et Auschwitz, la littérature ne pouvait qu'être « engagée ».

La tentation communiste

L'assassinat de Jaurès, en 1914, a momentanément tué l'espoir, comme le racontera Roger Martin du Gard (*les Thibault,* 1936). Les pacifistes comme Romain Rolland tentent de rester « au-dessus de la mêlée », tandis que les écrivains partis combattre ramènent des témoignages effroyables, tant du côté français (Barbusse, *le Feu,* 1916) que du côté allemand (Ernst Jünger, *Orages d'acier,* 1920). L'engagement commence ainsi par le témoignage et se poursuit par la prise de parti : de nombreux intellectuels rejoignent le parti communiste ou flirtent avec les idées bolcheviques. Même des écrivains « bourgeois » comme Gide s'enthousiasment pour le stalinisme avant d'en dénoncer l'échec (*Retour de l'URSS,* 1936), comme il avait dénoncé les excès du colonialisme (*Retour du Tchad,* 1928). Les colonies attirent d'autres écrivains doués de conscience, comme Malraux. ■

Prémonition de la guerre civile *(1936)* de Dalí, *dont les sympathies vont au franquisme, exprime toute l'horreur d'un pays déchiré.*

Le traumatisme de la guerre d'Espagne

La guerre d'Espagne oblige l'intelligentsia à un engagement plus profond. La plupart des écrivains soutiennent la cause des républicains, contre les horreurs franquistes. Un catholique comme Bernanos ne reconnaît pas sa foi dans l'extrémisme conservateur espagnol (*les Grands Cimetières sous la lune,* 1938). Un anarchiste comme George Orwell, le futur auteur de *1984,* rédige les chroniques journalistiques de *Catalogne libre* en 1938. Un presque communiste comme Malraux (*l'Espoir,* 1937), un indépendant comme Hemingway (*Pour qui sonne le glas,* 1940) s'engagent dans les Brigades internationales. Picasso, en peignant *Guernica* (1937), témoigne des horreurs de la guerre. Sartre

Ancien surréaliste, Aragon devient le romancier et le poète officiel du parti communisme.

rédige la nouvelle du *Mur* (1939) en s'inspirant aussi des récits des réfugiés espagnols. Il sera le premier à théoriser l'engagement dans *Qu'est-ce que la littérature ?* (1948), au moment même où Camus s'engage quotidiennement dans ses éditoriaux du journal *Combat,* issu de la Résistance. Bien peu d'écrivains, entre 1940 et 1945, resteront « sur les falaises de marbre », pour reprendre un titre de Jünger (1939). ■

À droite toute !

La « der des der » n'avait toutefois pas produit que des opposants : la fibre nationaliste d'un Barrès (*Chroniques de la guerre,* 1920) vibre du lyrisme des combats. La montée du Front populaire incite nombre d'écrivains « de droite » à s'engager plus avant derrière l'Action française, puis derrière Vichy. Brasillach exalte les franquistes (*les Cadets de l'Alcazar,* 1936) et attaque les écrivains « compromis » avec la gauche (*Notre avant-guerre,* 1941). Malgré le soutien de principe de ceux qu'il avait combattus – Sartre ou Paulhan –, il sera condamné à mort et fusillé en 1945. À cette même époque, Céline, l'auteur de *Voyage au bout de la nuit* (1932), qui est en fuite, sera condamné à mort par contumace pour ses pamphlets violemment antisémites (*Bagatelles pour un massacre,* 1937 ; *l'École des cadavres,* 1938). Et un dandy dilettante comme Drieu La Rochelle, auteur du *Feu follet* (1931), qui avait accepté de diriger *la Nouvelle Revue française* sous le contrôle de l'occupant, se suicide pour échapper aux règlements de comptes de la Libération. ■

Malraux

Il y a deux Malraux : l'écrivain-aventurier, engagé à gauche, auteur des *Conquérants* (1928), de *la Condition humaine* (1933) et de *l'Espoir* (1937). Et le gaulliste convaincu, futur ministre de la Culture, panégyriste du général De Gaulle (*les Chênes qu'on abat,* 1971). Dans les deux cas, il s'est engagé totalement.

Malraux, hier aventurier communisant, devient le thuriféraire de l'action gaulliste dès la Libération.

Jean-Paul Sartre

Le premier numéro des Temps modernes.

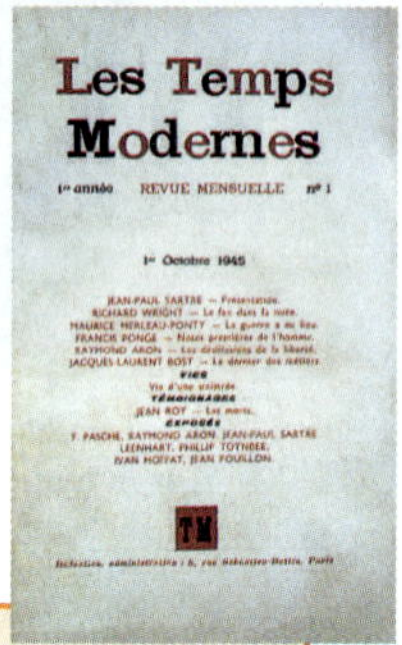

Voilà un homme qui, dans *les Mots* (1964), parle de son enfance comme d'un rêve enfermé dans une bibliothèque ; qui, après le nid douillet de Normale Sup', publie une thèse de philosophie inaccessible au grand public ; et qui, trente ans plus tard, vend des journaux révolutionnaires devant les usines en grève : avec Sartre, comme autrefois avec Socrate, la philosophie descend dans la rue.

La philosophie mène à tout

Orphelin de père – *« Fut-ce un mal ou un bien ? Je ne sais ; mais je souscris volontiers au verdict d'un éminent psychanalyste : je n'ai pas de Sur-moi »* –, élevé parmi les livres – Jules Verne, Michel Zévaco, Alexandre Dumas : des histoires de redresseurs de torts –, avec un physique de pur intellectuel, Jean-Paul Sartre (1905-1980) entame sa carrière comme professeur de philosophie au lycée du Havre. Dans la lignée des philosophes allemands de l'existentialisme, Husserl et Heidegger, il publie *l'Être et le Néant* (1943), couronnement de ses travaux universitaires. En même temps, parfaitement dédoublé, un Jean-Paul Sartre écrivain de fictions propose à Gallimard des romans – *la Nausée* (1938), *les Chemins de la liberté* (1945-1949) ; des nouvelles rassemblées dans *le Mur* (1939) dont la fameuse *Enfance d'un chef* qui lui permet de définir le *« salaud »* sartrien – le conformiste, celui qui résout sa liberté en aliénation ; des pièces jouées avec succès, *les Mouches* (1943), version débridée du mythe d'Électre, *Huis clos* (1944) et sa célèbre formule – *« L'enfer, c'est les autres »* – et *le Diable et le Bon Dieu* (1951). Il publie aussi un récit autobiographique – *les Mots* (1960) –, des essais – *Situations* (1947-1976) – et une étude sur Flaubert – *l'Idiot de la famille* (1971-1972). ■

« Les Temps modernes »

Créée en 1945 par Sartre, Beauvoir et Paulhan, la revue *les Temps modernes* associe prises de position politiques et littéraires, posant et reposant sans cesse le problème de la responsabilité de l'intellectuel. Tout ce que la France compte de têtes pensantes y a écrit.

***Dans* l'Écume des jours, *Vian se moque gentiment de ceux qui collectionnent les pipes usées de* « Jean-Sol Partre ».**

L'existentialisme ou la condamnation à la liberté

Après Auschwitz, après Hiroshima, le discours humaniste classique, plein de foi en l'Homme, n'est plus tenable et Sartre, avec d'autres, en tire les conclusions : Dieu est mort et la « nature humaine » avec lui. L'homme n'est que ce qu'il se fait et ce qu'il fait ; il se définit par la somme de ses actes ; ce faisant, il s'engage et engage avec lui toute sa communauté. Nous sommes tous solidaires du Bien et du Mal – tous résistants et tous salauds. Pourtant, *L'existentialisme est un humanisme* (1946), affirme Sartre, mais un humanisme dur : *« L'homme est condamné à être libre. »* Dans l'ambiance débridée de l'après-guerre, l'existentialisme, plus ou moins bien compris, devient une étiquette que l'on colle à cette jeunesse qui fréquente les boîtes de jazz et les cafés de Saint-Germain-des-Prés et dont Sartre, bien plus que Camus, franc-tireur impénitent, est le maître à penser. ■

L'après-guerre voit refleurir le phénomène des cafés littéraires. On reconnaît ici Sartre à ses lunettes, au centre.

Un homme de mots pris dans l'action

Proche du marxisme, mais suspect aux yeux du parti communiste, Sartre, étroitement complice de Beauvoir, s'engage dans le combat anticolonialiste : *« L'écrivain "engagé" sait que la parole est action… Il sait que les mots, comme dit Brice Parain, sont des "pistolets chargés". S'il parle, il tire »* (*Qu'est-ce que la littérature ?*, 1948). S'éloignant du communisme traditionnel après l'intervention soviétique en Hongrie, en 1956, Sartre se retrouve finalement solidaire des gauchistes prochinois de l'après-1968. Au cours de l'année 1970, la police arrêtera pour distribution de presse interdite – *la Cause du peuple* – le philosophe qui, en 1964, avait bruyamment refusé le prix Nobel. Il est le premier directeur du journal *Libération*. Ses funérailles draineront à Paris plus de deux cent mille personnes. ■

Dico → Électre • existentialisme • nouvelle

Les écritures féministes

Le début du siècle avait applaudi, ou vilipendé, le mouvement des « suffragettes », parti d'Angleterre, qui réclamait le droit de vote pour les femmes. Ce n'est chose acquise, en France, qu'après 1945. C'est alors qu'une bombe éclate sur la scène littéraire et sociale avec l'étude de Simone de Beauvoir, *le Deuxième Sexe* (1949).

« Le Deuxième Sexe »

Pour la première fois, tentant de définir le statut exact de la femme occidentale, un auteur dénonçait la féminité comme un état inventé par les hommes pour maintenir les femmes dans la soumission. Beauvoir (1908-1986) montre que les femmes n'ont d'autres limites que celles que les hommes leur ont inventées ; que leur « infériorité » est acquise et non innée ; qu'il est significatif que le mot « homme » désigne le mâle et l'humain ; que, dans l'acte amoureux, tout a été pensé autour du plaisir masculin ; que la femme est brimée dans sa vie professionnelle par des hommes qui se sentent menacés par ses talents – comme si la revendication de l'égalité était vécue par eux comme l'affirmation insupportable d'une supériorité ; enfin, que les deux sexes peuvent devenir fraternels, dès lors qu'ils accepteront de renoncer aux mirages séduisants mais aliénants de la féminité. ■

Simone de Beauvoir est l'icône de la pensée féministe, tout en restant l'amie indéfectible de Sartre – celle qu'il appelait « le Castor ».

Un mouvement international

Il y a toujours eu des révoltées – Flora Tristan ou Louise Michel au XIXe siècle. On a souvent mis en scène, dans la littérature, des femmes qui vivent dans le défi – Marivaux avec *la Colonie,* Laclos avec *les Liaisons dangereuses.* Toutefois, l'ouvrage de Beauvoir fait du bruit, tant en France qu'à l'étranger, et pendant longtemps. Ses premières lectrices sont les femmes de sa génération, qui viennent justement de conquérir le droit de vote. La liront surtout les jeunes filles nées avec le *baby boom,* qui ont toutes accès à une éducation véritable, et qui prétendent, à l'orée des années 1960, contrôler leurs vies amoureuse, familiale et professionnelle. Le *Women's Lib* américain, auquel le MLF français fait écho, revendique des positions plus extrémistes que

Colette s'affranchit très vite de la tutelle de son mari Willy et de la série des Claudine *et s'impose sur la scène littéraire.*

celles de Beauvoir (Kate Millett, *la Politique du mâle,* 1970). Les slogans sont encore plus iconoclastes : *« Une femme a besoin d'un homme comme un poisson d'une bicyclette. »* Beauvoir s'engage dans la lutte pour la libéralisation de la contraception et de l'avortement, qui était encore un crime, à l'époque. Une génération de nouvelles « auteures », comme on dit au Québec, s'impose : Hélène Cixous (*les Commencements,* 1970), Violette Leduc (*la Bâtarde,* 1964), Annie Leclerc (*Parole de femme,* 1974) et tant d'autres. ■

Y a-t-il une écriture féminine ?

Un temps, bien que Beauvoir ait récusé le concept de féminité, on affirma qu'il existait bien une écriture féminine, que les Éditions des Femmes s'efforcèrent de promouvoir : vieux débat. Christine de Pisan (*la Cité des dames,* 1405) au XVe siècle, Louise Labé (*Sonnets,* 1556) au XVIe, Marie de Gournay (*l'Égalité des hommes et des femmes,* 1622) ou Mme de La Fayette (*la Princesse de Clèves,* 1678) au XVIIe, Julie de Lespinasse (*Lettres,* 1773) au XVIIIe, Mary Shelley (*Frankenstein,* 1818), George Sand (*la Mare au diable,* 1846), les sœurs Brontë (Charlotte, auteur de *Jane Eyre,* 1847 ; Emily, auteur des *Hauts de Hurlevent,* 1847) ou Rachilde (*Monsieur Vénus,* 1889) au XIXe, Colette (*le Blé en herbe,* 1923), Marguerite Duras (*Un barrage contre le Pacifique,* 1950), Virginia Woolf (*Orlando,* 1928), Selma Lagerlöf (*le Merveilleux voyage de Nils Holgersson,* 1906), Nathalie Sarraute (*le Planétarium,* 1959), Marguerite Yourcenar (*l'Œuvre au noir,* 1968) au XXe écrivent-elles « au féminin » – étant entendu qu'on n'a jamais pensé que leurs homologues hommes écrivaient « au masculin » ? ■

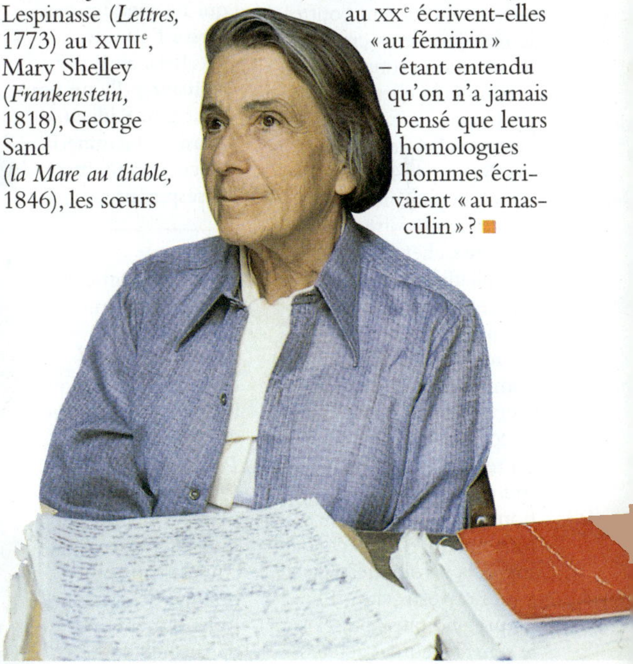

Nathalie Sarraute a été rattachée au nouveau roman tout en restant en marge de toutes les modes.

Dico → Clèves • Frankenstein

Points clés

L'absurde : théâtre et philosophie

Le théâtre de l'après-guerre, pour identifiable qu'il soit, ne sort pas du néant. Dès les années 1930, Tzara, Vitrac et Artaud ont ouvert la voie. Mais, dès la Libération, une pléiade de nouveaux auteurs apporte sur la scène française une vision nouvelle, très noire, que l'on a appelée, par commodité, « théâtre de l'absurde ».

Les traumatismes de 1945

Les principes du théâtre de l'après-guerre correspondent aux visions désespérantes issues de la plus grande tuerie de l'Histoire. D'un côté, la plupart des auteurs s'insurgent contre le réalisme : leurs créatures, les situations, sont irréelles – au mieux, elles sont la projection de fantasmes, comme chez Jean Genet (*les Bonnes,* 1947 ; *le Balcon,* 1956), le plus proche sans doute du « théâtre de la cruauté » cher à Artaud. Par ailleurs, les metteurs en scène, dont le rôle est de plus en plus important, cherchent à établir une communication nouvelle avec le public auquel ils ne se contentent pas d'asséner un texte, mais duquel ils souhaitent une participation, au moins sous la forme d'un état affectif. Enfin, la parole théâtrale a un nouveau statut. Elle ne prétend plus épuiser le sens : le jeu des acteurs, le décor, la mise en scène transforment le spectacle en *« carrefour de sens »,* comme dit Adamov, l'auteur de *la Parodie* (1952) et de *Ping-Pong* (1955), où tout tourne autour des perfectionnements d'un flipper, machine à sous symbolique des dysfonctionnements de la société. ■

« En attendant Godot »

Deux mendiants, Estragon et Vladimir, attendent la venue d'un personnage énigmatique, Godot – entre *God* et godillot –, qui ne viendra pas. Reste l'attente. *« – Alors, on y va ? – Allons-y.* Ils ne bougent pas. Rideau. » Ainsi se termine la pièce, parfaitement désespérante.

En attendant Godot *de Beckett mis en scène par Joël Jouanneau au Théâtre des Amandiers, à Nanterre, en 1991.*

Samuel Beckett

Roger Blin met en scène *En attendant Godot* en 1953. Avec cette pièce, l'écrivain irlandais Samuel Beckett (1906-1989), qui, depuis la fin de la guerre, écrit surtout en français, s'inscrit au firmament du théâtre moderne. *Fin de partie,* en 1957, puis *Oh ! les beaux jours !,* en 1962, contribuent à étayer sa gloire. Le prix Nobel viendra couronner son œuvre en 1967. ■

Nommé lecteur d'anglais à l'École normale supérieure de Paris en 1928, Beckett se fixe définitivement en France en 1938.

Un comique très grinçant

Dans un curieux texte donné comme un « roman », *l'Innommable,* paru en 1953, Beckett raconte que l'on est au théâtre, que l'on attend que ça commence, que l'on entend des bruits, des raclements de gorge, que ça va commencer, et qu'on n'est que cette attente, et qu'on reste là parce qu'ailleurs, *« c'est peut-être pire ».* Tournant en 1972 un film qu'il intitule *Film,* il cadre longuement l'acteur comique Buster Keaton, très vieux, très usé, fuyant interminablement le long d'un mur sans fin. Beckett, ou l'optimisme… ■

Eugène Ionesco

Français d'adoption également, Eugène Ionesco (1912-1994) fait sensation, en 1954, avec *la Cantatrice chauve* et *la Leçon* – les deux pièces se jouent toujours, depuis cette époque, dans le même Théâtre de la Huchette, à Paris. L'absurde tient chez lui une place de choix : *la Cantatrice* – « antipièce », dit le sous-titre – est rédigée pour l'essentiel avec des bouts de phrase tirés d'un manuel d'apprentissage de l'anglais, dont la juxtaposition, dans la bouche de bourgeois très posés, crée des effets de dérision comique irrésistibles. *Rhinocéros* (1959) et *Le roi se meurt* (1963) introduisent le personnage de Bérenger, notre double dérisoire, soumis aux contraintes abominables d'une société folle. ■

D'origine roumaine, Ionesco a fait entrer le théâtre de l'absurde à l'Académie française.

Dico → comique • réalisme

Albert Camus

L'existentialisme était un monstre à deux têtes, Sartre et Camus. Mais Camus n'avait pas l'âme d'un chef – il avait trop de méfiance pour les chefs. Il sera le seul écrivain à pratiquer sans trêve l'engagement tout en restant libre – une gageure.

L'obsession du soleil

Camus est né à Alger : *« La mer était douce, tiède, le soleil léger maintenant sur les têtes mouillées, et la gloire de la lumière emplissait ces jeunes corps d'une joie qui les faisait crier sans arrêt »* (*le Premier Homme,* posth., 1994). Lorsque, dans *la Chute* (1957), il voudra représenter un enfer terrestre, il situera l'action à Amsterdam – pluie, brouillard et nuit. *Noces* (1939) est un hymne au soleil. Lorsque Meursault, l'étrange héros de *l'Étranger* (1942), se demande pourquoi il tire sur un Arabe qui le menace à peine, il ne voit pas d'autre raison que le soleil. Exilé en métropole pendant la guerre, Camus se trouve en décalage sous ces horizons bouchés : joueur de foot, séducteur impénitent, il est le plus physique des intellectuels. ■

Camus et la morale : « Quelles que soient nos infirmités personnelles, la noblesse de notre métier s'enracinera toujours dans deux engagements difficiles à maintenir, le refus de mentir sur ce que l'on sait, et la résistance à l'oppression. »

Le culte de l'antihéros

Le personnage de *l'Étranger* n'est pas de ce monde – il n'a pas les gestes attendus, ne pleure pas à la mort de sa mère –, antihéros par excellence. La même année, Camus publie *le Mythe de Sisyphe* : *« Il n'y a qu'un problème philosophique vraiment sérieux : c'est le suicide. »* Camus, désespéré, propose l'espoir de l'engagement permanent. Il lutte contre les Allemands – *la Peste* (1947) qui frappe Oran est peut-être une allégorie du nazisme – et contre le communisme – il est l'un des premiers à dénoncer Staline. Dans un monde sans Dieu, qu'est-ce qui nous retient ? L'Absurde est le premier mouvement, la Révolte est sa dialectique : *« Pour être, l'homme doit se révolter. Je me révolte, donc nous sommes »* (*l'Homme révolté,* 1951). Il dispose avec le journal *Combat* d'une tribune permanente – ses articles sont rassemblés dans *Actuelles.*

Camus et le pouvoir :
« J'ai conquis la divine clairvoyance du solitaire. Je vis, je tue, j'exerce le pouvoir délirant du destructeur, auprès de quoi celui du créateur paraît une singerie » (Caligula).
Affiche de la mise en scène d'Éric Nonn au théâtre de Boulogne-Billancourt, en 1978.

Ses *Lettres à un ami allemand* (1945) choquent par leur humanisme un public encore haineux. Ses *Réflexions sur la guillotine* (1957) bousculent une opinion favorable à la peine de mort. Le théâtre, qu'il a pratiqué dès sa jeunesse, lui donne ses satisfactions les plus intenses. Ses pièces, *les Justes* (1949), *Caligula* (1945), alternent avec des adaptations, de Dostoïevski, par exemple. ■

Deux autobiographies camouflées

Les décors de l'enfance ont inspiré bien des pages. Mais deux textes sont susceptibles, à des degrés divers, de renvoyer directement à la biographie de Camus. Dans *la Chute* (1957), un avocat exilé en Hollande parle inlassablement de la culpabilité, de la séduction, du suicide – Francine Camus y lira une transposition de la vie affective troublée que lui faisait mener Albert. Mais ce récit à la première personne est moins autobiographique que celui à la troisième personne que Camus a dans sa serviette lorsqu'il meurt dans un accident de la route, en 1960 – il sera publié sous le titre du *Premier Homme.* De la mort précoce de son père à sa vie misérable avec sa mère, tout y est de ce qui forma vraiment Camus : le soleil, la mer et le vent. ■

Camus et l'Algérie :
« J'ai mal à l'Algérie, en ce moment, comme d'autres ont mal aux poumons » *(*Lettre, *1955).*

Camus et la guerre d'Algérie

À Stockholm, en 1957, lors de la remise du prix Nobel, en pleine guerre d'Algérie, on somme Camus de se prononcer sur l'indépendance. *« En ce moment,* dit-il, *il y a des bombes à Alger, là où vit ma mère. Si on me demande de choisir entre cette justice et ma mère, je choisis ma mère. »* Les intellectuels proches du FLN algérien lui en voudront beaucoup de cette réponse.

Points clés

Le nouveau roman

Dans les années 1950, autour de Jérôme Lindon, patron des Éditions de Minuit, se regroupent quelques romanciers : Claude Mauriac, Alain Robbe-Grillet, Claude Simon, Michel Butor, Robert Pinget, Nathalie Sarraute, Claude Ollier, Jean Ricardou. Ils seront les représentants du nouveau roman.

Les théoriciens du regard

Stendhal définissait le roman comme *« un miroir que l'on promène le long du chemin »*. Dans leurs essais (Nathalie Sarraute, *l'Ère du soupçon,* 1956 ; Alain Robbe-Grillet, *Pour un nouveau roman,* 1963 ; Michel Butor, *Essais sur le roman,* 1969 ; Jean Ricardou, *Pour une théorie du nouveau roman,* 1971), les jeunes romanciers-théoriciens des années 1950 et 1960 récusent tous le roman « à la Balzac » doté d'un narrateur omniscient. Le « nouveau roman » qu'ils prônent tous se veut une « école du regard ». Robbe-Grillet (né en 1922), très vite chef de file du groupe avec *les Gommes* (1953), est aussi homme de cinéma. Il écrit le scénario de *l'Année dernière à Marienbad* (Alain Resnais, 1961) et réalise des films dont *l'Immortelle* (1963) et *Trans-Europ-Express* (1967). L'œil du romancier est une « caméra-stylo », selon l'expression d'Alexandre Astruc. ■

Nouvelles formes, nouveau sens

Le nouveau roman ne naît pas du néant. Il révère Flaubert, emprunte l'éclatement de la narration à Faulkner, le discours intérieur ininterrompu à Proust ou à Joyce, la dénonciation du réalisme littéraire à Breton. Narration diffractée renvoyant à des états de conscience (Claude Simon, *la Route des Flandres,* 1960 ; *Tryptique,* 1973), distorsion ironique des poncifs de la langue orale (Sarraute, *Vous les entendez ?,* 1972 ; *Disent les imbéciles,* 1976), discours intérieur (Butor, *la Modification,* 1957), emprunts divers au langage cinématographique (Robbe-Grillet, *Projet pour une révolution à New York,*

Robbe-Grillet est le chef de file de cette « école du regard » où l'écrivain et le lecteur sont ensemble « voyeurs » d'événements parfois incompréhensibles.

Claude Simon, prix Nobel de littérature 1985, se distingue par son écriture picturale.

1970) : les formes qu'emprunte le nouveau roman révèlent ses refus. Par ailleurs, chaque auteur se distingue par son style et ses obsessions. Claude Simon (né en 1913) – prix Nobel 1985 et symbole de la reconnaissance internationale du nouveau roman – présente l'écriture comme une guerre – *la Bataille de Pharsale* (1969) est l'anagramme de « la bataille de la phrase ». Robbe-Grillet pose sur la littérature le *« regard froid du vrai libertin »* (Sade) : images glacées de *l'Éden et après* (1970) ou de *Glissements progressifs du plaisir* (1974), situations ambiguës des *Souvenirs du triangle d'or* (1978). ■

Vers une écriture minimaliste

Flaubert avait rêvé du *« livre sur rien »* et Valéry refusait d'écrire des romans, en prétendant qu'il ne saurait formuler des phrases aussi bêtes que *« la marquise sortit à cinq heures »*. Le critique Roland Barthes définit assez bien le projet de cette nouvelle tendance en notant que tous revendiquent pour l'écriture le droit d'être *« pourchasseuse d'elle-même »*. *« Il nous faut une fois pour toutes cesser de prendre au sérieux les accusations de gratuité, cesser de craindre "l'art pour l'art" comme le pire des maux, récuser tout cet appareil terroriste qu'on brandit devant nous sitôt que nous parlons d'autre chose que de la lutte des classes ou de la guerre anticolonialiste »* (Robbe-Grillet). Le nouveau roman n'est pas « politiquement correct ». ■

Le cas Duras

Écriture minimaliste aussi que celle de Marguerite Duras (1914-1996), tant dans le roman (*Moderato cantabile,* 1958 ; *l'Amant,* 1984) qu'au cinéma (*Hiroshima mon amour,* réalisé par Alain Resnais, 1959 ; *India Song,* 1974) ou au théâtre (*Des journées entières dans les arbres,* 1954). En 1966 paraît sa pièce *Détruire, dit-elle* : le titre résume son esthétique, phrases lapidaires, minimales, obsessionnelles.

Partie du roman traditionnel, Marguerite Duras l'a progressivement fait exploser.

Points clés

La nouvelle critique

Nouvelle Critique ou Nouvelle Imposture? feignait de se demander le critique Raymond Picard en 1966... Dans les années 1960, les universitaires traditionalistes se sentaient certainement menacés par les critiques nourris ailleurs qu'à la Sorbonne.

Sigmund Freud (1856-1939).

Le modèle freudien, de Sartre à Bachelard

Sartre est le fondateur d'une critique fondée sur une *« psychanalyse existentielle »* pour laquelle c'est moins la biographie traditionnelle que l'analyse des pulsions qui est au centre du travail créateur. Il étudie ainsi *Baudelaire* (1947), Jean Genet (*Saint-Genet comédien et martyr,* 1952) et surtout Flaubert (*l'Idiot de la famille,* 1971-1974). Il veut éclairer à la fois les déterminants sociaux – explication régressive, dans le langage analytique – et le choix originel d'existence – compréhension progressive. Gaston Bachelard se livre à une exploration de l'inconscient humain tel qu'il se révèle à travers la littérature, analysant l'un après l'autre les éléments fondamentaux de la nature et leurs représentations archétypiques : *la Psychanalyse du feu* (1937), *l'Eau et les Rêves* (1940), *l'Air et les Songes* (1942), *la Terre et les rêveries de la volonté* (1948). Charles Mauron fonde la « psycho-critique », qui analyse les réseaux thématiques des images obsessionnelles pour dégager le *« mythe personnel »* de l'auteur (*Des métaphores obsédantes au mythe personnel,* 1963).

Karl Marx (1818-1883).

Le modèle marxiste

Une « critique sociologique » marque l'héritage de la pensée marxiste qui s'attache à analyser le texte dans ses relations aux conditions économiques, politiques et socio-historiques. Sous l'influence du philosophe hongrois György Lukács (*Balzac et le réalisme français,* trad. 1967), Lucien Goldmann étudie Racine, Pascal et Kant (*le Dieu caché,* 1959) ou le roman contemporain (*Pour une sociologie du roman,* 1964) et Louis Althusser, Montesquieu (*Montesquieu, la politique et l'histoire,* 1959). Les travaux de Pierre Macherey (*Pour une théorie de la production littéraire,* 1966) ou de Renée Balibar (*les Français fictifs,* 1974) visent à éclairer les déterminations idéologiques du texte littéraire.

Le modèle structuraliste : linguistique et sémiologie

C'est certainement sous le signe de la linguistique que la nouvelle critique connaît ses développements les plus intéressants, et les plus excessifs. Tout commence en Russie, avec l'école formaliste (Vladimir Propp, *Morphologie du conte,* 1928), que Tzvetan Todorov fera connaître en France dans les années 1960 (*Théorie de la littérature,* 1965) : tous recherchent des *« critères formels »* qui permettraient de définir l'essence de la *« littérarité »* – ce qui constitue le fait littéraire. Ces travaux sont relayés, dans le monde anglo-saxon, dans les années 1940, par le *new criticism* de Robert P. Warren ou John C. Ransom. Ces recherches germent dans un terreau français fécondé : par la conception du Texte – fonctionnant comme totalité formelle autonome – héritée de Mallarmé et de Valéry (l'une des principales revues des années 1960 s'appelle *Tel Quel,* en hommage à un recueil d'articles de ce dernier) ; par la linguistique de Ferdinand de Saussure qui propose une analyse cohérente des faits de langue ; et par le structuralisme importé de l'anthropologie (Claude Lévi-Strauss, *Tristes Tropiques,* 1955).

Roland Barthes (1915-1980).

Roman Jakobson élabore une *« poétique de la poésie »* (*Questions de poétique,* 1973) et les universitaires les plus novateurs explorent la voie d'une *« forme-sens »* où la forme « est » le sens. Todorov (*Littérature et signification,* 1967 ; *Poétique de la prose,* 1971), Gérard Genette (*Figures,* 1966-1972) et Barthes (*S/Z,* 1970) contribuent à l'élaboration d'une « poétique », théorie d'ensemble des formes constitutives de toute œuvre littéraire. Enfin, la « sémiotique », avec notamment Philippe Sollers et Julia Kristeva dans la revue *Tel Quel,* tente d'élaborer une sémantique générale qui permette d'analyser tout ce qui fait sens, arguant que tout est texte. ■

Roland Barthes

C'est le plus connu, le plus célébré, le plus haï des « nouveaux critiques » – quoique son œuvre dépasse de beaucoup telle ou telle étiquette. Analysant avec le même bonheur la sémiotique du bifteck-frites (*Mythologies,* 1957), les bases de la relation forme / sens (*le Degré zéro de l'écriture,* 1953), la mode (*Système de la mode,* 1967) ou l'amour (*Fragments d'un discours amoureux,* 1977), il a couvert, dans un style inimitable, l'ensemble de la pensée contemporaine.

Points clés

Les perspectives

Dans les dernières années du XXᵉ siècle, des mutations s'opèrent. L'Europe, qui domina si longtemps la scène intellectuelle mondiale, a été remise à sa place, importante, mais quantitativement mineure. On assiste à une émergence de nations nouvelles dans le champ culturel.

Lit-on encore la poésie ?

Il existe une demande réelle pour la poésie et le désir d'écrire des poèmes est toujours fort, tout particulièrement chez les jeunes gens. Mais, aujourd'hui, il est très difficile de percer dans ce domaine, et les tirages restent le plus souvent confidentiels, que les recueils soient publiés à compte d'auteur ou qu'ils soient soutenus par le Centre national du Livre. Pourtant, le large succès du recueil d'Yves Bonnefoy (*les Planches courbes,* 2001) ou celui de l'œuvre de Philippe Jaccottet (de *l'Effraie,* 1953 à *Et, néanmoins,* 2001) prouvent l'intensité d'une écoute, qui ne saurait se satisfaire du texte poétique comme simple support de la chanson. Le rôle de la Maison de la poésie est ici essentiel. L'anthologie de Jean-Luc Favre et Matthias Vincenot, *les Nouveaux Poètes français* (2001, version augmentée 2003), offre un bon aperçu de la jeune poésie contemporaine et satisfera tous les goûts, même les plus exigeants. ■

Au théâtre

Assez peu d'œuvres modernes ont été montées. Mais au début du XXIᵉ siècle, un renouveau du théâtre à texte se fait sentir à travers des auteurs comme Éric-Emmanuel Schmidt. On ne peut plus dire que le théâtre d'aujourd'hui soit seulement une affaire de metteurs en scène, quelle que soit leur habileté à faire revivre les classiques (les Molière de Planchon, par exemple), à monter l'injouable (*le Soulier de satin* de Claudel dans sa version intégrale, soit dix heures de spectacle, par Antoine Vitez puis par Olivier Py en 2003) ou à adapter des textes non-théâtraux. L'œuvre dramatique de René de Olbadia (né en 1918) ou celle de Michel Vinaver (né en 1927) satisfont la double exigence de qualité et d'efficacité. ■

Le Salon du livre de Paris, comme celui de Francfort, permet des échanges immédiats entre éditeurs du monde entier.

Patrice Chéreau, qui a dirigé le Théâtre des Amandiers de Nanterre, est l'un des grands metteurs en scène d'aujourd'hui.

Les nouvelles tendances du roman

Les trente dernières années du XXe siècle marquent le début de l'ère du best-seller. Souvent d'origine anglo-saxonne, pour des raisons de tailles de marché avant tout, le best-seller doit répondre à des règles simples : fournir une intrigue complexe mais lisible, sous un format impressionnant, avec des personnages experts dans un domaine ésotérique – cours de la Bourse ou sous-marins atomiques – et susceptible d'être adapté au cinéma. Parfois, l'adaptation suffit à fabriquer le best-seller : ce fut le cas avec le beau roman d'Umberto Eco, *le Nom de la rose* (1980), que le film de Jean-Jacques Annaud (1986) imposa durablement à un large public. Mais la fin du siècle est aussi marquée par l'arrivée dans le « village global » d'auteurs non occidentaux remarquables. Certains auteurs est-européens ont bénéficié, à l'époque de la guerre froide, souvent avec raison, d'une aura extra-littéraire – Pasternak (*le Docteur Jivago,* 1957), Soljenitsyne (*le Pavillon des cancéreux,* 1968), Kundera (*l'Insoutenable Légèreté de l'être,* 1984). Mais d'autres écrivains, notamment sud-américains, sont venus contester l'hégémonie anglo-saxonne – Gabriel García Márquez (*Cent Ans de solitude,* 1967), Carlos Fuentes (*Terra Nostra,* 1977) et encore Ernesto Sábato, Octavio Paz, Julio Cortázar, Alejo Carpentier… Les traductions donnent accès aux grandes œuvres romanesques de langue arabe (Amin Maalouf), chinoise (Ba Jin, Yu Hua) ou japonaise (Kawabata, Mishima, Tanizaki, Kenzaburô Ôé). Mais on ne saurait ignorer que Milan Kundera ou que Gao Xiashong (prix Nobel en 2000) vivent en France, comme l'Albanais Ismaïl Kadaré, et écrivent même parfois en français. ■

La littérature dans le « village global »

Les interrogations les plus récentes portent sur l'avenir du support-livre : l'écran de l'ordinateur, via Internet, risque-t-il de détrôner l'outil indispensable hérité de Gutenberg ? Le Net peut à la fois le mieux – combattre la censure, par exemple, et permettre un dialogue permanent – et le pis – en standardisant les produits à l'aune d'un monde anglo-saxon dominant.

L'arrobas, qui signale une adresse électronique sur Internet, entrera-t-il dans l'alphabet ?

La bande dessinée

Art majeur né à la fin du XIXe siècle entre *la Famille Fenouillard* de Georges Colomb alias Christophe (1889), immortel créateur du Sapeur Camember et du Savant Cosinus, et *les Pieds nickelés* de Louis Forton (1908), la bande dessinée investit la presse, les revues pour jeunes, avant de devenir une forme d'expression autonome, surtout dans la seconde moitié du siècle.

Le modèle belge

En 1946, le magazine belge *Spirou*, qui végétait, engage un jeune homme, Franquin, qui invente le Marsupilami puis, dix ans plus tard, *Gaston Lagaffe* et, en 1958, avec Peyo, *les Schtroumpfs.* Cette année-là entre au journal un certain Morris qui crée *Lucky Luke.* Goscinny est dans la même équipe. Toujours en Belgique, *le Journal de Tintin – « pour les jeunes de 7 à 77 ans »* –, qui surfe sur le succès, établi dès avant-guerre, de son personnage-titre, continue à publier les œuvres d'Hergé. Les suspenses de bas de page des albums de Tintin s'expliquent par leur parution initiale dans le *Journal* au rythme d'une page par semaine. *Tintin* engage aussi Uderzo, Jacques Martin, Greg. En France, Goscinny crée la revue *Pilote* en 1959. Il y invente *Astérix* avec Uderzo, *le Petit Nicolas* avec Sempé, *les Dingodossiers* avec Gotlib, *Iznogoud* avec Tabary. Il débauche Greg qui y dessine *Achille Talon.* À *Pilote* travailleront aussi Giraud, Jodorowski, Mézières, Brétécher, Fred… Les mêmes équipes animent, pour des publics plus ciblés, les revues *Métal Hurlant* (1975), *l'Écho des savanes* (1971), *Fluide glacial* (1975). Plus « politiques », Wolinski, Gébé, Cabu, Reiser dessinent pour *Hara-Kiri* et *Charlie Hebdo.* Ces revues alimentent l'appétit de lecture de la génération du *baby-boom* : les héros de papier et leurs maisons d'éditions (Dargaud) connaissent vite un succès planétaire.

« Le village peuplé d'irréductibles Gaulois *[qui]* résiste encore et toujours à l'envahisseur » ***symbolise, pour certains, la résistance française à l'américanisme triomphant.***

L'influence américaine

La lutte qui oppose, en 1895, les deux magnats de la presse américaine, Hearst et Pulitzer, à propos de la bande dessinée *The Yellow Kid,* créée par Outcault, est symptomatique de l'importance économique acquise dès l'origine par le « neuvième art ». Les dessinateurs se défont peu à peu de l'emprise théâtrale illustrée par les plans fixes et rivalisent d'inventivité : Winsor Mc Cay (*Little Nemo,* 1905), Pat Sullivan (*Felix the Cat,* 1921), Harold Foster (*Tarzan,* 1929), Murat Chic Young (*Blondie,* 1930). Chez les uns, comme Chester Gould (*Dick Tracy,* 1931), l'influence du film noir est manifeste ; d'autres, comme Alex Raymond (*Flash Gordon,* 1933) ou Bob Kane (*Batman,* 1939), fournissent à l'Amérique en crise des sauveurs providentiels et interplanétaires. ■

Batman sauve l'Amérique des forces du Mal.

Tout pour le texte ou tout pour le dessin ?

Dès 1975 paraît dans *Métal Hurlant* une série de Moebius, *Arzack,* qui n'est plus que dessin sans texte. Dans le même univers de science-fiction qui privilégie l'image travaillent Druillet ou Forest *(Barbarella).* Évoluant avec le pouvoir d'achat de son public, la bande dessinée paraît désormais directement en albums luxueux (Tardi, F'Murr, Bilal, Hugo Pratt). Elle connaît une crise dans les années 1980, quand les *baby-boomers* commencent à passer l'âge. Désormais, la bande dessinée se spécialise : tout pour l'image (du Ranxerox de Liberatore et Tamburini aux pulpeuses héroïnes de Crepax ou Manara) ou tout pour le texte (*Blake et Mortimer,* de Jacobs). Par ailleurs, le côté artisanal du métier prend fin. À partir de 1985, les éditeurs spécialisés sont rachetés par de puissants groupes multimédia qui imposent souvent une ligne éditoriale *soft.* Les magazines disparaissent, à l'exception notable de *Fluide glacial,* porté par le génie de Gotlib. Le festival d'Angoulême, rendez-vous des artistes et de leurs fans, couronne surtout les auteurs les plus commerciaux. ■

Corto Maltese est le héros désabusé de Hugo Pratt.

Points clés

La chanson

Depuis les troubadours qui enchantaient les châtelaines, l'art de la chanson n'a pas changé d'objet : plaire aux sens et à l'esprit. *Mignonne, allons voir...* de Ronsard ou *le Lac* de Lamartine furent les grands succès d'hier. Les « chansonniers », de Béranger (1780-1857) à Bruant (1851-1925), animèrent caveaux, caf'conc' et cabarets – du Chat-Noir au Moulin-Rouge. Inventé par le poète Charles Cros, le phonographe révolutionna ensuite la chanson.

Réalismes d'avant et d'après-guerre

L'avant-1914 est joyeux, avec Félix Mayol ou Vincent Scotto. Ce style débridé se perpétue après 1918, avec Mistinguett et Maurice Chevalier. Mais dès les années 1920, la popularisation, par la TSF, de Carlos Gardel et de son tango – « une pensée triste qui se danse » – met de la mélancolie dans les Années folles. Avant la guerre, la romance de Tino Rossi et de Jean Sablon se double d'un réalisme plus grinçant, avec Damia et la jeune Édith Piaf. Même le « fou chantant », Charles Trenet, n'est pas si gai que ça : *Je chante* se conclut par un suicide ! Sous l'Occupation, pendant qu'André Dassary chante *Maréchal, nous voilà,* la subversion entre dans la chanson, soit directement, avec *le Chant des partisans* de Kessel, Druon et Marly qui exalte l'armée de l'ombre à une époque où il est interdit de fredonner *la Marseillaise,* soit indirectement, avec la mode « zazou » qui impose le swing américain à la barbe des Allemands. ■

Édith Piaf, qui a appris à chanter dans la rue, séduit la France pendant trente ans.

Aragon mis en musique

Après ses années surréalistes, reniées depuis, Aragon cherche, avec une poésie plus facile, à toucher un public plus étendu. Ses intentions sont celles d'un militant sincère. La guerre l'incite à publier clandestinement des poèmes de lutte et d'espoir, dans *la Diane française* (1945) ou *les Yeux d'Elsa* (1942), qui seront mis en musique et chantés avec conviction par Léo Ferré, Jean Ferrat ou Juliette Gréco.

Des artistes venus du cabaret

Dans la mouvance existentialiste, des artistes nouveaux occupent Saint-Germain. Boris Vian y interprète ses propres œuvres *(la Java des bombes atomiques).* Georges Brassens *(Chanson pour l'Auvergnat),* Jacques Brel *(Ne me quitte pas),* Guy Béart *(l'Eau vive),* Barbara *(Ma plus belle histoire d'amour),* Léo Ferré *(Avec le temps),* tous compositeurs et interprètes, enchantent le cabaret des Trois Baudets. Leur percée est lente car la radio les censure volontiers – comme *le Gorille* anarchiste et paillard de Brassens. Mais tous s'imposeront. Juliette Gréco chante *la Rue des Blancs-Manteaux,* écrit par Sartre dans *Huis clos,* et *Si tu t'imagines,* une chanson de Queneau ; Mouloudji interprète *le Déserteur* de Vian, en pleine guerre d'Algérie. ■

Ne me quitte pas *est l'un des grands succès de Jacques Brel, avec* les Bourgeois, Amsterdam *ou* Vesoul.

Le duo Kosma-Prévert

Jacques Prévert a commencé bien avant-guerre par faire de l'« agit-prop » – pour « propagande d'agitation » – improvisant des pièces anarchisantes devant les usines en grève du Front populaire. Il a donné au cinéma des scénarios impeccables d'efficacité : *L'affaire est dans le sac,* moyen-métrage surréaliste dirigé par son frère Pierre en 1932, ou *Drôle de drame,* pour Marcel Carné, en 1937. Suivront *Quai des brumes* (1938), *Le jour se lève* (1939), *Remorques* (1941) et le très célèbre *les Enfants du Paradis* (1945). L'année suivante sort son recueil de poèmes *Paroles.* Joseph Kosma, avec lequel il collabore au cinéma depuis *le Crime de Monsieur Lange* (Renoir, 1936), met en musique *Barbara, Page d'écriture, Dans ma maison* et, plus tard, au fil des recueils, *les Feuilles mortes, les Enfants qui s'aiment, Sanguine…* Prévert et Kosma trouveront en Yves Montand l'interprète idéal. ■

Jacques Prévert est encore aujourd'hui l'un des auteurs les plus populaires.

Dico → chanson • existentialisme • réalisme • scénario

Points clés

Le roman

Autrefois en vers ou en prose, longtemps méprisé par des écrivains qui le tenaient pour un genre mineur, le roman envahit le champ littéraire à partir du XVIIe siècle. Il concurrence la tragédie, genre majeur au XVIIIe siècle, s'impose au XIXe siècle et représente aujourd'hui 90 % de la production littéraire.

Histoire et définitions

Le roman était, au Moyen Âge, la langue vulgaire, par opposition au latin, langue savante. On appelle donc roman, à l'origine, les écrits traduits du latin ou rédigés directement dans la langue du peuple : « romancer », c'est raconter en français. Peu à peu, les contenus de ces récits se précisent. D'abord consacrés aux exploits des héros, ils se chargent très vite d'un message galant : les chevaliers errants font alterner coups d'épée et amours difficiles. Le fond celtique du cycle de la Table ronde, les épopées antiques – *le Roman de Thèbes, le Roman de Troie, le Roman d'Alexandre* – sont progressivement remplacés par un fond autochtone. La parution du *Décaméron* (v. 1352) de Boccace fournit un modèle. Le recueil collectif des *Cent Nouvelles nouvelles* (v. 1460) mélange la tradition française du fabliau et la forme italienne du récit enchâssé. *L'Heptaméron* de Marguerite de Navarre (1559) est la grande réussite du genre. Rabelais, à la même époque, se moque de la tradition chevaleresque qui est pourtant encore vivace. Et au tournant du siècle, Cervantès, avec *Don Quichotte* (1605-1615), pulvérise le roman de chevalerie traditionnel, comme l'*Amadis de Gaule* d'Ordonez de Montalvo (1508) dont se repaît le chevalier à la triste figure. La tradition picaresque impose des antihéros sortis du peuple (*les Aventures de Lazarille de Tormes*, anonyme, 1554). ■

Don Quichotte ***de Cervantès est lu avec le même enthousiasme au XVIIe siècle et aujourd'hui.***

Un genre attrape-tout

Au XVIIe siècle se développe en France une véritable fureur de lire qui incite les auteurs à multiplier les ouvrages. Honoré d'Urfé produit avec *l'Astrée* (1607-1627) un monument incontournable qui fera encore les délices de Rousseau cent ans plus tard. Aujourd'hui oubliés, La Calprenède ou Gomberville, au style ampoulé et précieux, sont alors des auteurs à la mode. On affirme que le roman peut devenir, comme la tragédie, un genre sublime pour lecteurs de qualité. Madeleine de Scudéry (*le Grand Cyrus,* 1649-1653 ; *Clélie,* 1654-1661) illustre cette ambition. Encore une fois, le roman qui se cherche rencontre sa parodie avec *la Vraie Histoire comique de Francion* (1623) de Sorel, le *Roman comique* (1651-1657) de Scarron et le *Roman bourgeois* (1666) de Furetière.

Poussé à la recherche du vraisemblable, le roman trouve enfin sa voie avec Mme de La Fayette et sa *Princesse de Clèves* (1678). Le récit s'est décanté de tout fatras historique et merveilleux, les sentiments se donnent libre cours – mieux encore qu'au théâtre – et maris, femmes et amants sont les nouveaux héros de ces fictions si proches des lecteurs. Le roman se décline même à la première personne (*les Lettres de la religieuse portugaise,* 1669). ■

Avec **Bonjour, tristesse** *s'imposait en 1954 une jeune romancière de dix-huit ans, Françoise Sagan.*

Cosette, l'héroïne des Misérables *de Hugo, est la représentation même du peuple en littérature.*

Un genre sans contraintes

La tragédie a ses règles, le roman n'en a pas : là est la clé de son succès. Les héros ne sont plus nécessairement nobles (Robert Challe, *les Illustres Françaises,* 1713), ils font même partie du peuple (Marivaux, *la Vie de Marianne,* 1731). Les passions se démocratisent : le roman de mœurs est né. Les premiers grands succès romanesques datent du XVIIIe siècle, avec *la Nouvelle Héloïse* de Rousseau et *les Liaisons dangereuses* de Choderlos de Laclos. Le roman colle au lecteur. Les romantiques y liront leur désespoir, le XIXe siècle finissant y trancrit son sentiment de décadence. En se généralisant, l'instruction publique gagne au roman de nouveaux lecteurs. ■

Dico → Céladon • Clèves • Cosette • héros • picaresque

Points clés

Le roman d'apprentissage

Le roman joue sur l'identification du lecteur à un ou plusieurs personnages. À un public jeune, il faut des héros jeunes : à partir du XVIIIe siècle, les auteurs trouvent le filon du roman d'apprentissage qui décrit les étapes d'une formation, en général amoureuse, souvent dramatique.

Le jeune homme, personnage idéal

Dans la préhistoire du roman d'apprentissage, les intentions étaient pures et pédagogiques. Fénelon écrit *les Aventures de Télémaque* (1699) pour l'instruction du Dauphin et l'abbé Barthélemy *les Voyages du jeune Anacharsis* (1788) pour faire découvrir les mœurs et les paysages antiques au jeune public européen. Leurs récits offrent des prétextes à moralisation. La lignée de ces romans d'éducation intellectuelle à rebondissements restera féconde jusqu'à Hector Malot (*Sans famille,* 1878). Mais l'abbé Prévost (*Manon Lescaut,* 1731) crée un genre nouveau. Dorénavant, le jeune homme aura, en littérature, des traits constants : il sera innocent, amoureux et il souffrira. C'est le schéma immuable de *la Nouvelle Héloïse* de Rousseau, du *Werther* de Gœthe et de l'*Adolphe* de Benjamin Constant (1816), qu'adopteront Balzac pour *les Illusions perdues* (1837) ou Sainte-Beuve pour *Volupté* (1834). C'est Flaubert qui opère la destruction du genre dans *l'Éducation sentimentale* : la première version, en 1843, suit le schéma romantique ; la seconde, en 1869, en est la dérision – Frédéric n'apprend rien, n'arrive à rien, n'est rien. À ce jeune martyr des sentiments se substitue lentement le modèle de l'arriviste (Balzac, *le Père Goriot,* 1835) qui doit enterrer ses illusions de jeune homme sensible. Bientôt, avec *Bel-Ami* de Maupassant (1885), le jeune homme n'aura plus que le désir de parvenir, et son éducation sera une véritable éducation politique où les femmes joueront les utilités. ■

Rastignac (à gauche), dans le Père Goriot, *est « formé » par deux maîtres qui lui ouvrent les yeux sur la vie : Vautrin (en haut, à droite), l'ex-forçat, et Mme de Beauséant.*

La jeune fille, personnage fragile

Si le jeune homme se construit dans le roman – à quelques suicides près –, la jeune fille est, elle, systématiquement « déconstruite ». Pourtant Marivaux, avec *Marianne* (1731-1741), avait inventé une héroïne qui dépassait ses déceptions amoureuses. Mais l'idéologie du XIXe siècle est plus conventionnelle : la jeune fille – état instable, entre l'enfance qui n'intéresse encore personne et la femme mariée qui n'intéresse plus personne – est faite pour être détruite. Ellénore, aimée d'Adolphe, dans le roman de Constant, meurt de phtisie, l'Indiana de Sand (1831) se suicide avec son amant et seuls les romantiques libertins offrent à la jeune fille de vraies occasions d'apprendre et de s'émanciper (Théophile Gautier, *Mademoiselle de Maupin*, 1836). ■

L'Éducation sentimentale, *illustrée ici par Dunoyer de Segonzac, est un titre volontairement dérisoire pour évoquer les échecs de Frédéric.*

La double identification du roman d'apprentissage

En jouant ainsi sur la corde sensible, le roman d'apprentissage propose en fait au lecteur deux occasions de s'identifier. Celui-ci se glisse sans difficulté dans la peau du héros ou de l'héroïne dont il vit les aventures par substitution. Par ailleurs, l'auteur déguise souvent son récit sous des formes plus personnelles : romans par lettres comme Rousseau ou Goethe, à une époque où l'on écrit autant qu'on téléphone aujourd'hui ; pseudo-autobiographies comme Constant ; récits enchâssés garants de l'authenticité de la narration comme l'abbé Prévost. Ce faisant, il incite le lecteur à s'identifier au rédacteur, puisque rédacteur et héros semblent ne faire qu'un. Le roman d'apprentissage n'est pas un roman d'évasion : il vise à transformer ses lecteurs en écrivains pour transcrire à leur tour leurs aventures personnelles.
Le mécanisme est mis à nu dans *les Illusions perdues* de Balzac : gavé de romantisme, Lucien de Rubempré mélange dérives sentimentales et ambitions littéraires et échoue deux fois. ■

Dico → Goriot • Manon Lescaut • Rastignac • Sorel • Werther

Points clés Le roman historique

Romantique vient du mot *roman,* qui renvoie à ce Moyen Âge nébuleux où l'on parlait cette forme d'ancien français. Il était logique que le XIXe siècle naissant se grise de dépaysements dans les siècles barbares. La mode « troubadour » est à l'origine du roman historique, qui évoque bientôt tous les siècles.

L'exemple anglais : Walter Scott

Le succès d'*Ivanhoé* (1819) de Walter Scott (1771-1832) est immédiat et international. L'écrivain écossais a recréé un type – le chevalier errant – et inventé un genre, le roman historique. Il exploite le filon avec *la Fiancée de Lamermoor* (1819) ou *Quentin Durward* (1823). À ses lecteurs pris dans les bouleversements de la révolution industrielle, Scott offre la vision d'un monde encore inviolé où les sentiments ne sont entachés d'aucun calcul, les coups d'épée francs, les forêts profondes – un monde parfaitement exotique. Le modèle influencera profondément Hugo, par exemple, pour *Notre-Dame de Paris* (1831). ■

Ivanhoé ***est le premier succès du roman historique.***

Alexandre Dumas et compagnie

Dumas (1802-1870) est le grand maître du roman historique français. Son œuvre évoque toutes les époques, depuis l'Antiquité (*Acté,* 1839) jusqu'à l'époque moderne (*le Comte de Monte-Cristo,* 1846) en passant par le XVIe siècle (*la Reine Margot*, 1845), le XVIIe (*les Trois Mousquetaires,* 1844 ; *Vingt Ans après,* 1845 ; *le Vicomte de Bragelonne,* 1848), le XVIIIe (*Joseph Balsamo,* 1849 ; *le Collier de la reine,* 1850), la Révolution (*le Chevalier de Maison-Rouge,* 1846 ; *Ange Pitou,* 1851) et l'Empire (*les Compagnons de Jéhu*, 1857). Ne sont indiqués ici que quelques titres de l'énorme production

N° 16. Prix : 10 centimes.

JOURNAL DES ROMANS POPULAIRES ILLUSTRÉS

LES TROIS MOUSQUETAIRES

Les Trois Mousquetaires, ***publiés ici en feuilleton, valent à Dumas une renommée internationale.***

de Dumas qui est lui-même bientôt copié. Lorsque Paul Féval publie *le Bossu* (1858), les temps de la Régence sont assez lointains pour être devenus historiques : le roman historique suppose en effet un éloignement palpable. À défaut d'être strictement historique, cet éloignement peut être géographique : les œuvres de Fenimore Cooper (*le Dernier des Mohicans,* 1826) se passent dans l'Amérique du règne de Louis XV, c'est-à-dire hier, mais leur exotisme canadien leur confère une aura historique qui leur assure le succès. ■

Les grands romans

Que lire ? Voici une sélection chronologique de titres inévitables, dont l'intérêt s'est maintenu jusqu'à aujourd'hui :

- Antiquité – *Salammbô* (1862) de Flaubert, mais aussi bien l'*Aphrodite* (1896) de Pierre Louÿs, sans oublier ces immenses succès que furent *Ben-Hur* (Wallace, 1880), *les Derniers Jours de Pompéi* (Bulwer-Lytton, 1834) et *Quo vadis ?* (Sienkiewicz, 1894).
- Moyen Âge – *Ivanhoé* et *Notre-Dame de Paris* sont indispensables et *la Flèche noire* (1888) de Stevenson est passionnant.
- Renaissance – Dumas a écrit avec *Ascanio* (1843) un curieux témoignage sur la vie du sculpteur Benvenuto Cellini, très inspiré de ses *Mémoires ;* mais l'ouvrage principal sur la période reste sa *Reine Margot.* Pour avoir le point de vue protestant sur les guerres de Religion, on lira *les Pardaillan* (1907) de Michel Zévaco, qui faisait rêver Sartre enfant.
- XVIIe siècle – On ne peut ignorer *les Trois Mousquetaires* et leur suite.
- XVIIIe siècle – La Régence est couverte par *le Bossu* de Féval – son pendant britannique, le règne de George II, est l'objet d'un très beau roman de Thackeray, *l'Histoire d'Henri Esmond* (1852) – et le règne de Louis XV par *Mademoiselle de Maupin* (1836) de Théophile Gautier et par les romans de Dumas comportant le personnage de Joseph Balsamo.
- Révolution – Anatole France a laissé, avec *Les dieux ont soif* (1912), un très beau récit de la Terreur, plus aisé à lire que le *Quatre-vingt-treize* (1874) de Hugo.
- Empire – Un roman peu connu de Conan Doyle, *les Exploits du brigadier Gérard* (1896) est plein d'intérêt en ce qu'il offre un point de vue anglais sur une épopée française. ■

Notre-Dame de Paris ***est la vision hugolienne, d'un romantisme exacerbé, d'un Moyen Âge reconstitué.***

Dico → Aphrodite • Dantès • Ivanhoé

Points clés

Le roman-feuilleton

Longtemps le livre a été une denrée rare. Au XVIIIe siècle, dix mille exemplaires vendus constituent un énorme succès. Tout change lorsque le roman prend la presse comme support. Son audience se compte alors en dizaines de milliers de lecteurs qui souhaiteront, par la suite, acquérir en volumes ce qu'ils ont lu en feuilletons.

L'invention du roman-feuilleton

En 1836, Émile de Girardin, directeur de *la Presse,* et Edmond Dutacq, patron du *Siècle,* forts de nouvelles techniques d'impression, décident de diviser par deux le prix de l'abonnement à leurs journaux et de fidéliser leurs souscripteurs en publiant chaque jour un feuilleton. Dix ans plus tard, ils ont entre vingt et trente mille abonnés – et *le Constitutionnel* du Dr Véron presque autant –, alors que la diffusion des autres titres stagne entre cinq cents et cinq mille abonnés. À ce public nouveau, il faut de nouveaux appâts. Ils ont pour nom Frédéric Soulié (*les Mémoires du diable,* 1836), Alexandre Dumas (*les Trois Mousquetaires*, 1844 ; *le Comte de Monte-Cristo,* 1846), Eugène Sue (*les Mystères de Paris,* 1842), Paul Féval (*le Bossu,* 1858) et même Chateaubriand, dont *les Mémoires d'outre-tombe* paraissent en feuilleton dès la mort de leur auteur en 1848. Cette présence de la littérature dans les journaux sera constante jusque dans les années 1925-1930. ■

Le succès du **Comte de Monte-Cristo** *de Dumas doit beaucoup à sa parution en feuilleton.*

Les grands succès du roman-feuilleton

Presque tous les grands noms de la littérature du XIXe siècle ont commencé par le feuilleton et y ont fait fortune, à l'image de Balzac et Dumas. Beaumarchais, pendant la Révolution, avait imposé l'idée de propriété littéraire : jusque-là, les auteurs vivaient surtout grâce aux mécènes qui les entretenaient ou grâce à leur fortune personnelle.
Au XIXe siècle émerge une nouvelle race d'hommes de lettres professionnels. Le mouvement n'est pas limité à la France. L'Angleterre, avec Dickens (*les Aventures de Mr Pickwick,* 1836 ; *Oliver Twist,* 1837) ou Thackeray (*Barry Lindon,* 1856), connaît le même engouement du public. Mais c'est en France, avec Balzac – le retour des personnages, dans *la Comédie humaine,* est un procédé de feuilletonniste –, avec Dumas – qui écrit plus de

cent romans en une vingtaine d'années –, que le feuilleton atteint son plein essor et bientôt son paroxysme, dans les années 1880, avec Verne, Zola ou Maupassant. Le public, à l'origine mal défini, se forme peu à peu. Le feuilleton, comme dira le philosophe italien Gramsci, le maintient dans un *« rêve éveillé »* – il est une forme d'« opium du peuple ». Les recettes sont connues : des péripéties, comme avec Ponson du Terrail (*Rocambole,* 1859), du dépaysement – Jules Verne sera l'un des piliers du feuilleton et des parutions en fascicules illustrés, invention de l'ingénieux éditeur Hetzel –, de l'émotion (Xavier de Montépin, *la Porteuse de pain,* 1884), du suspense – Maurice Leblanc et Gaston Leroux feront l'essentiel de leur carrière dans le feuilleton. ■

Les Mystères de Paris *de Sue donnent au lecteur bourgeois le frisson d'une plongée dans les bas-fonds.*

Lois et limites du genre

« *Littérature industrielle »,* se plaint Sainte-Beuve. Un pamphlet de 1848 s'intitule : *Alexandre Dumas, Fabrique de romans et Cie.* L'auteur est souvent contraint d'utiliser des nègres, qui, au moins, préparent la copie du lendemain – Maquet est celui de Dumas, Colette sera celui de son mari Willy pour la série des *Claudine.* Émile Gaboriau, inventeur du roman policier (*le Dossier n° 113,* 1867) se lamente : *« Je l'écris au jour le jour et j'ai donné hier soir le feuilleton que vous lirez ce matin. On n'imagine pas, quand on n'en a pas tâté, ce que c'est qu'un travail pareil. »* De surcroît, le public ne se rappelle bientôt plus que les héros, rarement leurs géniteurs : on connaît Rocambole, Arsène Lupin, Rouletabille ou Pardaillan, sans forcément penser à Ponson du Terrail, Maurice Leblanc, Gaston Leroux ou Michel Zévaco. ■

La Porteuse de pain *de Xavier de Montépin joue sur tous les ressorts du pathétique larmoyant.*

Points clés

Le roman par lettres

La tradition remonte à Ovide et à ses *Héroïdes*, lettres d'amour fictives écrites par les héroïnes délaissées de la mythologie à leurs héros volages – Pénélope à Ulysse, Phèdre à Hippolyte, etc. Elle fut relayée au Moyen Âge par les lettres d'Héloïse et Abélard. Elle rebondit au XVIIe siècle avec les *Lettres de la religieuse portugaise* (1669). Le XVIIIe siècle utilisera admirablement cette forme du vraisemblable.

Le principe de la polyphonie

Roger Vadim, sur un scénario de Roger Vailland, actualise les Liaisons *en 1960.*

Les romans par lettres ont bien d'autres possibilités que de simplement rapporter des messages à sens unique, sans réponse, ou de simples échanges entre deux émetteurs. En multipliant les correspondants, en tissant entre eux tous les liens de la communication et en variant habilement les styles de façon à obtenir un effet vraisemblable, le romancier peut construire des œuvres polyphoniques qui semblent être de vraies correspondances – c'est l'argument de vente. Sur ce modèle, Montesquieu publie les *Lettres persanes* (1721), Crébillon fils, les *Lettres de la marquise de *** au comte de **** (1732) et Richardson, en Angleterre, ce qui passera longtemps pour le modèle du genre, les sept volumes de *Clarissa Harlowe* (1747-1748), jeune fille persécutée par sa famille et soumise aux odieuses pressions d'un libertin exécrable, Lovelace. Richardson est l'inspirateur de Rousseau lorsque celui-ci écrit *la Nouvelle Héloïse* (1761), deuxième sommet du roman par lettres, même s'il écorne parfois la vraisemblance en unifiant un peu trop les tons et en imaginant des lettres si longues qu'elles sont de vrais petits traités philosophiques. Malgré cela, le public fait un triomphe aux amours malheureuses de Julie et de Saint-Preux. Pour *les Souffrances du jeune Werther* (1774), Goethe emprunte à Rousseau non seulement l'essentiel de l'intrigue, mais la forme même du roman épistolaire. Et Balzac utilisera la même forme pour ses *Mémoires de deux jeunes mariés* (1841). Ce sont les derniers feux du roman par lettres. Montherlant usera partiellement du processus dans sa quadrilogie des *Jeunes Filles* (1936-1937), mais les missives sont noyées dans une fiction classique : le télégraphe puis le téléphone ont tué la crédibilité des lettres… ■

Des « romans à clés »

Ce qui fait la fortune du genre est sa vraisemblance. Les lecteurs, qui écrivent eux-mêmes un courrier considérable, croient aisément que ces recueils sont des transpositions à peine fictionnalisées de correspondances réelles. Le sous-titre des *Liaisons* (1782) n'est-il pas « Lettres recueillies dans une société et recueillies pour l'instruction de quelques autres » ? Le jeu consista, lors de la parution du roman de Choderlos de Laclos, à chercher les modèles réels des personnages. Les multiples propositions prouvèrent le talent de Laclos à peindre les types de son temps. ■

Le film de Stephen Frears (1988) reste l'une des meilleures adaptations du chef-d'œuvre de Choderlos de Laclos.

En 1989, Milos Forman a modifié la conclusion des Liaisons *dans un sens moral.*

« Les Liaisons dangereuses »

Écrites en quelques mois par un officier d'artillerie inconnu, *les Liaisons dangereuses* provoquent un scandale à la dimension de leur succès. Le libertinage des personnages, le portrait de la marquise de Merteuil, première femme libérée de l'histoire de la littérature, la perversion des situations, la fausse fin morale – à laquelle personne n'accorda le moindre crédit –, la certitude, donc, que le crime pouvait triompher et le fait que le talent des épistoliers les rendait sympathiques, attirants même, tout contribua à faire du roman, dès sa parution, un mythe littéraire. Sade lui-même, plein de jalousie, tenta de rivaliser avec Laclos en écrivant son roman par lettres *Aline et Valcour* (1795) – sans succès. L'œuvre de Laclos, longtemps censurée par les autorités, reste le diamant noir de la littérature. ■

Points clés

Le roman picaresque

Le terme – et le genre – *picaro* apparaît en Espagne à la fin du Siècle d'or – le XVIe siècle. Il désigne les membres des couches les plus basses de la société, ce petit peuple misérable composé de juifs ou de Maures convertis de force, déclassés, gueux, sans profession ni qualification – aptes donc à exercer tous les métiers et à parcourir tous les échelons de la société.

Don Quichotte, ***ici illustré par Daumier, décrit une Castille misérable où le chevalier lui-même devient une figure de l'errance.***

Le modèle historique : Cervantès et Cie

La fin du XVIe siècle espagnol n'est pas heureuse. Le pays le plus riche du monde occidental, grâce aux Amériques, rate le passage au capitalisme moderne en interdisant, pour des raisons religieuses, à la classe moyenne surtout constituée de Maures et de juifs de devenir une vraie bourgeoisie. Spoliations, exils, exécutions accompagnent les conversions forcées. Cervantès (1547-1616) témoignera de cette Espagne désolée aussi bien dans ses *Nouvelles exemplaires* (1613) que dans *Don Quichotte de la Manche* (1605-1615). L'hidalgo, accompagné d'un Sancho Pança qui n'est pas loin du modèle originel du picaro, nous fait découvrir une Castille laminée, délabrée, en friches. Mais ce sont *les Aventures de Lazarille de Tormes* (anonyme, 1554) qui sont le point de départ du roman picaresque. Son héros parcourt la société espagnole, donnant ainsi l'occasion à l'auteur d'en faire une satire sociale et religieuse. Mateo Alemán (*Vie du picaro Guzman d'Alfarache,* 1599-1604) nous conte l'histoire d'un gueux qui cherche sa voie dans la mendicité. Gomez de Quevedo (*Histoire de Don Pablo de Ségovie,* 1626) nous présente un antihéros dont les parents, respectivement barbier et diseuse de bonne aventure, sont tous deux exécutés – malédiction qui le poursuivra sans trêve. ■

Les adaptations européennes

Le genre s'européanise à partir du XVIIe siècle. Grimmelshausen (*Simplicius Simplicissimus,* 1669) utilise son héros pour nous montrer une Allemagne ravagée par la guerre de Trente Ans ; Lesage (*Gil Blas de Santillane,* 1715-1735) nous fait parcourir une Espagne de convention qui ressemble furieusement à la France de la Régence ; quant à Daniel Defoe (*Moll Flanders,* 1722), il féminise le picaro en nous proposant une héroïne délurée qui se refait une honnêteté sur les terres vierges de l'Amérique après avoir bien mal commencé sa carrière en Europe. ■

La généralisation du picaro

Le picaro espagnol fait des émules au théâtre. Scapin, valet napolitain – Naples est alors terre espagnole –, a l'habileté et l'absence de scrupules du picaro. Figaro, vrai Espagnol importé, rappelle que Beaumarchais a écrit un *Mémoire sur l'Espagne.* Du coup, l'adjectif *picaresque* perd de sa pertinence historique pour ne plus qualifier qu'un récit haut en couleur se déroulant dans des milieux et des paysages variés. C'est aussi bien *Mon oncle Benjamin* (Claude Tillier, 1843) que les *beatnicks* de Jack Kerouac (*Sur la route,* 1957). ■

Gil Blas de Santillane *(illustré ci-dessous) de Lesage (ci-dessus) est le récit à la première personne de la longue carrière d'un jeune gueux qui réussira.*

Le roman policier

Le roman policier pose une énigme que l'enquêteur doit déchiffrer. En cela, il est une métaphore du lecteur et la lecture s'achève quand tous les fils de l'intrigue sont dénoués.

Le roman de procédure policière

Il ne faut pas confondre le « roman noir » de « série noire » avec le genre du roman noir « gothique ». Ce dernier a sévi, sous l'influence anglaise, au tournant des XVIIIe et XIXe siècles, avec des auteurs tels que Radcliffe, Lewis ou Maturin. Il est vrai, cependant, que certains éléments du genre gothique – le goût de la nuit, les crimes, les connotations sexuelles – ont été largement exploités par le « roman noir ». L'auteur qui fait la transition entre les deux genres est Balzac. Avec *Une ténébreuse affaire* (1841), celui-ci met en place la stratégie du roman policier, à commencer par le personnage du policier, Corentin, qui fait irruption en littérature comme il vient de faire irruption dans la réalité, avec la police de Vidocq. Le Dupin d'Edgard Poe (*Double Assassinat dans la rue Morgue,* 1839) est

Agatha Christie séduit toujours les amateurs de problèmes de logique et de déduction.

un amateur doué, un logicien qui fraie la voie au Sherlock Holmes de Conan Doyle (*Une étude en rouge,* 1887), mais pas un professionnel. Il faut attendre Émile Gaboriau et son personnage de l'inspecteur Lecoq (*le Crime d'Orcival,* 1867) pour que naisse vraiment le roman policier moderne dit de procédure policière – avec meurtre, enquête, suspects, dénouement – qui reste inchangé jusqu'à nos jours.

Les Britanniques en ont fait un genre à part, la *murder-party,* où un crime intervient au cours d'une réception se déroulant en milieu fermé. Ce genre est parfaitement illustré par Agatha Christie (*Dix Petits Nègres,* 1939). Le détective est un « archi-lecteur », il sait déchiffrer ce qui nous reste indéchiffrable : dans *le Meurtre de Roger Ackroyd* (1926), le premier succès d'Agatha Christie, Hercule Poirot apparaît précisément comme le seul à savoir lire entre les lignes de la narration des faits que lui met en mains, non sans provocation, l'assassin lui-même.

Le Rouletabille de Gaston Leroux (*le Mystère de la chambre jaune,* 1907) fonctionnait déjà sur ce principe. ■

Truands et victimes

Mais le lecteur peut aussi être le criminel : les personnages mythiques d'Arsène Lupin (Maurice Leblanc, à partir de 1904) ou de Fantômas (Souvestre et Allain, 1911) l'attestent. Certains auteurs poussent même la perversité très loin dans ce domaine (Peter Loughran, *Londres-Express,* 1967). Le lecteur peut enfin être la victime. *« Le suspense est le roman de la victime »,* dit Narcejac qui, avec son compère Boileau, a donné à la littérature policière moderne *Celle qui n'était plus* – adapté au cinéma sous le titre *Sueurs froides* par Hitchcock – et *les Louves* – devenu *les Diaboliques* chez Clouzot. Le lecteur est sommé de s'identifier à celui qui va mourir : c'est un « tour d'écrou » supplémentaire dans ses nerfs, selon le titre d'un roman noir de Henry James. ■

La violence du roman noir

Raymond Chandler, le créateur du « privé » Philip Marlowe (*le Grand Sommeil,* 1939), a laissé un article théorique essentiel, « l'Art simple d'assassiner » (1944) où il critique la littérature anglaise « de logique et de déduction » dont Agatha Christie est le porte-drapeau – remplacée aujourd'hui par Mary Higgins Clark – et hisse à sa vraie place le créateur du roman policier moderne, Dashiell Hammett (*la Moisson rouge,* 1929 ; *la Clé de verre,* 1930 ; *le Faucon maltais,* 1930). *« Hammett,* dit-il, *a sorti le crime de son vase vénitien et l'a flanqué dans le ruisseau. »* Le roman noir contemporain poisse de sang, de nuit, de pluie, de motivations glauques, et de violence (James Hadley Chase, *Pas d'orchidées pour miss Blandish,* 1939 ; William Burnett, *Quand la ville dort,* 1949). Paradoxalement, c'est quand il descend dans le caniveau que le roman policier touche au sublime, retrouvant les motivations passionnelles fondamentales de la tragédie classique, mais dans un monde sans dieu (James Cain, *Le facteur sonne toujours deux fois,* 1955). Le roman policier est le grand roman réaliste du XXe siècle, avec sa jungle de paumés (David Goodis, *Sans espoir de retour,* 1954), ses pulsions raciales (Don Tracy, *la Bête qui sommeille,* 1937), ses déchaînements de violence (Jim Thomson, *le Lien conjugal,* 1959). ■

Tandis que Simenon explore la voie de la procédure policière, Manchette choisit celle du roman « à l'américaine ».

Points clés

La nouvelle

Le mot « nouvelle » apparaît en français vers 1460 (*les Cent Nouvelles nouvelles,* collectif), transposition de *novella* : la référence du genre est initialement italienne. Mais, dès le XVIe siècle, la nouvelle s'affranchit de tout modèle. Ne subsiste alors que l'idée de brièveté, l'histoire s'adaptant à cette forme ramassée.

La structure de la nouvelle

Boule-de-Suif *de Maupassant (1880) sera même adapté en western par John Ford dans* la Chevauchée fantastique *(1939).*

L'action de la nouvelle est nécessairement circonscrite dans le temps. De même, le nombre de ses personnages est limité. Enfin, l'action est en général unique. Ainsi présentée, la nouvelle est ce qui se rapproche le plus, en prose, des exigences de la tragédie, d'où son succès, longtemps, dans un pays saturé de théâtre. La nouvelle donne les mêmes sensations que la scène et ne cherche pas à concurrencer le roman. Une « longue nouvelle » (*la Princesse de Clèves* de Mme de Lafayette ou *Colomba* de Mérimée) est presque un oxymore dont les auteurs généralement s'excusent. Après *l'Heptaméron* de Marguerite de Navarre (1559), la nouvelle s'impose en France. Fatigué de romans interminables, le XVIIe siècle accueille bien cette forme brève (Charles Sorel, *Nouvelles françaises,* 1629). Très vite, la nouvelle acquiert une spécificité curieuse : elle semble faite pour les récits galants. De *la Vénus dans le cloître* (1683) à *Point de lendemain* (Vivant Denon, 1777), nombreuses sont les nouvelles à vocation libertine. Elle peut, enfin, marquer une pause à l'intérieur d'un roman. *Jacques le fataliste* (1774) de Diderot contient ainsi l'histoire intercalée des amours de Mme de la Pommeraye. La nouvelle n'est vraiment autonome qu'au XIXe siècle. Mérimée, Stendhal (*Chroniques italiennes,* 1855), Edgar Poe (*Histoires extraordinaires,* 1839), Théophile Gautier, Barbey d'Aurevilly (*les Diaboliques,* 1874), Villiers de L'Isle-Adam (*Contes cruels,* 1883) ou Maupassant sont alors les maîtres incontestés du genre. ■

Hemingway a écrit des dizaines de nouvelles, dont les Neiges du Kilimandjaro *(1936) et* le Vieil Homme et la mer *(1952).*

La tradition anglo-saxonne

Le genre se perd en France au XXe siècle, au moment où il s'impose en Angleterre, avec Oscar Wilde, et surtout aux États-Unis. La nouvelle se prête à la publication en magazine. Le genre naissant de la science-fiction et du fantastique en profite largement, avec Henry James (*le Tour d'écrou*, 1898), Lovecraft, Fredric Brown ou Patricia Highsmith et, en Autriche, avec Hans Heinz Ewers. Le genre policier en use aussi avec Hammett, Himes ou Chandler. ■

Bibliographie choisie

Point de lendemain (Vivant Denon, 1777) est l'archétype de la nouvelle galante. *La Vénus d'Ille* (Mérimée, 1837) est un récit fantastique exemplaire, tout comme les nouvelles de Théophile Gautier – *la Morte amoureuse* (1839) et *Arria Marcella* (1852) –, le très beau récit de Villiers de L'Isle-Adam – *Véra* (1883) – et les grandes réussites de Maupassant – *la Chevelure* (1884) et *le Horla* (1887). Balzac a produit deux très belles nouvelles en miroir, *Une passion dans le désert* et *la Fille aux yeux d'or* (1834). Barbey d'Aurevilly a donné, avec *le Bonheur dans le crime* (*les Diaboliques,* 1874), l'un des sommets de la nouvelle noire. Au XXe siècle, les réussites sont plus rares, mais tout aussi brillantes avec André Maurois – *le Peseur d'âmes* tiré des *Mondes impossibles* (1947) – ou Pierre Boulle *E = MC²* (1957). Enfin, comment ne pas citer le recueil de Marcel Aymé, *le Passe-Muraille* (1943) ? ■

Carmen *sera adaptée pour l'opéra par Bizet, pour le ballet par Roland Petit et au cinéma par Lubitsch, Saura, Preminger ou Godard.*

Prosper Mérimée

Connu pour *Carmen* (1845) et *Colomba* (1840), Mérimée a donné au genre de la nouvelle d'éclatantes réussites avec *la Vénus d'Ille* (1837), *les Âmes du Purgatoire* (1834), *Tamango* et *Mateo Falcone* (1829).

La tragédie : la règle des trois unités

« Qu'en un lieu, en un jour, un seul acte accompli / Tienne jusqu'à la fin le théâtre rempli. » C'est ainsi que Boileau énonce, dans son *Art poétique* (1674), la règle de fer de la tragédie : unité de lieu, de temps et d'action.

L'unité de temps

Le *Cid* avait trop de succès. Dès 1637, à la demande de son protecteur, Richelieu, l'Académie française rend son verdict : Corneille avait péché contre l'Histoire, contre la langue et – crime suprême – contre les règles. Une action devait se passer en vingt-quatre heures. Or, comment imaginer qu'en un tel laps de temps puisse survenir une provocation, un duel, une fuite, une bataille, un retour, un second duel et une réconciliation forcée ? Rodrigue serait mort à la tâche, tout héros qu'il était ! L'unité de temps, exprimée d'ailleurs par Corneille lui-même dans son *Discours des trois unités* (1660), écrit postérieurement, a été formulée par Aristote dans sa *Poétique* : *« La tragédie doit renfermer la durée de son action dans un tour de soleil, ou tâcher de ne le passer pas de beaucoup »*, lui fait dire Corneille. Le problème est moins de réduire l'action à une journée que d'enfermer dans cette journée un nombre vraisemblable d'actions. La contrainte de temps explique donc que l'action débute en général après que la crise s'est nouée, au moment où elle est sur le point d'éclater, et court, très vite, vers son dénouement. D'où le recours habituel à la narration, bien contraire à l'action dramatique, afin de tenir le spectateur au courant de ce qui s'est passé en dehors du théâtre. ■

*Frontispice d'une édition de l'*Art poétique* de Boileau dans lequel celui-ci édicte les règles qui seront suivies jusqu'au début du XIXe siècle.*

Les dieux

Peu de dieux apparaissent matériellement sur scène, mais ils sont toujours «au-dessus». Leur présence règle le destin des héros. On a parlé, pour Racine, d'un «Dieu caché» – par opposition au dieu presque palpable de Corneille, dans Polyeucte et ailleurs –, dans la mesure où la divinité janséniste ne se révèle qu'à travers sa volonté inexplicable.

Le peintre Reynolds a représenté l'actrice Mrs. Siddons en muse de la Tragédie, en 1789. La muse de la Tragédie, chez les Grecs, est Melpomène.

L'unité de lieu

L'unité de lieu, constamment respectée, correspond à l'unicité de la scène et de son décor. On en arrive à des situations étranges : l'action se situant généralement dans l'antichambre d'un palais – seul lieu où des héros peuvent décemment se rencontrer –, on leur fait souvent dire, en ce lieu de passage, des choses tout à fait confidentielles. Là encore, le récit – par exemple celui de Théramène au Ve acte de *Phèdre* – décrit ce qui s'est passé hors du théâtre. ■

L'unité d'action

« *La tragédie est imitation d'une action menée jusqu'à sa fin et formant un tout, ayant une certaine étendue* » (Aristote, *Poétique*). Aristote précise que cette action doit décrire les événements séparant la constitution du nœud de la tragédie de la catastrophe qui entraîne le dénouement – métaphore dont la valeur imagée doit toujours être prise en compte. L'action doit également englober quelques péripéties – actions secondes reliées à l'action principale – et une scène de reconnaissance – « *retournement qui conduit de l'ignorance à la connaissance* » : ainsi, dans *Œdipe*, le héros est reconnu comme étant le fils de sa femme. L'ensemble a pour fonction, en provoquant chez le spectateur la terreur et la pitié, cette catharsis destinée à le purger de ses passions mauvaises, en particulier ce que les Grecs appelaient *hubris* – la démesure qui nous amène à nous enchanter de notre bonheur au point de braver les dieux : Œdipe est un roi heureux, la peste qui frappe Thèbes vient opportunément le rappeler à son destin sanglant. ■

Dico → art poétique • muses • Œdipe • Phèdre • Rodrigue • tragédie

Points clés

La tragédie : les contraintes de langue

« Surtout qu'en vos écrits la langue révérée / Dans vos plus grands excès vous soit toujours sacrée ; / En vain vous me frappez d'un son mélodieux, / Si le terme est impropre, ou le tour vicieux : / Mon esprit n'admet point un pompeux barbarisme, / Ni d'un vers ampoulé l'orgueilleux solécisme, / Sans la langue en un mot l'auteur le plus divin / Est toujours, quoi qu'il fasse, un méchant écrivain » (Boileau, *Art poétique*, 1674).

Mots nobles et mots bas

Le même Boileau affirme plus loin : *« Ce qui se conçoit bien s'énonce clairement, / Et les mots pour le dire arrivent aisément. »* C'est la paraphrase d'une affirmation d'Aristote *(Poétique)*, selon laquelle *« l'expression est la manifestation de la pensée à travers les mots »* : autant dire qu'un mot « bas » est l'expression d'une pensée « basse ». Est bas tout mot, par exemple, renvoyant à des fonctions corporelles qui ne sont pas en liaison avec l'intelligence ou les sentiments. On peut dire *œil* ou *sein*, qui renvoient à des fonctions nobles – la vue, le cœur : on ne dit pas *ventre* ni *foie*. On dira *fer*, langue des armes, mais pas *cuivre*, mot de rétameur. Sur cette base, le langage se raréfie très vite, tout comme les sujets abordables. ■

Ingres a peint Œdipe et le Sphinx *en s'inspirant de la statuaire grecque.*

La versification nécessaire

Les personnages principaux de la tragédie sont des dieux ou des héros. Ils s'expriment donc dans la langue des dieux – le vers – puisque c'est ainsi que les Anciens faisaient s'exprimer les dieux.

Aristote et « Œdipe »

Aristote estime que l'*Œdipe* de Sophocle est la perfection de la tragédie. Est-ce un hasard si ce sujet sera maintes fois abordé par les poètes dramatiques, de l'*Œdipe* de Corneille (1659) à celui de Duprat de la Touloubre (*Œdipe à Thèbes,* 1791) en passant par ceux de Voltaire (1718) et de La Motte-Houdar (1726) – en attendant *la Machine infernale* de Cocteau (1934).

L'enjeu des règles est technique, mais surtout idéologique. Il faut plaire, mais aussi respecter l'enseignement des Grecs et des Romains. Qu'un fervent des règles comme Boileau se soit retrouvé dans le clan des Anciens lors de la querelle qui les oppose aux Modernes – qui soutiennent, comme Perrault, que *« l'on peut comparer, sans craindre d'être injuste, / Le siècle de Louis au beau siècle d'Auguste »* (*le Siècle de Louis le Grand,* 1687) – n'a rien d'étonnant. Violer les règles, ce serait, en amont, retomber dans les horreurs du baroque ; en aval, ce serait autoriser un théâtre en prose où la tragédie s'avilirait jusqu'au niveau de la comédie la plus grossière – en 1726, La Motte-Houdar se hasarde à écrire un *Œdipe* en prose que les Comédiens-Français le forceront à réécrire en vers alexandrins.

La tragédie, théâtre de l'aristocratie

Les règles enfin, qu'elles touchent la forme ou le fond, sont le reflet d'une caste aristocratique dont les hommes de lettres doivent à la fois faire l'instruction et imiter la langue et les mœurs. Vertus pédagogiques de la tragédie : Corneille fait représenter *Cinna ou la Clémence d'Auguste* au moment où Richelieu fait valser les têtes ; Voltaire est jeté à la Bastille pour avoir porté l'histoire d'Œdipe à la scène (1718), tout le monde y ayant vu une allusion aux mœurs incestueuses du régent. De même que les troubadours, autrefois, ont, avec l'amour courtois, voulu discipliner des seigneurs un peu rudes, Racine et consorts instruisent l'aristocratie parisienne ou versaillaise. Corneille passe de mode : il est perdu par son obstination à porter la politique sur scène – et, symptomatiquement, à clore ses cinquièmes actes sur un monceau de cadavres fumants (*Rodogune,* 1645 ; *Suréna,* 1674) ; il ne saisit pas que le roi domine la représentation des pouvoirs et que les seigneurs n'ont plus qu'à s'occuper d'amour puisque Colbert règle les moindres détails de la vie publique. Racine seul présente à une jeunesse frivole les scènes qui lui conviennent. Dans *Bérénice* (1670), il enseigne même au roi, flatté d'être comparé à un empereur romain, comment sacrifier Mlle de la Vallière aux intérêts du royaume.

L'acteur Mounet-Sully (ci-dessous) porte son costume de scène pour l'Œdipe de Sophocle (ci-contre), représenté à la Comédie-Française au XIXe siècle.

La comédie

Contrairement à la tragédie, la comédie n'a pas de règles bien définies. Le second tome de la *Poétique* d'Aristote, censément consacré au rire et à la comédie, n'existe que dans le roman d'Umberto Eco, *le Nom de la rose.*

Molière (1622-1673) se réserve toujours, dans ses pièces, les rôles ridicules et comiques des barbons moqués par les jeunes gens.

Un genre protéiforme

La comédie latine antique, avec Plaute (IIIe siècle av. J.-C.) et Térence (IIe siècle av. J.-C.), a légué au théâtre moderne trois rôles types : le vieillard *(senex),* qui deviendra le « barbon » de la comédie à la française ; les jeunes gens *(adulescentes)* ; et les esclaves *(servi),* qui seront les valets, principaux personnages comiques. À l'héritage médiéval, on doit les formes de la farce, grossière, et de la moralité, plus édifiante. Enfin, l'Italie a légué au théâtre l'intrigue improvisée de la *commedia dell'arte* et l'intrigue écrite, construite, de la *commedia sostenuta.* À ces sources, le XVIIe siècle ajoute l'*Arte Nuevo* espagnol de Lope de Vega, Tirso de Molina et Calderón, qui impose la vision d'un monde où tout est théâtre, mêlant comique et tragique. Molière s'inspire de ces diverses influences. *L'Avare* est une adaptation de *la Marmite* de Plaute, tandis que *Dom Juan* copie le modèle espagnol, pendant que les scènes de bastonnades du *Médecin malgré lui* ou des *Fourberies de Scapin* semblent tout droit sorties du théâtre italien ou de la farce médiévale. ■

Beaumarchais (1732-1799) est à la fois homme de la cour de Louis XVI et inspirateur des esprits révolutionnaires.

Beaumarchais ou le scandale orchestré

Molière avait été censuré, pour *Tartuffe* ou *Dom Juan,* à son corps défendant. Beaumarchais est le premier à en avoir fait à la fois un cheval de bataille et un argument de vente. En provoquant des scandales, en subissant les foudres d'une censure qui finit par se lever, il s'assure à bon compte des triomphes inouïs.

Les ambiguïtés du rire

Il y a bien des manières de rire au théâtre. Les formes simples du rire farcesque, cocufiages et coups de bâton, se combinent, dans la comédie, avec les formes plus élaborées de la critique sociale : chez Molière, dérision des modes dans *les Femmes savantes* (1672) ou *les Précieuses ridicules* (1659), des « précautions inutiles » dans *l'École des femmes* (1662), des monomaniaques dans *l'Avare* (1668), *le Bourgeois gentilhomme* (1670), *le Malade imaginaire* (1673), *le Misanthrope* (1666) – mais aussi *les Plaideurs* (1668) de Racine ou *le Joueur* de Regnard (1696) –, du fanatisme religieux dans *Tartuffe* (1664) ou *Dom Juan* (1665). Marivaux fait évoluer la comédie vers plus de réalisme encore. Ses personnages sont ses contemporains, libertins – *la Double Inconstance* (1723), *le Jeu de l'amour et du hasard* (1730) – ou philosophes – *l'Île des esclaves* (1725), *l'Île de la raison* (1727), *la Dispute* (1744), *la Colonie* (1750). Les XIXe et XXe siècles se partagent également entre des comédies trépidantes, qui vont vers le théâtre de boulevard – *les Gaietés de l'escadron* (1886) de Courteline, *Occupe-toi d'Amélie* (1908) de Feydeau – et des comédies noires, sarcastiques – *les Corbeaux* (1882) de Becque, *la Répétition* (1947) d'Anouilh. ■

Dans la salle de théâtre du XVIIe siècle, les spectateurs vont et viennent, s'invectivent et interpellent les acteurs.

Vers la « comédie sérieuse »

Ce n'est qu'un oxymore apparent. *Dom Juan* se termine sur la mort du héros ; le Misanthrope quitte Paris et ses amours ; *la Dispute* s'achève sur ces mots : *« Croyez-moi, nous n'avons pas lieu de plaisanter. »* La comédie tourne parfois au drame parce qu'elle n'est souvent qu'une tragédie déguisée, dont les personnages sont des gens du peuple et dont le réalisme s'oppose au sublime de la tragédie. *Le Cid* de Corneille s'appelait déjà « tragi-comédie », puisque son dénouement était heureux. On finit par appeler « comédie » des pièces sérieuses à prétentions morales. Du *Barbier de Séville* (1775) à *la Mère coupable* (1792) en passant par *le Mariage de Figaro* (1784), Beaumarchais a parcouru en quelques années toute la gamme comique avec les mêmes personnages. ■

Dico → commedia dell'arte • Dom Juan • farce • Figaro • Scapin

La comédie italienne

Dite aussi *commedia all'improviso,* créée vers le milieu du XVIe siècle, la *commedia dell'arte* – littéralement « comédie de métier » – impose à l'Europe des types comiques, une technique de jeu fondée sur l'improvisation à partir d'un canevas et une liberté de ton qui s'accommode aussi bien des foires que des cours royales.

Les théâtres de tréteaux de la commedia dell'arte

Au XVIe siècle, des troupes de comédiens se constituent presque simultanément dans les principales villes d'Italie, avec un succès considérable. Les auteurs de la comédie italienne sont aussi acteurs, comme le fondateur mythique de celle-ci, Ruzzante. Appelée par Catherine de Médicis, une troupe se rend en France dès 1570. Les comédiens italiens finiront par se fixer à Paris en 1653. Mais le genre qu'ils ont popularisé aura alors largement dépassé les cercles italianisants de la capitale. Molière, dans ses errances en province, s'est largement inspiré de ce style inventif qui présente des personnages types et qui est fondé sur l'improvisation à partir d'un canevas interrompu de *lazzi* – plaisanteries sans rapport avec l'intrigue. ■

Jacques Callot a croqué sur le vif, au début du XVIIe siècle, les personnages types de la commedia dell'arte.

Les personnages types

Héritiers des *servi* latins, les *zanni* sont les valets de comédie : Arlequin, Scapin – que Molière emploie directement dans *les Fourberies* –, Polichinelle ou Brighella, tous dotés d'une verve étonnante et d'un caractère farceur, voire démoniaque. Le Docteur et Pantalon, balourds et dupes, sont les pères de famille, bourgeois établis. Matamore est un *miles gloriosus,* le soldat fanfaron de la comédie latine – Corneille l'utilisera dans *le Menteur* (1643), Destouches dans *le Glorieux* (1732) – et il est le caractère central du *Capitaine Fracasse,* roman historique de Théophile Gautier (1863). Enfin, Isabelle est l'amoureuse, Pierrot l'amoureux transi. ■

La commedia dell'arte *fait l'objet de représentations picturales dès le* XVI*e siècle.*

Avatars français des XVIIe et XVIIIe siècles

Les Français inventent de nouveaux personnages types de comédie, Turlupin, Gaultier-Garguille, Guillot-Gorju, Tabarin, Léandre, Dame Cigogne, Bruscambille… Tous ces personnages de tréteaux initialement masqués investissent peu à peu la scène théâtrale et posent le masque. Chassés de France en 1697 par un roi confit en dévotion, alors que Bossuet condamne le théâtre au nom de la religion (*Maximes et réflexions sur la comédie,* 1694), les Italiens reviennent sous la Régence, à partir de 1716. Mais ils subissent la concurrence du théâtre de foire, lui-même en conflit avec les Comédiens-Français. Après Molière, Marivaux les pille à son tour. Dans la seconde partie du XVIIIe siècle, ils évoluent vers l'opéra-comique en intégrant à leur troupe des chanteurs et des danseurs. Un temps, Goldoni, exilé à Paris, leur redonne vie avec *Arlequin serviteur de deux maîtres* (1745) qui inspirera Sergio Leone pour son western-« spaghetti » *Pour une poignée de dollars* (1964). ■

Le personnage du vieux barbon amoureux d'une jeune femme est un type traditionnel de la comédie italienne.

Points clés

Le drame

La presse à sensation, de nos jours, utilise indifféremment les mots *drame* et *tragédie* pour qualifier un événement douloureux aux conséquences mortelles. Les deux concepts sont pourtant, à l'origine, très dissemblables. Si la tragédie implique toujours l'idée de destin, de fatalité et renvoie donc au divin, le drame se réfère strictement aux faits, sans présumer d'une prédestination quelconque.

Le théâtre élisabéthain

Sous le règne d'Élisabeth Ire, puis sous celui de son successeur, Jacques VI, une pléiade de dramaturges géniaux impose un nouveau style sur la scène anglaise. Shakespeare (1564-1616), Christopher Marlowe (1564-1593), John Ford (1586-1639), Ben Jonson (1572-1637) créent des œuvres fortes, pleines d'événements sanglants, qui mélangent volontiers les genres en faisant alterner farces, parodies et éléments tragiques.

Füssli, en représentant **Titania et Bottom,** *s'inspire des personnages fantastiques créés par Shakespeare dans* **le Songe d'une nuit d'été** *(1595).*

Aucun d'eux, en dehors de Jonson, ne se réfère aux catégories aristotéliciennes. Leurs personnages peuvent être des héros antiques – *Jules César* (1599) et *Antoine et Cléopâtre* (1606) de Shakespeare ; des héros mythiques – *Othello* (1604), *Macbeth* (1605) ou *le Roi Lear* (1606) de Shakespeare, *la Tragique histoire du docteur Faust* (1588) de Marlowe ; des personnages historiques – la quadrilogie des *Henri* (1590-1613) et les deux *Richard* (1597) de Shakespeare, *Édouard II* (1592) de Marlowe ; des personnages littéraires, transposés ou non – *Roméo et Juliette* (1594-1595) de Shakespeare, adaptation « italienne » de la légende de Pyrame et Thisbé ; ou des héros bourgeois de fantaisie – *le Marchand de Venise* (1596) de Shakespeare, *le Juif de Malte* (1589) de Marlowe. ■

Temps, lieu(x) et action(s)

Le théâtre élisabéthain ignore les unités de temps, de lieu et d'action. De nombreuses pièces, comme *Macbeth,* se déroulent sur plusieurs années. D'autres, comme *Othello,* se resserrent sur un temps très bref. Dans *Roméo et Juliette,* l'action se situe dans les rues de Vérone, mais aussi dans diverses pièces des logis des Capulet ou des Montaigu et dans un caveau funéraire. L'action traite de sujets historiques – la guerre de Cent Ans dans *Henri V* –, mais aussi bien privés – l'inceste dans *Dommage qu'elle soit une putain* (1626) de Ford. Enfin, les auteurs mélangent volontiers les genres : dans les drames historiques *Henri IV* et *Henri V,* le personnage truculent de Falstaff prête à rire au milieu d'une action sanglante. Quant au dénouement de ces drames, il n'est pas toujours… dramatique : chez Shakespeare, si *Hamlet* (1600) se conclut dans le sang, *Coriolan* (1607) s'achève sur une réconciliation. Enfin, tous ces auteurs de drames ont aussi pratiqué la comédie, Shakespeare avec *les Joyeuses Commères de Windsor* (1599), Ben Jonson avec *Volpone* (1606). ■

Il demeure, encore aujourd'hui, des doutes sur l'auteur réel des pièces de Shakespeare.

Le théâtre du Cygne, à Londres, comme le théâtre du Globe, sont les premiers édifices à être construits spécifiquement pour y donner des représentations théâtrales.

« Theatrum Mundi »

À la même époque, les dramaturges espagnols du Siècle d'Or, Lope de Vega, auteur de plus de cinq cents pièces, ou Calderón (*La vie est un songe,* 1631) mélangent aussi, dans leurs comédies, le sérieux et le comique. Le but de tous ces auteurs n'est pas la catharsis décrite par Aristote, mais la construction d'un monde théâtral, miroir du monde réel qui n'est qu'apparence dans un jeu de miroirs répétés : Hamlet fait jouer devant la Cour une pantomime qui évoque l'assassinat de son père ; Calderón dresse un portrait de toutes les classes sociales dans *le Grand Théâtre du monde* (1645) ; Corneille achève *l'Illusion comique* (1639) par la mort du héros qui se révèle *in fine* être une fausse mort, car le héros est devenu acteur.
Le drame convient à une société friande de spectacles, qui cherche dans la représentation théâtrale un reflet de ce qu'elle est et de ce qu'elle vit. Le drame n'idéalise rien, contrairement à la tragédie, qui se veut exemplaire. Il raconte dans une langue qui mélange tous les niveaux de style, à la recherche du réalisme le plus trivial. ■

Dico → catharsis • César • drame • Hamlet • Othello • tragédie

Points clés

Le drame bourgeois

Le XVIIe siècle pleurait face au spectacle de héros tragiques et riait des travers des bourgeois. Le XVIIIe siècle pleure avec les bourgeois, classe montante et bientôt dominante.

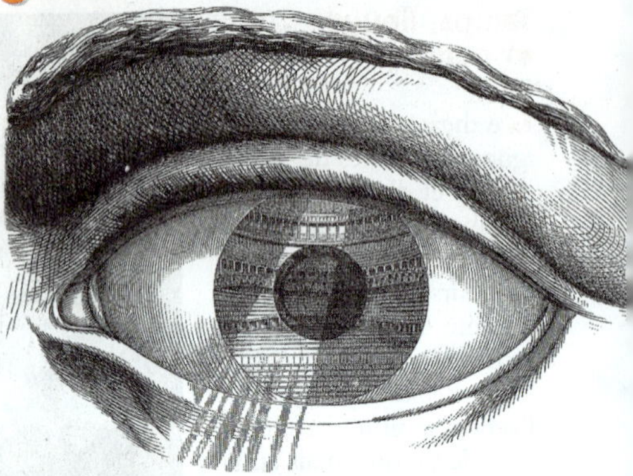

Nicolas Ledoux, avec cette Vue du théâtre de Besançon à travers un œil, *met en abyme la représentation théâtrale.*

Des spectacles pour les classes montantes

Diderot, dont Houdon a réalisé le buste, est le premier à introduire le mot « drame » dans l'esthétique théâtrale.

L'aristocratie pouvait s'identifier au Cid, à Horace ou à Iphigénie. La bourgeoisie qui accède au pouvoir par le biais de l'économie au XVIIIe siècle se cherche des modèles d'identification. Or, tout ce qu'on lui propose est un reflet ridicule, dans les comédies qui, depuis *le Bourgeois gentilhomme* (1670) de Molière, la mettent en scène. Le roman a déjà pris une longueur d'avance : Furetière, dans *le Roman bourgeois* (1666), se dégage du « sublime » à la mode et représente le peuple des commerçants et des hommes de loi. Les auteurs du XVIIIe siècle – Mme de Graffigny (*Cénie,* 1750), Nivelle de La Chaussée (*l'École des mères,* 1744), Sedaine (*Philosophe sans le savoir,* 1765) – s'efforcent donc de se détacher de la tragédie classique codifiée pour aller vers la comédie. On parle de « comédie sérieuse », de « comédie larmoyante », de « tragédie domestique » puis de « tragédie bourgeoise ». Le mot « drame » apparaîtra d'abord sous la plume de Diderot. ■

La théorie du drame bourgeois

Diderot, dans ses *Entretiens sur le Fils naturel* (1757) et dans son essai *De la poésie dramatique* (1759), relayé plus tard par Beaumarchais (*Essai sur le genre dramatique sérieux,* 1767) et Mercier (*Du théâtre ou Nouvel Essai sur l'art dramatique,* 1773), définit le drame qu'il appelle de ses vœux : celui-ci doit tenir compte du quotidien en collant le plus possible à ce qu'à l'époque on appelle le « naturel », à l'opposé du « sublime » tragique. Diderot n'en reste pas à la théorie : *le Père de famille* et *le Fils naturel* sont les premières tentatives du nouveau genre. On y parle en prose, et dans des niveaux de langue fort divers, de situations familiales et bientôt de difficultés sociales comme dans *la Brouette du vinaigrier* (1775) de Mercier. Les drames sont le pendant théâtral des peintures « pathétiques » de Greuze : l'expressivité des gestes – la pantomime héritée du théâtre de foire – y est presque plus importante que les dialogues. ■

La postérité du drame bourgeois

Le drame bourgeois a deux postérités différentes. À la fin du XVIIIe siècle, il engendre le mélodrame, genre codé, manichéen, véritablement destiné au peuple – *« J'aime le mélodrame où Margot a pleuré »,* plaisante Musset. Pixerécourt (*l'Enfant de la forêt,* 1798) ouvre la voie à un théâtre d'effets faciles, très appuyés. On porte à la scène les grands succès du roman-feuilleton, on arrache des larmes avec des amours impossibles, comme dans *la Dame aux camélias* (1852) de Dumas fils, ou des histoires d'enfants abandonnés comme *les Deux Orphelines* (1874) de Dennery. Par ailleurs, le caractère réaliste du drame bourgeois, exploité très vite en Allemagne, notamment par Büchner, (*Woyzeck,* 1836), ouvre la voie à tout un théâtre social qui se retrouvera chez Wedekind (*Lulu,* 1895) ou Brecht (*Mère Courage et ses enfants,* 1941) ainsi qu'au cinéma réaliste de Jean Renoir (*les Bas-Fonds,* 1936) puis des néoréalistes italiens comme Vittorio De Sica (*le Voleur de bicyclette,* 1948). ■

Le Fils naturel *de Diderot met en scène une histoire de rivalité amoureuse résolue par la reconnaissance d'une bâtardise.*

Points clés — Le drame romantique

Avec le drame, historique ou non, les romantiques trouvent la forme d'expression la plus adéquate à leur sentiment exacerbé de la vie : amours tumultueuses, noires passions, complots et trahisons, gesticulations spectaculaires.

La préface de « Cromwell » de Hugo

« Du jour où le christianisme a dit à l'homme : " Tu es double, tu es composé de deux êtres, l'un périssable, l'autre immortel, l'un charnel, l'autre éthéré, l'un enchaîné par les appétits, les besoins et les passions, l'autre emporté sur les ailes de l'enthousiasme et de la rêverie, celui-ci enfin toujours courbé vers la terre, sa mère, celui-là sans cesse élancé vers le ciel, sa patrie ", de ce jour-là le drame a été créé. Est-ce autre chose en effet que ce contraste de tous les jours, que cette lutte de tous les instants entre deux principes opposés qui sont toujours en présence dans la vie, et qui se disputent l'âme depuis le berceau jusqu'à la tombe ? La poésie née du christianisme, la poésie de notre temps est donc le drame ; le caractère du drame est le réel ; le réel résulte de la combinaison toute naturelle de deux types, le sublime et le grotesque, qui se croisent dans le drame, quand ils se croisent dans la vie et dans la création. Car la poésie vraie, la poésie complète, est dans l'harmonie des contraires. »

Caricature du comédien Laferrière dans le rôle-titre d'Antony, le plus durable des grands succès de Dumas.

Ruy Blas *de Hugo met en scène des sentiments romantiques sous les habits du* XVIIe *siècle espagnol.*

Drame romantique, drame historique

Le romantisme accueille Shakespeare deux siècles après sa mort. La troupe de l'acteur anglais Kean, venue à Paris en 1827, enthousiasme Vigny qui traduit *Othello* en vers (1829). La même année, Dumas, avec *Henri III et sa cour,* impose avec succès le premier drame historique – avant les triomphes que seront *Antony* (1831) et *la Tour de Nesle* (1832). Le drame romantique vient cependant de plus loin, d'Allemagne. Dès 1769, Lessing a relayé les positions de Diderot avec *la Dramaturgie de Hambourg,* essai théorique dont il appliqua la doctrine dans *Nathan le Sage* (1779). Il est essentiel de se rappeler que le romantisme est né en Allemagne, avec le mouvement du *Sturm und Drang* – « la Tempête et l'Élan ». Goethe écrit le premier drame historique (*Gœtz de Berlichingen,* 1773) suivi de son premier *Faust* (1777). Lenz produit le drame « social » des *Soldats* (1776). Et Schiller, avec *les Brigands* (1781), parachève la tentative. Les pièces de Kleist, au début du XIXe siècle – *Penthésilée,* (1808), *le Prince de Hombourg* (1810) – témoignent de la vitalité du drame en Allemagne. ■

Vigny s'impose au théâtre avec Chatterton *(1835).*

Succès et scandales

Il fallait un scandale pour sceller le drame dans l'esthétique française. Dumas avait frayé la voie, mais ce sera Hugo, avec *Hernani* (1830) – et aidé par un sens de la publicité remarquable –, qui scandalisera le mieux les bourgeois. La pièce s'impose devant une salle hystérique. *Antony* (1831) sera le second scandale du drame romantique : en choisissant un sujet contemporain, Dumas renonce à l'alibi historique et exalte les passions modernes les plus excessives. Suivront *Lucrèce Borgia* et *Marie Tudor* (1833), puis *Ruy Blas* (1838). L'échec des *Burgraves* (1843) marque la fin d'une époque, la fin d'une mode. Le genre se meurt : Musset, déjà, n'a osé porter à la scène *Lorenzaccio* (1834), qui ne sera joué qu'en 1896. Pour que le drame historique connaisse un nouveau succès étourdissant, il faudra attendre 1897 et le *Cyrano de Bergerac* de Rostand. ■

Dico → **Cyrano de Bergerac • drame • Faust • Lorenzaccio • Othello**

Points clés

Le lyrisme

« Mais elle erre et se souvient,
D'Attis en fleurs, son âme est pleine
Du désir, cœur lourd de chagrin » :
ainsi pleurait déjà Sappho, la poétesse grecque des VIIe-VIe siècles av. J.-C.

Orphée et sa lyre sont le symbole du lyrisme.

Lamartine, poète élégant, sera aussi un homme politique défenseur des idées libérales nommé ministre en 1848.

Le mythe d'Orphée

Orphée pleure Eurydice qu'il a perdue deux fois, tout d'abord quand elle fut piquée au talon par un serpent, puis quand il manqua de la ramener des Enfers. Les accents de douleur que le chant du poète arrache à sa lyre émeuvent jusqu'aux bêtes sauvages et aux rochers qui éclatent de chagrin. Ainsi parle le mythe lyrique : chant, poésie, tristesse. Les Muses Polymnie et Erato veillent à la poésie et au chant lyriques. Le lyrisme, ce sont des pleurs mis en musique. ■

Alphonse de Lamartine

Lamartine (1790-1869) en vint à incarner à ce point la poésie qu'il déclencha la verve de tous les caricaturistes qui le représentèrent sa lyre à la main. *Le Lac* – *« Ô temps ! Suspends ton vol »* –, paru dans *les Méditations poétiques,* fut mis en musique. C'est ce que Flaubert fait fredonner à Léon pour convaincre Madame Bovary de s'abandonner encore une fois à lui. Lamartine pourtant s'était contenté de démarquer Byron (*la Communion avec la nature,* 1817).

« Les plus désespérés sont les chants les plus beaux »

Ainsi chante Musset et il poursuit : *« Et j'en sais d'immortels qui sont de purs sanglots »* (*Nuit de mai,* 1835). La liaison entre le lyrisme et la douleur est ancienne, et constante. Quelle douleur ? La plus commune est la perte de l'être aimé : *« Que le vent qui gémit, le roseau qui soupire, / Que les parfums légers de ton air embaumé, / Que tout ce qu'on entend, l'on voit et l'on respire, / Tout dise : "Ils ont aimé !" »* (Lamartine, *le Lac,* in *Méditations poétiques,* 1820). Mais le lyrisme peut aussi être la déploration de soi-même : *« Qu'as-tu fait, ô toi que voilà, / Pleurant sans cesse, / Dis, qu'as-tu fait, toi que voilà, / De ta jeunesse ? »* (Verlaine, *Sagesse,* 1873). Ce qui fonde le lyrisme, c'est la combinaison du souvenir du temps qui passe, sous la forme du regret : *« Que lentement passent les heures / Comme passe un enterrement / Tu pleureras l'heure où tu pleures / Qui passera trop vitement / Comme passent toutes les heures »* (Apollinaire, *Alcools,* 1913). C'est aussi le sentiment d'étrangeté au monde : *« Je suis le ténébreux, le veuf, l'inconsolé, / Le prince d'Aquitaine à la tour abolie, / Ma seule étoile est morte, et mon luth constellé / Porte le soleil noir de la Mélancolie »* (Nerval, *les Chimères,* 1853). ■

Musset, avec les* Nuits *– d'octobre, de décembre, de mai et d'août –, a produit l'un des sommets du lyrisme.

Le lyrisme de la nature

Le poète latin Virgile a pratiqué l'épopée, mais également, avec *les Bucoliques,* a enchanté ses contemporains d'un sentiment de la nature inconnu jusqu'à lui et dont tous ses successeurs s'inspireront. La nature, c'est le temps. La saison lyrique par excellence, c'est l'automne : *« Voilà les feuilles sans sève / Qui tombent sur le gazon, / Voilà le vent qui s'élève / Et gémit dans le vallon »* (Lamartine, *Pensées des morts,* in *Harmonies poétiques et religieuses,* 1830). Quand bien même le printemps est là, c'est pour fournir un contraste : *« Poète, prends ton luth et me donne un baiser ; / La fleur de l'églantier sent ses bourgeons éclore. / Le printemps naît ce soir »* (Musset, *Nuit de mai,* 1835). Et la nature, finalement, fournit l'écrin du mort : *« Les parfums ne font pas frissonner sa narine ; / Il dort dans le soleil, la main sur sa poitrine / Tranquille. Il a deux trous rouges au côté droit »* (Rimbaud, *le Dormeur du val,* l'un des poèmes de 1870). ■

Dico → Orphée

Points clés

L'épopée

« La poésie chante bien, pleure bien, mais décrit mal »,
affirmait Lamartine. L'épopée, pourtant, la plus ancienne forme de poésie, est avant tout description – regard extérieur sur des événements grandioses – et en même temps chant par excellence – *épos,* en grec, signifie « discours » et, par extension, « chant ».

Le modèle homérique

« C'*est l'homme aux mille tours, Muse, qu'il me faut dire »* : ainsi commence l'*Odyssée* d'Homère – littéralement « le chant d'Ulysse ». L'*Iliade,* de même, débute par une invocation aux dieux qui donnent l'inspiration : la poésie épique est, primitivement, une manière de connexion entre les dieux et les hommes. Sa fonction religieuse est affirmée dans nombre de civilisations. Ainsi, en Inde, l'épopée du *Mahabharata* (IVe-IIIe siècle av. J.-C.) raconte en deux cent mille vers les conflits qui présidèrent à la création du monde. En Mésopotamie, *l'Épopée de Gilgamesh* (XIXe-XVIe siècle av. J.-C.) chante les exploits des guerriers mythiques. Et de très nombreux passages de la Bible sont les récits des exploits guerriers de Moïse, David ou Saül. L'épopée propose des héros-modèles et des mythes fondateurs de civilisation – quitte à exagérer leur importance : une razzia effectuée par quelques marins grecs sur une cité trop riche devient l'*Iliade* ; une embuscade tendue par des pâtres basques à quelques soldats égarés de Charlemagne devient *la Chanson de Roland.* Chantée par les aèdes en Grèce, les trouvères et les troubadours en France, l'épopée sert de lien social entre des communautés éparses, villes disséminées dans le monde antique, seigneuries isolées dans le monde médiéval. De même les sagas vikings comme les *Chants de l'Edda* (anonyme islandais, IXe-XIIIe siècle), psalmodiées par les bardes. ■

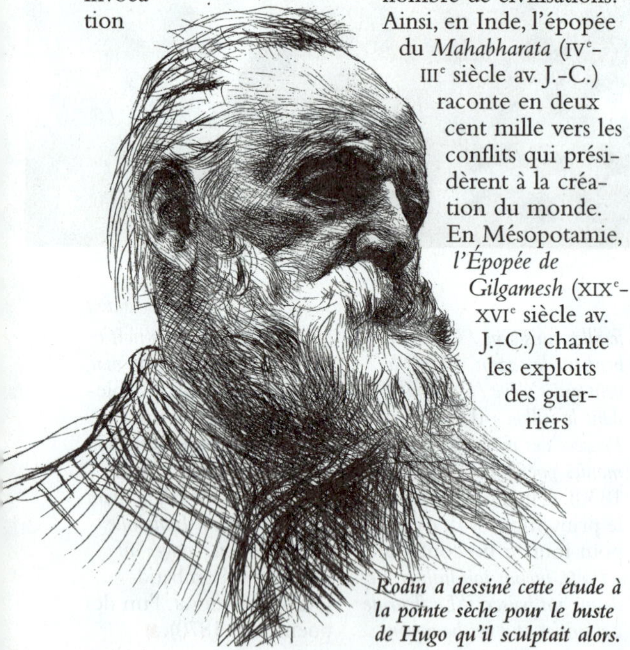

Rodin a dessiné cette étude à la pointe sèche pour le buste de Hugo qu'il sculptait alors.

Les tentatives françaises

Avec les chansons de geste, le Moyen Âge propose ce qui s'approche le plus de l'épopée : héros remarquables, grands coups d'épée et présence tangible d'une divinité assurant la cohésion d'une civilisation en train d'émerger.
Les tentatives épiques ultérieures sont des échecs. Ronsard tente en vain de rivaliser avec *l'Énéide* de Virgile en écrivant *la Franciade* (1572). En 1656, Chapelain écrit *la Pucelle,* exaltation de Jeanne d'Arc – ce qui lui vaut maints quolibets. Et Voltaire, avec *la Henriade* (1723), exaltation de l'esprit de fraternité d'Henri IV, ne parvient pas à réaliser le poème de la réconciliation nationale. Seul Saint-John Perse, au XXe siècle, retrouve le souffle épique originel, dans une langue raffinée (*Anabase,* 1924). ■

Lavis de Hugo pour l'édition de la Légende des siècles.

« La Légende des siècles »

Seul Hugo parvient, avec les poèmes successifs de *la Légende des siècles* (1859-1883), à évoquer le destin tumultueux de l'humanité, depuis les premiers tressaillements de la pensée *(la Conscience)* jusqu'à des visions inspirées du futur. Divisée en chapitres chronologiques qui couvrent toute la période allant de l'Antiquité au XIXe siècle, *la Légende des siècles* compte de très belles réussites – *le cycle héroïque chrétien,* par exemple, ou *les chevaliers errants.* Hugo aura jusqu'à sa mort la fibre épique : *la Fin de Satan,* parue en 1886, évoque le destin contradictoire de Lucifer, chassé du Paradis – *« Depuis quatre mille ans il tombait dans l'abîme... »* – et réincarné dans des avatars humains successifs. ■

Les formes fixes de la poésie

Initialement démesurée, livrée à la seule inspiration du poète possédé par les dieux, la poésie se règle rapidement. À côté des épopées, des formes fixes, brèves et au ton confidentiel abordent tous les registres, permettant au poète de faire la preuve de sa dextérité.

Des formes médiévales au sonnet italien

« *Moi qui sais des lais pour des reines* » chante Apollinaire dans *Alcools.* Le lai est à l'épopée ce que la nouvelle est au roman : une forme brève, mais dont le sujet reste « aristocratique » – il emprunte souvent à la « matière de Bretagne » –, ce qui permet de le distinguer du fabliau qui est d'inspiration populaire. Marie de France en a composé de fort célèbres comme le *Lai du Chèvrefeuille* (1160-1170). Le genre s'étiole au XIIIe siècle au profit des « dits », tout aussi brefs, mais de sujets plus variés, souvent à résonance morale. Plus techniques, le rondeau et le virelai sont fondés sur des répétitions qui affirment leur caractère chanté (Charles d'Orléans, XVe siècle). Le rondeau combine des groupes réguliers de vers – tercets, quatrains, quintils ou sizains – en combinaison. Le virelai est bâti sur la structure strophe / refrain. La vilanelle est un poème à couplets de trois vers, avec refrain, s'achevant sur un quatrain. Le dizain, comme son nom l'indique, est composé de dix vers : on choisissait volontiers des décasyllabes – et des octosyllabes pour un huitain – de manière à obtenir un poème « carré ». *« Un sonnet sans défaut vaut seul un long poème »,* affirme Boileau dans son *Art poétique.* C'est dire la technicité extrême – et le mérite – d'un sonnet réussi. Venu d'Italie par Pétrarque, introduit en France par Marot, le sonnet est un poème de quatorze vers répartis en deux quatrains et deux tercets – ou trois quatrains et un distique –, les deux quatrains étant composés sur deux rimes seulement, théoriquement embrassées – *abba.* La métrique utilisée varie selon les pays : généralement alexandrin en France, décasyllabe en Angleterre (*Sonnets* de Shakespeare, 1600) et hendécasyllabe en Italie.

Au centre de son **Parnasse**, *Raphaël place Apollon, dieu de la Beauté, de la Lumière et des Arts et patron naturel des Muses – qui l'entourent.*

Les grands rhétoriqueurs

Cette école de poètes a sévi à la fin du XVe siècle. Les grands rhétoriqueurs recherchent la virtuosité à tout prix – même au prix de la perte du sens. Ils pratiquent notamment les formes fixes de la ballade – trois couplets de huit octosyllabes, avec reprise systématique du dernier vers et envoi final de quatre vers, le tout se concluant par le vers-refrain –, le chant royal – même structure sur cinq strophes d'alexandrins – et le triolet – deux rimes sur huit vers, dont le 1er, 4e et 7e sont semblables. Villon avait déjà utilisé la ballade avec virtuosité : ses vers terminaux – *« Mais où sont les neiges d'antan »* dans *la Ballade des dames du temps jadis* ; *« Mais priez Dieu que tous nous veuille absoudre »* dans *la Ballade des pendus* – sont devenus proverbiaux. Dans les *Ballades en jargon*, il compose des vers dotés de plusieurs sens dont un est systématiquement obscène. ■

Pétrarque porte la couronne de lauriers du « prince des poètes ».

La résurrection des formes fixes au XIXe siècle

Très pratiqué par les poètes de la Pléiade et les précieux – Voiture, Malleville, Marbeuf –, le sonnet tombe en désuétude au XVIIIe siècle. C'est pour mieux repartir au XIXe siècle avec Baudelaire et Nerval, les symbolistes et les parnassiens – Heredia, Sully Prudhomme. Avec Mallarmé ou Valéry, il devient un jeu formel qui illustre les possibilités plastiques de la langue. Mais souvent, comme chez Baudelaire ou Rimbaud, il ne respecte plus les contraintes absolues de la règle. Les rimes varient, se croisent. Mallarmé, reprenant les jeux apparemment gratuits des grands rhétoriqueurs, fabrique ainsi un sonnet en *-yx* – *« Ses purs ongles très haut dédiant leur nyx […] »*.

D'autres formes, parfois empruntées à l'étranger, tenteront les techniciens. Baudelaire s'essaiera ainsi au *pantoum* malais dans *Harmonie du soir* (*les Fleurs du Mal*, 1857). ■

Cyrano, à l'acte I de la pièce de Rostand, se bat en duel en improvisant une célèbre ballade – « À la fin de l'envoi, je touche ! ».

Dico → alexandrin • ballade • pantoum • rondeau • sonnet

Points clés

Le vers

« Tout ce qui n'est point prose est vers ; et tout ce qui n'est point vers est prose » : ainsi Molière fait-il s'exprimer le maître de philosophie du *Bourgeois gentilhomme* (1670). Le vers est la base de la poésie et il obéit à des contraintes. « Vers libre » ou « poème en prose » sont des oxymores.

Les types de vers

Dans *les Djinns* (*les Orientales,* 1829), Hugo use de presque tous les types de vers, de deux à dix syllabes. Mais les plus fréquents, en français, sont, dans l'ordre de leur apparition, le décasyllabe, l'octosyllabe et l'alexandrin. Les mètres impairs – heptasyllabe, nonasyllabe, hendécasyllabe – sont peu utilisés, hors quelques jeux formels : Verlaine, dans son *Art poétique,* préconise d'utiliser « l'impair », *« plus vague et plus soluble dans l'air ».* Toutes les combinaisons entre ces vers sont possibles. Ainsi les stances combinent des vers de longueur variable, mais sur une structure régulière. La Fontaine, en revanche, dans ses *Fables,* combine indifféremment tous les types de vers de manière à créer des effets : *« La cigale ayant chanté / Tout l'été ».* À l'origine, chaque vers avait son domaine d'expression. Le décasyllabe était le vers de la chanson de geste, avant que l'alexandrin ne le remplace. L'octosyllabe est le vers de l'ode destinée à être mise en musique : *« Mignonne, allons voir si la rose / Qui ce matin avait déclose / Sa robe de pourpre au soleil »,* chante Ronsard. ■

Saisie par l'Inspiration, la Poésie lyrique *d'Adam chante ses vers.*

Les contraintes formelles

Alexandrin et décasyllabe ont des coupes obligatoires, le premier à la sixième syllabe – la césure coupe l'alexandrin en deux hémistiches égaux –, le second à la quatrième syllabe. Des pauses secondaires surviennent parfois dans les vers longs : l'alexandrin peut être trimètre, partagé en trois parts égales de quatre syllabes – *« De la douceur, de la douceur, de la douceur »,* écrit Verlaine –, ou tétramètre, partagé en quatre groupes de trois syllabes – *« Et la mer et l'amour ont l'amer pour partage »,* écrit Marbeuf. Ces pauses peuvent être violentées par l'enjambement ou par le rejet qui, en dissociant la pause syntaxique de la pause syllabique, créent un effet d'enchaînement. Les deux vers suivants

Musset a usé, dans ses poèmes, de mètres variés.

Pied ou syllabe ?

Le pied, mesure empruntée aux Grecs et aux Latins, est une combinaison de syllabes courtes et brèves – le dactyle est composé d'une longue et deux brèves, le spondée de deux longues, etc. La syllabe, en revanche, est la base du vers français. Il est donc abusif de parler de pied en poésie française.

de Hugo combinent rejet et enjambement : *« Et Barrabas debout, transfiguré, tremblant, / Terrible, cria : "Peuple affreux, peuple sanglant, / Qu'as-tu fait ?" »* – *Terrible* est relié aux adjectifs précédents, ce qui interdit une vraie pause à la rime (rejet) ; *peuple* et *affreux* sont reliés par le sens, ce qui interdit une pause à l'hémistiche (enjambement). ■

Les règles de la rime

À l'origine, les vers sont assonancés, présentant un simple écho syllabique : *aimé / chanté*. Les laisses de la poésie médiévale roulent ainsi sur un son unique. Par la suite, les contraintes formelles imposent que la rime combine au moins un son vocalique et un son consonantique : *morceau / vermisseau*. Au-delà, la rime peut devenir léonine, mariant deux sons consonantiques et deux sons vocaliques – *vendu / pendu* – ou encore équivoquée – *« Tu le vaux bien car le cœur joli as / Bien y parut quand tu le délias »* (Marot). On distingue les rimes féminines qui se terminent sur un *e* muet – *balance,* mais aussi *venue,* ou *désirées* – des rimes masculines – toutes les autres. Dans le décompte des syllabes, le *e* muet suivi d'une voyelle s'élide automatiquement – *« Ce loup rencontr(e) un dogu(e) aussi puissant que beau »* –, mais compte pour une syllabe lorsqu'il est suivi d'une consonne – *« Deux veu**ves** sur son cœur eu**rent** le plus de part »* ; enfin, en fin de vers, le *e* muet ne compte jamais. ■

Les Châtiments *de Hugo sont presque entièrement rédigés en alexandrins.*

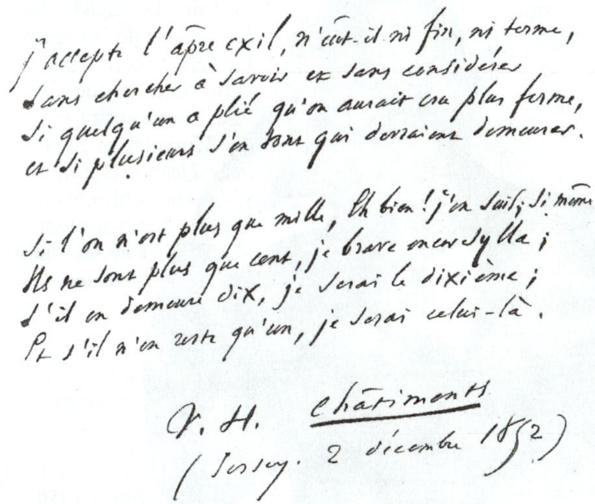

J'accepte l'âpre exil, n'eût-il ni fin, ni terme,
Sans chercher à savoir et sans considérer
Si quelqu'un a plié qu'on aurait cru plus ferme,
Et si plusieurs s'en vont qui devraient demeurer.

Si l'on n'est plus que mille, eh bien ! j'en suis ; si même
Ils ne sont plus que cent, je brave encor Sylla ;
S'il en demeure dix, je serai le dixième ;
Et s'il n'en reste qu'un, je serai celui-là.

V. H. Châtiments
(Jersey. 2 décembre 1852)

Points clés

L'autobiographie et les Mémoires

Mémoires et autobiographie semblent réduire à zéro la distance entre auteur et narrateur, en portant témoignage, en général à la première personne, sur ce qu'a vu et vécu l'auteur. Pourtant, la recomposition systématique des faits rétablit cette distance en tirant l'autobiographie vers la fiction, volontairement ou non.

L'histoire à travers un regard

Les Mémoires portent en général témoignage d'événements historiques auxquels l'auteur a participé, dont il fut un témoin de première main. Le genre est ancien et remonte au moins aux écrits de Jules César sur la guerre des Gaules (51 av. J.-C.). Sur ce modèle, les écrivains ont souvent adopté la troisième personne pour évoquer leur expérience, dans le souci d'évacuer le plus possible toute subjectivité – tout au moins aux yeux des lecteurs (La Rochefoucauld, *Mémoires,* 1662). Villehardouin ou Robert de Clari racontent la conquête de Constantinople, Joinville la vie de Saint Louis, Monluc les guerres de Religion. Ce sera encore dans cette optique que Las Cases écrira *le Mémorial de Sainte-Hélène* (1823), ultime témoignage sur Napoléon Ier, et de Gaulle ses *Mémoires de guerre* (1954). Le premier à user délibérément de la première personne, non comme témoin, mais comme acteur, est sans doute le cardinal de Retz, l'un des principaux protagonistes de la Fronde. Mais ses *Mémoires* ne paraissent qu'en 1717, après sa mort – de même que ceux de Saint-Simon (1828, posth.) : leur témoignage sent la poudre et leur immense talent ne fait qu'accentuer leurs critiques violentes qu'ils portent contre la monarchie absolue. Enfin le témoignage à la première personne peut aussi servir à étayer le récit de scandales. C'est le cas de Brantôme (*les Dames galantes,* 1666, posthume), de Tallemant des Réaux (*Historiettes,* 1834, posthume) ou de Bussy-Rabutin (*Mémoires,* 1696). ■

André Gide a laissé un important Journal *qui couvre les années 1930, 1940 et 1950.*

La révolution rousseauiste

En rédigeant ses *Confessions* à partir de 1766, Rousseau brise un tabou longtemps respecté : avant lui, aucun mémorialiste n'avait évoqué l'enfance et l'adolescence, n'avait compris que l'adulte futur s'y constituait. Personne non plus n'avait étalé, avec une impudeur choquante – à une époque où l'on pensait que le moi est haïssable –, ses travers et ses fantasmes. Cette apparente sincérité assure le succès des *Confessions* et leur immense postérité : Casanova (*Histoire de ma vie,* 1820, posth.) étale sa vie sentimentale ; Chateaubriand (*Mémoires d'outre-tombe,* 1848, posth.) mêle sentiments personnels et témoignages politiques ; Dumas (*Mes Mémoires,* 1852) et Malraux (*Antimémoires,* 1967) construisuisent leur mythe. ■

Le pacte autobiographique

Cette formule du critique Philippe Lejeune résume l'accord tacite existant entre l'auteur et le lecteur d'autobiographie : le «je» narrateur et le «je» auteur ne font qu'un, ce qui garantit l'authenticité des faits rapportés.

«Je veux montrer à mes semblables un homme dans toute la vérité de la nature ; et cet homme, ce sera moi» *(Rousseau,* Confessions*).*

Le journal intime

Le journal intime n'a pas le caractère rétrospectif des Mémoires, puisqu'il est rédigé au jour le jour. Son authenticité n'en est que plus grande, puisque le narrateur n'est pas censé avoir le recul nécessaire à une recomposition des événements. Certains écrivains n'existent véritablement que par leur journal : Amiel (*Fragments d'un journal intime,* 1847), Anaïs Nin (*Journal,* 1966-1978), Claude Mauriac (*le Temps immobile,* 1975-1995). D'autres en ont fait leur œuvre la plus célèbre : le *Journal* des Goncourt (1851-1896) ou de Jules Renard (1925, posth.). Le journal prend parfois la valeur historique des Mémoires, comme le *Journal* d'Anne Frank (1942-1944). Cette authenticité du journal sera utilisée dans des œuvres de fiction qui empruntent la forme du journal pour mieux ancrer leur illusoire réalité dans la conscience du lecteur (Patricia Highsmith, *le Journal d'Édith,* 1975). ■

Le Premier Homme *est l'autobiographie de Camus – publiée bien après sa mort – rédigée à la troisième personne et sous un nom d'emprunt.*

Points clés

Le fantastique et la science-fiction

Le roman s'écrit au passé et prétend toujours, plus ou moins, à l'illusion réaliste. La science-fiction, qui ne date pas d'aujourd'hui, s'écrit aussi au passé, peut-être parce que, très souvent, elle évoque le présent sous le masque du futur.

L'origine du genre

Le voyage dans la Lune est un thème ancien : Lucien de Samosate y pensait déjà au IIe siècle et en 1657, Cyrano de Bergerac raconte, dans son *Histoire comique des États et Empires de la Lune,* comment il y est monté – son livre est, en fait, une critique féroce des fables de la religion. La science-fiction est inséparable de l'idée de progrès qui émerge lentement à partir du XVIIe siècle, et surtout au XVIIIe. Louis Sébastien Mercier en profite pour imaginer *l'An 2440, rêve s'il en fut jamais* (1771). Parallèlement, le roman fantastique se développe. Mary Shelley (*Frankenstein,* 1818) combine science et roman noir. Suivront les savants fous d'Edgar Poe (*la Vérité sur le cas étrange de Mr. Valdemar,* 1840), de Villiers de L'Isle-Adam (*l'Ève future,* 1886) ou de Herbert George Wells, fondateur moderne du genre (*la Machine à explorer le temps,* 1895 ; *l'Île du docteur Moreau,* 1896 ; *l'Homme invisible,* 1897).

Pierre Boulle a écrit un livre bien plus noir que ne l'est le film hollywoodien de Franklin J. Schaffner (1968).

« 1984 »

***1984* est l'anagramme de l'année de parution du roman de politique-fiction de George Orwell : 1948. Le « Big Brother » qui régit ce monde de cauchemar est la synthèse « harmonieuse » de Hitler et de Staline. Le monde à venir sera concentrationnaire ou ne sera pas. Le roman, forcément, finit mal.**

L'exploitation de la science

La science-fiction n'est souvent qu'en léger décalage par rapport à l'état effectif de la science – plus ce décalage semble léger, plus forte sera l'impression de réalité. Jules Verne use des découvertes de son temps sur l'électricité pour imaginer le *Nautilus* de *Vingt Mille Lieues sous les mers* (1870) ou la machine volante de *Robur le conquérant* (1901). *Les Robots* (1950) d'Asimov anticipent à peine. Arthur C. Clarke (*2001, l'Odyssée de l'espace,* 1968) prête à son ordinateur des pouvoirs aujourd'hui envisageables – mais Dean Koontz, en imaginant l'ordinateur capable de féconder une femme de chair (*la Semence du démon,* 1973) se situe, pour quelque temps encore, dans la fiction. Les voyages temporels (Anderson, *la Patrouille du temps,* 1960 ; Fredric Brown, *Paradoxe perdu,* 1973) sont également plus proches de l'actualité qu'on ne pourrait le croire : dans les failles spatio-temporelles, l'homme agit sur son présent. René Barjavel (*le Voyageur imprudent,* 1944) se déplace en pleine guerre dans un futur où les steacks sont gratuits… ■

Ray Bradbury est l'« humaniste » de la science-fiction.

Isaac Asimov est un vrai scientifique qui exploite brillamment, dans ses romans, ses rêves inaboutis.

Points clés

La science-fiction parle du présent

La science-fiction est commode pour évoquer le présent. Aldous Huxley (*le Meilleur des mondes,* 1932) ou Boris Vian (*Et on tuera tous les affreux,* 1946) témoignent – déjà – des horreurs potentielles du clonage. Lorsque Philip K. Dick imagine un monde où les nazis ont gagné la guerre (*le Maître du haut château,* 1962), le message est clair. *La Guerre des mondes* (1897) de Wells était déjà une transposition de la guerre des Boers menée par l'Angleterre victorienne. La haine de la lecture qui fonde *Fahrenheit 451* (1953) de Ray Bradbury n'est que la relation des pratiques hitlériennes.
Le monde de la science-fiction flirte d'ailleurs avec les apocalypses les plus diverses. Guerre interstellaire (Isaac Asimov, *Fondation,* 1951), ravages postatomiques (John Brunner, *le Troupeau aveugle,* 1972 ; Richard Matheson, *Je suis une légende,* 1954), disparition de l'homme (Stefan Wül, *Oms en série,* 1957 ; Pierre Boulle, *la Planète des singes,* 1963 ; Clifford Simak, *Demain les chiens,* 1952) : la foi dans le progrès est devenue hantise. ■

Dico → anticipation • Cyrano de Bergerac • fantastique • Frankenstein

Points clés

Les types littéraires

La plupart des fictions mettent en scène des personnages. Certains sont autonomes, singuliers. D'autres appartiennent, de près ou de loin, à un type littéraire. Ceux-ci prennent place dans une série ouverte par un héros emblématique dont les caractéristiques sont devenues les traits communs d'une foule de personnages.

Qu'est ce qu'un héros?

Le héros était originellement un surhomme qui se livrait à des actions hors du commun. En cela, il se distinguait absolument de la masse et ses exploits étaient, par définition, entachés d'irréalité. L'évolution de la littérature vers le réalisme, perceptible depuis la fin du XVIe siècle, a amené les écrivains à réduire peu à peu l'écart entre le héros et l'individu ordinaire. Ses caractéristiques ne sont plus singulières, mais collectives : Harpagon vaut pour tous les avares, Argan pour tous les hypocondriaques. Ils sont devenus des types littéraires, doués d'une existence autonome forte et, en même temps, d'une valeur exemplaire constante. Ainsi, le XIXe siècle met en place le bourgeois, figure-type de la littérature. Sa réalisation la plus marquante, parce qu'elle est à la limite de la caricature, est sans doute le Joseph Prudhomme d'Henri Monnier (*Grandeur et Décadence de Joseph Prudhomme,* 1853), incarnation du bourgeois ventru et quelque peu borné. De nombreux personnages ultérieurs – et aussi antérieurs, dans la mesure où ils sont des préfigurations d'un type abouti sous la plume de Monnier – s'accordent à ce type : aussi bien le Homais de Flaubert (*Madame Bovary,* 1857) que le Valenod de Stendhal (*le Rouge et le Noir,* 1830) ou le M. Perrichon de Labiche (*le Voyage de M. Perrichon,* 1860). Lorsqu'on analyse un personnage, il faut faire la part de ce qui appartient au type et de ce qui constitue l'apport singulier de l'auteur. Joseph Prudhomme est satisfait de ses idées reçues. Homais prend les siennes pour des idées originales. L'un est la bêtise satisfaite, l'autre la bêtise militante. Tous deux sont des variations du même type littéraire. ■

Ulysse est la figure type de l'aventurier errant, également illustrée par Sinbad, par exemple, dans les Mille et Une Nuits.

Les figures féminines

La paternité d'un type littéraire est parfois difficile à déterminer. La même année – 1880 – Maupassant et Zola, qui assistent ensemble aux soirées de Médan, inventent deux figures de la « prostituée au grand cœur », l'un avec Boule-de-Suif, l'autre avec Nana. Par ailleurs, Madame Bovary n'est-elle pas une version féminine de Don Quichotte ? Tous deux sont possédés par leurs lectures au point de perdre le contact avec le réel. La grande innovation de Flaubert est sans doute d'avoir transposé dans l'imaginaire amoureux les fantasmes héroïques du « chevalier à la triste figure ». Choderlos de Laclos, dans *les Liaisons dangereuses* (1782), invente, avec Mme de Merteuil, un personnage étonnant de femme libérée sous le masque. Sade l'utilise presque immédiatement : c'est Juliette dans *les Prospérités du vice* (1791), Mme de Saint-Ange dans *la Philosophie dans le boudoir* (1795). Maupassant la réactualise en 1885 avec le personnage de Madeleine Forestier dans *Bel-Ami*. ■

Quelques types littéraires

Balzac est l'un des plus puissants créateurs de types littéraires. Rastignac est le type même de l'ambitieux – *le Père Goriot* (1835) est le récit de la construction de ce type. Il aura une postérité considérable. Le Julien Sorel de Stendhal le précède, mais est trop « singulier » pour accéder au type qui suppose un certain aspect mécanique, que possède, en revanche, le Georges Duroy de Maupassant. *Eugénie Grandet* (1833) établit le type de la vieille fille, *la Maison Nuncingen* (1838) celui du banquier – qui se retrouvera presque inchangé chez Zola ou Maupassant. Quant à Lucien de Rubempré (*les Illusions perdues,* 1837-1843), il est le type du jeune homme velléitaire, amoureux irrésolu dont Flaubert dressera le portrait-charge avec le Frédéric Moreau de *l'Éducation sentimentale* (1869). Dandy-type, le Des Esseintes de Huysmans (*À rebours,* 1884) est presque immédiatement repris par l'André Sperelli de Gabrielle d'Annunzio (*l'Enfant de volupté,* 1895) puis par le Dorian Gray d'Oscar Wilde (*le Portrait de Dorian Gray,* 1891). Le Javert des *Misérables,* type du policier accroché à son enquête, a fourni d'innombrables figures de détectives opiniâtres, jusqu'au Maigret de Simenon et au-delà. Le cinéma et la télévision, comme autrefois le roman-feuilleton, abusent des types, quitte à les pousser aux stéréotypes. ■

Rastignac, l'ambitieux sans scrupule.

Emma Bovary est le type non de la femme adultère, mais de la femme en décalage par rapport à ses rêves.

Dico → Bel-Ami • Goriot • Grandet • héros • Homais • Nana • Sorel

La grammaire et le style

La grammaire constitue un réservoir d'outils mis à la disposition de l'auteur par la langue. Les différents procédés syntaxiques sont parfois imposés par les règles et l'usage, mais il est souvent possible de choisir son expression grammaticale. Lors de l'étude d'un texte, on observera les écarts et on notera les choix effectués – consciemment ou non – par l'émetteur.

De l'analyse grammaticale à l'analyse stylistique

Si le collège observe le plus souvent les procédés syntaxiques dans une optique d'apprentissage, de connaissance et de maîtrise des outils de la langue, le lycée invite à réfléchir sur les choix effectués, sur leur valeur et leur portée. L'étude porte alors davantage sur les effets que sur la morphologie et les mécanismes. Il s'agit de remarquer ce que ces choix structurels véhiculent, comment ils influent sur la signification et la réception du message. On passe ainsi à une optique stylistique, c'est-à-dire que l'on s'attache à caractériser les procédés, à en montrer les conséquences sur le texte et à en cerner plus clairement les enjeux et les intentions. Peu importe que l'auteur « ait voulu dire » ce que le lecteur y trouve, l'essentiel est de s'intéresser aux choix qu'il a arrêtés et à leur interprétation par le récepteur. Le choix de phrases courtes révèle, par exemple, une visée particulière : elles témoignent d'une volonté d'accélération rythmique destinée à provoquer une réaction chez le lecteur. De même, une rupture de construction – ou anacoluthe – met en relief des éléments essentiels. Lorsque La Fontaine écrit : *« Et pleurés du vieillard, il grava sur leur marbre »*, il attire l'attention sur le vieil homme et la passivité de ses fils morts, sur l'aspect étonnant de la situation. ■

Champs lexicaux / champs sémantiques

Les champs sémantiques, c'est-à-dire l'ensemble des acceptions possibles d'un mot, permettent à l'auteur de jouer pleinement sur les connotations, les sens figurés d'un terme, et, ainsi, de traduire plus efficacement sa pensée. Le jeu sur des expressions comme « dernière demeure » s'avère intéressant : il s'agit de la plus récente maison achetée par un personnage ou, plus simplement, de sa tombe. Le champ sémantique du nom offre à l'auteur des possibilités d'enrichissement de son texte, créant chez le lecteur des attentes variées. Les champs lexicaux, qui sont les ensembles de mots se rapportant à une même notion, à un même thème, offrent davantage encore de possibilités. En disséminant ces éléments dans un texte, l'émetteur crée des réseaux porteurs de significations. Leur multiplication permet au lecteur de mieux appréhender le message, d'en pénétrer plus aisément le sens. La tonalité pathétique, par exemple, s'appuie sur des champs lexicaux précis : ceux de la souffrance, de la tristesse... ■

Types de phrases / types de discours

Les outils de la langue offrent d'autres possibilités d'effets. Les types de phrases interviennent dans la réception du message. Leur impact est essentiel à la construction d'une interprétation. Les phrases impératives, exclamatives ou interrogatives servent à exprimer les vœux ou les sentiments de ceux qui les emploient : ordre ou conseil, surprise, colère, déception, inquiétude ou incertitude. Il suffit d'étudier le monologue d'Harpagon, dans *l'Avare* de Molière, pour comprendre combien ces types révèlent une affectivité et permettent d'en prendre la mesure. Les phrases déclaratives ou négatives ont également un intérêt stylistique. Les premières marquent l'assurance, les secondes la volonté de défendre ou d'atténuer un propos. Le choix du type de discours est également important. L'explication, l'information, l'argumentation n'ont pas un rôle identique à celui de la narration ou de la description. Les étudier permet de mieux cerner les enjeux du texte, de déterminer les hypothèses de lecture possibles, bref, d'en saisir le sens. ■

La Maîtresse d'école *de Fragonard.*

Les temps et les modes

Les temps – présent, passé, futur – permettent de situer une action dans la chronologie ; les modes personnels – indicatif, subjonctif, impératif – et impersonnels – infinitif, participe et gérondif – indiquent le degré de réalité des faits relatés.

Les temps du récit

Le récit privilégie certains temps du mode indicatif, essentiellement passé. L'imparfait est utilisé pour décrire. Il présente les faits dans leur déroulement sans en préciser les limites temporelles. Il crée un décor sur lequel se détachent les actions, qui sont exprimées au passé simple. Il indique aussi qu'une action est habituelle ou récurrente. Dans un système hypothétique, il peut suggérer l'éventualité : *Un château s'élevait sur la colline* ; *Elle allait tous les matins à l'école* ; *Si le temps le permettait, nous irions en forêt.*

Le passé simple indique un fait passé ponctuel. Temps privilégié de la narration, il exprime des faits révolus, des états durables, des vérités générales : *Il arriva, nous regarda d'un air de triomphe, nous annonça son succès puis s'assit* ; *La mort offrit toujours de nombreux sujets de méditation aux hommes.*

Le passé composé, le plus-que-parfait et le passé antérieur situent l'action par rapport à un moment précis – exprimé à un temps simple.

Le passé composé indique l'achèvement. C'est le temps du bilan, de la conclusion ; l'action peut toutefois se prolonger dans le présent : *Durant sa longue vie, il a vu de nombreuses tragédies* ; *La cathédrale a été édifiée au Moyen Âge* (elle est toujours debout).

Le plus-que-parfait évoque un fait terminé antérieurement à une action exprimée à l'imparfait : *Il avait à peine ouvert la boulangerie que le premier client arrivait.*

Le passé antérieur, exclusivement employé à l'écrit, indique qu'une action est définitivement révolue : *Et le vieillard, affamé, eut tôt fait de manger son morceau de pain.* ■

Le Laboratoire d'alchimiste
de Thomas Wyck.

Le présent de narration

Le présent situe l'action au moment de l'énonciation ou encore exprime une vérité générale, la permanence ou la répétition de faits. Mais il peut également être employé dans une narration de faits passés. Appelé aussi « historique », ce présent actualise les faits, les rapprochant du destinataire qui en devient le témoin : *Le soleil se couchait quand il entra dans l'auberge. Soudain, les soldats du roi l'encerclent, le font prisonnier et l'emmènent.* ■

Les fonctions du subjonctif

Le mode subjonctif est employé pour signaler un fait incertain ou douteux, ou pour exprimer une interprétation : *Je ne crois pas qu'il ait raison.* Il est également employé, de manière conditionnée, dans les propositions subordonnées – conjonctives, introduites par *que,* circonstancielles ou relatives : *Je crains qu'il échoue ; Je viendrai vous voir pour que vous me disiez ce que vous en pensez ; Je cherche un plombier qui puisse réparer cette fuite aujourd'hui.* ■

Les fonctions du conditionnel

Le mode conditionnel indique qu'un fait est soumis à une condition, ou encore exprime l'éventuel, le doute, la crainte, la réserve ou la politesse : *Si je le pouvais, je le referais ; J'affirmerais ma passion pour le sport en toute circonstance ; Il me serait agréable de partir en vacances.* Il peut également être employé dans le discours indirect libre : *Qu'allait-elle faire ? Elle devrait avouer son erreur ; irait devant les tribunaux.* ■

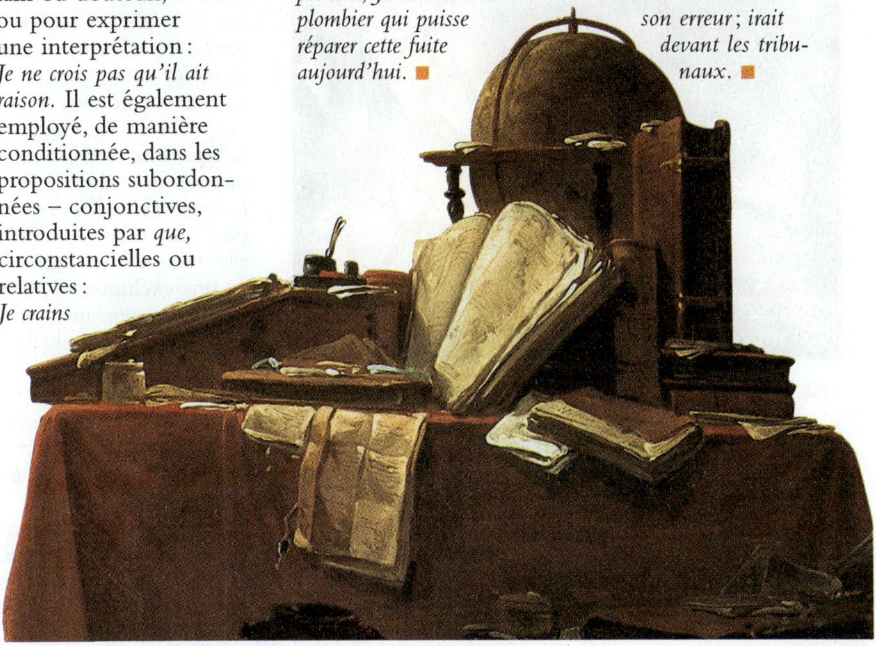

Points clés

La coordination et la subordination

On peut relier des mots, des expressions ou des propositions de même fonction en les coordonnant. La subordination, en revanche, introduit une dépendance grammaticale de la proposition ainsi reliée par rapport à une principale. Toutes deux s'opposent à l'asyndète, ou juxtaposition.

Trompe-l'œil
de Cornelis Norbertus Gijsbrechts.

Les divers modes de coordination

La coordination se fait grâce à des mots invariables : les conjonctions. Chacune a un sens et un rôle précis : *et* marque l'addition ; *mais,* l'opposition ; *donc,* la conclusion ; *ou,* l'alternative ; *ni* signifie *et ne pas*. Toutes peuvent relier des mots, des groupes ou des propositions. *Car,* indiquant la cause, et *or,* le passage d'une idée à une autre ou la coïncidence, ne coordonnent que des phrases ou des propositions.

La coordination n'est pas obligatoire, sauf dans quelques locutions comme *ici* ***et*** *là, peu* ***ou*** *prou,* ***ni*** *chaud* ***ni*** *froid.* Son emploi résulte d'un choix du locuteur qui veut indiquer clairement un rapport entre différents éléments. Les deux phrases reliées par un connecteur conservent leur autonomie.
La coordination est dite « copulative » lorsqu'elle indique une simultanéité ou une succession de faits : *Je ne sais* ***ni*** *le latin* ***ni*** *le grec* ; « disjonctive » quand elle indique une alternative ou une exclusion : *Il parlera* ***ou*** *il sera emprisonné* ; « adversative » quand elle montre une opposition : *Il écrit bien,* ***par contre*** *il n'a pas d'idée* ; « causale » quand elle introduit un rapport de cause-conséquence : *Il a peur* ***car*** *la nuit tombe vite.* Des adverbes ou locutions tels que *aussi, de plus, enfin, cependant, au contraire, d'ailleurs* ou *en effet* sont aussi des connecteurs. ■

Les différents modes de subordination

La subordonnée complète la principale dont elle est dépendante, sans que sa présence soit toujours nécessaire à la compréhension de la proposition qui lui sert de support. Elle est introduite par un mot invariable. Cette conjonction de subordination peut être simple, c'est-à-dire composée d'un seul mot – *que, comme* ou *quand* – ou constituée de plusieurs mots formant une locution conjonctive dont les éléments se sont soudés – comme *lorsque* – ou sont restés distincts – comme *bien que.*
Une proposition subordonnée peut aussi constituer la principale d'une autre unité syntaxique : *Je crois que tu as tort* ***quand*** *tu dis* ***que*** *Pierre est parti ce matin.*
Les propositions subordonnées ont des fonctions identiques à celles de groupes nominaux.
Elles peuvent être complétives, compléments d'objet : *Je te dis* ***que tu t'es trompé !*** ; *Je pense* ***partir ce soir.*** Elles peuvent compléter un nom : *Je vois arriver l'homme* ***que tu attendais.*** Enfin, elles peuvent être compléments circonstanciels : *Il a ri* ***quand je suis tombé.***
On distingue plusieurs types de propositions subordonnées. Les propositions introduites par un pronom relatif – *qui, que, quoi, dont, où* et leurs formes composées, *lequel, duquel, auquel*... – sont compléments d'un nom appelé antécédent. Les propositions complétives ou interrogatives indirectes sont compléments d'objet de la proposition principale. Les propositions circonstancielles sont compléments circonstanciels de la principale. Enfin, les propositions infinitives et participes sont également des propositions subordonnées. ■

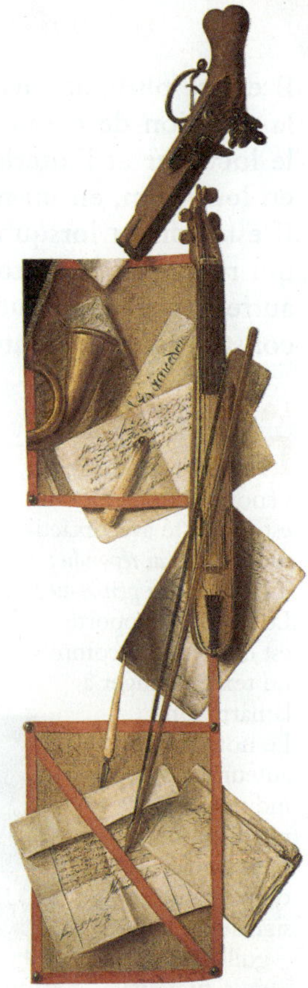

Asyndète et parataxe

On appelle « asyndète » l'omission d'une conjonction de coordination pour indiquer la liaison. Très utilisée dans la langue parlée ou relâchée, elle allège l'expression, lui conférant rapidité et vivacité. L'asyndète marque aussi les gradations, les énumérations, permettant ainsi de détacher chacun des éléments qui la composent : *Les hommes, les femmes, les enfants, tous se précipitaient pour monter en voiture* ; *Il pleut, il fait froid, je veux rentrer chez moi.*
La parataxe est la simple juxtaposition, sans aucun connecteur, de deux propositions. Seuls l'intonation ou le contexte permettent alors de comprendre le lien qui les unit. ■

Dico → asyndète • parataxe

Point clés

Les discours direct, indirect et indirect libre

Il existe plusieurs manières de rapporter un énoncé, selon la situation de communication. Le discours est direct lorsque le locuteur et l'interlocuteur sont présents et s'expriment en leur nom, en un même lieu et au même moment. Il est indirect lorsqu'intervient dans le récit un personnage qui rapporte des paroles exprimées éventuellement en un autre lieu et à un autre moment. Le discours indirect libre constitue une variante de cette dernière situation.

Le discours direct

Dans le discours direct, l'énoncé des paroles est rapporté avec exactitude : *Je lui ai répondu : « Et toi, qu'en penses-tu ? »* Le discours rapporté est cité, exhibé comme un texte étranger à la narration. Le nom de son auteur est souvent indiqué. Ses marques sont identifiables : la typographie en signale les limites – guillemets, deux points, tirets, italique sont utilisés pour identifier le dialogue et enchaîner les répliques. Les paroles rapportées sont intégrées dans l'énoncé grâce à une proposition incise – *dit-il, reprit-il, répliqua-t-elle*… – ou grâce à un verbe introducteur – *il dit, il reprit, elle répliqua*… – dont la nature apporte des informations sur la manière dont les paroles ont été prononcées ou sur le jugement que l'auteur porte sur elles. Le discours direct conserve ainsi ses propres marques d'énonciation et reproduit la spontanéité et l'expressivité des paroles prononcées. ■

Nature morte aux livres *de Bizet d'Annonay.*

Le discours indirect

Rapporté dans un autre énoncé, le discours indirect ne constitue pas une unité séparée ; il est narrativisé : *Paul a demandé à Jean ce qu'il en pensait. Celui-ci lui a répondu qu'il ne partageait pas son avis.* On remarque la disparition de la typographie du discours direct.
Le discours indirect est annoncé par une proposition subordonnée suivant le verbe introducteur : une complétive – *il ajouta* ***qu'il allait partir*** – ou une interrogative indirecte – *il lui demanda alors* ***s'il allait partir.*** Il peut aussi être signalé par l'emploi de verbes à l'infinitif – *il lui demanda* ***de partir*** – ou de groupes nominaux – *il lui demanda* ***la date de son départ.***
Cette modification de l'énoncé entraîne des transformations de l'énonciation en termes de personne, de lieu et de temps : *Paul demande à Jean : « Qu'en* ***penses-tu*** *? » / Paul demande à Jean ce qu'****il en pense.*** Les modes et les temps des verbes sont également affectés : *Paul demanda à Jean : «* ***Viendras-tu*** *demain ? » / Paul demanda à Jean s'****il viendrait*** *le lendemain.* Le sens est identique à celui des paroles prononcées mais l'expressivité a disparu. ■

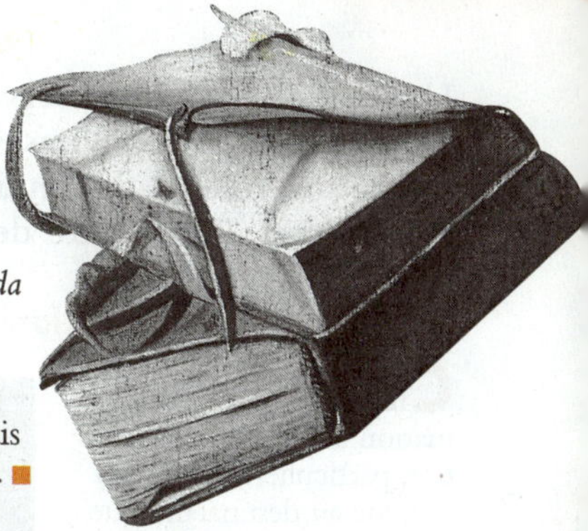

Le discours indirect libre

Le discours indirect libre utilise les ressources des deux styles précédents. Comme le discours direct, il ne comporte aucune subordination et conserve la tonalité des propos ; comme l'indirect, il nécessite des transformations d'indices personnels, spatiaux et temporels.
De structure plus libre, le discours indirect libre ne peut souvent être distingué que par quelques repères : présence d'un terme indiquant la présentation d'un énoncé, contexte ou sens : *« Je lui demande brièvement comment la chose est arrivée. Elle parle vite, d'une voix sans timbre que je ne lui connais pas, où perce le trouble et peut-être même l'anxiété. Non, elle n'a rien pu savoir encore des circonstances du drame ; c'est un ami qui vient de lui téléphoner, et qui ignorait lui aussi, où, quand, et de quelle façon cela s'était passé »* (Robbe-Grillet, *la Maison de rendez-vous*). À partir de *non*, le texte dépend du verbe *parler* qui indique qu'il s'agit des propos tenus par la femme.
Il est parfois très difficile de repérer le discours indirect libre : *« Dans la petite morgue, il m'a appris qu'il était entré à l'asile comme indigent. Comme il se sentait valide, il s'était proposé pour cette place de concierge »* (Camus, *l'Étranger*). La seconde phrase peut constituer le récit fait par Meursault ou être la reproduction des paroles du concierge de l'asile. ■

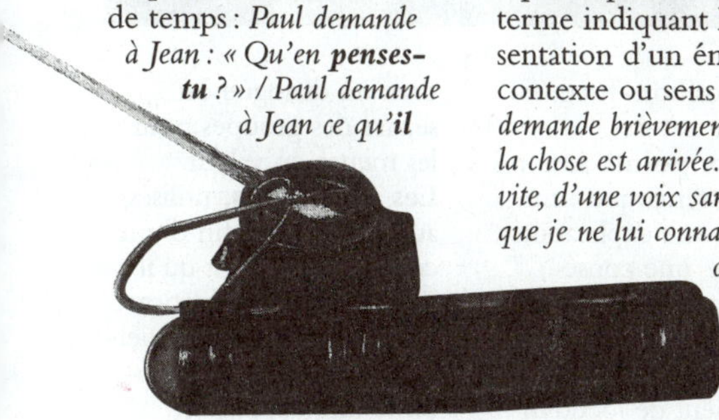

La ponctuation

L'ensemble des signes servant à séparer les mots, les propositions, les phrases, constitue la ponctuation. Outre son rôle d'arrêt indispensable, à l'écrit et à l'oral, elle permet d'introduire des nuances et clarifie l'énoncé.

Portrait de femme *de Labille-Guiard.*

Les diverses ponctuations

Chaque signe de ponctuation assume une fonction particulière. **Le point** indique au destinataire que la phrase est terminée et que le sens est complet. **Le point d'interrogation** apparaît à la fin d'une interrogation directe. **Le point d'exclamation** est employé derrière une interjection, une locution exclamative, une proposition. **Les points de suspension** indiquent que l'expression est incomplète. **La virgule** sépare deux unités, qu'il s'agisse de deux propositions indépendantes juxtaposées, d'une principale et de sa subordonnée, d'une proposition incise, d'une participiale, d'éléments énumérés ou juxtaposés (noms, adjectifs, verbes, adverbes), d'une principale et de sa relative explicative ou à valeur circonstancielle. Elle peut aussi indiquer l'ellipse d'un terme dans la phrase. **Le point-virgule** sépare deux éléments révélant chacun un aspect d'une même idée, des propositions longues de même nature.
Les deux points annoncent une remarque, un exemple, une explication une cause, une conséquence, un bilan de ce qui vient d'être dit, une citation. **Le tiret** signale un changement de locuteur dans un dialogue ou sépare des groupes pour les mettre en valeur.
Les guillemets, utilisés au début et à la fin d'une citation, indiquent qu'il s'agit de la reproduction fidèle des paroles de quelqu'un ; ils peuvent introduire une expression,

« Alcools »

Guillaume Apollinaire publia, en 1913, un recueil de poèmes intitulé *Alcools* dans lequel il tenta de renouveler la poésie française. Il y supprima la ponctuation afin d'offrir davantage de possibilités d'interprétation à son lecteur et de le pousser vers l'*« illimité »*.

un mot, issus d'une langue étrangère ou d'un registre différent. **Les parenthèses** insèrent une réflexion, une précision qui ne sont pas absolument nécessaires au sens, mais qui en facilitent la compréhension.
Les crochets ont le même rôle mais sont moins utilisés ; ils apparaissent également pour encadrer des transcriptions phonétiques ou des formules mathématiques et pour signaler, avec des points de suspension, qu'un passage a été coupé.
Le trait d'union réunit des éléments pour composer des mots : des noms, des adjectifs, des nombres, des locutions, des pronoms ; il annonce, en fin de ligne, qu'un mot a été interrompu et sera terminé à la ligne suivante.
Enfin, **l'astérisque** indique un renvoi ou une note en bas de page. ■

L'expression des émotions

La ponctuation signale également des sentiments. Les points d'exclamation, d'interrogation et de suspension constituent essentiellement cette ponctuation affective. Le point d'exclamation renforce le sens des interjections qu'il suit et traduit des émotions : la colère, la surprise, la déception, l'amour, la haine, l'inquiétude… Le point d'interrogation marque des sentiments qui sont souvent à l'origine de la question posée. Les points de suspension révèlent fréquemment l'intrusion des émotions dans le discours, qui empêchent le locuteur de poursuivre. Ils peuvent aussi traduire la soudaine prise de conscience des convenances ou une réticence qui, en déclenchant des réactions affectives, stoppent l'expression. ■

La suppression de la ponctuation

Les signes syntaxiques qui constituent la ponctuation sont nécessaires à la clarté et à la compréhension du message. Toutefois, certains poètes et écrivains modernes ont tenté de la supprimer. Cette disparition pousse le destinataire à une plus grande diversité d'interprétations. Il lui faut s'interroger davantage, envisager plusieurs possibilités, sans assurance ni certitude puisque l'auteur lui laisse toute liberté. C'est, naturellement, en poésie que ces tentatives sont les plus nombreuses. ■

Points clés

Les registres de langue

La communication dépend de la situation dans laquelle elle se produit. Le locuteur utilisera donc des registres de langue différents selon son interlocuteur, le lieu où chacun se trouve, le moment et le contenu du message.

La langue soutenue

Un même message peut donc recevoir des variations lexicales, grammaticales et orales selon la situation de communication dans laquelle se trouvent les deux interlocuteurs. Le registre soutenu se caractérise par une langue soignée, issue de la tradition littéraire. Le trait le plus caractéristique de ce niveau est le choix du vocabulaire, qui sera toujours précis, littéraire, recherché et le plus approprié possible – le locuteur préférera ainsi le mot *onde* à *eau* – et chargé de références culturelles. La prononciation met également en valeur le respect de la langue : les élisions et les contractions sont évitées, les liaisons respectées, toutes les syllabes prononcées. La syntaxe est correcte : les négations sont complètes – *ne... pas* –, les pronoms employés selon leur fonction – *nous* n'est pas repris par *on* –, les temps et les modes sont tous utilisés – y compris le subjonctif, imparfait ou plus-que-parfait –, les accords du participe sont rigoureusement observés. Enfin, les phrases sont longues, complexes. La langue soutenue peut être recherchée, affectée, précieuse. ■

La langue familière

Si le registre courant est le plus utilisé, à l'écrit comme à l'oral, la langue familière, employée avec des proches ou des amis, est plus variée, pittoresque et spontanée. Ce registre est usuel à l'oral, peu recommandé dans les devoirs et les productions écrites, mais parfois présent dans des œuvres littéraires. Le vocabulaire y est moins précis mais plus imagé que dans la langue courante ou soutenue : *se faire des cheveux* est plus expressif que *s'inquiéter.* La prononciation est marquée par de nombreuses élisions et contractions – *« r'gard' : le v'là ! »* –, des simplifications et des omissions – *queq' jour, on ouv' la f'nêtr'*. Les liaisons disparaissent. Mais c'est surtout la syntaxe qui est la plus modifiée dans ce registre : les négations sont incomplètes ; les pronoms peu ou mal employés – *« nous, on y va pas »* ; les temps et les modes moins variés – le subjonctif n'est presque pas utilisé, sauf au présent ; les accords des participes inexistants – *la chemise que j'ai mis.* Les liaisons entre les phrases sont très réduites, la plupart sont juxtaposées ou coordonnées – *car* est préféré à *parce que* ou à *puisque,* par exemple. ■

Les Jeunes *de Goya.*

L'argot en littérature

Si l'usage de la langue vulgaire ou grossière est le plus souvent banni des textes, les écrivains n'en utilisent pas moins des registres familiers comme l'argot. De nombreux auteurs, le plus souvent contemporains, y ont recours dans leurs œuvres afin de rendre fidèlement compte de la manière de parler des personnages qu'ils ont choisis. Balzac introduit l'argot des bagnards pour présenter quelques-unes des particularités de certains de ses personnages évadés du bagne comme Vautrin. Céline ou Clavel l'introduisent pour reproduire exactement le langage populaire – et, donc, naturellement argotique – de certains personnages, ajoutant ainsi une note réaliste à leur texte. ■

Dico → Vautrin • vocabulaire

Points clés L'énonciation

Un énoncé est un texte, oral ou écrit, produit par un locuteur et qui utilise toutes les ressources de la langue – grammaire, vocabulaire, rhétorique. L'énonciation est l'acte de production de cet énoncé. Elle est déterminée par une situation de communication précise – lieu et temps définis, locuteur et interlocuteur identifiés.

Qui parle ?

Que la communication soit directe – orale – ou différée – écrite –, elle établit une relation entre un émetteur et un récepteur : *« Tu pourras venir chez moi demain. » Je* et *tu* sont clairement identifiés, la référence temporelle est nette – c'est celle du moment de la communication –, le lieu est repérable. Certains discours mettent directement en présence le locuteur et le destinataire. Ils privilégient les pronoms à la première et à la deuxième personne ; les temps verbaux sont organisés par rapport au présent de l'énonciation : *« Tu viens de me dire que tu partais. »*

D'autres discours sont des récits. Ils privilégient les verbes conjugués à la troisième personne et utilisent des temps passés. La présence du narrateur et du destinataire est peu marquée : *Il entrait dans sa chambre quand sa mère l'appela pour lui rappeler qu'elle l'attendrait chez son précepteur le lendemain.*

Les marques de l'énonciation

Relever les marques de l'énonciation, c'est chercher dans l'énoncé toutes les traces de la situation de communication. Il est alors possible d'étudier les indices de personne. Les pronoms personnels et les pronoms et adjectifs possessifs permettent de distinguer narrateur et destinataire : ***Je te** jure que c'est bien **mon** livre. Je* et *mon* indiquent le locuteur, *te,* l'interlocuteur. La troisième personne désigne celui qui est absent du débat, celui dont on parle ; il est nommé dans l'énoncé mais ne participe pas à la situation d'énonciation : *J'ai parlé hier à Paul ; **il** m'a dit que tu **l'**avais invité à ta petite fête de demain.* Les modalisateurs, marques du jugement exprimé par le locuteur, permettent de repérer les opinions ou les doutes de celui-ci. Ils introduisent la subjectivité du locuteur dans le texte. Ce sont des adverbes – *il viendra **sûrement*** –, des verbes – *il me **semble** intelligent* –, des termes marquant l'affectivité – *la **pauvre petite !*** –, des choix particuliers de syntaxe – ***qui es-tu, toi, pour** me donner des ordres ?* Le temps et le lieu sont repérables dans le texte grâce, notamment, au temps des verbes, à certains adverbes – *hier, ici* –, à certains groupes nominaux – *ce matin-là, à ma gauche* –, à certains démonstratifs qui renvoient à des éléments externes ou internes – *là-bas, ici*.
Dans certains textes, ces marques d'énonciation sont effacées ou rares. C'est notamment le cas des proverbes ou des maximes, ce qui renforce leur caractère universel et intemporel. ■

Michelet et Quinet reprenant possession de leurs cours au Collège de France *de Brouillet*.

La double énonciation

Toutefois, l'énonciation peut être double : l'émetteur et le récepteur peuvent être différents du locuteur et de son destinataire, et se trouver à un autre niveau que ceux-ci. Au théâtre, par exemple, le locuteur est clairement identifié comme le personnage qui déclame, et son destinataire est son interlocuteur dans la pièce. Mais ce dispositif peut être doublé par la présence d'un autre émetteur, l'auteur, et d'un autre récepteur, le lecteur ou le spectateur : *« Approchez, ma fille, écoutez-moi,* [...]. *Voici mes paroles : Vous irez de niveau avec les hommes ; ils seront vos camarades, et non pas vos maîtres. Madame vaudra partout Monsieur, ou je mourrai à la peine. J'en jure par le plus gros juron que je sache ; par cette tête de fer qui ne pliera jamais, et que personne jusqu'ici ne peut se vanter d'avoir réduite, il n'y a qu'à en demander de nouvelles »* (Marivaux, *la Colonie*). Il est clair que Madame Sorbin s'adresse autant à son interlocutrice qu'aux spectateurs du siècle des Lumières. ■

Dico → **énonciation • maxime • narrateur • proverbe**

Points clés

Le narrateur

Il faut distinguer l'auteur, l'être vivant qui a écrit l'histoire, du narrateur, celui qui est défini par les indices textuels et qui la raconte. Le récit est donc déterminé par la place de ce dernier et sa vision des événements.

Les types de narrateur

Le narrateur est un élément de l'histoire qu'il narre, il est défini par sa position et la manière dont il envisage les événements. Il peut être extérieur à l'histoire et n'y intervenir qu'en de rares occasions, en donnant des avis ou en marquant sa présence par des commentaires, des indices d'énonciation et des modalisateurs, faisant ainsi passer le récit dans le discours. Il organise la narration, observe et critique les personnages et les situations auxquelles il n'est pas mêlé. C'est le type de narrateur le plus souvent retenu par Balzac ou Stendhal qui choisissent de transmettre ainsi leur avis dans leurs romans. Le narrateur peut aussi s'effacer totalement et ne proposer qu'un récit à la troisième personne sans aucune intervention personnelle. Zola ou Flaubert préfèrent souvent dissimuler l'instance narrative dans leurs œuvres. Le narrateur peut encore être un personnage de l'histoire qu'il conte : héros ou victime des faits et des actions qu'il relate ou simple témoin de ce qu'il rapporte. Le héros du *Horla* de Maupassant, celui de *Manon Lescaut* de l'abbé Prévost se livrent ainsi à des récits qui les placent en position agissante ou en témoin des aventures vécues par d'autres. ■

Paysan bernois lisant son journal *d'Albert Anker.*

Les types de vision

Le point de vue sur les événements est ainsi déterminé par la position du narrateur. Lorsqu'il est intégré dans le récit, sa vision est très limitée, réduite à ce qu'il peut voir, savoir ou penser. S'il est extérieur, en revanche, le narrateur a le choix entre différentes perspectives : il peut adopter un point de vue externe, interne ou omniscient. La vision omnisciente lui permet de rapporter des informations que les personnages ne peuvent avoir ou qui dépassent leurs connaissances. Le narrateur sait tout, se fait historien, peut dévoiler les pensées des personnages, changer de point de vue quand il le désire, se déplacer dans le temps et l'espace : il peut faire des retours en arrière, des projections vers l'avenir, aller d'un endroit de l'action à un autre. Dans le point de vue interne, les faits sont perçus par un personnage, la narration est donc limitée par sa place, ses connaissances, sa subjectivité. Le récit qui passe ainsi par un personnage paraîtra plus vraisemblable. Dans la vision externe les informations fournies sont moins précises que celles que possède le personnage. Étant fait de l'extérieur, le récit ne présente que ce qui peut être vu de ce point de vue, sans ajout ni commentaire. Le lecteur ne connaît pas les pensées des personnages et se trouve face à un point de vue objectif. Un texte peut, naturellement, présenter des variations de points de vue. ■

Les personnages-narrateurs

Un personnage littéraire n'est pas un être vivant, il n'existe que dans les limites du texte. Lorsqu'il est le narrateur d'une histoire, ce personnage prend cependant un relief particulier puisque c'est son point de vue qui dirige la narration et ce sont sa sensibilité et sa subjectivité qui organisent le récit. Le temps de l'histoire est celui que vivent les personnages de la fiction ; il est différent de celui de la narration. Le narrateur, surtout lorsqu'il est personnage, présente son récit dans un ordre qui lui est propre et qui peut être différent de celui de l'histoire : il peut, par exemple, annoncer un fait ou en retarder la narration ; il peut conter une histoire un certain temps après qu'elle est arrivée, en proposer le compte rendu simultanément à son déroulement ou de manière alternée, la narration suivant une partie de l'histoire et annonçant la suivante. Quels que soient ses choix, le personnage-narrateur conte les aventures dont il est le héros ou la victime. Il exprime alors ses propres sentiments, permet au lecteur de suivre son évolution psychologique et morale et confère ainsi de l'authenticité au récit. Le narrateur peut ainsi pénétrer dans une conscience, en découvrir tous les aspects et en suivre les modifications. Il entre de plain-pied dans l'œuvre et se trouve confronté à une histoire qui l'attire davantage par son allure de témoignage, par le fait que la première personne lui offre l'occasion de s'identifier au conteur et, par là, de participer activement au récit. ■

Les statuts du « je »

Il est important de ne pas confondre l'auteur et le narrateur. L'auteur est la personne réelle qui confie au narrateur, qu'elle détermine, le soin de proposer un texte. Dans ce récit, celui qui dit *je* narre l'histoire, se définit par des indices donnés dans le cadre textuel. Il peut être extérieur à son récit ou en constituer un personnage, qu'il soit héros, victime ou témoin.

Le « je » pseudo-autobiographique

Le narrateur peut donner le sentiment de raconter sa propre histoire, de rapporter les faits qu'il a vécus. Dans ce cas, le livre ressemble à une autobiographie puisque celui qui dit *je* s'exprime en son nom et se révèle comme l'acteur des aventures relatées. Le récit est alors marqué par sa subjectivité et réduit aux connaissances nécessairement restreintes que le narrateur peut avoir du réel. Il ne s'agit toutefois pas d'une autobiographie puisque le narrateur ne peut être confondu avec l'écrivain ; les événements et la vie dévoilés ne sont que des composantes de la fiction mise en place par ce dernier. Cependant, l'illusion est forte puisque les actions, les personnages sont présentés par un point de vue unique, subjectif, et véhiculés par une première personne qui donne l'impression d'authenticité et de véracité. Dans certains cas, narrateur et auteur peuvent être très proches sans être totalement identifiables l'un à l'autre. Jules Vallès, par exemple, donne ses initiales à son héros, Jacques Vingtras, et lui prête des aventures souvent très nettement inspirées des siennes. Toutefois, Jacques Vingtras n'est pas Jules Vallès. Il est également possible de donner tour à tour la parole à plusieurs narrateurs successifs qui raconteront chacun leurs expériences. ■

Figure de fantaisie, *ou* l'Inspiration *de Fragonard.*

Le « je » fonctionnel

Dans d'autres cas, le narrateur n'est que le témoin des faits qu'il rapporte. Il n'est pas l'acteur mais le regard qui présente et juge les autres personnages ainsi que le décor et les événements. Le *je* sert alors à authentifier le récit, à lui donner plus d'épaisseur puisque le lecteur, impliqué par l'emploi de la première personne, se sentira plus nettement concerné par la narration. Cette première personne sert alors de présentateur, d'intermédiaire entre destinataire et message à transmettre. Certains personnages peuvent ainsi conter des histoires qui paraissent plus vraisemblables au lecteur ; Maupassant utilise souvent ce procédé pour ses contes et ses nouvelles fantastiques. C'est encore le procédé utilisé par Conan Doyle pour raconter les aventures de Sherlock Holmes. Le docteur Watson, narrateur à la première personne, feint de ne pas en savoir plus que le lecteur – d'où un réalisme accru. ■

Les effets de réalité du « je »

Pour donner un aspect plus réaliste à son récit, un narrateur peut effacer toute trace de sa présence et utiliser la troisième personne et le temps passé. Mais, bien qu'extérieur au récit, ce narrateur peut dévoiler sa présence par l'intermédiaire de jugements ou de réflexions portés sur l'histoire et ses acteurs. Balzac, particulièrement, est coutumier de ce procédé.

Par ailleurs, lorsqu'un narrateur est également le héros ou la victime de l'histoire qu'il raconte, le lecteur voit les faits à travers cette focalisation interne et n'en connaît que ce que ce narrateur veut bien lui en dire. Cette vision parcellaire donne plus de réalisme aux événements présentés puisque le destinataire retrouve ainsi la connaissance partielle des faits qui est la sienne dans le réel. ■

Dico → actant • autobiographie • fiction • histoire • narrateur

Points clés

La rhétorique

Née avec l'« art de persuader » des orateurs grecs antiques, la rhétorique constitue l'ensemble des techniques visant à convaincre l'interlocuteur ou le lecteur du bien-fondé de ce que l'on affirme, afin de le subjuguer.

Aristote a écrit sa Rhétorique *entre 329 et 323 av. J.-C.*

Une science très ancienne

Les Latins (Quintilien, *l'Institution oratoire,* 93) distinguaient, dans l'art oratoire, l'*inventio* – ou comment trouver les idées –, la *dispositio* – ou comment les agencer harmonieusement – et l'*elocutio* – ou comment les embellir de figures adéquates. La rhétorique moderne recouvre ces trois champs, encore qu'elle ait tendance à se spécialiser dans l'*elocutio,* art de plaire. L'idéal est l'équilibre entre ces trois fonctions : Fénelon dénonce les *« beautés fragiles »* de la seule *elocutio,* lorsqu'elle ne s'appuie pas sur la *« vérité »,* ou tout au moins le vraisemblable, des idées. C'est là l'expression de la doctrine classique, telle qu'elle est formulée par Boileau (préface aux *Œuvres,* 1701) qui condamne les figures *« outrées »* de la rhétorique baroque. La rhétorique connaît son apogée au XVIIIe siècle avec les ouvrages fondateurs de Du Marsais (*Des tropes,* 1730), Gibert (*la Rhétorique ou les Règles de l'éloquence,* 1730), Condillac (*De l'art d'écrire,* 1755). Le bilan de ces recherches sera établi par Fontanier au début du XIXe siècle (*Manuel classique pour l'étude des tropes,* 1821 ; *Traité général des figures du discours autres que les tropes,* 1827). ■

Si toutes les Muses participent de la Rhétorique, Calliope était plus particulièrement chargée de l'Éloquence.

Les figures de style

Le sous-titre de l'ouvrage de Du Marsais, *Des différents sens dans lesquels on peut prendre un même mot dans une même langue,* précise ce qu'il faut entendre par « figure ». Il s'agit de fonder une sémantique générale qui engloberait aussi bien les champs sémantiques des mots – par exemple, l'ensemble des fonctions métaphoriques, métonymiques, etc. – que leurs modifications de sens en fonction de leur position dans la phrase. Les figures sont donc de deux ordres : soit elles jouent sur la polysémie du mot – « objet » veut dire « chose » et « femme », « conquérir » appartient à la fois au vocabulaire militaire et à l'art de la séduction, etc. –, soit sur ses variations de sens dans un énoncé particulier – lorsque Eluard affirme que *« la Terre est bleue comme une orange »,* il joue sur l'image de la rotondité, sur le choc

antithétique entre les couleurs, et profère en même temps un discours anticonformiste typique de l'écriture surréaliste, le tout dans une comparaison inattendue.
Les rhétoriciens ont donné des noms parfois fort compliqués à une infinité de « figures » (voir Bernard Dupriez, *Gradus, les procédés littéraires,* 1984).
On se contentera d'en connaître bien une quinzaine : allégorie, anacoluthe, anaphore, antiphrase, antithèse, asyndète, chiasme, comparaison, ellipse, gradation, hyperbole, litote, métaphore, métaplasmes, métonymie, oxymore, paradoxe, parallélisme, période, périphrase, pointe, prosopopée, syllogisme, synecdoque et zeugma – pour la beauté d'une figure rare (voir les définitions dans le Dico). Cette liste n'est pas limitative. Ce qui importe, c'est d'apprécier l'usure d'une figure, en particulier des métaphores, qui fait qu'au bout d'un certain temps d'usage, elle n'est plus perçue comme un effet de style et exige une réactivation d'urgence avant de tomber dans le vaste domaine des lieux communs et autres clichés. ■

Le sculpteur Praxitèle (IVe siècle av. J.-C.), accusé d'impiété, aurait dévoilé son modèle Phryné devant ses juges, pour montrer la pureté de ses intentions : le modèle – degré zéro de la sculpture – était aussi érotique que l'œuvre d'art.

« Le Degré zéro de l'écriture »

L'ouvrage de Roland Barthes (1953) tente de résoudre un problème inhérent à la rhétorique. Longtemps, on a estimé que, pour apprécier le style d'un écrivain, il fallait apprécier l'écart de ce style particulier par rapport à une norme. L'apport de Barthes est de montrer que l'écart n'est pas un concept valable parce qu'il n'existe pas quelque chose qui serait la norme – un énoncé de « degré zéro », non entaché de rhétorique. Tout acte de langue est rhétorique, de même qu'il est communication, quand bien même – et surtout, parfois – il feint de refuser la communication ou la rhétorique. ■

Dico → élocution • figure de style • disposition • invention

Points clés Le texte argumentatif

Le texte de type argumentatif a une fonction impressive : il s'agit, pour l'auteur, en exposant sa thèse, de convaincre son destinataire, de lui faire modifier son propre point de vue et de le faire adhérer au sien.

Fonctions et objectifs

Le texte argumentatif fait s'affronter deux thèses en tentant de démontrer la validité de celle qu'il défend – celle qu'il rejette n'est pas toujours exprimée. Il cherche à convaincre, c'est-à-dire qu'il fait appel à l'intelligence du destinataire pour lui démontrer la supériorité de la thèse défendue sur les autres, par des arguments abstraits et des exemples illustratifs, ou pour le persuader en s'attachant davantage à l'émouvoir ou en influençant son affectivité. Le texte argumentatif peut également avoir des fonctions polémiques, surtout lorsqu'il s'agit de ridiculiser l'adversaire sans essayer d'emporter son adhésion. On reconnaît le texte argumentatif à certaines caractéristiques : les raisonnements – déductifs (du général au particulier) ou inductifs (du particulier au général) ; les démonstrations rigoureuses marquées par une structure nette et repérable grâce aux articulations logiques ; le développement d'un point de vue prenant en compte les opinions adverses ; l'énonciation révélant ces deux parties opposées.
Le texte argumentatif obéit à des stratégies diverses : le locuteur peut choisir l'objectivité et masquer sa volonté de convaincre ou, à l'inverse, se manifester nettement en extériorisant son désir didactique. ■

Sa structure

Le texte argumentatif est entièrement construit pour aboutir à la modification du point de vue adverse ; son fonctionnement est donc conditionné par cette volonté. Il s'appuie sur différents types d'articulations : cause, conséquence, adjonction, opposition. Ces relations sont repérables dans le texte : elles sont marquées grammaticalement – par les conjonctions de coordination et

Le Déjeuner à Berneval *de Renoir.*

de subordination –, par des procédés lexicaux – verbes ou expressions diverses – ainsi que par la ponctuation. Les autres caractéristiques sont l'énonciation qui introduit souvent le locuteur face à son destinataire – les pronoms personnels de première et deuxième personne et le présent intemporel soutiennent généralement la démonstration, les modalisateurs manifestent les jugements portés par l'auteur ; mais aussi les connotations positives ou négatives attribuées aux deux thèses opposées, le recours fréquent aux exemples illustratifs – pour faciliter la compréhension d'un argument exposé – ou argumentatifs – pour remplacer les idées abstraites. ■

Le repérage des idées

On peut repérer les idées exposées dans un texte argumentatif en formulant quelques questions simples : quelle est la thèse soutenue, quelle est celle qui est rejetée, quels sont les arguments et les exemples en faveur de chacune ? Cette identification permet, ensuite, de dégager les étapes de l'argumentation. Pour cela, il suffit simplement de s'appuyer sur les articulations logiques qui balisent le déroulement de la pensée, qui marquent le passage d'une idée à une autre et qui en facilitent donc le repérage. On cherchera ainsi les mots qui expriment le thème principal traité et la problématique, ceux qui manifestent les thèses en présence et l'on observera les différentes idées exposées – les arguments – pour les étayer et les démontrer ou pour les réfuter. Chacun, en effet, correspond à une idée importante pour l'argumentation. ■

Dico → connotation • énonciation • thèse

Les modes d'argumentation

**Argumenter, c'est choisir les éléments, construire un raisonnement et bâtir une stratégie qui permettront de convaincre l'interlocuteur ou le lecteur de la justesse d'une thèse.
Les différents modes d'argumentation offrent des possibilités variées que l'on peut retenir selon le but recherché.**

Les polémiques

Une argumentation peut, pour tenter de faire adhérer le destinataire à sa thèse, se construire en opposition critique avec une autre opinion, construire une discussion qui en montre l'inanité et l'invalidité. Il s'agit alors d'une volonté polémique. L'argumentation ainsi construite s'articule autour de quelques procédés nettement identifiables : les indices d'énonciation révéleront le point de vue de l'auteur – termes dévalorisants, jugements de valeur négatifs. D'autres procédés sont également révélateurs de cette intention : périphrases mettant en valeur le ridicule de la thèse adverse, hyperboles exagérant ses défauts, exagération de ses implications négatives, métaphores humiliantes, ironie et mise en place de fictions satiriques pour détruire l'opinion opposée sont les moyens les plus couramment utilisés dans ces argumentations. Parmi elles, on trouve notamment la satire, l'essai critique, le pamphlet. La première dénonce les ridicules ; le deuxième attaque une thèse et en propose une autre ; le pamphlet, enfin, s'attaque brièvement mais avec violence aux institutions ou aux idées de personnages connus. ■

Les marques de la passion

Il arrive donc que l'auteur de ces argumentations s'engage pleinement dans le texte qu'il produit. Cette présence se marque par des choix stylistiques précis et aisément identifiables. Outre les procédés habituels de la polémique, on note, par exemple, des choix de tonalités visant à émouvoir ou à faire réagir le destinataire. Il s'agit, en effet, de créer un climat passionnel dans lequel l'auteur, nettement engagé, et le lecteur, impliqué, se rejoindront. Les effets phonétiques créant une impression particulière, la ponctuation affective, comme les points d'exclamation et d'interrogation, mais aussi les points de suspension marquant une interruption volontaire des propos sous le coup d'une émotion intense rejoignent les moyens rhétoriques habituellement employés pour marquer la passion. Elle est ainsi portée par les gradations, l'oxymore, les jeux d'antithèses, les rythmes ternaires des phrases, l'alternance de phrases longues et courtes, les interrogations oratoires, le recours à l'anecdote personnelle ou à des choix lexicaux particuliers. ■

La Mauvaise Nouvelle
de Gérard.

Le raisonnement scientifique

Il existe des raisonnements logiques qui ne sont pas marqués par la passion. Ceux-ci obéissent à une organisation rigoureuse qui étudie, analyse les différents termes du débat, sans *a priori* et sans préjugé. Chacun des arguments est présenté dans un plan méthodiquement développé, s'enchaîne selon une gradation nette avec le précédent et annonce le suivant. L'ordre adopté est choisi en fonction de la volonté de convaincre l'autre – c'est-à-dire de lui prouver que la thèse défendue est, intellectuellement, la meilleure – et non de le persuader en ne faisant appel qu'à son affectivité. L'argumentation est alors structurée par l'étude successive de tous les aspects de la problématique et le plan est souvent dialectique. L'antithèse est étudiée de manière honnête et précise : c'est seulement parce qu'on peut montrer qu'elle n'est pas valide qu'on la rejette. La synthèse permet de dépasser les oppositions en montrant une autre voie raisonnablement possible. L'argumentation obéit donc aux impératifs scientifiques : démonstration de l'invalidité d'une position, observation, expérimentation et apport de preuves pour en légitimer une autre, tentative de résolution des conflits, sans intervention des sentiments. ■

Dico → anecdote • oxymore • pamphlet • polémique • rythme • thèse

Points clés

Les idées de l'argumentation

Toute argumentation suppose un destinataire que l'on veut convaincre ou persuader et une thèse adverse que l'on réfute. Mais il faut aussi avoir une opinion, des arguments pour la soutenir et des exemples pour l'illustrer.

La thèse

On appelle thèse l'opinion défendue par celui qui argumente ; elle est explicitée, étayée par des arguments et illustrée par des exemples. Elle est donc l'expression d'une conception qui est défendue et soutenue, qui s'oppose à une autre, son antithèse. Celui qui la développe cherche à emporter l'adhésion du destinataire, soit en s'adressant à son intelligence pour le convaincre, soit à ses sentiments pour le persuader. Argumenter, c'est choisir les idées les plus propres à faire admettre sa proposition par autrui, trouver les exemples qui, en montrant concrètement sa validité, faciliteront cette modification des convictions de l'autre. La thèse doit donc être explicitée et distinguée du thème qui est le domaine général sur lequel on donne un avis. Elle peut constituer l'ouverture du texte ou en être l'aboutissement. Mais c'est toujours par rapport à elle, pour la démontrer et la faire adopter, que seront déterminés la stratégie et les moyens utilisés. Le circuit argumentatif est donc l'itinéraire qui conduit de la thèse réfutée à celle qui est soutenue. ■

Kizette en rose *de Tamara de Lempicka.*

Les arguments

Pour faire accepter la thèse, il faut donc adapter sa stratégie à la situation et construire un raisonnement. L'argument est une idée que l'on avance pour montrer que la thèse est valide et qu'elle peut donc être adoptée par d'autres que celui qui l'énonce. D'ordre moral, historique, culturel, il appartient à des catégories diverses : l'argument d'autorité, qui consiste à se ranger derrière la citation d'une personne reconnue, célèbre et qui fait autorité ; le syllogisme, qui, à partir de deux propositions considérées comme vraies – les prémisses –, déduit une conclusion ; les arguments logiques comme la relation de

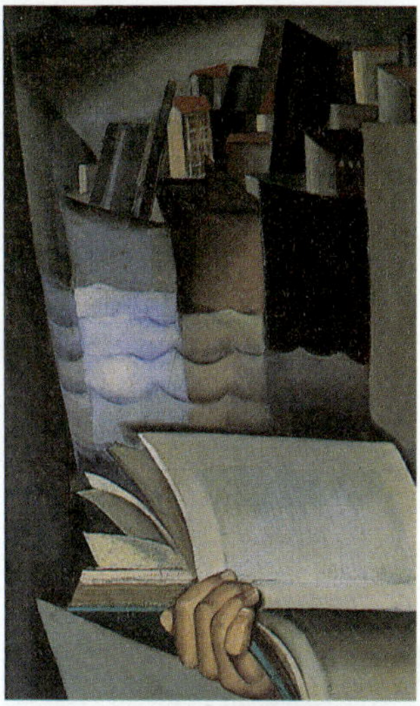

cause à effet ou la concession. Ceux-ci permettent de proposer des raisonnements inductifs, qui déduisent des lois et des conclusions de l'observation de faits particuliers, ou déductifs, qui procèdent de manière inverse. Les stratégies polémiques, utilisées pour détruire la thèse adverse, ont recours à l'ironie, au raisonnement par l'absurde ou au dilemme. Il existe également de faux arguments qui manifestent la mauvaise foi : celui qui s'exprime peut choisir l'argument *ad hominem*, qui attaque l'adversaire dans sa personne, ou la tautologie, qui enferme l'autre dans un cercle vicieux, ou encore le prétexte. ■

Les exemples

Les exemples concrets sont souvent nécessaires dans l'argumentation parce qu'ils illustrent la thèse en en facilitant la compréhension et en l'ancrant dans le réel. Ils précisent ou remplacent les arguments abstraits qui s'adressent davantage à l'intelligence. Ils s'appuient sur des faits vérifiables, sur l'expérience. Extraits de tous les domaines, culturels, économiques, historiques, moraux, scientifiques, ils peuvent provenir de sources d'information variées : cours – dans toutes les matières –, lectures, médias, etc. Les exemples appartiennent au raisonnement puisque leur place est liée à la thèse et à l'argument qu'ils illustrent. Ce dernier peut en être déduit, la généralisation se fondant sur l'observation d'un cas particulier, ou le précéder. L'illustration vient alors renforcer, confirmer la proposition faite. Le choix de l'ordre de présentation dépend essentiellement de la difficulté de compréhension et d'acceptation de l'idée exprimée. Si elle paraît complexe et originale, si sa validité ne s'impose pas d'emblée, l'exemple, figurant alors en premier lieu, en préparera l'affirmation et la démonstration. Il présentera un cadre concret, vérifiable et connu, qui servira ensuite à construire et asseoir l'argument. Si, en revanche, ce dernier est évident, clair, l'exemple fonctionnera comme une application pratique qui le confirmera ou l'explicitera. Il peut s'agir d'une histoire vraie, d'une anecdote, d'une comparaison, d'une métaphore frappante, d'une narration – les fables sont fondées sur le principe de l'histoire illustrant la moralité qu'elles énoncent –, d'événements ou de faits historiques, économiques, culturels attestés et connus. Argumentatifs, les exemples se substituent à une idée. ■

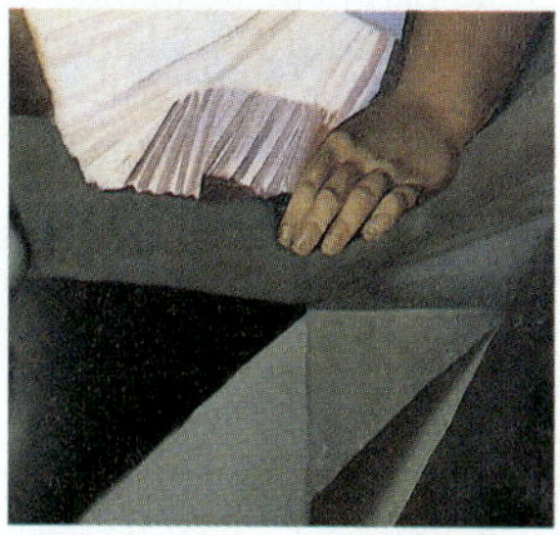

Dico → antithèse • syllogisme • thèse

Points clés L'objectivité et la subjectivité

Un auteur peut afficher une totale impartialité et s'effacer de son œuvre en étant – ou paraissant – objectif; il peut aussi s'impliquer dans son livre en y introduisant sa subjectivité propre.

Objectivité et pseudo-objectivité

De nombreuses œuvres proposent aux lecteurs des narrateurs absents, invisibles. Ceux-ci s'en tiennent à une présentation externe ; ils n'ajoutent aucun commentaire et ne jugent ni les époques ni les personnages qu'ils décrivent. Le récit est le plus souvent à la troisième personne ; les héros et leurs comparses sont présentés sans aucun préjugé. Le narrateur semble seulement reproduire fidèlement la réalité sans ajouter de remarques personnelles. En fait, il s'agit bien souvent d'une pseudo-objectivité : le narrateur ne prend pas parti ostensiblement, ne critique pas, mais le vocabulaire employé, les épisodes choisis laissent deviner sa position. Son impersonnalité n'est qu'apparente et le lecteur attentif peut découvrir les sous-entendus et les présupposés suggérés par le narrateur – l'opinion de Zola sur certains de ses personnages, par exemple. ■

Jeune fille lisant *de Fragonard.*

Subjectivité, bonne ou mauvaise foi

Dans de nombreuses œuvres, en revanche, la subjectivité de l'auteur apparaît. Il commente, juge ses personnages, s'adresse directement à son lecteur. Les indices d'énonciation – modalisateurs, pronoms personnels de première et deuxième personne, emploi des guillemets ou du conditionnel pour se mettre à distance des personnages – révèlent l'intervention personnelle du narrateur. Balzac n'hésite pas à qualifier ses créatures et à les juger. La question de la bonne foi se pose donc. Un narrateur qui s'exprime à la première personne peut être sincère et essayer de rester fidèle à la vérité ou, au contraire, chercher à la travestir. S'il est facile de répondre pour les personnages, c'est moins net pour les narrateurs. L'autobiographie illustre cette difficulté : l'auteur-narrateur-personnage ment-il, se trompe-t-il de bonne foi ou manipule-t-il son destinataire ? Le cas des *Confessions* de Rousseau est significatif. ■

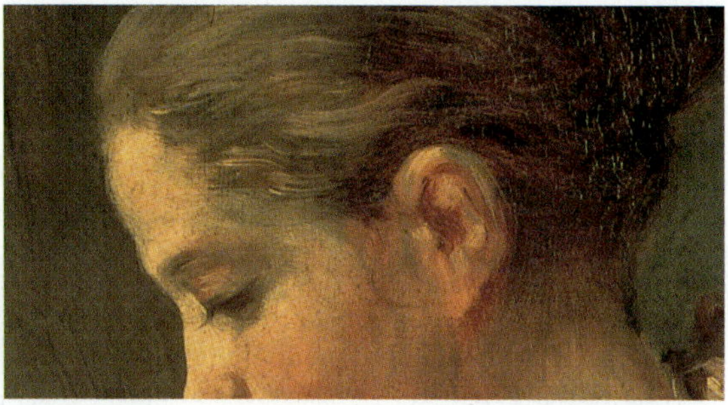

Le lecteur pris à témoin

Le lecteur peut être impliqué dans le texte par le narrateur. Il est fréquent, en effet, qu'il soit pris à témoin, appelé à donner un avis, à répondre à une question, à partager une conception exprimée dans l'œuvre. L'emploi des pronoms personnels et des possessifs de deuxième personne, des impératifs, les apostrophes et les adresses directes au destinataire révèlent cette volonté de lui faire partager des opinions, de l'appeler à participer davantage à la création qui lui est proposée. Il s'agit bien souvent de narrateurs omniscients qui dirigent de main de maître tout autant le récit qu'ils proposent que le lecteur qui en prend connaissance. Celui-ci est donc face à deux subjectivités : la sienne, que le destinateur lui demande d'exercer, et celle de l'auteur. Il n'est plus alors question d'objectivité ou de distanciation, mais d'implication et, parfois, d'identification avec le narrateur, surtout si celui-ci s'exprime à la première personne. ■

Dico → autoportrait • confession • énonciation • héros • narrateur

Points clés

Le schéma général de la communication

Le préfixe de «*com*-munication» – du latin *cum*, «avec, ensemble» – suppose un échange, une réciprocité: c'est là la théorie de la communication. Dans la pratique, communiquer concerne peut-être moins l'échange que le pouvoir.

Roman Jakobson est le premier linguiste à avoir formalisé les règles de la communication.

Émetteur / récepteur, destinateur / destinataire

L'émetteur est celui qui prend l'initiative de la communication, celui qui s'exprime en direction d'un récepteur. On les appelle également destinateur et destinataire. La critique structuraliste a adapté cette terminologie à la littérature en parlant de narrateur et de narrataire: ces appellations paraissent un peu lourdes dans des situations d'écriture ordinaires, mais elles prennent tout leur sens dans l'étude des romans par lettres, par exemple, où le même individu peut être tour à tour narrateur et narrataire. Le récepteur peut bien sûr à son tour devenir émetteur, en renvoyant un message en retour. C'est une possibilité, ce n'est pas une obligation. En tout cas, ce message-retour n'est pas forcément sur le même plan que le message initial: le récepteur peut émettre à son tour en se contentant de l'approuver, ou de fournir un retour minimal qui permettra à l'émetteur premier de garder la main. Ces éléments sont fondamentaux pour apprécier un dialogue, en littérature comme dans la vie. Par exemple, les dialogues platoniciens sont pour l'essentiel des systèmes rhétoriques dans lesquels Socrate pose des questions fermées – qui impliquent une réponse par «oui» ou «non» – qu'il assène à un récepteur passif, ce qui lui permet de l'amener où il le veut. ■

Marshall McLuhan a suggéré le premier que, dans l'information moderne, c'est le média qui est le message.

Le message

L'émetteur émet un message, ensemble de signes plus ou moins bien organisés, plus ou moins clairs, qui passe par un canal – en latin, un *medium,* d'où le pluriel médias pour désigner les voies d'information qui transportent les messages : c'est la voie de transmission du message. On peut définir le canal par l'ensemble des sens que l'émission du message mobilise. La vue, par exemple, est sollicitée par l'écriture, les images fixes ou animées, les comportements gestuels, les expressions du visage… ; l'ouïe par le bruit, la musique… ; le canal olfactif est sensible aux odeurs, aux parfums, etc. ; le toucher aux effleurements, aux pressions, un serrement de main, par exemple… Le message est contenu dans le code utilisé. ■

Le contexte et le code

Le message passe par un canal qui utilise, si possible, un code commun à l'émetteur et au récepteur. Deux interlocuteurs ne parlant pas du tout la même langue auront recours soit au langage gestuel, soit à une langue tierce – d'où le succès du latin au Moyen Âge, du français à l'ère classique ou de l'anglais aujourd'hui, toutes trois *lingua franca,* « code commun » dans ces trois périodes. Dans une version cinématographique récente de l'histoire des mutins du *Bounty* due à Roger Donaldson (1984), Fletcher Christian tente d'embrasser la princesse tahitienne qui cherche, en même temps, suivant les usages de son pays, à frotter son nez contre le sien. La méconnaissance du code peut entraîner des situations cocasses ou tragiques. Les panneaux indicateurs plantés le long de la chaussée ne sont compréhensibles que de ceux qui connaissent le code de la route. Cependant, pour plus de sûreté, ils sont généralement accompagnés d'une « traduction » linguistique : un panneau triangulaire symbolise le danger, un S précise la nature de ce danger, mais on peut souvent lire aussi, sous le panneau, l'inscription « virage dangereux ». Pour être sûre de passer, l'information est parfois redondante. C'est la raison pour laquelle les professeurs répètent souvent, sous des formes diverses, les idées principales de leurs cours. Le contexte de communication peut aussi modifier la communication. On n'a pas la même lecture des événements ou des propos à chaud et à froid. Si l'on apprend aux soldats à être des machines, c'est parce que la guerre expose à des situations où l'on n'a pas le temps de réfléchir. ■

L'article XI de la Déclaration des droits de l'homme de 1789 garantit la libre « communication des pensées et des opinions ».

Dico → dialogue • narrateur

Points clés — La communication non verbale

Ne rien dire, « s'absenter » de la communication, c'est encore communiquer – par le silence, un front buté, un regard fuyant, etc. Les comportements communicatifs ne passent pas forcément, ni même prioritairement, par le langage.

Les gestes

Nous pouvons communiquer par notre comportement kinésique, c'est-à-dire par l'ensemble de nos gestes : mimiques faciales – contrôlées ou non –, attitudes générales. Plus une situation est paroxystique, plus elle aura tendance à s'exprimer par d'autres canaux que la voix : l'amour ou la haine sont souvent muets, mais éloquents tout de même.

Ce comportement kinésique peut être parfaitement dominé – les sourds-muets utilisent un alphabet gestuel ; il n'est pas toujours contrôlable. Dans certaines situations, la coloration de la peau – rougeur ou pâleur –, la dilatation de la pupille, la sensation de « boule sur l'estomac » qu'occasionnent les situations de stress sont aussi des signes communicatifs. ■

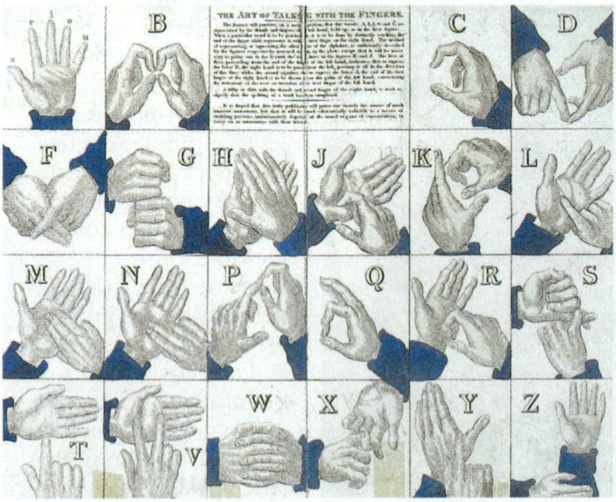

Inventé par l'abbé de l'Épée au XVIIIe siècle, le langage des sourds-muets est un équivalent gestuel de l'expression orale.

L'espace de communication

Le linguiste américain Edward Hall a baptisé « proxémie » la science des espaces de communication (*le Langage silencieux*, 1984) après avoir remarqué qu'un Américain, pour communiquer, se tenait à une distance idéale de son interlocuteur qui n'était pas la même, par exemple, pour le Mexicain. Au Japon, on ne se serre pas la main, ce qui suppose de se rapprocher à moins de 80 cm, mais on s'incline à distance. On ne fait pas la queue à un arrêt de bus de la même manière en Angleterre et en Italie : les Britanniques gardent leurs distances – 1 m à 1,50 m entre chaque personne – tandis que les Latins attendent

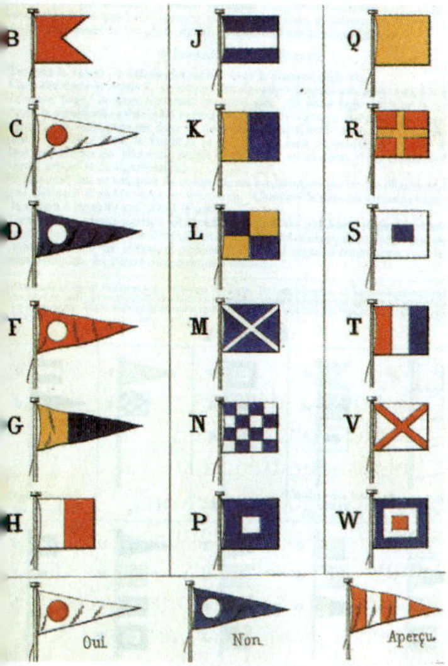

Les pavillons de marine indiquent à distance des situations particulières, la quarantaine, par exemple, pour un bateau où s'est révélée une maladie contagieuse.

en paquets serrés… De même, on peut déterminer l'évolution des relations de deux personnes rien qu'en observant leur maintien : on ne se tient pas à la même distance selon que l'on côtoie une relation, un(e) ami(e), un(e) amoureux(se). Une telle analyse permet de gérer au mieux, au théâtre, les jeux de scène des acteurs, dont le comportement doit refléter les propos. ■

Les comportements communicatifs

Tous les comportements sont potentiellement communicatifs. On en distingue différents types.

- Le comportement vocal, qu'il soit linguistique – les mots – ou paralinguistique – cris, etc.
- Le comportement kinésique (voir ci-contre).
- Le comportement tactile – on touche volontiers son interlocuteur dans le Midi, pas dans le Nord.
- Le comportement territorial ou proxémique. L'étude du comportement animal, par exemple, montre qu'un chien n'est menaçant que lorsqu'on entre dans sa « bulle » – 4 à 5 m autour de lui. Cette bulle diffère selon les espèces – un glouton, animal nord-américain proche du blaireau, a une bulle de plusieurs kilomètres – et selon les individus – dominant ou dominé. Les parades amoureuses ont pour objet de permettre à l'un ou l'autre individu d'entrer sans dommage dans la bulle de son (futur) partenaire.
- L'émission d'odeurs ou de parfums, mais aussi de phéromones, non contrôlables, qui agissent sur l'hypothalamus et sont responsables des « coups de foudre », notamment.
- Les comportements ornementaux : les vêtements en disent long sur ce que nous sommes – à la mode ou non, négligés ou non… –, le maquillage aussi – les « mouches » que les femmes se posaient sur le visage au XVIIIe siècle avaient chacune un nom différent en fonction du message qu'elles véhiculaient (*la Discrète* de Christian Vincent, 1991). Il en est de même des tatouages, des scarifications, des infibulations, etc. ■

Le tatouage peut exprimer une appartenance à un clan – chez les yakuzas japonais –, un rituel – dans les prisons –, un acte amoureux – voir la Femme tatouée *(Yoichi Takabayashi, 1981) ou* The Pillow's Book *(Peter Greenaway, 1996).*

La sémiotique et la sémiologie

Le linguiste suisse Ferdinand de Saussure a créé le terme de « sémiotique » dans son *Cours de linguistique générale* (1915) et appelé de ses vœux la constitution d'une science des significations linguistiques et non linguistiques que recouvre dans son ensemble le terme de « sémiologie ».

Tout est signe

Un signe linguistique a deux articulations : un niveau phonétique – le son ou la syllabe – et un niveau sémantique. Ce second niveau est lui-même analysé en signifiant – la forme du mot – et signifié – sa signification, son sens. Une métaphore peut ainsi se définir comme un transport de sens dans un même signifiant : le signifiant « âne » renvoie initialement à un signifié « animal » et métaphoriquement à un signifié « crétin ». L'une des découvertes de la linguistique moderne est que tout est signe – y compris des éléments non linguistiques – et donc susceptible d'une analyse identique en signifiant / signifié. La sémiologie vise à expliciter les significations explicites et implicites de tous les objets faisant sens. La distinction entre sémiologie et sémiotique n'est pas évidente et varie selon les pays. On considère que la première renvoie aux énoncés linguistiques et la seconde à tous les types d'énoncés, comme une généralisation du procédé. ■

Ferdinand de Saussure (1857-1913) a fondé la linguistique moderne.

Signe et idéologie

L'une des disputes les plus constantes en linguistique tient à la nature, idéologique ou non, de l'objet linguistique. Les mots – les signes – sont-ils de purs objets *a priori* déconnectés de tout sens auxquels seule l'utilisation par le locuteur confère une signification, ou bien sont-ils déjà des « pistolets chargés » comme l'affirme Brice Parain ? Les débats récurrents sur la féminisation de certains noms de fonctions – Madame *la* ministre – ou la mise au féminin, au Québec par exemple, de certains mots qui n'existent en théorie qu'au masculin – une *auteure* – s'appuient sur l'idée que le mot en lui-même, en dehors de ses applications, est porteur d'une idéologie – « machiste », en l'occurrence. Par ailleurs, il est entendu que chaque époque donne à chaque mot un point d'impact idéologique différent. Prenons la formule

Quand Magritte affirme Ceci n'est pas une pomme, *cela signifie que ceci est un dessin (de pomme) et que ceci est aussi la métonymie, depuis deux mille ans, du désir amoureux.*

de Dom Juan : « *Quoi ! Tu veux qu'on se lie à demeurer au premier objet qui nous prend...* », où « objet » signifie « personne du sexe féminin ». Cette formule, au XVIIe siècle, n'a absolument pas les implications idéologiques de la « femme-objet » du XXe. De même, lorsque Montesquieu écrit, dans *l'Esprit des lois* : « *Si j'avais à défendre le droit que nous avons de rendre les nègres esclaves...* », le mot « nègre » n'est perçu à l'époque que dans son sens étymologique – en latin, *niger* signifie « noir » –, alors qu'au XXe siècle il est devenu péjoratif. ■

L'interprétation des signes

L'interprétation des signes, linguistiques ou non, n'est pas facile. Lorsque le peintre Magritte affirme sous un tableau représentant une pomme : « *Ceci n'est pas une pomme* », il veut signifier qu'il ne faut pas prendre la chose pour sa représentation et, en même temps, que dans le langage des symboles, familier au surréaliste qu'il est, l'objet peut signifier tout autre chose que lui-même. Dans un recueil d'articles (*Mythologies*, 1957), Roland Barthes analyse le sens idéologique du bifteck – la chair, le sang, la force vitale... – qui renvoie inconsciemment à d'anciennes pratiques cannibales ou celui des fiches-cuisine du magazine *Elle* où le nappé qui recouvre les plats les cache et en fait une cuisine pour l'œil, ornementale, simplement destinée à faire rêver les lectrices qui ne réaliseront jamais les plats en question. ■

Dico → **métaphore • sémantique • sémiotique**

Points clés

Les problèmes de la traduction

Les procédés informatiques de traduction automatique sont toujours incapables de traduire autre chose que du discours scientifique : qu'est-ce donc qui résiste à la traduction, dès lors qu'il s'agit de texte littéraire ?

La traduction littérale de l'anglais prête à rire, tout comme l'inverse – voir **Sky, my husband!** *de Jean-Loup Chiflet.*

« Traduttore, traditore »

L'adage italien – « traducteur, traître » – en dit long sur les problèmes de la traduction. L'écrivain argentin Jorge Luis Borges a analysé (*Discussion,* 1932) diverses traductions d'Homère, montrant que chaque traducteur a créé un texte nouveau, selon qu'il a voulu rendre la « grécité » de l'original – Leconte de Lisle traduit Homère en respectant la graphie des noms grecs, appelant ainsi Ulysse Odysseus –, la « poésie » du texte – Victor Bérard traduit l'*Odyssée* en « vers blancs » français, alexandrins et décasyllabes – ou encore la « lettre » du texte grec, ce qui alourdit considérablement la traduction. Un traducteur transpose, mais cette transposition est un parti pris, une lecture privilégiée du texte. On sait à quels excès le problème de la traduction des textes sacrés a amené les hommes du XVIe siècle. Il a fallu, au XXe siècle, réunir une lourde équipe composée de religieux philologues appartenant à toutes les croyances issues de l'Ancien Testament pour aboutir à une traduction « œcuménique » de la Bible – contestée par Élias Chouraki qui en a donné ultérieurement une traduction « littérale ». Et la malédiction qui a frappé durant des siècles les corbeaux, « oiseaux de malheur », vient d'une erreur de saint Jérôme qui, traduisant la Bible de l'araméen en latin, pour former ce que l'on appelle la Vulgate, interpréta mal un passage de l'épisode relatif à l'arche de Noé. D'où les difficultés actuelles des ordinateurs pour traduire correctement. On peut apprendre à une machine un vocabulaire et une syntaxe, lui faire mémoriser des milliards de combinaisons – en fait, d'expressions figées –, mais il est difficile de lui apprendre les subtilités d'une rhétorique qui joue sur des niveaux que seul le natif d'une langue peut apprécier. Lorsque le poète gallois Dylan Thomas (1914-1953) écrit : *« Once below a time I was a child »,* comment faire passer l'inversion de l'expression usuelle *Once upon a time…,* habituellement traduite par « Il était une fois » ? ■

Traduire, c'est écrire

L'écrivain anglais Alexander Pope (1688-1744) donne de l'*Iliade* une traduction *« extraordinaire »,* à en croire Borges, parce qu'il *« fait du Pope »* et non de l'Homère. De même Montaigne, dans ses *Essais,* félicite Jacques Amyot d'avoir merveilleusement traduit les textes de Plutarque en en faisant un livre du XVIe siècle à partir d'un texte grec du Ier siècle av. J.-C. On peut traduire l'*Ivanhoé* de Walter Scott d'une manière bien plus rigoureuse que ne l'a fait Alexandre Dumas, mais on n'obtiendra pas le même résultat : un livre de Dumas pour le prix d'un livre de Scott, c'est-à-dire la lecture d'un quasi-contemporain, avec tout l'enthousiasme d'un romantique pour le style « troubadour ». ■

Le mythe de Babel

Toutes les civilisations possèdent leur mythe de Babel : leur mythe de la dispersion des langues. Les hommes avaient résolu, raconte la Bible, de construire une tour immense pour conquérir les cieux. Dieu les punit en faisant effondrer l'édifice et en dispersant les hommes sur toute la Terre, les condamnant à ne plus se comprendre. Le pendant du mythe de Babel est le mythe chrétien de la Pentecôte dans lequel une langue de feu traverse les apôtres et leur donne le « don des langues » afin de pouvoir évangéliser les terres les plus diverses. Le traducteur œuvre comme un « passeur » de codes, même si, le plus souvent, il fait œuvre d'artiste autonome plutôt que de relais. Une bonne traduction est avant tout un bon texte, en espérant que, par ailleurs, celui-ci entretienne des rapports étroits avec l'original. ■

La Tour de Babel ***de Brueghel l'Ancien illustre la folle ambition des hommes de vouloir égaler Dieu.***

Dico → **Babel • décasyllabe • essai • Ivanhoé • Noé**

Points clés

Les outils de lecture

Pour travailler et préparer ses examens, le lycéen dispose de moyens et de ressources auxquels il recourt trop peu souvent : la bibliothèque, les ouvrages critiques qui s'y trouvent et les bibliographies qu'elle propose permettent d'enrichir ses réflexions.

Femme lisant dans un intérieur *de Carl Holsoe.*

La bibliothèque

Lieux de travail et de réflexion par excellence, les centres de documentation et d'information (CDI) et les bibliothèques offrent à la fois à ceux qui les fréquentent un lieu privilégié pour élaborer devoirs et exposés et des ouvrages divers, variés et répertoriés pour nourrir leurs travaux. Le classement des fonds documentaires en sections – littérature française, littérature anglaise, histoire… – et l'existence de fichiers, informatisés ou non, évitent de longues recherches. Ces fichiers répertorient les ouvrages parus sur un thème, sur un auteur ou sur une œuvre. Les ouvrages de base de toute recherche restent les dictionnaires ainsi que les encyclopédies dont l'accès est facilité par les index, corpus et thésaurus.

Après avoir consulté ces ouvrages généralistes, le lycéen aura recours à des livres de vulgarisation, courts et précis, qui l'aideront à faire le point rapidement sur une question. Ensuite, mieux au fait du sujet à traiter, il sélectionnera plus facilement les ouvrages dont il a besoin dans le fichier général. Les titres, les résumés détaillés figurant sur les fiches puis les tables des matières lui permettront d'identifier les ouvrages spécifiques appropriés à sa recherche. ■

La bibliographie

Une bibliographie est une liste d'ouvrages et de textes relatifs à un sujet précis. Elle peut être proposée par un professeur qui conseille quelques titres sélectionnés dans un répertoire plus long, par le fichier « thèmes » de la bibliothèque ou, en annexe, par un ouvrage critique. La bibliographie constitue une aide précieuse pour approfondir certains sujets abordés rapidement dans l'ouvrage dans lequel elle figure ainsi que pour ouvrir des perspectives sur d'autres sujets. Le lycéen peut aussi être amené à constituer lui-même une bibliographie en vue de traiter un sujet de devoirs, de faire un exposé ou de préparer une exposition. Toute bibliographie doit être organisée selon quelques règles simples. Classée par thèmes ou par centres d'intérêt, elle doit comporter précisément et dans cet ordre : le nom de l'auteur, son prénom, le titre de l'ouvrage – qui sera souligné –, le nom de l'éditeur, l'année de parution, le nombre de pages et le format du livre. Si le texte retenu est un article extrait d'un recueil, il doit être signalé entre guillemets et suivi du nom du recueil. S'il s'agit d'une traduction, cela doit être indiqué et l'identité du traducteur précisée. Ces informations sont indispensables à l'auteur comme aux utilisateurs de la bibliographie pour retrouver l'ouvrage dans n'importe quelle bibliothèque. ■

L'appareil critique

Afin d'étudier avec précision une œuvre ou un thème donnés, le lycéen se reportera à des ouvrages critiques. Il trouvera en bibliothèque ou en librairie nombre de collections d'ouvrages d'accès facile – dont la plus ancienne et la plus célèbre est celle des « Que sais-je ? » – qui font le point des connaissances sur le sujet. Ces ouvrages critiques « vulgarisent », c'est-à-dire mettent à la portée de tous, des analyses effectuées par des spécialistes. Le lycéen pourra également avoir recours à des livres de « critique » qui s'intéressent à des aspects très particuliers du sujet en approfondissant la réflexion sur un point précis. Enfin, tout bon ouvrage fournit un « appareil critique » sur le sujet qu'il traite. Celui-ci prend des formes variées : notices biographiques, rappels bibliographiques, indications d'histoire littéraire, chronologie, résumé, relevé de citations, préface, postface, notes, index des noms et des thèmes, présentation de jugements énoncés à son propos, etc. Lire cet ensemble suffit souvent à prendre la mesure du texte, à en estimer la valeur et la portée et, donc, à construire son devoir. ■

Rédiger une fiche de lecture

Pour préparer une dissertation ou un exposé ou pour simplement conserver la trace d'une lecture, il est utile de rédiger une page de notes rendant compte de l'essentiel du contenu d'un livre.

L'utilisation des pages de garde

Lorsque l'on possède le livre que l'on étudie, on peut utiliser les pages de garde disposées au début et à la fin de l'ouvrage pour y consigner les informations qu'on souhaite retrouver aisément. Ces feuillets servent alors de fiches sur lesquelles on notera les noms des personnages et leurs principales caractéristiques ainsi que les pages où ils apparaissent ; les étapes du récit, avec les repères textuels permettant de s'y reporter facilement ; une brève présentation des principaux thèmes abordés. Les pages finales peuvent comporter des indications plus précises : genre littéraire, résumé rapide, rappels spatiaux et temporels, quelques commentaires personnels peuvent y être portés. Il peut s'avérer utile d'y recopier les remarques intéressantes figurant dans l'appareil critique qui accompagne l'édition ainsi que dans d'autres textes. Tout doit être clairement référencé. Il sera toujours plus simple d'ouvrir le livre pour y retrouver toutes ces observations que de remettre la main sur des notes rédigées sur une feuille volante que l'on n'aura pas toujours rangée de façon pratique. ■

L'importance relative de la biographie

La biographie d'un auteur fait partie des recherches initiales auxquelles on se livre dès que l'on travaille sur un extrait ou une œuvre intégrale, mais elle n'est pas toujours essentielle à l'étude du texte. En effet, s'il est toujours bon de connaître les dates d'un auteur, de pouvoir le rattacher à une époque, à un courant littéraire, de savoir quels ont été les événements marquants de sa vie, sa biographie ne suffit pas à expliquer ou à justifier sa création. La vie personnelle d'un écrivain ne constitue pas toujours la matière de son œuvre ou ne propose pas une réponse nette aux questions que l'on se pose sur son livre. Si certains auteurs s'appuient sur leur propre expérience, la plupart offrent aux lecteurs une création qui dépasse largement les limites de leur biographie. Savoir quelle femme a été aimée par un poète et quelles péripéties ont marqué

Félix Fénéon à la « Revue blanche » *de Félix Valloton.*

leur relation ne permet pas de lire, de comprendre, d'expliquer un de ses poèmes. Cela permet d'éclairer quelques points du texte, d'en appréhender certains thèmes ou certaines expressions, mais pas d'en découvrir la clé de la création qui transcende, par la magie de la littérature, la simple aventure individuelle. Le poète, le locuteur ou le narrateur, même s'ils sont personnages et s'expriment à la première personne, ne sont pas totalement identifiables à l'auteur qui produit le texte. L'autobiographie elle-même connaît cette transformation : l'auteur en est le personnage et le narrateur, mais sa subjectivité, sa volonté de produire une œuvre de qualité l'amènent souvent à modifier les éléments biographiques authentiques. Connaître sa vie réelle est important, mais étudier ce qu'il en dit et la manière dont il la met en scène dans son œuvre est parfois plus intéressant. ■

L'histoire et la narration

Il faut donc être attentif à la distinction entre l'histoire et la narration. L'histoire est constituée des aventures des personnages ; elle se déroule dans un temps qui lui est propre et qui est celui de la fiction ; c'est l'ensemble des événements racontés. Sa durée se mesure en repères chronologiques – heures, jours, mois… – et le narrateur la conte en se faisant l'historien d'un personnage.
La narration, communément appelée récit, est le fait de raconter ces événements, elle introduit les remarques du narrateur, ses commentaires et les jugements qu'il porte sur ses personnages. Elle se reconnaît ainsi à la présence perceptible du narrateur, aux modalisateurs et à sa durée qui se mesure en mots, phrases, lignes, tomes… Il serait préférable de parler ici de discours plutôt que de récit, puisque la narration ainsi conçue fonctionne bien comme une production adressée par un narrateur à un destinataire. Enfin, le récit, qui est effectivement une narration, s'oppose surtout au dialogue. En effet, il n'est pas un mode d'énonciation comme l'histoire ou le discours mais un type de séquence textuelle qui alterne avec le dialogue. ■

Dico → autoportrait • dialogue • discours • fiction • histoire • narrateur

Prendre des notes

Durant les études secondaires puis supérieures, le lycéen puis l'étudiant sont amenés à prendre régulièrement des notes. Il est nécessaire de mettre au point une méthode personnelle dans ce but. Il faut apprendre à sélectionner l'essentiel de l'information reçue, à organiser sa page de notes et à présenter celle-ci de façon à pouvoir la réutiliser, par exemple, pour réviser un examen.

Noter ou surligner ?

Nombreux sont les élèves qui hésitent entre les deux manières de retenir l'essentiel d'un ouvrage ou d'un texte proposé en cours. Les deux méthodes ont le mérite de permettre de ne conserver que les points importants d'un énoncé, ce qui fait gagner du temps au moment de la relecture ou de la révision. Il est conseillé de surligner si l'on possède le livre et si l'on peut le consulter aussi souvent qu'on le souhaite. Il est ainsi facile de visualiser rapidement les points importants traités dans une page, ce qui n'empêche pas de relire ce qui se trouve entre deux passages surlignés. Toutefois, cette méthode peut conduire à une réelle difficulté de relecture du texte : une surabondance de relevés s'accompagne souvent d'une mauvaise appréhension du sens général du texte. En outre, la première lecture ne suffit généralement pas à comprendre le message. Or, une fois certaines phrases surlignées, il est impossible d'opérer une nouvelle sélection. Prendre des notes est, certes, plus long, mais souvent plus efficace. Cela exige une bonne compréhension des analyses proposées. Écrire favorise l'assimilation et la mémorisation des informations retenues et, par la suite, une meilleure restitution des connaissances ainsi acquises. Chacun choisira la méthode qui lui convient le mieux et, surtout, celle qui s'adapte le plus efficacement à ses besoins. S'il ne s'agit que de parcourir un texte pour n'en retenir que quelques éléments, surligner est plus utile. Si l'on souhaite retenir puis réutiliser des informations, prendre des notes s'avérera plus concluant. ■

Que doit-on noter, que doit-on mémoriser ?

Le plus difficile, lors d'une lecture, d'un exposé ou d'un cours, est de sélectionner les informations. Il convient de retenir les éléments fondamentaux du sujet abordé. Il ne faut pas noter en intégralité les phrases prononcées ou écrites, mais tenter d'en saisir le sens général et les points forts. De même, il est inutile de noter les remarques adjacentes, les digressions, les reprises sous des formes variées de la même idée. Il s'agit de comprendre le sens du message et de traduire son contenu en utilisant son propre système de notation, d'abréviations et de présentation. Une mise en page aérée et claire facilitera la relecture : titres décalés et écrits en majuscules, alinéas repérés par des chiffres ou des lettres. Mieux vaut n'écrire que sur le recto des pages afin de faciliter leur numérotation en vue d'une utilisation ultérieure. Le verso pourra être employé pour noter des remarques trouvées au gré d'autres lectures ou d'autres cours. Ces notes constituent des fiches dans lesquelles il est aisé de retrouver le plan du livre ou de la leçon ainsi que les éléments essentiels de leur contenu. Afin d'être facilement identifiées, ces notes doivent être fidèlement référencées grâce à des indications portées sur chaque feuille. Il ne reste plus, alors, à l'utilisateur qu'à les mémoriser. ■

Trompe-l'œil au carnet de dessin *de Gijsbrechts.*

Relire ses notes

Si l'on est parvenu à classer les informations et à ne noter que l'essentiel, relire ses fiches est aisé. Il est préférable de le faire régulièrement, après chaque cours ou au terme de la lecture de chaque livre, tant que le souvenir de ceux-ci est encore frais. Si leur compréhension paraît difficile, il convient de les corriger aussitôt ; leur réutilisation en sera facilitée.
On peut relire ses notes en surlignant l'essentiel ou en refaisant une prise de notes plus succincte encore. On peut tout simplement les réviser plusieurs fois pour en mémoriser le contenu. ■

Points clés

Construire un paragraphe

Le paragraphe est l'unité fondamentale d'un devoir écrit. C'est un ensemble aisément identifiable, un bloc signalé par un alinéa, composé d'un nombre de lignes suffisant pour y développer clairement une idée et qui annonce le suivant afin de permettre une progression de la réflexion.

L'aspect visuel d'un paragraphe

Qu'il se situe dans l'introduction, dans la conclusion ou à l'intérieur du développement, le paragraphe est visuellement reconnaissable. Il débute par une mise en retrait des premiers mots sur la ligne, destinée à marquer l'apparition d'une idée nouvelle ; il s'achève par un retour à la ligne. Ainsi mis en relief par la présentation, voire par la typographie, le paragraphe offre au lecteur les différentes composantes dont il est constitué. Il s'ouvre généralement sur l'énoncé d'un argument ou d'un point à traiter, se poursuit par le développement de l'argument ou du sujet et s'achève, après une illustration concrète grâce à des exemples, par une transition annonçant la suite du texte, c'est-à-dire le paragraphe suivant. ■

Marat expirant *de David.*

Annoncer une idée et la développer

Il est nécessaire de commencer chaque paragraphe par l'exposition de l'idée qui en constitue le noyau. Celle-ci doit être présentée clairement et simplement. Elle sera ensuite explicitée puis illustrée à l'aide d'exemples analysés. Il convient d'éviter les banalités sans fondement précis – *depuis la nuit des temps…* ; *depuis que l'humanité existe…* – qui ne font que retarder l'expression de ce que l'on veut absolument faire comprendre au lecteur : *Cette conception de la littérature répond au besoin affirmé de divertir le lecteur… ; Mais d'autres écrivains cherchent avant tout à inquiéter leurs lecteurs…* Pour cela, il est impératif d'employer les termes les plus appropriés et de construire des phrases courtes et correctes. Le développement de l'argument doit reposer sur des idées clairement exprimées et des exemples analysés et détaillés. Les idées exposées sont confortées par des rappels de faits, des énoncés de valeurs, un choix d'exemples littéraires, le recours à des définitions et des analogies, des références à l'opinion courante et à des arguments d'autorité, etc. ■

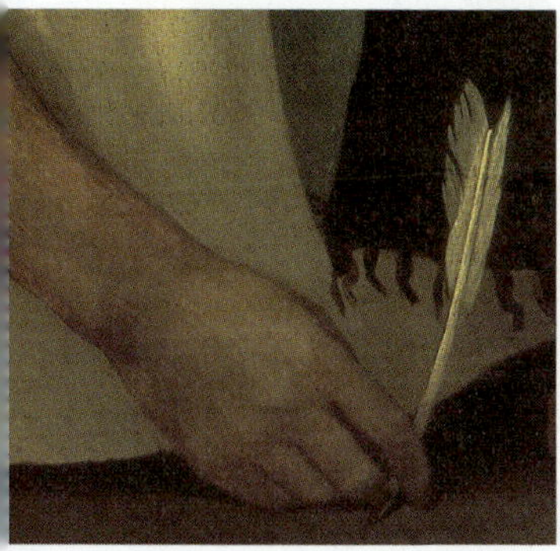

Conclure un paragraphe et enchaîner

Tout paragraphe est comparable à un mini-devoir à part entière : après avoir introduit puis développé et illustré l'idée qui le justifie, il convient de conclure et d'ouvrir une transition qui annonce le paragraphe suivant. Il faut pour cela reprendre de manière synthétique l'essentiel de ce qui a été exposé, en tirer la conclusion précise et montrer que celle-ci est provisoire et qu'elle nécessite le passage à une autre idée, c'est-à-dire au paragraphe suivant. Il est bon de récapituler le contenu du paragraphe en cherchant à fixer dans l'esprit du destinataire son sens général ainsi que l'élément fondamental de la démonstration : *Ainsi, le but principal de Racine est bien de plaire à un public qui attend des péripéties, des réflexions sur les grands thèmes tragiques que sont l'amour, le pouvoir, et la liberté humaine.* La transition permet au lecteur de saisir la progression de la pensée et l'enchaînement des idées de l'auteur. Elle justifie le passage à un autre paragraphe auquel elle attribue une place et un rôle précis dans l'ensemble du devoir. Cette logique des enchaînements confère au devoir une allure organisée : *Toutefois, cette volonté de divertir le lecteur n'exclut pas une certaine tension qui peut également l'inquiéter et le conduire à s'interroger.* On procède de la même manière lorsqu'il s'agit d'annoncer la conclusion du devoir, paragraphe final qui reprend l'ensemble des développements dont il établit un bilan, avant de proposer une réponse personnelle précise et de proposer une ouverture, sur un autre sujet, un autre devoir, bref, sur une autre série de paragraphes. ■

Points clés

Utiliser un exemple

L'exemple est un élément essentiel de toute démonstration. Concret, particulier, précis, il illustre les arguments abstraits et généraux qui constituent le noyau des paragraphes. Il est possible de commencer par l'exemple et d'en tirer l'idée, mais il est tout aussi fréquent de démontrer avant d'illustrer, l'exemple devenant alors une mise en valeur pratique.

Comment introduire un exemple

Il faut éviter les présentations banales et proscrire des devoirs les formules telles que *… comme par exemple Racine.* Tout exemple doit être justifié par la nécessaire illustration de ce qui vient d'être énoncé ou de ce qui va l'être. Le lien entre l'exemple et les propos qu'il illustre doit être explicite. Le plus difficile consiste à sélectionner les éléments de la citation qu'il faut conserver pour ne pas perdre le lecteur dans de longs développements inutiles ou, au contraire, l'empêcher de tirer le moindre bénéfice du propos par une présentation vague et trop rapide : *Il est impossible de nier l'effet comique de la répétition chez Molière. En effet, quel spectateur pourrait rester insensible au « sans dot ! » d'Harpagon dans* l'Avare *ou au célèbre « qu'allait-il faire dans cette galère ? » des* Fourberies de Scapin *?* Rattacher directement l'exemple à l'idée et en extraire seulement les détails significatifs sont un moyen efficace d'éviter de lasser son destinataire. Il est alors inutile de signaler lourdement qu'il s'agit d'un exemple, le lecteur le comprendra aisément. ■

Comment analyser un exemple

Tout développement inutile est à éviter : résumer un film ou un livre entier risque d'égarer le destinataire, quand ce n'est pas l'auteur lui-même. À l'inverse, se satisfaire d'une simple allusion ne permet pas d'utiliser au mieux la référence introduite. Il convient donc de trouver un juste milieu en ne retenant que les éléments qui se rapportent avec évidence à l'idée exposée. On évitera ainsi de se retrouver hors sujet ou de s'égarer dans des digressions sans intérêt. Prenons le développement de l'idée suivante : *La répétition, poussée à l'extrême, crée des effets comiques qui désamorcent totalement toute tentation tragique.* Elle pourra être

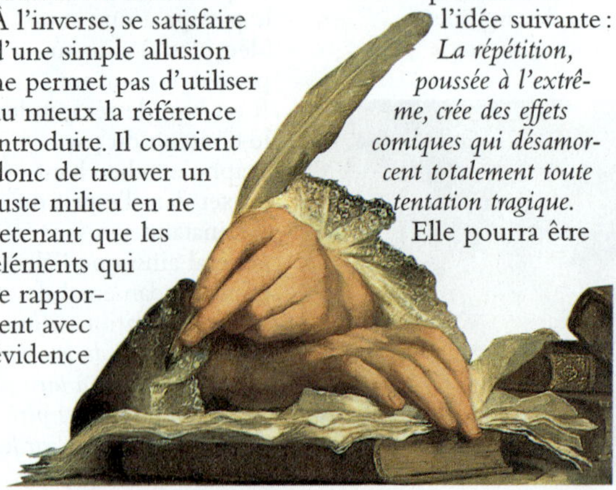

Portrait de Boileau peint par Rigaud.

illustrée ainsi : *Molière, dans* le Malade imaginaire, *nous brosse le portrait d'un homme qui, se croyant réellement malade et effrayé par la mort, pourrait inspirer pitié et compassion au spectateur. Quelques scènes, toutefois, viennent corriger cette impression. Toinette déguisée répétant sans cesse « le poumon » ainsi que les colères répétitives d'Argan qui prouvent, a contrario, sa bonne santé, rassurent la salle et la poussent à rire.* ■

Comment référencer un exemple

Une fois qu'il a choisi l'exemple le plus approprié à sa démonstration, l'élève doit en donner les références. Plus celles-ci seront nombreuses et précises, plus il sera facile au lecteur de retrouver les passages ou les anecdotes cités. On indiquera le titre de l'œuvre, on rappelera le nom de l'auteur et, éventuellement, on proposera d'autres points de repères utiles. Mieux vaut éviter d'accumuler toutes les références dans la même phrase : … *comme Molière qui se moque des médecins dans* le Malade imaginaire, *au XVII*e *siècle…* Ces informations peuvent être réparties dans des phrases distinctes. Les références essentielles seront citées en priorité ; les autres seront ajoutées en fonction de l'opportunité. L'importance du sujet sera relevée : *La satire des médecins est un thème particulièrement traité au XVII*e *siècle.* Puis l'auteur sera introduit : *Molière s'est beaucoup intéressé aux médecins…* Enfin, les références sur lesquelles on veut particulièrement s'appuyer seront détaillées : … *dont il montre l'ignorance, la bêtise grâce à des personnages comme les Diafoirus, père et fils dans* le Malade imaginaire. Seules les informations essentielles à la démonstration doivent être retenues : les dates biographiques des auteurs cités ou les mentions telles que … *grand auteur français du XVII*e *siècle…* sont le plus souvent inutiles. ■

Dico → satire • Scapin

La dissertation : analyser un sujet

Avant de se lancer dans la rédaction d'une dissertation, il est indispensable de consacrer du temps à la lecture et à l'analyse du sujet afin d'en dégager la problématique. C'est le meilleur moyen d'éviter de se trouver hors sujet.

L'Écrivain *de Gabriël Metsu.*

Les mots clés et leur mise en relation

Avant toute autre tâche, il convient d'étudier précisément l'énoncé du sujet de la dissertation. Les minutes consacrées à cette analyse ne seront pas perdues : elles constituent le fondement de la dissertation. Il faut, tout d'abord, vérifier le sens des mots utilisés, encadrer les liens logiques qui structurent le libellé et souligner les mots clés, c'est-à-dire les mots et les expressions essentiels qui contiennent les informations importantes, les consignes à suivre et, surtout, les éléments de la problématique littéraire qui est proposée. Cette étude permet de dégager le thème central du devoir, de cerner les points à traiter et d'expliciter plus clairement l'opinion exprimée, la question posée, l'enjeu du sujet. Parmi ces mots clés figurent ceux qui indiquent le travail à effectuer. Il s'agit de déterminer ce que l'on attend de vous : définition d'une notion – *« expliquez, définissez, que représente… »* ; réponse à une interrogation – *« pensez-vous que…, partagez-vous l'opinion de… ? »* ; prise de position personnelle – *« partagez-vous l'avis de…, que préconisez-vous, pensez-vous que… ? »* ; commentaire d'un avis à produire – *« appréciez, illustrez, étayez, discutez… »* ; appréciation d'une conception personnelle, etc. Ces mots sont généralement précis et définissent le programme du travail à venir. Ils invitent à réfléchir sur des métaphores, des connotations, des antonymes, des champs lexicaux, etc. Ces termes permettent ensuite de se poser des questions personnelles qui vont permettre de définir le contenu du devoir : quel est l'enjeu du sujet, que dois-je montrer, quelle est la problématique, comment puis-je construire le devoir ?

Les pièges les plus fréquents à éviter

Construire une dissertation est beaucoup plus facile lorsqu'on a pris la peine de consacrer quelques minutes à l'analyse du sujet. Encore faut-il être attentif à ne pas tomber dans certains pièges. Le plus fréquent consiste à se précipiter et à ne retenir d'un sujet que quelques éléments, parce qu'ils paraissent intéressants ou qu'ils peuvent être ramenés à une question étudiée en cours. Il ne faut jamais oublier que deux énoncés différents ne peuvent être réduits à la même problématique et se garder de toute ressemblance avec un devoir déjà traité. Car on risque, alors, de chercher à retrouver ce qu'on avait dit, sans tenir compte des consignes données. Il ne faut pas négliger les mots qui paraissent difficiles ou obscurs ; leur élucidation peut permettre de trouver une manière d'aborder la problématique. Le piège le plus redouté est, naturellement, celui du hors-sujet. Il résulte souvent d'une absence de réflexion préalable ou d'une réduction du libellé à quelques termes. Il faut, enfin, éviter de sortir du sujet et de se perdre dans les généralités en oubliant le problème précis à traiter. ■

Comment reformuler un sujet

Une fois l'analyse du libellé effectuée et les précautions prises pour éviter le hors-sujet, il faut à présent reformuler le sujet afin de dégager les problèmes qu'il pose. Il suffit souvent de reprendre l'intitulé du sujet et de le mettre à la forme interrogative, tout en évitant de sortir des limites de l'énoncé. En s'appuyant sur les éléments clés dégagés, on formule une question précise qui permet, ensuite, de bâtir le devoir. Par exemple, pour un sujet qui proposerait d'expliquer la réflexion *« le lecteur participe activement à la construction du sens d'une œuvre »*, on pourrait reformuler la question de la façon suivante : *« Quel rôle le lecteur joue-t-il dans la construction d'une œuvre, dans l'élaboration de sa signification ? Comment peut-il "agir" dans cette entreprise ? »* Reformuler n'est donc pas simplement employer des synonymes, c'est aussi et surtout trouver une interrogation personnelle qui permette de bâtir un devoir en étant assuré d'avoir pleinement compris le sens de l'énoncé. ■

Points clés

La dissertation : dégager une problématique

La problématique est l'ensemble des problèmes qu'on peut dégager d'un énoncé et auxquels le devoir doit apporter des éléments de réponse. La lecture attentive du libellé du sujet permet de l'identifier. Il reste alors à rechercher des idées et des exemples et à construire le plan du devoir.

Un problème n'est pas une question

Une problématique n'est pas une simple question ; une question peut trouver une réponse ; une problématique, en revanche, propose des hypothèses dont les différents termes sont inconciliables.
Un problème comporte, outre une interrogation, une démarche progressive de discussion, de construction d'une réflexion qui, à partir des termes d'un énoncé, doit aboutir à une élaboration. Il faut trouver une méthode, une progression et aboutir, à la fin du devoir, à un résultat précis. La problématique est issue d'un raisonnement préalable qui porte sur les éléments essentiels de l'énoncé. C'est cette réflexion qui orientera ensuite le choix du plan et des différentes étapes qui le constitueront.
Le problème n'étant pas seulement une question, chaque partie du plan ne sera pas une réponse – qui risquerait d'être antithétique aux autres. Au contraire, il faudra sans cesse se reporter à la problématique pour que chaque partie du plan en constitue l'étude sous un angle différent ; chaque point de vue adopté alors lui sera confronté. Ainsi la dissertation n'est-elle pas une simple proposition qu'on pourrait résumer par *oui, non* ou *peut-être* comme on le croit souvent, mais une véritable construction raisonnée qui envisage le problème posé sous ses divers aspects, sans chercher à le réduire ni même à y répondre absolument. ■

La Bibliothèque *de Vieira da Silva.*

Expliquer pourquoi un problème se pose

Il est indispensable d'étudier de très près le sujet proposé afin d'en déterminer le sens et les implications. Un écueil à éviter consiste à se lancer dans une série de remarques sur les analogies possibles avec d'autres sujets traités précédemment.

Étudier toutes les implications induites par le sujet conduit finalement à poser un problème particulier. Toute citation ou interrogation figurant dans l'énoncé d'un devoir renvoie à une série de questions précises, toutes liées à une problématique, qu'il faut dégager et expliquer. *Quel est le rôle des descriptions dans un roman ?* est un sujet qui amène à se demander si les descriptions ont un rôle, et lequel, si celui-ci est différent pour l'auteur, pour le destinataire et pour le rédacteur du devoir : comment juger une œuvre qui ne comporterait pas de descriptions, et d'un texte où, au contraire, celles-ci élimineraient la narration ? On constate ici que la problématique dépasse la simple question posée puisqu'elle invite à réfléchir sur les rapports internes entre les différentes composantes d'un écrit, sur leurs valeurs respectives et sur le jugement que peuvent porter sur elles les divers acteurs de sa « production » et de sa « consommation ». ■

Dégager des antithèses

Puisqu'une problématique propose des termes difficilement conciliables, voire impossibles à accorder, il est utile de trouver des antithèses dont le développement constituera le corps du devoir. Lorsqu'on a analysé la problématique et expliqué ce qu'elle conduit à envisager, il convient de dégager deux ou trois grands points à traiter. Chacun d'eux proposera un point de vue qui illustrera la problématique. Dans l'exemple de sujet précédemment évoqué, le rôle de la description sera étudié par rapport à la nécessité pour l'auteur de donner un cadre et des arrière-plans à son histoire. On passera ensuite à l'opinion du lecteur qui n'y trouve pas le même intérêt et les ressent souvent comme des ornements inutiles. Puis on étudiera leur utilité interne. On se demandera notamment ce que leur absence provoquerait, tant pour l'auteur que pour le lecteur qui s'ennuie lorsque la description ralentit l'action, mais qui l'attend quand elle est documentaire, dans les œuvres de science-

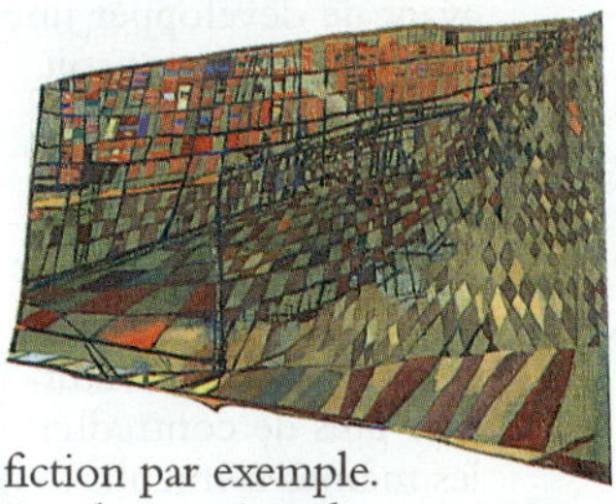

fiction par exemple. Les deux points de vue initiaux, qui sont antithétiques, peuvent être dépassés dans une troisième partie qui montrera que la même instance peut exprimer deux opinions opposées selon les circonstances : l'auteur, bien qu'ayant besoin de descriptions, pourrait aussi désirer s'en libérer le plus possible. ■

Dico → antithèse • description

La dissertation : bâtir un plan

La construction du plan constitue le moment essentiel du devoir. Il permet de passer de la recherche d'idées et d'exemples à leur organisation. Une présentation hiérarchisée des arguments doit logiquement conduire le lecteur vers la conclusion. Le plan est le fil conducteur qui permet de traiter la problématique.

Thèse, antithèse, synthèse ?

Le plan doit être approprié à la problématique dégagée dans la phase préparatoire. Le type de plan le plus célèbre est le plan dialectique qui propose une présentation de deux thèses opposées avant de développer une synthèse montrant soit que l'on ne peut trancher, soit qu'une troisième voie est possible. Il s'agit de confronter deux points de vue en évitant toutefois d'affirmer puis de contredire les mêmes éléments. La thèse est l'opinion défendue par l'auteur d'une citation ou celui du devoir ; elle s'appuie sur des arguments qui l'explicitent et des exemples qui l'illustrent concrètement. L'antithèse est l'opinion qui s'oppose à la précédente et que l'on voudrait réfuter. La synthèse, enfin, tente de dépasser l'opposition thèse-antithèse en lui trouvant une solution. Toutefois, l'antithèse ne prend pas systématiquement le contre-pied de la thèse, se contentant souvent de la nuancer. Toute opinion suppose une opinion adverse qu'on doit prendre en compte. La thèse sera étayée par le développement d'arguments favorables qui en démontrent la validité ; les objections possibles seront prévenues par une contre-argumentation ; des exemples seront proposés afin de rendre plus aisée la compréhension de l'idée développée. On pourra aussi discuter une thèse en en rejetant les arguments et les illustrations et en en présentant d'autres. ■

Illustration pour Pamela, *roman épistolaire de Samuel Richardson, par Joseph Highmore.*

Le plan analytique

Si le plan dialectique s'impose pour traiter les sujets contenant une opposition, le plan analytique est préférable lorsqu'il s'agit de sujets qui exigent des approfondissements successifs. Il est très utilisé dans les textes argumentatifs parce qu'il permet de détailler des faits, de réfléchir sur des définitions, d'envisager tous les aspects d'une problématique ou encore de commenter toutes les implications et les significations d'une citation. Le plan analytique se développe le plus souvent en trois temps : l'analyse de la problématique et de ses données ; l'étude de ses causes et de ses motivations ; la réflexion sur ses conséquences et ses solutions. Le plan analytique peut aussi s'articuler autour d'une contradiction contenue dans le sujet, que la première partie repère et expose, que la deuxième examine selon des points de vue successifs et que la troisième dépasse en proposant une manière de surmonter le paradoxe apparent remarqué en ouverture. Le lecteur s'attend alors à ce que le devoir lui apporte des informations et un raisonnement qui lui permettront de comprendre la portée et la valeur réelles du sujet proposé. Ce type de plan offre donc l'occasion de lui tenir un discours précis, de lui montrer des aptitudes à raisonner logiquement. ■

Deux ou trois parties ?

Le nombre des parties d'un devoir n'obéit à aucune règle. Si le devoir doit en comporter au moins deux pour pouvoir envisager une problématique de manière correcte, il peut aussi en contenir trois ou quatre si cela semble nécessaire – dans le cas, par exemple, d'un plan analytique « inventaire ». L'auteur de la dissertation doit s'adapter aux besoins nés de sa réflexion.
La structure binaire s'impose lorsqu'il s'agit de prendre parti dans une confrontation, dans le cadre d'un travail dialectique. Dans ce cas, la synthèse peut sembler très réduite et ne pas constituer une étape argumentative très nette. Le devoir s'organise alors en diptyque et présente deux grandes unités correspondant aux traits essentiels de la problématique dégagée. La tentative de dépassement n'apparaîtra qu'en conclusion et de manière très rapide.
Il est souvent plus facile d'adopter le célèbre plan en trois parties de longueurs équilibrées pour envisager tous les aspects d'un sujet. Cette distribution correspond naturellement à la démarche réflexive qui envisage successivement les faits, les causes et les effets puis les solutions.
Le type de structure retenu sera celui qui semblera le plus efficace pour mettre en valeur le raisonnement adopté et les idées développées. ■

Dico → antithèse • paradoxe • thèse

La dissertation : présentation et conseils pratiques

Outre le contenu même de la dissertation, la présentation formelle de la copie est primordiale. Elle obéit à des règles précises.

Laisser une marge au correcteur

S'il faut, à l'évidence, écrire lisiblement et sans fautes d'orthographe ni abréviations, il est aussi nécessaire de songer au correcteur et de lui ménager une marge suffisante pour qu'il puisse y porter toutes les remarques et annotations que la copie lui suggère. Celles-ci sont précieuses pour l'auteur puisque ce sont les critiques portées en marge qui permettent, après relecture et réflexion, de comprendre ce qui n'était pas correct dans le devoir et, ainsi, d'y remédier dans le suivant. Laisser suffisamment de place au correcteur pour développer ses remarques est impératif ; toutefois, il ne faut pas tomber dans l'excès qui consiste à laisser une marge aussi large que le texte du devoir. Qu'elle se trouve à droite ou à gauche du texte, la marge doit comporter au moins quatre grands carreaux, c'est-à-dire mesurer quatre à cinq centimètres au minimum.

Portrait de Diderot par Van Loo.

Il convient également de laisser un espace au correcteur, de préférence en tête du devoir, pour qu'il porte une appréciation sur l'ensemble du travail et qu'il en souligne les points forts et les manques. Il est essentiel de tenir compte du fait que la première impression du correcteur, avant la lecture, est globale : poids de la copie et esthétique de la mise en page. Une dissertation vaut aussi par ses blancs. ■

Permettre de visualiser le plan

La présentation de la copie doit permettre au lecteur de visualiser rapidement la structure de celle-ci, c'est-à-dire le plan. Les grandes parties doivent constituer des unités compactes, séparées les unes des autres par des « blancs » – une ou deux lignes, par exemple. Chacune des sous-parties, constituée d'un paragraphe, doit être aisément repérable grâce à un alinéa, c'est-à-dire un retrait de la première ligne. Les transitions sont liées au paragraphe qu'elles concluent et doivent donc être intégrées dans les sous-parties. Enfin, introduction et conclusion se présentent chacune comme un paragraphe sans alinéa. Si ces règles sont respectées, le plan sera visible sans qu'il soit nécessaire de recourir à des marques chiffrées ou alphabétiques, qui sont à prohiber. Une dissertation est un texte sans autre liaison entre ses parties que des connecteurs logiques et des mises en relation des idées exposées. La visualisation des grandes unités et des paragraphes suffit à connaître le nombre de points abordés et d'idées exposées. ■

Quelle longueur pour une dissertation ?

Une dissertation qui propose une réflexion organisée et appuyée sur des arguments illustrés d'exemples est un devoir d'une certaine ampleur. Il n'y a pas de règle contraignante en ce qui concerne sa longueur, qui dépend de la nature de son contenu. Il n'existe pas d'idéal en la matière : l'essentiel reste de dégager une problématique intéressante et de la traiter. L'exercice exige, cependant, un développement assez long : présenter deux ou trois points de vue et développer quelques idées ne peut se faire en vingt lignes. Une longueur d'une page par grande partie paraît un minimum. Il ne faut pas non plus se perdre dans des développements interminables ou multiplier les exemples à l'excès, ce qui risque d'égarer le lecteur. ■

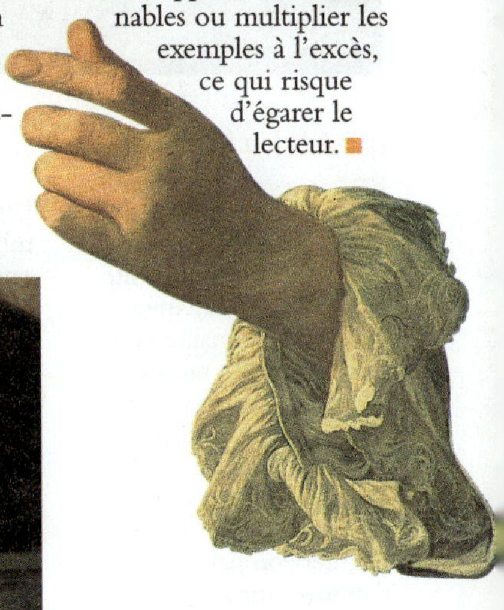

La dissertation : rédiger une introduction

Détachée par un alinéa, séparée de la suite par un blanc, l'introduction est une partie essentielle du devoir : elle doit intéresser le lecteur, éveiller son intérêt et annoncer le devoir.

Introduire le sujet

Pour faire entrer le lecteur dans l'exposé, il faut piquer sa curiosité en trouvant le thème général, le domaine plus vaste auquel se rattache l'énoncé. Il est possible d'utiliser toutes sortes d'entrées en matière : faire appel à l'histoire littéraire n'est pas le seul moyen de débuter ; on peut aussi s'appuyer sur le contexte historique ou culturel, partir d'un constat, etc.

L'introduction est déterminée par la préparation qui a été faite auparavant : le plan étant déjà élaboré et le contenu de la conclusion défini, l'introduction doit ouvrir des voies de réflexion pour situer le débat. Toutes les connaissances scolaires, les informations véhiculées par les médias ou l'expérience sont utilisables. Deux écueils principaux sont toutefois à éviter : énoncer des généralités sans intérêt et rattacher le sujet à un passé trop ancien pour le légitimer. Les expressions telles que *depuis que l'homme existe* ou *depuis l'aube de l'humanité* sont à bannir. Non seulement elles n'apportent aucun élément intéressant, mais elles conduisent souvent à des constatations sans valeur ou erronées – des affirmations telles que *l'homme a toujours lu* sont fausses ou invérifiables. ■

Dégager une problématique

Une fois le devoir situé dans un débat, il faut le présenter en le liant naturellement, par un lien logique, au contexte général présenté. La problématique induite par le sujet doit également être clairement dégagée. Elle constitue le problème posé par l'énoncé, celui sur lequel va être fondée la totalité du devoir qui en examinera tous les aspects. La problématique doit être annoncée avec précision, en reformulant le sujet s'il est trop long, en le reprenant ou en le citant si cela est possible. Il ne suffit pas d'y faire allusion ou de considérer que le lecteur le connaît. Le devoir doit pouvoir être lu et la problématique comprise sans qu'il soit nécessaire de se reférer au sujet proposé. Il convient donc, après la présentation du libellé, de reprendre les grandes questions que celui-ci soulève, les indiquer nettement. Problématiser le sujet, c'est en repérer toutes les implications, montrer quels en sont les points essentiels qui orienteront la réflexion et le devoir. ■

Jeune Femme écrivant une lettre et sa servante *de Vermeer.*

Annoncer le plan

L'introduction doit encore présenter le plan du devoir qui va suivre et indiquer précisément les grandes orientations arrêtées pour traiter la problématique. Cette annonce n'est pas une réponse anticipée – sinon quel intérêt y aurait-il ensuite à lire le reste du travail ? Il faut signaler les mouvements successifs de l'argumentation dialectique choisie ou les différents point de vue qui seront abordés dans le développement analytique à venir. Mieux vaut éviter les questions enchaînées ainsi que la simple énumération des axes de réflexion choisis. Une phrase correctement construite, articulée au moyen de liens logiques explicites, qui indiqueront les relations unissant les différentes idées exposées, est souvent le meilleur moyen d'annoncer le plan. Il est inutile de préciser lourdement : *Dans une première partie*… Le lecteur doit, dans une phrase correctement construite, distinguer les diverses étapes d'une argumentation. ■

Points clés

La dissertation : rédiger une conclusion

La conclusion doit être particulièrement soignée puisqu'il s'agit du dernier paragraphe que lira le correcteur. Il s'agit donc de lui laisser une impression favorable en prouvant son aptitude au débat.

Portrait de Diderot *de Fragonard.*

Éviter les résumés

La conclusion doit dresser un bilan du traitement de la problématique. Il faut éviter de la réduire à un texte banal et ennuyeux. Elle doit être élaborée très tôt, juste après la construction du plan et la rédaction de l'introduction de façon à éviter que, par faute de temps, elle ne devienne une courte reprise d'idées déjà présentées dans le développement.
La conclusion constitue un point final et personnel sur le sujet. Elle doit récapituler les conclusions intermédiaires dégagées à la fin de chaque grande partie et, surtout, montrer comment chacune d'elles s'articule avec les autres. C'est de ce bilan que doit surgir la prise de position personnelle sur la problématique dégagée en ouverture.
L'aspect personnel de la conclusion ne signifie toutefois pas qu'on a à donner un avis à la première personne : le maniement adéquat d'un adjectif qualificatif – *intéressant, stimulant, quelque peu rebattu…* – suffit à exprimer le point de vue qu'on souhaite faire partager au correcteur sans pour autant le choquer par un jugement abrupt.

Faut-il finir sur une question ?

Doit-on absolument terminer une dissertation sur une question afin d'offrir d'autres pistes de réflexion ? Là encore, il n'existe pas de règle. Dans son principe, cette ouverture du débat semble la bienvenue. Toutefois, cette dernière partie de la conclusion n'est pas absolument nécessaire. Mieux vaut s'en passer que de détruire tout l'effet du devoir en posant une question qui aurait dû trouver sa réponse dans le corps de la dissertation ou d'introduire une interrogation d'une banalité décevante. Si tous les aspects de la problématique ont été traités dans le corps du devoir, terminer sur une question est, au mieux, sans intérêt et, au pis, hors sujet. Dans la plupart des cas, l'interrogation finale n'apporte rien au reste du travail. Il est souvent préférable de terminer le devoir en proposant une perspective historique ou encore une remarque ou une citation de poids. Toutefois, une question peut parfois s'imposer. Celle-ci peut découler des bilans intermédiaires ou de la réponse proposée plus tôt. Dans tous les cas, il convient de manier l'interrogation finale avec la plus grande circonspection. ■

Actualiser le sujet

Il est plus pertinent, lorsque le sujet s'y prête, de terminer le devoir par une actualisation de la problématique traitée. Il peut être intéressant de signaler que le problème posé est encore aujourd'hui débattu. La conclusion permet ainsi à l'auteur de démontrer sa pleine compréhension du sujet en relevant que si celui-ci a été posé, c'est que la problématique demeure d'actualité. Cette actualisation justifie et légitime l'ensemble du travail. ■

Évoquer la réception

On peut enfin, dans une conclusion, comparer, lorsque le sujet s'y prête, la réception de l'œuvre objet de la dissertation. On entend par « réception » la fortune critique d'une œuvre ou d'un auteur, voire d'un genre, à une époque donnée. On peut ainsi rédiger une conclusion exempte de toute subjectivité en comparant la réception à la première publication et la fortune critique de l'œuvre aujourd'hui – succès initial de Rousseau ou de Zola, mais insuccès total de certains « classiques » d'aujourd'hui comme *le Rouge et le Noir* de Stendhal, par exemple. La conclusion mettra ainsi en évidence les diverses lectures qui sont aujourd'hui inséparables de l'œuvre. ■

Le commentaire

Le commentaire littéraire a pour objet l'analyse des procédés qu'un auteur a mis en œuvre pour exprimer un sentiment ou une idée.

Le repérage des champs sémantiques

Il est nécessaire, pour préparer un commentaire littéraire, de repérer et d'analyser les réseaux lexicaux et sémantiques du texte. Le commentaire est constitué de la mise en forme rédigée des études effectuées. Il doit être organisé selon une progression visible et aboutissant à un jugement personnel sur l'extrait. L'observation et l'étude des champs lexicaux permet de dégager des convergences et, comme pour la lecture méthodique orale, de trouver les thèmes traités dans le passage considéré. Si tous ne sont pas fondamentaux, ces thèmes aident à définir l'enjeu, l'originalité et le contenu du texte. On relèvera tous les mots appartenant à ces réseaux sémantiques et on les classera avant de préciser clairement quel est le champ qu'ils composent ; puis on commentera leurs effets et leur fonction dans le contexte où ils apparaissent. Les relations unissant les différents champs découverts révéleront des points d'étude intéressants et la signification possible du passage. De même, les champs sémantiques et la polysémie qu'ils introduisent enrichissent les interprétations possibles et permettent de proposer une vision critique personnelle argumentée. ■

Les fonctions du cadre

Comme pour la lecture méthodique, on étudiera le cadre spatio-temporel. Sa présentation ainsi que l'évolution qui peut apparaître dans le déroulement textuel doivent être notées. Le cadre est souvent un élément essentiel qui définit le sens général et détermine le contenu de l'extrait. Les jeux sur la chronologie, les ruptures temporelles – projections dans l'avenir ou retours en arrière –, les présentations d'actions imbriquées ou simultanées conditionnent le sens et l'interprétation d'un texte. De même, le décor est une composante fondamentale puisqu'il sert de fond, mais aussi de structure de référence à l'action présentée. Un récit se déroulant au Moyen Âge, dans le sud de la France, et une

La Bataille d'Alexandre *d'Altdorfer.*

histoire se passant sur Mars au XXIIe siècle sont, à l'évidence, totalement dépendants de ce cadre qui ne peut être considéré comme négligeable. Il constitue un élément important sur lequel se fondera une unité du commentaire. Les changements, modifications, variations intervenant dans l'extrait seront tout aussi significatifs. ■

L'évolution des personnages

Pour élaborer un commentaire, il convient également de s'intéresser aux personnages. Leurs caractéristiques, les relations qu'ils entretiennent entre eux, leur évolution individuelle et collective constituent des informations dont on rendra compte dans le devoir rédigé. Il faut analyser leur présentation et leur dénomination et l'évolution de celles-ci. Leurs modifications successives doivent être observées et explicitées : dues à leur vieillissement, à l'acquisition de l'expérience ou à des événements marquants – traumatisants ou épanouissants –, elles contribueront à construire une interprétation intéressante du texte. Les transformations du statut économique des personnages, de leurs relations sociales, de leur rôle dans la narration, le jugement que porte l'auteur sur eux, la place qu'ils occupent dans l'histoire offrent des clés pour dégager les centres d'intérêt du passage. Si cette évolution ne suffit pas à composer une partie du commentaire, elle permet toujours de mieux cerner la signification et la portée du texte et d'élaborer une analyse personnelle, cohérente et progressive. ■

Comment éviter la paraphrase

Pour éviter la paraphrase, il faut être attentif à ne jamais se satisfaire de résumer ou de réécrire le texte. Il est nécessaire d'en analyser les procédés, de le citer en le commentant, de ne jamais se contenter d'en répéter le sens et de toujours se souvenir qu'il faut, en organisant une étude précise, justifier un avis.

L'écriture d'invention

L'écriture d'invention est une épreuve sous haute liberté surveillée. Si elle fait appel à l'imagination de son auteur, elle exige aussi une soumission absolue à un nombre important de contraintes car elle doit s'appuyer sur l'analyse de textes pour prendre tout son sens.

La Jeune Maîtresse d'école *de Chardin.*

L'analyse du sujet

Les sujets mêlent plusieurs contraintes à la fois, et tous les textes proposés dans les corpus ont, tous de près ou de loin, une visée argumentative. On peut toutefois distinguer deux types d'écritures d'invention demandées : d'une part, des textes purement argumentatifs (judiciaires, politiques ou religieux) sous forme d'éloge, de blâme, de plaidoyer ou de réquisitoire ; d'autre part, en particulier dans les sections littéraires, des réécritures par imitation (d'un genre, d'un registre, d'un discours), soit par transposition (en changeant d'époque, par exemple), soit par amplification (en exploitant l'un des possibles narratifs). Par exemple, à partir d'un corpus de trois *Antigone* (Sophocle, 441 av. J.-C ; Anouilh, 1944 ; Bauchau, 1997), est proposé le sujet suivant : *« Face à Antigone, Ismène sa sœur défend à son tour les lois de la cité (texte 3). Écrivez le dialogue de type théâtral qui oppose les deux personnages. »* La référence, entre parenthèses, au texte de Bauchau, invite le candidat à une écriture moderne. Contrairement aux textes de Sophocle et d'Anouilh, qui sont des textes de théâtre, le texte de Bachau est narratif : c'est un récit à la première personne (Antigone raconte l'événement), dans lequel sont insérés plusieurs discours représentant les différents partis d'un procès conclu par une condamnation à mort. Il s'agit de construire le discours qui manque : celui d'Ismène. L'exercice exige donc une transposition de genre : le texte à écrire devra suivre les règles du théâtre. ■

L'étude des textes

Quel que soit le sujet proposé, imitation ou transposition, il faut commencer par prendre connaissance des textes du corpus quant à leur forme (article, lettre, monologue), leur situation d'énonciation (en répondant aux questions : qui ? quoi ? où ? quand ? comment ? pourquoi ?), leur registre (pathétique, burlesque, lyrique), l'objectif de leur message ou leur enjeu. Il faut bien noter la date du ou des textes pour éviter tout anachronisme ou erreur d'interprétation au cours de la rédaction. Pour trouver un plan de devoir personnel, on peut constituer au brouillon un tableau à deux entrées comme pour réaliser une synthèse de textes. On trace ensuite autant de colonnes verticales qu'il y a de textes dans le corpus, et on résume l'essentiel du propos de chacun d'entre eux. Par une lecture horizontale, on met ensuite en évidence les points communs. On peut ainsi trouver un plan qui permettra d'utiliser plusieurs fois les documents en fonction de deux ou trois axes propres à organiser le devoir. ■

La part de liberté

Par exemple, à partir d'un corpus de quatre poèmes (Verlaine, Desnos, Eluard, Roy), est proposé le sujet suivant : *« Dans la préface d'une anthologie de poèmes d'amour que vous avez réunis, vous démontrerez comment l'inspiration poétique et l'amour sont à vos yeux liés. Rédigez cette préface. Vous devez nourrir votre préface de citations de poèmes et de références à des auteurs. »* Le candidat est alors entièrement libre de choisir les auteurs complémentaires et les rapprochements qu'il aimerait faire. Si ses choix résultent de connaissances et de goûts personnels, ils dépendent aussi de la cible de lecteurs qu'il vise et du type d'anthologie qu'il souhaiterait proposer : une anthologie replaçant les grands poètes dans une perspective historique ? un parcours buissonnier de coups de cœur ? ou encore des morceaux choisis de la poésie européenne avec traduction en regard des textes originaux ? Cette direction personnelle va induire une argumentation originale qui doit respecter les deux contraintes du sujet : une préface ou discours à la première personne expliquant le choix des poèmes et leur rapprochement ; un développement argumenté développant la thèse selon laquelle inspiration poétique et amour sont liés. ■

Points clés

L'épreuve orale

Souvent redoutée par les candidats, l'épreuve orale doit être préparée durant l'année, tout comme les exercices écrits. Il faut, en effet, s'entraîner régulièrement à une prestation particulière à laquelle on est peu habitué.

Lire à haute voix

L'une des premières épreuves à surmonter, le jour de l'oral du baccalauréat, est la lecture initiale du texte proposé. Elle ne peut s'improviser au moment de passer devant un examinateur. Mais, plus largement, tous les oraux imposent une telle présentation du texte.
Avant de l'exécuter devant un auditoire, il faut relire calmement le passage en entier, en retrouver les principales articulations, en repérer à nouveau le sens.
Les liaisons sont importantes : il faut donc leur accorder une lecture minutieuse qu'il faut préparer. Cette nouvelle prise de contact suit, naturellement, une révision ou une première lecture lors de la préparation de l'oral. Il est nécessaire de se forcer à lire à haute voix régulièrement durant l'année afin d'éviter certains des écueils les plus connus. Il faut, en effet, éviter d'être essoufflé avant la fin d'une phrase, savoir trouver un rythme agréable, ni trop lent, ni trop rapide, être capable de prononcer le mieux possible sans hésitation, sans difficulté pour déchiffrer les phrases. Le niveau sonore est également important : il faut être audible sans crier. Lire ainsi facilite et clarifie la suite du travail. ■

La Lecture de la gazette *d'Adrien van Ostade.*

Gérer ses notes

Toute prestation orale s'appuie sur des notes, élaborées tranquillement ou griffonnées durant les quelques minutes de préparation lors d'un examen. Dans les deux cas, la difficulté réside dans leur utilisation lors de la présentation. Il faut éviter de couvrir une feuille de phrases sans ordre ni disposition claire, une relecture en serait impossible.
Afin de bien gérer ses notes pendant l'oral, il faut les ordonner logiquement. Elles doivent être nettes, aérées et faire apparaître les points essentiels. Tous les moyens de les hiérarchiser, de les rendre aisément et rapidement lisibles – couleurs, soulignements ou surlignage – doivent être utilisés. N'écrire que sur le recto permet de ne pas se perdre dans les numérotations et de conserver les versos pour quelques ajouts de dernière minute.
Il est inutile de tout écrire : la tentation serait grande, ensuite, de lire

en oubliant l'auditoire et on courrait le risque de l'ennuyer. Seuls les éléments essentiels doivent être consignés : points importants de l'introduction et de la conclusion, grandes articulations, titres de sous-parties, remarques ou analyses à ne pas oublier. Pendant l'oral, regardez-les pour suivre le déroulement du travail, appuyez-vous sur elles mais sachez vous en dégager. Durant l'année, il faudrait effectuer régulièrement un travail de remise en forme de ses notes afin de pouvoir réviser efficacement. ■

Intonation, gestes, regards

Un oral n'est pas une interprétation théâtrale mais la manière dont on s'exprime, dont on présente ses idées est importante. S'il est inutile de déclamer, de donner une intensité exagérée à la lecture, de faire des effets, de multiplier les gestes, il faut, cependant, donner une certaine vie à la prestation. L'intonation est essentielle pour la lecture à haute voix, mais également pour la présentation. Parler d'une voix monocorde ennuie l'auditoire, hurler lui déplaît. Il faut donc trouver un juste milieu : mettre en valeur ce qui paraît fondamental, varier les tons durant la lecture puis trouver une intonation moyenne mais nuancée. Les gesticulations sont inutiles et gênent considérablement l'audition et la communication, mais les gestes sont possibles et souhaitables. En effet, lorsqu'ils sont mesurés, ils servent d'appui au discours, apportent de la variété et peuvent relancer l'intérêt de l'auditeur. Les regards jouent également un rôle dans une prestation orale. Il faut éviter de se concentrer sur ses feuilles sans jamais accorder la moindre attention à celui qui écoute. Le regarder de temps à autre, franchement et sans agressivité, rend la communication plus aisée. ■

Points clés

La lecture méthodique : les enjeux des textes

Lire méthodiquement un texte, c'est déterminer son enjeu, choisir un axe de lecture qui permette d'accéder à son intérêt essentiel et d'en proposer une interprétation riche et significative.

La détermination des enjeux

Déterminer l'enjeu d'un texte, c'est en définir l'intérêt et en étudier le contenu et la mise en forme afin d'en préciser la valeur et la portée. Les enjeux sont variés et sont déterminés par les choix arrêtés et proposés par leur auteur. Il faut alors considérer le texte comme un vaste champ de recherches conduisant le destinataire à une lecture active qui interroge le texte et tente d'en saisir le sens. Les enjeux sont variés : le texte peut être intéressant parce qu'il propose une nouvelle approche d'une question, parce qu'il offre une forme originale et remarquable, parce qu'il apporte des réflexions nouvelles et fécondes sur un sujet, ou parce qu'il reprend, en les modifiant ou en les actualisant, des débats, des thématiques, des procédés déjà connus. Chaque texte devient alors une unité autonome mais qui se rapporte toutefois à un genre et à des références culturelles. La lecture est donc articulée autour de ce qui apparaît comme l'enjeu majeur du passage étudié ; elle le met en valeur et en montre la spécificité, la valeur et la portée dans l'extrait analysé. Le lecteur déterminera ces enjeux après avoir déjà étudié le texte. Ce résultat sera l'aboutissement logique d'une lecture linéaire qui, grâce à des approches successives, permettra de distinguer les différents éléments du texte qui deviendront le fondement de son interprétation méthodique. ■

L'adéquation à un genre littéraire

Chaque texte étudié doit être mis en relation avec d'autres et analysé en fonction du genre littéraire auquel il appartient. En effet, son enjeu et sa portée sont également déterminés par son inscription dans une unité générique qui le détermine et par rapport à laquelle il se définit. Un poème, une scène de théâtre, un extrait de roman peuvent avoir des enjeux proches ou identiques, mais leur manière de les mettre en œuvre sera différente selon le genre et les procédés et contraintes

Dimanche après-midi *d'Albert Anker.*

qu'il impose. L'esclavage ne sera pas traité de la même manière dans une scène de *l'Île des esclaves* de Marivaux, dans *De l'esclavage des nègres* de Montesquieu ou dans un article de l'*Encyclopédie* de d'Alembert et Diderot. Le genre détermine les procédés, mais si l'enjeu fondamental reste le même – dénoncer une pratique inhumaine –, les enjeux particuliers, en revanche, sont plus variés – plaire et distraire, faire réfléchir et montrer l'absurdité de certains discours, proposer des pistes et donner les moyens de contre-argumenter. ■

Repères historiques et biographiques

Les données extérieures au texte sont utilisables lors d'une lecture méthodique. Ainsi, les repères historiques sont souvent nécessaires à une interprétation précise et intelligente d'un passage ou d'une œuvre. En effet, un écrivain ne peut s'isoler totalement de la période à laquelle il vit ni omettre complètement la culture et les événements qui l'entourent. L'histoire littéraire est un élément essentiel à prendre en compte ; l'évolution des idées, des débats est à considérer et à retenir. Mais l'Histoire, les événements politiques, sociaux, économiques et militaires doivent également constituer des références.
Un auteur ne présentera pas la condition des misérables de la même manière selon qu'il écrit au Moyen Âge ou après la révolution industrielle. De même, les éléments biographiques peuvent parfois apporter des éclairages intéressants sur un texte. Si connaître la vie d'un artiste n'est pas absolument nécessaire à la compréhension de ses textes, cela ouvre toutefois des perspectives d'analyse dans certains cas : connaître l'existence de la crise mystique traversée par Pascal dans la nuit du 23 au 24 novembre 1654 peut permettre d'éclairer un passage des *Provinciales* sans pour autant l'expliquer en totalité. ■

Dico → encyclopédie • narrateur

Points clés

La lecture méthodique : l'étude linéaire

La lecture méthodique est l'interprétation « consciente de ses choix » d'un texte. Elle se fait à partir de quelques centres d'intérêt qui permettent d'accéder à l'axe essentiel de lecture.

Présenter le plan du texte

Toute lecture méthodique doit dégager des perspectives dans le texte à étudier et s'appuyer sur sa structure afin d'en montrer le déroulement et l'organisation. Il faut donc présenter le plan du texte. Le moment où cette étude doit intervenir n'est pas fixé à l'avance. Il n'est pas indispensable d'ouvrir son travail par ce découpage. Il ne faut cependant pas oublier que la structure est un élément signifiant du texte. Il faudra donc utiliser ce plan au meilleur moment : il viendra appuyer d'autres remarques formelles ou littéraires et constituera alors une justification de l'interprétation envisagée.

Il faut le présenter de la manière la plus utile à la lecture proposée, en signalant les grandes unités d'un extrait, en indiquant leurs relations et en dévoilant l'évolution thématique ou stylistique. Le plan viendra alors justifier une analyse que d'autres relevés appuieront. ■

Doit-on analyser chaque phrase ?

La lecture méthodique, qu'elle soit thématique ou linéaire, doit proposer une analyse précise du texte. Toutefois, il faut distinguer ici deux étapes et deux modalités de lecture. Lorsque l'on prépare un tel travail, il est nécessaire de lire et d'étudier chaque phrase afin de construire une interprétation. On s'aperçoit vite, alors, que certaines n'ont pas de réelle valeur pour définir l'intérêt essentiel du texte. Une lecture méthodique peut donc proposer une réflexion portant sur quelques phrases choisies,

Le Salon gris *de Tayler.*

sans s'astreindre à une présentation exhaustive de ce que l'approche préalable, linéaire, aura permis de découvrir. L'examen méthodique, qui constitue l'épreuve orale du baccalauréat, est plus rapide. En dix minutes, il est impossible de s'attacher à chaque phrase ; l'analyse préparatoire détaillée soutiendra une présentation synthétique de l'hypothèse retenue pour le texte, fera état de la lecture méthodique qui l'a précédée, mais sans proposer d'étude précise de chaque unité textuelle. ■

Lier l'analyse aux enjeux

L'analyse de tous les éléments textuels ne doit pas être faite pour elle-même et sans lien avec une perspective d'ensemble. La lecture méthodique est la construction d'une interprétation d'un texte qui s'appuie sur des indices relevés en son sein et qui aboutit à une prise de conscience de la portée du passage étudié. Il faut donc toujours lier les divers relevés et commentaires proposés aux centres d'intérêt dégagés, à la perspective choisie pour diriger l'étude et, enfin, aux enjeux de l'extrait. Les divers procédés mis en œuvre par le destinateur sont, en effet, destinés à transmettre un message, à véhiculer une vision personnelle d'un problème ou du monde. Le choix des différentes pistes, la présentation des indices repérés doivent donc toujours être guidés par l'hypothèse de lecture préalablement arrêtée. L'étude doit alors mettre en valeur les liens qui unissent tous les moyens employés dans ce but, les relier à la portée du texte et montrer que l'axe de lecture choisi est efficace pour pénétrer dans l'œuvre. ■

La lecture de l'image : l'œuvre d'art

Analyser une œuvre d'art, c'est mieux la comprendre, entrer dans un autre moyen d'expression artistique, communiquer différemment avec son auteur. On peut en étudier la composition, le message, la fonction.

L'importance relative de l'anecdote

Les rapprochements qu'on peut faire avec les événements ou l'anecdote qui ont donné naissance à une œuvre ne sont pas toujours essentiels pour en comprendre le sens ou pour l'étudier. L'interprétation du célèbre tableau de Géricault, *le Radeau de la Méduse,* peint en 1819, ne peut, par exemple, être réduite au fait divers qui fut à son origine. Les violentes polémiques qui accompagnèrent son exposition ne peuvent être dues seulement aux événements tragiques qui suivirent le célèbre naufrage du 2 juillet 1816. Si évoquer un événement qui choqua ses contemporains peut aider à étudier le tableau, cela n'épuise pas toutes les analyses possibles. Il faut, en outre, s'intéresser à la composition, observer les lignes de force qui attirent l'œil, remarquer les effets de fuite et de profondeur qui lui donnent de la perspective, étudier les couleurs, enfin, leurs complémentarité ou leurs oppositions pour déchiffrer le message de l'artiste. Ainsi, l'œuvre de Géricault a été considérée comme un manifeste romantique et son inspiration n'est qu'un élément qui s'ajoute aux autres. Les créations artistiques sont donc liées à un contexte qui apporte quelques indications à l'importance relative. ■

Le Radeau de la Méduse *de Géricault.*

Les repères historiques

Toutefois, si le prétexte de l'œuvre est d'une importance relative, le contexte historique est un élément dont il faut tenir compte. On ne peut aborder un tableau, un monument, une sculpture, un morceau de musique sans prendre en considération l'époque qui les a vus naître. Une création baroque, classique ou romantique, par exemple, ne peut être étudiée sans rappeler les événements et les concep-

La Mort de Sardanapale
de Delacroix.

tions qui ont entouré sa naissance. Il est donc utile de chercher quelques précisions historiques : les dates de naissance et de mort de l'artiste, des indications sur l'atmosphère, les faits qui se sont déroulés à son époque. L'analyse est alors autant liée aux références personnelles de l'auteur qu'à celles qui furent celles des artistes et des hommes de son temps. L'art peut donc être influencé par l'histoire. ■

L'analyse des formes et des couleurs

Pour aborder l'étude d'un tableau, il est naturellement important d'analyser les couleurs et les formes. Celles-ci attirent le regard et suggèrent certaines interprétations : les lignes horizontales sont associées au calme, à la sérénité, les courbes à la douceur et à l'harmonie, les verticales à la hauteur, à l'agressivité. Les couleurs servent aussi la signification : les tons froids sont apaisants, indiquent l'immobilité et le calme ; les tons chauds, en revanche, introduisent la violence, le dynamisme. Les œuvres abstraites usent souvent des complémentarités et des oppositions qu'elles génèrent. Associer des couleurs complémentaires crée une harmonie, une impression agréable. Si, en revanche, on joue sur les dissonances et les oppositions, cela crée une sensation désagréable chez le destinataire. L'analyse complète doit intégrer ces différentes approches de l'œuvre d'art, les confronter afin de dégager une interprétation cohérente. ■

Dico → anecdote • critique

Points clés

La lecture de l'image : la publicité

La publicité utilise abondamment les images. Affichées et offertes à la contemplation ou aux regards rapides, celles-ci jouent sur les représentations du produit et les pulsions qu'elles font ensuite naître chez l'observateur.

Comment est représenté le produit

L'impact de l'image publicitaire est déterminant dans la stratégie arrêtée par le producteur et l'annonceur. Le consommateur choisi – la cible – est défini ; ses besoins, ses goûts et ses capacités de consommation sont analysés. La représentation du produit proposé est ainsi choisie en fonction d'une stratégie de persuasion très nette. Il s'agit de pousser le futur client à acquérir le produit et, pour cela, de faire appel, non à des arguments intellectuels pour le convaincre, mais à sa sensibilité, voire à son humour mais, surtout, à ses rêves et à ses fantasmes. Un produit associé à des images positives qui créent une évasion dans l'esprit de celui qui le regarde a toutes les chances d'être acheté. Certains motifs deviennent des stéréotypes efficaces dans ce domaine : une mer bleu turquoise, une plage de sable blond ou blanc évoquant les tropiques, une ambiance de vacances associant baignades, farniente, soleil et jolies filles constituent des clichés très porteurs. Le produit est alors assimilé à cet univers de détente, de luxe, à une atmosphère chaude, chaleureuse où l'on peut se consacrer à soi-même et à l'amour. Il sera positivement connoté et, dans les rayons d'une boutique, conservera cette aura imaginaire. ■

Le rapport image-texte

À l'impact créé sur la sensibilité du destinataire par l'image publicitaire s'ajoute celui du texte qui l'accompagne et le renforce. Le rapport établi entre les deux éléments signifiants est essentiel pour pousser à l'achat le client potentiel. Le texte écrit est utilisé de plusieurs manières : il permet de mieux comprendre la représentation imagée, réduit sa polysémie et précise le sens – on ne peut être heureux que si l'on achète X –, insiste de façon redondante sur le sens du message transmis – X = bonheur –, complète les éléments visuels – le bonheur qu'apporte X, c'est celui-ci –, il peut aussi, parfois, le nuancer et pousser le consommateur éventuel à la réflexion – X, accompagné d'une plage, de soleil… ce n'est pas pour vous ? ■

La campagne publicitaire lancée par le Club Méditerranée en 1976 vend un état d'esprit plus qu'un produit. Elle donne une illustration séduisante à quelques verbes simples : contempler, chanter, écouter…

Les besoins suscités

Pour être efficace, l'image publicitaire doit s'adresser le plus clairement possible à son destinataire. Rapidement regardée, elle doit éveiller des pulsions et des besoins fondamentaux chez celui qui l'observe. Pour atteindre son objectif – vendre le produit vanté –, elle s'appuie sur les désirs et les fantasmes humains. Elle a recours à tous les éléments qui suscitent une sensation profonde de manque ou d'envie – désir de repos, désir d'amour, de possession ou d'affirmation de soi. Elle joue également sur la gourmandise ainsi que sur l'attirance pour ce qui est nouveau, original, exotique… Le produit devient alors un moyen d'assouvir toutes ces pulsions et de s'épanouir. ■

Dico → affiche • connotation • dénotation

FICHES PRATIQUES

Pour se documenter

Un guide pour lire et s'orienter vers les livres, les films, les bibliothèques, le multimédia...

Fiches pratiques

Adapter une œuvre littéraire au cinéma

Le cinéma entretient avec la littérature des rapports difficiles. D'un côté, on est souvent déçu par l'adaptation à l'écran d'une œuvre qu'on a aimée. De l'autre, et paradoxalement, on croit parfois que voir un film peut dispenser de lire l'ouvrage dont il s'inspire.

Montrer ce qui est suggéré

La littérature a la capacité particulière de faire imaginer : le cinéma, lui, fait voir. Des romans célèbres, surtout dans la tradition classique française *(Manon Lescaut, la Princesse de Clèves),* ne disent rien du physique des personnages, alors que l'écran, par définition, les représente : voyions-nous le d'Artagnan des *Trois Mousquetaires* sous les traits de Douglas Fairbanks (1921), de Max Linder (1923), de Gene Kelly (1948), de Georges Marchal (1953), de Jean Marais (1962) ou de Michael York (1973) – pour n'en citer que quelques-uns ? Et le même Jean Marais peut-il aussi incarner le comte de Monte-Cristo (1953) ? Il arrive qu'un consensus s'établisse. Julien Sorel a une fois pour toutes les traits de Gérard Philipe, Knock ceux de Jouvet et Scarlett O'Hara ceux de Vivien Leigh. Mais ces quelques réussites ne compensent pas les nombreuses déceptions. Stendhal ne montre pas l'exécution de Julien dans *le Rouge et le Noir,* mais Autant-Lara commence son film par la montée à l'échafaud. Flaubert manie magistralement l'ellipse pour évoquer l'aspect physique des amours d'Emma Bovary, mais Chabrol en dévoile bien plus. Les réussites dans la traduction d'un langage à un autre sont rares. Dans son adaptation de *la Marquise d'O* (1976), Éric Rohmer est ainsi arrivé à transposer, en un travelling avant très rapide sur l'œil du personnage, le récit elliptique d'un viol autour duquel tourne le récit de Kleist. À côté des partis pris esthétiques, d'autres modifications sont à proprement parler idéologiques. La société Walt Disney ne pouvait pas, en filmant *le Bossu de Notre-Dame* (1997), reprendre à son compte les horreurs sanglantes du roman de Hugo. De même, Fritz Lang, adaptant aux États-Unis *la Bête humaine* de Zola, fut obligé de modifier la fin, aucune ligne américaine de chemin de fer n'acceptant de voir filmer un accident sur ses voies.

Les Misérables ***adaptés par Robert Hossein en 1982, avec Lino Ventura.***

Adapter une œuvre littéraire au cinéma

Code écrit, code visuel

L'un des problèmes les plus épineux – dont découlent la plupart des autres problèmes – est celui du narrateur. La littérature en dispose de plusieurs types, depuis le héros-narrateur jusqu'au point de vue externe. Le cinéma, lui, n'a que deux possibilités : la caméra subjective – dans l'œil de celui qui fait l'action – et la caméra objective – extérieure à l'action. Nous supportons aisément un livre écrit à la première personne. Mais bien peu de réalisateurs ont osé filmer intégralement en caméra subjective (Robert Montgomery, *la Dame du lac,* 1947). De même, nous n'avons guère de mal à admettre qu'au théâtre tout se passe dans la continuité et que la scène soit constamment occupée. Au cinéma, seul Hitchcock (*la Corde,* 1948) a osé tourner un film en un seul plan-séquence. Enfin, nous pouvons à tout moment interrompre notre lecture, revenir en arrière, vérifier un détail qui nous avait échappé. La grammaire cinématographique est, elle, absolument linéaire.

Vers une « grammaire » cinématographique

Les premiers réalisateurs, comme Méliès, filmaient comme au théâtre, en un seul plan fixe. On doit à un Américain, Griffith (1894-1979), et à deux Russes, Vertov (1895-1954) et Eisenstein (1898-1948), au temps du muet, d'avoir cherché à développer les possibilités de la caméra. Ils ont commencé à élaborer une vraie « grammaire » cinématographique où les changements de focales – du gros plan au plan panoramique en passant par les plans moyen ou américain – et les enchaînements variés du montage transcrivent véritablement les possibilités des phrases et des paragraphes. La rhétorique de l'image s'est constituée sur ces bases : métonymies – gros plans sur un objet significatif comme la paire de lunettes brisée ou la voiture d'enfant dévalant des escaliers dans *Potemkine* d'Eisenstein (1925) –, métaphores – une casserole de lait qui déborde dans *Quai des orfèvres* de Clouzot (1947) –, ellipses, etc. Cette « grammaire » spécifique a été réutilisée par la littérature du XXe siècle : on peut très bien, en analysant un texte, parler de gros plan ou de montage alterné.
La même histoire peut donc être racontée de bien des manières : c'est le talent du metteur en scène qui fait toute la différence. Le scénariste supporte une lourde part de responsabilité : Roger Vailland, en transposant l'intrigue des *Liaisons dangereuses* dans la France de 1960, la ramène à une histoire de coucheries qui ne dépasse guère le niveau d'un mauvais roman de gare. Mais l'essentiel demeure la mise en scène : Luchino Visconti, en adaptant dans l'Italie de l'avant-guerre le roman noir de James Cain, *Le facteur sonne toujours deux fois* (*Ossessione,* 1942), en fait un sommet de réalisme sombre.
Et deux adaptations successives de ce même roman, le chef-d'œuvre de Tay Garnett, en 1947, et la tentative intéressante de Bob Rafelson, en 1980, font de la même histoire deux films complètement différents.
Enfin, il arrive que le film soit si réussi qu'il impose même au roman un changement de titre : *Celle qui n'était plus* de Boileau-Narcejac est définitivement devenu *Sueurs froides* depuis que Hitchcock l'a adapté en 1958.

Écrire un scénario original

Adapter une œuvre extérieure au cinéma pose des problèmes de choix : que garder, que transformer, quelle tête donner à tel ou tel personnage… ? Lorsqu'on choisit d'écrire un scénario original pour l'écran, d'autres problèmes se posent.

Du synopsis au scénario

Le synopsis est au scénario ce que la « quatrième de couverture » est au roman : un résumé succinct – une page, souvent – destiné à retenir l'attention du producteur. Le synopsis décrit principalement l'histoire, mais il peut aussi renfermer des indications stylistiques. Jean-Jacques Annaud a décroché le financement de son film *l'Ours* (1988) avec un synopsis réduit à sa plus simple expression : « Un ours. Deux chasseurs. Le point de vue de l'ours. » Cela suffit, surtout lorsqu'on est un metteur en scène connu… Le scénario est le développement du synopsis. Il se lit comme une pièce de théâtre dont les dialogues seraient entrecoupés de nombreuses didascalies racontant ce qui se passe à l'écran. Le scénario constitue une œuvre en soi. Les auteurs du nouveau roman, comme Robbe-Grillet ou Duras, ont souvent publié, sous le titre de « ciné-romans », les scénarios des films à l'écriture ou à la réalisation desquels ils avaient participé. C'est le scénario que lira l'acteur pressenti pour un rôle. Il doit être précis et contenir les indications dont on déduira une psychologie.

Barton Fink *(1991) des frères Coen est l'histoire d'un scénariste hollywoodien en panne d'imagination que la réalité rattrape.*

Écrire un scénario original

Les différents plans du découpage

Le scénario ne suffit pas. L'étape suivante est le découpage : le scénario est découpé, verticalement, en bandes – image, dialogue, son, plans, décor et accessoires, etc. Certains metteurs en scène comme Eisenstein ou Kurosawa dessinaient, presque plan par plan, chaque scène, de façon à fournir au chef opérateur et au cadreur des indications très précises. Les repérages sur le terrain font aussi partie de l'élaboration du scénario. On ne tourne pas un film historique dans n'importe quelle ville de France : la présence d'antennes télé conditionne souvent les angles de prise de vues. Enfin, un prétravail – sur les répétitions, par exemple – peut être effectué en vidéo légère. Depuis peu, l'informatique permet de « prévoir » les effets des trucages importants : le *Titanic* de James Cameron (1998) a fait couler le bateau-titre en simulation sur ordinateur avant de filmer « pour de vrai » les scènes qui ne pouvaient pas être tournées deux fois.

Plans, dialogues, bande-son

Le découpage est fractionné en plans numérotés qui correspondent au plan de tournage, en fonction de ce que sera le montage final. Il est donc essentiel, avant de donner le premier tour de manivelle, de savoir précisément dans quel ordre on filmera les séquences.
On tiendra compte, notamment, de l'emploi du temps des acteurs, qui peuvent être retenus par ailleurs, de la modification de leur aspect physique au cours de l'histoire – les cheveux poussent… – ou de l'évolution des décors – les feuilles tombent…. Dans les productions importantes, deux metteurs en scène tournent en même temps, l'un en extérieur, l'autre en studio. C'est la script qui gère l'ordre des scènes à tourner et qui rétablit un nouvel ordre de tournage lorsque, par exemple, les conditions climatiques l'exigent.
Il en est du cinéma comme du théâtre : on peut travailler à partir d'un canevas sur lequel on improvise, comme dans la commedia dell'arte, ou à partir d'un texte écrit, comme dans le théâtre classique. Godard, à l'époque d'*À bout de souffle* (1960), rédigeait au jour le jour le texte de ses acteurs et ignorait ce qu'il allait tourner le lendemain.
À l'opposé, Bergman (*le Silence,* 1963 ; *Persona,* 1966 ; *Cris et Chuchotements,* 1972 ; etc.) rédige des scripts où tout est prévu, jusqu'à la plus petite nuance d'éclairage. Ces façons très personnelles de tourner expliquent les associations continues entre les metteurs en scène et leurs chefs opérateurs – Bergman avec Sven Nykvist, Rohmer avec Nestor Almendros, Godard avec Raoul Coutard –, ceux-ci étant habitués aux désirs et au style de ceux-là.
L'intérêt d'un découpage très précis est double : il rassure l'équipe et il permet de gagner du temps. Ce dernier avantage est précieux dans ce domaine où chaque jour de tournage coûte cher. C'est d'ailleurs souvent des raisons économiques qui imposent des modifications de scénario ou des plans de tournage, de manière à rentabiliser au maximum le matériel et les compétences.

Mettre en scène une pièce de théâtre

Mettre en scène, c'est diriger des acteurs, prévoir un décor et des éclairages, mais c'est avant tout lire le texte de la pièce, en débusquer les ruses et se mettre à la place des spectateurs, destinataires derniers.

Les lectures du texte

La première étape du travail des comédiens consiste à lire ensemble leur texte. Certains metteurs en scène multiplient ces séances de « travail à la table » afin de frustrer les comédiens de la scène et d'obtenir une réaction de ces frustrations accumulées. D'autres font tout de suite travailler les comédiens sur un plateau où sont déjà en place des éléments de décor : on dit alors que les acteurs « apprennent le texte avec leurs pieds ». Il est inutile, dans ces premières lectures, de « mettre le ton ». L'enjeu est de déceler tous les niveaux de sens de la pièce. Les dramaturges donnent généralement peu d'indications sur l'apparence des personnages. La lecture à plat constitue une première approche de la réalité physique des rôles. Le metteur en scène apporte souvent divers documents relatifs au contexte de la pièce, aux mises en scène précédentes, aux comédiens ayant incarné les rôles, aux réactions de la critique, etc. Dans un deuxième temps, les comédiens effectuent une lecture expressive qui tient compte cette fois, non seulement du sens, mais aussi du « sentiment » du rôle, comme disait Jouvet. Il ne s'agit plus de réciter, mais de « parler » le rôle. L'école de l'Actor's Studio conseille de le « vivre ». La tradition russe héritée de Stanislavski préconise de combiner expressivité et réalisme. Brecht, lui, voulait que ses acteurs jouent en « distanciation », de façon à marquer le fait que le théâtre est théâtre avant d'être illusion. Enfin, la pièce est jouée en situation, une fois « mise en espace » sur le plateau. Les comédiens répètent deux à quatre heures par jour pendant six semaines.

Répétition sans costume du **Chevalier d'Olmedo** *de Lope de Vega mis en scène par Lluis Pasqual en 1992.*

Mettre en scène une pièce de théâtre

L'arbitraire relatif de la mise en scène

En dehors des « pièces à machines », le XVIIe siècle ne connaissait qu'un seul décor : une toile peinte représentant un « palais à volonté ». L'espace scénique réduit des salles de paume reconverties en théâtres ne favorisait pas les grandes audaces de mouvement.
Les metteurs en scène modernes ne travaillent pas dans les mêmes conditions. Ils peuvent à leur gré réinventer les décors et les costumes, faire jouer le rôle-titre de *Lorenzaccio* par une femme – tradition établie dès la première mise en scène de la pièce de Musset par Sarah Bernhardt – ou par un homme. Ils peuvent interpréter, non sans démagogie, le vers fameux de *Phèdre* – *« Que ces vains ornements, que ces voiles me pèsent »* – pour dévêtir leur actrice. Antoine Vitez faisait jouer le théâtre classique en habits de cour, arguant pertinemment que Corneille ou Racine parlaient davantage de leurs contemporains que de Grecs ou de Romains mythiques. Patrice Chéreau a profité d'une indication précise de Marivaux, dans *la Dispute,* selon laquelle les valets de la pièce étaient noirs, pour donner à sa mise en scène une touche *Autant en emporte le vent.* Toutes les interprétations sont acceptables, pourvu qu'elles fassent sens : dans l'*Antigone* d'Anouilh, tragédie « grecque », les policiers étaient, lors de la création de la pièce, en 1944, vêtus d'imperméables de cuir, comme des gestapistes, tenant ainsi un discours clair sur l'état du monde et la nature de tout pouvoir.

Comprendre le texte

Les lectures successives du texte de la pièce sont essentielles pour dessiner le profil du personnage. Imaginons que l'on mette en scène *l'École des femmes* de Molière : il n'est pas inutile de savoir que dans la fameuse réplique d'Agnès, *« le petit chat est mort »* (acte II, scène 5), les actrices faisaient originellement la liaison – *« chat-est mort »* –, pour en souligner l'aspect charnel, voire même grivois. La tradition s'est inversée à partir du XIXe siècle : Agnès est alors jouée comme une innocente pas encore pervertie, comme le raconte Maurice Descotes dans *les Grands Rôles du théâtre de Molière* (PUF, 1976) Entre les deux interprétations, il existe des différences d'appréciation qui se répercutent sur l'ensemble de la pièce.

Le Tartuffe ***de Molière mis en scène par Benno Besson en 1995.***

Théâtre écrit, théâtre joué

Il faut le rappeler sans cesse : le théâtre est fait pour être joué. Il n'existe pleinement que dans la représentation. Mais la mise en scène, le jeu des acteurs, le lieu même de la représentation peuvent changer radicalement le sens de la pièce.

Des différents types de lieux scéniques

Il suffit d'aller à Épidaure, dans le nord-est du Péloponnèse, où se trouve le plus grand théâtre grec classique, pour « entendre », par-delà le temps, les textes de Sophocle ou d'Euripide et pour « voir » ce public convié, sous le soleil d'été, à des fêtes dont le sens religieux n'était pas encore effacé, réagissant à la représentation de la colère des dieux. Dès lors, peut-on encore jouer les tragiques grecs ailleurs que dans ces structures semi-circulaires ? Shakespeare montait ses pièces au théâtre du Globe et au théâtre du Cygne, théâtres en rond où les acteurs étaient cernés par le public. Othello mettait à mort Desdémone dans une arène.
Corneille puis Racine jouent dans d'anciennes salles de jeu de paume réaménagées, salles rectangulaires surmontées de loges parfois grillagées, éclairées de lustres dont la durée de vie des bougies déterminait la longueur des pièces. Les spectateurs assis jusque sur la scène ne laissaient aux acteurs qu'un petit carré pour jouer. Les machineries rudimentaires permettaient tout juste de hisser une toile représentant un « palais à volonté » dans l'antichambre duquel l'action était supposée se dérouler.
C'est Mazarin qui fait construire, à Paris, une salle où vont se jouer les premiers opéras et les pièces « à machines » qui faisaient appel à des trucages parfois spectaculaires. Les invités d'honneur sont au parterre ; plus on monte vers les hauteurs, moins le public est raffiné – c'est toujours vrai.
Ce sont les Italiens qui construisent les premiers théâtres, vastes salles représentées sur les toiles de Pannini *(le Théâtre Argentina à Rome)*, très hautes sous plafond, avec jusqu'à cinq niveaux de balcons.
Mais ce n'est qu'au XIXe siècle que l'on crée des théâtres où les balcons sont construits en décrochements successifs les uns par rapport aux autres, de sorte que le « poulailler », tout en haut, ne surplombe plus le parterre, mais le deuxième balcon qui lui-même surplombe le premier.
L'amélioration des éclairages permettra d'illuminer la scène tout en maintenant

Phèdre *de Racine mis en scène par Anne Delbée à la Comédie-Française en 1995.*

la salle dans le noir : on viendra désormais pour voir la pièce et non pour se montrer.
Le XXe siècle, qui hérite de toutes ces structures, y renonce parfois, avec des troupes capables, comme le Théâtre du Soleil d'Ariane Mnouchkhine, d'inventer des spectacles dans de vieux entrepôts industriels et autres cartoucheries.
C'est ainsi que le lieu, plus encore que les moyens financiers, détermine la pièce. Dumas puis Hugo préférèrent très vite jouer leurs drames historiques au Théâtre de la Renaissance, tout neuf, que dans l'atmosphère compassée de la Comédie-Française.
Au XXe siècle, la multiplication des théâtres « de poche » – l'un d'eux porte ce nom, à Paris – s'est accompagnée de l'essor du « café-théâtre » et de ses pièces plus ou moins impromptues jouées par des troupes réduites pour un public peu nombreux assis à côté des comédiens.

La mise en scène du non-verbal

Sur scène, on n'arrête pas de jouer, y compris quand on n'a pas de texte : le mime est au moins la moitié du travail de l'acteur.
C'est ici le corps qui doit rendre compte du personnage et de l'action.
La distance entre la scène et les spectateurs explique le jeu très expressif et les maquillages excessifs des comédiens. Contrairement au cinéma, où un gros plan peut suffire à dire la peur ou l'amour, le théâtre doit communiquer avec des gens assis parfois à vingt ou trente mètres et incapables, à cette distance, de distinguer l'expression d'un visage. Les masques de la comédie italienne étaient conçus pour des spectacles de tréteaux improvisés en pleine ville où les spectateurs, debout, dans le fracas des foires, devaient comprendre, parfois de loin, sans entendre.
Les décors font partie de cette communication non verbale. Même réalistes, comme dans le théâtre de boulevard, ils restent stylisés et véhiculent donc un message.
Leur absence ou quasi-absence, chez Peter Brooks, par exemple, est le signe du renoncement à cette communication-là et du privilège accordé au jeu des acteurs.

Le jeu de l'acteur : critères d'appréciation

Qu'est-ce que « bien jouer » ? Est-ce rendre compte d'un texte de façon satisfaisante ? Est-ce donner du plaisir – étant entendu que les larmes, voire la douleur de la « catharsis », sont parties prenantes du plaisir théâtral ? Diderot, dans son *Paradoxe sur le comédien,* prétend que seuls des comédiens à la personnalité effacée peuvent être grands, alors que les comédiens dotés d'un fort caractère ne sont capables que de composer toujours le même « type », d'avoir le même emploi. D'où, souvent, le divorce entre comédiens de théâtre et acteurs de cinéma. De nombreuses vedettes, avec des succès divers, ont voulu prouver qu'elles étaient capables de jouer autre chose que les rôles auxquels on les identifiait. Raimu, acteur fétiche de Pagnol, s'est perdu à vouloir interpréter un *Bourgeois gentilhomme* à l'accent marseillais. Depardieu ne commet plus l'erreur de se croire capable d'incarner Tartuffe.

Les bibliothèques

«L'univers (que d'autres nomment la Bibliothèque)... »: ainsi commence *la Bibliothèque de Babel,* l'une des nouvelles les plus connues de Jorge Luis Borges *(Fictions)*. Depuis les tablettes d'argile de Sumer (3000 av. J.-C.) jusqu'aux archives électroniques d'aujourd'hui, les bibliothèques ont conservé la mémoire du monde – et donc le monde. Chaque fois qu'une bibliothèque brûle, c'est un pan de mémoire qui s'effondre.

Les bibliothèques célèbres

Fondée au IIe siècle av. J.-C., la bibliothèque d'Alexandrie comptait plus de six cent mille manuscrits. Elle brûla lorsque les troupes de César attaquèrent la ville, puis à nouveau quand les chrétiens en devinrent maîtres et encore lorsque les musulmans la conquirent: les guerriers, fanatiques surtout, n'aiment pas les bibliothèques. On passa de la tablette d'argile au papyrus, puis au parchemin: les monastères du Moyen Âge – lire *le Nom de la rose* d'Umberto Eco – étaient les dépositaires des trésors de l'Antiquité. À la même époque, les premières universités, comme la Sorbonne, disposent déjà de fonds considérables. Avec le développement de l'imprimerie, la bibliothèque s'institutionnalise. En 1537, François Ier, conseillé par son «maître de la librairie», Guillaume Budé, crée le dépôt légal: un exemplaire de tout ouvrage imprimé en France doit être déposé et conservé à la bibliothèque royale. Celle-ci deviendra nationale à la Révolution, sur l'initiative de Condorcet. Aujourd'hui baptisée Bibliothèque de France, elle conserve ses dix millions de volumes dans des tours en forme de livre bâties dans le quartier parisien de Tolbiac.

La salle Labrouste de la Bibliothèque nationale.

Des collectionneurs privés lèguent parfois leurs collections: la bibliothèque Mazarine constitue la base du fonds de l'Institut. À l'étranger, chaque grande capitale possède sa bibliothèque. Les plus riches sont la British Library de Londres (douze millions de volumes), la Bibliothèque du Congrès de Washington (vingt-deux millions de volumes) ou la Bibliothèque de Moscou (quarante-quatre millions de volumes).

Les bibliothèques

Les différents types de bibliothèques

La Bibliothèque nationale, sise rue de Richelieu à Paris, rassemblait plus de dix millions de volumes sur 110 km de rayonnages, et trois cent cinquante mille titres de périodiques sur 70 km de rayonnages. Le dépôt légal fait entrer dans le fonds près de trente mille titres français édités par an. Des exigences de place ont nécessité le déplacement d'une grande partie des collections vers un espace plus grand, à la Bibliothèque de France, dans le quartier Tolbiac.
Bien des ouvrages anciens sont d'un maniement très délicat. Aussi de nombreux ouvrages sont-ils microfilmés ou, aujourd'hui, numérisés, ce qui constitue une autre façon de gagner de la place.
Chaque bibliothèque importante possède un « Enfer », ouvert essentiellement aux chercheurs, qui rassemble tous les ouvrages censurés au cours des siècles – souvent pour des raisons d'obscénité, mais aussi pour des raisons politiques : on y trouve aussi bien des ouvrages pornographiques comme *l'Histoire de Dom Bougre, Portier des Chartreux* (Anonyme, 1741) que des pamphlets racistes comme *Bagatelles pour un massacre* (Céline, 1938). Apollinaire en son temps avait dressé et publié la liste des curiosités disponibles dans l'Enfer de la « BN ».
Les bibliothèques de lecture publique, qui peuvent être départementales ou municipales, sont ouvertes à tous et prêtent leurs ouvrages, en dehors des « usuels » – dictionnaires, encyclopédies, etc. La Bibliothèque publique d'information du Centre Georges-Pompidou, à Paris est très fréquentée par les étudiants car les livres y sont en accès libre ; c'est une bibliothèque de consultation et non de prêt.
Les bibliothèques universitaires sont réservées aux étudiants et aux professeurs. Toutes les universités en disposent, chacune dans sa spécialité. Certaines bibliothèques d'universités très anciennes comme la Sorbonne ou l'université de Montpellier, proposent un fonds très important.
Les bibliothèques de collèges ou de lycées, les centres de documentation et d'information (CDI) offrent tous les documents dont l'élève peut avoir besoin pour ses travaux scolaires dans l'ensemble des disciplines.
Quelle que soit la bibliothèque à laquelle on a accès, le secret d'une bonne consultation réside dans une bonne utilisation des fichiers.

Du bon usage d'un fichier

Les plus anciennes bibliothèques disposent de fichiers manuels, par auteurs ou par titres, plus rarement par thèmes.
L'informatisation rapide des bibliothèques permet un traitement plus aisé des données disponibles. Elle permet d'accéder à la documentation à partir d'un mot clé et d'affiner peu à peu sa recherche.
Dans tous les cas, il faut noter très soigneusement l'auteur, le titre, l'éditeur, l'année d'édition et, surtout, le code de l'ouvrage recherché qui permettra de s'orienter dans les rayonnages ou qui fera gagner un temps précieux au bibliothécaire chargé de le rechercher.
En dehors des titres qui ne sont remis qu'à la demande, de très nombreux usuels – dictionnaires, encyclopédies, manuels, ouvrages de bibliographie, etc. – sont à disposition dans la salle même. On y trouve souvent la référence indispensable.
Dans une bibliothèque, il faut savoir perdre du temps en recherche pour mieux en gagner finalement.

La littérature sur Internet et les autres supports électroniques

La révolution électronique des années 1980-1990 a considérablement modifié le rapport au texte. Après des siècles d'imprimés, le texte peut aujourd'hui être virtuel et objet de toutes les manipulations. Après des siècles passés à raccourcir l'espace de communication, on peut à présent converser en temps réel avec la Terre entière.

La fin de la « galaxie Gutenberg »

Nous vivons depuis plus de cinq siècles dans l'ère de l'imprimerie. Cette dernière a constitué une révolution considérable, permettant la multiplication relativement facile des livres et donc la diffusion de l'information. On allait autrefois aux livres – les manuscrits de la Sorbonne étaient enchaînés aux lutrins sur lesquels les consultaient les étudiants –, l'imprimerie permit d'emmener son livre avec soi. Du coup, on n'avait plus besoin d'apprendre par cœur des données qu'on pouvait retrouver dans un livre : la communication y gagna en sûreté, puisqu'elle ne dépendait plus totalement du vecteur humain. On considère, en effet, qu'à chaque étape d'une transmission opérée sur une chaîne orale, l'information est déformée. On peut en faire l'expérience en racontant une histoire à quelqu'un qui la raconte à son tour, etc. : l'histoire revient méconnaissable à son auteur. Le livre garantit contre ces distorsions – pour peu que l'information de départ soit fiable. Des informations qui mettaient parfois des années à parcourir de grandes distances ne mirent plus que le temps matériel nécessaire à un individu porteur du message imprimé pour parcourir la distance : le décret du roi arrivait ainsi en Provence huit jours après avoir été signé.
La civilisation de l'écrit qui avait commencé à Sumer 3 000 ans av. J.-C. connaissait là une évolution radicale. En retour, l'accélération de la diffusion du livre incita un nombre croissant d'individus à coucher leurs idées sur le papier afin de les faire connaître. L'humanisme et les

« Lire » sur écran deviendra-t-il une activité aussi courante que de parcourir des lignes de papier ?

La littérature sur Internet et les autres supports électroniques

Lumières sont tout entiers issus de ce bouleversement technologique.
L'informatique, depuis le début des années 1980, a ouvert à son tour une ère nouvelle. Dans un premier temps, les ordinateurs, conçus entre autres pour faire économiser du papier, en ont fait dépenser davantage : on ne pouvait pas vraiment lire un texte sur l'écran – en raison, pour commencer, de la qualité médiocre des premiers écrans. L'habitude et les améliorations apportées au matériel informatique nous évitent désormais de passer par l'étape de tirages dispendieux. On pouvait déjà transmettre des données informatiques textuelles à distance, par les lignes téléphoniques.
L'apparition d'Internet brouille la chronologie même de la production de textes : les internautes peuvent lire, quasiment en direct, un texte en train de s'écrire à l'autre bout du monde ; ils peuvent en conserver une copie ou encore agir, toujours en direct, sur son contenu, aboutissant ainsi à un mode d'écriture nouveau où les notions d'auteur et de texte intégral ou définitif n'ont plus de sens.
Cette révolution n'est pas sans risque. N'importe qui peut créer un site, et y dire ce qu'il veut, sans contrôle préalable ni possibilité, la plupart du temps, de vérifier le contexte dans lequel l'information est produite, comme c'est le cas lorsqu'on consulte la presse ou un livre.
Des internautes dépourvus de scrupules et des journalistes dénués de la moindre déontologie se rencontrent pour concocter sans limites spatiales ni temporelles des « informations » sans statut ni sources identifiables qui n'obéissent plus qu'à la loi de la rentabilité maximale.

Internet et la censure

La diffusion de textes sur Internet permet de contourner la censure. La question de la responsabilité n'a pas été résolue : le fautif est-il le créateur du site, le serveur, l'utilisateur ? D'abord salué au nom de la libre circulation des idées, Internet affiche à présent ses dangers inhérents au caractère virtuel des messages : n'importe quel document pornographique ou raciste circule impunément sur le réseau mondial.

Romans interactifs et édition électronique

Des romans ont commencé à s'écrire sur Internet selon un procédé interactif simple où tous les utilisateurs d'un réseau peuvent intervenir à chaque instant et modifier tel ou tel aspect de l'histoire en train de s'écrire : l'esthétique du texte, au lieu d'être close sur le projet d'un écrivain, se dissout dans les potentialités sans cesse changeantes d'un *work in progress.* Par ailleurs, on peut dupliquer à l'infini, sans demander de permission à quiconque, tout ce qui se trouve sur la Toile. Autrefois, des libraires peu scrupuleux pouvaient tirer des éditions clandestines de livres à succès, mais leur pratique avait les limites objectives du coût du papier, du transport et de la main-d'œuvre – sans compter les risques d'inculpation. Aujourd'hui, n'importe qui peut, grâce à un scanner, saisir le contenu d'un livre, qu'il soit ou non de lui, et le diffuser gracieusement dans le monde entier, au grand dam des auteurs lésés par cette pratique.

La littérature à l'université

Tout change à l'université, où les études littéraires s'approfondissent, appelant une plus grande précision, et s'ouvrent tant aux œuvres étrangères qu'à d'autres formes d'expression.

Un cours en amphithéâtre.

Spécialistes contre généralistes

Les professeurs de littérature de l'enseignement secondaire sont des généralistes qui donnent à leurs élèves des outils méthodologiques et une teinture de culture.
L'université rassemble essentiellement des enseignants-chercheurs spécialistes. L'étudiant suit, dès la première année, des cours relatifs à l'étude de domaines très précis : la plupart d'entre eux portent sur des périodes, des courants littéraires, des types d'œuvres ou des auteurs déterminés dont il faudra tout connaître dans des délais relativement brefs avec des modules d'enseignement qui sont désormais semestriels. L'une des premières compétences exigées à l'université est la maîtrise de la bibliographie : un cours commence par la diffusion d'une série de références indispensables que l'on conseille vivement d'étudier.
Ce passage d'un lieu d'enseignement très directif, où l'on dit sans cesse ce qu'il y a à faire – le lycée –, à un univers où l'on doit prendre l'initiative de travailler seul, où l'on doit manifester sa curiosité littéraire – l'université – constitue le principal obstacle à surmonter pour l'étudiant de première année.
L'étudiant a moins d'heures de cours qu'au lycée, mais

bien plus de travail annexe qu'on ne lui a pas toujours explicitement demandé. C'est vrai en français comme en langues. En anglais, on n'étudie plus seulement la langue, mais aussi la littérature et la civilisation, qui ont été à peu près totalement absentes des programmes de lycée : l'étudiant doit, en quelques mois, acquérir de solides bases d'histoire littéraire et multiplier les lectures d'auteurs et de critiques. Une autre grande différence entre l'enseignement littéraire au lycée et à l'université réside dans le fait qu'à l'université la littérature est inséparable du discours sur la littérature – ce dernier ayant même parfois fâcheusement tendance à devenir prioritaire.

La recherche littéraire

L'université a une fonction de plus en plus large, former les étudiants avec deux vocations nettes : les préparer aux concours d'enseignement et les initier à la recherche. Qu'est-ce que la recherche en littérature ? La question ne semble pas se poser en sciences où l'on cherche ce que l'on n'a pas encore trouvé. En littérature, la notion de progrès est moins claire, mais elle n'en constitue pas moins l'hypothèse de travail du chercheur. Après la grande vogue du structuralisme, dans les années 1960-1970, on assiste aujourd'hui à un « retour du sens », à une étude du fond indépendamment des formes qui le génèrent. L'idéologie, en particulier, opère un retour, non plus sous sa forme marxiste d'instrument d'analyse, mais à travers la prise en compte des idées et des valeurs d'une époque donnée. Quel est, par exemple, le discours que tient La Fontaine sur le pouvoir, les institutions de son temps ? Où se situent les écrivains par rapport au discours dominant de leur époque et quel est ce discours ? D'où une attention nouvelle portée à des écrivains oubliés, soudainement parés d'éminentes vertus de clarté, justement parce qu'ils ne sont pas pervertis par l'aura dont jouissent les grands textes : ce qui s'énonce chez eux serait l'idéologie toute crue. Ce type d'approche impose de longs stages dans les rayons des bibliothèques à la recherche du texte rare.

Rédiger une thèse

La thèse de doctorat, aboutissement des études de lettres ou de langues, concrétise la recherche. Contrairement à son appellation, et à ce qui se passe dans les domaines scientifiques où l'on cherche à prouver une hypothèse, une thèse consiste, pour l'essentiel, en un long travail de réflexion sur lequel un jury se fondera pour déclarer que l'impétrant a ou non des aptitudes de chercheur. Il s'ensuit que le point fort d'une thèse est son corpus. On ne saurait donc trop conseiller à l'étudiant de première année qui envisage d'effectuer des recherches dans sa discipline de mettre en fiches toutes ses lectures, en notant soigneusement l'auteur, le titre complet et la date de la première édition de l'ouvrage : cette discipline s'avérera rentable dès que les lectures, atteignant une masse critique, commenceront à s'ordonner les unes par rapport aux autres.

Les métiers de la littérature

Les études de littérature préparent essentiellement aux métiers de l'enseignement, mais pas uniquement. Que l'étudiant s'oriente dans la voie des concours ou qu'il choisisse d'exploiter ses compétences, de nombreuses professions ont besoin de spécialistes de la littérature.

Les métiers de l'enseignement

Autrefois, pour devenir instituteur, on pouvait intégrer une école normale à partir du BEPC ou du baccalauréat. Ce sont aujourd'hui les instituts universitaires de formation des maîtres (IUFM) qui préparent aux divers métiers de l'enseignement, des professeurs des écoles aux certifiés titulaires du CAPES en passant par les professeurs de collège ou de lycée technique. Seule l'agrégation se prépare toujours en suivant la seule filière universitaire, après l'obtention d'une maîtrise qui correspond à quatre années d'études après le baccalauréat. Pour entrer dans un IUFM, il faut être titulaire d'une licence (bac + 3) obtenue dans l'une des disciplines qui s'enseignent au collège – donc, pas d'une licence de sociologie, par exemple. Cela suppose d'avoir survécu à la sélection opérée dans les années aboutissant au DEUG (bac + 2), qui élimine environ aujourd'hui 70 % des étudiants entrés en première année. Le CAPES et l'agrégation sont des concours, c'est-à-dire que le nombre de postes mis en jeu est variable selon les années : la compétition est d'autant plus féroce que ce nombre est restreint. Il faut savoir qu'un déficit en postes constaté dans une matière ne dure jamais très longtemps. Ainsi, lorsqu'on annonça un déficit en histoire-géographie, les bacheliers s'inscrivirent massivement dans cette filière,

Les métiers de l'enseignement nécessitent, en plus des connaissances, de réelles qualités humaines.

pour s'apercevoir, quatre ans plus tard, que la crise de recrutement était terminée : le taux de réussite au CAPES d'histoire-géographie – c'est-à-dire le taux de recrutement – était alors inférieur à 5 %. S'agissant de l'agrégation, ce taux, toutes disciplines confondues, est de l'ordre de 3 %. De plus, de nombreux agrégés de lettres sont d'anciens élèves des Écoles normales supérieures qui ont intégré ces établissements prestigieux au terme d'un concours difficile passé après deux années de préparation littéraire très sélectives : hypokhâgne et khâgne.

Les métiers du livre

Les IUFM préparent également aux concours de documentaliste responsable de CDI et, au-delà, à tous les emplois, accessibles également sur concours, relatifs au fonctionnement des bibliothèques. Toutefois, les responsables des grandes bibliothèques, comme les conservateurs de musées, sortent en général de l'École des chartes.
Les métiers du livre ne se limitent pas à ces seuls emplois publics. On peut exercer ses compétences littéraires dans l'édition ainsi que dans tous les commerces relatifs à la littérature, notamment les librairies : les FNAC recrutent les employés de leur rayon livres d'après leur cursus universitaire et leur motivation.
Les facultés de lettres – hors IUFM – forment également aux métiers du spectacle – théâtre et cinéma –, même s'il est toujours conseillé, après une formation initiale en université, de présenter des concours donnant accès à des écoles spécifiques.
Enfin, depuis le début des années 1980, la filière communication connaît un engouement certain.

Les métiers de la communication

Souvent couplées avec une formation en psychologie, les études littéraires peuvent intéresser toutes sortes d'entreprises, privées ou publiques, qui recrutent des personnels chargés d'optimiser leur communication interne ou externe.
Il n'est pas inutile d'avoir fait des études de philosophie pour dénouer un conflit au sein d'une entreprise. Les cabinets d'audit, chargés entre autres d'évaluer les forces et faiblesses des entreprises, ont davantage besoin de littéraires intuitifs que de scientifiques bardés de certitudes.
Presque toutes les administrations, depuis les mairies jusqu'aux ministères, et toutes les entreprises de services emploient des spécialistes de la communication chargés de mieux faire travailler ensemble les différents personnels.
Ces postes requièrent à la fois une vaste culture, qui permet à son titulaire de se mettre à la place de chacun de ses interlocuteurs, mais aussi de grandes qualités humaines et une aisance réelle de parole.
En revanche, après un recrutement intense dans les années 1970-1980, les métiers de la publicité marquent aujourd'hui le pas. Enfin, n'oublions pas que le métier de communication par excellence est le journalisme qui recouvre des réalités très diverses et dont le recrutement n'obéit à aucune règle précise.

Le journalisme

Depuis la fin du XIXe siècle, une mythologie s'est créée autour du métier de journaliste. Initiée par la littérature, relayée par le cinéma, cette mythologie a fasciné nombre de jeunes gens. Le développement des médias à la fin du XXe siècle n'a rien fait pour arrêter cet engouement peu en rapport avec les exigences de ce métier.

La mythologie littéraire du journaliste

Les romans-feuilletons sont les premiers textes littéraires qui popularisent la figure du journaliste, celui que, par un anglicisme facile, on va bientôt appeler un « reporter ». Le mot naît en 1829 sous la plume du très anglophile Stendhal ; il deviendra vite un synonyme de « chroniqueur ». L'appellation de « journaliste », qui signifiait originellement « celui qui fait un journal » – ce que l'on appelait aussi un « gazetier » –, naît avec le XIXe siècle. Plusieurs écrivains, à cette époque, occupent régulièrement les fonctions de journaliste. Ils fourniront à la profession non seulement des modèles, mais aussi des mythes commodes derrière lesquels s'abritent aujourd'hui des professionnels de la presse dotés de moins de scrupules que Zola publiant son « J'accuse » dans *l'Aurore* du 13 janvier 1898, au moment de l'affaire Dreyfus. Dès 1865, celui-ci écrivait : *« Je considère le journalisme comme un levier si puissant que je ne suis pas fâché du tout de pouvoir me produire à jour fixe devant un nombre considérable de lecteurs. »* Dans un article de 1881, il proclame encore : *« À tout jeune écrivain qui me consultera, je dirai : Jetez-vous dans la presse à corps perdu, comme on se jette à l'eau pour apprendre à nager. »* C'est qu'il voyait dans le journalisme de son époque une formidable école d'écriture, privilégiant le rendu des faits et l'efficacité du trait. Maupassant a un avis différent. Lui qui vivait de ses chroniques dans la presse connaissait assez le milieu pour en faire, dans *Bel-Ami*, une peinture au vitriol : le journaliste est au mieux un

L'un des nombreux quotidiens du tournant du siècle dont le dessin de « une », telle une mise en abyme, décrit l'engouement de l'époque pour la presse.

faiseur, au pis un escroc. Il n'est pas inutile de se rappeler que le journalisme peut être un formidable tremplin politique. Le patron du journal qui accueille Zola dans ses colonnes en 1898 s'appelle Clemenceau, plume terrible et futur président du Conseil. Des héros-journalistes, les romans en sont pleins au début du siècle. Il en est ainsi du Rouletabille de Gaston Leroux (*le Mystère de la chambre jaune,* 1906) qui tiendra les lecteurs en haleine durant vingt ans. À la même époque, aux États-Unis, le journaliste devient un double de l'enquêteur et un personnage clé des enquêtes criminelles. Et c'est un journaliste, narrateur de l'histoire, qui emmène les lecteurs à la conquête du *Monde perdu* (Conan Doyle, 1919). Dix ans plus tard apparaîtra le personnage de Tintin, reporter au *Petit Vingtième.* Le cinéma prendra vite le relais. Humphrey Bogart joue à merveille le journaliste au trench-coat ruisselant de pluie dans des films tels que *la Femme à abattre* (Raoul Walsh, 1950) ou *Plus dure sera la chute* (Mark Robson, 1956). Cette mythologie est encore vivante. Dustin Hoffman et Robert Redford campent avec brio, dans *les Hommes du président* (Alan Pakula, 1976), les journalistes du *Washington Post* à l'origine de la chute de Nixon ; et Nick Nolte incarne toutes les ambiguïtés du métier dans *Underfire* (Roger Spottiswood, 1983). Ces journalistes sont toujours des reporters, libres de leurs décisions, à la fois en conflit avec leur rédaction et soutenus par elle : la fiction est très éloignée de la réalité.

Le style journalistique

Hemingway raconte qu'à ses débuts son patron du *Chicago Chronicle* lui avait remis une charte stylistique tenant en quelques mots : phrases brèves ; adjectifs rares et purement descriptifs ; pas de mots de plus de trois syllabes ; pas d'intervention subjective ; les faits bruts. Cette idéologie du style journalistique typiquement anglo-saxonne a contaminé tout un courant journalistique et littéraire qui se reconnaît à ce style qui est celui de Hemingway, mais aussi celui de Dos Passos et, parfois, celui de Sartre.

Les écoles de journalisme

Les écoles de journalisme françaises, dont les principales se trouvent à Paris, à Lille et à Strasbourg, recrutent sur concours. Il est recommandé, pour y accéder, d'avoir préalablement obtenu une licence et, si possible, suivi un double cursus : lettres-langues, lettres-histoire, lettres-Sciences-Po. ou toute autre combinaison équivalente. C'est à travers les stages effectués pendant leur scolarité que les futurs journalistes choisiront la presse écrite ou parlée.
Il y a aujourd'hui, en France, un peu plus de trente-quatre mille journalistes titulaires de la carte de presse créée par la loi de 1935 – dont treize mille deux cents femmes seulement – pour environ quinze mille publications. C'est dire à quel point la profession a recours à des journalistes pigistes, payés à la tâche et sans garantie d'emploi, à la fois victimes et aliments du mythe.

L'édition (I)

Si peu d'écrivains, en France, vivent de leur plume, près de cinquante mille titres sont imprimés chaque année. Pour gérer cette masse de manuscrits, les maisons d'édition, spécialisées ou généralistes, disposent d'un personnel spécifique.

Du côté des manuscrits

Chaque matin, les principales maisons d'édition, qui sont sises pour la plupart à Paris, reçoivent des dizaines de manuscrits. Un premier tri s'opère en fonction de la présentation du texte – aujourd'hui plutôt « tapuscrit » ou impression d'un fichier informatique que réélement « manuscrit » – et de son sujet qui ne correspond pas toujours à la spécialité de l'éditeur – c'est du moins le prétexte invoqué par celui-ci pour refuser 99 % des manuscrits par une lettre type très courtoise qui explique qu'en l'état l'œuvre en question n'entre pas dans le cadre des collections de la maison. En dehors des œuvres de fiction, qui ne représentent qu'une infime partie des publications, la plupart des textes imprimés sont des commandes des maisons d'édition : il est finalement rare que des manuscrits arrivés par courrier soient publiés.

Passé ce premier tri, le manuscrit est confié, dans les maisons d'édition littéraires, à des comités de lecture composés, en général, d'écrivains chargés d'apprécier le travail de leurs éventuels futurs confrères. Le manuscrit est tout d'abord brièvement analysé lors d'une lecture « en diagonale » – premières et dernières lignes, sondages au hasard du texte. S'il retient toujours l'attention du lecteur au terme de cette deuxième étape,

Le colporteur ou la librairie itinérante du XVIIe siècle.

le manuscrit est lu *in extenso.* À ce niveau correspond un second genre de lettre type qui fait part à l'auteur de l'intérêt que la maison a pris à lire son manuscrit et qui suggère des modifications plus ou moins nombreuses, qui peuvent tenir soit à des défauts réels et intrinsèques du texte, soit au souci de les rendre conformes à telle ou telle collection de la maison… ou au goût du jour. L'auteur est alors convoqué par la maison d'édition : il a accompli 90 % du trajet initiatique.

La mise en pages

Le texte une fois écrit et parfois récrit, il reste à choisir l'iconographie et la typographie.
Dans les ouvrages fortement illustrés, l'iconographie aura le dernier mot sur le texte. De nombreuses maquettes d'ouvrages – dont, en partie, celle du livre que vous avez entre les mains – sont organisées en « doubles pages » : le contenu du livre est découpé en un certain nombre de modules correspondant à un traitement sur deux pages afin de permettre au lecteur de visualiser un sujet d'un seul coup d'œil, comme à la télévision.
Ce travail de mise en pages est, aujourd'hui, souvent effectué par des « packagers » sous-traitants qui s'engagent à le réaliser dans un délai précis pour le compte de l'éditeur dont la tâche consiste, en amont, à passer les commandes et, en aval, à assurer la diffusion des ouvrages.

Écrire / récrire

Le manuscrit finalement sélectionné n'a pas encore terminé sa course.
Il lui reste à être mis en pages. Même un texte publié sans iconographie obéit à des exigences économiques strictes.
Un livre est divisé en « cahiers », ensembles de trente-deux pages correspondant au volume d'une feuille imprimée une fois repliée et coupée. L'éditeur composera le texte dans un corps de caractères – une taille de lettres – permettant d'obtenir un nombre entier de cahiers. Ce travail pourra être effectué par un « secrétaire de rédaction » qui sera parfois chargé de proposer des corrections au texte initial, pour des raisons de style ou d'encombrement.

Les « nègres »

Un pamphlet d'Eugène de Mirecourt intitulé *Fabrique de romans : Maison Alexandre Dumas et Cie* (1845) dénonce l'utilisation, par l'auteur des *Trois Mousquetaires,* de « nègres » – Maquet ou Nerval – pour effectuer le travail de documentation, mais aussi la prérédaction du roman.
La quasi-totalité des autobiographies de vedettes, des essais de personnalités et pas mal de romans de grande consommation, sont ainsi écrits ou récrits par des « petites mains » discrètes quoique de moins en moins anonymes.
Il est d'ailleurs plus élégant aujourd'hui de parler de « prête-plume » ou de parler de concevoir des écrits en collaboration.

L'édition (II)

Être publié n'est pas suffisant. Les techniques actuelles permettent de tirer, à faibles prix, un petit nombre d'exemplaires. Le principal est de faire distribuer son livre de façon satisfaisante afin qu'il rencontre ses lecteurs. En France, quelques réseaux spécialisés ont la haute main sur ce secteur qui représente une bonne part du prix final du livre.

Comment être publié

Il n'y a plus de manuscrits au sens étymologique du terme dans les maisons d'édition. Un auteur qui enverrait son texte sous la même forme que Proust communiqua jadis les siens – des milliers de pages écrites à la main, bourrées d'ajouts collés les uns aux autres – n'aurait probablement aucune chance de voir son travail pris en considération. La légende prétend que Gide, alors lecteur chez Gallimard, aurait feuilleté le premier volume de *À la recherche du temps perdu* en cinq minutes avant de déclarer : *« Trop de duchesses là-dedans. »* Proust alla se faire imprimer, à compte d'auteur, chez Grasset, avant que Gallimard, alerté par un autre de ses lecteurs, Jacques Rivière, n'aille racheter, très vite, le droit d'imprimer l'une des œuvres majeures de la littérature du XXe siècle. L'impression à compte d'auteur est l'un des miroirs aux alouettes de l'édition contemporaine. Contre une certaine somme, des maisons spécialisées publient, à la demande, mille cinq cents exemplaires du roman qui aura été refusé par toutes les maisons d'édition classiques. Ce sera à l'auteur d'en assurer la diffusion, tâche quasi impossible pour un particulier. L'évolution rapide des techniques de reprographie permet aujourd'hui, pour un prix modique – 2 euros le volume broché –, de tirer une quantité limitée de l'ouvrage que son auteur souhaite diffuser

Autour de Verhaeren lisant ses poèmes, on reconnaît notamment Gide et Maeterlinck.

auprès d'un cercle d'amis et de proches. Cette micro-édition est certainement appelée à se développer. Ces techniques sont d'ailleurs accessibles à un particulier bien équipé en informatique. Des logiciels de traitement de texte et de mise en pages ne nécessitant pas une formation très approfondie donnent accès au monde de la publication assistée par ordinateur – la PAO. On n'en est plus à l'époque où Balzac, acquéreur, en Sardaigne, d'une mine de plomb argentifère qui ne contenait en fait que du plomb, eut l'idée de l'employer à la fabrication de caractères d'imprimerie et d'écrire les livres qui seraient tirés sur les presses utilisant ces caractères – l'entreprise aboutit à un échec financier… mais à un succès littéraire.

Du côté de la vente

Quand le livre est édité, il faut le promouvoir. La maison d'édition en confie le soin à une équipe composée notamment d'attachés de presse qui envoient l'ouvrage aux journalistes, qui organisent des rencontres entre l'auteur et son public, qui tentent de lui obtenir quelques minutes d'antenne dans telle ou telle émission de radio ou de télévision. C'est un métier qui demande une grande faculté de communication, une présentation impeccable et un carnet d'adresses bien rempli. Des organismes souvent extérieurs aux maisons d'édition se chargent de la distribution des livres auprès des libraires et du retour des invendus.

En raison du grand nombre d'ouvrages publiés, il est rare qu'on trouve, dans les rayons des magasins de grande distribution, des livres imprimés depuis plus de trois mois – en dehors des « best-sellers ». Cette rotation rapide exige qu'un livre fasse commercialement ses preuves dès sa parution. Un auteur comme Stendhal qui vendit – ou plutôt donna à des amis – seulement cinq cents exemplaires du *Rouge et le Noir* en 1830 n'aurait aucune chance, aujourd'hui, de passer à la postérité. Au bout de quelques mois, les invendus de son roman seraient renvoyés à l'éditeur qui les passerait au pilon.

Retransformés en pâte à papier, ils serviraient à imprimer d'autres œuvres éphémères. Stendhal dut attendre les années 1880 pour trouver enfin, sur l'initiative de l'écrivain Paul Bourget, son public. Il l'avait pressenti, affirmant : *« Je mets un billet à une loterie dont le gros lot se réduit à ceci : être lu en 1935. »*

Du côté des médias

Aujourd'hui, un auteur ne peut faire connaître largement son livre que dans le cadre d'émissions spécialisées. Une bonne performance dans une émission peut provoquer une demande instantanée. Certains malentendus sont ainsi nés d'une « performance » d'un auteur difficile dont l'œuvre a été achetée par le grand public alors qu'elle ne lui était pas destinée : ce fut le cas du *Nom de la rose* d'Umberto Eco, succès planétaire d'un ouvrage en grande partie rédigé en latin par un érudit rusé.

Les fous de langage

Sous cette appellation contrôlée, se regroupe un grand nombre d'écrivains qui ont en commun de concevoir la langue non comme l'outil d'une signification extérieure à celui-ci, mais comme une fin en soi. Les traitements parfois radicaux qu'on inflige à la langue, en usant de toutes les ressources de son infinie plasticité, sont le message premier et dernier d'une littérature où c'est le travail sur la forme qui fait sens.

Illustration de John Tenniel pour Alice au pays des merveilles *de Lewis Carroll.*

Lewis Carroll

L'auteur mondialement célèbre d'*Alice au pays des merveilles* (1865), de *De l'autre côte du miroir* (1871) et de *la Chasse au Snark* (1876) était professeur de mathématiques – l'association entre les maths et les jeux sur la langue est très fréquente. Pour plaire à la jeune Alice Liddell, sa voisine, il a inventé ce personnage d'Alice soumise à tous les caprices de ses rêves. Et bien avant Freud, Carroll a remarqué que la langue des rêves n'est pas forcément la nôtre. « *Twas brillig, and the slithy toves / Did gyre and gimble in the wabe ; / All mimsy were the borogoves, / And the mome raths outgrabe…* » *(De l'autre côté du miroir)* se traduit à peu près par : « *Il était reveneure ; les slictueux toves / Sur l'allouinde gyraient et vriblaient ; / Tout slictueux vaguaient les borogoves ; / Les verchons fourgus bourniflaient…* » : « *Reveneure* », c'est quatre heures de l'après-midi, l'« heure » où l'on commence à faire « revenir » les viandes du dîner ; « *slictueux* » signifie « souple », « actif », « onctueux ». Plusieurs significations sont contenues dans un seul mot transformé ainsi en « valise ». Cette appellation de « mot-valise » va faire florès. De Henri Michaux – « *Il l'emparouille et l'endosque contre terre ; il le rague et le roupète jusqu'à son drâle* » (*Qui je fus*, 1927) – jusqu'à Alain Finkielkraut

Les fous de langage

– *« Constipassion : amour timide qui n'arrive pas à se déclarer »* (*Attention : mots-valises,* 1979) ou encore *« Sapotage : soupe servie trop froide, intentionnellement »* (*le Petit Fictionnaire illustré,* 1981) – en passant par Michel Leiris (*Mots sans mémoires,* 1969) ou Pef (*le Prince de Mot-tordu,* 1989), de très nombreux écrivains se sont inspirés de cette technique, à la limite de l'intraduisible, pour faire dire aux mots plus que les dictionnaires ne prétendent.

James Joyce

Joyce avait fait un coup d'éclat avec le discours ininterrompu d'*Ulysse* (1912). Au fur et à mesure qu'il glisse vers la cécité, sa conception de la littérature se radicalise : peu avant de mourir, aveugle, il fait paraître *Finnegan's Wake* (1939), long roman (?) tout entier composé de mots-valises et autres formes inventées, où l'auteur combine, dans le même mot, des racines d'horizons linguistiques divers, l'anglais sans doute, mais aussi le gaélique de son Irlande natale et toutes les langues romanes de son immense culture, avec adjonction d'onomatopées expressives. Voici le début du texte : *« riverrun, past Eve and Adam's, from swerve of shore to bend of bay, brings us by a commodius vicus of recirculation back to Howth Castle and Environs. Sir Tristam, violer d'amores fr'over the short sea… »* dont voici une traduction ou « transposition » récente (Philippe Lavergne, 1982) : *« erre revie, pass'Evant notre Adame, d'erre rive en rêvière, nous recourante via Vico par chaise percée de recirculation vers Howth Castle et Environs. Sire Tristam, violeur d'amœurs, manchissant la courte oisie… »* En 1887, un Polonais, Lazare Zamenhof, avait inventé une langue universelle, l'espéranto, qui visait à faciliter les communications internationales et ainsi, à éviter les guerres. Joyce crée un espéranto littéraire qui vise à brouiller définitivement la communication, qui aboutit à refuser à la littérature le don de transparence que lui avait affecté les classiques.

L'Oulipo

L'OUvroir de LIttérature POtentielle est créé par Raymond Queneau et quelques autres en 1960. Y participeront Georges Perec, Italo Calvino, Jean Lescure, mais aussi le mathématicien François Le Lionnais. Son objet est de traiter la langue comme un pur matériau, sans considération de sens ni d'esthétique, pour en dégager des matrices correspondant à des structures prédéfinies. Le Lionnais explore ainsi toutes les structures du roman policier et conclut qu'une seule structure potentielle n'a pas été encore exploitée, où le coupable serait le lecteur. Queneau invente l'« histoire dont vous êtes le héros » où l'on choisit à chaque séquence le numéro et donc le contenu de la séquence suivante. Avec l'Oulipo, la littérature n'apparaît plus que comme un champ ouvert de jeux littéraires – mais a-t-elle jamais été autre chose, demandent les oulipiens ?

Les jeux littéraires (I)

Les jeux littéraires sont pratiqués depuis l'Antiquité, par divertissement, certes, mais aussi pour tenir sur la littérature et le langage un discours moins rébarbatif que celui du sens.

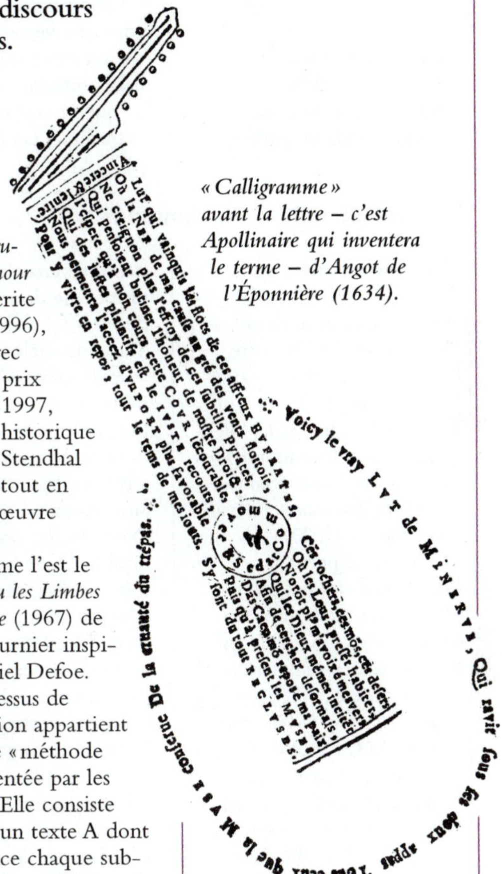

« Calligramme » avant la lettre – c'est Apollinaire qui inventera le terme – d'Angot de l'Éponnière (1634).

Les transformations de textes

Dans *Fictions* (1941), Borges imagine qu'un écrivain contemporain, Pierre Ménard, a tout simplement recopié le *Quichotte* de Cervantès. La beauté de la démonstration tient à ce que Borges prouve que ce texte, copie servile du modèle, n'est pas le modèle. La copie et ses petits frères, le plagiat et le pastiche, sont les premiers outrages que la littérature fait subir à la littérature. Si les plus grands pasticheurs sont des professionnels (Reboux et Müller, *À la manière de…*, 1907-1927), d'autres sont des écrivains autonomes qui ont trouvé dans le pastiche à la fois un délassement, un hommage et le moyen de se moquer de la littérature qui les occupe tant par ailleurs. Proust (*Pastiches et mélanges,* 1905-1908) parodie Flaubert ou Balzac ; La Bruyère parodie Montaigne (*De la société et de la conversation* in *les Caractères,* 1688-1696). Parfois même, le pastiche mène à la littérature : Patrick Rambaud, qui avait sévi dans le pastiche depuis les années 1970 (*Muruроa mon amour* de Marguerite Duraille, 1996), produit, avec *la Bataille,* prix Goncourt 1997, un roman historique qui mime Stendhal ou Balzac tout en étant une œuvre originale.

Tout comme l'est le *Vendredi ou les Limbes du Pacifique* (1967) de Michel Tournier inspiré de Daniel Defoe.

À ce processus de manipulation appartient la fameuse « méthode S +7 » inventée par les oulipiens. Elle consiste à prendre un texte A dont on remplace chaque substantif par le septième suivant dans le dictionnaire pour obtenir un texte B. On peut généraliser le procédé en remplaçant, dans le même temps, chaque adjectif, chaque verbe, etc. Ainsi, le début de *la Cigale et la Fourmi* de La Fontaine – *« La Cigale ayant chanté / Tout l'été, / Se trouva fort dépourvue / Quand la bise fut venue »* – devient, « traduit » par Queneau à l'aide de l'édition de 1952 du *Nouveau Petit Larousse illustré* :

« La cimaise ayant chaponné / Tout l'éternueur / Se tuba fort dépurative / Quand la bixacée fut vedie »... On n'est plus loin des poésies surréalistes créées grâce au jeu du « cadavre exquis » : chaque participant, sur un schéma préalablement défini – par exemple, substantif + adjectif + verbe + substantif –, inscrit ce qui lui passe par la tête sans connaître ce que les autres ont écrit avant lui. *« Les femmes blessées faussent la guillotine aux cheveux blonds. / La vapeur ailée séduit l'oiseau fermé à clé. / L'huître du Sénégal mangera le pain tricolore »* (in *la Révolution surréaliste,* n° 9/10, 1927).

Les modifications du signifiant

On peut jouer avec la langue en modifiant la structure interne des mots. Le philosophe libertaire Charles Fourier écrit ainsi à sa cousine Laure : *« Geai ressue mât chair l'or, lin vite à sion queue tu mats à dresser pourras l'air dix nez rats sein ment dés, dix manches d'œufs sept ambre »* (1827). Ce système permet de rédiger des poèmes homophones comme le fait Charles Cros : *« Dans ces meubles laquais, rideaux et dais moroses, / Où, dure, Ève d'efforts sa langue irrite (erreur !) / Ou du rêve des forts alanguis rit (terreur !) / Danse, aime, bleu laquais, ris d'oser des mots roses »* (*le Coffret de santal,* 1873). Les jeux sur le langage ont été pratiqués dans les salons. On donnait aux invités des consignes strictes. Le jeu des bouts-rimés, par exemple, consistait à créer des vers dont les mots assurant la rime étaient donnés ; celui des acrostiches revenait à écrire un poème dont les initiales des vers formaient un nom. Sur ce modèle a été conçu le logo-rallye où certains mots, si possibles sans rapport les uns avec les autres, doivent être intégrés de façon logique dans un texte aussi court que possible. Dans ses *Exercices de style* (1947), Queneau s'oblige à intégrer au récit d'une déambulation en autobus les mots « dot », « baïonnette », « ennemi », « chapelle », « atmosphère », « Bastille » et « correspondance ». D'autres consignes plus sévères peuvent être édictées : ainsi, le lipogramme est un texte pour la rédaction duquel on s'interdit l'emploi d'une lettre particulière. Georges Perec a écrit un lipogramme en E – lettre la plus fréquente en français – de trois cent douze pages (*la Disparition,* 1969) : *« L'ambition du Scriptor, son propos, disons son souci, son souci constant, fut d'abord d'aboutir à un produit aussi original qu'instructif, à un produit qui aurait, qui pourrait avoir un pouvoir stimulant sur la construction, la narration, l'affabulation, l'action, disons d'un mot, sur la façon du roman d'aujourd'hui »* (extrait de la postface). Du même ordre, la liponymie interdit l'usage d'un mot précis – souvent les verbes « être » ou « avoir ». Joseph Conrad s'était interdit d'écrire le mot *« love »* dans un roman d'amour. Les juifs ne devaient pas prononcer le nom de Dieu : lorsqu'ils rencontraient le tétragramme consonantique Y(ou J)HVH, ils lisaient Adonaï – « Seigneur ». Les Massorètes vocalisèrent le texte sacré et insérèrent dans le tétragramme les voyelles d'« Adonaï ». Ils transformèrent l'A initial en E bref et l'on obtient finalement « JéHoVaH ».

Les jeux littéraires (II)

Les jeux littéraires peuvent porter sur la forme – la limite extrême est le calligramme qui représente son sujet, comme *la Colombe poignardée* ou *le Jet d'eau* d'Apollinaire. Ils peuvent aussi porter sur le sens. Cette fois, c'est le signifié qui est modifié.

Des extravagances

Dès le Moyen Âge des poètes ont composé des fatrasies, textes énigmatiques qui semblent raconter n'importe quoi et que les surréalistes, sept siècles plus tard, célébrèrent comme les premiers exemples de libération du sens : *« Je vis toute la mer / S'assembler sur la terre / Pour faire un tournoi / Et des pois à piler / Sur un chat montés / Firent notre roi »* (Philippe de Beaumanoir, 1250-1296). Dans le même esprit, Jean Tardieu a posé quelques questions très ordinaires qui défient toute logique tout en en empruntant les formes : *« Quel est le plus long chemin d'un point à un autre ? Sachant que vous êtes immortel, comment organiserez-vous vos journées ? »* (*Petits Problèmes et travaux pratiques,* in *le Professeur Frœppel,* 1978). Ces procédés ont été largement exploités par les humoristes, d'Alphonse Allais – qui proposait, pour résoudre le problème de l'urbanisation accélérée de la fin du siècle dernier, d'installer les villes à la campagne – à Gaston de Pawlowsky – racontant avec un sérieux inimitable, dans *Inventions nouvelles et dernières nouveautés* (1916), comment on vient de mettre au point une moule perlière et comment un chroniqueur mal informé a compris « poule merlière » et a pondu un long article sur le cri de la poule imitant le merle, ce qui a permis, en retour, l'invention toute nouvelle de la poule perlière, qui picore intelligemment les produits nacrés des moules perlières…

L'Horloge de demain, *calligramme d'Apollinaire.*

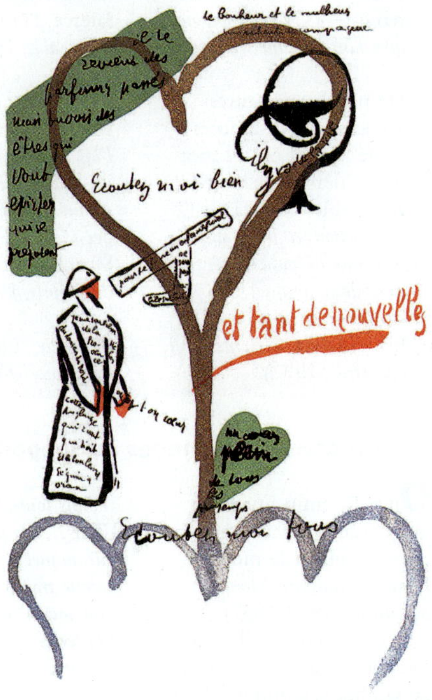

Guillaume Apollinaire.

Les jeux littéraires (II)

Les perversions du dictionnaire

On connaît le *Dictionnaire des idées reçues,* où Flaubert collectait les perles de la bêtise bourgeoise de son temps – *« Cyprès : ne pousse que dans les cimetières. »*

De nombreux autres auteurs se sont amusés à affecter tel ou tel mot d'une définition nouvelle, si possible iconoclaste : *« Affliction, n. f. (de flic). Descente de police, opération coup de matraque… »* (P. Ziegelmeyer et J.B. Thirion, *le A nouveau est arrivé,* 1982).

« Air : substance nutritive fournie par une généreuse Providence pour engraisser les pauvres » (Ambrose Bierce, *Dictionnaire du Diable,* 1906).

« Cartésien : il paraît de plus en plus évident que, dans l'état actuel de la France, un cartésien n'est sans doute qu'un lecteur de Guy des Cars » (Jacques Sternberg, *Dictionnaire du mépris,* 1973).

« Femme : La femme est assez proche de l'homme, comme l'épagneul breton. À ce détail près qu'il ne manque à l'épagneul breton que la parole, alors qu'il ne manque à la femme que de se taire. Par ailleurs, la robe de l'épagneul breton est couleur rouge feu et il lui en suffit d'une » (Pierre Desproges, *Dictionnaire superflu à l'usage de l'élite et des bien nantis,* 1985).

« Pepsichanalyste : consulte sur cocanapé » (G. Charbit et J. Serguine, *Calembourdes,* in *Dix Nouvelles postales,* 1983).

Les variations imaginaires du support

On peut enfin imaginer que certains défauts du support brouillent le message. Dans *le Nouveau Monde amoureux (*1829-1837), Fourier omettait volontairement des mots, au milieu de sa phrase, comme si le manuscrit avait été rongé par une souris. Jean Tardieu joue du même procédé pour raconter une histoire qui n'était peut-être pas racontable : *« Soud… les branches du proche… battements précipités de son… l'appro… Elle manqua… ir… : « Je te cher… », dit-il… cidement. Mais son visa…*

………………………………

..mains toutes sans déf… « Trois… rra ja… ! »… rire clair auquel rép… chant brutal presque trop b… d'un rossi… L'air, autour d'eux… comme si la terre… et le vent comme si l'horiz…

………………………………

« Je suis per… »… ra-t-elle. À peine … baiser sur les… communique à tout son vertigineuse… glissade le long d'une … humi… pira… prof…

………………………………

………………………………

Il était dix heures passées quand la voiture arriva enfin » (*le Professeur Frœppel,* 1978).

Le procédé du texte fendu est du même ordre : on imagine que l'on n'a qu'une seule moitié d'un texte verticalement déchiré. C'est le support même du *Comte de Monte-Cristo,* puisque le manuscrit contenant la description exacte de l'emplacement du trésor a à moitié brûlé : mais l'abbé Faria, lecteur émérite, est arrivé, par déduction, à recomposer la moitié manquante du texte.

Tous ces jeux, et bien d'autres, sont d'excellents exercices de créativité. Ils stimulent l'imagination et apprennent à ne pas être dépendant ni du fond ni de la forme.

La littérature est synonyme d'évasion. Elle permet de parcourir l'espace en restant immobile, mais elle autorise aussi les visites guidées. On peut, avec quelques livres en tête, (re)découvrir des paysages et y revivre, par l'imagination, les aventures des héros qui nous ont enchantés.

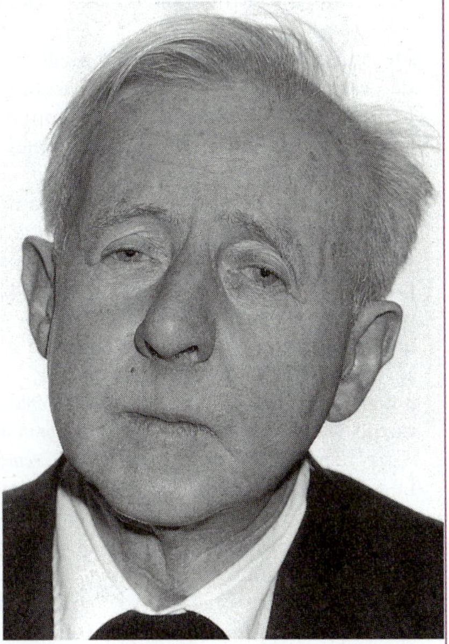

La plupart des œuvres de Henri Queffélec (1910-1992) – comme **Un recteur de l'île de Sein** *(1944) – ont pour cadre sa Bretagne natale.*

À Paris

La capitale est sans doute le lieu le plus fréquenté par la littérature. Cette qualité est l'une des sources majeures de la fascination que la ville exerce sur les étrangers cultivés. Ceux-ci cherchent sur les pentes de la montagne Sainte-Geneviève le modèle de ces maisons noires qui ont inspiré Balzac pour décrire la pension Vauquer du *Père Goriot* ou qui savent que le grand Châtelet, situé dans l'enceinte de l'actuel Palais de justice, dans l'île de la Cité, conserve le souvenir de l'incarcération de Villon. On se rappelle que c'est du haut de Notre-Dame que Quasimodo versait du plomb fondu sur la tête des gueux venus l'assiéger. Derrière le Collège de France, dans l'impasse Chartrière, se trouvait le collège Coqueret où Ronsard et ses futurs amis de la Pléiade se connurent. Au Procope, rue de l'Ancienne-Comédie, Voltaire et les Encyclopédistes aimaient se retrouver et boire des tasses de café – ce qui les rendait si intelligents, aux dires de Michelet : *le Neveu de Rameau* de Diderot témoigne de l'ambiance qui y régnait. Passant la Seine, on se rappellera que les Halles, du temps où elles méritaient leur nom, inspirèrent à Zola *le Ventre de Paris*. À leur périphérie se trouvaient de nombreux restaurants fréquentés par le tout-Paris des lettres qui fêtait en joutes gastronomiques ses succès de plume ou de scène. Le Louvre et le Palais-Royal se souviennent des *Trois Mousquetaires* ou de *la Reine Margot*. Rue de Richelieu, là où s'élève la Bibliothèque nationale, Mme de Lambert tenait salon ; Mme de Tencin avait le sien rue Neuve-Saint-Honoré et Mme Geoffrin rue Saint-Honoré. Tout un XVIIIe siècle bavarde ainsi dans ce Ier arrondissement. Mais la marquise du Deffand et, avec elle, Julie de Lespinasse avaient le leur rue Saint-Dominique, aux abords de Saint-Germain-des-Prés. Ce quartier qui se développe surtout après la Révolution est plus connu, aujourd'hui, par les cafés – le Flore ou les Deux-Magots – que Sartre fréquentait après 1945 et par les boîtes de nuit où les zazous « existentialistes » se gavaient de jazz. Le panorama littéraire de Paris s'étend sans fin. Miller et Anaïs Nin vécurent des « jours tranquilles » place Clichy tandis qu'à l'opposé Montparnasse évoque Hemingway, sans oublier la place Dauphine et tous les lieux où Breton erra avec Nadja. Mais le meilleur moyen – le plus littéraire, peut-être – de découvrir Paris n'est-il pas justement d'oublier la littérature ? Écoutons Balzac filer la métaphore : *« Paris est un véritable océan. Jetez-y la sonde, vous n'en connaîtrez jamais la profondeur… Quelque soin que vous mettiez à le parcourir, à le décrire, quelque nombreux et intéressés que soient les explorateurs de cette mer, il s'y rencontrera toujours un lieu vierge, un autre inconnu, des fleurs, des perles, des monstres, quelque chose d'inouï oublié par les plongeurs littéraires » (le Père Goriot).* Le meilleur moyen de découvrir un Paris littéraire, c'est encore d'y écrire un chapitre inédit.

En Bretagne

Il y a, d'un côté, la Bretagne bretonnante, celle qui parle breton dans les chants rassemblés par Hersart de la Villemarqué en 1839 dans le *Barzaz Breiz,* et la Bretagne acclimatée par les écrivains français, celle qu'évoque Chateaubriand aux premières pages des *Mémoires d'outre-tombe,* celle de Pierre Loti dans *Pêcheurs d'Islande* ou *Mon frère Yves.* Et encore la Bretagne mythique, vers Huelgoat ou la forêt de Brocéliande, où l'on montre encore les sites chers à la « matière de Bretagne » de Chrétien de Troyes. Le Mont-Saint-Michel est-il normand ou breton ? Ceux qui le chantèrent, et au premier chef Hugo, le virent en tout cas comme le *« Chéops de l'Occident ».*

En Normandie

Descendons la Seine en bateau à vapeur, comme autrefois le fit Frédéric Moreau, dans *l'Éducation sentimentale,* le jour où il tomba amoureux. On traverse, de Paris à Rouen, les paysages de Zola, en passant par Médan où avec quelques autres il écrivit *les Soirées de Médan* ; ceux de Maupassant, côtoyant les îles d'*Une partie de campagne* et de tant de contes aquatiques de l'auteur de *Sur l'eau* ; Croisset où Flaubert écrivit ses chefs-d'œuvre – il rédigeait la nuit et les bateliers savaient que cette petite lumière au-dessus des eaux était celle de l'écrivain qui se battait avec ses phrases. Les forêts normandes sont celles-là mêmes où Rodolphe vainquit la résistance d'Emma Bovary. On arrive à Étretat où Maupassant sauva la vie du poète anglais Swinburne, qui, en échange, lui offrit cette main d'écorché, sujet d'un célèbre conte homonyme. Maupassant reste le grand écrivain normand non seulement par *les Contes de la bécasse,* mais par les histoires plus sordides de *Boule-de-Suif,* de *la Maison Tellier* et de *la Petite Roque.* Quant à la Normandie des bains de mer, on la trouvera en abondance dans la *Recherche du temps perdu* de Proust.

Les paysages littéraires en France (II)

Se promener en France en suivant les livres amène à juxtaposer deux sources littéraires qui ne se mélangent jamais, même si elles se croisent quelquefois : les littératures régionales, souvent écrites dans la langue de la région, et celles de littérateurs de passage séduits par les paysages.

En Provence

On pense bien sûr à Pagnol, au *Château de ma mère,* à *la Gloire de mon père* – adaptés à l'écran par Yves Robert. Puis à Giono, de *Colline* à *la Camargue,* en passant par *le Hussard sur le toit.* Les films de l'un et de l'autre, qu'ils les aient écrits ou réalisés – la trilogie de *Marius, César* et *Fanny* pour Pagnol, *la Femme du boulanger,* tirée d'un épisode de *Jean le Bleu* pour Giono – et les adaptations plus récentes – *Jean de Florette* et *Manon des sources* de Claude Berri – sont dans toutes les mémoires, avec leurs répliques fameuses et leur accent aillé. Mais la Provence ne s'arrête pas aux « pagnolades ». Elle a été chantée par Pétrarque, qui résidait à Fontaine-de-Vaucluse et y rencontra Laure, sa muse à défaut d'être sa maîtresse. Elle est merveilleusement évoquée par Stendhal dans ses divers écrits autobiographiques – dans *les Mémoires d'un touriste* et dans son *Voyage dans le midi,* il évoque Marseille où, pour les beaux yeux

Jean Giono (1895-1970) raconte une Provence lyrique et épique inspirée de Virgile.

Les paysages littéraires en France (II)

de Mélanie, il faillit adopter l'état d'épicier au lieu de faire de la littérature. Marseille, c'est aussi le château d'If, décor des premiers chapitres du *Comte de Monte-Cristo,* et les quartiers Nord – à l'opposé de la « ville pour touristes » – où Jean-Claude Izzo situe son *Total Khéops.* C'est une ville plus tournée vers les couleurs sombres que vers les parties de cartes anisées que Zola évoquait dans ses *Mystères de Marseille.* Quant à la Provence authentique, elle est présente dans *les Lettres de mon moulin* de Daudet, mais plus encore, en provençal, dans le *Miréio* de Mistral, dont Gounod tira un opéra. Comment oublier, enfin, que sur le quai des Belges se trouvait un bistrot au nom évocateur, le Brûleur de loups, où les surréalistes, Breton en tête, attendaient le cargo salutaire qui les emmènerait vers l'Amérique – épopée racontée par Anna Seghers dans *Transit* et par Claude Lévi-Strauss dans les premières pages de *Tristes Tropiques.*

Dans le Sud-Ouest

Les plus grands écrivains du Bordelais, Montaigne ou Montesquieu, ont laissé dans leurs œuvres peu de traces de la région où ils vécurent. Les *Essais* ou *l'Esprit des lois* n'évoquent que par incidence cette région qui semble plus portée sur les mets terrestres que sur les nourritures spirituelles. Il faut attendre François Mauriac pour que le Bordelais, ses vignes, ses pins, ses secrets inavouables, devienne le principal personnage de romans étouffants où une belle et bonne bourgeoisie est déchiquetée par la plume de l'écrivain, dans *le Mystère Frontenac* ou *Thérèse Desqueyroux,* par exemple. Bordeaux est enfin le décor étriqué choisi par un écrivain débutant, Sollers, pour l'un de ses premiers romans, *Une curieuse solitude.*

Dans le Centre

L'espace littéraire situé entre Sologne et Berry est principalement occupé par George Sand qui a laissé de son séjour à Nohant quelques romans pleins d'une sève terrienne remarquable comme *la Mare au diable* ou *la Petite Fadette.* Mais c'est à un Anglais que l'on doit la plus pittoresque description du Massif central. Stevenson, le futur auteur de *l'Île au trésor,* raconta avec brio sa traversée des Cévennes à dos d'âne, qui valait bien, à l'époque, une traversée océanique.

En Corse

Au large de Marseille, la Corse est entrée dans la littérature grâce à Mérimée. Venu y faire une tournée d'inspection pour les Monuments historiques, l'écrivain si parisien découvrit une île sauvage dont il rapporta *Colomba.* L'action se passe, dans le roman, dans le village imaginaire de Pietranera, en fait à Fozzano, dans le Sartenais. La littérature romantique a fait une grande consommation de Corse, depuis Balzac et sa *Vendetta* jusqu'aux *Frères corses* de Dumas.

Les paysages littéraires en Europe (I)

L'Italie a été, durant cinq siècles, le point de chute des artistes et des écrivains qui se lançaient dans le Grand Tour, cet itinéraire culturel qui les conduisait, de grandes capitales en sites fameux, dans toute l'Europe culturelle – un peu comme les compagnons faisaient un tour de France, de maître en maître.

L'Italie des écrivains

L'un des premiers étrangers à arriver à Rome est du Bellay, en 1553, pour servir de secrétaire à son oncle, le sire de Langey. La ville, dont la population s'élevait, au Ier siècle de l'Empire, à près d'un million d'habitants, ne rassemble plus guère que cinq mille âmes : les armées de Charles Quint ont dévasté la ville en 1527. La ville papale rassemble, au milieu de ruines citadines, les *« marques antiques »* que *« chacun va pillant »* (*les Antiquités de Rome* et *les Regrets*) et les constructions sublimes, toutes neuves, du XVe siècle et du début du XVIe, la villa Médicis, le palais Farnèse, la villa Borghèse, la chapelle Sixtine. Quelques années plus tard, Montaigne, après Rabelais, est fasciné par la forêt de flèches, de coupoles, de dômes qui émerge du *« désert romain »* de la Via Cassia. En 1786, fuyant la trop germanique – et donc provinciale – Weimar, Goethe arrive à Rome, ébloui. Dans ce *« pays de joie et de beauté »*, il mène durant quelque temps, avec des peintres allemands qui font là provision de lumière italienne, une vie particulièrement agitée. Plus romantique encore, Chateaubriand découvre Rome en 1803

Le Forum vu des jardins Farnèse, à Rome, peint par Corot.

Les paysages littéraires en Europe (I)

et admire particulièrement les ruines abandonnées au milieu de la campagne – vision mélancolique que renforce encore l'agonie de son amie Mme de Beaumont (Lettre à Fontanes). Il reviendra dans la Ville éternelle vingt-cinq ans plus tard et décrira les nobles loqueteux habitant, de toute leur morgue, des palais miteux *(Mémoires d'outre-tombe)*. Il aurait pu, durant cette longue période, y croiser Stendhal, amoureux de l'Italie – sur sa tombe du cimetière Montmartre, à Paris, il a fait inscrire, sous son nom : *« Milanese »* –, qui se rend régulièrement à Rome *(Mémoires d'un touriste ; Rome, Naples, Florence ; Promenades dans Rome)*. Moins enthousiaste, Dickens trouve que Rome ressemble à Londres, et Zola, en vrai naturaliste, ne trouve à décrire que la crasse et les odeurs fortes de la capitale méridionale. Même sentiment, plus aigu encore, pour Joyce : *« Cet exquis panorama* [n'est fait que de] *fleurs de mort, ruines, amas d'ossements et de squelettes »* ; et encore : *« Rome me rappelle un homme qui vit d'exhiber le cadavre de sa grand-mère. »*

Palerme et la Sicile

Le sentiment des ruines est à double tranchant. On peut y être sensible, comme tous les peintres venus apprendre à Rome l'art du paysage et de la lumière, de Hubert Robert à Corot ; on peut aussi y flairer une odeur de décomposition. C'est la même chose à Palerme, en Sicile, décrite sous la plume de Tomasi di Lampedusa dans *le Guépard*, ou à Naples, sous celle de Malaparte dans *la Peau*. Mais le meilleur guide est peut-être encore Dumas, avec son extraordinaire récit d'escapade sentimentale, *Une aventure d'amour*. Goethe aussi était venu en Sicile. Il n'y avait pas décelé l'ombre de la mafia qui alimente toute l'œuvre de Leonardo Sciascia (*le Conseil d'Égypte, la Mort de l'Inquisiteur*, etc.). C'est à Sciascia qu'on doit aussi tous les détails de la mort, à la Grande Albergo delle Palme, de Raymond Roussel, l'auteur des *Impressions d'Afrique*. Un écrivain contemporain, Dominique Fernandez *(le Promeneur amoureux)*, s'est fait le chantre de la Sicile – et de l'Italie en général –, terre du baroque le plus échevelé et des mythes troubles alimentés par les photos de jeunes bergers nus prises au début du siècle par le baron allemand von Gloeden.

Florence et la Toscane

Malaparte a laissé l'un des plus beaux – et des plus subjectifs – guides touristiques avec *Ces sacrés Toscans,* hymne à la beauté et à l'esprit de Prato, Sienne et Florence – *« Florence, qui m'appelle comme la ville où j'aurais aimé vivre autrefois »*, disait Maupassant. Malaparte salue surtout l'intelligence toscane – cette région du monde à laquelle on doit Dante, Michel-Ange et Machiavel, l'auteur du *Prince*. À quelques kilomètres de la capitale toscane, à Fiesole, se trouve la villa où Boccace, réfugié là pendant la peste de 1348, eut l'idée du *Décaméron*.

Les paysages littéraires en Europe (II)

Avec le XIXe siècle, le paysage où s'aventurent les écrivains s'élargit. On part en Espagne, malgré les souvenirs atroces de la guérilla antifrançaise de 1807-1809. On va aux sources des ruines, en Grèce, malgré les Turcs. On se tourne même vers l'Allemagne, hier pays de Barbares, aujourd'hui celui du renouveau romantique.

L'Espagne de Mérimée

Mérimée est connu pour deux « espagnolades » majeures : *Carmen,* dont Bizet tirera un opéra qui mettra définitivement l'Espagne à la mode en 1875, et, moins connu mais plus typiquement sévillan, *les Âmes du purgatoire,* histoire à peine romancée de don Miguel de Mañara, épigone du Don Juan mythique, qui, après avoir séduit tout ce que l'Espagne et ses possessions bataves comptaient de jolies femmes, entra en religion et fut béatifié par l'Église. *« La figure de Don Juan est l'un des plus hauts dons que notre race a faits au monde »,* affirmera hautement Ortega y Gasset *(l'Espagne invertébrée).* Mérimée a visité le couvent-hospice de la Caridad, sous les marches de l'église duquel Miguel de Mañara s'est fait ensevelir pour être mieux foulé aux pieds par les passants, avec cette inscription qui témoigne d'un manque total de modestie : *« Ci-gît le pire homme qui fut au monde. »* Mérimée vient pour la première fois en Espagne en 1830 : c'est Eugénie de Montijo, future impératrice de France, qui lui raconte, calle del Sordo, l'histoire de Carmen. Une autre ville célèbre en Espagne pour ses références littéraires est Tolède, à partir de laquelle on rayonne sur la Mancha, la terre désolée des exploits de Don Quichotte : l'épicentre du récit est sans doute Argamasilla de Alba, où l'on montre encore le lieu où séjourna Cervantès.

L'Acropole vue de la maison du consul de France à Athènes, par Dupré.

Les paysages littéraires en Europe (II)

Quant à Barcelone, ce serait offensant de voir une ville espagnole là où éclate la splendeur de la culture catalane – voir *la Ville des prodiges* d'Eduardo Mendoza et toute l'œuvre de Manuel Vázquez Montálban.
Il y reste suffisamment du Barrio Chino, le quartier populaire aux ruelles étroites, pour y lire l'itinéraire de Sigismond Pons, le héros de *la Marge* de Pieyre de Mandiargues. Et les souvenirs de la guerre civile qui ensanglanta la ville y sont encore assez frais pour que l'on y retrouve *la Catalogne libre* de George Orwell, qui y combattit aux côtés des Brigades internationales en 1936.

La Grèce de Chateaubriand

C'est dans l'*Itinéraire de Paris à Jérusalem* que Chateaubriand parle de la Grèce et la met à la mode. Il avait été incité à faire le voyage par le grand succès « touristisque » de la fin du XVIIIe siècle, les *Voyages du jeune Anacharsis* de l'abbé Barthélemy. Quelques années plus tard, lord Byron, partisan des résistants grecs à l'oppression turque, vient mourir, malade, à Missolonghi.
Il avait eu le temps d'écrire *la Malédiction de Minerve* où déjà il dénonçait le pillage de la Grèce par des étrangers – ainsi les sculptures du Parthénon, emportées par les Anglais et exposées au British Museum, dont Athènes demande toujours la restitution. Ce pillage explique la désillusion de Lamartine arrivant à Athènes en 1832 : *« Athènes est un autel aux dieux, le plus beau piédestal sur lequel les siècles passés aient pu placer la statue de l'humanité ! Aujourd'hui, l'aspect est sombre, triste, noir, aride, désolé : un poids sur le cœur ; rien de vivant, de vert, de gracieux, d'animé ; nature épuisée… Pour le poète et pour le peintre, il est écrit sur ces montagnes stériles, sur ces caps blanchissants de temples écroulés, sur ces landes marécageuses ou rocailleuses qui n'ont plus rien que des noms sonores, il est écrit : c'est fini ! Terre apocalyptique qui semble frappée par quelque malédiction divine, par quelque grande parole de prophète. »* Des ruines : c'est aussi ce qu'y voient Flaubert et son ami Maxime du Camp, en 1850. Mais cette désolation est aussi ce qui en fait l'extrême beauté, comme le raconte Jacques Lacarrière dans *l'Été grec.*

L'Allemagne de Staël

Il n'y a pas que l'Athènes du Sud à être fréquentée par les écrivains. L'« Athènes du Nord » – ainsi appelle-t-on Weimar, la ville de Goethe et Schiller, puis de Wagner – l'est aussi. L'Allemagne est remise à la mode par Mme de Staël *(De l'Allemagne),* qui en fait le berceau du romantisme en rappelant ses racines médiévales. Jusque-là, l'Europe des Lumières était dominée par la France. Avec la remontée sur la scène sentimentale de l'Allemagne, quelque chose de sombre, merveilleusement rendu par les dessins de Hugo, arrive dans la conscience européenne. *« Le séjour des petites villes m'a toujours paru très ennuyeux,* dit Germaine de Staël. *L'esprit des hommes s'y retrécit, le cœur des femmes s'y glace. Cette pénible gêne n'existait pas à Weimar ; ce n'était pas une petite ville mais un grand château. »* Goethe s'y installe en 1778 ; il y mourra en 1832 en réclamant, dans ses derniers propos, *« encore un peu de lumière »* : mais de quels cieux ?

Voyager sur les pas de...

Le monde entier a été arpenté par les écrivains. Si certains, comme Dumas, qui alla jusqu'en Sibérie, ou Stevenson, qui mourut aux Marquises, étaient connus pour leur goût du voyage et du dépaysement, il en est d'autres, qu'on s'imaginait sédentaires, qui pourtant voyagèrent fort loin – fût-ce en imagination.

Photographie du colosse occidental d'Issamboul, ensablé, prise par Maxime du Camp en Égypte, en 1850.

Flaubert en Égypte

Flaubert part avec Maxime du Camp en Égypte en 1849. Sa correspondance raconte dans le détail ses aventures insolites dans un pays que personne alors ne fréquentait. Ils en rapporteront des photos remarquables, des souvenirs érotiques sur lesquels le futur auteur de *Madame Bovary* est intarissable et de quoi peupler de déserts *Salammbô, Hérodias* (in *Trois Contes)* et *la Tentation de saint Antoine.* La Palestine eut aussi son épopée humaine et littéraire avec le colonel Thomas E. Lawrence, celui que l'on surnommera Lawrence d'Arabie. Il raconte, dans *les Sept Piliers de la sagesse,* les conflits arabo-turcs de 1916-1917 auxquels il participa. Il y donne, surtout, à voir le désert bien mieux encore que ne le fait le film de David Lean (1962) tiré de ses aventures. L'Égypte sera encore le thème le plus cher au cœur de Lawrence Durrell *(le Quatuor d'Alexandrie).* Mais on peut aussi bien rêver au pays des pharaons en lisant *Mort sur le Nil* où Agatha Christie met en scène Hercule Poirot.

Voyager sur les pas de...

Maupassant en Afrique du Nord

L'Algérie est colonisée par la France à partir de 1830. Elle devient terre d'exploration littéraire avec *Tartarin de Tarascon* de Daudet, qui part y tuer des lions, et surtout avec Maupassant, qui envoie des chroniques aux journaux et y écrit des nouvelles *(Allouma* in *la Main gauche)* qui choquent les bourgeois habitués aux récits pittoresques et rassurants des autorités coloniales. Cette même Algérie est célébrée avec lyrisme par Camus dans *Noces,* hymne au soleil et au vent.

Jack London au Canada

L'auteur de *l'Appel de la forêt* et de *Croc-Blanc* a-t-il vraiment besoin d'être présenté ? Sous sa plume, on retrouve aussi la ruée vers l'or du Klondike – voir aussi *Martin Eden* – et les grands espaces toujours vierges des terres canadiennes. *Le Grand Silence blanc* de Louis-Frédéric Rouquette est également une initiation remarquable aux terres glacées et aux huskies.

Conrad en Afrique noire

Lorsqu'en 1979 Coppola réalise *Apocalypse now,* il trouva aux Philippines un Viêt-nam de circonstance tout en s'inspirant d'un roman de Conrad, *Au cœur des ténèbres,* qui raconte la remontée d'un fleuve africain. La littérature africaine s'intéresse plus aux hommes qu'aux paysages et il faut interroger les grandes littératures d'exploration comme *les Mines du roi Salomon* de Henry Rider Haggard pour trouver de vraies invitations au rêve ; ou encore se reporter aux récits des authentiques explorateurs, Henry Morton Stanley *(Comment j'ai retrouvé Livingstone* ; *Cinq Années au Congo)* ou Richard Burton.

Kipling aux Indes

L'œuvre la plus célèbre de Kipling, *le Livre de la jungle,* est un guide métaphorique. Il faut aller chercher la vérité indienne dans les nouvelles de l'écrivain *(Simples Contes des collines* ; *Trois Soldats)* et surtout dans *Kim,* ainsi que dans Conrad *(Lord Jim).*

Sabato en Argentine

L'Amérique du Sud s'est révélée, au XXe siècle, particulièrement féconde en écrivains de talent. Carlos Fuentes au Mexique *(la Tête de l'hydre),* Gabriel García Márquez en Colombie *(Cent Ans de solitude),* Cabrera Infante à Cuba *(Trois Tristes Tigres)* et Ernesto Sabato en Argentine, surtout chantre de Buenos Aires *(Alejandra* ; *l'Ange des ténèbres).*

Stevenson dans le Pacifique

L'Amérique du Nord a été le sujet de tant de romans que l'on hésite à en sélectionner un : ou alors *Cité de la nuit,* long récit autobiographique de John Rechy qui emmène le lecteur à travers New York, Los Angeles et La Nouvelle-Orléans. Touristiquement parlant, il faut lire l'autobiographie de Stevenson, *la Route de Silverado* et *À travers les grandes plaines.* L'auteur de *l'Île au trésor* a aussi laissé des récits, *Dans les mers du Sud,* où il raconte ses périples dans les océans Indien et Pacifique, des îles Marshall aux Samoa où il devait mourir en 1894 et où il est enterré, au sommet du mont Vaea, sur l'île de Vailima.

DICO

Pour retrouver une définition, une notion

De A à Z, l'explication des mots difficiles, les œuvres et les auteurs importants.

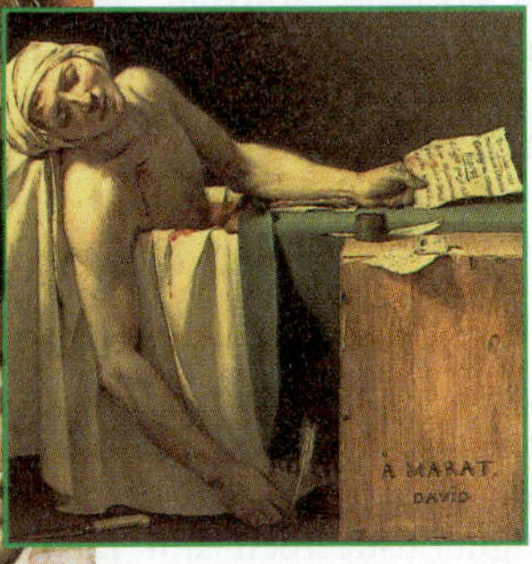

Abraham

Personnage de la Bible.

● « Père spirituel » des juifs, des musulmans et des chrétiens, il est le patriarche du clan araméen des Hébreux originaire de Mésopotamie, conduit par Dieu dans la Bible jusque dans le pays de Canaan, situé à l'emplacement actuel d'Israël et du Liban.

● Dieu lui promet un fils, Isaac, malgré la stérilité de sa femme, puis lui demande de le sacrifier afin d'éprouver sa foi et arrête son geste au dernier moment – la scène a fait l'objet de nombreuses représentations en peinture, de Cranach à Rembrandt. Isaac est l'ancêtre du peuple juif et Ismaël, l'autre fils d'Abraham, celui du peuple arabe.

● En littérature, si Abraham a été rarement mis en scène – et presque toujours par des protestants (Théodore de Bèze, *Abraham sacrifiant,* 1548) –, il est fréquemment invoqué comme symbole, non seulement du peuple juif, mais de la foi en général. À ce titre, l'article « Abraham » du *Dictionnaire philosophique* de Voltaire (1764) est une critique de toutes les superstitions, souvent reprise au XVIIIe siècle.

Abyme (mise en)

Terme d'héraldique appliqué à la construction d'un récit.

● Dans la discipline relative à l'étude des armoiries, la configuration en abyme désigne la représentation d'un blason à l'intérieur d'un blason.

● Par métaphore, la mise en abyme désigne tout récit qui raconte sa mise en œuvre. Le procédé a pour but, en insistant sur le fait que l'on est dans un système de représentation, de faire croire à la réalité de cette représentation et, par voie de conséquence, à ce qu'elle raconte. De nombreux récits mettent ainsi en scène un personnage qui découvre un livre où est racontée l'histoire que le récit transcrit (Edgar Poe, *le Portrait ovale,* dans *Histoires extraordinaires,* 1840). Il en est de même dans un récit où le narrateur affirme avoir rencontré celui qui, en fait, racontera l'histoire (Abbé Prévost, *Manon Lescaut,* 1731). L'intrigue peut, à la limite, être l'histoire même de la lecture : il en est ainsi dans le très célèbre *Meurtre de Roger Ackroyd* (Agatha Christie, 1926), où le détective se révèle être une sorte d'archi-lecteur du texte écrit, par défi, par le criminel.

● Commun en littérature, ce procédé a été très souvent utilisé au cinéma. Il agit à chaque fois que l'on entre dans un film fabriqué ou projeté à l'intérieur du film (François Truffaut, *la Nuit américaine,* 1973 ; Woody Allen, *la Rose pourpre du Caire,* 1985). L'effet de réalité peut même alors tourner à la parodie (John McTiernan, *Last Action Hero,* 1994).

→ **pages : *176, 187, 283.***

Achille

Personnage de la légende troyenne.

● Achille est le fils de Thétis et de Pélée, roi des Myrmidons. Pour le rendre invulnérable, sa mère l'a plongé dans le Styx en le tenant par le talon, qui restera la seule partie vulnérable de son corps – d'où l'expression « talon d'Achille » pour désigner un point faible. Au cours de la guerre de Troie, Achille tue Hector pour venger son ami Patrocle. Il meurt après avoir été touché d'une flèche au talon décochée par Pâris.

● Personnage central de l'*Iliade* d'Homère, Achille sera d'abord un modèle des vertus héroïques (*Achilléide byzantine,* XIVe siècle). Mais Shakespeare le présente sous un jour très négatif (*Troïlus et Cressida,* 1602) qui annonce l'Achille parodique de *la Belle Hélène* d'Offenbach (1864). Racine (*Iphigénie,* 1674) et surtout Kleist (*Penthésilée,* 1808) ont mis l'accent sur le jeune homme amoureux. Viard et Zacharias en ont fait le héros d'un savoureux pastiche policier (*le Roi des Mirmidous,* 1966).

➜ **page : *267.***

Actant

Acteur d'une phrase ; rôle dans un récit.

● L'actant désigne tout acteur rattaché au verbe de la phrase, qu'il soit sujet ou objet, destinateur ou destinataire, opposant ou adjuvant.

● Le terme définit également le rôle fondamental joué par un personnage dans un récit. L'actant se détermine par la place qu'il occupe dans le processus de narration et non par ses caratéristiques propres. Le terme appartient à la critique structuraliste et doit être manipulé avec précaution.

➜ **pages : *61, 369.***

Adonis

Dieu babylonien ; jeune homme très beau.

● Tué à la chasse par un sanglier, Adonis est arraché aux Enfers par son amante Ashtart. Sa mort et sa résurrection en font un symbole du cycle de la végétation. Les Grecs ont intégré Adonis à leur mythologie, et en ont fait le fils – né d'un inceste – de Myrrha. D'une beauté absolue, il passe une partie de l'année au royaume des morts, chez Perséphone, et l'autre auprès de son amante favorite, Aphrodite. C'est peu après l'avoir quittée qu'il est victime d'un sanglier.

● Dans le langage courant, un adonis est un jeune homme à la beauté exceptionnelle (Sade parle sans cesse de héros qui ont *« la tête d'Adonis sur le corps d'Hercule »*). La Fontaine a écrit un *Adonis* (1657) qui le lança auprès de Fouquet, partiellement inspiré par l'*Adonis* précieux de Marino (1623). Le thème de la mort précoce anime l'*Adonais* composé par Shelley, en 1821, sur la mort du jeune poète Keats.

➜ **page : *30.***

Affiche

Annonce généralement illustrée, placardée dans un lieu public.

● Une affiche est une feuille écrite ou imprimée qui est placardée dans un lieu public et qui porte une annonce officielle, publicitaire ou de propagande. Elle est souvent illustrée.

● Une affiche reproduit un avis de mobilisation générale ou le règlement de la RATP. Elle annonce un spectacle (cinéma, théâtre, music-hall...) ou vante les mérites d'un produit (publicité commerciale ou institutionnelle).

➜ pages : *297, 422.*

Agamemnon

Personnage de la légende troyenne.

● Fils d'Atrée, roi de Mycènes et d'Argos, Agamemnon dirige les Grecs pendant la guerre de Troie. Il sacrifie sa fille, Iphigénie, pour obtenir un avantage lors des combats. De retour de guerre, il est assassiné par sa femme, Clytemnestre, et l'amant de celle-ci, Égisthe.

● Héros de l'*Iliade* d'Homère, Agamemnon a été repris par Eschyle *(l'Orestie)* et par Racine *(Iphigénie)*.

➜ page : *122.*

Albertine

Personnage de roman de Marcel Proust.

● Personnage de la somme romanesque de Marcel Proust, *À la recherche du temps perdu,* Albertine est notamment présente dans *Albertine disparue* (1925).

● Peut-être née d'un modèle masculin, Albertine est la représentation de la jeune fille moderne, ambiguë, à la sexualité double.

➜ page : *283.*

Alexandrin

Vers de douze syllabes.

● On appelle également l'alexandrin « dodécasyllabe » – *dodéka* signifie « douze » en grec. Son nom provient d'un des premiers romans écrits en vers de douze syllabes, *le Roman d'Alexandre* (XIIe siècle). Peu utilisé avant le XVIe siècle, il est « redécouvert » par Ronsard et du Bellay et devient, à partir du XVIIe siècle, le vers des genres « sérieux » – épopée, tragédie.

● Dans sa structure classique, l'alexandrin comporte une césure à la sixième syllabe, qui partage le vers en deux parties – ou hémistiches – de même longueur. Il peut être tétramètre (4 x 3 syllabes) ou trimètre (3 x 4 syllabes).

➜ pages : *36, 118, 137, 170, 342, 344.*

Allégorie

Figure de style.

● L'allégorie est la représentation d'une notion abstraite, d'une idée, par une personne dotée d'attributs symboliques.

● Une déesse aveugle portant une balance est l'allégorie de la Justice. Mais un dieu aveugle portant un arc est l'allégorie de l'Amour. À travers l'allégorie, l'idée est à la fois résumée et développée. Dans *le Roman de la Rose* (XIIIe siècle), la rose est l'allégorie de la Femme.

➜ pages : *70, 296, 371.*

Allitération

Répétition de consonnes qui vise à créer un effet.

● L'allitération participe à l'harmonie sonore d'un poème. La répétition de certaines consonnes rythme le vers en créant un effet d'imitation, de suggestion ou encore humoristique. *« Pour qui sont ces serpents qui sifflent sur vos têtes ?* » (Racine, *Andromaque*) est un exemple classique d'allitération. La répétition des voyelles s'appelle assonance.

➜ **pages** : *170, 214.*

Allocution

Acte par lequel un locuteur s'adresse à quelqu'un d'autre, l'allocutaire.

• L'allocution désigne également un discours officiel généralement bref, prononcé en public.

Amphitryon

Personnage de la mythologie grecque.

• Fils d'Alcée, roi de Tirynthe, Amphitryon est trompé par Zeus qui revêt son apparence, en son absence, pour séduire sa femme fidèle, Alcmène, qui enfantera Héraclès.

• Le mythe d'Amphitryon a été le sujet de nombreuses adaptations dramatiques, dont celles de Plaute, de Molière et de Giraudoux.

• Dans le langage courant, par métaphore, un amphitryon désigne la personne aux frais de qui l'on dîne.

➜ **pages** : *30, 287.*

Anacoluthe

Figure de style.

• L'anacoluthe désigne une rupture dans la construction d'une phrase. Elle est généralement obtenue par le rapprochement incongru de deux parties de phrase grammaticalement correctes. L'écart ainsi créé par rapport à la syntaxe courante provoque un effet de surprise qui renforce l'énoncé. « Le nez de Cléopâtre, s'il eût été plus court, la face du monde aurait été changée » (Pascal, *Pensées*) est un exemple d'anacoluthe.

• L'usage de l'anacoluthe se retrouve fréquemment dans le langage parlé.

➜ **pages** : *352, 371.*

Anagramme

Mot formé à partir des lettres d'un autre mot.

• L'usage de l'anagramme remonte à l'Antiquité. Ce jeu littéraire a été remis à la mode par le poète Dorat, membre de la Pléiade.

• De nombreux auteurs ont utilisé l'anagramme de leur nom comme pseudonyme : François Rabelais signe Alcofribas Nasier et « Voltaire » est l'anagramme de « Arouet l(e) j(eune) » – en confondant *i* et *j* ainsi que *u* et *v*, conformément à la tradition latine.

➜ **pages** : *204, 219, 303.*

Anaphore

Figure de style.

• L'anaphore consiste à répéter le même mot dans la même position grammaticale, souvent en tête de phrase, ou de vers, afin d'obtenir un effet de rythme et d'insistance.

• *« Rome, l'unique objet de mon ressentiment ! / Rome, à qui vient ton bras d'immoler mon amant ! / Rome, qui t'a vu naître, et que ton cœur adore ! / Rome enfin que je hais autant qu'elle t'honore !* » (Corneille, *Horace*) est un célèbre exemple d'anaphore.

➜ **page** : *371.*

Andromaque

Personnage de la légende troyenne.

● Andromaque est une princesse troyenne, femme d'Hector et mère d'Astyanax, tous deux tués pendant la guerre de Troie. Après la chute de Troie, elle est emmenée en Grèce par Néoptolème, fils d'Achille.

● Personnage de l'*Iliade* d'Homère, Andromaque est aussi le sujet de tragédies d'Euripide et de Racine.

➜ **page** : *230.*

Anecdote

Fait marginal ; récit de ce fait.

● L'anecdote est un fait pas ou peu connu, significatif, souvent pittoresque, mais qui reste accessoire. Le terme désigne également le bref récit qui en est fait.

➜ **page** : *375.*

Annales

Ouvrage qui rapporte les événements année par année.

● Diverses revues ont adopté ce titre dont les *Annales d'histoire économique et sociale* fondées en 1921 par Lucien Febvre et Marc Bloch, qui a donné naissance à une nouvelle école historique, l'école des Annales. Plusieurs ouvrages historiques de l'Antiquité, dont l'œuvre de Tacite, s'intitulent *Annales.*

● Par extension, les annales sont des recueils de faits notoires – « les annales du crime », par exemple.

➜ **pages** : *117, 119, 121, 123.*

Anticipation

Imagination d'événements situés dans l'avenir ; genre littéraire fondé sur le récit de ces événements.

● La littérature d'anticipation se caractérise par la période dans laquelle se situe l'action – le futur par rapport au présent de l'auteur ou du lecteur – ainsi que par le climat utopique ou apocalyptique, notamment dans les domaines scientifique et social, dans lequel baigne le récit.

● Cyrano de Bergerac *(l'Autre Monde),* Louis-Sébastien Mercier *(l'An 2440),* Herbert G. Wells *(la Guerre des mondes),* George Orwell *(1984)* ou encore Aldous Huxley *(le Meilleur des mondes)* sont des auteurs de littérature d'anticipation.

● La science-fiction (Arthur Clarke, *2001*) est un avatar moderne de l'anticipation.

➜ **page** : *348.*

Antigone

Personnage de la légende thébaine.

● Antigone sert de guide à Œdipe, son père aveugle. Condamnée par le roi de Thèbes, Créon, pour avoir voulu, malgré ses ordres, ensevelir son frère Polynice, elle se tue. Son suicide entraîne celui du fils de Créon, Hémon, qui l'aimait.

● Symbole de la résistance du devoir moral face à la raison d'État, symbole aussi de la pérennité de la tradition face à l'Histoire et au progrès, le mythe d'Antigone a inspiré des tragédies notamment à Sophocle, Racine et Anouilh.

➜ **pages** : *287, 432.*

Antihéros

Personnage principal atypique.

● L'antihéros ne possède pas les qualités exceptionnelles qui caractérisent habituellement le personnage central d'une œuvre littéraire ou cinématographique.

● C'est aussi bien Candide, tremblant pendant la bataille, que Bouvard et Pécuchet chez Flaubert, Meursault, narrateur de *l'Étranger* de Camus, ou le Bérenger du théâtre de Ionesco.

➔ **pages : *180, 217, 269.***

Antiphrase

Figure de rhétorique.

● S'exprimer par antiphrases consiste à dire le contraire de ce que l'on pense de façon à ce qu'on comprenne qu'on pense le contraire de ce qu'on dit : « C'est du joli ! » est un exemple d'antiphrase.

● Ce procédé sert à exprimer l'ironie qui se caractérise précisément par le recours au second degré : *« Le spectacle de quelques personnes brûlées à petit feu, en grande cérémonie, est un secret infaillible pour empêcher la terre de trembler »* (Voltaire, *Candide*).

➔ **page : *371.***

Antithèse

Figure de rhétorique.

● L'antithèse est le rapprochement, dans le même énoncé, de deux mots ou ensembles de mots de sens opposés.

● Le procédé vise à mettre en relief une idée en produisant un effet de contraste : *« Et, monté sur le faîte, il aspire à descendre »* (Racine).

● En philosophie, l'antithèse est la proposition contradictoire de la thèse.

➔ **Parallélisme.**
➔ **Rythme binaire.**
➔ **pages : *371, 384, 385, 386, 400, 402.***

Aphorisme

Réflexion formulée de façon brève.

● L'aphorisme est un résumé concis d'une position sur un problème philosophique ou moral : *« Rien n'est beau que le vrai »* (Boileau).

● Plus couramment, l'aphorisme est un court proverbe s'appliquant à la vie quotidienne : « Tel père, tel fils. »

Aphrodite

Déesse grecque de la Beauté et de l'Amour.

● Surgie de la mer, fécondée par le sang de Cronos, Aphrodite est l'épouse infidèle d'Héphaïstos, dieu du Feu et des Forges. Elle est jugée la plus belle par Pâris à qui elle a promis en échange l'amour d'Hélène – le récit en est rapporté dans l'*Iliade* d'Homère. L'enlèvement d'Hélène par Pâris est à l'origine du déclenchement de la guerre de Troie.

● Aphrodite est assimilée par les Romains à Vénus. D'Aphrodite provient le mot « aphrodisiaque ». De Vénus, « vénériennes » (maladies).

● Aphrodite – ou Vénus – est constamment invoquée dans toute la poésie galante : *« Je reconnus Vénus et ses feux redoutables… »* (Racine, *Phèdre*). Cet aspect « redoutable » est à la base de *la Vénus d'Ille,* nouvelle fantastique de Mérimée.

➔ **pages : *30, 213, 313.***

Apocalypse

Ouvrage religieux sur la fin des temps.

● Chez les juifs et les chrétiens, l'Apocalypse est un ouvrage qui rapporte les révélations divines sur la fin du monde.

● Attribué à l'apôtre Jean, l'Apocalypse est le dernier livre du Nouveau Testament. Annonçant la victoire finale du Bien sur le Mal, l'Apocalypse est un livre d'espoir pour les chrétiens.

● Dans le langage courant et dans la littérature de science-fiction, apocalypse a pris le sens de catastrophe épouvantable qui évoque la fin du monde.

→ **page :** ***87.***

Apollon

Dieu grec de la Beauté et de la Lumière.

● Dieu solaire, Apollon parcourt quotidiennement le ciel sur son char. Il quitte la Grèce à l'automne et n'y retourne qu'au printemps. Dans son sanctuaire de Delphes, sa prophétesse, la pythie, rend ses oracles. Son équivalent romain est Phœbus.

● La figure d'Apollon est régulièrement invoquée sous Louis XIV pour désigner le monarque – le Roi-Soleil – qui avait décidé d'en faire son symbole ; la galerie d'Apollon, au Louvre, le rappelle.

● Dans le langage courant, un apollon désigne, de façon parfois ironique, un homme idéalement beau, sur le modèle de la statue du dieu grec par Praxitèle, au Louvre.

→ **pages :** ***30, 32.***

Apologie

Défense de quelqu'un ou de quelque chose.

● Une apologie est un écrit ou un discours destiné à vanter les mérites d'une personne (Montaigne, *Apologie de Raymond Sebond, les Essais*) ou à justifier une action ou une thèse – la Juliette du roman de Sade se lance plusieurs fois dans l'apologie du crime.

→ **pages :** ***108, 254.***

Archaïsme

Terme ancien ; usage littéraire de ce type de termes.

● Un archaïsme est un mot ou une expression qui appartient à un âge antérieur à celui où il est employé – « ouïr » pour « entendre », par exemple. Cette particularité est signalée dans les dictionnaires.

● L'archaïsme désigne également la pratique de certains auteurs qui recourent à des mots anciens ou à des graphies anciennes, dans le but de les sauvegarder – tels les humanistes de la Renaissance, mais aussi de nombreux poètes, comme Leconte de Lisle, Mallarmé, Apollinaire ou Valéry – ou à des fins de pastiche – *« Auguste à vos attrais ne doibt estre insensible »* (Reboux et Müller, *À la manière de…*, 1920).

→ **pages :** ***72, 73.***

Ariane

Personnage de la mythologie grecque.

● Fille de Minos, roi de Crète, et de Pasiphaé, Ariane donne à Thésée, qu'elle aime, le fil qui lui permet de retrouver la sortie du Labyrinthe après avoir tué le Minotaure. Plus tard, elle s'enfuit avec lui, avant d'être abandonnée sur une île – *« Ariane, ma sœur, de quel amour blessée / Vous mourûtes aux bords où vous fûtes laissée »* (Racine, *Phèdre*).

● Le fil d'Ariane est une métaphore qui désigne ce qui permet de sortir d'un problème.

→ **Phèdre.**
→ **page :** ***54.***

Arlequin

Personnage de la commedia dell'arte.

● Arlequin porte un costume composé de triangles de diverses couleurs, un masque noir et un sabre de bois. Dans la tradition italienne, c'est un bouffon cynique et poltron.

● Arlequin est le personnage central, au caractère plus riche que son modèle, dans les comédies de Goldoni et de Marivaux, notamment.

→ **page :** ***330.***

Artagnan (d')

Personnage historique utilisé par Alexandre Dumas.

● Le héros des *Trois Mousquetaires* (1844), puis de *Vingt Ans après* (1845) et du *Vicomte de Bragelonne* (1848-1850) est inspiré par Charles de Montesquiou, comte d'Artagnan (1610/1620-1673), capitaine des mousquetaires du roi Louis XIV, tué au cours du siège de Maastricht.

● Chez Dumas, d'Artagnan est un gentilhomme gascon désargenté « monté » à Paris. Il se lie d'amitié avec Athos, Porthos et Aramis et devient à son tour mousquetaire du roi Louis XIII.

● Ensemble, les quatre hommes réussiront à déjouer un complot de Richelieu et de Milady contre la reine Anne d'Autriche et vengeront la mort de Constance Bonacieux, l'élue du cœur de d'Artagnan. Ce dernier sera nommé maréchal de France de Louis XIV.

→ **page :** ***427.***

Artémis

Déesse grecque de la Nature sauvage et de la Chasse.

● Sœur d'Apollon, Artémis la chaste est armée d'un arc et strictement accompagnée de nymphes. Elle transforme en cerf le chasseur Actéon qui l'avait surprise au bain et le fait dévorer par ses chiens. Le récit de cet épisode est rapporté par le poète latin Ovide dans ses *Métamorphoses.*

● Artémis – ou son équivalente, la romaine Diane – a fait l'objet de nombreuses représentations artistiques, notamment au XVIe siècle, par assimilation à Diane de Poitiers, la favorite d'Henri II, et au XVIIIe siècle, dans la peinture galante (Boucher, *Diane au bain*).

→ **Iphigénie.**

Arthur

Personnage principal des légendes celtiques.

● Arthur est le héros des aventures légendaires inspirées par la quête du Graal, qui sont racontées dans les romans courtois du « cycle de la Table ronde », aussi appelé « cycle breton » ou « matière de Bretagne ».

● Inspirée d'un chef de la résistance celte en Grande-Bretagne, au tournant des Vᵉ et VIᵉ siècles, évoquée dans *l'Histoire des Bretons* de Monmouth (1136), la légende arthurienne est reprise sous forme de roman dans *le Roman de Brut* de Wace (1155), puis par Chrétien de Troyes, dans *Lancelot* (v. 1168) et *Perceval* (1189).

→ **page : *196.***

Article

Écrit indépendant.

- Un article est un écrit formant un tout distinct à l'intérieur d'une publication – article de loi, article de dictionnaire, article de journal... De très nombreux écrivains furent de redoutables rédacteurs d'articles, parfois réunis en recueils comme le *Bloc-Notes* de François Mauriac.

→ **pages : *427, 443.***

Art poétique

Caractères et règles de composition de la poésie.

- L'*Art poétique* est le titre de nombreux ouvrages didactiques qui définissent les caractères de la création poétique et qui enseignent les règles de la composition de poèmes, de Boileau à Verlaine.

→ **pages : *83, 93, 102, 106, 108, 123, 173, 174, 264, 324, 326.***

Assonance

Répétition de voyelles qui vise à créer un effet.

- L'assonance désigne toute reprise de voyelles identiques dans un énoncé en vue de créer un rythme sonore. *« Lève, Jérusalem, lève ta tête altière »* (Racine) est un exemple type d'assonance.
- La répétition d'une voyelle accentuée en fin de vers est la marque de la littérature médiévale – poésie lyrique, roman courtois ou chronique en vers, généralement rédigés en « laisses » de vers assonancés de manière uniforme. À partir du XIIᵉ-XIIIᵉ siècle, l'assonance est peu à peu remplacée par la rime – qui tient également compte des consonnes. Elle sera reprise par les symbolistes comme procédé stylistique.

→ **page : *345.***

Asyndète

Figure de style.

- L'asyndète est la suppression de la liaison – conjonctions, adverbes... – entre deux mots ou deux propositions qui se trouvent pourtant dans un rapport de coordination.
- Cette figure vise à produire un effet de contraste – « le printemps va venir, je ne le verrai pas » – ou d'accumulation ou de désordre – « Adieu, veaux, vaches, cochons, couvée ». L'asyndète se combine souvent avec la parataxe, suppression volontaire du mot subordonnant – « Elle me résistait, je l'ai assassinée ! » Le style de Flaubert, en particulier, est connu pour être volontiers asyndétique.

→ **pages : *356, 357, 371.***

Athéna

Déesse grecque de la Pensée, des Arts, des Sciences et de l'Industrie.

- Fille de Zeus qui avait avalé sa mère Mêtis, elle est sortie armée du crâne de son père. Athéna est une déesse guerrière, casquée et armée d'une lance, symboles de la puissance de la Pensée. Son bouclier est orné de la tête de la Gorgone, que lui a offert le héros Persée. Elle est la protectrice inlassable d'Ulysse, dans l'*Odyssée* d'Homère, et de la ville d'Athènes, où se trouve son principal temple, le Parthénon. Athéna est également une divinité pacifique : elle est l'inventeur de divers outils, la protectrice des arts métallurgiques et des travaux féminins. Elle est la Minerve des Romains.

Atrides

Famille de la mythologie grecque.

- Les Atrides sont les descendants d'Atrée, roi de Mycènes, parmi lesquels figurent Agamemnon et Ménélas.
- D'Atrée, qui donne ses enfants à manger à son frère Thyeste, à Oreste et Électre, qui tuent leur mère Clytemnestre, en passant par Agamemnon, assassiné par sa femme pour avoir lui-même égorgé sa fille Iphigénie, le destin de cette famille est marqué par l'horreur. D'Homère à Giraudoux en passant par Sénèque ou Racine, l'histoire des Atrides a inspiré de très nombreux écrivains.

→ **page :** ***129.***

Autoportrait

Genre pictural et littéraire.

- En littérature, il s'intègre volontiers à l'autobiographie, qui désigne l'histoire de la vie d'une personne écrite par elle-même (Retz, *Mémoires* ; Rousseau, *Confessions*), et à tous les romans rédigés à la première personne – *la Chute* de Camus est un long autoportrait du narrateur.

→ **pages :** ***96, 109, 146, 152-158, 186, 255, 346, 347, 369, 390.***

Babel

Nom hébreu de Babylone.

• La Genèse raconte que les descendants de Noé voulurent élever une tour, à Babel, afin d'atteindre le ciel – il s'agit de la *ziggourat* de cette ville, tour à étages surmontée d'un temple. Dieu punit cette marque d'orgueil en dispersant les hommes à la surface de la Terre. Cet épisode expliquerait la diversité des langues. Dans le Nouveau Testament, Babylone désigne également Rome, symbole de la ville idolâtre.

• Par métaphore, Babylone finit par vouloir désigner Paris : ainsi, chez Voltaire *(Zadig, le Monde comme il va, la Princesse de Babylone)* ou chez Fougeret de Montbron (*la Capitale des Gaules ou la Nouvelle Babylone,* 1760).

• Dans le langage courant, « Babel » ou « tour de Babel » désigne un lieu où l'on parle plusieurs langues ou encore un endroit où règne la plus grande confusion.

→ **pages :** ***120, 387, 435.***

Ballade

Genre poétique.

• La ballade est un court poème lyrique qui s'est constitué en genre au XIVe siècle. Elle présente une forme fixe composée de trois couplets de huit vers sur trois rimes, se concluant chacun sur le même vers, et d'un envoi d'une demi-strophe, finissant sur le vers-refrain.

• Tout d'abord chantée et dansée, la ballade « dite » se formalise avec Guillaume de Machaut, François Villon *(Ballade des dames du temps jadis, Ballade des pendus)* et les grands rhétoriqueurs comme Jean Marot. Tombée en désuétude à la fin du XVIe siècle, elle est réactivée au XIXe siècle par Hugo, puis par les poètes symbolistes, et par Edmond Rostand dans *Cyrano de Bergerac.*

• La ballade désigne aussi un poème narratif divisé en strophes et relatant une légende ou une tradition historique. Cette forme apparaît en Angleterre, puis en Allemagne et en Italie, au XVIIIe siècle. Elle est reprise en France par les romantiques puis, sur un mode lyrique, par plusieurs poètes modernes – Fort, Laforgue, Apollinaire, Aragon…

→ **pages :** ***58, 139, 140, 199, 201, 342.***

Bardamu

Personnage de roman de Louis-Ferdinand Céline.

• Ferdinand Bardamu est le héros du *Voyage au bout de la nuit* (1932), le premier roman de Louis-Ferdinand Céline.

• Double de l'auteur, Bardamu y raconte sa vie. Réformé après avoir été blessé à la tête durant la Grande Guerre, le jeune Bardamu part pour l'Afrique coloniale, puis rejoint les États-Unis. Rentré en France, il suit des études de médecine, s'établit en banlieue, mais vit chichement de sa pratique. Il deviendra finalement directeur d'une maison de repos.

• Son « voyage », dont il ne maîtrise pas l'itinéraire, conduit le faible Bardamu au bout de la désillusion, au contact d'une humanité très démunie qu'il décrit sans fard.

→ **page :** ***76.***

Bas-de-Cuir

Personnage de roman de Fenimore Cooper.

● Bas-de-Cuir apparaît dans les romans de Cooper appartenant au cycle ouvert par *le Dernier des Mohicans* (1826). Il est également connu sous les noms d'Œil-de-Faucon, de Tueur-de-Daims ou de Longue-Carabine.

Béatrice

Inspiratrice et personnage de Dante.

● Béatrice Portineri a inspiré des sonnets amoureux à Dante (1265-1321). Celui-ci en fait l'un des personnages de son œuvre majeure, *la Divine Comédie.*

● Après être descendu à travers les neuf cercles concentriques de l'Enfer, lors de ce voyage dans l'au-delà en compagnie de Virgile, et avoir gravi les sept terrasses de la montagne du Purgatoire, Dante rejoint Béatrice sur le plateau du Paradis pour s'envoler avec elle à travers les neuf ciels du Paradis, vers l'empyrée.

Bel-Ami

Roman et personnage de Maupassant.

● Bel-Ami est le surnom de Georges Duroy, le héros du roman homonyme de Guy de Maupassant qui eut beaucoup de succès et fit scandale lors de sa publication, en 1885.

● Jeune provincial monté à Paris, sans autre atout que son charme, Bel-Ami fera une carrière fulgurante dans la presse, grâce aux femmes et à son audace qui sert son arrivisme sans scrupules.

→ pages : *310, 351, 443.*

Blason

Genre poétique.

● Le blason est un genre poétique du XVIe siècle issu du « dit » médiéval. Introduit par Clément Marot, il sera notamment illustré par les poètes lyonnais et par les membres de la Pléiade.

● C'est une pièce composée de petits vers à rimes plates qui décrit avec précision un être ou un objet dont l'auteur fait l'éloge ou la satire. Les plus connus décrivent, dans d'infinis détails, des parties du corps féminin (Marot, *Blason du beau tétin*).

● En héraldique, le blason désigne la description technique des armoiries selon des règles très strictes.

→ pages : *176, 201.*

Bouts-rimés

Jeu littéraire.

● Amusement des salons littéraires des XVIIe et XVIIIe siècles, les bouts-rimés sont des rimes imposées à un participant qui doit les employer dans un poème sur un sujet libre ou donné.

→ page : *452.*

Bouvard et Pécuchet

Roman et personnages de Gustave Flaubert.

● Bouvard et Pécuchet sont les personnages d'un roman inachevé homonyme de Flaubert, publié de façon posthume en 1881.

• Ces deux copistes retraités se lient d'amitié et décident d'exploiter ensemble une propriété. L'étude et la mise en pratique de diverses sciences – agriculture, chimie, littérature ou politique – n'aboutissent qu'à des échecs. Ils retourneront à leur activité première, comme si le roman ne pouvait plus être que copie de romans. L'œuvre qu'ils étaient supposés écrire est peut-être le *Dictionnaire des idées reçues. Bouvard et Pécuchet* est une critique d'une certaine bêtise bourgeoise et du culte de la science en vigueur au XIXe siècle.

➜ **page :** ***269.***

Bovarysme

***Mot forgé à partir du nom du personnage principal du roman de Flaubert* Madame Bovary.**

• Le bovarysme désigne la fuite dans l'imagination de jeunes femmes – plus rarement, d'hommes – insatisfaites socialement et affectivement, hantées par des lectures romanesques mal digérées et acceptant mal la platitude de la réalité.

• Par extension, on peut, malgré l'anachronisme, utiliser le concept de « bovarysme » chaque fois qu'un personnage est prisonnier de ses rêves et particulièrement de ceux issus de ses lectures : ainsi, le Don Quichotte de Cervantès (1615).

➜ **pages :** ***179, 268, 270.***

Burlesque

Genre littéraire.

• Le burlesque se caractérise par le traitement parodique, en style vulgaire, d'un sujet noble.

• Présent dès l'Antiquité, le burlesque s'épanouit au XVIIe siècle en réaction contre les genres sérieux (Scarron, *le Roman comique,* 1651).

• Au sens large, le burlesque désigne toute forme de comique outré.

➜ **pages :** ***91, 92, 119, 131.***

Cadavre exquis

Jeu littéraire.

● Le cadavre exquis est un jeu collectif imaginé par les surréalistes. Il consiste à former une phrase à partir de mots que les joueurs inscrivent tour à tour sur une feuille en ignorant ce que les précédents ont écrit.

● La première phrase obtenue par ce procédé en 1925, lors de l'inauguration du jeu, fut : « Le cadavre exquis boira le vin nouveau » – d'où l'appellation du procédé.

● Le cadavre exquis peut également se faire sous forme de dessin, en occultant à chaque fois ce qui a été représenté par l'artiste précédent.

➜ **page :** ***281.***

Caïn

Personnage biblique.

● Personnage de la Genèse, Caïn est le fils aîné d'Adam et Ève. Il tue par jalousie son frère Abel. Ce geste s'expliquerait par les intérêts contradictoires entre Caïn qui incarnerait l'agriculteur sédentaire et Abel qui représenterait le berger nomade.

● Cet épisode reprendrait un thème développé sur une tablette sumérienne datant du IIe millénaire av. J.-C. Le Nouveau Testament en fait le type même du meurtrier de l'innocent.

● Le thème de Caïn est développé par saint Augustin ainsi que dans le premier drame en langue romane, *le Jeu d'Abel* (XIIe siècle).

● Caïn ne devient un personnage littéraire qu'au cours du XVIIIe siècle. Pendant le XIXe siècle, les romantiques, notamment lord Byron et Victor Hugo (*la Conscience,* dans *la Légende des siècles*), s'en saisissent pour en faire un révolté.

➜ **pages :** ***117, 119, 121, 123.***

Calembour

Jeu de mots.

● Le calembour est fondé sur l'humour que crée le rapprochement de deux expressions homophoniques de sens différents – L'eusses-tu cru ? / Lustucru, par exemple. *Zazie dans le métro* de Queneau commence par un calembour : *« Doukipudonktan ? »*

➜ **page :** ***151.***

Calligramme

Poème visuel.

● Le terme « calligramme » provient du titre d'un recueil de poèmes de Guillaume Apollinaire. Ses *Calligrammes* (1918) sont des poèmes en forme de dessins, dont les vers constituent les contours des objets qu'ils évoquent. Apollinaire s'est inspiré d'expériences antérieures menées notamment par Rabelais (oracle de la dive bouteille dans *le Cinquième Livre*) ou Mallarmé (*le Coup de dés*).

➜ **pages :** ***67, 79, 427.***

Candide

Conte et personnage de Voltaire.

● *Candide ou l'Optimisme* (1759) est un conte dans lequel Voltaire s'interroge, à travers les réactions de son personnage-titre, sur les dures réalités du monde et sur leurs causes notamment religieuses.

● Au cours de ses pérégrinations avec la belle Cunégonde, Candide s'aperçoit que l'enseignement de son précepteur Pangloss, qui pense, comme le philosophe Leibniz, que « tout est pour le mieux dans le meilleur des mondes possibles », est erroné. Il en tire la leçon qu'*« il faut cultiver son jardin »,* c'est-à-dire qu'il faut accepter sa condition et bâtir un monde à sa mesure.

● Dans le langage courant, un « candide » est un naïf, parfois volontaire.

➜ **pages : *180, 246.***

Cantique

Chant religieux.

● Un cantique est un poème figurant dans la Bible et destiné à remercier Dieu d'une faveur. Ainsi, le Cantique des cantiques, écrit par Salomon pour célébrer la reine de Saba, que certains interprètent comme le récit des fiancailles du Christ et de l'Église.

● Par extension, le cantique désigne un chant religieux en langue vulgaire, longtemps refoulé en marge du culte. De nombreux cantiques ont été composé aux XVIIe et XVIIIe siècles, notamment par Racine et Fénelon. Marot et de Bèze ont également rédigé des cantiques protestants.

Cassandre

Personnage de la mythologie grecque.

● Fille de Priam et d'Hécube, Cassandre reçut d'Apollon le don de prédiction. Mais elle se refusa à lui et le dieu se vengea en décidant qu'on ne la croirait jamais. Elle prédit ainsi en vain l'issue de la guerre de Troie – Cassandre est un personnage de la pièce de Giraudoux, *La guerre de Troie n'aura pas lieu.* Ramenée comme butin par Agamemnon, elle sera tuée en même temps que lui.

● Le nom est passé dans le langage courant pour désigner un personnage qui n'hésite pas annoncer des malheurs à venir, quitte à déplaire.

Catharsis

Crise émotionnelle salvatrice.

● Selon Aristote, la catharsis est la « purgation » des passions mauvaises, que produit sur les spectateurs la mise en jeu de celles-ci lors d'une représentation dramatique. La punition des héros sur scène doit « purger » le spectateur de ses propres tentations de démesure.

● Toute tragédie est théoriquement porteuse de catharsis – ce qui contribue à la distinguer du drame, qui n'a pas pour fonction d'inspirer « la terreur et la pitié ».

● Cette notion a été reprise en psychothérapie pour désigner la méthode destinée à créer une décharge émotionnelle par le rappel d'une situation traumatisante qui a été refoulée.

➜ **pages : *34, 198, 325, 333, 434.***

Céladon

Personnage de roman d'Honoré d'Urfé.

● Céladon est le personnage de *l'Astrée* (1607-1627) d'Honoré d'Urfé, roman d'amour et d'aventures qui se déroule à l'époque des

Gaulois. Soupçonné à tort d'infidélité par son amante Astrée, le berger Céladon devra prouver sa bonne foi par des actes héroïques.

● Dans le langage courant, un céladon désigne un soupirant fidèle et platonique, quelque peu ridicule.

➜ **page : *309*.**

Cenci

Famille italienne.

● En 1595, Francesco Cenci, débauché ruiné, séquestre sa fille Béatrice et sa seconde épouse Lucrezia dans son château. En accord avec sa belle-mère et son frère Giacomo, Béatrice le fait assassiner et fait passer sa mort pour accidentelle. Arrêtés, les complices confesseront leur crime et seront exécutés en 1599.

● *Les Cenci* (1819) est une tragédie en vers de Shelley qui fit l'objet d'une adaptation et d'une mise en scène remarquables d'Antonin Artaud en 1935, conforme à son esthétique du « théâtre de la cruauté ». L'histoire des Cenci a également inspiré l'une des *Chroniques italiennes* de Stendhal.

➜ **pages : *117, 119, 121, 123*.**

César (Jules)

Homme d'État romain.

● Patricien lié au milieu plébéien, Jules César (101/100-44 av. J.-C.) gravit les étapes du *cursus honorum*, aidé par sa conquête militaire de la Gaule, jusqu'à sa prise du pouvoir à Rome, en 49, à l'issue d'une guerre civile. Devenu consul et dictateur à vie en 44, il est victime, la même année, d'une conspiration. César a écrit *Commentaires sur la guerre des Gaules* et *Commentaires sur la guerre civile*.

● Le mythe littéraire de Jules César est exploité dès l'Antiquité, de façon louangeuse ou critique. Il devient un héros légendaire au Moyen Âge. Shakespeare (vers 1600) en fait le sujet d'une de ses plus célèbres tragédies. *La Mort de Pompée* (1643) de Corneille et *la Mort de César* (1735) de Voltaire sont deux illustrations encore respectueuses de la vie du dictateur aux XVIIe et XVIIIe siècles.

● Les écrivains modernes, Shaw pour *César et Cléopâtre* (1899) ou Brecht pour *les Affaires de Monsieur Jules César* (1957), écornent la légende. Les films de Mankiewicz – *Jules César* (1953) puis *Cléopâtre* (1963) – lui rendent sa dimension, cependant que la bande dessinée, avec les aventures d'Astérix le Gaulois de Goscinny et Uderzo, s'en amuse.

➜ **pages : *128, 332, 346*.**

Césure

Élément de métrique.

● La césure est la division interne d'un vers, qui crée un effet de rythme. Elle est marquée par une pause, précédée d'une syllabe accentuée. Quand elle ne se situe pas à l'endroit d'une coupe syntaxique et que la voix ne peut marquer la pause, on parle d'enjambement.

● La place de cette pause diffère selon le type de poésie. La césure coupe l'alexandrin classique en deux hémistiches égaux (6 + 6 :

« La valeur n'attend pas / le nombre des années ») et le décasyllabe en deux hémistiches inégaux (4 + 6 : *« La mer, la mer / toujours recommencée »*).
➜ page : *344.*

Champ lexical

Ensemble de mots reliés par leur sens.

● Le champ lexical désigne l'ensemble des mots qui illustrent le même thème sémantique : les termes « haut », « élevé », « cime », « altitude » appartiennent au champ lexical de la hauteur.
➜ pages : *70, 75, 76, 77, 78, 352, 398.*

Champ sémantique

Ensemble des sens d'un mot.

● Le champ sémantique d'un mot est constitué par l'ensemble des sens de ce mot que donne le dictionnaire, c'est-à-dire par l'ensemble des termes qui illustrent sa polysémie : les termes « carte à jouer », « carte routière », « carte d'identité », « carte postale » appartiennent au champ sémantique du mot « carte ».
➜ pages : *75-78, 352, 370.*

Chanson

Poème chanté.

● Au Moyen Âge, la chanson est un poème chanté de caractère épique, comme la chanson de geste, ou amoureux, comme la chanson courtoise. La rupture entre le texte et la musique intervient à la Renaissance, la poésie devenant un genre noble tandis que la chanson reste un genre populaire.

● La chanson conservera ce caractère d'art mineur jusqu'à aujourd'hui malgré l'existence, à toutes les époques, de « chansons à textes » à la qualité littéraire reconnue (Brel, Brassens, etc.) ou de mises en musiques de textes poétiques majeurs (Aragon, Prévert, etc.).
➜ pages : *106, 194, 195, 302, 306.*

Chanson de geste

Poème épique médiéval.

● La geste est un ensemble de longs poèmes en langue vulgaire, composés du XIe au XIVe siècle et destinés à être déclamés avec un accompagnement musical. Les chansons de geste décrivent les faits héroïques de personnages dont le nom évoque la fondation de la France et de sa féodalité. La geste est un genre à visée politique.

● Les principales chansons de geste sont *la Chanson de Roland* (vers 1100), tirée du cycle de Charlemagne, *la Chanson de Guillaume* (vers 1100), du cycle de Guillaume, *la Chanson de Gormon* et Isembart (vers 1130), du cycle des vassaux révoltés, ou *la Chanson d'Antioche* (vers 1130), du cycle de la croisade.
➜ pages : *31, 71, 119, 194, 195, 196, 341.*

Chiasme

Figure de rhétorique.

● Le chiasme consiste à rapprocher deux expressions de même structure et contenant les mêmes éléments, mais dans l'ordre inverse (ab / ba) : *« On veut haïr et on veut aimer, mais on aime encore quand on hait, et on hait encore quand on aime»* (La Rochefoucauld, *Maximes*).

● Le procédé est destiné à souligner de façon synthétique un parallélisme ou une opposition: *«Il y a de l'Urgo dans l'air. Il y a de l'air dans Urgo»* (publicité).

➜ page : *371.*

Chronique

Récit chronologique.

● La chronique est un recueil d'événements consignés dans l'ordre de leur succession. De *la Chronique du pseudo-Frédégaire* (VIIIe siècle) relatant l'histoire des Francs aux *Grandes Chroniques de France* (XIIe-XVe siècle) en passant par les chroniques des croisades, le genre reste plus littéraire qu'historique. La chronique ne débouche sur le véritable récit d'histoire qu'avec les *Mémoires* de Philippe de Commynes (1464-1498), qui dépasse la simple compilation des événements pour s'interroger sur leurs relations.

● La chronique désigne également, dans la presse, un article périodique consacré à une rubrique particulière ou un article signé régulièrement par un journaliste de renom.

➜ pages : *289, 322, 443.*

Clèves (princesse de)

Personnage de Mme de La Fayette.

● La princesse de Clèves est l'héroïne du roman homonyme de Mme de La Fayette (1678), considéré comme le premier roman psychologique moderne.

● Mademoiselle de Chartres a épousé le prince de Clèves sans amour. Elle est attirée par le duc de Nemours. Elle avoue son trouble à son mari qui lui pardonne mais qui est bientôt assailli par le doute. Il mourra de douleur non sans avoir reconnu sa méprise. La princesse de Clèves refusera d'épouser Nemours et finira ses jours dans un cloître.

● Désireuse de renouveler l'art romanesque, l'auteur bâtit rigoureusement son récit à l'intérieur d'un cadre historique précis. Le roman a été l'objet d'un immense scandale à sa parution, tournant autour de cette scène de l'aveu.

➜ pages : *37, 144, 239, 309, 322, 427.*

Cliché

Expression banalisée, poncif, idée reçue.

● Un cliché désigne une idée, une expression ou une image trop souvent répétée dans les mêmes termes et qui se trouve ainsi dénué de toute pertinence, par exemple, «prendre ses jambes à son cou». Certains écrivains ont habilement joué sur de subtiles modifications des clichés: *«Elle prit ses jambes à mon cou»* (Prévert, *Paroles*).

➜ page : *179.*

Comédie

Pièce comique; genre théâtral.

● Une comédie est une pièce de théâtre qui invite au rire par le biais d'une peinture satirique des mœurs ou des caractères et par la répétition de situations incongrues.

● Le terme désigne également le genre théâtral – et, par extension, cinématographique – qui regroupe des œuvres destinées à amuser.

➜ **pages :** ***25, 34, 122-126, 129, 167, 232, 249, 328, 329.***

Comédie-ballet

Pièce comique dansée ; genre théâtral.

● La comédie-ballet est une comédie mêlée de divertissements dansés.

● Le genre a été notamment illustré par Molière dans *les Fâcheux, Monsieur de Pourceaugnac, le Bourgeois gentilhomme* ou *le Malade imaginaire,* avec l'aide de musiciens comme Lully ou Charpentier et de chorégraphes comme Beauchamp.

➜ **page :** ***215.***

Comique

Caractère de la comédie.

● Le comique caratérise la comédie, ses acteurs, ses auteurs, ses procédés.

● Le terme désignait également une catégorie de rôles dans la comédie : premier comique comme Sganarelle dans *Dom Juan,* second comique comme La Flèche dans *l'Avare.*

➜ **pages :** ***143, 150, 328, 330.***

Commedia dell'arte

Forme théâtrale italienne.

● La commedia dell'arte s'est développée à la fin du XVIe et au début du XVIIe siècle à partir de l'Italie. C'est un théâtre d'improvisation très gestuel construit à partir de canevas d'inspirations diverses. La commedia dell'arte est interprétée par des acteurs professionnels masqués qui s'adressent à un public populaire. Leurs personnages et leur type de jeu ont fini par se figer dans un style que Molière ou Goldoni, notamment, ont emprunté.

● Parmi les personnages de la commedia dell'arte, les plus célèbres sont le valet Arlequin, les soudards Matamore ou Rodomont, le marchand Pantalon, l'ingénue Isabelle, le valet Brighella.

➜ **pages :** ***232, 328, 330, 331.***

Communication

Action de transmettre quelque chose à quelqu'un, ordinairement par le biais du langage au sens large.

● En linguistique, la communication désigne la transmission, à travers un canal, d'un message entre un émetteur et un récepteur possédant un code commun.

➜ **pages :** ***370, 380.***

Comparaison

Rapport entre deux termes.

● La comparaison rapproche deux termes dont on souligne la similitude, par le biais d'une conjonction telle que *comme* ou *ainsi que* : « blonde comme les blés. »

● La comparaison diffère de la métaphore qui n'est introduite par aucun terme et n'est donc pas exprimée de façon explicite.

● La littérature s'efforce de renouveler des comparaisons qui risqueraient de tourner au cliché : *« Beau comme la rencontre fortuite sur une table de dissection d'une machine à coudre et d'un parapluie »* (Lautréamont, *Chants de Maldoror*) ; *« La Terre est bleue comme une orange »* (Eluard).

➜ **pages :** ***89, 95, 370.***

Comptine

Formule enfantine chantée.

● Une comptine est une chanson enfantine dont les syllabes sont comptées en vue de tirer un joueur au sort. Ses origines l'assimilent à une formule magique.

● La comptine « *Am, stram, gram / piké, piké, kollégram / bourré, bourré, rattatam / am, stram, gram* » est la déformation d'une ancienne comptine allemande qu'on peut traduire par « Un, deux, trois / vole, vole, hanneton / cours, cours, cavalier / un, deux, trois ».

Confession

Profession de foi.

● La confession est l'affirmation publique de sa foi ou de ses croyances. Elle désigne également l'aveu de ses péchés devant le prêtre catholique ou, plus généralement, la reconnaissance de ses fautes.

● Le terme entre dans le titre de plusieurs ouvrages le plus souvent autobiographiques comme *les Confessions* de saint Augustin, celles de Jean-Jacques Rousseau ou *la Confession d'un enfant du siècle* de Musset.

→ **pages : *31, 73, 157, 211, 243, 261, 347.***

Connotation

Signification seconde.

● La connotation d'un mot est l'ensemble des valeurs dont se charge ce mot en plus de sa signification première que l'on nomme « dénotation ». « Policier » a la même dénotation que « flic », mais pas la même connotation ; le premier est neutre tandis que le second connote une langue familière et un parti pris péjoratif.

→ **page : *352, 398.***

Consolation

Genre littéraire d'inspiration philosophique.

● La consolation est une œuvre littéraire d'inspiration philosophique, en vers ou en prose, sous forme de lettre ou de petit traité de morale, destinée à apporter un réconfort.

● Ce genre très rhétorique a été pratiqué aussi bien par Sénèque (*Consolation à Marcia, Consolation à Polybe,* etc.) que par Malherbe *(Consolation à Monsieur Du Périer sur la mort de sa fille).*

Conte

Récit imaginaire.

● Le conte est souvent la transposition écrite de récits imaginaires oraux. Le réalisme et le fantastique s'y mêlent dans le développement de thèmes récurrents et suivant des formes quasi invariables. Les contes possèdent généralement une vocation didactique.

● Les recueils de contes les plus célèbres sont ceux de Charles Perrault (XVIIe siècle), des frères Grimm, de Hans Christian Andersen (XIXe siècle) et de Marcel Aymé (XXe siècle). Au XVIIIe siècle en particulier, le conte a servi de support à de courts textes à tonalité libertine (Crébillon fils, *le Sylphe* ; Prince de Ligne, *Contes immoraux*

– par opposition aux *Contes moraux* de Marmontel).

➜ **pages** : ***143, 164, 242, 247, 256, 261.***

Contre-rejet

Figure de versification.

- Le contre-rejet désigne le début d'un groupe syntaxique qui est « rejeté en arrière » à la fin d'un vers au lieu de se trouver à la rime : *« Rien n'a changé. J'ai tout revu : l'humble tonnelle / De vigne folle avec les chaises de rotin »* (Verlaine, *Poèmes saturniens*).
- Ce procédé, que l'on nomme aussi contre-enjambement, est destiné à mettre en lumière les mots contre-rejetés et à rompre le rythme des vers.

➜ **pages** : ***344, 345.***

Coran

Livre sacré des musulmans.

- Le Coran contient la révélation transmise par le dieu Allah au prophète Mohammed (Mahomet) par l'intermédiaire de l'ange Gabriel, de 612 à 632, à La Mecque puis à Médine.
- Délivrées oralement, ces révélations ont été transcrites dans un livre, en arabe, par les fidèles qui les avaient apprises par cœur, cinquante ans après la mort de Mahomet.
- Le Coran est composé de cent quatorze sourates subdivisées en versets. Fondement de la communauté musulmane, il constitue la source du dogme et de la loi de l'islam.
- Le style volontiers métaphorique du Coran a puissamment inspiré la littérature arabe, à commencer par les contes des *Mille et Une Nuits.*

Cosette

Personnage de roman de Victor Hugo.

- Cosette est un des principaux personnages des *Misérables* de Hugo. Fille de Fantine – séduite et abandonnée –, Cosette est confiée par sa mère à un couple d'aubergistes, les Thénardier, qui la traitent comme une esclave. Jean Valjean la délivre et entreprend son éducation. Elle le suivra jusqu'à sa rencontre avec Marius dont elle tombe amoureuse. Le couple assistera Jean Valjean dans sa mort qui clôt le roman.

➜ **pages** : ***146, 309.***

Coupeau et Gervaise

Personnages de roman d'Émile Zola.

- Coupeau et Gervaise sont les principaux personnages de *l'Assommoir* de Zola. Septième roman du cycle des *Rougon-Macquart, l'Assommoir* retrace, avec un réalisme cru, la vie misérable et sordide d'un couple d'ouvriers parisiens.
- Montée à Paris, la blanchisseuse Gervaise – abandonnée par le père de ses enfants – épouse l'ouvrier zingueur Coupeau, dont elle aura une fille, Nana. Victime d'un accident de travail, Coupeau sombre dans un alcoolisme atavique. Gervaise l'imitera bientôt puis se livrera à la prostitution. Coupeau et Gervaise meurent dans la misère la plus sombre.

➜ **page** : ***273.***

Critique

Art d'analyser les œuvres littéraires et artistiques.

● Les méthodes critiques ont varié au cours de l'histoire. De l'Antiquité à l'âge classique, on compare l'œuvre aux lois du genre idéal auquel elle appartient. Le XVIIIe siècle prend en compte les sentiments de l'auteur. Au XIXe siècle, la critique apprécie l'œuvre par rapport à son environnement et à la personnalité de son auteur. Les critiques du XXe siècle se fient à leur seule impression ou, au contraire, font appel aux lois des sciences sociales – sociologie, psychanalyse, linguistique…

→ **pages :** ***28, 66, 97, 154, 246, 299-301, 420.***

Cryptogramme

Message codé.

● Un cryptogramme est un message écrit à l'aide d'un langage chiffré ou codé. Il intervient souvent dans la littérature à tonalité policière : *le Scarabée d'or* d'Edgar Poe, *Mathias Sandorf* de Jules Verne ou *l'Énigme des hommes dansants* de Conan Doyle.

Cyrano de Bergerac

Écrivain libertin du XVIIe siècle ; pièce et personnage d'Edmond Rostand.

● Grand défenseur de la notion de liberté, libertin, rédacteur de mazarinades, Cyrano de Bergerac (1619-1655) est notamment l'auteur d'une comédie, *les Pédants,* d'une tragédie, *la Mort d'Agrippine,* et de deux romans utopiques burlesques, *Histoire comique des États et Empires de la Lune* et *Histoire comique des États et Empires du Soleil.*

● La comédie en cinq actes et en vers (1899) de Rostand présente Cyrano en héros picaresque et romantique. Affublé d'un nez grotesque, Cyrano est un officier des cadets de Gascogne secrètement amoureux de Roxane. Il mettra son talent épistolaire et oratoire au service de Christian, que Roxane aime. Après la mort de Christian, Cyrano gardera le secret. Son amour ne sera révélé à Roxane qu'au moment de la mort du héros.

→ **pages :** ***222, 303, 337, 348.***

Dantès (Edmond)

Personnage de roman d'Alexandre Dumas.

● Edmond Dantès est le personnage principal du *Comte de Monte-Cristo* d'Alexandre Dumas (1844-1846).

● Emprisonné arbitrairement au château d'If pendant quinze ans à l'instigation de ses rivaux en amour et en affaires, Edmond Dantès s'en échappe, prend possession du trésor de l'île de Monte-Cristo, adopte ce nom et se venge de ses ennemis.

● Le roman eut un immense succès. Jules Verne en empruntera presque toute l'intrigue pour écrire *Mathias Sandorf.*

→ **pages** : *312, 314.*

David

Roi hébreu.

● Écuyer musicien à la cour du roi Saül, où il joue de la harpe, David (vers 1010 av. J.-C.-vers 970) remporte des succès militaires, tuant notamment, d'un coup de fronde, le géant Goliath. Ayant succédé à Saül, il libère les tribus d'Israël de la domination des Philistins, fait de Jérusalem sa capitale et étend son royaume.

● La tradition en fait un grand poète et lui attribue la composition de nombreux chants liturgiques et de psaumes.

→ **page** : *340.*

Décasyllabe

Vers de dix syllabes.

● Le décasyllabe est le vers dominant dans la chanson de geste et la poésie lyrique jusqu'au XVIe siècle. Il est encore utilisé par certains romantiques, puis par Verlaine et Valéry *(le Cimetière marin).*

→ **pages** : *36, 170, 342, 343, 386.*

Dédale

Personnage de la mythologie grecque.

● Architecte mythique du Labyrinthe de Crète, Dédale est devenu un nom commun synonyme de « labyrinthe ».

● Séquestré dans l'île par le roi Minos, Dédale s'en échappe avec son fils Icare à l'aide d'ailes faites de plumes et de cire. Icare meurt en s'approchant trop près du soleil, vengeant ainsi le meurtre de Talos perpétré jadis par son père.

Dédicace

Hommage de son ouvrage de la part d'un auteur.

● La dédicace est la marque d'estime qu'un auteur exprime envers un tiers en lui dédiant personnellement son ouvrage.

● Par extension, la dédicace désigne la formule manuscrite ou imprimée inscrite par l'auteur en tête de son livre : *« À tous ceux qui crevèrent d'ennui au collège, ou qu'on fit pleurer dans la famille, qui, pendant leur enfance, furent tyrannisés par leurs maîtres ou rossés par leurs parents, je dédie ce livre »* (dédicace de *l'Enfant* de Jules Vallès, 1879).

Del Dongo

→ **Fabrice.**

Dénotation

Sens littéral.

● La dénotation d'un mot correspond à sa définition dans le dictionnaire – ou ses définitions en cas de polysémie. Ainsi, le mot « chaise » dénote un siège à dossier, sans bras.

● La dénotation d'un terme est explicite et permanente à une époque donnée. Elle peut illustrer une valeur – péjorative, appréciative – et refléter un registre de la langue particulier – précieux, vulgaire.

→ page : *352.*

Description

Représentation d'objets, de lieux, de personnages dans l'espace.

La description est le procédé – et le texte qui en résulte – destiné à fournir au lecteur une représentation dans l'espace d'une chose, d'un endroit ou d'une personne.

● La description peut être informative ou argumentative, réaliste ou poétique. Mais elle a généralement une fonction narrative dans la mesure où elle intervient dans le développement d'un récit.

→ pages : *77, 82, 353, 400.*

Desqueyroux (Thérèse)

Roman et personnage de François Mauriac.

● Thérèse Desqueyroux est l'héroïne du roman homonyme de François Mauriac (1927).

● Étouffant dans un milieu qui ne satisfait pas son appétit spirituel, Thérèse tente d'empoisonner son mari qui la fait échapper à la condamnation et l'enferme chez eux, par souci des convenances, avant de la libérer.

● François Mauriac analyse l'enchaînement de circonstances qui conduit au geste de Thérèse, tout en conservant à celle-ci une part de mystère entretenue par les contradictions du personnage. Il donnera une suite au roman, intitulée *la Fin de la nuit* (1935).

Diablerie

Intermède théâtral.

● Une diablerie est un intermède comique dans un mystère médiéval, qui met en scène des diables injuriant le public.

→ **Mystère.**

Dialogue

Ensemble de répliques.

● Le dialogue désigne un ensemble de paroles échangées par les personnages d'une œuvre littéraire.

● Certains écrits ont la forme de dialogues, selon une tradition qui remonte à l'Antiquité (œuvres de Platon ; Lucien, *Dialogues des morts,* IIe siècle). Sur ce modèle, Diderot a laissé plusieurs dialogues stimulants *(le Neveu de Rameau).*

→ pages : ***111, 112, 115, 121, 227, 334, 380, 390.***

Dictionnaire

Recueil alphabétique de mots et de leur définition ou de leur traduction.

● En français, les premiers dictionnaires furent des lexiques latin-français (XVIe siècle) avant les *Dictionnaires* de Richelet (1680) et de Furetière (1690), qui précèdent ceux de l'Académie française.

● Les dictionnaires de langue présentent des informations sur la nature et le genre grammatical des mots, leurs sens, leurs emplois, leurs niveaux de langue, leurs formes graphiques et phonétiques.
● Les dictionnaires encyclopédiques, outre les renseignements que l'on trouve habituellement dans les dictionnaires de langue, offrent des développements de nature scientifique et historique sur les choses, les personnes, les événements, etc.
→ **pages :** ***24, 42, 70, 80, 83, 94, 122, 179, 245, 389.***

Dicton

Formule populaire devenue proverbe.
● « Un homme averti en vaut deux » ou « En avril, ne te découvre pas d'un fil » sont des dictons.

Didascalie

Indication de l'auteur relative à sa pièce.
● Dans le théâtre antique, notamment dans le théâtre grec, la didascalie est le petit texte que l'auteur fait figurer au début du manuscrit de sa pièce et qui donne un certain nombre de renseignements sur la représentation.
● Aujourd'hui, les didascalies désignent l'ensemble des notations de l'auteur de théâtre, concernant plus particulièrement le jeu et la mise en scène de sa pièce.
● Les didascalies figurent en général en italique dans le texte imprimé de la pièce, en tête de chaque scène ou de certaines répliques.
→ **pages :** ***177, 431.***

Diérèse

Forme particulière de prononciation.
● La diérèse est la prononciation en deux syllabes d'un groupe de lettres qui peut se prononcer en une syllabe, par exemple on dira « li-on » (deux syllabes) au lieu de « lion » (une seule syllabe). La diérèse est utilisée en poésie pour les besoins du rythme du vers.

Dionysos

Personnage de la mythologie grecque.
● Fils de Zeus et de Sémélé, Dionysos est sorti de la cuisse du premier des dieux.
● En effet, Dionysos est sauvé par son père qui le retire du ventre de sa mère foudroyée pour le coudre dans sa cuisse en attendant le terme, d'où ce nom de *Dio-nysos* – « deux fois né ». Il est aussi le dieu du Vin et de la Tragédie.
● Dionysos est le personnage central des *Bacchantes* d'Euripide.
→ **pages :** ***32, 256.***

Discours

Traitement développé d'un sujet, généralement oral.
● Au sens premier, un discours est une longue allocution, de caractère officiel, délivrée à l'occasion de circonstances particulières, voire solennelles – par exemple, le discours du maire devant le monument aux morts, le 11-Novembre.
● En linguistique, un discours est un énoncé de taille supérieure à la phrase, considéré du point de vue de son enchaînement et qui constitue un ensemble cohérent. Le dis-

cours philosophique permet d'exprimer et d'enchaîner logiquement la pensée.
➜ pages : *108, 250, 353, 358, 359.*

Disposition

Ordonnance d'une œuvre littéraire.

• Dans l'ancienne rhétorique, la disposition désigne l'art de la composition générale, la façon d'ordonnancer des grandes parties du discours : exorde – ou introduction –, narration des faits, discussion, péroraison – ou conclusion.
➜ page : *370.*

Dizain

Poème de dix vers.

• Le dizain est un petit poème de dix vers à forme fixe, construit sur quatre rimes sur le modèle *ababbccdcd* : par exemple, le « dizain de neige » de Marot ou la *Délie, objet de plus haute vertu* (1544), œuvre poétique de Maurice Scève composée de 449 dizains.
➜ page : *342.*

Dom Juan *ou* Don Juan

Personnage légendaire du séducteur.

• Don Juan est un libertin impie, qui cherche la satisfaction narcissique au travers de ses conquêtes amoureuses.

• Il apparaît pour la première fois dans *le Séducteur de Séville* de Tirso de Molina en 1630. Mais c'est avec la pièce homonyme de Molière, *Dom Juan,* en 1665, que le mythe de Don Juan est consacré. L'auteur le représente en « grand seigneur » et « méchant homme », capable de jouer tous les rôles, même celui du converti. Le personnage a été italianisé par Mozart, en 1787, en Don Giovanni, dans l'opéra du même nom.

• Son nom est à ce point célèbre qu'il est devenue courant : on parle de « donjuanisme » pour désigner le comportement de quelqu'un qui multiplie les conquêtes.
➜ pages : *126, 127, 162, 180, 233, 329, 380, 461.*

Don Quichotte

Personnage de roman de Cervantès.

• Don Quichotte est le héros du roman qui porte son nom, *Don Quichotte de la Manche,* publié par Cervantès en 1605-1615.

• Don Quichotte est un gentilhomme campagnard, qui passe son temps à lire des romans de chevalerie au point de finir par s'identifier aux héros de ces légendes. Il se lance ainsi, avec son fidèle serviteur, Sancho Pança, dans de folles aventures afin de mériter sa fiancée, Dulcinée, jusqu'à ce que, contraint par serment, lors d'un combat, il doive alors renoncer à ses exploits. Don Quichotte découvre alors la vanité de ses chimères et meurt.

• La « folie » qui le caractérise n'est pas très éloignée du « bovarysme » de l'héroïne de Flaubert.
➜ pages : *37, 115, 268, 308, 318, 451, 461.*

Drame

Genre théâtral.

• Le genre dramatique dispose d'un ton moins élevé que le genre tragique. Il représente une action violente ou douloureuse, où le comique peut se mêler au tragique : *Othello* ou *Hamlet* de William Shakespeare sont des exemples types du drame.

- Dans sa définition la plus stricte, le drame, en France, est considéré comme une création du XVIIIe siècle ; le mot n'apparaît dans le dictionnaire de l'Académie qu'en 1762.
- Victor Hugo a fait la théorie du drame romantique dans la préface de *Cromwell* (1827).
- Avec la fin du théâtre romantique, on range volontiers sous le terme « drame » toute forme de théâtre sérieux distinct de la tragédie. Toutefois, le mot reprend sens et vertu avec le symbolisme, Maeterlinck et Claudel, entre autres, lui redonnant ses lettres de noblesse.

➜ **pages :** ***25, 110-117, 127-139, 145, 332, 333, 336, 337.***

Drame bourgeois

Genre théâtral.

- Le drame bourgeois met en scène les problèmes douloureux de personnages non nobles.
- C'est sous l'influence d'une bourgeoisie soucieuse de renouveler les traditions classiques par plus de réalisme qu'est né le drame bourgeois au XVIIIe siècle.
- *Philosophe sans le savoir* de Sedaine marque le premier succès de ce genre littéraire en 1765. Diderot l'avait théorisé et mis en pratique en 1758 avec *le Père de famille.*
- Beaumarchais tirera vers le drame bourgeois le dernier volet des aventures de Figaro (*la Mère coupable,* 1792).
- Le drame bourgeois connaît des avatars « larmoyants ».

➜ **pages :** ***249, 334, 335.***

Écriture automatique

Mode de création surréaliste.

● Inventée par les poètes surréalistes, l'écriture automatique consiste à écrire au fil de la plume sans réfléchir et sans se relire.

● Ainsi, la pièce *S'il vous plaît* d'André Breton et de Philippe Soupault (1920) illustre parfaitement ce style d'écriture : action disparate, personnages qui se succèdent pour ne plus revenir. La même année, *les Champs magnétiques,* écrits encore en commun, marquent l'apogée du genre qui, pour André Breton, devait permettre l'expression directe de l'inconscient.

➜ **pages :** ***278, 280.***

Églogue

Petit poème pastoral.

● Inspirée de la poésie bucolique latine (Virgile, *les Bucoliques*), cette forme poétique est reprise par Dante, Pétrarque, Boccace et par Ronsard dans ses *Églogues* (1559).

● On dit une églogue.

➜ **page :** ***117.***

Électre

Personnage de la mythologie grecque.

● Fille d'Agamemnon et de Clytemnestre, Électre incite son frère, Oreste, à tuer leur mère pour venger la mort de leur père assassiné par l'amant de cette dernière.

● Électre est à l'origine de nombreuses tragédies de Sophocle et d'Euripide, ou, plus près de nous, de Jean Giraudoux (*Électre,* 1937) et de Jean-Paul Sartre (*les Mouches,* 1943).

● En psychanalyse jungienne, le complexe d'Électre est le pendant féminin du complexe d'Œdipe : il désigne l'attraction des filles pour leur père et le rejet de leur mère.

➜ **pages :** ***184, 287, 290.***

Élégie

Petit poème lyrique mélancolique.

● Dans la poésie antique, l'élégie est une pièce sur un sujet quelconque, formée d'une alternance de pentamètres – vers de cinq syllabes – et d'hexamètres – vers de six syllabes.

● L'élégie devient un court poème lyrique – voire une autre forme d'écrit – au ton tendre et triste qui exprime parfois le deuil ou l'angoisse face au destin.

● La Fontaine est l'auteur d'une *Élégie aux nymphes de Vaux*. Lamartine ou Musset ont également écrit des élégies.

● Avec les *Élégies de Duino* (1923), Rainer Maria Rilke livre un recueil de dix poèmes qui marque la modernité du genre, hors de toute contrainte formelle.

Ellipse

Figure de rhétorique.

● L'ellipse consiste à ne pas exprimer, dans une phrase, un ou plusieurs mots, sans toutefois altérer la compréhension du texte.

● C'est une forme souvent utilisée pour les proverbes : « Après la pluie, le beau temps » – c'est-à-dire « après la pluie vient le beau temps ». L'impératif est considéré comme une forme elliptique (« sors ! »).

➜ **pages :** ***85, 371.***

Élocution

Art du style, dans l'ancienne rhétorique.

- L'élocution comprend le choix et la disposition des mots dans la phrase, les effets de rythme, les jeux phoniques, les figures.

➜ **pages :** *91, 370.*

Éloge

Discours louangeur.

- L'éloge est destiné à célébrer quelqu'un, mort ou vivant, ou quelque chose. Sa forme la plus répandue est l'éloge funèbre, d'origine lyrique.
- Il peut être parodique, comme l'éloge du tabac que fait Sganarelle dans *Dom Juan* de Molière ou comme la scène des comices agricoles dans *Madame Bovary* de Gustave Flaubert.

➜ **pages :** *232, 268.*

Éloge funèbre

Éloge d'un défunt.

- Le genre est pratiqué depuis la plus haute Antiquité : les pharaons recevaient déjà des éloges funèbres.
- Dans son *Éloge de Richardson* (1762), Denis Diderot fait l'éloge du romancier anglais, exprimant ainsi la tragédie que représente la mort de cet écrivain pour le genre littéraire et pour ses amis.

Émile

Personnage et essai de Jean-Jacques Rousseau.

- Émile est le « héros » de l'essai pédagogique de Jean-Jacques Rousseau, *Émile ou De l'éducation* (1762), qui célèbre les vertus d'une éducation « naturelle ».
- Le pendant féminin d'Émile est Sophie.
- L'ouvrage fit véritablement scandale, fut condamné au feu et Rousseau dut se réfugier en Suisse.

➜ **page :** *243.*

Encyclopédie

Ouvrage exposant un ensemble de connaissances.

- L'encyclopédie est un ouvrage qui traite de l'ensemble des connaissances universelles – ou d'une partie de celles-ci dans le cadre d'une encyclopédie spécialisée – en les présentant par thèmes ou par ordre alphabétique.
- L'*Encyclopédie* de Diderot et d'Alembert, à laquelle participèrent non seulement tous les philosophes, mais aussi les meilleurs techniciens du temps, est l'œuvre maîtresse du XVIIIe siècle.

➜ **pages :** *24, 80, 179, 180, 240, 243-245, 389.*

Énée

Personnage de la légende troyenne.

- Fils d'Aphrodite et d'Anchise, prince de Troie, Énée s'échappe, lors de la prise de la ville, en portant son père sur les épaules. Après des années d'errance et d'épreuves, il s'installe dans le Latium, à l'endroit où s'élèvera Rome, fondant ainsi la légende de l'origine troyenne de la la ville.
- Le poète latin Virgile relatera l'épopée d'Énée dans l'*Énéide,* écrite à la gloire de la grande nation romaine sur le modèle de l'*Iliade* et de l'*Odyssée* d'Homère.

Énigme

Problème.

- L'énigme est un énoncé comprenant des allusions complexes dont il faut débrouiller le sens pour acquérir une connaissance.
- Les pythies de Delphes rendaient autrefois leurs oracles sous forme d'allégories dont le sens demeurait caché et énigmatique.
- À partir du Moyen Âge, l'énigme désigne un petit poème en forme de devinette, qui décrit quelque chose sans le nommer. Le genre se codifie au XVIIe siècle et devient un des divertissements en usage dans les salons précieux.

Enjambement

➜ Rejet.

Énonciation (double)

Acte de production d'un énoncé, à la fois linguistique et non linguistique.

- Tout acte de langage joue sur un double degré d'énonciation. D'un côté, il est un acte linguistique, au niveau des mots, de l'énoncé ; d'un autre côté, il s'articule sur une structure non linguistique, faite de référents culturels, qui sous-tend la communication dans chacun de ses actes et contribue à lui conférer un sens en fonction de contextes non exprimés, culturels, sociologiques, personnels, etc.
- Il ne faut pas confondre la double énonciation avec la double articulation du langage qui, selon certains linguistes, consiste en un niveau phonétique et un niveau sémantique.

➜ **pages : *355, 358, 359, 365.***

Épigramme

Genre poétique.

- Dans l'Antiquité, l'épigramme désigne une inscription en prose ou en vers sur un monument.
- Plus tard, elle devient une pièce en vers satirique ou un bref poème qui se termine par une chute sarcastique. L'épigramme a été cultivée par Marot, La Fontaine ou encore Voltaire – *« L'autre jour au fond d'un vallon / Un serpent piqua Jean Fréron / Que pensez-vous qu'il arriva ? / Ce fut le serpent qui creva. »*

➜ **page : *229.***

Épitaphe

Inscription gravée sur un tombeau, pour rappeler le souvenir d'un mort.

- *« Visse, scrisse, amo »* – « il a vécu, il a écrit, il a aimé » – est l'épitaphe, rédigée par lui-même, de Stendhal, qui est enterré au cimetière Montmartre, à Paris. Certaines pièces des *Contemplations* de Victor Hugo (1856) sont de véritables épitaphes à sa fille Léopoldine.

➜ **page : *226.***

Épithalame

Petit poème composé en l'honneur de jeunes mariés.

- Parmi les épithalames célèbres, on retiendra plus particulièrement l'*Épithalame de Thétis et Pélée* du poète latin Catulle.
- La Renaissance revivifie la forme avec Ronsard, le Tasse, Marot, Sidney, Spencer, Donne. En 1921, Jacques Chardonne a intitulé ainsi un roman sur l'amour conjugal.
- On dit un épithalame.

Épître

Poème se présentant sous la forme d'une lettre familière, sur un sujet philosophique ou satirique.

- Les *Épîtres* d'Horace (entre 30 av. J.-C. et 8 av. J.-C.) sont le premier recueil du genre. La dernière épître, dédiée aux Pisons, est connue sous le nom d'*Art poétique*.
- Par extension, le terme est devenu synonyme de lettre : on en attribue à tous les Pères de l'Église – ainsi, saint Paul. Boileau publie douze *Épîtres* versifiées entre 1669 et 1696.
- On dit une épître.

➜ **page : *234.***

Épopée

Long poème narratif mêlant la légende et l'histoire.

- Les principales caractéristiques de l'épopée sont l'intervention du divin, du merveilleux, la noblesse des héros, la démesure de leurs sentiments et de leurs pouvoirs.
- Au contraire de l'expression lyrique, l'épopée suppose un effacement du narrateur derrière son sujet. L'*Iliade* et l'*Odyssée* d'Homère, mais aussi les chansons de geste ou *la Légende des siècles* de Victor Hugo sont des poèmes épiques.

➜ **pages : *33, 104, 106, 111, 116-120, 145, 146, 164, 195, 257, 340, 341.***

Érinyes

Divinités de la Vengeance, chez les Grecs.

- Elles sont envoyées par les dieux pour déchirer de leurs ongles de fer les humains coupables de crimes graves : *« Eh bien, filles d'enfer, vos mains sont-elles prêtes ? / Pour qui sont ces serpents qui sifflent sur vos têtes »*, s'exclame le malheureux Oreste, poursuivi par les Érinyes, à la fin de l'*Andromaque* de Racine.
- On les appelle également, par antiphrase, les Euménides, c'est-à-dire les « Bienveillantes ».

➜ **page : *122.***

Éros

Dieu de l'Amour dans la mythologie grecque.

- Il serait né en même temps que la Terre et sorti directement du Chaos primitif. Dans une autre tradition, il est fils de Vénus-Aphrodite : sa cousine la Folie l'aurait aveuglé en jouant et fut pour cela condamnée *« à servir de guide à l'Amour »* (La Fontaine). Ce qui explique que l'amour tire ses flèches au hasard.
- Éros, qui a inspiré presque tous les poètes et artistes, intervient dans de nombreuses légendes, dont celles de Psyché. Éros a donné au français l'adjectif érotique. Les Latins l'appellent Cupidon.

➜ **page : *30.***

Essai

Œuvre en prose dans laquelle l'auteur traite un ou plusieurs sujets sans forcément aller jusqu'au bout de ses démonstrations.

- Les *Essais* de Montaigne (1580-1592) ont imposé le terme en terminologie littéraire.
- Opposé au traité, l'essai se trouve plus particulièrement adapté à l'ex-

pression de l'imaginaire romantique. Au XXe siècle, le genre est presque devenu synonyme de critique.

→ **pages : *50, 54, 87, 95, 99, 153, 154, 158, 184, 191, 210.***

Euménides

→ Érinyes.

Évangile

Livre dans lequel sont consignés la vie et le message de Jésus.

● Les Évangiles sont le récit de l'enseignement et de la doctrine du Christ qui annonça à ses disciples la bonne nouvelle : il était venu pour racheter les hommes et leur ouvrir le royaume de Dieu. Les paroles et les œuvres de Jésus sont présentées à travers le prisme de la Résurrection.

● La tradition attribue les quatre Évangiles canoniques respectivement à saint Matthieu, saint Marc, saint Luc et saint Jean.

● Par extension, on désigne sous le terme « évangile » tout écrit à visée doctrinale ou philosophique, parfois sans motif religieux. C'est notamment le cas de *l'Évangile éternel* de Jean Guéhenno, étude sur l'amour du peuple dans l'œuvre de Jules Michelet.

→ **pages : *26, 31, 203.***

Existentialisme

Pensée philosophique née au XIXe siècle.

● Nom que l'on donne aux doctrines philosophiques qui ont en commun le primat de l'existence comme réalité vécue, de Kierkegaard à Heidegger.

● C'est surtout Sartre qui a illustré cette notion avec *l'Être et le Néant* (1943) et *L'existentialisme est un humanisme* (1946).

→ **pages : *82, 182, 184, 191, 290, 296, 307.***

Fable

Récit d'une aventure imaginaire.

● La fable est le plus souvent accompagnée d'une leçon de morale. Les plus célèbres sont bien sûr celles de La Fontaine, inspirées d'Ésope. Mais on doit aussi à Jean-Pierre Claris de Florian (1755-1794) et, plus près de nous, à Jean Anouilh, quelques très jolies pièces du genre.

➜ **pages : *163, 164, 168, 198, 234, 235, 237.***

Fabrice del Dongo

Personnage de roman de Stendhal.

● Fabrice del Dongo est le personnage principal de *la Chartreuse de Parme* (1839) de Henri Beyle, dit Stendhal.

● Ce roman d'apprentissage relate l'itinéraire de Fabrice, jeune aristocrate épris de liberté. Après avoir assisté à la bataille de Waterloo, Fabrice, rejeté par son père, se réfugie chez sa tante Gina Sanseverina, à Parme. Mêlé aux intrigues qui opposent celle-ci et le comte Mosca au prince de la ville, il est emprisonné. Il tombe amoureux de la fille du gouverneur de la forteresse, Clélia Conti. Leurs amours contrariées amèneront Fabrice à se retirer à la chartreuse de Parme après la mort de Clélia.

➜ **page : *146.***

Fantastique

Genre caractérisé par l'intervention de l'irréel ou du surnaturel dans la vie quotidienne.

● Surtout pratiqué au XIXe et au XXe siècle, ce genre littéraire est notamment illustré par *la Vénus d'Ille* de Prosper Mérimée (1837), les *Histoires extraordinaires* d'Edgar Allan Poe (traduit par Beaudelaire en 1857) ou les *Contes cruels* de Villiers de L'Isle-Adam (1883).

➜ **pages : *256, 265, 274, 275, 323, 348, 349.***

Farce

Bouffonnerie, pièce de théâtre d'un comique bas, souvent grossier en gestes et en mots.

● Le chef-d'œuvre du genre est *la Farce de Maître Pathelin*. Molière (*les Fourberies de Scapin,* 1671), puis Regnard (*la Foire Saint-Germain,* 1695) écrivirent des farces, sur le modèle italien, pour les théâtres de la Foire et les comédiens ambulants.

➜ **pages : *39, 126, 232, 328.***

Faust

Héros de nombreuses œuvres littéraires, musicales et plastiques.

● Il serait issu d'un « docteur » humaniste du XVIe siècle, vivant à Knittlingen, et qui passait pour sorcier. L'imagination populaire donna au personnage une dimension mythique, mais ambiguë : Faust ne croit pas en Dieu, mais assez au diable pour lui vendre son âme en échange du savoir et des biens terrestres.

● Goethe en fera le héros d'une œuvre majeure (*Faust,* 1806-1832). Le personnage y est moins sombre que son « ancêtre » : le nœud de l'action est un pari engagé entre Méphistophélès, qui se fait fort de ravaler Faust au niveau de la brute, et le Seigneur, qui affirme que Faust résistera à la tentation. Ainsi, d'après Goethe, son héros *« n'a jamais cessé de tendre vers un idéal »*.

● Le personnage de Faust a inspiré Hector Berlioz (*Huit Scènes de Faust,* 1828) et le peintre Delacroix (*Faust et Méphistophélès,* 1828).

➜ **page :** ***337.***

Féerie
Pièce de théâtre fondée sur le merveilleux.

● En vogue à l'époque romantique, la féerie a disparu en se fondant dans l'opérette à grand spectacle. C'est par antiphrase que Céline intitule l'une de ses œuvres les plus noires *Féerie pour une autre fois* (1952).

Fiction
Particularité du récit qui relate des événements qui sont, en principe, donnés comme non réels.

● Les romans sont des œuvres de fiction, par opposition aux Mémoires ou aux récits historiques.

➜ **pages :** ***285, 350, 351, 368, 390.***

Figaro
Personnage de Beaumarchais.

● On retrouve Figaro dans la trilogie de Beaumarchais *le Barbier de Séville* (1775), *le Mariage de Figaro* (1784) et *la Mère coupable* (1792). Frondeur et ironique, il dénonce les inégalités sociales et l'arrogance des puissants.

● C'est aussi le héros des opéras *le Barbier de Séville* de Paisiello (1782), de Rossini (1816) et des *Noces de Figaro* de Mozart (1786).

➜ **pages :** ***130, 249, 319, 329.***

Figures du discours
Dans l'ancienne rhétorique, tout procédé stylistique ou grammatical visant à un certain effet.

● On regroupait les figures en trois arts majeurs : Inventio, Dispositio et Elocutio. On distingue les figures par combinaisons (chiasme, parallélisme), par mutation sémantique (métaphore, oxymore) ou par position (asyndète, anacoluthe).

➜ **pages :** ***84-90, 370.***

Formalisme
Doctrine philosophique et théorie linguistique.

● En tant que doctrine philosophique, le formalisme considère toutes les vérités comme reposant sur des conventions et soumises à des conditions universelles (Kant).

● En tant que théorie linguistique, le formalisme s'intéresse prioritairement aux formes plus qu'au contenu. Élaboré par la critique russe dans les années 1930 (Propp, Bakhtine), importé en Occident dans les années 1960, il a durablement influencé la « nouvelle critique » (Barthes, Sollers, Todorov, etc.).

➜ **pages :** ***84, 88, 94, 102, 301.***

Fragment
Texte isolé qui subsiste d'une œuvre égarée.

● Le fragment est très fréquent dans les écrits anciens, souvent en grande partie perdus (par exemple, *les Poèmes* de Sappho).

● Par extension, partie isolée d'une œuvre qui peut avoir été conçue pour n'exister que sous cette forme.

Ainsi, une grande partie de la philosophie nietzschéenne, tel *Par-delà le bien et le mal,* est écrite en fragments.

Frankenstein

Personnage de roman de Mary Shelley.

● Frankenstein est le jeune savant imaginé par Mary Shelley dans *Frankenstein ou le Prométhée moderne* (1818) qui donne vie à un être humain sans âme composé de parties de corps humains volés dans des cimetières ou à la morgue.

● Le « monstre », conscient de ses difformités, se venge de son créateur en massacrant son ami, son frère et sa femme. Poursuivie par le savant, la créature fuit dans l'Arctique et disparaît dans la nuit après avoir tué son « géniteur ». Il s'agit là du plus célèbre drame fantastique romantique, aujourd'hui un mythe.

● Comme Mary Shelley n'a pas baptisé sa créature, très vite les lecteurs lui donnèrent le nom de son créateur ; ainsi, le monstre et le docteur Frankenstein ne firent plus qu'un.

● Le cinéma a utilisé à plusieurs reprises l'histoire inventée par Mary Shelley. Parmi les nombreux films, le meilleur est sans doute celui réalisé en 1931 par James Whale avec Boris Karloff dans le rôle-titre.

➜ **pages :** ***274, 293, 348.***

Gautier (Marguerite)

Personnage de roman et de théâtre d'Alexandre Dumas fils.

● Marguerite Gautier est l'héroïne de *la Dame aux Camélias* (1848), roman que Dumas transposa dans un drame en cinq actes homonyme (1852).

● Le sujet en est l'amour d'un jeune homme de très bonne famille pour une courtisane à la mode, Marguerite Gautier. Celle-ci comprend que cet amour est impossible et s'enfuit. Désespérée par son geste, Marguerite, phtisique, s'éteint dans les bras de son amant venu la rejoindre.

● C'est le personnage féminin le plus populaire de son temps, qui sera mis en scène sous le nom de Violetta, par Verdi en 1853, dans son célèbre opéra *la Traviata*.

➜ **page** : *355*.

Gazette

Journal ou périodique.

● En France, *la Gazette* de Renaudot (1631) fut le premier journal français. Au siècle précédent, on désignait sous ce nom les premiers journaux périodiques apparus à Venise.

● En littérature, on réserve le terme à un exposé des faits sous forme journalistique, par exemple, la « Gazette » de Cyrano, dans la pièce de Rostand.

Genèse

Premier livre de la Bible.

● La Genèse, qui ouvre l'Ancien Testament, raconte l'origine du monde de la création de la lumière à la mort de Jacob (1400 av. J.-C.). Il aurait été écrit par Moïse.

● On y trouve entre autres : la création de l'homme (Adam) ; la création d'Ève ; l'ordre de ne pas toucher au fruit défendu ; la désobéissance, le meurtre d'Abel par Caïn.

● Par extension, la genèse d'un événement est ce qui l'a produit.

Gil Blas

Personnage de roman d'Alain René Lesage.

● C'est le héros de l'*Histoire de Gil Blas de Santillane,* roman de Lesage paru entre 1715 et 1735.

● Il s'agit d'une supercherie de l'auteur, qui présente l'œuvre comme une traduction de l'espagnol, pour mieux faire passer une critique des mœurs de la régence de Philippe d'Orléans.

● Au XVIIIe siècle, de nombreux auteurs utilisent la tradition picaresque espagnole pour critiquer leur époque. Cette pratique n'était pas propre à la France puisque l'Angleterre avait *Moll Flanders* de Daniel Defoe (1722) et l'Allemagne *la Vie de l'aventurier Simplicius Simplicissimus* de Grimmelshausen (1669).

➜ **pages** : ***142, 144, 319***.

Goriot

Personnage de roman d'Honoré de Balzac.

● Il s'agit du personnage central du *Père Goriot* (1835) que Balzac fait naître en 1750 et mourir en 1820.

● Ancien ouvrier vermicellier, enrichi pendant la Révolution grâce au commerce de farine et de pâtes alimentaires, il augmente sa fortune en épousant la fille unique d'un riche fermier. Ce père exemplaire, retiré dans la pension Vauquer, se voit délaissé par ses deux filles pour lesquelles il s'est ruiné. Rejeté, il meurt dans une solitude épouvantable. Seul le jeune Rastignac, provincial monté à Paris, l'assiste dans ses derniers instants.

● Ce roman est le récit d'une passion – Goriot est le « Christ de la Paternité » –, mais aussi le début d'un roman d'apprentissage avec ce nouveau personnage qu'est Rastignac.

➜ **pages :** ***52, 81, 162, 259, 310, 351, 456.***

Gradation

Mise en place d'éléments dans une suite progressive ou dégressive.

● Par exemple, une suite d'idées ou de sentiments dont la force, la signification vont croissant ou décroissant : *« Ah ! Oh ! Je suis blessé, je suis troué, je suis perforé, je suis administré, je suis enterré »* (Alfred Jarry, *Ubu roi*, 1888).

➜ **Rythme ternaire.**
➜ **pages :** ***371, 374, 375.***

Grandet (Eugénie)

Personnage de roman d'Honoré de Balzac.

● Eugénie Grandet est l'héroïne du roman homonyme que Balzac publie en 1833.

● C'est une jeune fille d'une grande beauté, à l'âme noble et délicate, qui est victime de l'avarice de son père richissime et de la cupidité de la bourgeoisie. Son père la séquestre dans sa chambre, en apprenant qu'elle a donné de l'argent à son cousin (qu'elle aime en secret) et ne se résout à lui confier sa fortune qu'au bord de la tombe. Eugénie, abandonnée par son cousin, paie les dettes de son oncle puis, le cœur brisé, fait un mariage blanc et se retrouve veuve à trente-six ans. Désormais seule, elle consacre son temps et son argent aux œuvres de charité.

➜ **page :** ***351.***

Grotesque

Genre littéraire et artistique illustré par le goût du bizarre et de la caricature.

● Le mot apparaît à la Renaissance, après la découverte de peintures antiques dans des ruines (*grotte* en italien).

● Par extension, le terme désigne, du XVIe au XVIIIe siècle, les peintures comportant des figures plus ou moins fantastiques sur le modèle antique. Le genre allie l'étrange, l'irrégulier et le fantasque, typiques des esthétiques baroques, donnant ainsi prétexte à rire.

● Hugo donne une définition du grotesque dans la préface de *Cromwell* (1827).

➜ **pages :** ***135, 140, 162, 263.***

Guermantes

Grande famille au centre de l'œuvre de Marcel Proust.

● Les divers membres de la famille des Guermantes occupent une place importante dans *À la recherche du temps perdu*.

● Dans *Du côté de chez Swann* (1913), le nom suffit à faire fantasmer le narrateur. Dans *le Côté de Guermantes* (1920), le duc et la duchesse, puis leur fille Oriane, incarnent la morgue aristocratique face à la prétention des parvenus. En même temps, ils sont une fin de race : Oriane, dans *le Temps retrouvé* (1927), est presque « déclassée » ; Charlus, son frère, dandy homosexuel, finit dans des jeux masochistes où il est le jouet du prolétaire Jupien.

● Les Guermantes sont l'image d'un ancien monde suranné, entiché de rites, accroché à des privilèges qui n'existent plus et, en même temps, un modèle d'élégance.

➜ **page** : *283.*

Gulliver

Personnage de roman de Jonathan Swift.

● Samuel Gulliver est le héros des *Voyages de Gulliver* (1726). Chirurgien de Notthingham, Gulliver s'embarque comme médecin sur un bateau qui fait naufrage. Il se retrouve prisonnier de minuscules nains, les Lilliputiens. Après cet épisode, il revient chez lui avant de repartir pour de nouvelles aventures.

● Swift fait ainsi la critique du colonialisme et tire une double leçon d'humilité : l'homme doit se persuader de la réalité des choses et de la vanité de ses pratiques sociales.

➜ **page** : *240.*

Hadès

Dieu des Enfers chez les Grecs.

● Frère de Zeus, de Poséidon, d'Héra, d'Hestia et de Déméter, il est le fils de Cronos et de Rhéa. Il est « marié » à Perséphone, déesse du printemps. Les Latins l'appellent Pluton, c'est-à-dire « le riche », car il possède tous les trésors enfouis dans la terre.

● Les Cyclopes lui donnèrent un casque magique, qui le rendait invisible.

● Par métonymie, l'Hadès est le séjour des morts, où descendent Orphée et Énée.

Hagiographie

Science de la biographie des saints.

● L'hagiographie est inspirée des Actes des martyrs, des martyrologues, des enquêtes et des bulles de canonisation. *La Légende dorée* de Jacques de Voragine (XIIIe siècle) est l'archétype de l'hagiographie.

● Par extension, le terme désigne toute apologie exagérée d'un personnage.

Haiku

Petit poème japonais de trois vers de dix-sept syllabes (5/7/5).

● Le haiku est tiré d'une autre forme poétique japonaise, le haikai, dont seuls les trois premiers vers ont été conservés. Baisho (1644-1694) lui a donné ses lettres de noblesse.

● Le genre a été pratiqué par divers écrivains occidentaux, en particulier les surréalistes : *« La muette parle / C'est l'imperfection de l'art / Ce langage obscur »* (1920).

Hamlet

Prince danois semi-légendaire, héros du drame homonyme de William Shakespeare (1601).

● Le père de Hamlet, roi du Danemark, est assassiné par son frère Claudius, qui usurpe le trône et épouse sa belle-sœur, mère de Hamlet. C'est alors que le spectre du roi demande à son fils de le venger.

● Hamlet est le symbole de l'indécision intellectuelle face aux nécessités de l'action.

● Le vers le plus connu de *Hamlet* est sans doute le fameux : *« To be or not to be, that is the question. »*

→ **pages :** ***134, 333.***

Harangue

Discours solennel prononcé devant une assemblée ou en présence d'un haut personnage.

● *« Cette harangue achevée, qui fut ouïe avec un grand silence et attention, beaucoup de gens demeurèrent bien camus et étonnés, comme si les auditeurs eussent été frappés d'un coup du ciel »* : ainsi s'achève la harangue d'Aubray (1593-1594).

Hector

*Personnage de l'*Iliade *d'Homère.*

● Fils de Priam et d'Hécube, marié à Andromaque, chef des Troyens, Hector est le plus valeureux des guerriers lors du siège de Troie. Il fut tué par Achille qui attacha son cadavre à son char et le traîna trois fois autour des murs de Troie.

● Hector est l'un des principaux protagonistes de *La guerre de Troie n'aura pas lieu* de Giraudoux (1935).

Hélène

*Personnage de l'*Iliade *d'Homère.*

- Fille de Jupiter et de Léda, sœur de Castor, Pollux et Clytemnestre, elle est mariée à Ménélas, roi de Sparte. D'une très grande beauté, elle est enlevée par le Troyen Pâris, fils du roi Priam, auquel la déesse Aphrodite l'avait promise. Son enlèvement est le prétexte de la guerre de Troie.
- Hélène est un personnage secondaire, mais important, de *La guerre de Troie n'aura pas lieu* de Jean Giraudoux.
- Elle inspira une partition à Offenbach, qui la mit en musique avec un grand sens de la dérision (*la Belle Hélène,* 1864).

Hémistiche

Chacune des deux parties d'un vers coupé par la césure, spécialement dans un alexandrin.

- *« À qui venge son père // il n'est rien d'impossible »* (Corneille, *le Cid*).

→ pages : *170, 344.*

Héraclès

Personnage de la mythologie grecque.

- Demi-dieu fils de Zeus et d'Alcmène, la femme d'Amphitryon, il est appelé Hercule par les Latins.
- Il est célèbre pour sa force et ses exploits, dont les « douze travaux d'Hercule ». Peu sollicité par la littérature après la période grecque classique, il est en revanche très présent dans l'iconographie, puis dans le cinéma, surtout dans le genre du péplum.

→ page : *30.*

Hermès

Personnage de la mythologie grecque.

- Fils de Zeus et de Maia, la fille d'Atlas, ingénieux et malin, il est le messager des dieux et leur interprète auprès des mortels.
- Hermès est aussi le dieu du Commerce et du Vol et guide les voyageurs sur les routes.
- On le symbolise à Rome, sous le nom de Mercure, par un pilier dont seule la partie supérieure est sculptée, en forme de virilité épanouie. Il est toujours représenté avec de petites ailes aux chevilles.
- Jean Giraudoux le met en scène dans *Amphitryon* (1929).

Hérodiade

Princesse juive (7 av. J.-C.-39 apr. J.-C.).

- Petite fille d'Hérode le grand, elle est surtout connue comme la mère de Salomé, qui dansa pour Hérode la danse des sept voiles et obtint ainsi la tête de saint Jean-Baptiste.
- Elle est présentée par les Évangiles comme une créature cruelle et dépravée.
- Chez Mallarmé, elle incarne une beauté froide, mystérieuse et stérile : *« Hérodiade au clair regard de diamant... Une splendeur fatale et sa massive allure ! »* (*Hérodiade,* 1893).
- Elle a inspiré de nombreux peintres et est très présente dans l'œuvre de Gustave Moreau.

→ page : *170.*

Héroï-comique

Genre littéraire qui traite un sujet épique sur un ton comique.

● Les gens du peuple ou les bourgeois agissent et parlent comme de nobles héros. Ainsi, le *Roland furieux* d'Arioste (1532) ou *le Lutrin* de Boileau (1683) sont des modèles d'œuvres héroï-comiques.

Héros

Personnage principal d'une œuvre de fiction.

● Dans l'Antiquité, le héros est un homme né d'un dieu et d'une mortelle ou d'une déesse et d'un mortel (Persée ou Énée, par exemple).

● De nos jours, le terme de « héros » désigne un personnage central dans un événement ou un récit : Julien Sorel est le héros du *Rouge et le Noir* de Stendhal (1830).

● Le héros est très menacé, en littérature, par la montée en puissance de l'antihéros.

→ **pages : *31, 32, 34, 194, 213, 216, 236, 260, 296, 308, 309, 350.***

Hiatus

Rencontre inopportune de deux voyelles.

● Il peut y avoir hiatus soit à l'intérieur du même mot, soit dans la succession de deux mots : chacun *a eu* et *a à* l'égard de l'événement...

● Par extension, l'hiatus désigne un manque de cohérence : un hiatus entre les discours et la pratique.

Histoire

L'histoire est l'anecdote que le récit raconte. Elle est événements, alors que le récit est mise en style.

→ **pages : *368, 369, 390.***

Homais

Personnage de roman de Gustave Flaubert.

● Monsieur Homais est l'ami du couple Bovary dans le roman *Madame Bovary* (1857). Il incarne la bêtise satisfaite du boutiquier – il est pharmacien – démocrate, positiviste, pseudo-progressiste et borné.

→ **pages : *179, 351.***

Horreur

Genre littéraire destiné à faire peur au lecteur

● *Han d'Islande* de Hugo (1823), *les Diaboliques* de Barbey d'Aurevilly (1874) ou *Dracula* de Bram Stoker (1897) illustrent le genre.

● Celui-ci a connu une vogue très importante dès les années 1920, notamment avec l'Américain Lovecraft, qui ne s'est nullement démentie, comme en témoignent les succès de librairie de Stephen King et de Dean Koontz.

● Dès les origines, le cinéma y a trouvé un genre très expressif dont Murnau a ouvert brillamment la voie avec *Nosferatu le vampire* (1922).

Humanisme

Mouvement intellectuel de la Renaissance marqué par un retour aux textes antiques.

● Né en Italie au XVe siècle, l'humanisme se diffuse en France au siècle suivant grâce à Rabelais, Ronsard ou Montaigne.

● L'humanisme met en valeur la dignité humaine et la liberté en prenant ses sources dans l'art et la culture antiques. La fréquentation des textes originaux en latin, en grec ou en hébreu a amené de nombreux humanistes à embrasser la cause de la Réforme.

● En philosophie, c'est une doctrine dont le centre d'intérêt est la personne humaine et son épanouissement. L'humanisme a été revendiqué à l'époque moderne par de nombreux philosophes, dont Jean-Paul Sartre, dans *L'existentialisme est un humanisme* (1946).

➜ **pages :** ***21, 39, 72, 94, 152, 191, 200, 202, 203, 205, 206, 210.***

Humour

Plaisanterie légère qui suscite le rire chez le lecteur, dans tous les genres littéraires.

● Alphonse Allais – *« Il y a des moments où l'absence d'ogres se fait cruellement sentir »,* disait-il des enfants – est l'exemple type de l'humoriste, comme Tristan Bernard ou Sacha Guitry.

● La Belle Époque (de 1880 à 1914) semble avoir été l'une des périodes fastes de l'humour. Celui-ci doit se distinguer de l'ironie, qui a toujours une valeur polémique. Toutefois, la distinction n'est pas toujours facile, comme le montre la lecture du *Journal* de Jules Renard – *« Je ne réponds pas d'avoir du goût, mais j'ai le dégoût très sûr »* – ou celle du *Dictionnaire du diable* d'Ambrose Bierce : *« L'avortement a réussi, la femme est morte. »*

● L'humour n'est pas pour autant synonyme de superficialité ou de légèreté : *« L'humour est la politesse du désespoir »,* disait Boris Vian. On glisse là de l'humour à l'humour noir, dont Breton a réuni les plus beaux exemples dans son *Anthologie de l'humour noir* (1940).

➜ **pages :** ***265, 279.***

Hymne

Poème chanté qui fait la louange de quelque chose ou de quelqu'un, primitivement Dieu.

● Pierre de Ronsard a rassemblé sous ce titre un recueil de poèmes graves, à tonalité politique (1555-1556). Des romantiques comme l'écrivain allemand Novalis (*Hymnes à la nuit,* 1800) ont donné au genre une inflexion lyrique particulière.

Hyperbole

Figure de style.

● L'hyperbole permet de mettre en relief une idée en la dépassant par les termes dont elle la qualifie : « Il y a sur le bureau une montagne de livres et de papiers. »

➜ **pages :** ***75, 213, 215, 371, 375.***

Idiolecte

Ensemble des particularités de la langue parlée par un individu donné.

➜ page : *409.*

Idylle

Poème pastoral à tonalité amoureuse.

- Ce sont les *Idylles* de Théocrite qui imposent la définition du genre comme pièce versifiée évoquant la vie rurale ou un moment de bonheur.
- André Chénier retrouve l'équilibre grec dans ses *Idylles antiques* (1794) qui inspireront Leconte de Lisle et Heredia.

➜ page : *117.*

Île (*voir* Robinson Crusoé)

Imitation

Genre littéraire considérant les textes des Anciens comme modèles à imiter ou à recomposer.

- Au XVIIe siècle, imiter les anciens auteurs était un devoir. Ainsi, Ronsard, avec *les Odes* (1550-1552), a donné un recueil de poèmes à l'imitation des *Épinicies* de Pindare (518-438 av. J.-C.).
- Par extension, l'imitation est devenue un jeu littéraire consistant à composer des « à la manière de… », du nom du recueil de Reboux et Muller (1921).

➜ pages : *201, 206, 412.*

Incipit

Première phrase d'un texte, de quelque longueur qu'il soit.

➜ page : *104.*

Introduction

Discours ou texte placé en tout début d'allocution ou de récit, qui permet de présenter ce qui va suivre.

➜ Préface.

➜ page : *390.*

Invention

En rhétorique, l'invention désigne la recherche et les choix des moyens qu'il convient de mettre en œuvre pour persuader.

- L'invention est la première partie de la rhétorique, les deux autres étant la disposition et l'élocution.
- L'invention porte sur les sujets, les arguments, les techniques de persuasion ou d'amplification, la sélection des « lieux communs ». Les moyens à mettre en œuvre sont les preuves qui administrent la vérité de ce que l'on avance, les mœurs qui suscitent la bienveillance des auditeurs et les passions qui touchent les cœurs.

➜ page : *370.*

Iphigénie

Personnage de la mythologie grecque.

- Fille d'Agamemnon et de Clytemnestre, elle est le symbole de l'innocence sacrifiée. La déesse Artémis, furieuse contre Agamemnon, exige, par l'intermédiaire de Calchas le devin, le sacrifice de sa fille. La légende veut qu'au moment où Iphigénie va être immolée, Artémis la sauve en la remplaçant par une biche et l'emmène en Tauride.
- Ce mythe a inspiré de nombreux écrivains : Euripide (*Iphigénie en*

Aulide, 411 av. J.-C. ; *Iphigénie en Tauride*) ; Racine (*Iphigénie en Aulide,* 1674). Goethe a écrit une tragédie classique intitulée *Iphigénie en Tauride* (1779-1787).

● Au XVIIIe siècle, le compositeur allemand Gluck a écrit la musique d'une *Iphigénie en Aulide* (1774) ainsi que d'une *Iphigénie en Tauride* (1779).

➜ **pages : *231, 334.***

Ironie

En philosophie, technique utilisée par Socrate pour aborder un problème philosophique.

● Socrate feint l'ignorance tout en interrogeant ses disciples.

● En littérature, l'ironie est une polémique violente s'exprimant sous la forme d'une fausse approbation de ce que l'on veut attaquer.

● La figure la plus fréquente dans l'ironie est l'antiphrase.

➜ **Antiphrase, humour.**

➜ **page : *247.***

Ivanhoé

Personnage de roman de Walter Scott.

● Héros du roman homonyme (1819), chevalier au grand cœur, il sert la cause de Richard Cœur de Lion dont le frère Jean sans Terre a pactisé avec l'envahisseur normand, essayant ainsi d'usurper la couronne avec l'aide des seigneurs normands. Contemporain de Robin des Bois, Ivanhoé est plus respectueux des règles de la chevalerie.

● Le roman de Walter Scott est à l'origine de la mode du roman historique du genre « troubadour », très en vogue dans la première moitié du XIXe siècle.

➜ **pages : *312, 387.***

Jacob

L'un des patriarches dans la Bible.

● Fils d'Isaac et de Rébecca, il lui revient la charge de conduire le peuple élu vers la Terre promise. De son combat avec l'Ange, il a reçu le surnom d'Israël – en hébreu : *« celui qui a tenu tête à Dieu »*. Il a douze fils qui seront les ancêtres des douze tribus d'Israël.

Jason

Héros thessalien.

● Fils d'Éson, il aurait pour mère la tante d'Ulysse, Polymédée. Il est le chef de l'expédition des Argonautes. Son oncle Péléas, qui a usurpé le trône, l'envoie en Colchide conquérir la Toison d'or, pour l'éloigner. Jason, aidé par Médée et ses enchantements, sort vainqueur de nombreuses épreuves et s'empare de la Toison. Il rentre alors avec elle et reconquiert son trône. Infidèle, il voit Médée, jalouse, égorger ses enfants avant de s'enfuir sur un char tiré par des dragons.

● L'histoire de Jason et de Médée a été reprise par le poète tragique grec Euripide (431 av. J.-C.), l'écrivain latin Sénèque (Ier siècle apr. J.-C.) et Corneille (1635). Elle a inspiré une partition musicale à Charpentier (1693), Cherubini (1797) et Darius Milhaud (1939). Toutes ces œuvres sont intitulées *Médée.*

➜ **pages : *117, 119, 121, 123.***

Jésus

Juif de Palestine considéré par les chrétiens comme le Messie annoncé par les prophètes.

● Jésus est Fils de Dieu et Rédempteur de l'humanité.

● Sa naissance remonte en fait aux années 7 ou 6 avant notre ère. Il commence son activité apostolique avec Jean-Baptiste. L'instauration du royaume de Dieu que prêche Jésus déclenche l'hostilité des chefs religieux qui tentent de se débarrasser de lui. Arrêté à son arrivée à Jérusalem (pour Pâques), Jésus est condamné comme agitateur politique par les Romains et crucifié sur ordre de Ponce-Pilate.

● Son histoire ne s'arrête pas là ; ses disciples affirment qu'il n'est pas mort – il serait sorti de son tombeau pour monter au ciel, s'asseoir à la droite de son père – et qu'il reviendra un jour sur Terre pour le Jugement dernier.

● Il apparaissait dans les mystères, au Moyen Âge. Il est le héros d'un beau roman de l'écrivain grec Nikos Kazantzakis, *le Christ recrucifié* (1954), et d'un récit iconoclaste de l'écrivain britannique David Herbert Lawrence, *l'Homme qui était mort* (1931).

➜ **pages : *196, 198.***

Jeu de mots

Appellation pour toutes les expressions travaillant sur l'ambiguïté ou la ressemblance des sons ou des sens des mots.

● *« À défaire à son tour, il ne défera pas sa première défaite »* (James Joyce, *Ulysse,* 1922).

● La contrepèterie, qui suppose une inversion de lettres ou de syllabes, est un cas particulier du jeu de mots : « *Femme folle à la messe* » et « *À Beaumont le Vicomte* », écrit sournoisement François Rabelais dans *Pantagruel* (1532).

➜ **pages : *67, 83, 281, 449.***

Journal (intime)

Récit des événements quotidiens vécus par celui qui l'écrit.

• La notion de journal intime s'est beaucoup développée au XIXe et au XXe siècle avec Maurice de Guérin (*Journal* et *Lettres,* 1865), les frères Goncourt (*Journal,* 1851-1896) ou encore André Gide (1939).

• Certains auteurs, Amiel ou Anaïs Nin, ne sont pour ainsi dire connus que pour leur *Journal.*

➜ **pages : *187, 346, 347.***

Judas

Judas, dit l'Iscariote, est l'un des douze apôtres.

• Il livre Jésus en l'embrassant – d'où l'expression «baiser de Judas» – pour trente deniers d'argent à ses ennemis. Pris de remords, il se pend.

• Par la suite, Judas est devenu un nom commun pour désigner un traître.

Jupiter

Père et maître des dieux dans le panthéon romain.

• Fils de Cronos, il est le dieu de la lumière et de la foudre. Il est assimilé au Zeus grec. Sa principale activité consiste à se présenter, sous diverses apparences (taureau, cygne, pluie d'or et, parfois, homme) à de belles mortelles pour enfanter des héros (Héraclès, Persée) ou des dieux (Dionysos). À ce titre, il est très présent dans les *Métamorphoses* d'Ovide.

• Dans l'*Iliade* et dans l'*Odyssée,* il intervient rarement (pour peser les destins d'Achille et d'Hector), préférant se repaître du spectacle que lui offrent les humains ou les autres dieux.

• Il est le personnage principal des trente-huit *Amphitryon* écrits entre l'Antiquité et 1939.

➜ **pages : *32, 235.***

Justine

Héroïne de* Justine ou les Malheurs de la vertu *de Sade (1791-1797).

• Elle incarne la vertu. Son histoire est inséparable de celle de sa sœur Juliette, qui incarne le vice.

Kakemphaton

Figure de style.

● Généralement involontaire, il est provoquée par la rencontre de sons modifiant l'énoncé écrit en énoncé grotesque ou déplaisant à l'oral.

● L'exemple le plus célèbre de kakemphaton est dans la première version d'*Horace* (acte I, scène 1) de Corneille : *« Je suis romaine, hélas, puisque mon époux l'est »*. Ce vers fut corrigé en 1656 en : *« Je suis romaine, hélas, puisqu'Horace est romain. »*

● En revanche le même Corneille ne corrigea pas : *« Vous me connaissez mal, la même ardeur me brûle / Et le désir s'accroît quand l'effet se recule »* (*Polyeucte,* acte I, scène 1).

Karamazov (Aliocha, Mitia, Ivan)

Personnages de roman de Fedor Mikhaïlovitch Dostoïevski.

● Publiés en 1879-1880, *les Frères Karamazov* sont considérés comme l'œuvre majeure de Dostoïevski.

● Pour l'écrivain, ce devait être la première partie d'une vaste biographie du cadet des frères Karamazov, Aliocha. Il n'en fut rien. L'histoire du conflit de ces trois frères et de leur père Fedor s'interrompt brusquement, laissant en suspens le sort des personnages. Intervient alors *la Légende du Grand Inquisiteur* : le Christ, revenu sur Terre pour offrir aux hommes l'amour, est enfermé dans un cachot.

● Ce roman est représentatif de ce qui fut appelé par la suite le « roman d'idées » et qui servit de tremplin aux inquiétudes européennes telles que les exprimera, par exemple, André Gide. C'est une analyse minutieuse de l'âme humaine considérée uniquement sous l'angle de la morale.

Lantier (Étienne)

Personnage de roman d'Émile Zola.

● Figure centrale de *Germinal* (1885), Étienne Lantier est le fils de Gervaise Macquart (*l'Assommoir,* 1877). *Germinal* est le treizième volume du cycle des *Rougon-Macquart.*

● Étienne Lantier, ancien « machineur » dans les chemins de fer, se fait engager comme mineur au puits du Voreux, chez les Maheu, mineurs depuis cinq générations.

● Zola se sert de son personnage pour dénoncer les conditions de vie et de travail de la classe ouvrière. Lantier permet aux ouvriers de prendre conscience de leur misère et de l'injustice sociale dont ils sont victimes, en provoquant une révolte qui se solde par un échec sanglant. Pourtant, Étienne a fait naître l'espoir chez ces mineurs de fond. Il symbolise le militant révolutionnaire dont l'action est juste et l'espoir de sortir la famille des Rougon-Macquart de la fatalité de l'alcool.

➜ **page :** ***78.***

Léda

Personnage de la mythologie grecque.

● Fille du roi d'Étolie Thestios et d'Eurythémis, Léda est la mère de Clytemnestre, d'Hélène, de Timandra et des Dioscures.

● Certains de ses enfants furent engendrés par Zeus, qui avait pris l'apparence d'un cygne pour la séduire. C'est ainsi que Léda pondit un œuf d'où sortirent deux couples : Pollux et Clytemnestre, Hélène et Castor.

Légende

Récit à caractère merveilleux.

● Au Moyen Âge, on appelle « légendes » les récits de la vie des saints que l'on devait lire dans les couvents ; étymologiquement, le mot « légende » vient du latin *legenda* – « que l'on doit lire ».

● La légende, par extension, est aussi un récit comportant un fondement plus ou moins historique, développé et déformé par l'imagination de la tradition, devenant ainsi un événement héroïque ou divin – comme la légende du roi Arthur. Elle se distingue du mythe, sans fondement réel.

➜ **pages :** ***194, 195, 199.***

Lettre

Correspondance entre deux personnes.

● Cette correspondance est parfois éditée après la mort des deux auteurs, par exemple la correspondance de Diderot et de Sophie Volland.

● La correspondance est utilisée de façon ponctuelle en littérature pour créer un effet de réel, ou de façon systématique dans les « romans par lettres ». Ces derniers se présentent comme un réseau de missives entre deux ou plusieurs personnages (*les Liaisons dangereuses* de Laclos,1782).

➜ **pages :** ***56, 144, 227, 316, 317.***

Lettre ouverte

Écrit rendu public, adressé le plus souvent à une autorité, sur un sujet d'intérêt général.

● Le « J'accuse » de Zola publié dans *l'Aurore* (13 janvier 1898) est une

lettre ouverte au président de la République Félix Faure à propos de l'affaire Dreyfus.
➜ **page** : *57.*

Léviathan
Monstre marin de la Bible (Livre de Job).
● Le Léviathan personnifie le désordre et le mal : *« Tu écraseras Léviathan, le Serpent fuyard, tu consumeras le Serpent tortueux, le puissant aux sept têtes »* (Isaïe, Livre d'Isaïe, VIIIe-VIIe siècle av. J.-C.). Dans la Bible, le Léviathan est le symbole du paganisme.
● *Le Léviathan* est le titre choisi par le philosophe anglais Thomas Hobbes en 1651 pour son ouvrage majeur.

Libelle
Écrit bref, injurieux, s'attaquant à un homme, à une idée ou à une institution.
➜ **page** : *229.*

Lieu commun
Argument et preuve d'une portée générale, s'appuyant sur des autorités incontestables, fondement de la rhétorique enseignée autrefois.
● Aristote était un grand fournisseur de « lieux communs », c'est-à-dire de formulations susceptibles d'emporter un consensus immédiat. Cela permettait d'étoffer n'importe quel discours.
● À force d'usure, le lieu commun se transforme en cliché, en poncif, en idée reçue.
➜ **page** : *210.*

Lipogramme
Jeu verbal qui exclut par convention préalable une ou plusieurs lettres de l'alphabet.
● Le plus célèbre exemple est celui de Georges Perec avec un roman de 312 pages écrit sans la lettre « e » (*la Disparition*, 1969).
➜ **page** : *452.*

Litote
Figure de style qui consiste à dire moins pour faire entendre plus.
● Ainsi, dans *le Cid*, Pierre Corneille fait dire à Chimène qui s'adresse à Rodrigue : *« Va, je ne te hais point »* pour signifier « je t'aime » (acte III, scène 4).
➜ **pages** : *86, 371.*

Littérature enfantine
Littérature qui s'adresse aux enfants.
● La littérature enfantine apparaît en Grande-Bretagne à la fin du XVIIIe siècle et se généralise en France au siècle suivant, notamment avec la comtesse de Ségur (*les Malheurs de Sophie,* 1864).
● Au fur et à mesure que les enfants ont eu plus tôt accès à la lecture, la littérature enfantine s'est développée jusqu'à représenter de nos jours plus de 20 % des ventes de l'édition.

Livret
Texte en prose ou en vers destiné à être mis en musique et chanté.
● Le mythe de don Juan inspira Wolfang Amadeus Mozart qui composa son opéra *Don Giovanni* (1787), sur un livret du librettiste Lorenzo Da Ponte.

Lorenzaccio

Personnage du drame homonyme d'Alfred de Musset (1834).

● Le sujet de la pièce est le meurtre d'Alexandre de Médicis, duc de Florence, par son cousin Lorenzo, surnommé avec mépris Lorenzaccio – « le mauvais Laurent ». Lorenzo a joué toute sa vie à plaire au duc de Florence, guettant en fait une occasion de l'assassiner. Il y parvient, mais ne peut se défaire du masque de veulerie qui lui colle à la peau.

→ **pages** : ***114, 134, 140, 141, 261, 337, 432.***

Lyrisme

Expression poétique et exaltée de sentiments intimes et de passion.

● À l'origine, le lyrisme est expression poétique, relié à la « lyre » orphique.

● Par extension, le lyrisme peut caractériser une œuvre littéraire évoquant la poésie lyrique. On peut sans se tromper parler du lyrisme de *la Nouvelle Héloïse* de Jean-Jacques Rousseau (1761), de même qu'est lyrique l'autobiographie de Chateaubriand, *René* (1802).

→ **pages** : ***58, 96, 106, 116-121, 145, 207, 338, 339.***

Madrigal

Dans l'Italie du XVᵉ siècle, courte pièce poétique à forme fixe (décasyllabes).

● Apparu en France à la Renaissance, le madrigal est très en vogue au XVIIᵉ siècle et au XVIIIᵉ siècle, en particulier dans les salons précieux et, par dérision, au théâtre : « Belle Marquise, vos beaux yeux me font mourir d'amour » (Molière, *le Bourgeois gentilhomme,* 1670).

→ **page :** ***236.***

Mahomet

Prophète arabe, fondateur de l'islam, de son vrai nom Mohammed.

● L'archange Gabriel lui apparut toute sa vie pour lui transmettre des messages de Dieu (Allah), dont le recueil forme le Coran.

Maldoror

Héros des* Chants de Maldoror *(1868-1869) de Lautréamont.

● Maldoror est l'homme du défi luciférien, de la rébellion contre Dieu. Il inspirera les surréalistes qui verront en lui l'incarnation du héros diabolique, celui par lequel s'opère le détournement des valeurs et des procédés de la littérature.

→ **page :** ***265.***

Manifeste

Déclaration publique faite par une autorité ou par un parti politique, pour justifier ses actes.

● Par extension, on appelle manifeste tout texte dans lequel est exposée une doctrine artistique, politique ou littéraire. La préface de *Cromwell* de Hugo (1827) fut le manifeste du drame romantique. Breton a rédigé tous les *Manifestes du surréalisme.*

→ **page :** ***278.***

Manon Lescaut

Personnage de roman de l'abbé Prévost.

● Elle est l'héroïne de l'*Histoire du chevalier des Grieux et de Manon Lescaut* (1731) qui constitue la septième partie des *Mémoires et aventures d'un homme de qualité,* roman commencé en 1728.

● Manon est sans naissance, de mœurs très légères, mais attachée à des Grieux, qu'elle trompe pourtant dès que son intérêt l'exige – et pour qui, cependant, elle mourra.

→ **pages :** ***37, 144, 159, 310, 366, 427.***

Marivaudage

D'après le style de Marivaux : manière alambiquée d'exprimer ses sentiments.

● Voltaire pensait de Marivaux qu'il avait *« passé sa vie à peser des œufs de mouche dans des balances en toiles d'araignée ».*

→ **pages :** ***130, 248.***

Maxime

Texte concis exprimant une réflexion morale ou philosophique de portée générale.

● *« Le soleil ni la mort ne se peuvent regarder fixement »* (La Rochefoucauld). *« Les femmes sont extrêmes, elles sont meilleures ou pires que les hommes »* (La Bruyère).

→ **pages :** ***53, 221, 237, 365.***

Mazarinade

Pamphlets publiés contre Marazin pendant la Fronde, d'un style extrêmement violent. Cyrano de Bergerac en écrivit plusieurs.

➜ page : *213*.

Médée

➜ Jason.

Mélodrame

Dans le théâtre antique, accompagnement musical qui soutient la déclamation de l'acteur ou du chœur.

● Au XIXe siècle, genre théâtral associant drame et pathétique, qui connaît un grand succès : *« J'aime le mélodrame où Margot a pleuré »,* écrit Musset.

➜ pages : *129, 335*.

Mémoires

Genre littéraire qui consiste à relater des faits auxquels l'auteur a assisté.

● Ainsi, les *Mémoires* de Saint-Simon (1694-1752), extraordinaire témoignage sur la cour de Louis XIV, ou encore les *Mémoires d'outre-tombe* de Chateaubriand (1848-1850).

➜ pages : *157, 160, 220, 250, 253, 346, 347*.

Merveilleux

Genre littéraire qui fait intervenir les puissances divines ou surnaturelles.

● On y trouve dieux, anges, fées, démons, génies, etc., comme dans *les Mille et Une Nuits* (recueil de contes arabes d'origine persane traduit en 1704 par Antoine Galland), mais aussi dans tous les contes de fées, de Perrault (XVIIe siècle) à Andersen et Grimm (XIXe siècle). Le genre sera supplanté peu à peu par le fantastique au cours du XIXe siècle.

➜ pages : *275, 309*.

Métaphore

Figure de rhétorique qui substitue un terme à un autre, sur la base d'une comparaison implicite.

● Ainsi, Ronsard utilise le mot « rose » pour désigner la femme : *« Pren ceste rose aimable comme toy / Qui sers de rose aux roses las plus belles / Qui sers de fleur aux fleurs les plus nouvelles »* (*Amours de Cassandre,* 1552). Ce faisant, il reste dans une tradition initiée deux mille ans auparavant par Ovide dans *les Amours,* relayée par Jean de Meung dans *le Roman de la Rose.*

● La difficulté d'appréciation de l'originalité d'une métaphore tient à l'ancienneté relative de son usage. À terme, une métaphore s'use et n'est plus perceptible, elle devient expression figée – « ça me glace le sang » ou « cela coule de source ». Toute l'originalité d'un écrivain peut tenir à sa manière de réactiver de vieilles métaphores.

● On dit d'une métaphore qu'elle est filée lorsqu'elle se poursuit sur une certaine étendue de texte en utilisant les ressources d'un même champ lexical.

➜ pages : *85, 88, 213, 215, 370, 375, 384, 398*.

Métaplasme

Transformation phonétique et graphique d'un mot

afin de produire un léger décalage de sens ou à des fins liées à la versification.

● Les principaux métaplasmes sont réalisés : par addition, en début de mot (Esquelette), en milieu de mot (*« Merdre », Alfred Jarry, Ubu roi*), en fin de mot (jusques) ; par suppression, en début de mot (« tention » pour « attention »), en milieu de mot (« bsoir » pour « bonsoir »), en fin de mot (« encor » pour « encore ») ; par déplacement (« farpaitement » pour « parfaitement »).

➜ **page** : ***371.***

Métonymie

Figure de style.

● La métonymie consiste à remplacer un mot par une partie du sens.

● *« Ah ! Quelle cruauté, qui tout en un jour tue / Le père par le fer* (pour : par l'épée), *la fille par la vue ! »* ; ou encore *« Cette obscure clarté qui tombe des étoiles / Enfin avec le flux nous fait voir trente voiles »* (pour : trente bateaux) (Corneille, *le Cid*).

➜ **pages** : ***86, 88, 371, 385.***

Moïse

Libérateur et législateur d'Israël.

● Abandonné par ses parents dans un panier d'osier et jeté dans le Nil, il est recueilli par la fille de Pharaon et reçoit une éducation princière.

● Dieu lui apparaît dans un buisson ardent sur le mont Horeb et lui ordonne de délivrer les enfants d'Israël du joug égyptien. Il frappe l'Égypte des dix plaies, puis prend la tête des Hébreux (Exode) auxquels il fait traverser la mer Rouge à pied sec. Il reçoit de Dieu sur le Sinaï les Tables de la Loi (Décalogue) et renverse le veau d'or pour faire le tabernacle qui recevra l'arche de l'alliance. Il lui sera interdit de rentrer en Terre promise pour avoir douté de la parole de Dieu. Il est surtout présent dans l'Ancien Testament.

● Il est chanté par Saint-Amant (*Moyse sauvé,* 1653) et surtout par Alfred de Vigny (« Moïse », in *Poèmes anciens et modernes,* 1826). Porté à l'opéra par Rossini (1827), il est incarné à l'écran par Charlton Heston (*les Dix Commandements,* Cecil B. De Mille, 1956).

➜ **page** : ***340.***

Monographie

Étude complète et détaillée sur un sujet précis.

Monologue

Au Moyen Âge, pièce de théâtre à un seul personnage.

● Par extension, scène où l'acteur exprime ses sentiments devant le seul public (« Stances » du *Cid,* I, 6).

● C'est Édouard Dujardin qui a introduit le monologue intérieur dans le roman.

➜ **pages** : ***116, 138, 276, 353.***

Moreau (Frédéric)

Personnage du roman de Gustave Flaubert.

● Frédéric Moreau est au centre de *l'Éducation sentimentale* (1843 et 1869), le livre du « bovarysme » masculin. Frédéric est un jeune homme irrésolu, influençable et velléitaire qui, après avoir connu la passion platonique, sensuelle et ambitieuse, accepte l'échec d'une vie consacrée à un amour impossible.

● Il est la somme de la philosophie flaubertienne de la vie : l'échec d'un amour romantique est l'image et le modèle de l'échec d'une jeunesse qui s'est trompée de révolution.

➜ **pages :** ***67, 147, 351, 456.***

Muses

Dans la mythologie grecque, les neuf divinités de l'intelligence devenues allégoriques, qui servent l'inspiration poétique des auteurs.

● Ces divinités qui servent l'inspiration des poètes ont Zeus pour père et Mnémosyne pour mère.

● Ce sont : Clio (muse de l'Histoire), Euterpe (Musique), Thalie (Théâtre comique), Melpomène (Tragédie), Terpsichore (Danse), Érato (Élégie), Polymnie (Poésie), Calliope (Épopée et Éloquence) et Uranie (Astronomie).

➜ **pages :** ***93, 170, 201, 207, 261, 325, 371.***

Mystère

Au Moyen Âge, pièce de théâtre représentant les mystères de la religion.

● Interprété dans les rues lors des fêtes religieuses, le mystère met le plus souvent en scène la vie de Jésus, mêlant des éléments profanes au surnaturel et au symbolisme.

● Le genre trouve son plein épanouissement au XVe siècle.

➜ **pages :** ***35, 123.***

Mythe

Récit qui vise à présenter une origine du monde.

● Le mythe peut être une généalogie des divinités ou expliquer des faits culturels, de caractère magique ou social, dont l'origine s'est perdue.

● Corneille, après Sophocle, a écrit une pièce qui a pour origine le mythe d'Œdipe (*Œdipe,* 1659). Freud s'en est emparé pour en tirer le complexe d'Œdipe.

➜ **pages :** ***30, 31, 122, 181, 252.***

Nadja

Héroïne du roman homonyme d'André Breton (1928).

• Nadja, douée de voyance, symbolise la connaissance acquise dans la transparence (le regard, le miroir, le cristal). Elle échappe à la mesure d'un quotidien trop réducteur. Reconnue folle, elle finit internée. Ce roman est l'illustration des thèmes et des méthodes surréalistes : le hasard objectif, l'amour fou et la plongée dans l'inconscient.

→ **pages : *281, 456.***

Nana

Héroïne du roman homonyme d'Émile Zola (1880).

• Fille de Gervaise et de Coupeau, *(l'Assommoir),* Nana fuit la misère pour devenir une courtisane à la mode. Le commerce qu'elle fait de ses charmes lui assure un luxe insolent, mais satisfait, avant tout, le désir de vengeance de cette fille du peuple qui s'acharne à précipiter ses aristocrates d'amants dans la fange.

• Comme la marquise de Merteuil (*les Liaisons dangereuses,* Laclos, 1782), Nana meurt défigurée par la petite vérole, révélant par là même son véritable visage.

• Le nom commun argotique pour désigner une fille vient de là.

→ **pages : *273, 351.***

Narcisse

Fils du dieu Céphise et de la nymphe Liriopé.

• Le devin Tirésias dit à ses parents que leur enfant *«vivrait vieux, s'il ne se regardait pas».*

• Ce très beau jeune homme méprise l'amour et repousse les nombreuses avances des jeunes filles et des nymphes (Écho, en particulier). Elles demandent donc vengeance au ciel. Némésis les entend et fait en sorte de punir Narcisse. Un jour de grande chaleur, après une chasse, le jeune homme s'approcha d'une source pour s'y désaltérer et devint fou amoureux de son reflet dans l'eau, qu'il prend pour un autre. Il meurt en se regardant, assis au bord de l'eau.

• La légende, selon Ovide *(Métamorphoses),* veut qu'à la place où il mourut poussa une fleur (qui porte son nom et qui dans le langage des fleurs symbolise l'égoïsme).

• Le narcissisme est l'amour de soi-même que se porte une personne qui en serait restée à ce que les psychanalystes appellent «le stade du miroir». Paul Valéry en a tiré un admirable poème inclus dans *Charmes* (1922).

→ **pages : *65, 66, 159.***

Narrateur

Celui qui raconte l'histoire, par un récit organisé.

• Il faut distinguer le narrateur de l'auteur, ce dernier étant la personne physique qui gère l'instance narratrice.

• Dans un roman, ou une nouvelle, le narrateur peut ne pas être présent : on parle alors de narrateur omniscient (c'est le cas le plus souvent chez Balzac), dont la métaphore la plus aboutie est *le Diable boiteux* (1707) de Lesage où le narrateur a le pouvoir de soulever les toits des maisons pour voir ce qui s'y passe.

- Ce narrateur omniscient, qui s'exprime à la troisième personne, peut toutefois être discrètement présent, à travers les qualificatifs subjectifs qui portent témoignage personnel.
- À la première personne, il peut être présent sans pour autant être le héros déclaré : c'est le cas de Watson dans les aventures de Sherlock Holmes. Il peut enfin être le héros, qu'il écrive de pseudo-Mémoires (Marivaux, *la Vie de Marianne,* 1733), de pseudo-lettres (Sénancour, *Oberman,* 1804), ou tienne un pseudo-journal (Sartre, *la Nausée,* 1938). Il peut même se présenter objectivement comme le narrateur – se décrivant en train d'écrire (Samuel Beckett, *l'Innommable*) et même en train de lire (Italo Calvino, *Si par une nuit d'hiver un voyageur,* 1979, entièrement écrit à la deuxième personne du singulier).

➜ **pages : *119, 170, 282, 302, 346, 365, 368, 369, 380, 390.***

Néologisme

Mot de création récente par rapport à une époque donnée.

- Le mot « transistor », vers 1955, était alors un néologisme en français, comme « pistolet » au milieu du XVIe siècle, du nom de la ville italienne où se fabriquaient ces engins.

➜ **pages : *71, 72, 77, 214.***

Noé

Patriarche et fils de Lamech, descendant de Caïn et héros du Déluge biblique.

- Sa piété lui valut son salut : Dieu lui ordonna de construire une arche pour y abriter sa famille et des couples de chaque espèce animale afin d'échapper à sa colère.
- Les flots du Déluge recouvrirent alors la Terre et tout « ce qui se mouvait sur le sol » mourut. Quand apparut le sommet d'une montagne, Noé dépêcha un corbeau, qui revint, puis une colombe, qui trouva un endroit où se poser. Sur ordre de Dieu, Noé sortit avec ses protégés et bâtit un autel pour offrir un holocauste en action de grâce.
- La légende veut que Noé soit le premier vigneron de l'humanité. À ce titre, il est souvent présenté comme une version judéo-chrétienne de Bacchus – il se serait découvert devant ses filles, dans son ivresse, prétexte à d'innombrables tableaux.

➜ **page : *386.***

Nouvelle

Récit assez court en prose.

- Les Français furent longtemps les maîtres du genre, emprunté aux Italiens : *le Décaméron* de Boccace (1349-1353) est plagié par *l'Heptaméron* de Marguerite de Navarre (1559).
- Au XIXe siècle, Mérimée, Stendhal, Gautier, Barbey d'Aurevilly, Maupassant rivalisent de talent. Mais déjà les Anglo-Saxons s'imposent, en particulier les Américains : Edgar Allan Poe, Henry James, puis un très grand nombre d'auteurs de romans policiers ou de science-fiction.

➜ **pages : *81, 144, 145, 182, 274, 285, 290, 322, 323.***

Octosyllabe

Vers de huit syllabes.

• Forme la plus ancienne des vers français (Xe siècle), il est très utilisé dans les poèmes destinés à être mis en musique : *« Mignonne, allons voir si la rose / Qui ce matin avait éclose / Sa robe de pourpre au soleil »* (Ronsard).

→ **pages :** ***342, 344.***

Ode

Dans l'Antiquité, petit poème destiné à être mis en musique, pour les cérémonies religieuses ou civiles.

• Par extension, poème lyrique célébrant un grand personnage ou un événement important. Boileau écrivit une ode sur la prise de Namur.

→ **pages :** ***93, 117, 207, 231, 262, 345.***

Œdipe

Héros de la légende grecque, fils de Laïos (roi de Thèbes) et de Jocaste.

• L'oracle de Delphes avait prédit à son père que son fils serait son meurtrier et l'amant de sa mère.

• Laïos fit donc exposer l'enfant sur une montagne, mais, recueilli par des bergers, celui-ci est élevé par le roi de Corinthe. Adulte, il part à Delphes consulter l'oracle, qui ne peut que répéter la même prédiction. Fuyant Corinthe, il se dirige vers Thèbes. Sur le chemin, il se querelle avec un vieillard et le tue – c'est son père. Aux portes de la ville, il résout l'énigme du Sphinx et, pour récompense, devient roi et épouse la veuve de Laïos, sa mère, dont il aura trois enfants. Éclairé par le devin Tirésias sur la vérité, il s'aveugle avec les broches de sa mère, qui s'est pendue, et fuit la ville, escorté de sa fille Antigone.

• Héros tragique par excellence (d'après Aristote dans sa *Poétique*), Œdipe a inspiré de nombreux écrivains. Sophocle, avec ses tragédies *Œdipe roi* (425 av. J.-C.) et *Œdipe à Colone* (402 av. J.-C.), pose le problème de la fatalité. Corneille, Voltaire ou encore Cocteau (*la Machine infernale,* 1934) l'ont porté à la scène. Il est même le héros d'un roman « policier » de Robbe-Grillet, *les Gommes* (1953).

• En psychanalyse, Freud parle du complexe d'Œdipe pour désigner l'attachement sexuel d'un garçon pour sa mère et sa « haine » pour son père considéré comme rival.

→ **pages :** ***30, 34, 113, 127, 216, 242, 325.***

Opéra

Composition dramatique sans dialogue parlé, comprenant une ouverture orchestrale, des airs, des duos, des trios, des chœurs, des récitatifs et des morceaux symphoniques.

• L'opéra naît en Italie au début du XVIIe siècle. Ce spectacle complet réunit la narration, des chœurs, la danse et des éléments visuels grâce aux décors et à la machinerie. Des compositeurs comme Monteverdi (*Adonis,* 1639 ; *le Retour d'Ulysse,* 1641) ou Cavalli (*la Calisto,* 1651 ; *Didon,* 1641) imposent le genre.

• L'opéra se diffuse ensuite en Europe, surtout dans les pays germaniques, notamment à Vienne où Mozart, Beethoven ou Gluck l'adaptent à l'esprit allemand.

● En 1670, la France réussit à transposer en musique les modèles fournis par Corneille et Racine, sous le titre de tragédie lyrique.
➜ **pages :** ***229, 331, 433.***

Oraison funèbre

Discours public prononcé en l'honneur d'un mort illustre.

● Bossuet connut la gloire grâce à ses *Oraisons funèbres* (1656-1691).
➜ **pages :** ***88, 91.***

Oreste

Personnage de la mythologie grecque.

● Fils d'Agamemnon et de Clytemnestre, poussé par sa sœur Électre, il tue sa mère et son oncle Égisthe. Poursuivi par les Érinyes, il est purifié par Apollon.

● Il a été mis en scène par tous les dramaturges qui se sont inspirés de la légende des Atrides, Eschyle, Euripide, Racine (*Andromaque,* 1667), Giraudoux et Sartre.
➜ **page :** ***182.***

Orphée

Poète mythique de Thrace, inventeur de la poésie lyrique.

● Une légende le lie à sa femme Euridyce : piquée par une vipère, elle meurt et Orphée obtient de l'aller chercher aux Enfers. Hadès lui accorde de ramener son amante au monde des vivants, à condition de ne pas se retourner pour la voir pendant la longue remontée. Anxieux de ne rien entendre derrière lui, Orphée enfreint la consigne et perd Euridyce. Désespéré, il enchante les bêtes sauvages et jusqu'aux rochers par ses plaintes mélodieuses. Il en oublie les femmes de Thrace qui, folles d'amour, le tuent.

● La tradition orphique regroupe en poésie des auteurs empreints de mysticisme sacré (par exemple Nerval). Plus généralement, on lui rattache la tradition lyrique, pleine de mélancolie personnelle, qu'illustrèrent de très nombreux poètes, d'Ovide à Aragon en passant par Lamartine ou encore Hugo.
➜ **pages :** ***32, 33, 170, 171, 338.***

Othello

Personnage du drame homonyme de William Shakespeare (1604).

● Othello, général maure au service de Venise, est aimé de Desdémone qu'il étouffe dans un accès de jalousie, provoqué par la ruse du traître Iago, avant de se poignarder. Othello incarne la jalousie, bien qu'il ne soit que la victime de son confident démoniaque et pervers.

● En 1792, Jean François Ducis avait cru bon de « blanchir » Othello. Ce n'est que dans *le More de Venise,* de Vigny (1829), que l'intégrité physique du héros est restituée. Othello a été transposé sur la scène lyrique par Rossini (*Otello ou le More de Venise,* 1816) et Verdi (*Otello,* 1887).
➜ **pages :** ***132, 332, 433.***

Oxymore (*ou* oxymoron)

Alliance grammaticale de deux termes qui semblent se contredire.

● Ainsi : *« Cette obscure clarté qui tombe des étoiles »* (Corneille, *le Cid*).
➜ **pages :** ***322, 329, 371, 375.***

Pamphlet

Texte polémique violent.

● Dans son célèbre pamphlet *Modeste Proposition concernant les enfants des classes pauvres* (1729), Swift défend ses compatriotes irlandais opprimés par les « colonisateurs » britanniques. Après avoir posé comme une évidence que les enfants irlandais sont le plus souvent réduits à la mendicité, Swift suggère que *« la clientèle aurait intérêt, selon moi, à acheter les enfants tout vivants et à les préparer au sang comme les cochons de lait ».*

● Ainsi, García Lorca en 1926 avec son *Ode à Salvador Dalí* ou Paul Eluard (*Hommages,* 1950), avec le poème dédié à Staline pour son 70e anniversaire – *« Et Staline pour nous est présent pour demain / Et Staline dissipe aujourd'hui le malheur »* –, ou encore Malraux, avec *les Chênes qu'on abat* (1971) composé à la gloire du général de Gaulle.

➜ **page** : ***289.***

Pantagruel

Personnage de roman de Rabelais.

● Il est le héros des *Horribles et espoventables faictz et prouesses du tresrenommé Pantagruel Roy des Dipsodes filz du grand géant Gargantua* (1532) ainsi que des *Tiers Livre* (1546), *Quart Livre* (1552) et *Cinquième Livre* (posth., 1562-1564).

● Le récit des aventures de Pantagruel précède celui des prouesses de son père, Gargantua, et introduit la figure majeure de Panurge. L'origine de ce personnage est un petit démon de la soif qui s'en va, la nuit, jeter dans la gorge des ivrognes le sel qu'il a recueilli dans la mer. Rabelais fait de ce petit démon un géant. Une sorte de mastodonte assoiffé et donnant soif à quiconque l'approche.

● Ce roman est la parodie des romans de chevalerie et des poèmes épiques, le héros suit sensiblement le même destin : naissance merveilleuse, enfance du héros, éducation et exploits du guerrier. Par extension, on qualifie de pantagruélique un repas ou un appétit, y compris une grande soif de connaissances.

➜ **pages** : ***253, 314.***

Pandore

Personnage de la mythologie grecque.

● Première femme, elle fut forgée par Héphaïstos et Athéna, aidés de tous les dieux, sur ordre de Zeus, afin de juguler la force des hommes décuplée par l'obtention du feu divin après le larcin de Prométhée.

● Jupiter lui donna une boîte fermée à remettre à Prométhée. Ce dernier, méfiant, refusa de voir Pandore et son présent. Pandore ouvrit la boîte, par curiosité, et tous les maux de l'humanité s'en échappèrent ; seule y resta l'espérance, dont l'humanité est à jamais privée.

● Par extension, on a coutume d'appeler « boîte de Pandore » tout ce qui présente une très belle apparence, mais qui peut être la source de nombreux maux.

Panégyrique

Discours oral ou écrit à la louange de quelqu'un ou de quelque chose.

→ pages : *37, 52, 95, 147-150, 204, 205.*

Pantalonnade

Pièce de théâtre bouffonne utilisant le personnage grotesque de Pantalon.

- Ce personnage de la commedia dell'arte est docteur et porte la culotte longue qui a pris son nom.
- Goldoni utilisa plusieurs fois ce type du vieillard grincheux, avare et paillard dans ses comédies : *la Banqueroute* (1740), *l'Imposteur* (1755) ou encore *l'Avare jaloux.*

Pantomime

Pièce dans laquelle les acteurs ne s'expriment que par gestes.

- Par extension, la pantomime est le moyen d'exprimer ses sentiments par des gestes en complément du discours (*le Fils naturel,* Diderot,1757).

Pantoum

Genre poétique introduit par Hugo dans **les Orientales** *en 1829 et emprunté à la poésie malaise.*

- Il se compose de strophes de quatre vers à rimes croisées. Les deuxième et quatrième vers du premier quatrain fournissent les premier et troisième vers du suivant, et le dernier vers de la pièce répète le premier.
- Charles Baudelaire a composé un célèbre pantoum dans *les Fleurs du Mal (Harmonie du soir).*

→ page : *343.*

Panurge

Personnage des romans de Rabelais.

- Compagnon fidèle de Pantagruel, fourbe, voleur, méchant et cruel, il sait rester amusant. Il a besoin de toujours plus d'argent et ne sort jamais sans un équipement de parfait cambrioleur. Il vit en marge et est heureux d'affirmer sa force qui est celle de la ruse et de la méchanceté gratuite. À partir du *Tiers Livre,* il ne songe plus qu'à se marier et tombe dans la plus sotte vantardise.
- Le personnage créé par Rabelais donne aussi son nom à l'expression « mouton de Panurge » : il jette à l'eau le bélier d'un marchand dont les autres moutons se noient en le suivant dans l'eau *(Quart Livre).*

→ pages : *147, 148, 150.*

Parabole

Genre littéraire qui utilise le conte pour cacher une vérité religieuse, une leçon de morale ou un enseignement spirituel.

- Le Christ s'exprimait souvent par paraboles (le bon Samaritain, l'enfant prodigue). Le genre s'est confiné aux romans moraux : ainsi George Sand avec *la Mare au diable* (1846) où elle plaide pour l'égalité des êtres humains et la vivifiante influence de la simplicité naturelle.

Paradoxe

Figure de style.

- Le paradoxe consiste en une affirmation contraire à la logique et au témoignage des sens.
- Le paradoxe de Zénon (Ve siècle av. J.-C.) affirme que l'on peut prouver mathématiquement qu'une flèche lancée de A n'atteindra pas B, quelle que soit la longueur AB, en vertu de l'infinie divisibilité de l'espace.

● René Barjavel, dans *le Voyageur imprudent* (1958), utilise cette figure de style en posant le problème du paradoxe temporel. Son héros remonte dans le passé pour modifier le présent et donc l'avenir. Il a l'intention de tuer Bonaparte avant qu'il ne devienne Napoléon, mais accidentellement il tue son arrière-grand-père avant que celui-ci n'ait engendré son fils. Comment, donc le héros peut-il être (là), puisqu'il n'est pas (né) ?
➜ **pages : *237, 371, 403.***

Parallélisme

Figure de style qui consiste à composer un énoncé en deux parties symétriques.

● *« Des trains sifflaient de temps à autre et des chiens hurlaient de temps en temps »* (Raymond Queneau, *le Chiendent*, 1933).
➜ **Rythme binaire.**
➜ **page : *371.***

Parataxe

Suppression volontaire de la subordination.

● *« Vous n'êtes point gentilhomme, vous n'aurez point ma fille »* (Molière, *le Bourgeois gentilhomme*), où la virgule remplace un lien de causalité. La parataxe vise à créer une accélération de la pensée en raccourcissant la phrase.
➜ **Asyndète.**
➜ **page : *357.***

Paratexte

L'ensemble des éléments qui encadrent un texte, de la page de titre, page de garde, dédicaces, préface, postface, notes, littérature critique.

● La critique moderne affirme que le texte est constitué du texte nu et du paratexte. C'est ainsi que Borges prétend dans *Fictions* (1941) qu'on ne peut plus lire le texte du *Don Quichotte* de Cervantès indépendamment de l'abondante littérature critique, ou que les commentaires sur l'aspect kafkaïen de Kafka sont si présents à l'esprit du lecteur moderne que l'on pourrait chercher les auteurs kafkaïens antérieurs à Kafka, tant le paratexte contamine notre lecture, y compris à rebours.

Paris

Capitale de la France et paysage central de la littérature.

● Paris est la ville-aimant pour tous les ambitieux de la littérature qui « montent à Paris », du chevalier des Grieux dans *Manon Lescaut* (abbé Prévost, 1731) à *Bel-Ami* (Maupassant, 1885) en passant par le valeureux d'Artagnan des *Trois Mousquetaires* (Dumas, 1844) ou encore le Rastignac du *Père Goriot* (Balzac, 1835).

● C'est en effet chez Balzac que Paris prend sa dimension de ville tentaculaire – voir la méditation de Rastignac du haut du Père-Lachaise à la dernière page du *Père Goriot.*

● Peu d'écrivains ont de Paris une vision strictement positive. Montesquieu, par les yeux de son narrateur candide des *Lettres persanes* (1721), montre un Paris puant et embouteillé – comme autrefois Boileau dans ses *Satires,* comme plus tard Hector Malot dans *Sans famille* ; Rousseau, qui, dans ses *Confessions,* s'avoue déçu de la capitale, dépeint son héros Saint-Preux victime des perversions parisiennes – de même le *Monsieur Nicolas* de Restif de La Bretonne ; Fougeret de Montbron titre son étude *la Capitale des Gaules ou la Nouvelle Babylone* (1760). Le rapprochement avec la capitale biblique de tous les vices est fréquent (Sade, *Juliette ou les Prospérités du vice,* 1797 ; Eugène Sue, *les Mystères de Paris,* 1842-1843 ; Dumas, *les Mohicans de Paris,* 1854).

● Enfin, Paris est souvent une ville de l'errance ininterrompue, diurne chez Fargue (*le Piéton de Paris,* 1932-1939), nocturne chez André Breton (*Nadja,* 1928). À noter que les écrivains de science-fiction, lorsqu'ils ont eu à imaginer une ville future, ont souvent décrit un Paris futur en ruines : ainsi Louis-Sébastien Mercier, *l'An 2440* (1771), thème repris par le peintre Hubert Robert à la fin du XVIIIe siècle, comme si la Ville lumière symbolisait l'ensemble de la France.

➜ **pages :** ***273, 455, 456.***

Pâris (*ou* Alexandre)

Héros de la mythologie et de la littérature grecques.

● Fils du roi de Troie (Priam) et d'Hécube, frère d'Hector, Pâris enlève Hélène et provoque ainsi la guerre de Troie.

● Personnage de l'*Iliade* d'Homère, Pâris ne manque pas de courage, mais c'est un être sans volonté qui se laisse dominer par sa passion : l'amour. Hector le lui reproche et tente de réveiller son amour-propre en l'insultant pour qu'il reconnaisse sa lâcheté. Refusant de rendre Hélène, Pâris, poussé par Hector, finit par prendre part à la guerre et tue Achille. Il sera lui-même tué par une flèche empoisonnée.

● Giraudoux, dans *La guerre de Troie n'aura pas lieu* (1935), décrit un Pâris charmant, léger, inconscient et assez peu préocupé par la guerre.

● Offenbach, dans son opérette *la Belle Hélène* (1864), fait de Pâris un personnage séduisant, astucieux et désinvolte.

Parodie

Genre littéraire qui imite de façon burlesque une œuvre littéraire ou artistique, plus ou moins célèbre.

● Ainsi, au XIXe siècle, sont apparues bon nombre de pièces parodiques destinées à discréditer la pièce *Hernani* et son auteur Victor Hugo : on retiendra notamment *Ni ni ou le Danger des Castilles* de Carmouche, Courcy et Dupety ou encore *Harnali ou la Contrainte par cor* d'Auguste de Lauzanne.

➜ **pages :** ***199, 234.***

Pastiche

Œuvre littéraire ou artistique où l'on imite le style d'un auteur, le plus souvent d'un point de vue critique.

● En 1924, Georges Maurevert écrit un recueil de pastiches, *l'Affaire du grand plagiat,* où l'on trouve *Un soir de Noël au Calisaya,* à la manière d'Oscar Wilde. Proust s'est aussi essayé à ce genre littéraire avec *Pastiches et Mélanges* (1919). Reboux

et Müller (*À la manière de*, 1920) passent pour les maîtres du genre, qui se porte encore bien à la fin du XXe siècle, avec des écrivains de talent comme Jean-Louis Curtis (*la Chine m'inquiète,* 1972) ou Patrick Rambaud (*la Farce des choses,* 1982).
➜ pages : *151, 282, 451.*

Pastorale

Pièce de théâtre et, par la suite, comédie ou roman dont les personnages principaux sont des bergers ou des pasteurs.

- Ce genre se développe en Italie sous la Renaissance et triomphe en France vers 1630, avec *la Silvanire* de Mairet (1631) ou encore *l'Astrée* d'Honoré d'Urfé (1607-1627).
- Bien que la pastorale n'ait connu, sous sa forme «pure», qu'un succès très provisoire, elle a influencé Corneille, Racine, Molière et, plus tard, Marivaux.

➜ page : *117.*

Pathétique

Registre littéraire qui utilise et transcrit les émotions intenses.

➜ pages : *117, 119, 121, 123.*

Pensée

Expression brève d'une réflexion.

- Un recueil de pensées, comme un recueil de maximes – mais la pensée, elle, n'a d'autre obligation formelle que sa brièveté –, se présente sous une forme discontinue (Paul Valéry, *Mauvaises Pensées et autres,* 1942).

➜ pages : *100, 108, 227.*

Période

Dans l'ancienne rhétorique, phrase grecque ou latine faite de propositions assez longues.

- On distingue la protase – ou montée – et l'apodose – ou descente – dont l'enchaînement se termine par une clausule.
- Valéry disait de la phrase périodique de Bossuet, en la mimant, *« il part puissamment du silence, anime peu à peu, enfle, élève, organise sa phrase, qui parfois s'édifie en voûte, se soutient de propositions latérales distribuées à merveille autour de l'instant… »*

➜ pages : *88, 91, 371.*

Périphrase

Figure de style.

- La périphrase consiste à utiliser une expression plus ou moins développée pour éviter de désigner quelqu'un ou quelque chose par son nom.
- *« Ces foudres de bronze que l'enfer a inventées pour la destruction des hommes »* pour dire les canons (Bossuet).

➜ pages : *85, 371.*

Persée

Personnage de la mythologie grecque.

- C'est le fils de Zeus et de Danaé. Acrisios, père de Danaé, prévenu par l'oracle que son petit-fils le tuerait, fait enfermer sa fille dans une chambre de bronze souterraine. Zeus la féconde, sous la forme d'une pluie d'or à travers une fente du plafond. Acrisios jette mère et enfant à la mer. Recueillis sur l'île de Sériphos par le roi Polydectès, ils prospèrent.

• Pour se débarrasser de Persée adolescent, le roi l'envoie chercher la tête de Méduse, l'une des trois Gorgones, dont le regard pétrifie. Il y arrive grâce aux dieux qui lui fournissent des sandales ailées, une besace magique, un bouclier-miroir et le casque d'Hadès qui rend invisible. Du sang de Méduse naît Pégase, le cheval ailé, que Persée enfourche et avec lequel il délivre la belle Andromède, offerte sur un rocher à un monstre marin. Il donnera plus tard la tête de Méduse à Athéna et tuera effectivement Acrisios, en lançant accidentellement le disque dans le public au cours de jeux sportifs.

• Célébré dans l'Antiquité par Euripide dans une tragédie perdue, Persée revient chez Calderón *(Aventures d'Andromède et Persée)* et Corneille (*Andromède,* 1650).

• Persée représente le type même du héros chevaleresque et, à ce titre, il fut transposé dans le personnage du chevalier Roger (Arioste, *Roland furieux,* 1532) qui délivre la belle Angélique, enchaînée à un rocher par un monstre marin, monté sur un hippogriffe (voir au Louvre le tableau d'Ingres).

Personnification

Figure de style.

• La personnification consiste à faire d'un être animé ou d'une abstraction un personnage réel.

• *« L'Habitude venait me prendre dans ses bras et me portait jusque dans mon lit comme un petit enfant »* (Proust, *Du côté de chez Swann,* 1913).

Phèdre

Héroïne de la mythologie grecque.

• Fille de Minos et Pasiphaé, sœur d'Ariane, elle est aussi la femme de Thésée.

• En l'absence de son mari, descendu aux Enfers pour y enlever Perséphone, elle s'éprend de son beau-fils, Hippolyte, et se consume d'un amour secret. Sa nourrice lui arrache son secret et le révèle au jeune homme, qui repousse sa belle-mère avec mépris. Phèdre, déshonorée, chasse sa nourrice et se pend après avoir laissé des tablettes accusant Hippolyte de lui avoir fait violence. À son retour, Thésée les trouve et maudit son fils, provoquant ainsi sa mort.

• De grands auteurs classiques comme Ovide ou Sénèque ont utilisé ce personnage de Phèdre, incarnation de la passion pure et criminelle. Il faut attendre 1573 pour que Robert Garnier reprenne cette intrigue dans *Hippolyte.* La plus célèbre tragédie reste celle de Racine (*Phèdre,* 1677).

➜ **pages : *70, 88, 113, 114, 125, 170, 230, 231, 316.***

Picaresque

Genre littéraire d'origine espagnole (XVIᵉ-XVIIᵉ siècle).

• Le mot vient de *picaro* qui signifie aventurier, vaurien. Le roman picaresque peut être défini comme une confession imaginaire à la première personne, un itinéraire géographique, social et moral, un roman d'apprentissage et, avant tout, une autobiographie spirituelle du héros.

Ce genre naît avec le *Lazarillo de Tormes* en 1554 (œuvre anonyme), satire sociale et religieuse, description cruelle de l'Espagne de Charles Quint. Il inspire à Cervantès quelques-unes de ses *Nouvelles exemplaires* (1613) et surtout *Don Quichotte de la Manche* (1605-1615). Le genre s'européanise à partir du XVIIe siècle : Grimmelshausen avec *Simplicius Simplicissimus* (1669), Lesage avec *Gil Blas de Santillane* (1715-1735), Defoe avec *Moll Flanders* (1722).

➜ pages : *37, 308.*

Placards

Pamphlets particulièrement violents, sous forme de livrets, contre le roi.

● On parle de l'affaire des Placards en 1534 ; les réformés affichèrent des placards contre la messe jusque sur la porte de François Ier à Amboise. Le roi, tolérant jusqu'alors, ordonna l'arrestation de cinquante-deux suspects dont Clément Marot, qui rejoignit Calvin dans son refuge de la cour de Navarre, à Nérac. Cette affaire marque le début des conflits qui amenèrent les guerres de Religion.

➜ pages : *205, 208.*

Poème en prose

Mode de contestation de la forme versifiée comme seul vecteur de l'expression poétique.

● Le poème en prose tend vers la description ou le tableau allégorique : par exemple, *Chacun sa chimère* dans *le Spleen de Paris* de Baudelaire, qui a voulu appliquer à la vie moderne la manière d'Aloysius Bertrand, auteur en 1842 de *Gaspard de la nuit,* qui fonde le genre en France. Les *Illuminations* de Rimbaud sont le chef-d'œuvre absolu du genre.

● Cette forme littéraire se caractérise par une discontinuité du discours et par une écriture en fragments clos sur eux-mêmes, souvent inspirés de la forme du verset, typique des littératures bibliques. Le poème en prose gagne un terrain considérable au début du XXe siècle.

➜ pages : *118, 176, 177.*

Poétique

Étude critique du fonctionnement de l'écriture poétique.

● Par extension, on parle de « poétique » pour désigner le système poétique propre à un écrivain : par exemple, la poétique de Nerval.

● En linguistique, le terme « poétique » désigne une fonction du langage centrée sur la mise en valeur de la forme et non du contenu.

➜ pages : *33, 62, 101, 111, 175, 301, 325.*

Pointe

Mot d'esprit, expression vive, bien trouvée et spirituelle, parfois blessante.

● C'était l'activité première chez les précieux du XVIIe siècle : *« Je le hais si peu que j'irais volontier à son enterrement »*, aurait-on dit de Voiture.

➜ pages : *173, 371.*

Polémique

Controverse écrite sur un sujet littéraire, religieux ou politique.

● La querelle des Anciens et des Modernes, au XVIIe siècle, opposa les admirateurs fanatiques des Anciens à ceux qui prétendaient qu'on pouvait les égaler, voire les surpasser.

→ **page :** ***374.***

Portrait

Genre littéraire qui décrit ou représente une personne.

● Cette description part de l'apparence extérieure de l'individu, pour ensuite « décrire » son âme. Le type même de ce schéma littéraire est *le Portrait de Dorian Gray* d'Oscar Wilde (1891).

Postface

Texte placé à la fin d'un livre en guise de commentaire.

Préface

Texte placé au début d'un livre servant d'introduction au lecteur.

● Dans certains cas, lorsqu'elle énonce en détail un art poétique, la préface occulte l'œuvre. C'est le cas chez Maupassant (préface de *Pierre et Jean,* sur le réalisme dans le roman, 1888) ; chez Gautier (préface de *Mademoiselle de Maupin,* sur la littérature romantique, 1835). Elle peut presque remplacer l'œuvre (Hugo, préface de *Cromwell,* sur le drame et le grotesque, 1828).

→ **pages :** ***59, 106, 116, 120, 123, 135, 263, 336.***

Prière

Texte ou discours religieux par lequel on s'adresse à Dieu ou à toute personne divine.

● Par exemple, la *Prière au sommeil* de Philippe Desportes dans *les Amours de Diane* (1573) considère le rêve qui accompagne le sommeil comme une divinité ou comme un message divin. Mais la *Prière sur l'Acropole* de Renan, adressée à Athéna dans ses *Souvenirs d'enfance et de jeunesse* (1883), est bien plus laïque que religieuse.

→ **pages :** ***117, 119, 121, 123.***

Prométhée

Héros de la mythologie grecque.

● Fils du titan Japet, il a pour frères Épiméthée, Atlas et Ménœtios. Prométhée signifie « prévoyant ».

● C'est pour les hommes que Prométhée trompe Zeus en lui dérobant le feu. Zeus punit les premiers en leur envoyant Pandore et réserve un sort bien pire au titan : il l'enchaîne par des liens d'acier sur le Caucase et envoie chaque jour son aigle lui déchirer le foie, qui repousse toujours. Héraclès le sauvera de cette punition. Plus tard, le centaure Chiron, grièvement blessé par une flèche d'Héraclès, souffrant et désirant mourir, transmettra son immortalité à Prométhée.

● Le romantisme exalte en Prométhée l'orgueil humain révolté contre la divinité (le sous-titre de *Frankenstein* de Mary Shelley est *le Prométhée moderne.* Il devient en littérature le « patron » des voleurs de feu. Goethe le met en scène dans son *Prométhée* (1773), héros affranchi de la peur des dieux et qui refuse d'en devenir un. Plus tard, dans *Pandore,* Goethe en fait un géant fier de sa force physique, homme d'action symbolisant le monde réel. Kafka (*Prométhée,* 1919) en fait un homme oublié de tous, dont le supplice est devenu sans raison, avec un aigle fatigué de manger du foie. Quant au *Prométhée mal enchaîné* de Gide (1899), c'est lui qui finit par manger son vautour.

● En musique, Beethoven reprend le mythe en 1800 et Liszt en 1850-1855.

➜ page : *274.*

Prose

Forme ordinaire du discours parlé ou écrit.

● La prose est non assujettie aux règles de rythme et de musicalité propres à la poésie. *« Tout ce qui n'est point vers est prose »* (Molière, *le Bourgeois gentilhomme*).

➜ pages : *33, 121, 126, 172, 197.*

Prosopopée

Figure de style qui consiste à prêter la parole aux choses ou aux morts.

● Platon a écrit une prosopopée des lois, Alfred de Vigny une prosopopée de la nature dans *la Maison du berger* (1844).

➜ pages : *86, 371.*

Proverbe

Maxime exprimant une vérité d'expérience.

● Aux XVIIe et XVIIIe siècles, c'est une pièce de théâtre brève dont l'action illustre un proverbe : la mode en a été lancée par l'hôtel de Rambouillet, haut lieu précieux, et illustrée particulièrement par Carmontelle (*Proverbes dramatiques,* 1768-1781). Le théâtre de Musset sera réuni sous le titre *Comédies et Proverbes.*

➜ page : *365.*

Psaume

Cantiques attribués à David (Bible), quoique la plupart soient postérieurs, les psaumes forment un recueil d'hymnes sacrés de l'Ancien Testament.

● On les divise en cinq parties : les psaumes moraux (respect de Dieu), les psaumes dogmatiques (la création, la grandeur divine), les psaumes historiques (le peuple élu et ses infidèles), les psaumes royaux (humiliations présentes, future venue du Messie, puissance de Yahvé), les psaumes personnels (contre les ennemis et les persécuteurs). Marot les traduit au XVIe siècle, marquant ainsi son engagement du côté de la Réforme.

➜ page : *203.*

Psychanalyse

Science d'investigation psychologique mise au point par Sigmund Freud.

● Elle irrigue la littérature du XXe siècle, des surréalistes, à l'écoute de l'inconscient, aux écrivains américains – en particulier le théâtre de Tennessee Williams –, curieux de perversions en tous genres.

➜ pages : *30, 300.*

Psyché

Personnage de la mythologie grecque.

● Héroïne de la fable d'Apulée *Amour et Psyché,* dans les *Métamorphoses* (entre 160 et 180).

● Psyché, trop belle pour être aimée d'un humain, incarne la perfection. Sur les ordres de l'oracle, le père de Psyché l'abandonne sur un rocher pour qu'un monstre vienne l'enlever. Le vent la porte jusque dans un palais d'or et de marbre. Dans la soirée, elle sent une présence autour d'elle, le mari dont l'oracle a parlé : il la met en garde de ne jamais tenter de le regarder, sous peine de le perdre à jamais. Le temps s'écoule, Psyché heureuse s'ennuie de sa famille, son époux lui permet de retourner chez elle. Ses sœurs la persuadent de cacher une lampe pour surprendre le visage interdit. De retour dans son palais, son amant endormi, elle prend la lampe pour le regarder et découvre un merveilleux jeune homme. Une goutte d'huile tombe et brûle l'Amour qui s'éveille et disparaît à jamais.

● Par extension, le mot «psyché» est utilisé pour désigner l'âme, reflet du corps terrestre.

● La Fontaine écrit en 1669 de très beaux *Amours de Psyché et de Cupidon,* en prose mêlée de vers. Deux ans plus tard, Molière, Lully, Corneille et Quinault s'associent pour produire sur le thème de Psyché une comédie-ballet pleine de merveilleux.

Pygmalion

Héros mythique.

● Il a été mis en scène par Ovide, au Ier siècle, dans *les Métamorphoses.*

● Pygmalion sculpte une statue d'ivoire, d'une grande finesse, représentant une jeune fille. Il tombe amoureux de cette statue, l'habille et la traite comme si elle était vivante. Il prie Vénus de lui donner pour femme une jeune fille semblable à celle qu'il a sculptée. Il se penche sur le visage d'ivoire pour l'embrasser et la statue devient une vraie femme, Galatée. Par extension, un pygmalion est quelqu'un qui permet à une autre personne de s'épanouir.

● George Bernard Shaw a tiré du mythe une pièce de théâtre (*Pygmalion,* 1912) où un professeur de linguistique dresse en trois mois une marchande de fleurs à l'accent cockney à s'exprimer comme une duchesse – puis la rend à ses fleurs, sans plus s'en soucier.

➜ **page :** ***129.***

Quasimodo

Personnage de roman de Victor Hugo.

● Enfant trouvé, le bossu borgne, boiteux et sourd de *Notre-Dame de Paris* (1831) est élevé par le moine Claude Frollo. Il grandit dans la cathédrale et en devient le carillonneur. Fuyant la méchanceté des hommes, il n'aime que son « sauveur », jusqu'au jour où il rencontre la belle Esméralda, la seule qui a un geste d'affection. Mais Esméralda est bientôt pendue. Quasimodo s'en va mourir sur son cadavre dans le charnier de Montfaucon.

● Proscrit au cœur généreux, il témoigne par sa mort, de façon très romantique, que la monstruosité n'exclut pas la perfection dans l'amour.

➜ **pages :** ***140, 455.***

Rastignac (Eugène de)

→ Goriot, Sorel.

Réalisme

Genre littéraire, ou artistique, qui tend à vouloir représenter la réalité telle qu'elle est.

- Au XIXe siècle, tendance littéraire dans le roman français, en réaction contre le romantisme. Le réalisme vise à la représentation fidèle de la vie quotidienne des contemporains ; les principaux représentants sont Duranty (*le Malheur d'Henriette Gérard,* 1860), Champfleury (*le Réalisme,* 1857) et surtout Flaubert (*Madame Bovary,* 1857).
- En peinture, c'est l'école hollandaise qui symbolise le réalisme, notamment avec ses natures mortes (fin XVIe siècle) représentées sous deux formes essentielles : le bouquet de fleurs (*Bouquet de fleurs dans un paysage* d'Ambrosius Bosschaert l'Ancien, 1619) et la table servie (*Nature morte à la bougie,* de Pieter Claesz, 1627). Plus tard, *le Radeau de la Méduse* (1819) de Géricault choquera par le réalisme des corps entassés. Enfin, de façon synchronique au réalisme littéraire, on refusera longtemps le réalisme jugé outrancier de Courbet (*l'Enterrement à Ornans,* 1849).

→ **pages : *79-82, 90, 285, 270, 306.***

Réforme

Crise de l'Église au XVIe siècle qui a donné naissance aux Églises protestantes.

- Le début de la Réforme est fixé au 31 octobre 1517, avec la publication des « quatre-vingt-quinze thèses » sur la vertu des indulgences rédigées par le moine allemand Martin Luther. Vendues pour financer la reconstruction de la basilique Saint-Pierre de Rome, ces indulgences étaient censées amorcer la remise de peine de certains péchés.
- Les écrits de Luther ont eu un impact considérable dans le monde germanophone. Son action est très vite reprise par d'autres animateurs du mouvement, comme Calvin à Genève. La Réforme a conduit à l'édification d'une pluralité d'Églises liées à des cultures et à des territoires distincts : luthéranisme en Allemagne, calvinisme en Suisse et en France, anglicanisme en Angleterre.
- Sur le plan littéraire, la Réforme a induit une très importante production polémique. Le champ littéraire français en particulier s'est divisé entre adversaires (Ronsard, Jodelle) et partisans (d'Aubigné) de la Réforme.
- La Contre-Réforme (c'est-à-dire la réaction et la contre-offensive spirituelle de l'Église catholique), initiée vers la fin du XVIe siècle, ne s'arrête pas avec l'édit de Nantes (1598), et les écrivains catholiques (Bossuet, entre autres) continuent à parler de la RPR (Religion prétendument réformée) jusqu'à ce que Louis XIV leur donne finalement gain de cause en 1685 avec la révocation de l'édit de Nantes. « Huguenot », « protestant », « parpaillot » sont, sous leur plume, des injures graves.

→ **pages : *21, 26, 46, 203, 204, 208, 209, 225, 228.***

Rejet / Enjambement

Non-respect volontaire des pauses rituelles du vers classique.

- Le rejet est, en poésie, le non-respect de la pause à la rime, qui met en valeur le mot suivant : *« Comment vous nommez-vous ? / Il me dit : – Je me nomme / Le Pauvre… »* (Hugo).
- L'enjambement ne respecte pas la pause à la césure. Les vers suivants de Hugo combinent un rejet, du vers 1 au vers 2, et un enjambement au vers 2 : *« Et Barrabas debout, transfiguré, tremblant, / Terrible, cria : – Peuple affreux, peuple sanglant, / Qu'as-tu fait ? »*
- Les deux structures ont pour effet de désorganiser volontairement la ligne mélodique du vers, en mettant en valeur un mot inattendu en cette position.

➜ **pages : *167, 344.***

Renart

Personnage de fable.

- Doté de qualités et de défauts humains, Renart agit en homme et non en bête.
- Ce personnage apparaît dès le VIe siècle av. J.-C. dans *les Fables* d'Ésope et s'impose avec *le Roman de Renart,* œuvre anonyme française (vers 1175). Cet ouvrage de plus de cent mille vers raconte les aventures de Renart – dépourvu de toute conception morale – et présente des animaux qui agissent et pensent comme les hommes : le plus fort triomphe du plus faible. L'intelligence, la ruse et l'absence de scrupules de Renart l'aident à triompher des autres animaux, qui le détestent. Symbole de la ruse, trompeur parfois trompé, grâce à sa fantaisie et à son esprit sans cesse inventif, Renart attire la sympathie.
- Jean de La Fontaine a repris de nombreuses fois ce personnage de Renart dans ses *Fables,* conservant les même traits de caractère, mais modernisés.
- Renard le Goupil est le héros du *Roman de Renard* (1958) de Maurice Genevoix (1890-1980).

➜ **pages : *36, 142, 199.***

Réquisitoire

Discours prononcé lors d'un procès, par lequel le ministère public demande au juge d'appliquer la loi à un inculpé.

- Ainsi maître Pinard, procureur impérial, en 1857, dans son réquisitoire particulièrement soutenu contre le recueil *les Fleurs du Mal* de Charles Baudelaire, trouve plus que matière à exiger la condamnation du poète : *« Messieurs, je crois avoir cité assez de passages pour affirmer qu'il y a eu offense à la morale publique. Ou le sens de la pudeur n'existe pas, ou la limite qu'elle impose a été audacieusement franchie. »* Ce même procureur sera aussi impliqué dans le scandale lié au roman de Flaubert, *Madame Bovary,* en 1857.

Rhétorique

Art du discours qui regroupe l'ensemble des procédés et techniques permettant de s'exprimer avec éloquence.

- On distingue dans la rhétorique classique trois sortes de discours : le *délibératif* (utilisé essentiellement en politique pour préconiser une décision de l'Assemblée), le *judiciaire* (utilisé en droit dans les procès), *l'épidictique* (art de l'éloge ou du blâme d'une personne ou d'une institution).
- Comme adjectif, rhétorique peut se prendre presque en mauvaise part, dans le sens d'un discours qui a l'apparence, la forme mais pas le fond. On parle ainsi de « questions rhétoriques » pour désigner des interrogations fausses, dont la réponse est évidente.

→ pages : *66, 75, 84, 86, 87, 370, 371.*

Rime

Retour du même son (combinant voyelle et consonne) à la fin de deux ou plusieurs vers.

- *« Gloire du long désir, idées / Tout en moi s'exaltait de voir / La famille des iridées / Surgir à ce nouveau devoir »* (Mallarmé, *Prose pour des Esseintes*).
- La rime peut être suffisante (voyelle + consonne) ou riche, lorsqu'elle dépasse le minimum requis. Certains écrivains – les grands rhétoriqueurs de la fin du XVe siècle, mais aussi de purs techniciens comme Rostand – ont cultivé les rimes les plus riches possibles, à la limite de l'équivoque, d'un vers sur l'autre.

→ pages : *33, 90, 171, 215.*

Robinson Crusoé

Héros du roman homonyme de Daniel Defoe (1719).

- Le roman s'inspire de l'histoire vraie d'un marin écossais (Alexandre Selkirk), « marronné » sur une île déserte pendant cinq ans (1704-1709) avant d'être rapatrié en Angleterre, complètement fou.
- Naufragé sur une île, Robinson garde un esprit positif, sa patience et son opiniâtreté au travail lui permettent de transformer sa « prison » en paradis. Il redécouvre les gestes des premiers hommes (pêche, chasse, cueillette) et règne sur un modeste royaume, jusqu'à ce qu'il se trouve un nouveau défi : instruire Vendredi, un jeune sauvage arraché à une tribu d'anthropophages.
- Tous deux reviennent en Europe près de vingt-cinq ans plus tard. Tout le roman est traversé par l'idée qu'on peut trouver son salut dans le travail et qu'une bonne éducation peut contrarier les pires penchants. Pour Rousseau, c'est *« le plus heureux traité d'éducation naturelle »* – entre Émile et le thème du « bon sauvage », tous deux chers à son cœur.
- L'île est un thème fréquent dans la littérature du XVIIIe siècle (Diderot, *Supplément au voyage de Bougainville* ; Bernardin de Saint-Pierre, *Paul et Virginie*). Elle est un lieu clos, un paradis en l'état, non touché par la civilisation, susceptible donc d'expérimentations diverses. Plus tard, elle fera toujours rêver, tout en se révélant moins utopique : Stevenson invente avec Ben Gunn, dans *l'Île au trésor* (1883), un « Robinson » édenté, presque aphasique, monomaniaque, plus proche de Selkirk que du personnage de Defoe.

● Robinson est devenu un type littéraire qui a inspiré de très nombreux écrivains, en Allemagne (J. G. Schnabel, *l'Île de Felsenburg*), en Suisse (J. R. Wyss, *les Robinsons suisses*) ou en France (Jules Verne, *Deux Ans de vacances*).
● Puccini puis Offenbach ont mis Robinson en musique, Luis Buñuel, parmi tant d'autres, l'a porté à l'écran (*les Aventures de Robinson Crusoé,* 1952). Michel Tournier, avec *Vendredi ou les Limbes du Pacifique* (1967), puis avec *Vendredi ou la Vie sauvage* (1971), a exploité le roman de Defoe en l'agrémentant d'une réflexion sur les problèmes contemporains.

Rodrigue de Bivar

Noble chevalier espagnol qui servit de modèle au personnage littéraire de Corneille, le Cid (1637).

● Il s'illustre dans de nombreux combats contre les Maures qui tiennent alors presque toute l'Espagne, d'où son surnom de Cid (de l'arabe *Sidi,* seigneur). Héros des chansons de geste ibériques, qui chantent ses exploits et ses amours avec la belle Chimène, comme le *Romancero du Cid,* Rodrigue exprime l'esthétique et l'idéologie théâtrale de Corneille *(le Cid)*.
● Jules Massenet, dans son opéra *le Cid* (1885), montre un Rodrigue plus proche de son modèle espagnol : un adolescent se livrant à de nombreux élans de piété mystique. Georges Fourest (*la Négresse blonde,* 1909) en fait la parodie : *« Le héros nonchalant à pas lents se promène. / Dieu ! murmure à part soi la plaintive Chimène, / Qu'il est joli garçon l'assassin de papa ! »*
➜ **pages : *121, 213, 217, 236, 324.***

Roland

Le premier des douze pairs de Charlemagne, armé de son épée Durandal, tué dans le défilé de Ronceveaux.

● Il a été immortalisé par *la Chanson de Roland* (XIe-XIIe siècle), les poèmes épiques de Boiardo (*Roland amoureux,* XVe siècle) et de l'Arioste (*Roland furieux,* XVIe siècle) et plusieurs poèmes de *la Légende des siècles* de Victor Hugo *(le Mariage de Roland, le Petit Roi de Galice)*.
➜ **pages : *71, 194, 195***

Romanesque

Qui possède les caractères attribués au roman : fabuleux, extraordinaire.

● Au romanesque correspond l'idée de sentimentalité et de rêveries dans un climat trépidant de péripéties.
● L'adjectif, qui se prend souvent en mauvaise part, s'adapte aussi bien au genre picaresque (Defoe, *Moll Flanders,* 1722) qu'au roman-feuilleton (Xavier de Montépin, *la Porteuse de pain,* 1884) ou au roman pour midinettes (Cécil Saint-Laurent, *Caroline chérie,* 1947).
➜ **pages : *37, 159, 186, 303.***

Rondeau

Poème dont les premiers vers sont repris à la fin et qui correspondraient à des éléments bissés quand les poèmes étaient chantés.

● Le genre ne sera quasiment plus pratiqué après le XVIe siècle.
➜ **page : *342.***

Rougon-Macquart

Personnages de la série romanesque homonyme d'Émile Zola (1871-1893).

• Cette famille comporte une cinquantaine de personnages clés dans l'œuvre. Autant de héros qui permettent à Zola de nous présenter les différents milieux sociaux où il les fait évoluer, du prolétariat de *Germinal* à la haute finance de *l'Argent*. Ils apportent ainsi leur témoignage historique et politique au travers de leurs drames individuels. L'auteur renouvelle ainsi le modèle balzacien de *la Comédie humaine* (1830-1848), sans pour autant s'attacher de trop près aux personnages.

• La dynastie des Rougon-Macquart, marquée par une lourde hérédité alcoolique, synthétise presque tous les vices humains : escroquerie, obsession sexuelle, prostitution, crime, violence de toutes sortes, déchéance physique et morale, etc. Flaubert disait des membres de cette famille : *« Ils tournent au mythe sans cesser d'être réels. »*

→ **pages :** ***78, 162, 272, 273.***

Rythme binaire

Figure de style.

• Il permet, par une organisation symétrique des mots, de donner une cadence au discours.

• Le rythme binaire produit des effets de parallélisme ou d'antithèse.

• *« Corneille nous assujettit à ses caractères et à ses idées, Racine se conforme aux nôtres ; celui-là peint les hommes comme ils devraient être, celui-ci les peint tels qu'ils sont. Il y a plus dans le premier de ce que l'on admire, et de ce que l'on doit même imiter ; il y a plus dans le second de ce que l'on reconnaît dans les autres, ou de ce que l'on éprouve dans soi-même »* (La Bruyère, *les Caractères*, 1688-1696).

→ **page :** ***33.***

Rythme ternaire

Figure de style.

• Le rythme ternaire est la marque d'une phrase ou d'un vers segmenté en trois fragments.

• *« Le fossoyeur achève le creusement de la fosse ; l'on y dépose le cercueil avec toute les précautions prises en pareil cas ; quelques pelletées de terre inattendues viennent recouvrir le corps de l'enfant »* (Lautréamont, *les Chants de Maldoror*, 1868-1869).

• Le rythme ternaire permet de ménager des effets de gradation, crescendo ou decrescendo. Dans *l'Avare* (1668), Molière fait dire à Harpagon *« … puisque tu m'es enlevé, j'ai perdu mon support, ma consolation, ma joie… »*.

→ **pages :** ***33, 171, 375.***

Saint-Preux

Héros de roman de Jean-Jacques Rousseau.

● Personnage central de *Julie ou la Nouvelle Héloïse* (1761), Saint-Preux est le précepteur de Julie d'Estanges, dont il est amoureux.

● Le jeune homme voit sa jeune maîtresse le délaisser pour épouser (sur ordre de son père) un autre homme. Désespéré, il part faire le tour du monde – et lui adresse maintes lettres qui forment l'essentiel du roman. Saint-Preux et Julie seront plus tard réunis dans un ménage à trois harmonieux. Julie décède d'une foudroyante maladie après s'être jetée à l'eau, mais lui laisse une dernière preuve de son amour éternel: *« Non, je ne te quitte pas, je vais t'attendre,* écrit-elle à Saint-Preux. *La vertu qui nous sépare sur la terre nous unira dans le séjour éternel. Je meurs dans cette douce attente… »*

● Cette histoire d'amour impossible, toujours marquée du sceau de l'angoisse, quête infructueuse de plénitude absolue dont seule la mort pouvait garantir la durée, eut un immense succès et passa longtemps pour le pendant français du *Werther* de Goethe (1774), qu'il avait inspiré dans l'Europe romantique naissante.

➜ **page : *144*.**

Salomé

Fille d'Hérodiade, dont le nom signifie en hébreu « paisible ».

● Personnage du Nouveau Testament, elle incarne la cruauté de l'innocence.

● La tradition veut que, lors d'un festin, elle ait dansé pour son oncle Hérode Antipas qui lui accorde une récompense de son choix. Salomé, poussée par sa mère, demande la tête de Jean-Baptiste – alors prisonnier d'Hérode et qui avait repoussé les avances d'Hérodiade – sur un plat d'argent.

● Le personnage de Salomé a inspiré de nombreux écrivains: Oscar Wilde (*Salomé,* pièce en un acte, 1896), ou encore Flaubert (*Herodias* dans *Trois Contes,* 1877) et Huysmans dans *À rebours* (1884).

● Il a aussi inspiré les peintres: Fra Filippo Lippi dans la cathédrale de Prato en Italie, Titien (*Salomé,* 1560) au musée du Prado et surtout Gustave Moreau qui s'empare du personnage pour en faire l'un des principaux thèmes de son œuvre, donnant de la femme l'image ambiguë d'une séductrice maléfique et d'une perverse innocente (*Salomé dansant devant Hérode* et *l'Apparition,* 1876).

➜ **page : *170*.**

Satan

Nom hébreu donné au diable, qui signifie « l'adversaire » ou « l'accusateur ».

● Chef des esprits du Mal, il s'oppose d'abord aux hommes (en essayant de contraindre Job à maudire Dieu), puis à Dieu.

● La notion de diable, exacte antithèse de Dieu, est une notion « moderne », inconnue de la Bible, transmise des cultes zoroastriens de l'Iran antique, qui opposaient

Mazda, la Lumière, et Arhiman, le Mal. Introduite dans la chrétienté par la secte des esséniens – à laquelle appartenait Jean-Baptiste – postérieurement au Nouveau Testament, Satan est assimilé à l'antique serpent de la Genèse, qui sera déchaîné puis vaincu à la fin des temps (Apocalypse).

- On lui donne plusieurs noms: Lucifer, Belzébuth, le Malin, l'Ennemi, le Diable – en grec, «le comédien», mais aussi «le devin». Au Moyen Âge, c'est un monstre maléfique qui emprunte à l'animalité des attributs constants – cornes, oreilles pointues, pieds fourchus, longue queue, etc. Personnage clé des mystères et autres diableries, il symbolise le côté obscur et souvent l'inconscient de l'humanité.
- Littérairement, c'est un personnage majeur, de *la Divine Comédie* de Dante à *la Fin de Satan* de Hugo. Au XVIIIe siècle, il devient une figure fantastique des récits satiriques (Lesage, *le Diable boiteux,* 1707) et le porte-parole d'un monde désabusé et sceptique. Après avoir incarné le Mal, il incarne la révolte (Milton, *le Paradis perdu,* 1667), surtout à l'époque romantique, chez Byron (*Caïn,* 1821), Vigny, Baudelaire. N'oublions pas que Lucifer signifie le «Porte-Lumière». Il peut même devenir un prestidigitateur plein d'humour, capable de soulever tous les masques d'une société bloquée (Mikhaïl Boulgakov, *le Maître et Marguerite,* 1940).
- Ses avatars sont innombrables, depuis *le Méphistophélès* de Goethe (*Faust,* 1808) jusqu'aux créatures immondes de la littérature fantastique – Lovecraft l'appelle Yog Sothoth dans *l'Affaire Charles Dexter Ward* et Cthulhu dans maintes autres nouvelles.

➜ **pages : *266, 276, 341.***

Satire

Poème qui ridiculise, de manière agressive, une personne ou plusieurs ou la société d'une époque.

- Par extension, caractéristique d'un texte critique en prose ou en vers envers un ou plusieurs individus ou pouvoir politique, le plus souvent dans un but moralisateur : ainsi, la *Satire Ménippée,* critique féroce dirigée contre la Ligue (XVIe siècle).

➜ **pages : *107, 115, 199, 235, 397.***

Saynète

Comédie bouffonne du théâtre espagnol, puis, par extension, très courte comédie (sketch).

Scapin

Personnage de Molière.

- Valet d'intrigue, fourbe et rusé, le Scapin des *Fourberies* (1671) trouve son origine dans la commedia dell'arte – Brighella / Truffaldino. Il dispose à son gré des maîtres et des serviteurs, de ceux qui font appel à lui comme de ceux qu'il combat. Il est le chef d'orchestre de la comédie.
- Le succès de la pièce de Molière fut grand, malgré les critiques acerbes de Boileau, qui préférait les comédies «sérieuses» de Molière à

cette bouffonnerie réussie : *« Dans le sac ridicule où Scapin l'enveloppe, / Je ne reconnais plus l'auteur du Misanthrope. »*

● La descendance du Scapin de Molière est considérable : elle inclut, entre autres, le Figaro de Beaumarchais.

➜ **pages :** ***319, 328, 331, 397.***

Scénario

Technique d'écriture (dialogues, jeux de scène) des projets cinématographiques.

● C'est une forme intermédiaire entre le synopsis, qui se présente comme un bref résumé de l'histoire, et le découpage, qui est une présentation en colonnes de tous les éléments techniques du film, outre le dialogue : lumière, son, accessoires, etc.

➜ **pages :** ***298, 299, 304, 429.***

Scène d'exposition

Première(s) scène(s) d'une pièce de théâtre dans laquelle les personnages et l'action sont présentés.

● La scène d'exposition peut s'étendre sur un acte entier, voire plus : dans *Tartuffe,* Molière s'amuse à présenter le héros-titre durant deux actes complets par la bouche des autres personnages sans l'introduire physiquement sur scène avant la deuxième scène du troisième acte.

Sémantique

Étude du langage, considéré du point de vue de la signification des unités lexicales (mots, phrases, texte).

➜ **pages :** ***75, 170, 300, 424.***

Sémiotique

Étude du sens des objets non linguistiques.

● Roland Barthes dans *Mythologies* (1957) analyse aussi bien la mèche de cheveux d'une star qu'une photo de recette de cuisine ou une réclame pour la dernière Citroën.

➜ **pages :** ***66, 304, 305, 384, 385.***

Série noire

Roman policier, souvent violent et d'origine américaine ou influencé par le roman américain.

● *La Clé de verre* de Dashiel Hammett (1930) est un classique du genre avec ses meurtres, ses politiciens verreux et ses gangsters authentiques. La collection « Série noire », fondée chez Gallimard par Marcel Duhamel, fut pour beaucoup dans la popularisation d'auteurs aujourd'hui aussi célèbres que Raymond Chandler ou Chester Himes.

● Par métaphore, on appelle « série noire », dans le langage journalistique, une série d'événements malheureux : plusieurs accidents en un laps de temps bref, etc.

➜ **page :** ***320.***

Sermon

Discours chrétien oral de portée morale, prononcé dans les églises par un prêtre devant ses fidèles.

● Dans l'Évangile selon saint Matthieu, Jésus prêche un sermon sur la montagne pour inaugurer son enseignement. C'est le modèle de tous les sermons, genre dans lequel s'illustrèrent des ecclésiastiques aussi fameux que Bossuet, Bourdaloue, Fénelon.

➜ pages : *117, 119, 121, 123.*

Sganarelle

Personnage de plusieurs pièces de Molière.

• Il est le cocu imaginaire dans *Sganarelle* (1660) ou le valet fidèle de *Dom Juan* (1665) qui réagit contre l'impiété de son maître. C'est Sganarelle qui ouvre *Dom Juan.*

• Ce valet de comédie au verbe haut, poltron et hypocrite, est un personnage essentiel chez Molière, qui l'interpréta lui-même toute sa vie. Sganarelle est un personnage de farce que sa grossièreté prédispose à jouer les faux savants (dans *le Médecin malgré lui,* 1666).

➜ page : *233.*

Sisyphe

Roi légendaire de Corinthe.

• Fils d'Éole, il est le plus rusé des mortels et le moins scrupuleux. Il s'attire la colère de Zeus en le dénonçant pour l'enlèvement d'Égine : la légende, telle que la raconte l'*Odyssée,* car Ulysse l'avisé est un petit-fils de Sisyphe, veut que Zeus, furieux, l'ait immédiatement foudroyé et envoyé aux Enfers où il fut condamné à rouler éternellement jusqu'au sommet d'une montagne un énorme rocher qui en redescendait, avant d'arriver au faîte, sous l'effet de son poids.

• Alfred Vigny rend hommage à cette victime de l'injustice des dieux dans *les Destinées,* 1864 : *« Ce Sisyphe éternel est beau, seul, meurtri, / Brûlé, précipité, sans jeter un seul cri, / Et n'avouant jamais qu'il saigne et qu'il succombe / À toujours ramasser son rocher qui retombe. »*

• Camus (*le Mythe de Sisyphe,* 1942) voit en lui l'archétype du *« héros absurde ».* Ainsi, *« la pensée profonde de ce livre, c'est que le pessimisme métaphysique n'entraîne nullement qu'il faille désespérer de l'homme – au contraire ».*

➜ pages : *181, 296.*

Sketch

➜ Saynète.

Slogan

Formule concise destinée à frapper les esprits.

• *« La nature, rien que la nature »* (Ionesco, *la Cantatrice chauve,* 1954).

Sociologie

Science qui étudie les lois propres aux phénomènes sociaux.

• On parle de sociologie du texte pour définir une tentative de combiner certains théorèmes et concepts sémiotiques avec une approche sociologique. Ainsi, Julia Kristeva s'efforce de rendre compte du fonctionnement sémantique et syntaxique du texte dans le contexte sociohistorique, dans la *Révolution du langage poétique* (1974).

➜ page : *42.*

Sodome et Gomorrhe

Dans la Genèse, les deux cités détruites par le feu du Ciel pour leur comportement sexuellement déviant.

• À partir de cette anecdote, les références aux deux cités maudites renvoient systématiquement aux plaisirs homosexuels – Proust intitule *Sodome et Gomorrhe* le livre de *la Recherche du temps perdu* le plus étroitement consacré au sujet –, ne serait-ce que par périphrases – « les sectateurs de Sodome », « les plaisirs gomorrhéens ».
• Quoique la Bible n'en spécifie rien, on a fini par dire que Sodome était peuplée d'hommes et Gomorrhe de femmes. S'inspirant du châtiment divin, le droit français sous l'Ancien Régime condamne en théorie les homosexuels mâles au bûcher.
• Par extension, l'épisode biblique a inspiré Voltaire *(le Monde comme il va)* pour mettre en scène un dieu qui choisit de ne pas détruire Babylone.
• Si l'art n'a guère représenté les deux villes damnées, il a en revanche maintes fois exploité l'histoire de Loth, seul survivant, seul « Juste » sauvé par Dieu (alors que sa femme est changée en statue de sel), que ses filles soûlèrent pour mieux s'en faire féconder, afin de perpétuer leur race (Rubens, Rembrandt, Simon Vouet). L'épisode est souvent prétexte à exposer des nudités d'un érotisme certain.
→ **Babel.**
→ **pages :** ***120, 223, 250.***

Sonnet

Genre poétique d'origine italienne (1538), introduit en France par Pétrarque.

• Marot codifie les règles du sonnet : quatorze vers répartis en deux quatrains plus un sizain séparé en deux tercets. La règle interdit les répétitions de mots, à l'exception des conjonctions et des verbes auxiliaires. Les deux quatrains ne doivent jouer que sur deux rimes, impérativement embrassées (abba) ; les deux tercets, toujours liés par une rime commune, obéissent à des règles plus souples.
• Très à la mode au XVIe et au XVIIe siècle, le sonnet est moins pratiqué au XVIIIe siècle pour retrouver un certain éclat au XIXe siècle, chez Baudelaire et les parnassiens.
→ **pages :** ***87, 105-107, 173, 201, 207, 342, 343.***

Sorel (Julien)

Personnage de roman de Stendhal.

• Héros du roman *le Rouge et le Noir* (1830), brillant et intelligent, Julien songe à entrer dans les ordres, afin de quitter sa condition paysanne.
• Précepteur des enfants de la famille Rênal, il entreprend de séduire la mère. Entreprise quasi militaire (il se donne des ordres pour y parvenir), qui planifie le moment où Julien prend la main de la pure et charmante madame de Rênal. Ses « amours » découvertes, il entre au séminaire de Besançon et joue fort bien la piété avant d'entrer au service du marquis de La Mole. Très vite, le marquis l'aide socialement en lui faisant obtenir la croix militaire. Julien séduit alors par haine de sa classe la fille de son protecteur, Mathilde. Elle tombe enceinte, il doit l'épouser, mais une lettre de mada-

me de Rênal parvient au marquis, dénonçant Julien comme suborneur de femme. Fou de voir ses projets ainsi s'écrouler, le jeune homme retourne à Verrières, tire sur madame de Rênal et est condamné à mort.

● Roman de l'énergie et de l'ambition, reflet des forces de l'époque (le clergé, ou le Noir, et la République – plus que l'armée –, ou le Rouge), l'œuvre est avant tout un roman politique, une « chronique de 1830 », conformément à son sous-titre.

● Avec Julien Sorel, Stendhal dresse le portrait d'un ambitieux qui, par passion – valeur supérieure à toutes, pour Stendhal –, renonce à l'ambition. Quelques années plus tard Balzac, l'un des rares lecteurs du *Rouge et le Noir,* invente avec Rastignac le portrait de l'arriviste type, qui enterre dans *le Père Goriot* (1835) ses dernières émotions. Il fonde une longue lignée de conquérants, de Lucien de Rubempré (Balzac, *les Illusions perdues,* 1837), qui échoue, jusqu'au *Bel-Ami* de Maupassant, qui réussit.

➜ **pages** : ***151, 253, 259, 351, 427.***

Sphinx

Monstre féminin de la mythologie grecque, au visage de femme, à la poitrine, aux pattes et à la queue d'un lion, avec des ailes d'oiseau.

● Attaché à la légende d'Œdipe, il est envoyé par Héra pour punir la cité de Thèbes du crime de Laïos qui aimait d'un amour coupable le fils de Chrysippos. Le Sphinx interdisait l'accès de la cité en dévorant les êtres humains qui passaient à sa portée. Et il posait la célèbre énigme : *« Quel est l'être qui marche tantôt à deux pattes, tantôt à trois, tantôt à quatre et qui, contrairement à la loi générale, est le plus faible quand il a le plus de pattes ? »* Toute réponse fausse entraînait la mort. Seul Œdipe trouva la réponse : l'homme. Désespéré, le monstre se précipita du haut d'un rocher.

● Le Sphinx est représenté à Gizeh en Égypte, au pied des grandes pyramides de Khéops, Khéphren et Mykérinos, comme la sentinelle énigmatique des trésors des pharaons.

● Symbole du gardien par excellence, il a inspiré de nombreux auteurs, depuis les Grecs jusqu'à Cocteau (*la Machine infernale,* 1934). Ingres a superbement représenté *Œdipe et le Sphinx* (1808).

➜ **page** : ***89, 326.***

Spleen

Mélancolie profonde.

● Le mot vient de l'anglais et signifie « rate », siège, comme la vésicule, des émotions noires.

● Le spleen fut exploité par Baudelaire dans plusieurs poèmes des *Fleurs du Mal* et dans *le Spleen de Paris* (1869).

➜ **page** : ***266.***

Styx

Nom du fleuve qui traverse les Enfers, et, par métonymie, la Mort.

● Les eaux noires et glacées de ce fleuve infernal passent pour avoir des propriétés magiques. C'est là que Thétis a trempé son fils Achille pour le rendre invincible *(Iliade).* Le Styx est invoqué par les dieux quand ils prononcent un serment solennel.

● Avec l'Achéron et le Périphlégéton, le Styx est le fleuve des Enfers par excellence, celui que l'on ne traverse pas impunément (voir *Don Juan aux Enfers* de Baudelaire, dans *les Fleurs du Mal*). D'autant plus remarquables sont les héros qui ont vaincu la mort et ont *« deux fois vainqueurs traversé l'Achéron »* (Nerval) comme Ulysse *(Odyssée)*, Thésée, Héraclès, Orphée et Dante *(la Divine Comédie)*.

Sublime

Genre littéraire le plus élevé dans la hiérarchie classique des genres.

● Il convient à la tragédie et à l'épopée puisqu'il s'adapte aux sujets élevés. Avant Marivaux, Furetière s'était moqué (dans *le Roman bourgeois,* 1666) non des héros romanesques, mais des tics du style sublime, galvaudés dans les ouvrages précieux de son siècle.

● Plus sérieusement, mais dans le même esprit, Boileau, traduisant le texte attribué à Longin, a rédigé un *Traité du sublime* (1674) qui montre comment des sujets élevés peuvent s'accommoder, en même temps, d'un style naturel, loin du style ampoulé fréquent à son époque.

→ **pages : *135, 140, 162, 263.***

Syllogisme

Figure de style.

● Elle consiste à mettre en rapport logique deux prémisses, une majeure et l'autre mineure, dont on tire une conclusion : tous les hommes sont mortels (majeure) ; or, Socrate est un homme (mineure) ; donc, Socrate est mortel (conclusion).

● Cette figure a été parodiée par Ionesco dans *Rhinocéros* (1963) : *« Tous les chats sont mortels. Socrate est mortel. Donc, Socrate est un chat. »*

→ **pages : *371, 376.***

Synecdoque

Figure de style.

● La synecdoque consiste à désigner une chose ou une personne par une partie de cette chose ou de cette personne: « une voile » pour « un bateau », « une âme » pour « un être vivant ».

Synérèse

Procédé de versification qui consiste à fusionner deux voyelles contiguës en une diphtongue.

● *« Nous semblions* (2 syllabes) *entre les maisons / Onde ouverte de la mer Rouge »* (Apollinaire, *Alcools*).

● La synérèse est l'inverse de la diérèse.

Tanka

Petit poème japonais classique de cinq vers et de trente et une syllabes.

Télémaque

*Personnage de l'*Odyssée *d'Homère.*

● Fils de Pénélope et d'Ulysse, né peu de temps avant la guerre de Troie, il ne connaît son père que très tardivement.

Sa légende est surtout développée dans les quatre premiers chants de l'*Odyssée,* que l'on appelle aussi « Télémachie ». Adolescent type à la recherche symbolique de son père, Télémaque n'est pas tellement à sa place dans cet environnement de dieux, déesses et nymphes. Il cesse d'« exister » au retour de son père : ses aventures s'arrêtent en effet quand Ulysse rentre à Ithaque.

● Il est une figure surtout littéraire par sa piété et sa valeur un peu naïves, qui permirent à Fénelon de s'attarder longuement sur la Télémachie dans son roman pédagogique *les Aventures de Télémaque* (1699). Aragon dynamisera ce personnage falot de roman d'éducation avec *les Aventures de Télémaque* (1922). Il inspirera encore Giono qui le fait vieillir dans *la Naissance de l'Odyssée* (1938).

➜ **pages :** ***118, 310.***

Tétramètre

Vers coupé en quatre mesures égales (3 / 3 / 3 / 3) et considéré comme le plus régulier dans la prosodie classique.

● *« Parle-lui / tous les jours // des vertus / de son père »* (Racine).

➜ **page :** ***344.***

Thèse

Proposition ou théorie qu'une personne adopte pour défendre ses arguments.

● Jean-Jacques Rousseau est connu pour ses thèses sociales et politiques (*Du contrat social ou Principes du droit politique,* 1762).

➜ **page :** ***402.***

Thésée

Personnage de la mythologie grecque.

● Héros de l'Attique, fils de Poséidon et d'Æthra, il appartient à la même génération de demi-dieux qu'Héraclès et Persée.

● Sa mère, violée par Poséidon la nuit de ses noces, en a conçu l'enfant qu'Égée, simple mortel, accepte pour fils. Thésée est élevé sans connaître son père, jusqu'à ce qu'il soit assez grand pour partir à Athènes voir Égée. En chemin, il accomplit six exploits, la moitié du nombre des « travaux » réalisés par Héraclès. Aussi, lorsqu'il arrive à Athènes, Thésée est déjà célèbre.

● Ses aventures sont contées par Plutarque dans *les Vies parallèles des hommes illustres* – ce qui tend à prouver qu'il est un personnage à mi-chemin de la réalité et de la légende. Thésée incarne la force et la stabilité. Dans la tragédie, Thésée apparaît comme un roi bienfaiteur qui offre sa protection à Œdipe dans *Œdipe à Colone* de Sophocle. Pour les auteurs classiques, comme Euripide (*Hippolyte porte-couronne,* 428 av. J.-C.), Sénèque *(Phèdre)* ou Racine (*Phèdre,* 1677), tout l'intérêt réside dans l'absence de Thésée et ses conséquences sur la passion de Phèdre pour son beau-fils Hippolyte – né des amours de Thésée avec la reine des Amazones, Antiope.

→ pages : *113, 202.*

Tirade

Longue pièce de vers ou de prose, au théâtre, proférée par le même personnage.

- À la différence du monologue, la tirade suppose la présence d'au moins un interlocuteur muet.
- Le théâtre grec antique ignorait la tirade. C'est surtout à partir de l'ère baroque que les acteurs se lancent dans de longs discours. Certains iront même jusqu'à pousser les auteurs à accroître le matériel verbal proposé, pour mieux mettre en valeur leur art déclamatoire. Ainsi Coquelin aîné, premier interprète du rôle de Cyrano, premier interprète de la « tirade des nez ».

Tombeau

Poème sur un homme public, poète ou tout autre individu décédé.

- « *Tel qu'en lui-même enfin l'éternité le change, / Le poète suscite avec un glaive nu / Son siècle épouvanté de n'avoir pas connu / Que la mort triomphait dans cette voix étrange !* » (*le Tombeau d'Edgar Poe,* Mallarmé).

Tract

Écrit de propagande rédigé sur une feuille volante.

- Le mot, qui apparaît en français au milieu du XIXe siècle, remplace rapidement le libelle. Les surréalistes feront une grande consommation de tracts.

Tragédie

Dans l'antiquité gréco-latine, œuvre dramatique et lyrique qui met en scène des personnages légendaires dans des situations extraordinaires.

- Par extension, le terme de « tragédie » désigne une pièce de théâtre en cinq actes et en vers, dans laquelle les personnages sont de rang élevé, dieux ou héros, les événements exceptionnels et le dénouement nécessairement tragique.
- Le grand théoricien de la tragédie est Aristote (384-322 av. J.-C.). Dans sa *Poétique,* Aristote détermine que la tragédie doit inspirer *« la terreur et la pitié »* et provoquer une salutaire catharsis (purgation des passions) au spectacle de héros punis de leur démesure (en grec, *hubris*). Pour le philosophe grec, la tragédie par excellence est *Œdipe roi* de Sophocle (v. 495-406 av. J.-C.).
- Au XVIIe siècle, la tragédie classique s'oriente vers l'analyse psychologique des personnages, simplifiant alors l'action aux unités de temps et de lieu : *« Une action simple, chargée de peu de matière [...] et qui, s'avançant par degrés vers sa fin, n'est soutenue que par les intérêts, les sentiments, et les passions des personnages »* selon Racine. Corneille y ajoutera l'admiration.

→ pages : *25, 86, 101, 111, 122-126, 166, 230, 287, 325-327, 333.*

Tragi-comédie

Genre littéraire en vogue de 1550 à 1670, qui mêlait le tragique et certains aspects de la comédie.

- En France, la tragi-comédie naît dans la seconde moitié du XVIe siècle, peu après la tragédie donc, et connaît un réel engouement pendant près d'un siècle. Mais c'est surtout sous le règne de Louis XIII, de 1625 à 1650 environ, que se situe son heure de gloire.
- L'écrivain français Jean de Desmarets (1595-1676) la définit comme *« une pièce dont les principaux personnages sont princes, et les accidents graves et funestes, mais dont la fin est heureuse, encore qu'il n'y ait rien de comique qui y soit mêlé »*.
- *Le Cid,* par son dénouement heureux et son aspect romanesque, appartient sans équivoque à ce genre, tout comme *Clitandre* du même Corneille (1630) ou encore *Psyché* (1671) de Molière.

➜ **pages : *122, 124, 329.***

Triangle amoureux

Combinaison de personnages, ressort essentiel du théâtre de boulevard.

- Très prosaïquement, le triangle amoureux met en scène le mari, la femme, l'amant/la maîtresse. Il a fourni au théâtre de boulevard, de Feydeau à Guitry, d'innombrables combinaisons, en général comiques.
- Le terme peut être utilisé, par extension, pour toute combinaison similaire, en dehors du champ de la comédie légère.

➜ **pages : *177, 286.***

Trimètre

Vers coupé en trois mesures égales.

- Le trimètre romantique est un alexandrin coupé 4 / 4 / 4, alors que l'alexandrin classique est coupé 6 / 6 : *« De la douceur, de la douceur, de la douceur »* (Verlaine).
- Les romantiques ont largement contribué à la création et à la diffusion du trimètre : *« Comme un infâme ! / comme un lâche ! / comme un chien ! »* (Hugo).

➜ **pages : *137, 171.***

Tristan

Héros d'une légende du Moyen Âge.

- Tristan est représenté par de nombreuses adaptations françaises et étrangères, en vers ou en prose, au XIIe et au XIIIe siècle.
- Dans l'histoire de *Tristan et Iseut,* Tristan de Léonois est élevé par son oncle Marc (roi de Cornouailles) qui l'envoie en Irlande demander pour lui la main d'Iseut la Blonde. Par erreur, il partage avec elle un philtre d'amour irrésistible et éternel. Désespéré de tromper son oncle (c'est-à-dire son suzerain), Tristan s'enfuit en Petite-Bretagne et épouse Iseut aux Blanches Mains. Grièvement blessé lors d'un combat, il envoie quérir Iseut la Blonde. Il est convenu avec le messager qu'à leur approche il doit hisser une voile blanche pour signaler la présence de la jeune femme, mais son épouse annonce une voile noire. Tristan succombe alors et Iseut, arrivée trop tard, meurt de douleur à côté de son amant.
- Cette légende inaugure en Europe

le thème de la passion fatale et de la mort comme seul lieu de l'union des êtres.

● Durant tout le Moyen Âge, Tristan sera, de pair avec Lancelot, le chevalier par excellence. Béroul, Thomas, Marie de France *(le Lai du Chèvrefeuille)* illustrent tour à tour le mythe, avec des transformations notables : une seule Iseut, enlevée par Tristan, qui plus tard mourra de douleur sur le corps de son amant assassiné par son mari.

● La tradition allemande se superpose, dès le Moyen Âge, à la tradition française. Elle est à l'origine de *Tristan und Isolde,* opéra en trois actes, l'un des plus fameux de Richard Wagner (1859).

➜ **pages : *36, 142, 160, 197.***

Ubu

Personnage de plusieurs pièces d'Alfred Jarry.

● On retrouve en effet le personnage d'Ubu dans *Ubu roi* (1888), *Ubu enchaîné* (1900), *Ubu sur la Butte* (1901), *Ubu cocu* (1944).

● Personnage avare, lâche et goinfre, inspiré d'un surveillant de collège, il est devenu le type même de l'absurdité agressive et malfaisante. Le personnage du père Ubu a donné le qualificatif « ubuesque » pour souligner ce qui est dérisoire.

● *Ubu roi,* tout d'abord animé par des marionnettes (1888), fut créé à Paris au Théâtre de l'Œuvre en 1896 avec Firmin Gémier dans le rôle-titre. La première de la pièce fit un véritable scandale; le personnage du père Ubu reste l'incarnation de la bêtise et du totalitarisme.

➜ **page :** *277.*

Ulysse

Héros grec immortalisé par les épopées homériques.

● Ulysse apparaît au second plan de l'*Iliade* et s'impose comme le personnage principal de l'*Odyssée*. Ulysse est le premier héros romanesque. Roi d'Ithaque, il est marié à Pénélope et a pour fils Télémaque.

● Avec l'aide de Ménélas, il tente une conciliation pour la restitution d'Hélène et, par ses discours, contribue à redonner courage aux Grecs. Ces derniers lui doivent également l'idée du cheval de Troie.

● Ulysse est aussi un voyageur intrépide qui déjoue les nombreux pièges tendus par les dieux, en particulier Poséidon, qui lui en veut d'avoir aveuglé son fils, le cyclope Polyphème. Héros intelligent, doté d'une force prodigieuse – il est le seul à pouvoir bander son arc, épreuve fatale aux quarante prétendants qui se disputent sa femme Pénélope en son absence –, vaillant et rusé, Ulysse rentre chez lui après vingt ans d'absence, retrouver sa bien-aimée et son fils.

● Le personnage inspira de nombreux auteurs, de Dante *(la Divine Comédie)* à Racine *(Iphigénie en Aulide)*. Sophocle, comme plus tard André Gide *(Philoctète),* en fait un habile hâbleur. Sénèque (*les Troyennes,* Ier siècle apr. J.-C.), puis Robert Garnier (*la Troade,* 1579) voient en lui un politicien sans scrupules. Mais Jean Giraudoux (*Elpénor* et *La guerre de Troie n'aura pas lieu*) insiste sur l'aspect humain de ce « brillant dialecticien » du personnage.

➜ **pages :** ***90, 116, 147, 285.***

Unités (trois)

Contraintes de temps (un jour), de lieu (unique) et d'action (singulière) imposées à la tragédie.

● À l'époque classique, ces unités ont été considérées comme des règles fondamentales de l'art dramatique, notamment de la tragédie. Boileau en résume la formule dans l'*Art poétique*: *« Qu'en un lieu, qu'en un jour, un même acte accompli / Tienne jusqu'à la fin le théâtre rempli. »*

● Le déclin du classicisme, la volonté de présenter des scènes d'action plus variées, l'imitation du drame de Shakespeare contribuent à faire de la contrainte des unités une règle purement formelle à laquelle le romantisme portera un coup fatal.

→ pages : *101, 124, 135, 229, 263, 324, 325.*

Utopie

Concept imaginaire d'un lieu idéal ou d'une société idéale.

- Par extension, le terme « utopie » désigne un projet peu réaliste : le communisme, en tant que société sans classes, est l'utopie du socialisme.
- Depuis Thomas More (*De optimo reipublicae statu, deque nova insula Utopia,* 1516), de nombreux penseurs ont imaginé diverses utopies. Souvent, elles créent un écart qui sert à mesurer les sociétés réelles : ainsi l'Eldorado où se rend Candide permet à Voltaire de critiquer son époque.
- Une utopie peut ne concerner qu'un domaine précis : l'*Émile* de Jean-Jacques Rousseau établit une utopie éducative. L'abbaye de Thélème imaginée par Rabelais dans *Gargantua* est un rêve séduisant, mais difficilement concevable.
- Depuis la fin du XIXe siècle, sans doute sous l'effet de circonstances politiques décourageantes, les utopies sont souvent présentées comme des systèmes carcéraux dorés, que ce soit chez H. G. Wells (*la Machine à explorer le temps,* 1895) ou chez Aldous Huxley (*le Meilleur des mondes,* 1932).

→ pages : *130, 147, 151, 152, 247.*

Vaudeville

Au XVe siècle, chanson à caractère satirique composée par les compagnons du Val de Vire, dont le plus connu est Olivier Basselin.

● Au XVe siècle, les chansons satiriques ou bachiques étaient appelées « vaudevires » ou « vaudevilles ». Au XVIIIe siècle, les vaudevilles sont intercalés dans les représentations théâtrales des foires parisiennes : la musique et les ballets se mêlent à l'intrigue de la comédie.

● Toutefois, la comédie à vaudeville subsiste et, renonçant à toute ambition musicale, maintient la prépondérance du dialogue parlé sur le chant.

● Actuellement, c'est une comédie légère fondée sur une intrigue burlesque et fertile : Georges Feydeau en fut le maître incontesté *(Un fil à la patte, la Dame de chez Maxim's).*

→ **page** : *286.*

Vautrin

Personnage de **la Comédie humaine** *de Balzac.*

● Une des figures majeures du *Père Goriot* (1835), Vautrin est encore présent dans les *Illusions perdues* (1839), dans *Splendeurs et Misères des courtisanes* (1839-1847) et dans le drame intitulé *Vautrin* (1840).

● Ancien forçat, Vautrin refuse de s'amender. Retiré à la pension Vauquer sous les apparences d'un honnête rentier, il révèle très vite sa véritable personnalité de truand. Il entreprend vainement de corrompre le jeune Rastignac. Incapable de s'intégrer au monde bourgeois, il réussit malgré tout une spectaculaire reconversion sociale en devenant, ultérieurement, le chef de la Sûreté, sous les ordres d'un Rastignac ministre de l'Intérieur. Fin qui n'est pas sans rappeler les aventures de Vidocq, ancien bagnard qui finit chef de la Sûreté.

→ **pages** : *160, 253, 363.*

Vénus (*voir* Aphrodite)

Verbe

Dans les textes sacrés, parole de Dieu qui est aussi la chair de Dieu. Par extension, toute parole créatrice.

● *« Au commencement était le Verbe, et le Verbe était près de Dieu, et le Verbe était Dieu »* (Évangile de saint Jean).

● Chez les poètes qui divinisent le Livre, comme Mallarmé, le Verbe poétique est la parole qui crée.

Vers

Unité prosodique dans la poésie réglée.

● Il existe des vers impairs – formés d'un nombre impair de syllabes, de une à onze –, des vers pairs – formés de deux, quatre, huit, dix ou douze syllabes – et des vers libres – qui n'obéissent pas aux règles classiques de la versification.

● *Les Sphinx* de Hugo (*les Orientales,* 1829) utilisent tous les mètres du vers français, de deux à douze syllabes.

→ **pages** : *104, 118, 169-174, 344, 345.*

Verset

Subdivision conventionnelle des chapitres de la Bible.

● Par extension, le terme de « verset » est employé pour désigner un élément de prose rythmée.

● Saint-John Perse (*Anabase,* 1924), Paul Claudel, bien qu'il récusât le terme pour lui-même, (*Cinq Grandes Odes,* 1904-1910) ou Léopold Sédar Senghor (*Éthiopiques,* 1956) écrivent en versets.

→ page : *33.*

Versification

Art de composer des vers.

● Les règles principales de la versification concernent le nombre de syllabes, la césure, les rimes, les rencontres de sons (hiatus, élision, etc.), l'agencement des vers en strophes et en poèmes à forme fixe.

● Chaque poète possède un type de versification qui lui est propre. Ainsi, Verlaine aime utiliser les vers impairs, tandis que Jacques Prévert préfère les vers libres.

● En France, c'est Boileau qui établit définitivement le code de la versification. Le romantisme ne remet pas en question les règles de la versification, si ce n'est en introduisant la césure qui disloque l'alexandrin.

→ pages : *40, 164, 167.*

Vocabulaire

Ensemble des mots utilisés par une personne, un auteur.

● Le vocabulaire d'un individu est fonction de son milieu, de son éducation, de son niveau d'études, de son âge, de sa sensibilité, etc.

● Dans *1984,* un roman d'anticipation écrit en 1948, George Orwell met en scène un monde dans lequel des mots sont retirés chaque année des dictionnaires afin d'empêcher les gens de penser. Restreindre le vocabulaire, c'est ici réduire les armes de la critique et de la contestation.

→ pages : *18, 22, 25, 218, 362.*

Werther

Personnage de roman de Goethe (1774).

- C'est le héros des *Souffrances du jeune Werther,* un roman par lettres de Goethe (1774).
- Inspiré du Saint-Preux de *la Nouvelle Héloïse,* Werther, jeune homme passionné amoureux de la nature, rencontre Charlotte, déjà fiancée au paisible Albert. Werther, *« pour ne pas le voir posséder sous [ses] yeux tant de perfections »,* s'éloigne, souffre, revient, se suicide enfin.
- L'un des plus grands succès de l'Europe romantique, *Werther* induisit des comportements désespérés chez bien des jeunes gens. Il reste le modèle de l'amoureux fervent et intransigeant. À noter que Thomas Mann imagina, dans *Charlotte à Weimar* (1939), la rencontre improbable de l'héroïne vieillie et de Goethe lui-même.

→ pages : *117, 119, 121, 123, 256.*

Zadig

Personnage du conte homonyme de Voltaire (1748).

- Zadig, un jeune et riche Babylonien, cherche le bonheur, mais sa femme le trompe. Nommé Premier ministre du roi Moabdar, il est soupçonné d'être l'amant d'Astarté, la femme du roi, et doit s'enfuir. Après moultes aventures au cours desquelles il devient esclave, il retrouve Astarté, l'épouse et monte sur le trône à la place du roi. Enfin heureux, il met sa sagesse au service des hommes.
- Zadig représente Voltaire, lequel a connu bien des déboires à la cour de Versailles, et qui se venge dans cette satire féroce des grands de ce monde.
- *Zadig ou la Destinée* est un conte philosophique : Voltaire affirme dans ce récit initiatique sa foi dans la providence, dont le roi-philosophe fait figure d'incarnation parmi les hommes.

→ pages : *117, 119, 121, 123, 242.*

Zeugma

Figure de style associant grammaticalement à un même mot deux termes, l'un concret, l'autre abstrait.

- *« Vêtu de probité candide et de lin blanc »,* écrit Victor Hugo. Et Jules Romains : *« J'ai l'estomac fragile et horreur du graillon. »*

→ page : *371.*

Zeus

→ Jupiter.

Crédits photographiques

ACR Édition 371 / **ADAGP Paris 2004** 43, 100, 165,169, 204 b, 250, 263 b, 276, 279, 280, 281 h, 282, 283 h, 287 h, 288, 311, 376-377, 385, 400-401 / **AFP** 215 b, 380 b / **Artephot** A.D.P.C. 209 h / Amano 34 / Bapier 318 / B.N.F. 35 h / Faillet 208, 368-369 / Held 125, 206, 210 h, 332, 366-367, 416-417 / Lavaud 193 h, 328 h / Perrin 165 / Scandibild 28 / Schneiders 44 / Takase 334 b / The Bridgeman Art Library 378-379 / Varga 30 / Visual Arts Library 333 h / **Bernand** 61 / **Bibliothèque Nationale de France** 246 b, 247, 297 h, 451 / **Bulloz** 340, 341, 382-383 / **Charmet** 13 h, 25, 26 b, 27, 98, 100, 137, 155, 169, 192-193, 213 b, 215 h, 218 h, 221 g, 221 d, 222 b, 225 h, 227 h, 231 b, 233 b, 234, 237 h, 240 h, 244, 245 h, 250, 253, 254 b, 256, 261 bg, 261 bd, 263 h, 265 b, 266, 267 d, 268 h, 271 b, 273 h, 274, 275, 276, 277 b, 278, 283 h, 286, 304 b, 308, 311, 314, 315 h, 323 b, 336 d, 339, 351 b, 382, 383 h, 427, 453, 461, 463 / **Ciné +** 437 / **Cinéstar** 49 h, 70, 76, 143, 160, 283 b, 316, 317 h, 317 b, 427 / Club Méditerranée 422, 423 / Denoël 349 h / **Édimédia** 12-13, 18 h, 18 b, 19, 24 h, 31, 32, 35 b, 36, 37 b, 38, 39, 40 b, 45 b, 49 b, 81, 85, 95, 194, 197, 199 d, 201 b, 202 g, 207 h, 207 b, 209 b, 210 b, 224, 232, 241, 255, 257 b, 264, 265 h, 268 b, 270, 272, 279, 280, 282, 285 h, 287 h, 288, 291, 295, 309 b, 313 b, 325, 327 h, 327 b, 352-353, 370, 374-375, 402-403 / Archives Loudmer 45 h, 281 h, 281 b / B.N. 24 h / Collection Bridgeman 201 h, 388-389 / Colothèque 211, 271 h / Connaissance des arts 228, 326, 33 / L'hoir 249, 261 h / Snark 195, 199 g, 200, 204 h, 204 b, 205, 216 b, 237 b, 240 b, 252, 267 g, 347 h, 445, 447 / **Enguerand** 119, 183, 231 h, 233 h, 294, 307, 343 b, 425 h, 425 b, 431, 432 / Pacciani 128 / Rubinel 113 / Sarti 48-49, 133 / Varda 217 / **Explorer** 41, 202 d, 220, 246 h, 251 h, 251 b / A.D.P.C. 238 b / Archives 239 / Bertrand 40 h, 243 h / Charmet 235 b, 242 g, 263 b / Clément 235 h / Coll. ES 196, 229 h, 236, 243 b, 262, 328 b / Etenzio 447 / Lausat 337 / Mary Evans 22, 214, 222 h, 242 d, 257 h, 333 b / Namur 226, 273 b/ Peter 269 / Tetrel 238 h / w&d Mcintyre/ph. Researcher 467 / **Gallimard** 283 h, 290 h, 321 b, 323 h, 347 b / **Gamma** 47 h, 439, 441 / Cinquini 46 b / De Decker 293 b, / Francolon 186 / Ohmori 383 b / Pelletier 306 / **Giraudon** 23 b, 107, 212, 227 b, 245 b, 254 h, 310 b, 330, 331 b, 356-357, 358-359, 360-361, 370 b, 372-373, 376-377, 390-391, 392-393, 394-395, 396-397, 400-401, 404-405, 406-407, 408-409, 420, 459, 465 g, 465 d / Alinari 203, 225 b, 342, 343 h / Bridgeman 364-365, 387, 418-419 / Cameraphoto Arte 175 / Flammarion 229 b / J'ai lu 349 b / Knudsens 415 / Lauros 43, 198, 213 h, 216 h, 219, 223, 230, 248 h, 248 b, 258, 259, 260, 277 h, 329, 331 h, 335, 338 b, 344, 345 h, 354-355, 362-363, 381, 410-411 / Mermet 338 h, 350 / **Keystone** 46 h, 47 b, 57, 68, 193 b, 285 b, 289 h, 289 b, 290 b, 292, 293 h, 296, 297 b, 301 b, 302, 304 h, 322, 346, 380 h, 455, 457 / **Kharbine-Tapabor** 23 h, 24 b, 29, 37 h, 42, 218 b, 300, 301 h, 312, 313 h, 321 b, 324, 334 h, 336 g, 449, 443 / **Musée de la Poste** 26 h / Pocket 348 / **R.M.N.** Blot, 414-415 / **Roger-Viollet** 284, 287 b, 303 h, 303 b, 310 h, 315 b, 319 h, 319 b, 351 h / Harlingue 345 b / **Sygma** Annebicque 51 / Bassouls 91, 305 /L'Illustration 21.

Malgré tous nos efforts, nous n'avons pu joindre les auteurs ou ayants droit de certaines œuvres reproduites dans cet ouvrage. Nous leur demandons de bien vouloir nous contacter pour que nous puissions combler ces lacunes dont nous les prions de nous excuser. Ils conservent, bien entendu, l'entier copyright des œuvres reproduites.

Liste des illustrations

la Rhétorique, huile sur toile, XVIᵉ-XVIIIᵉ siècles, musée des Beaux-Arts, Dunkerque. **371** Gérôme, *Phryné devant l'Aréopage,* 1861, Hamburger Kunsthalle, Hambourg. **374-375** M. Gérard, *la Mauvaise Nouvelle,* 1804, Louvre, Paris. **376-377** Tamara de Lempicka, *Kizette en rose,* 1926, musée des Beaux-Arts, Nantes. **378-379** Fragonard, Jean-Honoré, *Jeune Fille,* National Gallery of Art, Washington. **381** Déclaration des droits de l'homme et du citoyen, musée Carnavalet, Paris. **382** Alphabet manuel des sourds, Angleterre, XIXᵉ siècle, Institut national des jeunes sourds. **383** (h) *Langage marin,* gravure vers 1900. **385** René Magritte, *Ceci n'est pas une pomme,* coll. part., Bruxelles. **386** © 1998 Les Éditions Albert René/Goscinny-Uderzo, *Astérix chez les Bretons,* Dargaud. **387** Brueghel l'Ancien, *la Tour de Babel,* Kunsthistorisches Museum, Vienne. **388-389** Carl Holsoe, *Femme lisant dans un intérieur,* coll. part. **390-391** Félix Vallotton, *Félix Fénéon à la Revue blanche,* huile sur carton, 1896, coll. Josefowitz, Suisse. **390-391** Vermeer, *la Jeune Femme écrivant une lettre et sa servante,* 1671, Wicklow, coll. Beit, Pays-Bas. **392-393** Jean Honoré Fragonard, *Portrait de Diderot,* v. 1769, Louvre, Paris. **392-393** Cornelis Norbertus Gijsbrechts, *Trompe-l'oeil au carnet de dessins,* peinture, XVIᵉ-XVIIIᵉ siècles, musée des Beaux-Arts, Rouen. **394-395** Auguste Renoir, *le Déjeuner de Berneval,* 1898, coll. part. **394-395** David, *Marat mort,* 1793, huile sur toile, musée d'Art ancien, Bruxelles. **396-397** Rigaud, *Portrait de Nicolas Boileau,* huile sur toile, château de Versailles. **398-399** G. Metsu, *l'Écrivain,* Montpellier. **400-401** Helene Vieira da Silva, *Bibliothèque,* 1949, musée national d'Art moderne, Paris. **402-403** Joseph Highmore, illustration pour *Pamela* de Samuel Richardson, 1743, Tate Gallery, Londres. **404-405** Van Loo, *Portrait de Diderot,* 1767, Louvre, Paris. **410-411** Altdorfer, *la Bataille d'Alexandre,* peinture, Alt Pinakothek, Munich. **412-413** Jean-Baptiste Chardin, *la Jeune Maîtresse d'école,* 1740, National Gallery, coll. Bridgeman. **414-415** A. Anker, *Dimanche après-midi,* musée des Beaux-Arts, Neuchâtel. **416-417** Tayler, *le Salon gris,* Waterhouse and Dodd, Londres. **418-419** Adrien Van Ostade, *la Lecture de la gazette,* huile sur bois, Louvre, Paris. **420** Théodore Géricault, *le Radeau de la méduse,* Louvre, Paris. **421** Eugène Delacroix, *la Mort de Sardanapale,* 1827, Louvre, Paris. **445** Anonyme français, *le Colporteur,* 1623, musée des Arts et Traditions populaires, Paris. **447** Théo Van Rysselberghe, *Une lecture autour de Verhaeren lisant des poèmes,* musée des Beaux-Arts, Gand. **449** Illustration de John Tenniel pour *Alice au pays des merveilles* de Lewis Carroll. **451** Angot de l'Éperonnière, *Chef-d'œuvre poétique,* B.N., Paris. **453** Guillaume Apollinaire, *l'Horloge de demain,* calligramme. **459** Corot, *le Forum vu des jardins Farnèse,* 1826, Louvre, Paris. **461** *l'Acropole vue de la maison du consul de France,* Athènes, illustration de Dupré dans *Voyage à Athènes,* 1825, B.N., Paris. **463** Ibsamboul, colosse occidental ensablé, photo de Maxime Du Camp, *Voyage au Moyen-Orient* de Flaubert et de Maxime Du Camp, 1850, bibl. de l'Institut, Paris.

Imprimé en Italie par Bona
Dépôt légal 1ère édition : juillet 2004
Dépôt légal : avril 2006 - N° de projet 10133293